**2**

**기출 독해 훈련**

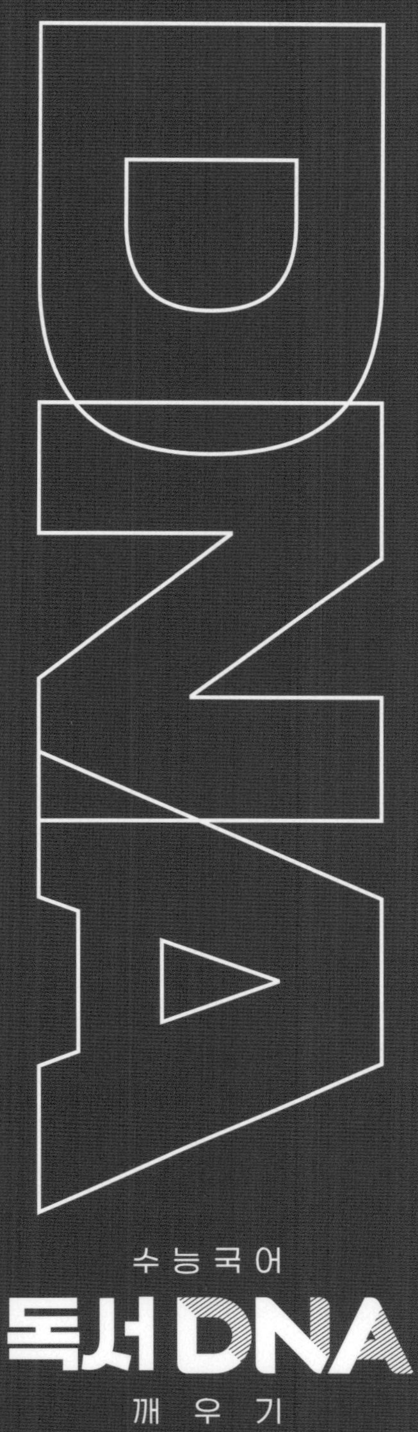


수능국어

**독서 DNA**

깨우기

BOOK 1 / **지문 독해**

천재교육

# 독해 실력은 우연이 아니니까

# 수능 국어 독서 DNA 깨우기
## ❷ 기출 독해 훈련

## Q 수능 국어 독서 영역은 어떻게 공부해야 하나요?

지금까지 치러진 수능을 들여다보면, 수능 국어 독서 영역에는 반복적으로 나타나는 지문 구조 유형과 문제 유형이 있습니다. 따라서 학습자는 이 점에 유의하여 어떻게 하면 지문을 잘 읽고 문제를 잘 풀 수 있는지 공부해야 합니다.

학습자는 먼저 지문 구조에 대한 이해를 바탕으로 지문을 빠르게 읽고 내용을 분석하는 연습을 해야 합니다. 또한 자주 출제되는 문제 유형과 접근법을 익혀 어떤 문제가 나오더라도 빠르고 정확하게 답을 찾는 연습을 해야 합니다.

## Q 왜 기출 자료로 독해 훈련을 해야 하나요?

기출 자료는 한국교육과정평가원에서 주관하는 '수능(11월)', '수능 모의평가(6, 9월)', 교육청에서 주관하는 '고1·고2 학력평가(3, 6, 9, 11월), 고3 학력평가(3, 4, 7, 10월)'가 있습니다. 이러한 시험에 출제되는 지문은 논지 전개 과정이 분명하고, 주제가 명료한 인문·사회·과학·기술·예술 영역의 글로 구성됩니다. 또한 학습자의 사실적·추론적·비판적 독해 능력을 평가할 수 있는 수준 높은 문제가 함께 출제됩니다. 따라서 기출 자료는 수능 대비 독해 훈련을 하기 위한 가장 최적의 재료라고 할 수 있습니다.

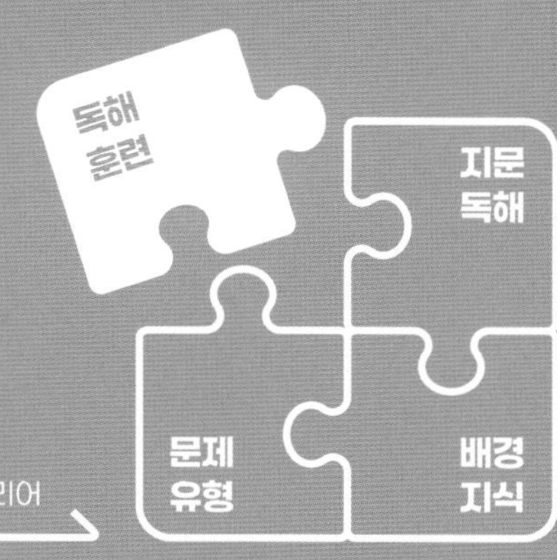


성공은 매일 반복한 작은 노력들의 합이다. -로버트 콜리어

#수능필수
#독해훈련
#매일학습
#수능만점

# 이 책을 검토해 주신 분들

| | | | | | | | | |
|---|---|---|---|---|---|---|---|---|
| 강영기 | 김수호 | 김현수 | 박의용 | 안미림 | 윤장원 | 이용수 | 전이수 | 최경일 |
| 강주희 | 김숙경 | 김현지 | 박지민 | 안혜민 | 윤정현 | 이지은 | 정수진 | 최민경 |
| 강현정 | 김영대 | 노병곤 | 박찬용 | 양성정 | 이동훈 | 이진영 | 정인수 | 최서희 |
| 고대영 | 김영준 | 박규경 | 박창면 | 여상현 | 이범구 | 이진영 | 정재철 | 최혜정 |
| 고아라 | 김윤정 | 박무근 | 백선영 | 오광수 | 이병혁 | 임상진 | 조동윤 | 함영훈 |
| 고영빈 | 김정관 | 박상준 | 서준형 | 오승영 | 이보라 | 임성범 | 조선주 | 홍인경 |
| 권용덕 | 김지연 | 박소연 | 손석표 | 유승기 | 이상명 | 임성애 | 조성오 | 황재준 |
| 김민경 | 김채연 | 박수용 | 신영은 | 유인애 | 이성우 | 임은정 | 주월돈 | |
| 김병수 | 김태경 | 박수진 | 신준호 | 유희진 | 이성훈 | 전선영 | 지강현 | |
| 김수진 | 김태호 | 박윤선 | 안광규 | 윤강욱 | 이송훈 | 전예지 | 지상훈 | |

# 수능 국어 독서 DNA 깨우기 ❷ 기출 독해 훈련


| | |
|---|---|
| **개발총괄** | 고명선 |
| **편집개발** | 박유리, 우영은, 이하은, 배은수 |
| **디자인총괄** | 김희정 |
| **표지디자인** | 윤순미, 김지현 |
| **내지디자인** | 박희춘, 최지희 |
| **제작** | 황성진, 조규영 |
| **조판** | 더진문화(구민범, 권재원) |

| | |
|---|---|
| **발행일** | 2022년 11월 15일 초판  2024년 11월 1일 3쇄 |
| **발행인** | (주)천재교육 |
| **주소** | 서울시 금천구 가산로9길 54 |
| **신고번호** | 제2001-000018호 |
| **고객센터** | 1577-0902 |

**2**

기출 독해 훈련

BOOK 1 / 지문 독해

# BOOK 1 구성과 활용

## STEP 1  지문 구조 유형

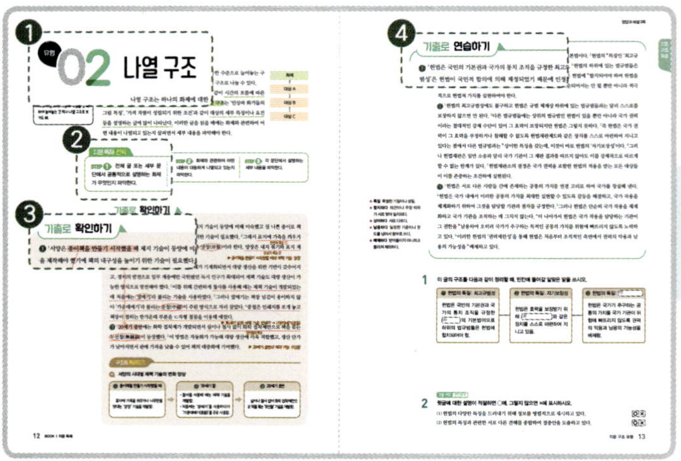

❶, ❷ 수능에 자주 나오는 지문 구조의 특징과 지문 독해 전략을 공부합니다.

❸ 기출로 확인하기 에서 독해 전략을 적용하여 기출 지문의 내용을 분석해 봅니다.

❹ 기출로 연습하기 에서 기출 지문의 내용을 정리하고, 기출 선지의 정오를 판단해 봅니다.

## STEP 3  필수 어휘 ZIP

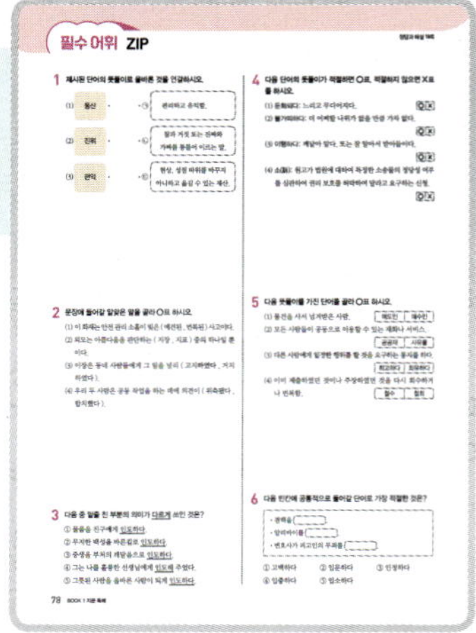

### 정답과 해설

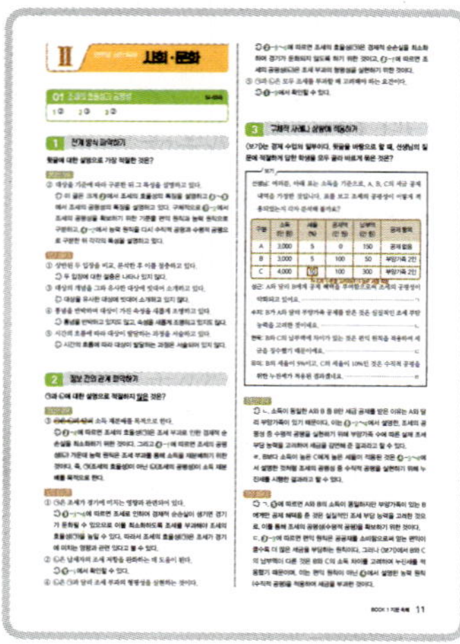

정답이 정답인 이유,
오답이 오답인 이유를
확인해 봅니다.

한 단원이 끝날 때마다 간단한
문제를 풀며 기출 지문에 활용된
어휘의 뜻과 쓰임을 익혀 봅니다.

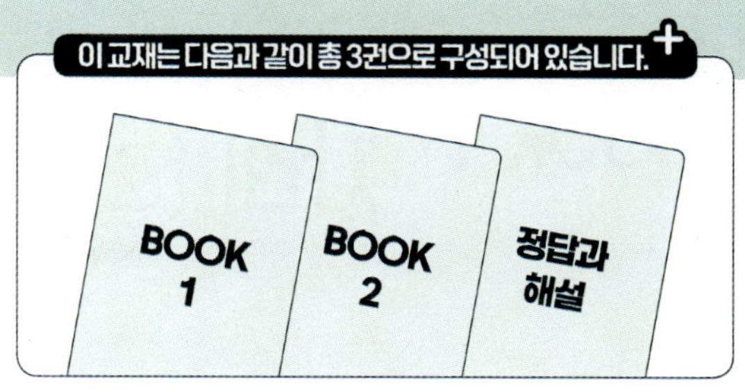


# STEP 2 영역별 실전 독해

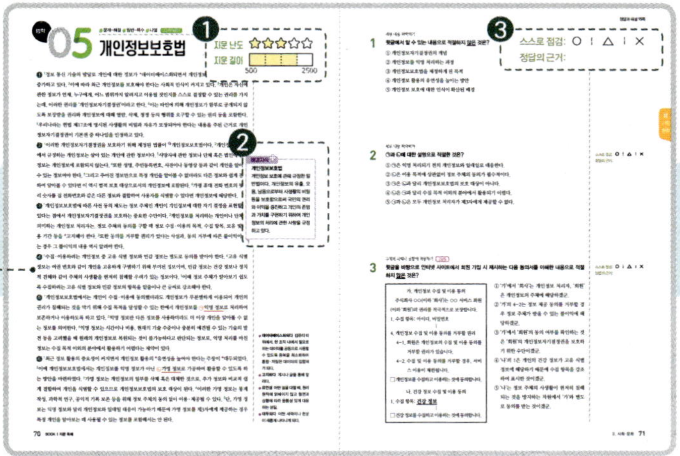

**STEP 1**에서 공부한 지문 구조를 적용하여 실제 기출문제를 풀어 봅니다.

❶ '지문 난도'와 '지문 길이'를 한눈에 확인할 수 있습니다.

❷ **배경지식** 에서 지문 내용과 관련된 추가 배경지식을 학습합니다.

❸ '스스로 점검', '정답의 근거'를 통해 자신의 문제 풀이를 점검합니다.

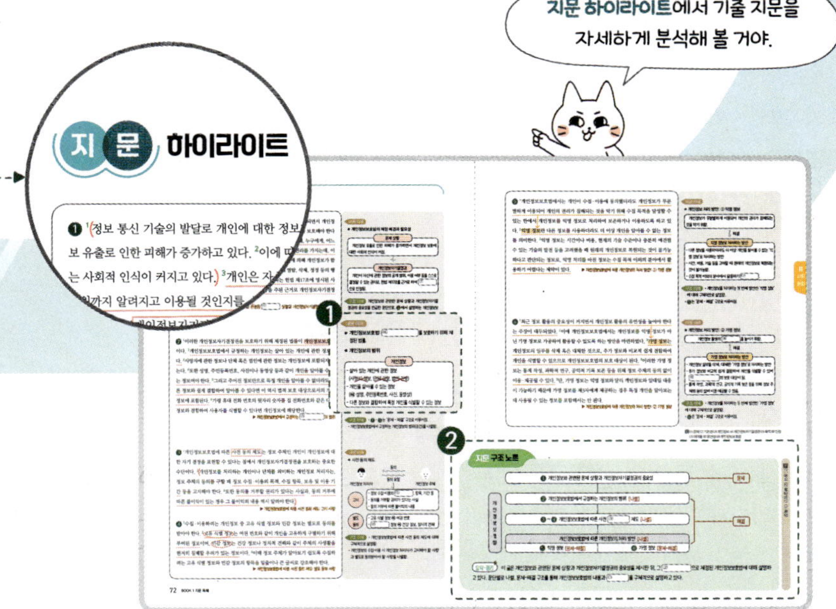


기출 지문을 다시 읽으면서 내용과 구조를 분석해 봅니다.

❶ 빈칸을 채우며 문단별 중심 내용을 정리합니다.

❷ **지문 구조 노트** 에서 전체 구조도를 확인하고, 지문의 해제를 정리해 봅니다.

## 지문 구조 유형

## 영역별 실전 독해

**I 인문·예술**

| 차례 | | | 계획 | 학습일 | | 점검 |
|---|---|---|---|---|---|---|
| 수능에 잘 나오는 지문 구조 유형 | | 01 일반–특수 구조<br>02 나열 구조 | 1일차 | 월 | 일 | 😊🙂☹️ |
| | | 03 비교·대조 구조<br>04 원인–결과 구조 | 2일차 | 월 | 일 | 😊🙂☹️ |
| | | 05 문제–해결 구조<br>06 과정 구조 | 3일차 | 월 | 일 | 😊🙂☹️ |
| | | 07 분석 구조<br>08 분류 구조 | 4일차 | 월 | 일 | 😊🙂☹️ |
| 영역별 실전 독해 | I 인문·예술 | 01 철학 에피쿠로스 사상<br>02 철학 기억과 망각에 대한 사유 | 5일차 | 월 | 일 | 😊🙂☹️ |
| | | 03 철학 도덕적 갈등 문제에 대한 다양한 관점<br>04 심리학 교류 분석 이론 | 6일차 | 월 | 일 | 😊🙂☹️ |
| | | 05 조형 범종의 조형 양식<br>06 음악 지휘자의 음악 해석 | 7일차 | 월 | 일 | 😊🙂☹️ |
| | II 사회·문화 | 01 경제학 조세의 효율성과 공평성<br>02 경제학 수요의 가격탄력성 | 8일차 | 월 | 일 | 😊🙂☹️ |
| | | 03 경제학 경제학에서의 실업<br>04 법학 법률 행위로서의 계약 | 9일차 | 월 | 일 | 😊🙂☹️ |
| | | 05 법학 개인정보보호법<br>06 법학 내용증명 제도 | 10일차 | 월 | 일 | 😊🙂☹️ |
| | III 과학·기술 | 01 물리학 푸리에의 열전도 법칙<br>02 화학 우리 몸속의 효소 작용 | 11일차 | 월 | 일 | 😊🙂☹️ |
| | | 03 생명과학 인체의 면역 반응<br>04 건설 타워 크레인 | 12일차 | 월 | 일 | 😊🙂☹️ |
| | | 05 정보 통신 자연어 처리 기술<br>06 정보 통신 OTP 기술 | 13일차 | 월 | 일 | 😊🙂☹️ |
| | IV 융합·복합 | 01 예술 + 기술 미술품 복원 작업<br>02 사회 + 기술 연관성 분석 | 14일차 | 월 | 일 | 😊🙂☹️ |
| | | 03 인문 + 인문 가 사랑에 관한 아퀴나스의 관점<br>나 사랑에 관한 칸트의 관점<br>04 인문 + 예술 가 계몽의 전개 과정<br>나 표현주의 | 15일차 | 월 | 일 | 😊🙂☹️ |

# 지문 구조 유형

# 수능 독서
# 짚고 가기

**지문 독해 편**

## 수능 국어 독서 영역은 어렵다?

현재 평가원 모의고사 및 수능에서 국어 영역의 공통 과목은 문학, 독서이다. 학생들은 화법과 작문, 언어와 매체 중 어떤 선택 과목을 택하든 문학과 독서 과목은 필수적으로 시험을 쳐야 한다. 그런데 **독서 영역의 지문은 점점 길어지고, 출제 난도 또한 높아지고 있다.** 다음은 2022학년도 수능 국어의 오답률을 정리한 자료이다.

| 2022학년도 수능 국어 오답률 TOP 5 | | |
| --- | --- | --- |
| 1위 | 15번 문항 오답률 78.3% | 독서 영역[기술] |
| 2위 | 11번 문항 오답률 71.9% | 독서 영역[사회] |
| 3위 | 13번 문항 오답률 71.3% | 독서 영역[사회] |
| 4위 | 16번 문항 오답률 69.2% | 독서 영역[기술] |
| 5위 | 8번 문항 오답률 68.9% | 독서 영역[인문+예술] |

– EBSi(www.ebsi.co.kr)

위 자료를 살펴보면, 1위부터 5위까지 모두 독서 영역의 문항에 해당하는 것을 확인할 수 있다. 기술, 사회, 융합·복합 등 독서 영역 내 세부 영역을 가리지 않고 높은 오답률을 기록했다. 이는 수능 국어에서 독서 영역의 시험 문제가 매우 어렵게 출제되고 있으며, 실제로도 많은 학생들이 문제 풀이에 어려움을 겪고 있음을 단적으로 보여 준다.

## 2 지문 구조 독해는 효과적인 독해 방법이다?

우리가 수능에서 접하는 독서 지문은 대부분 설명하는 글인데, 이러한 글은 설명 대상의 특성에 적합한 글의 구조를 활용하여 구성된다. 따라서 설명하고자 하는 내용과 글의 구조는 밀접한 관련을 맺게 된다.

지문 구조 독해란 글의 구조 즉, 정보를 조직하고 배치하는 방식에 주목하여 글을 읽는 방법이다. 따라서 지문 구조 독해를 하면 **핵심 정보의 위치를 더 잘 기억할 수 있을 뿐만 아니라 정보들 사이의 관계도 한눈에 파악할 수 있다.**

또한 수능 독서 지문에는 자주 사용되는 글의 구조가 있다. 이러한 구조의 특징을 염두에 두고 글을 읽으면 **내용을 더 빠르게 이해할 수 있고, 자연히 문제를 푸는 속도도 빨라진다.**

그리고 **수능에는 해당 지문의 구조와 관련한 문제가 자주 출제된다.** 이는 '전개 방식 파악하기' 문제 유형에 해당하는데, 대개 글 전체 또는 각 문단에 쓰인 전개 방식의 특징에 관한 내용으로 선지가 구성된다. 따라서 지문 구조 독해를 하면 이러한 문제의 정답을 쉽게 찾을 수 있다.

## 3 하나의 지문에는 하나의 구조만 나타난다?

그렇지 않다. 예를 들어 지문의 전체 구조가 일반–특수 구조로 이루어져 있으면서 부분적으로 분류, 비교·대조 구조가 나타날 수도 있다. 이렇듯 **하나의 지문에는 여러 구조가 복합적으로 나타난다.** 다만 지문을 읽을 때에는 글에 나타난 구조 유형을 낱낱이 파악하는 것보다는 글에 두드러지게 나타나는 구조 유형에 주목하는 것이 중요하다.

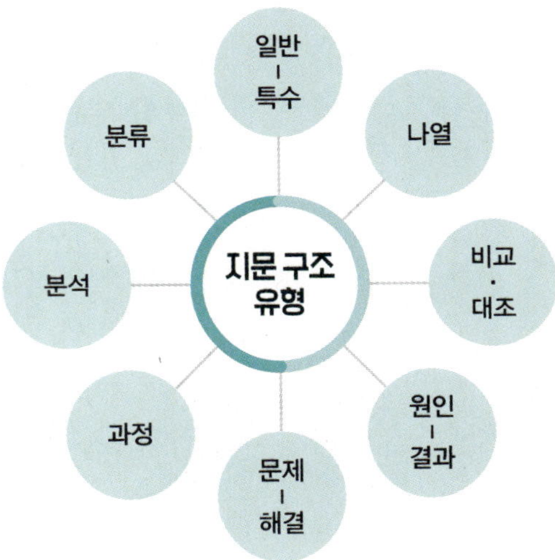


이 책에는 위와 같이 여덟 가지의 지문 구조 유형이 제시되어 있다. 각각의 지문 구조가 어떤 특징을 지니고 있는지, 이러한 지문 구조로 이루어진 글을 읽을 때는 어떤 점에 주목해야 하는지 공부해 보자.

깨우자 내 안의 독서 DNA!

# 일반-특수 구조

일반-특수 구조는 대체로 중심이 되는 개념에 다른 하위 개념들을 덧붙이거나[부연], 중심 개념을 설명하기 위한 예를 들거나, 중심 개념을 환언·요약하는 구조 유형이다. 이러한 개념 구조는 일반 정보를 뒷받침하는 특수 정보들의 구성으로 볼 수 있다.

수능에는 특정 개념이나 대상의 특징을 설명하는 글이 자주 출제되는데, 이는 대체로 일반-특수 구조로 파악할 수 있다. 설명하는 글에서 정보들은 가치의 위계성을 지니므로, 중심 내용과 이를 뒷받침하는 내용을 적절하게 위계화하여 글의 구조를 파악해야 한다.



한 편의 글에 일반-특수 관계가 교차하여 계속 나타나는 경우도 있어. 또 특수 정보가 먼저 나온 뒤에 일반 정보가 나오기도 하지.

## 지문 독해 전략

**STEP 1** 첫 문단에서 글의 중심 화제가 무엇인지 파악한다.

**STEP 2** 화제와 관련하여 각 문단에서 설명하는 내용이 무엇인지 파악한다.

**STEP 3** 앞뒤 문단 간의 관계(부연, 예시, 환언, 요약)를 확인하여 글의 구조를 파악한다.

## 기출로 **확인하기**

**❶** [1]손해보험은 계약에서 정한 보험 사고가 발생했을 때 보험가입자 측에게 생긴 재산상의 손해를 보상하는 보험이다. [2]교통사고, 화재, 도난 등으로 생기는 피해에 대비하기 위해 가입하는 손해보험은 오늘날 우리 생활과 가까운 곳에 있다. ▶ 손해보험의 개념

**❷** [1]보험 사고가 발생할 때에 보험금을 받을 자를 피보험자, 보험금을 지급할 의무를 지는 자를 보험자라 한다. [2]손해보험의 피보험자는 보험의 목적에 피보험이익을 가져야 한다. [3]이때 보험의 목적이란 보험 사고의 대상을 말한다. [4]손해보험 계약은 손해 보상을 목적으로 하는데, 손해의 전제로서 피보험자는 보험의 목적에 경제상의 이익을 가져야 하고, 이를 피보험이익이라 한다.
▶ 손해보험의 목적과 피보험이익의 개념

**❸** [1]피보험이익으로 인정되려면 몇 가지 요건이 필요하다. [2]우선 객관적으로 금전으로 산정할 수 있는 경제적 가치를 가져야 한다. _요건①_ [3]따라서 개인적, 정신적, 도덕적 이익은 피보험이익이 될 수 없다. 예컨대 소중히 간직한 자신의 일기장을 5억 원의 손해보험에 가입하는 것은 허용되지 않는다. [4]그리고 적법한 이익이어야 하며, _요건②_ 계약 체결 당시 그 가치가 객관적으로 확정되어 있거나 적어도 보험 사고가 발생할 때까지는 확정되어야 한다. _요건③_
▶ 손해보험에서 피보험이익으로 인정받기 위한 요건

### 구조로 독해하기

**손해보험의 개념과 특징**

**❶ 손해보험의 개념 [일반 정보]**

**❷ 손해보험의 특징 [특수 정보]**
- 손해보험 계약은 손해 보상을 목적으로 함.
- 손해의 전제로서 피보험자는 보험의 목적에 경제상의 이익(피보험이익)을 가져야 함.

**❸ 피보험이익으로 인정받기 위한 요건 [특수 정보]**
① 경제적 가치를 가져야 함. ② 적법한 이익이어야 함.
③ 계약 체결 당시 또는 보험 사고 발생 시까지 경제적 가치가 확정되어야 함.

## 기출로 **연습하기**



❶ [1]의사능력이란 '자기의 행위의 의미나 결과를 합리적으로 예견할 수 있는 정신적인 능력 내지 지능'을 의미한다. [2]사람이 자신의 •법률행위에 의하여 권리를 취득하거나 의무를 부담할 수 있으려면 의사능력이 있어야 한다. [3]따라서 의사능력이 없는 의사무능력자의 법률행위는 무효, 즉 법률행위의 효력이 처음부터 발생하지 않은 것으로 본다.

❷ [1]하지만 의사무능력자가 자기에게 불리한 법률행위를 무효화하려면 법률행위 당시 자신에게 의사능력이 없었다는 점을 증명하여야 하는데, 이를 증명하는 것이 쉽지 않다. [2]이에 민법에서는 의사무능력자 여부, 즉 의사능력의 유무와 관계없이 나이나 법원의 결정이라는 일정하고 객관적인 기준에 따라 제한능력자를 규정하고 있다. [3]구체적으로 만 19세 미만의 미성년자, 그리고 가정법원으로부터 심판을 받은 •피성년후견인과 •피한정후견인 등이 제한능력자에 해당되는데, 이들은 독자적으로 완전하고 유효한 법률 행위를 할 수 있는 행위능력자와 구분되며, 자신의 의사무능력을 증명할 필요가 없다. [4]제한능력자는 단독으로 재산상의 법률행위를 한 경우 10년 내에 취소권을 행사할 수 있는데, 이를 제한능력자제도라고 한다. [5]이때 제한능력자의 법률행위의 취소 여부는 제한능력자 측, 즉 제한능력자 본인이나 그의 법정대리인의 의사에 따라서만 결정된다. [6]제한능력자 측에서 취소권을 행사할 경우 법률행위는 처음부터 무효인 것으로 보지만, 행위를 취소하지 않을 경우에는 그 법률행위에 대해서는 그대로 효력이 유지된다. [7]미성년자는 주민등록증과 가족관계등록부를 통해, 피성년후견인과 피한정후견인은 후견등기부를 통해 확인할 수 있다.

❸ [1]이처럼 민법에서는 제한능력자제도를 통해 제한능력자가 행한 재산상의 법률행위를 일정한 요건 하에 취소할 수 있게 하여 제한능력자를 보호하고 있다.

---

● **법률행위** 일정한 법률 효과를 발생하게 하려고 의도적으로 하는 행위.

● **피성년후견인** 정신적 제약으로 사무를 처리할 능력이 지속적으로 결여되어 가정법원의 심판에 의해 단독으로 유효하게 법률행위를 할 수 없는 자.

● **피한정후견인** 정신적 제약으로 사무를 처리할 능력이 부족하여 가정법원의 심판에 의해 행위능력이 부분적으로 제한된 자.

---

**1** 윗글의 구조를 다음과 같이 정리할 때, 빈칸에 들어갈 알맞은 말을 쓰시오.

> ❶ 의사능력의 개념과 의사무능력자의 법률행위

> ❷ 제한능력자제도의 특징
>
> • 의사능력의 유무와 관계없이 만 19세 미만의 ⑴[　　　], 가정법원으로부터 심판을 받은 피성년후견인과 피한정후견인 등을 제한능력자로 규정함.
> • 제한능력자가 단독으로 재산상의 법률행위를 한 경우 10년 내에 ⑵[　　　]을 행사할 수 있음.
> • 제한능력자 본인이나 그의 법정대리인의 의사에 따라 취소권을 행사할 수 있으며, 이 경우 법률행위는 처음부터 ⑶[　　　]인 것으로 인정됨.

> ❸ 제한능력자제도의 의의

---

**기출 선지** **판단하기**

**2** 윗글에 대한 설명이 적절하면 ○에, 그렇지 않으면 ×에 표시하시오.

⑴ 특정 제도의 필요성을 제시하고 제도의 특징을 설명하고 있다. 　○ ×

⑵ 특정 제도가 변화된 원인을 분석하고, 제도의 의의를 요약하면서 끝맺고 있다. 　○ ×

# 나열 구조

나열 구조는 하나의 화제에 대한 세부 내용들을 대등한 수준으로 늘어놓는 구조 유형으로, 크게 통시 구조(시간 나열 구조), 화제 나열 구조로 나눌 수 있다.

수능에서 통시 구조는 '공감에 관한 이론의 변천'과 같이 시간의 흐름에 따른 대상의 변화를 설명하는 글에 많이 나타나며, 화제 나열 구조는 '인상과 화가들의 그림 특징', '가격 차별이 성립되기 위한 조건'과 같이 대상의 세부 특징이나 요건 등을 설명하는 글에 많이 나타난다. 이러한 글을 읽을 때에는 화제와 관련하여 어떤 내용이 나열되고 있는지 살피면서 세부 내용을 파악해야 한다.

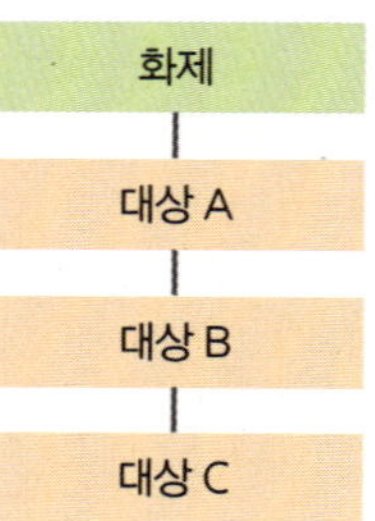


> 나열 구조는 정보를 나열하거나 일정한 기준에 따라 분류하여 설명할 때도 사용되며, 대상의 속성을 분석하여 늘어놓는 것 역시 나열 구조로 보기도 해.

## 지문 독해 전략

**STEP 1** 전체 글 또는 세부 문단에서 공통적으로 설명하는 화제가 무엇인지 파악한다.

**STEP 2** 화제와 관련하여 어떤 내용이 대등하게 나열되고 있는지 파악한다.

**STEP 3** 각 문단에서 설명하는 세부 내용을 파악한다.

## 기출로 확인하기

> '~ 때', '~세기', '~년대'와 같이 특정 시대나 시기를 나타내는 말을 찾은 다음, 각 시대나 시기별 특징을 파악해서 비교해 봐.

❶ [1]서양은 종이책을 만들기 시작했을 때 제지 기술이 동양에 비해 미숙했고 질 나쁜 종이로 책을 제작해야 했기에 책의 내구성을 높이기 위한 기술이 필요했다. [2]그래서 표지에 가죽을 씌우거나 나무판을 덧대는 방법을 개발했는데 이를 양장(洋裝)이라 한다. 양장은 내지 묶기와 표지 제작을 따로 한 후에 합치는 방법이다.
▶ 종이책을 만들기 시작했을 때의 제책 기술: 양장

❷ [1]18세기 말에 유럽은 산업 혁명으로 인쇄가 기계화되면서 대량 생산을 위한 기반이 갖추어지고, 경제의 발전으로 일부 계층에만 국한됐던 독서 인구가 확대되어 제책 기술도 대량 생산이 가능한 방식으로 발전해야 했다. [2]이를 위해 간편하게 철사를 사용해 매는 제책 기술이 개발되었는데 처음에는 '옆매기'라 불리는 기술을 사용하였다. [3]그러나 옆매기는 책장 넘김이 용이하지 않아 '가운데매기'라 불리는 중철(中綴)이 주된 방식으로 자리 잡았다. [4]중철은 인쇄지를 포개 놓고 책장이 접히는 한가운데 부분을 ㄷ자형 철침을 이용해 매었다.
▶ 18세기 말의 제책 기술: 옆매기 → 가운데매기(중철)

❸ [1]20세기 중반에는 화학 접착제가 개발되면서 실이나 철사 없이 화학 접착제만으로 책을 묶는 무선철(無線綴)이 등장했다. [2]이 방법은 자동화가 가능해 대량 생산에 더욱 적합했고, 생산 단가가 낮아지면서 판매 가격을 낮출 수 있어 책의 대중화에 기여했다.
▶ 20세기 중반의 제책 기술: 무선철

## 구조로 독해하기

◉ 서양의 시대별 제책 기술의 변화 양상

| ❶ 종이책을 만들기 시작했을 때 | ❷ 18세기 말 | ❸ 20세기 중반 |
| --- | --- | --- |
| 표지에 가죽을 씌우거나 나무판을 덧대는 '양장' 기술을 개발함. | • 철사를 사용해 매는 제책 기술을 개발함.<br>• 처음에는 '옆매기'를 사용하다가 '가운데매기(중철)'를 주로 사용함. | 실이나 철사 없이 화학 접착제만으로 책을 묶는 '무선철' 기술을 개발함. |

## 기출로 연습하기

**❶** [1]헌법은 국민의 기본권과 국가의 통치 조직을 규정한 최고의 기본법이다. [2]헌법의 °특질인 '최고규범성'은 헌법이 국민적 합의에 의해 제정되었기 때문에 인정된다. [3]헌법의 하위에 있는 법규범들은 헌법으로부터 그 효력을 부여받으며 존속을 보장받으므로, 법률은 헌법에 °합치되어야 하며 헌법을 위반하는 내용의 법률은 무효가 된다. [4]따라서 법률은 헌법에 모순되어서는 안 될 뿐만 아니라 적극적으로 헌법적 가치를 실현하여야 한다.

**❷** [1]헌법의 최고규범성에도 불구하고 헌법은 규범 체계상 하위에 있는 법규범들과는 달리 스스로를 보장하지 않으면 안 된다. [2]다른 법규범들에는 상위의 법규범인 헌법이 있을 뿐만 아니라 국가 권력이라는 절대적인 강제 수단이 있어 그 효력이 보장되지만 헌법은 그렇지 못하다. [3]즉 헌법은 국가 권력이 그 효력을 부정하거나 침해할 수 없도록 헌법재판제도와 같은 장치를 스스로 마련하여 지니고 있다는 점에서 다른 법규범과는 °상이한 특징을 갖는데, 이것이 바로 헌법의 '자기보장성'이다. [4]그러나 헌법재판은 일반 소송과 달리 국가 기관이 그 재판 결과를 따르지 않아도 이를 강제적으로 따르게 할 수 없는 한계가 있다. [5]헌법재판소의 결정은 국가 권력을 포함한 헌법의 적용을 받는 모든 대상들이 이를 존중하는 조건하에 실현된다.

**❸** [1]헌법은 서로 다른 사람들 간에 존재하는 공통의 가치를 연결 고리로 하여 국가를 창설해 낸다. [2]헌법은 국가 내에서 이러한 공통의 가치를 최대한 실현할 수 있도록 갈등을 해결하고, 국가 작용을 체계화하기 위하여 그것을 담당할 기관과 절차를 규정한다. [3]그러나 헌법은 단순히 국가 작용을 체계화하고 국가 기관을 조직하는 데 그치지 않는다. [4]더 나아가서 헌법은 국가 작용을 담당하는 기관이 그 권한을 °남용하여 오히려 국가가 추구하는 목적인 공통의 가치를 위험에 빠뜨리지 않도록 노력하고 있다. [5]이러한 헌법의 '권력제한성'을 통해 헌법은 처음부터 조직적인 측면에서 권력의 악용과 남용의 가능성을 °배제하고 있다.

- **특질** 특별한 기질이나 성질.
- **합치되다** 의견이나 주장 따위가 서로 맞아 일치되다.
- **상이하다** 서로 다르다.
- **남용하다** 일정한 기준이나 한도를 넘어서 함부로 쓰다.
- **배제하다** 받아들이지 아니하고 물리쳐 제외하다.

---

**1** 이 글의 구조를 다음과 같이 정리할 때, 빈칸에 들어갈 알맞은 말을 쓰시오.

| ❶ 헌법의 특질: 최고규범성 | ❷ 헌법의 특질: 자기보장성 | ❸ 헌법의 특질: [③] |
| --- | --- | --- |
| 헌법은 국민의 기본권과 국가의 통치 조직을 규정한 [(1)] 의 기본법이므로 하위의 법규범들은 헌법에 합치되어야 함. | 헌법은 효력을 보장받기 위해 [(2)] 와 같은 장치를 스스로 마련하여 지니고 있음. | 헌법은 국가가 추구하는 공통의 가치를 국가 기관이 위험에 빠뜨리지 않도록 권력의 악용과 남용의 가능성을 배제함. |

---

**기출 선지** **판단하기**

**2** 윗글에 대한 설명이 적절하면 ○에, 그렇지 않으면 ×에 표시하시오.

(1) 헌법의 다양한 특징을 드러내기 위해 정보를 병렬적으로 제시하고 있다. ○ ×

(2) 헌법의 특징과 관련한 서로 다른 견해를 종합하여 절충안을 도출하고 있다. ○ ×

# 비교·대조 구조

비교·대조 구조는 둘 이상의 대상이 지닌 유사점과 차이점을 견주는 구조 유형이다. 이러한 구조에 나오는 대상들은 특정 화제의 하위 대상으로, 대개 동일한 범주 안에서 대등한 관계를 이룬다.

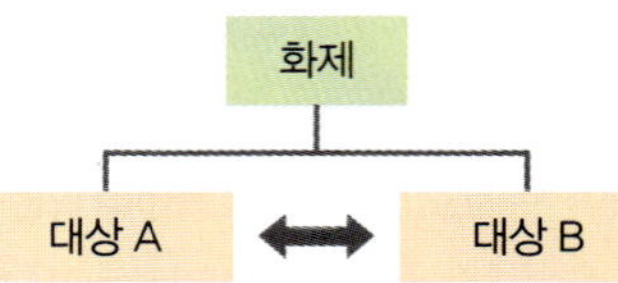


수능에서 비교·대조 구조는 '인간의 본성에 대한 맹자와 순자의 견해', '팝아트와 하이퍼리얼리즘의 특징'과 같이 둘 이상의 대상이 나오는 글에 많이 나타난다. 이러한 글을 읽을 때에는 견주는 대상이 무엇인지, 어떤 기준에 따라 비교·대조하고 있는지, 그들 사이의 공통점이나 차이점이 무엇인지 파악하는 것이 중요하다.

> '비교'는 유사점을, '대조'는 차이점을 중심으로 두 대상을 견주지만, 보통 비교와 대조가 함께 나타나는 경우가 많아서 '비교·대조 구조'로 묶어서 불러.

## 지문 독해 전략

**STEP 1** 첫 문단을 읽으면서 글의 화제를 파악하고, 견주어 설명하는 하위 대상을 확인한다.

**STEP 2** 하위 대상의 세부 정보(개념, 특성, 장단점 등)를 확인한다.

**STEP 3** 비교·대조하는 기준을 파악하고, 대상들 간의 유사점과 차이점을 정리한다.

## 기출로 확인하기

**❶** ¹정서의 본질에 대한 전통적인 논의는 크게 두 방향의 이론으로 설명할 수 있는데, 하나는 '**감정 이론**'이고 다른 하나는 '**인지주의적 이론**'이다. ²다음 사례에서 드러나는 정서의 요소를 바탕으로 두 이론의 대립하는 방향성을 확인할 수 있다. ³민호가 전신주 옆에서 버스를 기다리고 있을 때, 전신주 변압기에서 연기가 솟아났고 민호는 갑자기 공포에 빠져들게 된 상황을 가정해 보자.
▶ 정서의 본질에 대한 두 가지 이론

**❷** ¹**감정 이론**은 특정 정서를 그 정서가 내포하는 특정 감정 즉 자신도 모르게 생기는 느낌과 동일시하는 이론이다. ²감정 이론에 따르면, 정서를 이해하는 것은 •인지적 요소가 아니라 감정적인 요소를 통해서 가능하다. (감정 이론의 개념) ³감정 이론은 앞의 예에서 공포라는 민호의 정서를 공포감이라는 감정적 요소와 동일시하면서 민호의 정서를 이해하는 데 있어 인지적 요소는 배제한다. (감정 이론의 특징)
▶ 감정 이론의 개념과 특징

**❸** ¹**인지주의적 이론**은 정서의 인지적 요소를 정서와 동일시하거나 적어도 정서의 필수적 요소로 인정하는 이론이다. (인지주의적 이론의 개념) ²이 이론에 따르면, 감정 자체는 정서와 동일시될 수 없고 판단이나 믿음과 같은 인지적 요소들의 복합체에 의해 초래되는 결과일 뿐이다. (인지주의적 이론의 특징) ³인지주의적 이론은, 앞의 예에서, 민호가 변압기가 떨어질 수 있다고 판단하여 위험한 상황이라고 믿는 것을 그가 겪는 공포라는 정서 상태와 동일시하거나 적어도 이 공포라는 정서를 규정하는 데 필수적 요소로 인정한다.
▶ 인지주의적 이론의 개념과 특징

● **인지적** 자극을 받아들이고, 저장하고, 인출하는 일련의 정신 과정과 관계된.

### 구조로 독해하기

◉ 정서의 본질에 대한 두 가지 이론 비교

| **❷ 감정 이론** | | **❸ 인지주의적 이론** |
|---|---|---|
| • 특정 정서를 그 정서가 내포하는 특정 감정(느낌)과 동일시하는 이론.<br>• 정서 이해는 감정적 요소를 통해 가능하고, 인지적 요소는 배제함. | ⟷ | • 정서의 인지적 요소를 정서와 동일시하거나 적어도 정서의 필수적 요소로 인정하는 이론.<br>• 감정 자체는 정서와 동일시될 수 없고, 이는 판단이나 믿음과 같은 인지적 요소들의 복합체에 의해 초래되는 결과임. |

## 기출로 연습하기

❶ [1]18세기 북학파들은 청에 다녀온 경험을 •연행록으로 기록하여 청의 문물제도를 수용하자는 북학론을 구체화하였다. [2]이들은 개인적인 학문 성향과 관심에 따라 주목한 영역이 서로 달랐기 때문에 이들의 북학론도 차이를 보였다. [3]이들에게는 동아시아에서 문명의 척도로 여겨진 •중화 관념이 청의 현실에 대한 인식에 각각 다르게 반영된 것이다. [4]1778년 함께 연행길에 올라 동일한 일정을 소화했던 박제가와 이덕무의 연행록에서도 이러한 차이가 확인된다.

❷ [1]북학이라는 목적의식이 강했던 박제가가 인식한 청의 현실은 단순한 현실이 아니라 조선이 지향할 가치 기준이었다. [2]그가 쓴 《북학의》에 묘사된 청의 현실은 특정 관점에 따라 선택 및 추상화된 것이었으며, 그런 청의 현실은 그에게 중화가 손상 없이 보존된 것이자 조선의 발전 방향이기도 하였다. [3]중화 관념의 절대성을 인정하였기 때문에 당시 조선은 나름의 독자성을 유지하기보다 중화와 합치되는 방향으로 나아가야 한다는 생각이 그의 북학론의 밑바탕이 되었다. [4]그는 청 문물제도의 수용이 가져다주는 이익을 논하며 북학론의 당위성을 •설파하였다.

❸ [1]이덕무는 〈입연기〉를 저술하면서 청의 현실을 객관적 태도로 기록하고자 하였다. [2]잘 정비된 마을의 모습을 기술하며 그는 황제의 행차에 대비하여 이루어진 일련의 조치가 민생과 무관하다고 지적하였다. [3]하지만 청 문물의 효용을 •도외시하지 않고 박제가와 마찬가지로 물질적 삶을 중시하는 이용후생에 관심을 보였다. [4]스스로 평등견이라 불렀던 인식 태도를 바탕으로 그는 당시 청에 대한 찬반의 이분법에서 벗어나 청과 조선의 현실적 차이뿐만 아니라 양쪽 모두의 가치를 인정하였다. [5]이런 시각에서 그는 청과 조선은 구분되지만 서로 •배타적이지 않다고 보았다.

● **연행록** 조선 시대에, 사신이나 그 수행원이 중국을 다녀와서 보고 느낀 것을 쓴 기행문.

● **중화 관념** 중국이 세계 문명의 중심이라고 여기는 견해나 생각.

● **설파하다** 어떤 내용을 듣는 사람이 납득하도록 분명하게 드러내어 말하다.

● **도외시하다** 상관하지 아니하거나 무시하다.

● **배타적** 남을 배척하는 것.

---

**1** 박제가와 이덕무의 북학론을 다음과 같이 정리할 때, 빈칸에 들어갈 알맞은 말을 쓰시오.

| 박제가의 북학론 | 이덕무의 북학론 |
| --- | --- |
| • 청의 현실을 특정 관점에 따라 선택하고 추상화하여 묘사함.<br>• 청의 현실은 조선이 지향할 가치 기준이며 중화가 보존된 것, 조선의 ⑴ ______ 방향이라고 인식함.<br>• 조선의 독자성을 유지하기보다 ⑵ ______ 와 합치되는 방향으로 나아가야 한다고 생각함.<br>• 청 문물제도의 수용을 통한 이익에 주목함. | • 청의 현실을 ⑶ ______ 태도로 기록함.<br>• 청 문물의 효용과 물질적 삶을 중시하는 이용후생에 관심을 보임.<br>• ⑷ ______ 의 인식 태도를 바탕으로 청과 조선의 현실적 차이뿐만 아니라 양쪽 모두의 가치를 인정함.<br>• 청과 조선은 구분되지만 배타적이지 않다고 생각함. |

---

기출 선지  판단하기

**2** 윗글에 대한 설명이 적절하면 ○에, 그렇지 않으면 ✕에 표시하시오.

⑴ 18세기 중국을 바라보는 사상적 관점을 제시하면서 각 관점이 지닌 역사적 의의와 한계를 서로 비교하고 있다.  ○ ✕

⑵ 18세기 중국에 대한 학자들의 견해를 제시하면서 그러한 견해의 형성 배경 및 견해 간의 차이를 설명하고 있다.  ○ ✕

# 04 원인-결과 구조

원인–결과 구조는 설명하려는 대상이 특정 사건이나 현상일 때, 그것이 일어나게 된 원인과 결과의 관계를 중심으로 구성된 구조 유형이다. 이 구조에서 원인과 결과가 항상 일대일로 대응하는 것은 아니다. 원인이 하나인데 결과가 여럿인 경우도 있고, 여러 원인이 하나의 결과로 이어지는 경우도 있다.

| 원인 |
| :---: |
| ↓ |
| 결과 |

수능에서 원인–결과 구조는 '국가 간의 무역이 발생하는 이유', '지구의 전향력이 물체의 운동에 미치는 영향'과 같이 어떤 일이 일어나게 된 원인, 어떤 현상으로 인한 영향이나 결과 등을 설명하는 사회·문화 영역이나 과학·기술 영역의 글에 주로 나타난다. 따라서 이러한 글을 읽을 때에는 어떤 원인이 어떤 결과로 이어지는지 그 논리적 관계를 이해하는 것이 중요하다.

> '따라서', '왜냐하면', '결국', '~ 때문이다'와 같은 표지에 주목하며 읽으면 원인-결과 관계를 쉽게 파악할 수 있어.

## 지문 독해 전략

**STEP 1** 글의 화제가 사건이나 현상을 다루고 있는지 확인한다.

**STEP 2** 사건이나 현상과 관련하여 원인 또는 결과를 설명하고 있는지 파악한다.

**STEP 3** 원인–결과의 선후 관계를 중심으로 세부 내용을 파악한다.

## 기출로 확인하기

❶ ¹직장인 A 씨는 셔츠 정기 배송 서비스를 신청하여 일주일 간 입을 셔츠를 제공 받고, 입었던 셔츠는 반납한다. ²A 씨는 셔츠를 직접 사러 가거나 세탁할 필요가 없어져 시간을 절약할 수 있게 되었다. ³이처럼 소비자가 회원 가입 및 신청을 하면 정기적으로 원하는 상품을 배송 받거나, 필요한 서비스를 언제든지 이용할 수 있는 경제 모델을 '구독경제'라고 한다.
▷ 구독경제의 개념
▶ 구독경제의 사례 및 개념

❷ ¹신문이나 잡지 등 정기 간행물에만 적용되던 구독 모델은 최근 들어 그 적용 범위가 점차 넓어지면서 구독경제가 빠르게 확산되고 있는데, 그 이유는 무엇일까? ²경제학자들은 구독경제의 확산 현상을 '합리적 선택 이론'으로 설명한다. ³(경제 활동을 하는 소비자가 주어진 제약 속에서 자신의 효용을 최대화하려는 것을 합리적 선택이라고 하는데, 이때 효용이란 소비자가 상품을 소비함으로써 얻는 만족감을 의미한다.) ⁴소비자들이 한정된 비용으로 최대한의 만족을 얻기 위해 노력한 결과가 구독경제의 확산으로 이어졌다는 것이다. ⁵이것은 최근의 소비자들이 상품을 소유함으로써 얻는 만족감보다는 상품을 사용함으로써 얻는 만족감을 더 중요시한다는 것을 보여 준다고 할 수 있다.
▷ 결과: 구독경제의 확산
▷ ( ): 합리적 선택 이론의 개념
▷ 원인
▶ 구독경제의 확산 현상과 그 원인(합리적 선택 이론)

## 구조로 독해하기

**구독경제의 확산 이유**

| 결과 | 최근 들어 소비자가 회원 가입 및 신청을 하면 정기적으로 원하는 상품을 배송 받거나, 필요한 서비스를 언제든지 이용할 수 있는 경제 모델인 '구독 경제'가 빠르게 확산되고 있음. |
| :---: | :--- |

↑

| 원인 | 합리적 선택 이론에 따르면, 경제 활동을 하는 소비자들이 한정된 비용으로 최대한의 만족을 얻기 위해 노력함. |
| :---: | :--- |

## 기출로 연습하기

❶ ¹2002년 월드컵 당시 'Be the Reds'라고 새겨진 붉은 티셔츠의 수요가 폭발했다. ²하지만 월드컵 기간 동안 불티나게 팔린 티셔츠로 수익을 본 업체는 모조품을 판매하는 업체와 이를 제조하는 업체였다. ³오히려 정품을 생산해 대리점에서 판매하는 스포츠 브랜드 업체는 수익을 내지 못했고, 월드컵 이후 수요가 ●폭락해 팔지 못한 재고로 난처했다. ⁴도대체 왜 이런 상황이 벌어졌을까?

❷ ¹이 현상의 원인을 설명하기 위해서는 ●공급 사슬망(Supply Chain Management)의 '채찍 효과(Bullwhip effect)'를 우선 이해해야 한다. ²이는 상품에 대한 소비자 수요는 일정한데, 소매점 및 도매점의 주문 변동폭이 '최종 소비자–소매점–도매점–제조업체–원자재 공급업체'로 이어지는 공급 사슬망에서 최종 소비자로부터 멀어질수록 더 확대되는 현상을 의미한다.

❸ ¹그렇다면 이런 채찍 효과가 생기는 이유는 무엇일까? ²첫 번째 이유는 수요의 왜곡 때문이다. ³소비자의 수요가 갑자기 늘면 앞으로 수요 증가를 기대하는 심리로 소매점은 기존 주문량보다 더 많은 양을 도매점에 주문하고, 도매점도 소매점 주문량보다 더 많은 양을 제조업체에 주문한다. ⁴즉, 공급 사슬망에서 최종 소비자로부터 멀어질수록 점점 더 심하게 왜곡되는 현상이 발생하는 것이다.

❹ ¹두 번째 이유는 공급 사슬망에서 최종 소비자로부터 멀어질수록 대량 주문 방식을 필요로 하기 때문이다. ²예를 들면 소비자는 소매점에서 물건을 한두 개 단위로 구입하지만, 소매점은 도매상에서 물건을 박스 단위로 주문하고, 다시 도매점은 제조업체에 트럭 단위로 주문을 한다. ³그런데 이렇게 기본 주문 단위가 커질수록 재고량이 증가하게 된다.

❺ ¹공급 사슬망의 채찍 효과로 발생하는 재고는 기업 입장에서는 큰 부담이 될 수 있다. 왜냐하면 재고를 쌓아둘 공간을 마련하거나 재고를 손상 없이 관리하는 데 큰 비용이 들기 때문이다.

- ●**폭락하다** 물건의 값이나 주가 따위가 갑자기 큰 폭으로 떨어지다.
- ●**공급 사슬망** 상품의 흐름이 고리처럼 연결되어 있고, 이들의 상관관계 또한 서로 긴밀하게 연결되어 있는 것.

---

**1** 윗글의 내용을 요약하며 빈칸에 들어갈 알맞은 말을 쓰시오.

> **❷ 공급 사슬망의 채찍 효과 [결과]**
>
> '최종 소비자 – 소매점 – 도매점 – 제조업체 – 원자재 공급업체'로 이어지는 공급 사슬망에서 최종 소비자로부터 멀어질수록 수요 ⑴[        ]이 더 확대되는 현상.

⬆

> **❸∼❹ 공급 사슬망의 채찍 효과가 발생하는 ⑵[        ] [원인]**
>
> ① 수요 증가에 대한 기대 심리로 기존 주문량보다 더 많이 주문함으로써, 공급 사슬망에서 최종 소비자로부터 멀어질수록 더 심한 수요의 ⑶[        ]이 발생함.
> ② 공급 사슬망에서 최종 소비자로부터 멀어질수록 기본 주문 단위가 커짐.

---

기출 선지 판단하기

**2** 윗글에 대한 설명이 적절하면 ○에, 그렇지 않으면 ✕에 표시하시오.

⑴ 사회 현상의 발생 원인을 관련 개념을 통해 설명하고 있다. ○ ✕

⑵ 사회 현상의 원인에 대한 대립적 의견들을 소개하고 그 공통점과 차이점을 설명하고 있다. ○ ✕

# 문제-해결 구조

문제-해결 구조는 어떤 현상이나 대상과 관련하여 문제점을 밝히고 이를 해결할 수 있는 방안을 중심으로 내용을 조직하는 구조 유형이다.

수능에서 문제-해결 구조는 '저소득층 보호를 위한 기본소득제', '환경 오염을 줄이기 위한 환경 정책'과 같이 문제 상황이 발생한 사회 현상 또는 사상이나 이론의 한계를 밝히고, 이에 대한 해결책이나 대안을 제시하는 글에 주로 나타난다. 이러한 글을 읽을 때에는 제시된 현상이나 상황에 나타난 문제점을 파악하고, 이를 해결하기 위해 제시된 방안이 무엇인지, 이 해결 방안이 어떤 방식으로 문제를 해결하고 있는지를 파악하며 읽는 것이 중요하다.

| 문제 |
| --- |
| 해결 방안 |

## 지문 독해 전략

**STEP 1** 글의 화제로 제시된 현상이나 대상의 문제점이 무엇인지 파악한다.

**STEP 2** 문제점을 해결하기 위한 방안이 제시되었는지 확인한다.

**STEP 3** 제시된 해결 방안이 문제를 어떤 방식으로 해결하고 있는지 확인한다.

## 기출로 확인하기



❶ (¹19세기 중반 이전까지 ˚기초 자산을 거래하는 당사자들은 그들의 이해관계가 일치하는 경우 기초 자산을 계약 체결 시점에 정해 놓은 가격과 수량으로 계약 만기 시점에 ˚인수·˚인도하기로 약속하는 계약을 통해 미래의 위험에 대비하고자 하였고, <u>선도</u>라는 ˚파생 상품이 이러한 계약으로서 기능하였다.) ²그런데 선도는 거래 당사자들이 자기가 거래하고자 하는 물품의 가격, 수량, 만기 시점 등에 있어 이해관계가 일치하는 거래 상대방을 찾기가 어려웠다. ³또한 계약을 체결했더라도 만기 이전에 그 계약을 임의로 ˚파기할 위험이 높다는 불안정성이 늘 존재했다.

( ): '선도'의 기능
'선도'의 문제점 ①
'선도'의 문제점 ②
▶ 파생 상품 '선도'의 기능과 문제점

❷ ¹이런 문제점을 해결하기 위해 19세기 중반부터 <u>선물</u>이라는 파생 상품이 나타났다. ²선물은 기초자산을 계약 체결 시점에 정해 놓은 가격과 수량으로 계약 만기 시점에 거래한다는 점에서는 선도와 동일하다. ³하지만 공인된 거래소에서 거래가 이루어진다는 점에서는 차이가 있다. (거래소의 역할은 다음과 같다. ⁴첫째, 이해관계가 일치하는 거래 당사자들이 쉽게 만날 수 있는 장을 마련해 주었다. ⁵둘째, 거래 당사자들 사이에서 거래의 매개적 역할을 하였다. ⁶셋째, 거래와 관련된 다양한 제도적 장치를 마련해 주었다.) ⁷이를 통해 거래 안정성이 확보되어 계약 만기 전에 이루어지는 선물 거래로 차익을 얻고자 하는 사람들의 거래가 활발하게 이루어지게 되었다.

해결 방안
'선도'와 '선물'의 공통점
'선도'와 다른 '선물'의 특징
선물 거래의 장점
▶ 새로 도입된 파생 상품 '선물'의 특징

### 구조로 독해하기

● 파생 상품 '선도'의 문제점을 해결하기 위해 도입된 '선물'

| ❶ 파생 상품 '선도' [문제점] | ① 이해관계가 일치하는 거래 상대방을 찾기 어려움. ② 계약을 체결하더라도 만기 이전에 계약을 임의로 파기할 위험이 높음. |
| --- | --- |

↓

| ❷ 파생 상품 '선물' [해결 방안] | 공인된 거래소에서 거래가 이루어지면서 거래 안정성이 확보됨. |
| --- | --- |

---

- **기초 자산** 외환, 채권, 주식, 농축산물, 제조품, 가공품 따위의 팔거나 살 수 있는 대상이 되는 모든 자산.
- **인수하다** 물건이나 권리를 건네받다.
- **인도하다** 물건이나 권리를 넘겨주다.
- **파생 상품** 기초 자산의 가치 변동에 따라 가격이 결정되는 금융 상품.
- **파기하다** 계약, 조약, 약속 따위를 깨뜨려 버리다.

## 기출로 **연습하기**



❶ [1]19세기 초 지질학자들은 스테노와 스미스의 *층서 원리를 적용하여 전 세계의 지질학적 연구 성과를 종합했다. [2]우리가 흔히 쓰는 '중생대 쥐라기'와 같은 '대', '기' 등으로 나타내는 지질학적 시간 척도는 이때 확립되었다. [3]그러나 이러한 지질학적 시간 척도는 상대적인 척도로 한 지층이 다른 지층보다 오래되었는지 아닌지를 말해 줄 수는 있어도 실질적으로 얼마나 오래되었느냐는 말해 줄 수 없었다.

❷ [1]이후 많은 사람들이 지층의 정확한 연대 측정을 시도한 끝에 1905년 러더퍼드가 자연적으로 발생하는 *방사성 동위원소를 이용하여 지층 연대의 측정에 성공했다. [2]이것이 동위원소 연대측정법의 시작이었다.

❸ [1]방사성 동위원소는 일정한 시간이 지나면 *모원소의 개수가 원래 개수에서 절반으로 줄어드는 특성이 있다. [2]이때 줄어든 모원소의 개수만큼 *자원소의 개수가 늘어난다. [3]첫 *반감기 때 모원소의 개수는 처음의 반으로 줄고 두 번째 반감기에는 남은 모원수의 개수가 반으로 줄어 처음의 1/4로, 세 번째 반감기에는 또 남은 모원수의 개수가 반으로 줄어 처음의 1/8과 같은 식으로 줄어든다. [4]그래서 모원소와 자원소의 개수의 비율은 첫 반감기에 1:1, 두 번째 반감기에 1:3, 세 번째 반감기에 1:7이 된다.

❹ [1]따라서 어떤 암석에 포함된 모원소와 자원소의 비율과 방사성 동위원소의 반감기를 이용하면 암석이 만들어진 연대를 추정할 수 있다. [2]가령 어떤 암석이 생성될 때 반감기가 13억 년인 방사성 동위원소 '포타슘-40'을 함유하고 있고 이 원소가 다른 외부 요인에 의한 변화가 없다고 할 때, 이 암석의 방사성 동위원소 측정 결과 모원소와 자원소의 비율이 1:3이라면 반감기를 두 번 거쳤기 때문에 이 암석은 26억 년 전에 생성되었다고 볼 수 있다.

- **층서** 지층이 쌓인 순서. 아랫부분에서부터 오래된 순서대로 층을 이루어 겹쳐져 있다.
- **방사성 동위원소** 방사성 붕괴를 통해 불안정한 원자핵이 안정된 상태의 다른 종류의 원자핵으로 변하는 동위원소.
- **모원소** 붕괴 전의 방사성 동위원소.
- **자원소** 모원소의 방사성 붕괴에 의해 생성된 안정된 원소.
- **반감기** 모원소의 개수가 원래 개수의 절반으로 줄어드는 데에 걸리는 시간.

**1** 윗글의 내용을 다음과 같이 요약할 때, 빈칸에 들어갈 알맞은 말을 쓰시오.

| | ❶ 지질학적 시간 척도 | | ❷~❹ 동위원소 연대측정법 |
|---|---|---|---|
| 특징 | • 19세기 초에 스테노와 스미스의 층서 원리를 적용함.<br>• 지층의 연대를 ⑴[ ]인 척도로 구분할 수 있음. | ⑵[ ] 방안 → | 특징 • 1905년에 러더퍼드가 제안함.<br>• 방사성 동위원소의 모원소, 자원소의 비율과 ⑶[ ]를 이용하여 암석이 만들어진 연대를 추정함. |
| 한계 | 지층이 실질적으로 얼마나 오래되었는지 연대를 측정할 수 없음. | | 장점 지층의 정확한 연대를 측정할 수 있음. |

기출 선지 판단하기

**2** 윗글에서 알 수 있는 내용으로 적절하면 ○에, 그렇지 않으면 ×에 표시하시오.

⑴ 19세기 초 지질학자들은 지층이 형성된 연도를 정확히 알 수 없었다. ○ ×

⑵ 반감기를 한 번 거친 방사성 동위원소의 모원소의 개수는 반감기를 거치기 전과 동일하다. ○ ×

# 과정 구조

과정 구조는 일의 순서나 대상의 변화 양상, 대상을 구성하는 요소들의 작동 과정을 다루는 구조 유형이다. 이 구조는 여러 문단에 걸쳐 제시되기도 하지만, 한 문단 안에서 단계적으로 설명되기도 한다.

수능에서 과정 구조는 '유엔해양법협약에 따른 분쟁 해결 절차'와 같이 법적 절차를 다룬 사회 영역의 글, '전자요금징수시스템의 작동 과정'과 같이 대상의 작동 원리를 단계적으로 설명하는 과학·기술 영역의 글에 주로 나타난다. 이러한 글을 읽을 때에는 단계를 끊어 읽으면서 각 단계에서 일어나는 일련의 행동이나 작용, 변화 등에 주목해야 한다.

> 글을 읽을 때 '먼저', '그다음은'과 같은 담화 표지에 주목하고, 각 단계나 순서를 기호로 구분하거나 번호를 매기면 선후 관계를 파악하는 데 도움이 돼.

화제
↓
단계·순서 1
↓
단계·순서 2
↓
단계·순서 3

## 지문 독해 전략

**STEP 1** 글의 중심 화제를 파악하고, 흐름이나 과정의 단계를 나타내는 표현에 주목한다.

**STEP 2** 각 단계를 구분하고 단계의 특징을 나타내는 핵심 정보를 파악한다.

**STEP 3** 각 단계의 차이점을 파악하고 전체 과정의 흐름을 선후 관계에 따라 이해한다.

## 기출로 확인하기

❶ [1]형법은 범죄와 형벌을 규정하는 법률로서 '죄형법정주의'라는 기본 원칙이 있다. 죄형법정주의는 범죄의 행위와 그 범죄에 대한 처벌을 미리 법률로 정해 두어야 한다는 것이다.
▶ 형법의 죄형법정주의 원칙

❷ [1]형법을 위반한 범죄가 발생하면, 먼저 •수사 기관이 수사를 한다. [2]수사를 개시하는 단서로는 〈1〉단계 고소, 고발, 인지가 있는데, 이 중 고소는 피해자가 하는 반면 고발은 제3자가 한다. [3]일반적으로 범죄는 수사 기관이 인지하는 것만으로도 수사를 시작할 수 있다. [4]하지만 명예훼손죄, 폭행죄 등은 수사를 진행했더라도 피해자가 원하지 않으면 처벌하지 않는다. [5]수사 결과 피의자가 죄를 범했다고 의심할 만한 충분한 이유가 있다면 구속 영장을 받아 체포해 구속한다. 〈2〉단계 [6]만약 범죄를 실행 중인 경우는 •구속 영장 없이 체포 가능한데, 이 경우 48시간 이내에 구속 영장을 신청해야 하고, 법원은 신청서가 접수된 시간으로부터 48시간 이내에 구속 영장의 발부 여부를 결정해야 한다. [7]수사 결과 범죄 혐의가 인정되면 검사는 재판을 청구하는데 이를 기소라고 한다. [8]이때 검사는 피의자의 나이, 환경, 동기 등을 •참작하여 기소를 하지 않을 수 있다. 〈3〉단계 [9]기소로 재판 절차가 시작되면 법원은 사건을 •심리하여 범죄 사실이 확인된 경우 유죄를 선고한다. 〈4〉단계 [10]유죄가 인정되면 법원이 형을 선고하고 집행 절차에 들어간다. 〈5〉단계
▶ 형법을 위반한 범죄 발생 시 법적 절차

- **수사** 주로 경찰이나 검찰이 범인이나 용의자를 가려내어 체포하기 위해 사건을 조사함.
- **구속 영장** 피의자의 신체를 구속할 수 있는 명령서.
- **참작하다** 이리저리 비추어 보아서 알맞게 고려하다
- **심리하다** 재판의 기초가 되는 사실 관계 및 법률관계를 명확히 하기 위하여 법원이 증거나 방법 따위를 심사하다.

## 구조로 독해하기

**형법을 위반한 범죄 발생 시 법적 절차**

| 〈1〉 | 고소(피해자), 고발(제3자), 인지(수사 기관)를 단서로 수사를 시작함. | → | 〈2〉 | 피의자의 죄를 의심할 만한 충분한 이유가 있는 경우, 구속 영장을 받아 체포해 구속하여 수사함. | → |

| 〈3〉 | 피의자의 범죄 혐의가 인정되는 경우, 검사가 재판을 청구함.[기소] | → | 〈4〉 | 법원이 사건을 심리하여 유죄를 선고함. | → | 〈5〉 | 법원이 형을 선고하고 형을 집행함. |

## 기출로 연습하기

❶ [1]연료전지는 저장된 수소와 외부로부터 공급되는 공기 속 산소가 만나 일어나는 산화·환원 반응 과정을 통해 전기에너지를 생성하는데, 산화란 어떤 물질이 전자를 내어 주는 것을, 환원이란 전자를 받아들이는 것을 의미한다. [2]이렇게 물질이 전자를 얻으면 음이온이, 전자를 잃으면 양이온이 된다.

❷ [1]수소전기차에는 백금을 넣은 •촉매와 고분자전해질막을 지닌 연료전지를 많이 사용한다. [2]연료전지의 −극과 +극에 사용되는 촉매 속에 들어있는 백금은 −극에서는 수소의 산화 반응을, +극에서는 산소의 환원 반응을 활성화한다. [3]그리고 두 극 사이에 있는 고분자전해질막은 양이온의 이동은 돕고 음이온과 전자의 이동은 억제하는 역할을 한다.

❸ [1]㉠연료전지에서 전기에너지가 생성되는 과정은 수소를 저장한 연료 탱크로부터 수소가 −극으로, 공기공급기로 유입되는 외부의 공기 속 산소가 +극으로 공급되며 시작된다. [2]−극에 공급된 수소는 촉매 속 백금에 의해 수소 양이온($H^+$)과 전자($e^-$)로 분리되고, 수소 양이온은 고분자전해질막을 통과해 +극으로, 전자는 외부 회로를 통해 +극으로 이동한다. [3]이렇게 전자가 외부 회로로 흐르며 전기에너지가 발생하는데, 생성된 전기에너지는 모터로 전해져 동력원이 되고 일부는 배터리에 •축전된다. [4]+극에서는 공급된 산소가 외부 회로를 통해 이동해 온 전자($e^-$)와 결합해 산소 음이온($O^-$)이 된 후, 수소 양이온($H^+$)과 만나 물($H_2O$)이 되어 외부로 배출된다.

● **촉매** 다른 물질의 화학 반응을 매개하여 반응 속도를 빠르게 하거나 늦추는 물질.
● **축전되다** 배터리에 전기가 모아져 두어지다.

---

**1** 다음은 ㉠을 도식화한 것이다. 윗글을 참고하여 빈칸에 들어갈 알맞은 말을 쓰시오.

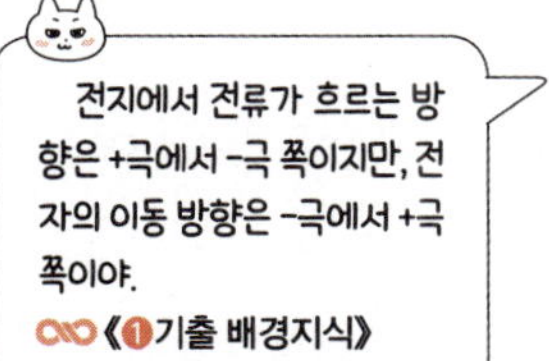


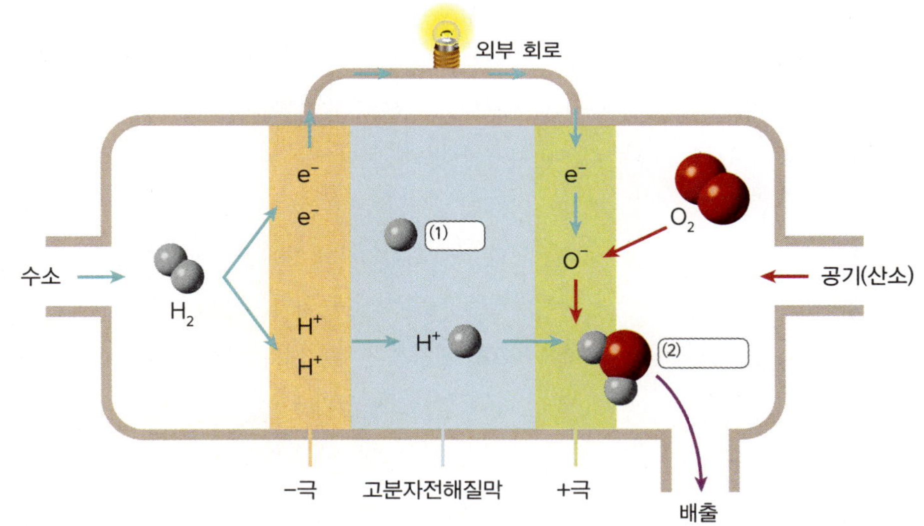


---



**2** 윗글의 내용을 바탕으로 ㉠을 이해한 내용이 적절하면 ○에, 그렇지 않으면 ×에 표시하시오.

(1) −극과 +극에 들어 있는 금속은 각각 수소의 산화 반응과 산소의 환원 반응을 촉진하겠군. ○ ×

(2) 외부 회로를 통해 전자가 흘러가는 이유는 고분자전해질막이 전자의 이동을 억제하기 때문이겠군. ○ ×

(3) −극과 +극에서 분리된 전자는 외부 회로에서 만나 전기에너지를 생성하겠군. ○ ×

# 분석 구조

분석 구조는 중심 화제인 대상을 이루고 있는 하위 요소나 세부적인 속성을 중심으로 내용을 조직하는 구조 유형이다.

수능에서 분석 구조는 '심장의 구조와 기능', '다이내믹 스피커의 부품과 작동 방식'과 같이 신체 기관이나 기계·장치의 구조를 제시한 뒤, 각 부분의 특성과 부분 간의 관계 또는 각 부분의 기능을 통해 작동 원리를 설명하는 과학·기술 영역의 글에 주로 나타난다. 이러한 글을 읽을 때에는 대상의 구조를 중심으로 특징, 기능, 원리 등을 관련지어 이해해야 한다.



〈그림〉이 함께 제시될 때가 많은데, 지문에서 설명하는 부분이 〈그림〉의 어떤 부분에 해당하는지 확인하면서 읽는 것이 좋아.

### 지문 독해 전략

**STEP 1** 하나의 대상을 하위 요소나 속성으로 나누어 설명하는지 확인한다.

**STEP 2** 대상의 구조를 파악하고, 각 부분의 특성이나 기능을 정리한다.

**STEP 3** 그림 자료가 제시된 경우에는 글의 내용과 그림 자료를 연결 지어 이해한다.

## 기출로 확인하기

❶ ¹실어증 환자들에 대한 연구가 발전됨에 따라 뇌에서 언어를 담당하는 ●중추가 추가로 발견되었다. ²이를 토대로 1964년 게쉬윈드는 '베르니케-게쉬윈드 모형'을 새롭게 제시하였다. ³게쉬윈드는 청각 자극을 수용하는 기본 청각 영역과 시각 자극을 수용하는 기본 시각 영역, 그리고 베르니케 영역, 브로카 영역, 운동 영역, 각회라는 네 개의 언어 중추를 중심으로 언어 처리 과정을 설명하고 있다. ⁴그는 청각 형태로 단어가 저장되어 있는 베르니케 영역이 듣기와 읽기에서는 (뇌에서 언어를 담당하는 부위) 수용된 자극에 해당하는 단어를 찾아 의미를 해석하고, 말하기와 쓰기에서는 의미를 형성한 뒤 ('베르니케 영역'에서 담당하는 언어 기능) 해당 단어를 찾는 역할을 한다고 보았다. ⁵브로카 영역에는 단어를 조합하여 문장이나 발화를 생성하는 역할 외에 말하기나 쓰기에 필요한 운동 프로그램을 만들어 운동 영역으로 보내는 역할 ('브로카 영역'에서 담당하는 언어 기능) 을 추가하였다. ⁶그리고 운동 영역은 브로카 영역에서 받은 운동 프로그램에 근거하여 말하기나 쓰기에 필요한 신경적 지시를 내리는 기능을 담당한다고 보았다. ⁷마지막으로 각회는 베르니케 ('운동 영역'에서 담당하는 언어 기능) 영역과 인접해 있으면서 읽기에서는 시각 형태의 정보를 청각 형태로 전환하고, 쓰기에서는 청각 형태의 정보를 시각 형태로 전환하여 베르니케 영역으로 보내는 역할을 한다고 보았다. ('각회'에서 담당하는 언어 기능)

▶ 베르니케-게쉬윈드 모형: 뇌 부위별로 담당하는 언어 기능

● **실어증** 후천적인 뇌 손상으로 언어의 표현과 이해에 장애가 발생하는 증상.
● **중추** 신경 기관 가운데, 신경 세포가 모여 있는 부분.

### 구조로 독해하기

🔵 베르니케-게쉬윈드 모형: 뇌 부위별 기능

| 기본 청각 영역 | | 청각 자극을 수용함. | 기본 시각 영역 | 시각 자극을 수용함. |
|---|---|---|---|---|
| 언어 중추 | 베르니케 영역 | [듣기와 읽기] 수용된 자극에 해당하는 단어를 찾아 의미를 해석함.<br>[말하기와 쓰기] 의미를 형성한 뒤 해당 단어를 찾음. | | |
| | 브로카 영역 | 단어를 조합하여 문장이나 발화를 생성함.<br>[말하기나 쓰기]에 필요한 운동 프로그램을 만들어 운동 영역으로 보냄. | | |
| | 운동 영역 | [말하기나 쓰기]에 필요한 신경적 지시를 내림. | | |
| | 각회 | [읽기] 시각 형태의 정보를 청각 형태로 전환함.<br>[쓰기] 청각 형태의 정보를 시각 형태로 전환하여 베르니케 영역으로 보냄. | | |

## 기출로 연습하기

❶ [1]간은 육각형 기둥 모양의 간소엽이라는 작은 공장들로 이루어져 있고 그 내부는 간의 주요 기능을 수행하는 간세포로 채워져 있다. [2]간소엽의 중심부에는 중심 정맥이 놓여 있어 간을 거친 혈액을 간정맥으로 보내 심장으로 흐르게 한다. [3]그리고 육각형 기둥의 각 모서리에는 간문맥, 간동맥, 담관이 지나가고 있는데, 간문맥과 간동맥은 혈액이 다른 장기에서 간으로 유입되는 관이고, 담관은 담즙이 간에서 배출되는 관이다.

❷ [1]인체의 거의 모든 장기의 혈액 순환은 혈액이 동맥으로 들어와 모세혈관을 거치면서 산소와 영양소의 교환이 이루어진 다음에 정맥을 통해 나가는 방식이다. [2]그러나 간의 혈액 순환은 예외적으로 혈액이 간동맥과 간문맥이라는 2개의 혈관을 통해서 들어와 미세혈관을 지나 중심 정맥으로 흘러 나간다. [3]이 과정을 자세히 살펴보면 동맥인 '간동맥'을 통해서 들어오는 혈액은 산소를 운반하고, 소장과 간을 연결하는 혈관인 '간문맥'을 통해서 들어오는 혈액은 위나 장에서 흡수된 영양소를 간으로 이동시킨다. [4]이 두 혈관들은 간소엽 내부에서 점차 가늘어져 '시누소이드'라는 미세혈관으로 합쳐지는데, 시누소이드는 밭이랑처럼 길게 배열되어 있는 간세포들 사이에 위치해 있다. [5]시누소이드를 흐르는 혈액은 •대사 활동에 필요한 산소와 영양소를 간세포에 공급하고, 간세포의 대사 활동의 결과물인 대사산물과 이산화탄소 같은 노폐물 등을 흡수하는데 이러한 과정을 '물질 교환'이라 한다. [6]이렇게 시누소이드를 거친 혈액은 중심 정맥으로 유입된 후, 다시 간정맥으로 합쳐져 심장으로 들어가는 것이다.

● **대사** 생물체가 몸 밖으로부터 섭취한 영양물질을 몸 안에서 분해하고, 합성하여 생체 성분이나 생명 활동에 쓰는 물질이나 에너지를 생성하고 필요하지 않은 물질을 몸 밖으로 내보내는 작용.

---

**1** 윗글에 제시된 간의 주요 부위의 특성을 다음과 같이 정리할 때, 빈칸에 들어갈 알맞은 말을 쓰시오.

| | |
|---|---|
| 간소엽 | 간을 구성함. 육각형 기둥 모양이며, 내부는 ⑴ [　　　]로 채워짐. |
| 중심 정맥 | 간소엽의 중심부에 위치함. 간을 거친 혈액을 ⑵ [　　　]으로 보내 심장으로 흐르게 함. |
| 간문맥 | 소장과 간을 연결하는 혈관으로, 위나 장에서 흡수된 영양소를 이동시킴. |
| 간동맥 | ⑶ [　　　]를 운반하는 혈액이 유입되는 관 |
| 담관 | 담즙이 간에서 배출되는 관 |

---



**2** 〈보기〉는 간소엽의 일부를 확대한 그림이다. ㉠～㉢에 대한 설명으로 적절하면 ○에, 그렇지 않으면 ×에 표시하시오.

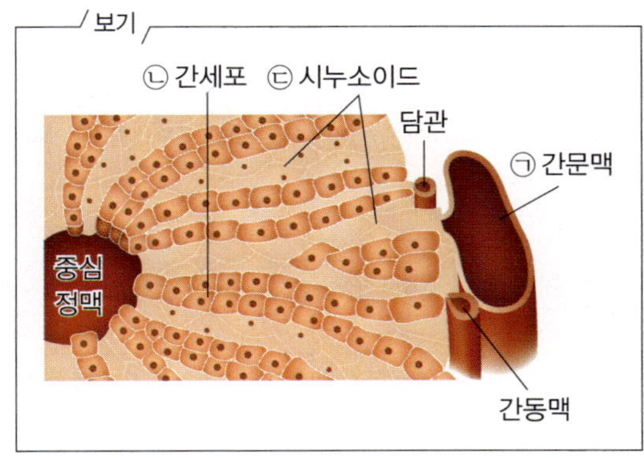


⑴ 장에서 흡수된 영양소는 ㉠을 통해서 간으로 들어오는군. 　○ ×

⑵ ㉡은 ㉢에서 산소와 영양소를 공급받아 대사 활동을 하는군. 　○ ×

⑶ ㉢에서 만들어진 노폐물은 중심 정맥으로 보내지는군. 　○ ×

# 분류 구조



분류 구조는 상위 개념을 일정한 기준에 따라 하위 개념으로 범주화하여 내용을 조직하는 구조 유형이다. 이 구조는 대등한 개념을 포괄하는 전체 개념이 상위에 제시된다는 점에서 나열 구조와 구별된다.

수능에서 분류 구조는 '영상 안정화 기술의 유형', '바이러스 감염의 여러 양상', '사진 촬영 시 활용되는 빛의 종류' 같이 어떤 대상을 일정한 기준에 따라 하위 종류나 유형으로 나누어 각각의 특성을 설명하는 글에 주로 나타난다. 이러한 글을 읽을 때는 하위 종류로 나누는 기준이 무엇인지 확인하고, 범주화된 하위 종류들의 특징을 비교·대조하며 읽어야 한다.

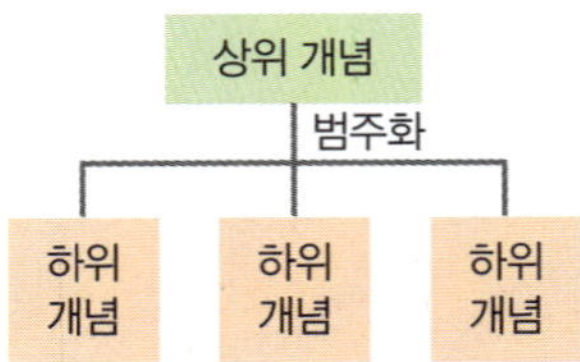


## 지문 독해 전략

**STEP 1** 글의 화제로 제시된 대상이 범주화되고 있는지 확인한다.

**STEP 2** 분류 기준을 확인하고, 각각의 하위 종류의 특성을 파악한다.

**STEP 3** 하위 종류들의 특성을 견주어 읽으면서 차이점을 파악한다.

## 기출로 확인하기

❶ ¹경매는 •입찰 방식의 공개 여부에 따라 공개 구두 경매와 밀봉 입찰 경매로 구분할 수 있다. 먼저 공개 구두 경매는 경매에 참여하는 사람들을 모두 한자리에 모아 놓고 누가 어떠한 조건으로 경매에 응하는지를 공개적으로 진행하는 방식을 말한다. 이러한 공개 구두 경매는 다시 영국식 경매와 네덜란드식 경매로 구분할 수 있다. 영국식 경매는 오름 경매 방식으로, 우리가 가장 흔히 접하는 낮은 가격부터 시작해서 가장 높은 가격을 제시한 사람이 •낙찰자가 되는 방식이다. 이와는 반대로 네덜란드식 경매는 내림 경매 방식으로, 판매자가 높은 가격부터 제시해 가격을 점점 낮추면서 가장 먼저 •응찰한 사람을 낙찰자로 정하는 방식이다.
▶ 경매의 종류: ① 공개 구두 경매

❷ ¹공개적으로 진행되는 경매와는 달리 경매 참여자들이 서로 어떠한 가격에 응찰했는지를 확인할 수 없는 밀봉 입찰 경매가 있다. 밀봉 입찰 경매는 낙찰자가 지불하는 금액을 어떻게 결정하느냐에 따라 최고가 밀봉 경매와 차가 밀봉 경매로 구분된다. 최고가 밀봉 경매는 응찰자 중 가장 높은 가격을 적어 냈을 때 낙찰이 되는 것으로 낙찰자는 자신이 적어 낸 금액을 지불한다. 차가 밀봉 경매의 낙찰자 결정 방식은 최고가 밀봉 경매와 동일하지만, 낙찰자가 지불하는 금액은 자신이 적어 낸 금액이 아니라 응찰자가 적어 낸 금액 중 두 번째로 높은 금액이다.
▶ 경매의 종류: ② 밀봉 입찰 경매

- **입찰** 경매 참가자에게 각자의 희망 가격을 제시하게 하는 일.
- **낙찰자** 경매나 경쟁 입찰 따위에서 물건이나 일을 받기로 결정된 사람.
- **응찰하다** 입찰에 참가하다.

## 구조로 독해하기

**경매의 종류**

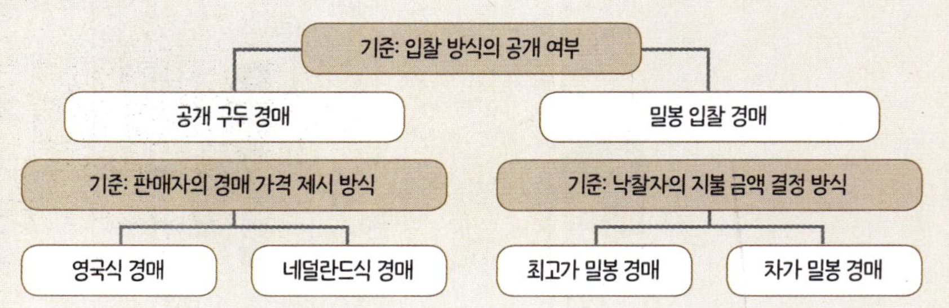

## 기출로 연습하기

**❶** [1]국가, 지방 자치 단체와 같은 행정 주체가 행정 목적을 실현하기 위해 국민의 권리를 제한하거나 국민에게 의무를 부과하는 '행정 규제'는 국회가 제정한 법률에 근거해야 한다. [2]그러나 국회가 아니라, 대통령을 수반으로 하는 행정부나 지방 자치 단체와 같은 행정 기관이 제정한 법령인 행정입법에 의한 행정 규제의 비중이 커지고 있다.

**❷** [1]행정입법의 유형에는 위임명령, 행정규칙, 조례 등이 있다. 헌법에 따르면, 국회는 행정 규제 사항에 관한 법률을 제정할 때 특정한 내용에 관한 입법을 행정부에 ●위임할 수 있다. [2]이에 따라 제정된 행정입법을 위임명령이라고 한다. [3]위임명령은 모든 국민에게 적용되기 때문에 입법예고, ●공포 등의 절차를 거쳐야 한다.

**❸** [1]행정규칙은 원래 행정부의 ●직제나 사무 처리 절차에 관한 행정입법으로서 ●고시(告示), ●예규 등이 여기에 속한다. [2]일반 국민에게는 직접 적용되지 않기 때문에, 법률로부터 위임받지 않아도 유효하게 제정될 수 있고 위임명령 제정 시와 동일한 절차를 거칠 필요가 없다. [3]그러나 행정 규제 사항에 관하여 행정규칙이 제정되는 예외적인 경우도 있다. [4]위임된 사항이 첨단 기술과의 관련성이 매우 커서 위임명령으로는 대응하기 어려운 경우, 위임 근거 법률이 행정입법의 제정 주체만 지정하고 행정입법의 유형을 지정하지 않았다면 위임된 사항이 고시나 예규로 제정될 수 있다. [5]이런 경우의 행정규칙은 위임명령과 달리, 입법예고, 공포 등을 거치지 않고 제정된다.

**❹** [1]조례는 지방 의회가 제정하는 행정입법으로 지역의 특수성을 반영하여 제정되고 지역에서 발생하는 사안에 대해 적용된다. [2]제정 주체가 지방 자치 단체의 기관인 지방 의회라는 점에서 행정부에서 제정하는 위임명령, 행정규칙과 구별된다. [3]조례도 행정 규제 사항을 규정하려면 법률의 위임에 근거해야 하며, 입법예고, 공포 등의 절차를 거쳐 제정된다.

- **위임하다** 어떤 일을 책임 지워 맡기다.
- **공포** 이미 확정된 법률, 조약, 명령 따위를 일반 국민에게 널리 알리는 일.
- **직제** 직무나 직위에 관한 제도. 또는 국가의 행정 조직 및 권한을 정하는 법규.
- **고시** 주로 행정 기관에서 일반 국민들을 대상으로 어떤 내용을 알리는 경우를 이른다.
- **예규** 관청이나 회사에서 내부의 사무에 관한 기준을 보이기 위하여 정한 규칙.

**1** 윗글에 나타난 행정입법의 유형을 다음과 같이 정리할 때, 빈칸에 들어갈 알맞은 말을 쓰시오.

| | 위임 여부 | 제정 주체 | 입법예고, 공포 절차 |
|---|---|---|---|
| **❷** (1) ________ | 국회의 위임이 필요함. | 행정부 | 거쳐야 함. |
| **❸** 행정규칙 | • 법률로부터 위임받지 않아도 됨.<br>• 예외: 행정 규제 사항에 관하여 법률로부터 위임된 사항이 위임명령으로 대응하기 어려운 경우, 위임된 사항이 (2) ________ 나 예규로 제정됨. | 행정부 | 거치지 않음. |
| **❹** 조례 | 법률의 위임에 근거해야 함. | (3) ________ | 거쳐야 함. |

**기출 선지** 판단하기

**2** 윗글에 대한 설명으로 적절하면 ○에, 적절하지 않으면 ×에 표시하시오.

(1) 행정입법에 속하는 법령들은 모두 지역의 특수성을 반영한다. ○ ×

(2) 행정규칙이 행정부의 사무 처리 절차를 규정하는 경우, 법률의 위임이 요구되지 않는다. ○ ×

(3) 위임명령이 입법예고나 공포 등의 절차를 걸쳐 제정되는 이유는 일반 국민에게 직접 적용되지 않기 때문이다. ○ ×

# 특강 기출로 알아보는 영역별 출제 경향

## 인문·예술

| | | |
|---|---|---|
| **23학년도 6월 모평** | [인문+인문] 가 《신어》에 담긴 육가의 사상 | |
| | 나 《치평요람》에 담긴 세종과 편찬자들의 사상 | |
| **22학년도 수능** | [인문+예술] 가 변증법을 바탕으로 한 헤겔의 미학 | |
| | 나 변증법을 바탕으로 한 헤겔의 미학에 대한 비판 | |
| **22학년도 9월 모평** | [인문] 반자유의지 논증과 이에 대한 비판적 입장 | |
| **22학년도 6월 모평** | [인문+인문] 가 새먼의 과정 이론 나 재이론 | |

인문 영역은 단독으로 출제되기보다 하나의 공통된 화제를 다루는 두 지문이 복합적으로 출제되는 경우가 더 많아. 예술 영역은 최근에 단독 지문으로 출제되지 않았고 인문 영역과 복합되어 출제됐어. 인문·예술 영역에서는 보통 동·서양의 철학자의 사상을 다룬 지문이 가장 많이 나왔고, 논리학에서의 사고 과정이나 역사학자들의 관점을 다룬 지문도 종종 나왔어.

**자주 나오는 세부 영역** [인문] 철학, 논리학 [예술] 미학, 미술, 음악    **자주 나오는 지문 구조** 일반-특수, 비교·대조, 나열

## 사회·문화

| | |
|---|---|
| **23학년도 6월 모평** | [사회] 이중차분법 |
| **22학년도 수능** | [사회] 브레턴우즈 체제와 트리핀 딜레마 |
| **22학년도 9월 모평** | [사회+사회] 가 독점적 경쟁 시장에서 광고의 기능 |
| | 나 다양한 차원에서 광고의 영향 |
| **22학년도 6월 모평** | [사회] 베카리아의 형벌론 |
| **21학년도 수능** | [인문+사회] 가 18세기 북학파의 북학론 |
| | 나 18세기 후반 청의 사회·경제적 현실 |

사회·문화 영역은 가끔 인문, 사회 등 영역끼리 복합되어 출제되기도 하지만 대부분은 사회 영역의 지문이 단독으로 출제돼. 또 경제 이론, 사회 현상, 법, 행정학 등 사회 영역 내에서도 다양한 세부 영역을 골고루 다루고 있어. 특히 최근 자주 출제된 법학 지문은 어떤 법률이나 제도의 특징과 절차를 소개하는 경우가 많았고, 난도가 높았던 경제학 지문은 통화 정책에 대한 내용을 다루었어.

**자주 나오는 세부 영역** [사회] 경제학, 법학    **자주 나오는 지문 구조** 일반-특수, 나열, 원인-결과, 분류, 과정

## 과학·기술

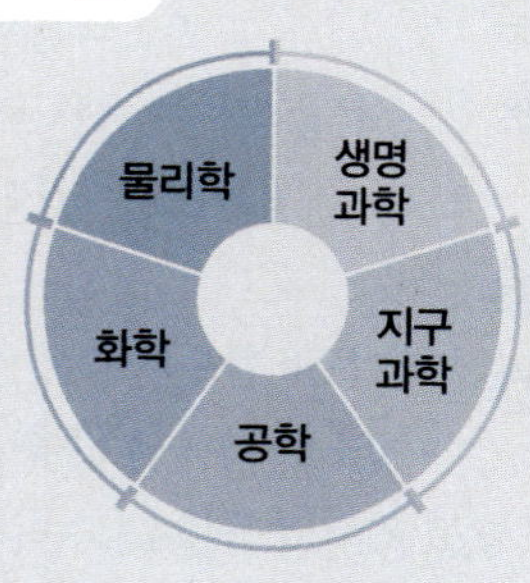


| | |
|---|---|
| **23학년도 6월 모평** | [과학] 비타민 K의 기능 |
| **22학년도 수능** | [기술] 차량 주위 영상을 제공하는 장치의 원리 |
| **22학년도 9월 모평** | [기술] 메타버스의 몰입도를 높이는 여러 가지 기술 |
| **22학년도 6월 모평** | [과학] 전통적 PCR과 실시간 PCR의 원리와 특징 |
| **21학년도 수능** | [기술] 3D 합성 영상의 생성, 출력을 위한 모델링과 렌더링 |
| **21학년도 9월 모평** | [과학] 항(抗)미생물 화학제의 종류와 작용 기제 |

보통 과학·기술 영역의 지문은 하나의 시험에 동시에 출제되지 않는 경우가 많아. 과학 영역의 지문만 나오거나 기술 영역의 지문만 나올 가능성이 높다는 이야기지. 과학·기술 영역에서는 주로 어떤 현상의 원인이나 과정, 어떤 대상의 구조별 특징이나 기능을 설명하는 지문이 자주 나와.

**자주 나오는 세부 영역** [과학] 생명과학, 화학 [기술] 공학    **자주 나오는 지문 구조** 일반-특수, 원인-결과, 과정, 분석, 분류

# 에피쿠로스 사상

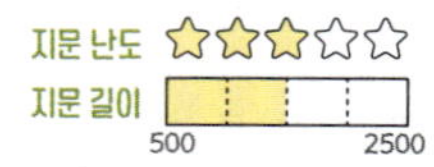

지문 난도 ★★★☆☆
지문 길이 500 ━ 2500

❶ ¹고대 그리스 시대의 사람들은 신에 의해 우주가 운행된다고 믿는 결정론적 세계관 속에서 신에 대한 두려움이나, 신이 *야기한다고 생각되는 자연재해나 천체 현상 등에 대한 두려움을 떨치지 못했다. ²에피쿠로스는 당대의 사람들이 이러한 잘못된 믿음에서 벗어나도록 하는 것이 중요하다고 보았고, 이를 위해 인간이 행복에 이를 수 있도록 자연학을 바탕으로 자신의 사상을 전개하였다.

❷ ¹에피쿠로스는 신의 존재는 인정하나 신의 존재 방식이 인간이 생각하는 것과는 다르다고 보고, 신은 우주들 사이의 중간 세계에 살며 인간사에 개입하지 않는다는 이신론(理神論)적 관점을 주장한다. ²그는 불사하는 존재인 신은 최고로 행복한 상태이며, 다른 어떤 것에게도 고통을 주지 않고, 모든 고통은 물론 분노와 호의와 같은 것으로부터 자유롭다고 말한다. ³따라서 에피쿠로스는 인간의 세계가 신에 의해 결정되지 않으며, 인간의 행복도 자율적 존재인 인간 자신에 의해 완성된다고 본다.

❸ ¹한편 에피쿠로스는 인간의 영혼도 육체와 마찬가지로 미세한 입자로 구성된다고 본다. ²영혼은 육체와 함께 생겨나고 육체와 상호작용하며 육체가 상처를 입으면 영혼도 고통을 받는다. ³더 나아가 육체가 소멸하면 영혼도 함께 소멸하게 되어 인간은 사후(死後)에 신의 심판을 받지 않으므로, 살아 있는 동안 인간은 사후에 심판이 있다고 생각하여 두려워할 필요가 없게 된다. ⁴이러한 생각은 인간으로 하여금 죽음에 대한 모든 두려움에서 벗어나게 하는 근거가 된다.

❹ ¹이러한 에피쿠로스의 자연학은 우주와 인간의 세계에 대한 비결정론적인 이해를 가능하게 한다. ²이는 원자의 운동에 관한 에피쿠로스의 설명에서도 명확히 드러난다. ³그는 원자들이 수직 낙하 운동이라는 법칙에서 벗어나기도 하여 비스듬히 떨어지고 충돌해서 튕겨 나가는 우연적인 운동을 한다고 본다. ⁴그리고 우주는 이러한 원자들에 의해 이루어졌으므로, 우주 역시 우연의 산물이라고 본다. ⁵따라서 우주와 인간의 세계에 신의 관여는 없으며, 인간의 삶에서도 신의 *섭리는 찾을 수 없다고 한다. ⁶에피쿠로스는 이러한 생각을 인간이 *필연성에 얽매이지 않고 자신의 삶을 주체적으로 살아갈 수 있게 하는 자유 의지의 *단초로 삼는다.

❺ ¹에피쿠로스는 이를 토대로 자유로운 삶의 근본을 규명하고 인생의 궁극적 목표인 행복으로 이끄는 윤리학을 펼쳐 나간다. ²결국 그는 인간이 신의 개입과 우주의 필연성, 사후 세계에 대한 두려움에서 벗어날 수 있도록 함으로써, 자신의 삶을 자율적이고 주체적으로 살 수 있는 길을 열어 주었다. ³그리고 ⊕쾌락주의적 윤리학을 바탕으로 영혼이 안정된 상태에서 행복 실현을 추구할 수 있는 방안을 제시하였다.

---

### 배경지식 ➕

**에피쿠로스의 쾌락주의**

에피쿠로스는 인생의 목적을 행복이라고 말하면서, 우리에게 행복을 가져다주는 것이 바로 쾌락이라고 했다. 인간은 즐거울 때 행복하고 불쾌할 때 불행하다. 따라서 인생의 목적인 행복에 기여하는 쾌락은 선이 되고 불행에 기여하는 불쾌는 악이 된다. 이러한 관점에서 에피쿠로스는 학문·도덕·종교·문화 등이 모두 궁극적으로는 사람들에게 즐거움을 선사하는 것이어야 한다고 생각했다. 다만 에피쿠로스가 무조건적인 쾌락을 추구하라고 주장한 것은 아니다. 그는 과연 무엇이 진정한 쾌락을 가져다주느냐를 잘 살펴야 한다고 하며 쾌락에도 질적 차이가 있다고 여겼다. 이러한 관점에서 에피쿠로스는 진정한 쾌락을 얻기 위해서는 육체적 욕구를 줄이고, 절제하며 검소한 생활을 해야 한다고 주장했다.

- **야기하다** 일이나 사건 따위를 끌어 일으키다.
- **섭리** 자연계를 지배하고 있는 원리와 법칙.
- **필연성** 사물의 관련이나 일의 결과가 반드시 그렇게 될 수밖에 없는 요소나 성질.
- **단초** 일이나 사건을 풀어 나갈 수 있는 첫머리.

중심 내용 파악하기

**1  윗글의 표제와 부제로 가장 적절한 것은?**

① 에피쿠로스 사상의 성립 배경 – 인간과 자연의 관계를 중심으로

② 에피쿠로스 사상의 목적과 의의 – 신, 인간, 우주에 대한 이해를 중심으로

③ 에피쿠로스 사상에 대한 비판과 옹호 – 사상의 한계와 발전적 계승을 중심으로

④ 에피쿠로스 사상을 둘러싼 논쟁과 이견 – 당대 세계관과의 비교를 중심으로

⑤ 에피쿠로스 사상의 현대적 수용과 효용성 – 행복과 쾌락의 상관성을 중심으로

스스로 점검: ○ │ △ │ ✕
정답의 근거:

글의 내용 비판하기

**2  윗글을 읽은 학생이 '에피쿠로스'에 대해 비판한 내용으로 적절한 것만을 〈보기〉에서 고른 것은?**

┌─ 보기 ─

ㄱ. 신이 분노와 호의로부터 자유로운 상태라면 인간의 세계에 개입을 하지 않는다는 뜻일 텐데, 왜 신의 섭리에 따라 인간의 삶을 이해하려고 하는가?

ㄴ. 원자가 법칙에서 벗어나 우연적인 운동을 한다는 것은 인과 관계 없이 뜻하지 않게 움직인다는 뜻일 텐데, 그것이 자유 의지의 단초가 될 수 있는가?

ㄷ. 인간이 죽음에 대해 두려움을 느낀다면 죽음에 이르는 고통 때문일 수도 있을 텐데, 사후에 대한 두려움을 떨쳐버리는 것만으로 그것이 해소될 수 있는가?

ㄹ. 인간이 자연재해를 무서워한다면 자연재해 그 자체 때문일 수도 있을 텐데, 신이 일으키지 않았다고 해서 자연재해에 대한 두려움에서 벗어날 수 있는가?

① ㄱ, ㄴ          ② ㄱ, ㄹ          ③ ㄷ, ㄹ          ④ ㄱ, ㄴ, ㄷ          ⑤ ㄴ, ㄷ, ㄹ

스스로 점검: ○ │ △ │ ✕
정답의 근거:

글의 관점 비교하기 〔고난도〕

**3  윗글의 '에피쿠로스'의 사상과 〈보기〉에 나타난 생각을 비교한 내용으로 적절하지 않은 것은?**

┌─ 보기 ─

신은 인간의 세계에 속해 있지는 않으나, 모든 일의 목적인 존재라네. 하늘과 땅, 바다에 있는 모든 것들의 원인이며, 훌륭함에서도 탁월한 존재이지. 언제나 신은 필연성을 따르는 지성을 조력자로 삼아 성장과 쇠퇴, 분리와 결합에 있어 모든 것들을 바르고 행복한 상태에 이르도록 이끈다네.

① 신을 '모든 것들의 원인'으로 보는 〈보기〉의 생각은, 신이 '인간사에 개입'한다는 것을 부정하는 에피쿠로스의 사상과 차이점이 있군.

② 신이 '지성'을 조력자로 삼아 모든 것들을 이끈다고 보는 〈보기〉의 생각은, 우주를 '우연의 산물'로 보는 에피쿠로스의 사상과 차이점이 있군.

③ 신을 '모든 일의 목적인 존재'로 보는 〈보기〉의 생각과 신이 '불사하는 존재'라고 보는 에피쿠로스의 사상은 신의 존재를 인정한다는 공통점이 있군.

④ 신이 '모든 것들'을 '바르고 행복한 상태'에 도달하게 한다는 〈보기〉의 생각은, 행복이 '인간 자신에 의해 완성'된다고 본 에피쿠로스의 사상과 차이점이 있군.

⑤ 신이 '인간의 세계'에 속해 있지 않다고 보는 〈보기〉의 생각과 신이 '중간 세계'에 있다고 본 에피쿠로스의 사상은 신의 영향력이 인간 세계의 외부에서 온다고 보는 공통점이 있군.

스스로 점검: ○ │ △ │ ✕
정답의 근거:

**❶** ¹고대 그리스 시대의 사람들은 신에 의해 우주가 운행된다고 믿는 결정론적 세계관 속에서 신에 대한 두려움이나, 신이 야기한다고 생각되는 자연재해나 천체 현상 등에 대한 두려움을 떨치지 못했다. ²에피쿠로스는 당대의 사람들이 이러한 잘못된 믿음에서 벗어나도록 하는 것이 중요하다고 보았고, 이를 위해 인간이 행복에 이를 수 있도록 자연학을 바탕으로 자신의 사상을 전개하였다.

▶ 에피쿠로스 사상의 성립 (1)

**❷** ¹에피쿠로스는 신의 존재는 인정하나 신의 존재 방식이 인간이 생각하는 것과는 다르다고 보고, 신은 우주들 사이의 중간 세계에 살며 인간사에 개입하지 않는다는 이신론(理神論)적 관점을 주장한다. ²그는 불사하는 존재인 신은 최고로 행복한 상태이며, 다른 어떤 것에게도 고통을 주지 않고, 모든 고통은 물론 분노와 호의와 같은 것으로부터 자유롭다고 말한다. ³따라서 에피쿠로스는 인간의 세계가 신에 의해 결정되지 않으며, 인간의 행복도 자율적 존재인 인간 자신에 의해 완성된다고 본다.

▶ 에피쿠로스 사상: ① (3) 적 관점

**❸** ¹한편 에피쿠로스는 인간의 영혼도 육체와 마찬가지로 미세한 입자로 구성된다고 본다. ²영혼은 육체와 함께 생겨나고 육체와 상호작용하며 육체가 상처를 입으면 영혼도 고통을 받는다. ³더 나아가 육체가 소멸하면 영혼도 함께 소멸하게 되어 인간은 사후(死後)에 신의 심판을 받지 않으므로, 살아 있는 동안 인간은 사후에 심판이 있다고 생각하여 두려워할 필요가 없게 된다. ⁴이러한 생각은 인간으로 하여금 죽음에 대한 모든 두려움에서 벗어나게 하는 근거가 된다.

▶ 에피쿠로스 사상: ② 육체와 영혼의 동질성

**❹** ¹이러한 에피쿠로스의 자연학은 우주와 인간의 세계에 대한 비결정론적인 이해를 가능하게 한다. ²이는 원자의 운동에 관한 에피쿠로스의 설명에서도 명확히 드러난다. ³그는 원자들이 수직 낙하 운동이라는 법칙에서 벗어나기도 하여 비스듬히 떨어지고 충돌해서 튕겨 나가는 우연적인 운동을 한다고 본다. ⁴그리고 우주는 이러한 원자들에 의해 이루어졌으므로, 우주 역시 우연의 산물이라고 본다. ⁵따라서 우주와 인간의 세계에 신의 관여는 없으며, 인간의 삶에서도 신의 섭리는 찾을 수 없다고 한다. ⁶에피쿠로스는 이러한 생각을 인간이 필연성에 얽매이지 않고 자신의 삶을 주체적으로 살아갈 수 있게 하는 자유 의지의 단초로 삼는다.

▶ 에피쿠로스 사상: ③ 우주와 인간의 세계에 대한 (6) 적인 이해

---

**내용 이해**

● 결정론적 세계관에 대한 에피쿠로스의 비판

| 결정론적 세계관 | | 에피쿠로스 |
|---|---|---|
| (2) 에 의해 우주가 운행된다고 믿고 이에 대한 두려움을 느낌. | ← 비판 | 인간이 행복에 이를 수 있도록 자연학을 바탕으로 사상을 전개함. |

**구조 이해** 이 글의 화제인 에피쿠로스 사상이 성립된 배경을 밝힘.

**내용 이해**

● 에피쿠로스 사상: 이신론적 관점

| 이신론적 관점 |
|---|
| - 신은 우주들 사이의 중간 세계에 살며 인간사에 개입하지 않음. |
| - 인간의 세계는 신에 의해 결정되지 않음. |
| - 인간의 행복은 (4) 존재인 인간에 의해 완성됨. |

**구조 이해** 신의 인간사 개입 여부에 관한 에피쿠로스의 관점을 부연하여 설명함.

**내용 이해**

● 에피쿠로스 사상: 육체와 영혼에 관한 관점

| 육체와 영혼의 동질성 |
|---|
| - 인간의 영혼도 육체와 마찬가지로 미세한 입자로 구성됨. |
| - 영혼은 육체와 함께 생겨나고 (5) 와 상호작용함. |
| - 육체가 소멸하면 영혼도 함께 소멸됨. |

| 죽음에 대한 모든 두려움에서 벗어날 수 있음. |
|---|

**구조 이해** 육체와 영혼에 관한 에피쿠로스의 관점을 부연하여 설명하고, 이를 바탕으로 인간이 죽음에 대한 두려움에서 벗어날 수 있는 이유를 설명함.

**내용 이해**

● 에피쿠로스 사상: 우주와 인간 세계에 관한 관점

| 우주와 인간의 세계에 대한 비결정론적인 이해 |
|---|
| - 원자의 운동은 우연적이며, 우주 역시 우연의 산물임. |
| - 우주와 인간의 세계, 인간의 삶에 신의 관여나 섭리는 없음. |

| 주체적 삶을 살아갈 수 있는 (7) 의 단초가 됨. |
|---|

**구조 이해** 원자의 운동에 대한 에피쿠로스의 설명을 근거로 하여 우주와 인간의 세계에 대한 에피쿠로스의 사상을 구체적으로 설명함.

**❺** [1]에피쿠로스는 이를 토대로 자유로운 삶의 근본을 규명하고 인생의 궁극적 목표인 행복으로 이끄는 <u>윤리학</u>을 펼쳐 나간다. [2]결국 그는 인간이 신의 개입과 우주의 필연성, 사후 세계에 대한 두려움에서 벗어날 수 있도록 함으로써, 자신의 삶을 자율적이고 주체적으로 살 수 있는 길을 열어 주었다. [3]그리고 쾌락주의적 윤리학을 바탕으로 영혼이 안정된 상태에서 행복 실현을 추구할 수 있는 방안을 제시하였다.

▶ 에피쿠로스의 자연학을 바탕으로 한 윤리학의 [8]

**내용 이해**

● 에피쿠로스 윤리학의 의의

자유로운 삶의 근본을 규명하고 인생의 궁극적 목표인 행복으로 이끄는 윤리학을 펼침.

↓

- 인간이 신의 개입과 우주의 필연성, 사후 세계에 대한 두려움에서 벗어나게 하여 인간이 삶을 자율적·주체적으로 살 수 있게 함.
- 쾌락주의적 윤리학을 바탕으로 [9] 실현을 추구할 수 있는 방안을 제시함.

**구조 이해** 앞부분의 내용을 요약·환언하면서 에피쿠로스 윤리학의 의의를 나열함.

**답** (1) 배경 (2) 신 (3) 이신론 (4) 자율적 (5) 육체 (6) 비결정론 (7) 자유 의지 (8) 의의 (9) 행복

**지문 구조 노트**

❶ 에피쿠로스 사상의 성립 배경

에피쿠로스 사상 [나열]

| ❷ 이신론적 관점 | ❸ 육체와 영혼의 [1] | ❹ 우주와 인간의 세계에 대한 비결정론적인 이해 |

❺ 에피쿠로스의 [2] 을 바탕으로 한 윤리학의 의의

**요약·정리** 이 글은 고대 결정론적 세계관을 비판하면서 자연학을 바탕으로 사상을 전개한 [3] 의 사상에 대해 설명하는 글이다. 신과 우주, 인간의 세계에 대한 에피쿠로스의 주장을 나열하고, 이러한 자연학을 토대로 펼친 윤리학의 의의를 제시하고 있다.

**답** (1) 동질성 (2) 자연학 (3) 에피쿠로스

# 02 기억과 망각에 대한 사유

# 일반–특수 # 나열 # 비교·대조  고2 학력평가

∞ 《❶기출 배경지식》 바로가기 | 28쪽 플라톤, 45쪽 하이데거

지문 난도 ★★★☆☆
지문 길이 500 ─ 2500

❶ ¹서양 철학에서는 많은 철학자들이 기억을 중요한 •사유로 인식하며 논의해 왔다. ²플라톤은 사물의 영원하고 불변하는 본질적 원형인 이데아가 기억을 통해 인식될 수 있다고 하였다. ³이데아에 대한 기억이 그것에 대한 망각보다 뛰어난 상태라고 이야기함으로써 둘 사이에 가치론적 이분법을 설정한 것이다. ⁴더 나아가 하이데거는 진리가 •망각이 없는 상태, 즉 기억이 지배하는 상태를 의미한다고 강조하였다. ⁵이렇듯 전통적 서양 철학에서 기억은 긍정적인 능력으로, 망각은 부정적인 능력으로 인식되어 온 것이다.

❷ ¹이와 같은 철학적 사유 속에서, 피히테는 '자기의식'이라는 개념을 체계적으로 확대하여 설명하는 과정에서 ㉠기억을 세계 경험에 대한 최고 수준의 기능으로 인식하였다. ²그는 어떤 대상에 대해 '㉡A는 A이다'라는 •명제에 •의거하여 주장을 할 때, '나는 나이다'가 성립해야만 한다고 생각하였다. ³이는 동일성을 주장하는 '의자는 의자이다'와 같은 명제로 이해할 수 있다. ⁴예전에 친구와 같이 앉았던 의자를 보았을 때, 우리는 이 의자가 바로 그때의 의자라고 주장할 수 있다. ⁵즉 'A는 A이다'라는 명제는 '과거의 A가 현재의 A이다'라는 주장으로 현실화된다. ⁶이러한 주장이 가능하기 위해서는 과거의 의자를 기억하고 있어야 한다는 것이 전제되어야 하고, 이는 과거 그 의자에 앉았던 자신을 기억하는 것과 마찬가지라는 것이었다. ⁷따라서 그가 주장한 ㉢자기의식은 기억의 능력을 통해 과거의 '나'와 현재의 '나'가 같음을 의식하는 것으로 볼 수 있다. ⁸자기의식을 망각한다면 우리는 친구를 만나도 친구인 줄 모를 것이므로, 그의 입장에서는 기억이 없다면 세계도 존재할 수 없는 것이었다.

❸ ¹한편, 니체는 이와 같은 사유 전통을 거부하며 기억 능력에 대해 비판하였다. ²그는 기억이 부정적이고 수동적인 능력이라면, 망각은 능동적이며 창조적인 능력이라고 인식하였다. ³그에게 있어 망각은 기억을 뛰어넘고자 하는 치열한 투쟁이었다. ⁴그는 망각에 대해 긍정하기 위해 신체와 관련된 사례를 제시하였다. ⁵새로운 음식을 먹으려면 위를 비워야 하며 음식물을 배설하지 못한다면 건강한 삶을 살아갈 수 없듯이, 과거의 기억들이 정신에 가득 차 있다면 무언가를 새롭게 인식하는 것은 불가능하다고 주장하였다. ⁶그에 따르면 기억에만 집착하는 사람들은 새로운 것을 낯설고 불편한 것으로 여겨 변화와 차이를 긍정할 수 없기 때문에 현재를 행복하게 살아갈 수 없는 것이었다.

❹ ¹또한 그는 건강한 망각의 •역량을 복원하기 위해서 궁극적으로 순진무구한 아이와 같은 모습이 되어야 한다고 주장하였다. ²예를 들어 아이가 바닷가에 놀러가 모래성을 만들었을 때, 이것이 부서지더라도 슬퍼하기보다는 웃으면서 즐거워할 것이라고 보았다. ³아이는 그 자리에 다시 새로운 모래성을 만들 수 있음을 직감하기 때문에 부서진 모래성을 기억하면서 좌절하고 우울해할 필요가 없다는 것이었다. ⁴이렇듯 니체에게 아이는 망각의 창조적 능력을 되찾은 인간을 상징하였다. ⁵결국 그는 현재를 행복하게 살아가기 위한 능력으로써 망각을 긍정적으로 바라보았던 것이다.

❺ ¹그러나 니체가 인간이 가진 기억 능력 자체를 완전히 제거하자고 주장했던 것은 아니다. ²철저한 망각은 현실적으로 불가능할 뿐만 아니라, 현재를 •향유할 수 있도록 어느 정도 지속되는 기억이 필요했기 때문이었다. ³마치 음식이 위에서 전혀 머무르지 않고 바로 배설된다면 건강한 삶을 살 수 없는 것처럼 말이다. ⁴그럼에도 불구하고 기억이 주된 사유로 인식되던 서양 철학에서 망각의 능력을 찾아내고자 했다는 점에서 니체의 사유를 주목할 필요가 있을 것이다.

● **사유** ① 대상을 두루 생각하는 일. ② 개념, 구성, 판단, 추리 따위를 행하는 인간의 이성 작용.
● **망각** 어떤 사실을 잊어버림.
● **명제** 어떤 문제에 대한 하나의 논리적 판단 내용과 주장을 언어 또는 기호로 표시한 것. 참과 거짓을 판단할 수 있는 내용이라는 점이 특징이다. 이를테면, '고래는 포유류이다.' 따위이다.
● **의거하다** 어떤 사실이나 원리 따위에 근거하다.
● **역량** 어떤 일을 해낼 수 있는 힘.
● **향유하다** 누리어 가지다.

세부 내용 파악하기

**1** 윗글의 내용과 일치하지 <u>않는</u> 것은?

① 플라톤은 가치론적 이분법을 통해 기억을 설명하였다.

② 하이데거는 기억이 지배하는 상태를 진리로 인식하였다.

③ 니체는 망각을 긍정적인 능력이라고 판단하며 서양 철학의 전통적 사유를 비판하였다.

④ 니체는 음식물이 위에 가득 남아 있는 상황과 정신이 기억으로 가득 찬 상태가 유사하다고 생각
하였다.

⑤ 니체는 현재를 행복하게 살아가기 위해 철저한 망각이 필요하다고 판단하였다.





정보 간의 관계 파악하기

**2** ㉠~㉢에 대한 이해로 가장 적절한 것은?

① ㉠이 없어도 ㉡에 의거한 주장이 가능하다.

② ㉠이 가능해야만 ㉢도 가능하다.

③ ㉡이 성립해야만 ㉠이 성립한다.

④ ㉢은 ㉠을 위해 존재한다.

⑤ ㉢은 ㉡이 전제되어야 한다.



구체적 사례나 상황에 적용하기 〔고난도〕

**3** 윗글을 바탕으로 〈보기〉에 대해 이해한 내용으로 적절하지 <u>않은</u> 것은?



> ─┤ 보기 ├─
>
> 갑: 지갑이 많이 낡았네. 하나 새로 사줄까?
>
> 을: 아직은 새로 사기 싫어요. 아빠가 생일 선물로 처음 사 주신 거라서 저한테는 의미가 있고 익숙해
> 서 좋아요.
>
> 갑: 그렇구나. 근데 지난번에는 평소와 달리 국어 시험 못 봤다고 했잖아. 이번 시험 준비는 잘하고
> 있니?
>
> 을: 지난 시험은 지난 시험일 뿐이죠. 잊을 건 잊고 이번 국어 시험도 열심히 준비하고 있어요.

① 피히테는 을이 선물을 받았던 자신과 현재의 자신이 같음을 기억의 능력을 통해 의식하고 있다고
볼 것이다.

② 피히테는 을의 '지난 시험은 지난 시험이다.'라는 주장은 '시험은 시험이다'라는 명제가 현실화된
것이라고 볼 것이다.

③ 니체는 을이 지갑에 대한 과거의 기억에 집착하여 지갑을 새로 사는 것을 긍정하지 않는다고 볼
것이다.

④ 니체는 을이 국어 시험을 다시 준비하는 것을 보고 기억을 뛰어넘어 현재를 행복하게 살아갈 수
있는 사람이라고 볼 것이다.

⑤ 니체는 을이 지난 시험 결과에 대해 좌절하지 않는 것은 다음 시험에서 좋은 결과를 얻을 수 있을
것임을 직감하기 때문이라고 볼 것이다.

❶ ¹서양 철학에서는 많은 철학자들이 기억을 중요한 사유로 인식하며 논의해 왔다. ²플라톤은 사물의 영원하고 불변하는 본질적 원형인 이데아가 기억을 통해 인식될 수 있다고 하였다. ³이데아에 대한 기억이 그것에 대한 망각보다 뛰어난 상태라고 이야기함으로써 둘 사이에 가치론적 이분법을 설정한 것이다. ⁴더 나아가 하이데거는 진리가 망각이 없는 상태, 즉 기억이 지배하는 상태를 의미한다고 강조하였다. ⁵이렇듯 전통적 서양 철학에서 기억은 긍정적인 능력으로, 망각은 부정적인 능력으로 인식되어 온 것이다.

▶ ⑴ 을 중요한 사유로 인식한 서양 철학: ① 플라톤과 하이데거의 생각

❷ ¹이와 같은 철학적 사유 속에서, 피히테는 '자기의식'이라는 개념을 체계적으로 확대하여 설명하는 과정에서 기억을 세계 경험에 대한 최고 수준의 기능으로 인식하였다. (²그는 어떤 대상에 대해 'A는 A이다'라는 명제에 의거하여 주장을 할 때, '나는 나이다'가 성립해야만 한다고 생각하였다. ³이는 동일성을 주장하는 '의자는 의자이다'와 같은 명제로 이해할 수 있다. ⁴예전에 친구와 같이 앉았던 의자를 보았을 때, 우리는 이 의자가 바로 그때의 의자라고 주장할 수 있다. ⁵즉 'A는 A이다'라는 명제는 '과거의 A가 현재의 A이다'라는 주장으로 현실화된다. ⁶이러한 주장이 가능하기 위해서는 과거의 의자를 기억하고 있어야 한다는 것이 전제되어야 하고, 이는 과거 그 의자에 앉았던 자신을 기억하는 것과 마찬가지라는 것이었다.) ⁷따라서 그가 주장한 자기의식은 기억의 능력을 통해 과거의 '나'와 현재의 '나'가 같음을 의식하는 것으로 볼 수 있다. ⁸자기의식을 망각한다면 우리는 친구를 만나도 친구인 줄 모를 것이므로, 그의 입장에서는 기억이 없다면 세계도 존재할 수 없는 것이었다.

▶ 기억을 중요한 사유로 인식한 서양 철학: ② 피히테의 생각

❸ ¹한편, 니체는 이와 같은 사유 전통을 거부하며 기억 능력에 대해 비판하였다. ²그는 기억이 부정적이고 수동적인 능력이라면, 망각은 능동적이며 창조적인 능력이라고 인식하였다. ³그에게 있어 망각은 기억을 뛰어넘고자 하는 치열한 투쟁이었다. ⁴그는 망각에 대해 긍정하기 위해 신체와 관련된 사례를 제시하였다. (⁵새로운 음식을 먹으려면 위를 비워야 하며 음식물을 배설하지 못한다면 건강한 삶을 살아갈 수 없듯이,) 과거의 기억들이 정신에 가득 차 있다면 무언가를 새롭게 인식하는 것은 불가능하다고 주장하였다. ⁶그에 따르면 기억에만 집착하는 사람들은 새로운 것을 낯설고 불편한 것으로 여겨 변화와 차이를 긍정할 수 없기 때문에 현재를 행복하게 살아갈 수 없는 것이었다.

▶ 기존의 기억 중심의 사유를 ⑷ 한 니체의 생각 ①

---



● 기억과 망각에 대한 서양 철학의 인식

| 플라톤 | 하이데거 |
| --- | --- |
| - 이데아는 기억을 통해 인식됨. <br> - 이데아에 대한 기억이 망각보다 뛰어난 상태임. | 진리는 '망각이 없는 상태 = 기억이 지배하는 상태'를 의미함. |

- 기억을 중요한 사유로 인식함.
- 기억은 ⑵ 능력, 망각은 부정적 능력으로 인식함.

 이 글의 화제인 기억과 망각에 대한 서양 철학자들의 생각을 나열함.



● 피히테가 생각하는 자기의식과 기억의 관계

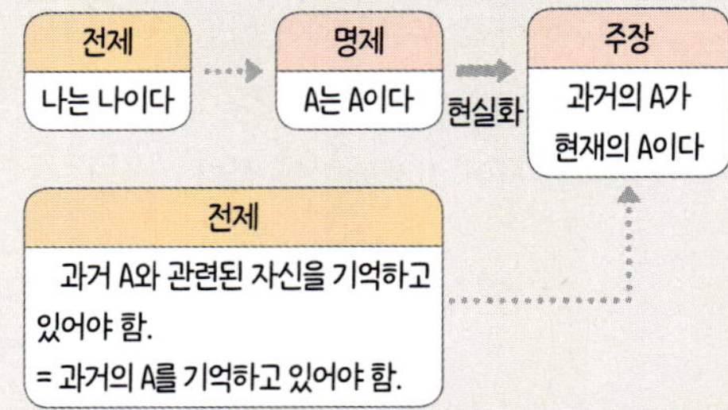


➡ ⑶ 은 기억의 능력을 통해 과거의 '나'와 현재의 '나'가 같음을 의식하는 것임.

 '자기의식'과 기억에 관한 피히테의 주장을 상세하게 설명함.



● 기억과 망각에 대한 니체의 인식

- 기억은 부정적·수동적 능력이고, 망각은 ⑸ ·창조적 능력임.
- 과거의 기억들이 정신에 가득 차 있다면 무언가를 새롭게 인식하는 것은 불가능함.
- 기억에만 집착하는 사람들은 변화와 차이를 긍정할 수 없기 때문에 현재를 행복하게 살아갈 수 없음.

기억을 중요한 사유로 인식한 서양 철학의 전통을 거부하며 기억 능력을 비판함.

 망각을 긍정적으로 인식한 니체의 생각을 구체적인 예를 들어 설명함.

❹ ¹또한 그는 건강한 망각의 역량을 복원하기 위해서 궁극적으로 순진무구한 아이와 같은 모습이 되어야 한다고 주장하였다. (²예를 들어 아이가 바닷가에 놀러가 모래성을 만들었을 때, 이것이 부서지더라도 슬퍼하기보다는 웃으면서 즐거워할 것이라고 보았다. ³아이는 그 자리에 다시 새로운 모래성을 만들 수 있음을 직감하기 때문에 부서진 모래성을 기억하면서 좌절하고 우울해할 필요가 없다는 것이었다. ⁴이렇듯 니체에게 아이는 망각의 창조적 능력을 되찾은 인간을 상징하였다.) ⁵결국 그는 현재를 행복하게 살아가기 위한 능력으로써 망각을 긍정적으로 바라보았던 것이다.

▶ 기존의 기억 중심의 사유를 비판한 니체의 생각 ②

❺ ¹그러나 니체가 인간이 가진 기억 능력 자체를 완전히 제거하자고 주장했던 것은 아니다. ²철저한 망각은 현실적으로 불가능할 뿐만 아니라, 현재를 향유할 수 있도록 어느 정도 지속되는 기억이 필요했기 때문이었다. ³마치 음식이 위에서 전혀 머무르지 않고 바로 배설된다면 건강한 삶을 살 수 없는 것처럼 말이다. ⁴그럼에도 불구하고 기억이 주된 사유로 인식되던 서양 철학에서 망각의 능력을 찾아내고자 했다는 점에서 니체의 사유를 주목할 필요가 있을 것이다.

▶ 기억과 망각에 대한 니체의 사유의 (7)

---





## 지문 구조 노트

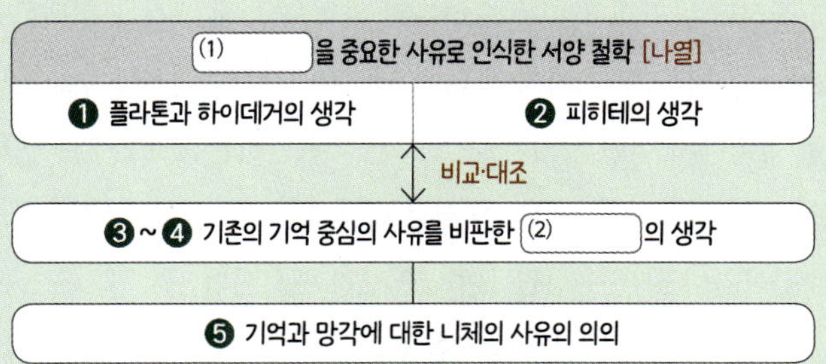


요약·정리  이 글은 기억과 망각에 대한 여러 서양 철학자들의 생각을 설명하는 글이다. 크게 기억을 (3)    인 능력으로 인식하던 서양 철학자들의 생각과, 이러한 사유 전통을 거부하며 망각을 긍정적인 능력으로 바라본 니체의 생각을 (4)    하는 구조로 이루어져 있다.

#일반-특수 #나열 #비교·대조 [고2 학력평가]

지문 난도 ⭐⭐☆☆☆
지문 길이 500 ─ 2500

❶ ¹도움이 필요한 할머니를 외면하고 약속 시간을 지키는 것이 옳은가, 아니면 늦더라도 할머니를 돕는 것이 옳은가? ²이렇게 대립하는 가치들 중 어떤 가치를 선택해야 하는가의 문제, 즉 도덕적 갈등 문제를 바라보는 다양한 관점이 있다.

❷ ¹먼저 ㉠도덕적 원칙주의자는 합리적인 이성을 통해 찾을 수 있는 •선험적인 도덕 법칙이 존재한다고 본다. ²그리고 모든 인간은 이를 반드시 따라야 한다고 주장한다. ³따라서 도덕적 원칙주의자는 갈등 상황이 생겼을 때 주관적 욕구나 개인이 처한 상황을 고려하지 말고 도덕 법칙에 따라 행동하라고 말한다.

❸ ¹도덕적 원칙주의는 인간의 합리적인 이성을 신뢰하고 이를 통해 윤리적으로 올바른 삶이란 무엇인가를 규명하려고 했다는 점에서 의의가 있다. ²하지만 어느 사회에나 보편적으로 적용되는 선험적인 도덕 법칙이 존재한다면, 도덕적 갈등은 나타나지 않거나 나타나더라도 쉽게 해결이 돼야 하는데 실제로는 그렇지 않다는 점에서 한계가 있다.

❹ ¹㉡도덕적 자유주의자는 도덕적 원칙주의자와 달리 선험적인 도덕 법칙이 존재하지 않는다고 본다. ²대신 개인들이 합의를 통해 만든 상위 원리를 바탕으로 갈등을 해결해야 한다고 주장한다. ³자신의 이익만을 생각하는 •편협한 입장에서 벗어나 객관적이고 공평한 지점에서 상위 원리를 만들 수 있다고 보기 때문이다. ⁴상위 원리를 통해 법과 같은 현실적인 규범이나 지침을 만들면 사람들이 이를 •준수함으로써 도덕적 갈등이 해결된다는 것이다. ⁵따라서 도덕적 자유주의자는 공정한 형식적 절차를 마련하는 것을 최우선으로 삼는다.

❺ ¹도덕적 자유주의는 인간의 자율성을 보장하면서 갈등 상황을 해결할 수 있는 현실적인 방법을 만들어 냈다는 데 의의가 있다. ²하지만 누구나 동의할 수 있는 상위 원리를 만들어 내는 것이 항상 가능한 것은 아니다. ³또한 합의를 통해 상위 원리를 만들었다고 하더라도 구체적인 규범과 지침을 마련하는 과정에서 또 다른 갈등이 발생할 수 있다.

❻ ¹한편 도덕적 다원주의자는 해결 불가능한 도덕적 갈등이 있다고 주장한다. ²이는 도덕적 가치의 우선순위를 판단하는 통일된 지표를 마련하는 것이 어려운 경우가 존재한다고 보기 때문이다. ³가령 자유나 평등처럼 가치가 본래 지닌 내재적 속성이 •상충되어 어느 하나를 추구하다 보면 다른 것을 상대적으로 덜 중시할 수밖에 없는 경우도 있으며, 어떤 조건에서는 우선시되는 가치가 다른 조건에서는 그렇지 않은 경우도 있다.

❼ ¹따라서 도덕적 다원주의자는 •중재를 통해 타협점을 •모색하는 방식을 제안한다. ²가령 정의라는 가치가 중요하더라도 특정 갈등 상황에서 배려라는 가치가 더 중요하다면 타협을 통해 그것을 선택할 수도 있다고 말한다. ³또한 타협하는 과정에서 기존의 도덕적 가치들 외에 새로운 가치를 생성할 수도 있다고 본다. ⁴도덕적 다원주의자는 도덕적 갈등 상황에서 어떤 가치가 옳고 그른지 판단하는 것보다 갈등 당사자 간의 인간관계가 훼손되지 않는 것을 중시한다. ⁵갈등 당사자들이 서로 다른 도덕적 가치를 주장한다고 하더라도 한 공동체 안에서 상호 작용하며 살아가야 하는 구성원들이라고 보기 때문이다.

❽ ¹도덕적 다원주의는 도덕적 갈등을 해결할 수 있는 현실적인 지침을 제공하지 않는다는 비판을 받기도 한다. ²하지만 갈등 상황에서 따라야 할 단일 기준을 내세우지 않는다는 것은 상황에 따라 문제를 해결할 수 있는 풍부한 •기지와 창조력을 발휘할 수 있는 기회를 제공한다고도 할 수 있다. ³이러한 점에서 도덕적 다원주의는 도덕적 갈등을 바라보는 근본적인 인식을 바꾸었다는 의의가 있다.

---

- **선험적** 경험에 앞서서 인식의 주관적 형식이 인간에게 있다고 주장하는 것. 대상에 관계되지 않고 대상에 대한 인식이 선천적으로 가능함을 밝히려는 인식론적 태도를 말한다.
- **편협하다** 한쪽으로 치우쳐 도량이 좁고 너그럽지 못하다.
- **준수하다** 전례나 규칙, 명령 따위를 그대로 좇아서 지키다.
- **상충되다** 맞지 아니하고 서로 어긋나게 되다.
- **중재** ① 분쟁에 끼어들어 쌍방을 화해시킴. ② 제삼자가 분쟁 당사자 사이에 들어 분쟁을 조정하고 해결하는 일.
- **모색하다** 일이나 사건 따위를 해결할 수 있는 방법이나 실마리를 더듬어 찾다.
- **기지** 경우에 따라 재치 있게 대응하는 지혜.

전개 방식 파악하기

**1** **윗글의 내용 전개 방식으로 가장 적절한 것은?**

① 도덕적 갈등 문제에 대한 상반된 관점을 제시하고 절충 방안을 모색하고 있다.

② 도덕적 갈등 문제에 대한 다양한 관점을 비교하면서 그 한계와 의의를 밝히고 있다.

③ 도덕적 갈등 문제에 대한 관점을 유형별로 나누면서 그 분류 기준의 문제점을 설명하고 있다.

④ 도덕적 갈등 문제에 대한 관점이 시대에 따라 달라지는 과정을 서술하고 새로운 관점이 나타날 것을 전망하고 있다.

⑤ 도덕적 갈등 문제에 대한 관점이 분화된 배경을 제시하고 관점들이 혼재하게 될 경우 나타날 문제점을 서술하고 있다.

세부 내용 파악하기

**2** **㉠과 ㉡에 대한 설명으로 적절하지 않은 것은?**

① ㉠은 어느 사회에나 보편적으로 적용되는 도덕 법칙이 있다고 본다.

② ㉡은 상위 원리를 통해 현실적인 규범을 만들 수 있다고 본다.

③ ㉠은 ㉡과 달리 도덕적 가치의 우선순위를 판단할 수 있다고 본다.

④ ㉡은 ㉠과 달리 선험적인 도덕 법칙을 인정하지 않는다.

⑤ ㉠과 ㉡ 모두 도덕적 갈등 상황을 해결할 수 있다고 본다.

구체적 사례나 상황에 적용하기 〔고난도〕

**3** **윗글을 바탕으로 〈보기〉에 대해 보인 반응으로 적절하지 않은 것은?**

> ┌─ 보기 ┐
>
> 　이웃에 살고 있는 갑과 을은 공공장소에 CCTV 설치를 확대해야 하는가를 두고 갈등하고 있다. 갑은 CCTV가 없는 곳에서 범죄를 당한 적이 있다며, 공공의 안전이라는 가치를 위해 CCTV 수를 늘려야 한다고 주장한다. 반면 을은 CCTV로 인해 개인정보가 노출된 적이 있다며 사생활 보호라는 가치를 위해 CCTV 수를 늘리면 안 된다고 주장한다.

① 도덕적 원칙주의자는 CCTV 설치 확대를 둘러싼 갈등을 해결하는 데 갑이 범죄를 당한 사실이 있다는 사실을 고려해서는 안 된다고 생각하겠군.

② 도덕적 자유주의자는 공정한 절차에 따른 합의에 의해 CCTV 설치 확대가 결정된다면 을은 그 결정을 따라야 한다고 생각하겠군.

③ 도덕적 자유주의자는 CCTV로 인해 개인정보가 노출된 적이 있는 을의 입장이 고려되어야 한다는 점에서 갑이 양보해야 한다고 생각하겠군.

④ 도덕적 다원주의자는 갑과 을이 CCTV 설치 확대 문제를 이분법적으로 결정하기보다는 타협할 수 있는 지점을 찾아야 한다고 생각하겠군.

⑤ 도덕적 다원주의자는 갑과 을이 CCTV 설치 확대 문제를 둘러싼 갈등으로 인해 둘 사이의 관계가 나빠지지 않도록 하는 것이 중요하다고 생각하겠군.

스스로 점검: ○ | △ | ✕
정답의 근거:

❶ [¹도움이 필요한 할머니를 외면하고 약속 시간을 지키는 것이 옳은가, 아니면 늦더라도 할머니를 돕는 것이 옳은가?] ²이렇게 대립하는 가치들 중 어떤 가치를 선택해야 하는가의 문제, 즉 도덕적 갈등 문제를 바라보는 다양한 관점이 있다.

▶ 도덕적 갈등 문제를 바라보는 다양한 관점

❷ ¹먼저 도덕적 원칙주의자는 합리적인 이성을 통해 찾을 수 있는 선험적인 도덕 법칙이 존재한다고 본다. ²그리고 모든 인간은 이를 반드시 따라야 한다고 주장한다. ³따라서 도덕적 원칙주의자는 갈등 상황이 생겼을 때 주관적 욕구나 개인이 처한 상황을 고려하지 말고 도덕 법칙에 따라 행동하라고 말한다.

▶ 도덕적 원칙주의자의 주장

❸ ¹도덕적 원칙주의는 인간의 합리적인 이성을 신뢰하고 이를 통해 윤리적으로 올바른 삶이란 무엇인가를 규명하려고 했다는 점에서 의의가 있다. ²하지만 어느 사회에나 보편적으로 적용되는 선험적인 도덕 법칙이 존재한다면, 도덕적 갈등은 나타나지 않거나 나타나더라도 쉽게 해결이 돼야 하는데 실제로는 그렇지 않다는 점에서 한계가 있다.

▶ 도덕적 원칙주의의 의의와 (2)

❹ ¹도덕적 자유주의자는 도덕적 원칙주의자와 달리 선험적인 도덕 법칙이 존재하지 않는다고 본다. ²대신 개인들이 합의를 통해 만든 상위 원리를 바탕으로 갈등을 해결해야 한다고 주장한다. ³자신의 이익만을 생각하는 편협한 입장에서 벗어나 객관적이고 공평한 지점에서 상위 원리를 만들 수 있다고 보기 때문이다. ⁴상위 원리를 통해 법과 같은 현실적인 규범이나 지침을 만들면 사람들이 이를 준수함으로써 도덕적 갈등이 해결된다는 것이다. ⁵따라서 도덕적 자유주의자는 공정한 형식적 절차를 마련하는 것을 최우선으로 삼는다.

▶ 도덕적 (4) 의 주장

❺ ¹도덕적 자유주의는 인간의 자율성을 보장하면서 갈등 상황을 해결할 수 있는 현실적인 방법을 만들어 냈다는 데 의의가 있다. ²하지만 누구나 동의할 수 있는 상위 원리를 만들어 내는 것이 항상 가능한 것은 아니다. ³또한 합의를 통해 상위 원리를 만들었다고 하더라도 구체적인 규범과 지침을 마련하는 과정에서 또 다른 갈등이 발생할 수 있다.

▶ 도덕적 자유주의의 의의와 한계

---

**내용 이해**

● 도덕적 갈등 문제의 개념

| 도덕적 갈등 문제 | |
|---|---|
| 대립하는 (1) 들 중 어떤 가치를 선택해야 하는가? | ⇒ 다양한 관점이 있음. |

**구조 이해** 질문을 통해 주의를 환기하고 이 글의 화제를 밝힘.

**내용 이해**

● 도덕적 원칙주의자의 관점

| | |
|---|---|
| 주장 | - 합리적인 이성을 통해 찾을 수 있는 선험적인 도덕 법칙이 존재하며, 이를 반드시 따라야 함.<br>- 주관적 욕구나 개인이 처한 상황을 고려하지 말고 (3) 에 따라 행동해야 함. |
| 의의 | 인간의 합리적인 이성을 신뢰하고 윤리적으로 올바른 삶에 대해 규명하려고 함. |
| 한계 | 어느 사회에나 보편적으로 적용되는 선험적인 도덕 법칙이 존재한다면 도덕적 갈등은 나타나지 않거나 쉽게 해결이 돼야 하는데 실제로는 그렇지 않음. |

**구조 이해** 도덕적 갈등 문제를 바라보는 다양한 관점 중 '도덕적 원칙주의자'의 관점에 대해 구체적으로 설명함.

**내용 이해**

● 도덕적 자유주의자의 관점

| | |
|---|---|
| 주장 | - 선험적인 도덕 법칙은 존재하지 않음.<br>- 개인들의 합의를 통해 만든 상위 원리와 그에 따른 현실적인 규범이나 지침을 준수해야 함.<br>- 공정한 형식적 절차를 마련하는 것이 중요함. |
| 의의 | 인간의 자율성을 보장하면서 갈등 상황을 해결할 수 있는 (5) 방법을 만듦. |
| 한계 | - 누구나 동의할 수 있는 상위 원리를 만들어 내는 것이 항상 가능한 것은 아님.<br>- 구체적인 규범과 지침을 마련하는 과정에서 또 다른 갈등이 발생할 수 있음. |

**구조 이해** 도덕적 갈등 문제를 바라보는 다양한 관점 중 '도덕적 자유주의자'의 관점에 대해 구체적으로 설명함.

I
인문·예술

## 지문 구조 노트

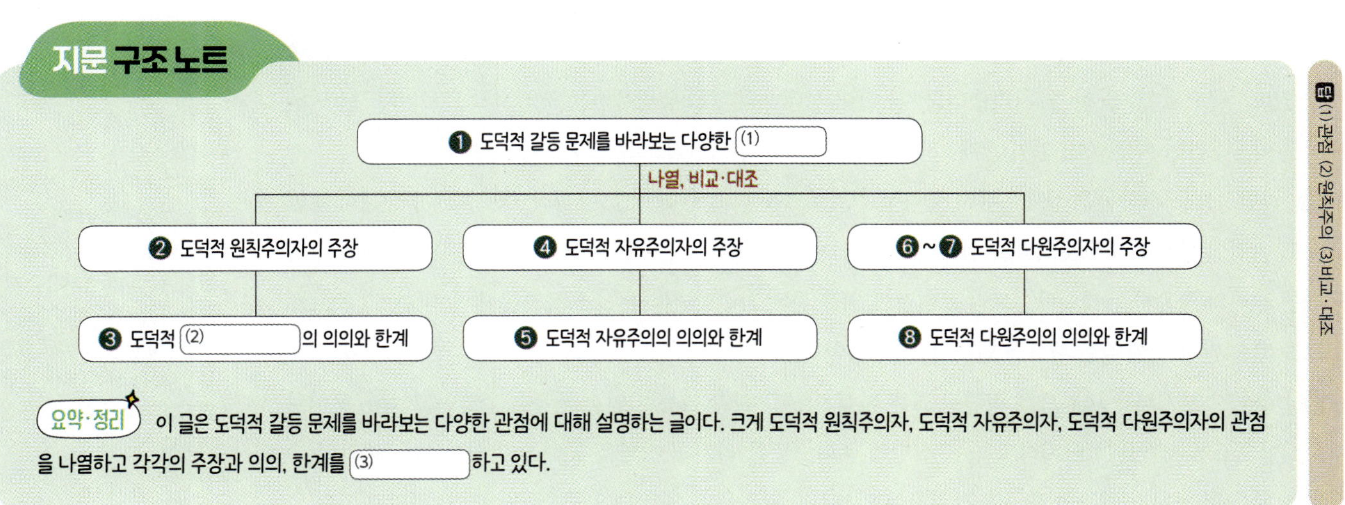


**요약·정리** 이 글은 도덕적 갈등 문제를 바라보는 다양한 관점에 대해 설명하는 글이다. 크게 도덕적 원칙주의자, 도덕적 자유주의자, 도덕적 다원주의자의 관점을 나열하고 각각의 주장과 의의, 한계를 (3)⎵⎵⎵하고 있다.

# 심리학 04 교류 분석 이론

지문 난도 ★★★☆☆
지문 길이

❶ ¹에릭 번이 *창시한 '교류 분석 이론'은 심리 치료 및 상담에 널리 활용되는 이론이다. ²이 이론을 이해하기 위한 주요 개념들로 '자아상태'와 '스트로크'가 있다.

❷ ¹자아상태 모델은 인간의 성격을 A(어른), P(어버이), C(어린이)의 세 가지 자아상태로 설명하며, 건강하고 균형 잡힌 성격이 되려면 세 가지 자아상태를 모두 필요로 한다고 본다. ²이때 자아상태란 특정 순간에 보이는 일련의 행동, 사고, 감정의 *총체를 일컫는 것이므로 특정 순간마다 자아상태는 달라질 수 있다. ³예를 들어 보자. ⁴김 군이 교통이 혼잡한 도로에서 주변 상황을 살피며 차를 몰고 있다. ⁵그때 갑자기 다른 차가 끼어든다. ⁶뒤따르는 차가 없는 것을 얼른 확인하고 브레이크를 밟아 충돌을 면한다. ⁷이때 김 군은 'A 자아상태'에 놓여 있다. ⁸A 자아상태는 지금 여기에서 가장 현실적인 대책을 찾는, 객관적이며 합리적인 자아 상태이다.

❸ ¹끼어들었던 차가 사라지자 김 군은 어릴 때 아버지가 했던 것처럼 "저런 운전자는 운전을 못하게 해야해!"라고 말한다. ²이때 김 군은 'P 자아상태'로 바뀐 것이다. ³P 자아상태는 자신 혹은 타인을 가르치려 들거나 보살피려 하는 자세를 취하는 자아상태로서, 어린 시절 부모가 자신에게 했던 행동이나 태도, 사고를 *내면화한 것이다. ⁴어릴 때 무엇을 해야 하는지 가르치고 통제했던 부모의 역할을 따라하고 있다면 'CP(통제적 어버이)' 상태, 따뜻하게 배려하고 돌봐 주었던 부모처럼 남을 돌봐 준다면 'NP(양육적 어버이)' 상태에 놓여 있다고 말한다.

❹ ¹잠시 후 김 군은 직장 상사와의 약속에 늦었다는 사실을 알고 당황한다. ²이때 김 군은 학창 시절에 지각하여 선생님에게 벌을 받을까 겁을 먹었던 기억이 되살아나 'C 자아상태'로 이동한 것이다. ³C 자아상태는 어릴 때 했던 것처럼 행동하거나 사고하거나 감정을 느끼는 자아상태이다. ⁴부모의 요구에 *순응하며 살았던 행동 양식들을 *재연할 경우를 'AC(순응하는 어린이)' 상태, 부모의 요구나 압력과 상관없이 독립적으로 행동했던 어린 시절의 방식대로 행동할 경우를 'FC(자유로운 어린이)' 상태라고 한다.

❺ ¹세 가지 자아상태 중 어느 한 상태에서 누군가에게 말을 걸면 상대방도 어느 한 상태에서 반응하게 된다. ²이러한 의사소통 과정에서 자신이 기대하는 반응이 올 수도 있고, 기대하지 않는 반응이 올 수도 있다. ³우리는 남들이 자기를 알아봐 줬으면 좋겠다는 인정의 욕구로 인해 서로 상대방을 *인지한다는 신호를 보낸다. ⁴이런 행위를 '스트로크(stroke)'라 부르는데, 스트로크는 다음과 같이 구분할 수 있다. ⁵먼저 언어로 신호를 보내는 언어적 스트로크와 몸짓, 표정 등으로 신호를 보내는 비언어적 스트로크로 나눌 수 있다. ⁶다음으로 상대방을 즐겁게 하는 긍정적 스트로크와 상대방을 고통스럽게 하는 부정적 스트로크로 나눌 수 있다. ⁷끝으로 "일을 참 잘 처리했더군."과 같이 상대방의 행위에 반응하는 조건적 스트로크와 "난 당신이 좋아."와 같이 아무 조건 없이 존재 그 자체에 반응하는 무조건적 스트로크로 나눌 수 있다.

❻ ¹일반적으로 사람들은 상대로부터 긍정적 스트로크를 받기 원하지만, 긍정적 스트로크가 충분하지 않다고 여기면 부정적 스트로크라도 얻으려고 한다. ²어떤 스트로크든 스트로크를 받지 못하는 것보다는 낫다는 원리가 작용하는 것이다. ³그리고 어떤 행위를 통해 자신이 원하는 스트로크를 받게 되면, 그 스트로크를 계속 받기 위해 같은 행동을 반복하며 *강화한다.

❼ ¹이와 같은 개념을 바탕으로 정립된 교류 분석 이론은 관찰 가능한 인간 행동을 간결하고 쉬운 용어로 분석함으로써 사람들이 이해하기 쉽게 설명해 준다. ²또한 과거의 경험을 통해 인간의 성격을 파악할 수 있게 했을 뿐 아니라 인간의 욕구와 관련지어 의사소통 과정을 분석할 수 있게 한 점에서도 의의가 있다.

● **창시하다** 어떤 사상이나 학설 따위를 처음으로 시작하거나 내세우다.

● **총체** 있는 것들을 모두 하나로 합친 전부 또는 전체.

● **내면화하다** 정신적 · 심리적으로 깊이 마음속에 자리 잡히다. 또는 그렇게 되게 하다.

● **순응하다** 환경이나 변화에 적응하여 익숙하여지거나 체계, 명령 따위에 적응하여 따르다.

● **재연하다** 한 번 하였던 행위나 일을 다시 되풀이하다.

● **인지하다** 어떤 사실을 인정하여 알다.

● **강화하다** 수준이나 정도를 더 높이다.

전개 방식 파악하기

**1** 윗글의 전개 방식에 대한 설명으로 가장 적절한 것은?

① 이론이 정립된 과정을 소개하고, 각 단계의 차이점을 설명하고 있다.

② 이론이 가지는 한계점을 지적하고, 이를 보완하는 다른 이론을 제시하고 있다.

③ 이론을 이해하는 데 필요한 개념을 설명하고, 이론이 지니는 의의를 밝히고 있다.

④ 이론이 나타나게 된 배경을 제시하고, 이론의 타당성을 사례를 들어 검증하고 있다.

⑤ 이론을 구성하는 요소들을 나열하고, 요소 간의 공통점과 차이점을 분석하고 있다.

스스로 점검: ○ ㅣ △ ㅣ ✕
정답의 근거:

**[2~3]** 〈자료〉를 바탕으로 물음에 답하시오.

| 자료 | |
|---|---|
| **상황 1** | 아버지: ㉠(차가운 말투로) 너 할머니께 아까 보인 태도가 뭐냐? 좀 더 예의를 갖출 수 없어? |
| | 철호(10대): (머리를 떨구며) 죄송해요. |
| **상황 2** | 철호(30대): (냉담하게) 너 아까 부장님께 너무 버릇없이 굴었어. 앞으로는 더 예의를 갖추도록 해. |
| | 직장 후배: (당황하면서) 그런가요? 제 나름대로는 예의를 보인 것인데 앞으로는 더 주의하겠습니다. |
| **상황 3** | 상담사: 주위 사람들에게 너무 엄격한 것 같아 고민이시군요. 그렇다면 문제의 원인을 찾고, 어떻게 할지 함께 생각해 보죠. 우선 질문을 몇 가지 드릴게요. 혹시 당신의 부모님은 엄격한 편이셨나요? |
| | 철호(30대): 예. 제 아버지는 어릴 때 제가 조금이라도 버릇없이 굴면 늘 질책을 하셨어요. 그래서 그때 많이 힘들었어요. |
| | 상담사: 많이 힘들었겠군요. 그런데 어릴 때 당신은 아버지의 말씀을 잘 받아들이는 아이였겠죠? |
| | 철호(30대): 그럴 수밖에요. 늘 아버지의 기대에 부응하려 노력했어요. 아버지는 제가 어른들께 예의 바르게 인사를 할 때면 얼굴이 환해지셨죠. 그래서 저는 누구보다 인사를 잘하기 위해 애를 썼었습니다. |

구체적 사례나 상황에 적용하기

**2** ㉠에 대한 설명으로 적절한 것은?

① 언어적, 긍정적, 조건적 스트로크이다.　　② 언어적, 부정적, 조건적 스트로크이다.

③ 언어적, 부정적, 무조건적 스트로크이다.　　④ 비언어적, 긍정적, 무조건적 스트로크이다.

⑤ 비언어적, 부정적, 무조건적 스트로크이다.

스스로 점검: ○ ㅣ △ ㅣ ✕
정답의 근거:

구체적 사례나 상황에 적용하기 　고난도

**3** 윗글을 바탕으로 〈자료〉를 이해한 내용으로 적절하지 <u>않은</u> 것은?

① 〈상황 1〉과 관련지어 볼 때 〈상황 2〉의 철호는 CP 상태에서 후배에게 말을 하고 있다고 할 수 있군.

② 〈상황 2〉에서 철호의 자아상태와 후배의 자아상태는 서로 일치하지 않는 것으로 볼 수 있군.

③ 〈상황 3〉에서 상담사는 현재의 문제 상황에 대한 해결책을 찾는 합리적인 태도를 보이므로 A 자아상태라고 할 수 있군.

④ 〈상황 3〉에서 상담사의 두 번째 질문은 철호의 FC 상태를 확인하기 위한 것이라고 할 수 있군.

⑤ 〈상황 3〉에서 철호의 말을 통해 그가 아버지로부터 인정을 받기 위해 인사하는 행동을 강화했음을 확인할 수 있군.

스스로 점검: ○ ㅣ △ ㅣ ✕
정답의 근거:

❶ ¹에릭 번이 창시한 '교류 분석 이론'은 심리 치료 및 상담에 널리 활용되는 이론이다. ²이 이론을 이해하기 위한 주요 개념들로 '자아상태'와 '스트로크'가 있다.
▶ 교류 분석 이론의 주요 개념인 '자아상태'와 '스트로크'

**내용 이해**
● 교류 분석 이론의 주요 개념
| 자아상태 | 스트로크 |

**구조 이해** 이 글의 화제인 '교류 분석 이론'을 제시하고, 그 하위 개념인 '자아상태'와 '(1)          '를 소개함.

❷ ¹자아상태 모델은 인간의 성격을 A(어른), P(어버이), C(어린이)의 세 가지 자아상태로 설명하며, 건강하고 균형 잡힌 성격이 되려면 세 가지 자아상태를 모두 필요로 한다고 본다. ²이때 자아상태란 특정 순간에 보이는 일련의 행동, 사고, 감정의 총체를 일컫는 것이므로 특정 순간마다 자아상태는 달라질 수 있다. (³예를 들어 보자. ⁴김 군이 교통이 혼잡한 도로에서 주변 상황을 살피며 차를 몰고 있다. ⁵그때 갑자기 다른 차가 끼어든다. ⁶뒤따르는 차가 없는 것을 얼른 확인하고 브레이크를 밟아 충돌을 면한다. ⁷이때 김 군은 'A 자아상태'에 놓여 있다.) ⁸A 자아상태는 지금 여기에서 가장 현실적인 대책을 찾는, 객관적이며 합리적인 자아 상태이다.
▶ 자아상태의 개념과 세 가지 자아상태: (2)

**내용 이해**
● 자아상태와 자아상태 모델
· 자아상태: 특정 순간에 보이는 일련의 행동, 사고, 감정의 총체.
· 자아상태 모델: 인간의 성격을 A(어른), P(어버이), C(어린이)의 세 가지 자아상태로 설명한 것.
● 자아상태 모델: A(어른) 자아상태

| A(어른)<br>자아상태 | 지금 여기에서 가장 현실적인 대책을 찾는, 객관적이며 (3)          인 자아 상태. |

**구조 이해** · 인간의 성격을 세 가지 자아상태로 나누어 설명함.
· 구체적인 예를 들어 A 자아상태의 개념을 설명함.

❸ (¹끼어들었던 차가 사라지자 김 군은 어릴 때 아버지가 했던 것처럼 "저런 운전자는 운전을 못하게 해야 해!"라고 말한다. ²이때 김 군은 'P 자아상태'로 바뀐 것이다.) ³P 자아상태는 자신 혹은 타인을 가르치려 들거나 보살피려 하는 자세를 취하는 자아상태로서, 어린 시절 부모가 자신에게 했던 행동이나 태도, 사고를 내면화한 것이다. ⁴어릴 때 무엇을 해야 하는지 가르치고 통제했던 부모의 역할을 따라 하고 있다면 'CP(통제적 어버이)' 상태, 따뜻하게 배려하고 돌봐 주었던 부모처럼 남을 돌봐 준다면 'NP(양육적 어버이)' 상태에 놓여 있다고 말한다.
▶ 세 가지 자아상태: P 자아상태

**내용 이해**
● 자아상태 모델: P(어버이) 자아상태

| P(어버이)<br>자아상태 | - 자신 혹은 타인을 가르치려 들거나 보살피려 하는 자세를 취하는 자아상태.<br>- 어린 시절 (4)          가 자신에게 했던 행동이나 태도, 사고를 내면화한 것. |

| 'CP(통제적 어버이)' 상태 | 어릴 때 가르치고 통제했던 부모의 역할을 따라하고 있는 경우 |
| 'NP(양육적 어버이)' 상태 | 따뜻하게 배려하고 돌봐 주었던 부모처럼 남을 돌봐 주는 경우 |

**구조 이해** · 구체적인 예를 들어 P 자아상태의 개념을 설명함.
· P 자아상태를 두 가지로 분류함.

❹ (¹잠시 후 김 군은 직장 상사와의 약속에 늦었다는 사실을 알고 당황한다. ²이때 김 군은 학창 시절에 지각하여 선생님에게 벌을 받을까 겁을 먹었던 기억이 되살아나 'C 자아상태'로 이동한 것이다.) ³C 자아상태는 어릴 때 했던 것처럼 행동하거나 사고하거나 감정을 느끼는 자아상태이다. ⁴부모의 요구에 순응하며 살았던 행동 양식들을 재연할 경우를 'AC(순응하는 어린이)' 상태, 부모의 요구나 압력과 상관없이 독립적으로 행동했던 어린 시절의 방식대로 행동할 경우를 'FC(자유로운 어린이)' 상태라고 한다.
▶ 세 가지 자아상태: C 자아상태

**내용 이해**
● 자아상태 모델: C(어린이) 자아상태

| C(어린이)<br>자아상태 | 어릴 때 했던 것처럼 행동하거나 사고하거나 감정을 느끼는 자아상태. |

| 'AC(순응하는 어린이)' 상태 | 부모의 요구에 순응하며 살았던 행동 양식들을 재연할 경우 |
| 'FC(자유로운 어린이)' 상태 | (5)          으로 행동했던 어린 시절의 방식대로 행동할 경우 |

**구조 이해** · 구체적인 예를 들어 C 자아상태의 개념을 설명함.
· C 자아상태를 두 가지로 분류함.

❺ [1]세 가지 자아상태 중 어느 한 상태에서 누군가에게 말을 걸면 상대방도 어느 한 상태에서 반응하게 된다. [2]이러한 의사소통 과정에서 자신이 기대하는 반응이 올 수도 있고, 기대하지 않는 반응이 올 수도 있다. [3]우리는 남들이 자기를 알아봐 줬으면 좋겠다는 인정의 욕구로 인해 서로 상대방을 인지한다는 신호를 보낸다. [4]이런 행위를 '스트로크(stroke)'라 부르는데, 스트로크는 다음과 같이 구분할 수 있다. [5]먼저 언어로 신호를 보내는 언어적 스트로크와 몸짓, 표정 등으로 신호를 보내는 비언어적 스트로크로 나눌 수 있다. [6]다음으로 상대방을 즐겁게 하는 긍정적 스트로크와 상대방을 고통스럽게 하는 부정적 스트로크로 나눌 수 있다. [7]끝으로 "일을 참 잘 처리했더군."과 같이 상대방의 행위에 반응하는 조건적 스트로크와 "난 당신이 좋아."와 같이 아무 조건 없이 존재 그 자체에 반응하는 무조건적 스트로크로 나눌 수 있다. ▶ 스트로크의 개념과 종류

❻ [1]일반적으로 사람들은 상대로부터 긍정적 스트로크를 받기 원하지만, 긍정적 스트로크가 충분하지 않다고 여기면 부정적 스트로크라도 얻으려고 한다. [2]어떤 스트로크든 스트로크를 받지 못하는 것보다는 낫다는 원리가 작용하는 것이다. [3]그리고 어떤 행위를 통해 자신이 원하는 스트로크를 받게 되면, 그 스트로크를 계속 받기 위해 같은 행동을 반복하며 강화한다. ▶ 스트로크에 대한 사람들의 반응 양상

❼ [1]이와 같은 개념을 바탕으로 정립된 교류 분석 이론은 관찰 가능한 인간 행동을 간결하고 쉬운 용어로 분석함으로써 사람들이 이해하기 쉽게 설명해 준다. [2]또한 과거의 경험을 통해 인간의 성격을 파악할 수 있게 했을 뿐 아니라 인간의 욕구와 관련지어 의사소통 과정을 분석할 수 있게 한 점에서도 의의가 있다. ▶ 교류 분석 이론의 (8)

---

**내용 이해**

● **스트로크의 개념과 종류**
남들이 자기를 알아봐 줬으면 좋겠다는 인정의 욕구로 인해 서로 상대방을 인지한다는 신호를 보내는 행위.

| 언어적 스트로크 | 언어로 신호를 보냄. |
|---|---|
| 비언어적 스트로크 | 몸짓, 표정 등으로 신호를 보냄. |

| 긍정적 스트로크 | 상대방을 즐겁게 함. |
|---|---|
| (6) 스트로크 | 상대방을 고통스럽게 함. |

| 조건적 스트로크 | 상대방의 행위에 반응함. |
|---|---|
| 비언어적 스트로크 | 아무 조건 없이 존재 자체에 반응함. |

● **스트로크에 대한 사람들의 반응**
- 긍정적 스트로크를 받는 것을 선호함.
- 상대로부터 어떤 스트로크든 얻으려고 함.
- 자신이 원하는 스트로크를 받게 되면, 스트로크를 계속 받기 위해 같은 행동을 반복하며 (7) 함.

**구조 이해** ・스트로크를 세 가지 기준에 따라 각각 분류함.
・스트로크에 대한 사람들의 반응 양상을 나열함.

**내용 이해**

● **교류 분석 이론의 의의**
① 관찰 가능한 인간 행동을 간결하고 쉬운 용어로 분석하여 사람들이 이해하기 쉽게 설명함.
② 과거의 경험을 통해 인간의 (9) 을 파악할 수 있게 함.
③ 인간의 욕구와 관련지어 의사소통 과정을 분석할 수 있게 함.

**구조 이해** 교류 분석 이론의 의의를 나열함.

답 (1) 스트로크 (2) A 자아상태 (3) 합리적 (4) 부모 (5) 독립적 (6) 부정적 (7) 강화 (8) 의의 (9) 성격

---

## 지문 **구조 노트**

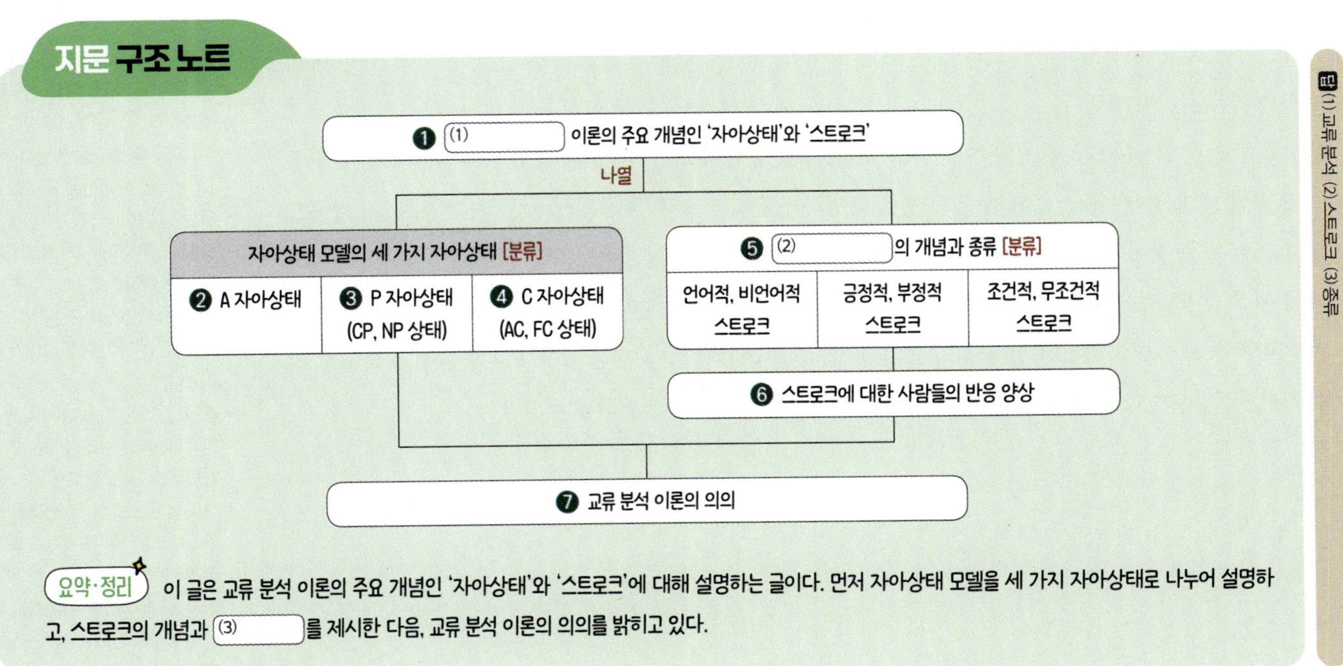



**요약·정리** 이 글은 교류 분석 이론의 주요 개념인 '자아상태'와 '스트로크'에 대해 설명하는 글이다. 먼저 자아상태 모델을 세 가지 자아상태로 나누어 설명하고, 스트로크의 개념과 (3) 를 제시한 다음, 교류 분석 이론의 의의를 밝히고 있다.

답 (1) 교류 분석 (2) 스트로크 (3) 종류

# 범종의 조형 양식

지문 난도 ★★★☆☆
지문 길이 500 ─ 2500

❶ ¹절에서 시간을 알리거나 의식을 행할 때 쓰이는 종을 범종이라고 한다. ²범종은 불교가 중국에 유입되면서 나타나기 시작하여 우리나라와 일본의 사찰로 퍼져 나갔다. ³중국 종의 영향 속에서도 우리나라와 일본의 범종은 각각 독특한 ●조형 양식을 발전시켰는데, 우리나라 범종의 전형적인 조형 양식은 신라에서 완성되었다. ⁴신라에서는 독창적이고 섬세한 조형 양식을 지닌 대형 종을 ●주조하였는데, 이는 중국이나 일본의 주조 공법으로는 만들기 어려운 것이었다. ⁵이러한 신라 종의 조형 양식은 조선 초기를 기점으로 한 ㉠큰 변화가 나타나기 전까지 후대의 범종으로 ●계승되었다.

❷ ¹신라 종의 몸체는 항아리를 거꾸로 세워 놓은 것과 비슷하게 가운데가 불룩하게 튀어나온 모습을 하고 있다. ²이와 달리 중국 종은 몸체의 하부가 팔(八)자로 벌어져 있으며, 일본 종은 수직 원통형으로 되어 있다. ³범종의 정상부에는 종을 매다는 용 모양의 고리인 용뉴(龍鈕)가 있는데, 신라 종의 용뉴는 쌍용 형태인 중국 종이나 일본 종의 용뉴와는 달리 한 마리 용의 모습을 하고 있다. ⁴그리고 용뉴 뒤에는 우리나라의 범종에서만 특징적으로 나타나는 음통이 있다.

❸ ¹주조 공법이 발달했던 신라의 범종에는 섬세한 문양들이 장식되어 있어 중국 종이나 일본 종과 차이를 보인다. ²신라 종의 상부와 하부에는 각각 상대와 하대라고 부르는 동일한 크기의 문양 띠가 있는데, 여기에는 덩굴무늬나 연꽃무늬 등의 불교적 상징물이 장식되어 있다. ³상대 바로 아래 네 방향에는 사다리꼴의 유곽이 있으며 그 안에 연꽃 봉우리 형상이 장식된 유두가 9개씩 있어, 단순한 꼭지 형상의 유두가 있는 일본 종이나 유두와 유곽 모두 존재하지 않는 중국 종과 차이를 보인다. ⁴그리고 가장 불룩하게 튀어나온 종의 정점부에는 타종 부위인 당좌(撞座)가 있으며, 이 당좌 사이에는 ●천인상(天人像)이 아름답게 장식되어 있어 가로 세로의 띠만 있는 일본 종과 차이가 있다.

❹ ¹고려 시대에는 이러한 신라 종의 조형 양식이 미약한 변화 속에서 계승된다. ²전기에는 상대와 접하는 종의 상판 둘레에 견대라 불리는 어깨 문양의 장식이 추가되고 유곽과 당좌의 위치가 달라지며, 천인상만 ●부조되어 있던 자리에 삼존불 등이 함께 나타난다. ³그리고 고려 후기로 가면 전기 양식의 견대가 연꽃을 세운 모양으로 변하고, 원나라의 침입 이후 전래된 라마교의 영향으로 ●범자(梵字) 문양 등의 장식이 나타난다. ⁴한편, 범종이 소형화되어 신라 종의 조형 양식이 계승되면서도 그러한 조형 양식을 지닌 대형 종의 주조 공법은 사라지게 된다.

❺ ¹조선 초기에는 새 왕조를 연 왕실 주도로 다시 대형 종이 주조된다. ²이때 조선에서는 신라의 대형 종 주조 공법을 대신하여 중국 종의 주조 공법을 도입하게 된다. ³그러면서 중국 종처럼 음통이 없이 쌍용으로 된 용뉴가 등장하며, 당좌가 사라지고, 신라 종의 섬세한 장식 대신 중국 종의 전형적인 장식들이 나타나게 된다. ⁴이후 불교를 억제하는 정책에 따라 한동안 범종 제작이 통제되었고, 16세기에 사찰 주도로 소형 종이 주조되면서 사라졌던 신라 종의 조형 양식이 다시 나타난다. ⁵그후 이러한 혼합 양식과 복고 양식이 ●병립하다가 복고 양식이 사라지면서 우리나라의 범종은 쇠퇴기에 접어들게 된다.



● **조형** 여러 가지 재료를 이용하여 구체적인 형태나 형상을 만듦.
● **주조하다** ① 녹인 쇠붙이를 거푸집에 부어 물건을 만들다. ② 전체를 한꺼번에 주조할 수 없는 큰 종이나 불상 따위를 만들 때에, 밑에서부터 쇠로 땜질을 하며 이어 가다.
● **계승되다** 조상의 전통이나 문화유산, 업적 따위가 이어져 나아가다.
● **천인상** 비천상. 하늘에 살면서 하계 사람과 왕래한다는 여자 선인(仙人)을 그린 그림.
● **부조되다** 조각에서, 평평한 면에 글자나 그림 따위가 도드라지게 새겨지다.
● **범자** 산스크리트어를 적는 인도의 문자를 통틀어 이르는 말.
● **병립하다** 나란히 서다.

세부 내용 파악하기

**1** 윗글의 내용과 일치하지 <u>않는</u> 것은?

① 고려 시대까지 우리나라의 범종은 외국의 영향을 받지 않으며 신라 종의 조형 양식을 계승하였다.

② 신라 종의 상부와 하부에는 불교적 상징물이 장식되어 있는 동일한 크기의 문양 띠가 있다.

③ 신라 시대부터 범종에 장식되어 있었던 당좌는 조선 시대에 들어와 사라지기도 하였다.

④ 우리나라와 일본에서 범종이 만들어진 것은 중국에서 불교가 전파된 것과 관련이 있다.

⑤ 신라에서는 중국이나 일본과는 다른 주조 공법으로 대형 종을 주조하였다.



생략된 정보 추론하기 〔고난도〕

**2** ㉠이 나타나게 된 이유로 가장 적절한 것은?

① 조선 시대에 불교를 억제하는 정책을 펴면서 범종 제작이 통제되었기 때문이다.

② 고려 시대에 종이 소형화되면서 신라 종의 조형 양식이 전승되지 못했기 때문이다.

③ 중국 종의 주조 공법으로 대형 종을 만들면서 중국 종의 조형 양식을 따르게 되었기 때문이다.

④ 16세기에 사찰 주도로 범종을 주조할 때 신라 종의 조형 양식을 복원하는 데 한계가 있었기 때문이다.

⑤ 조선 초기에 사찰 주도로 대형 종을 주조하면서 섬세한 조형 양식을 지닌 신라 종을 따르고자 했기 때문이다.



구체적 사례나 상황에 적용하기

**3** 〈보기〉는 신라 시대에 만들어진 범종의 그림이다. 이 범종의 ⓐ～ⓔ와 관련된 설명으로 적절하지 <u>않은</u> 것은?

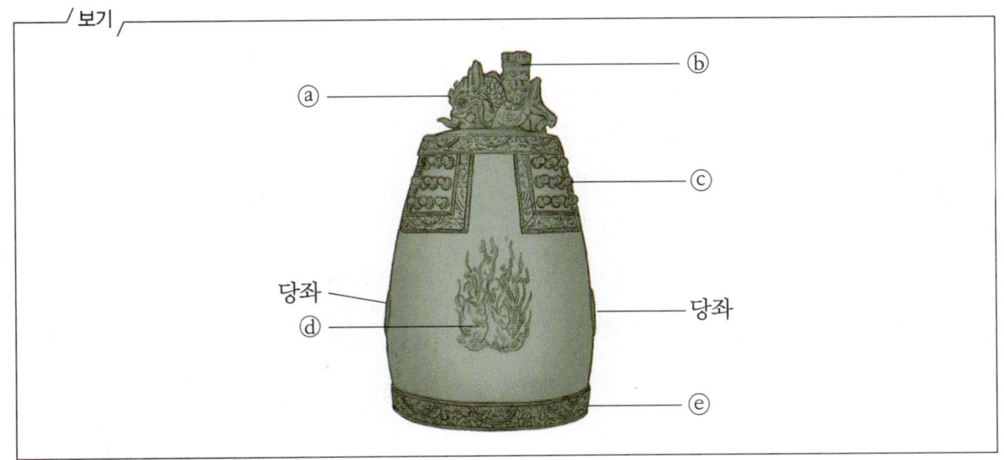



① 용이 한 마리인 형태의 ⓐ는 쌍용 형태인 중국 종이나 일본 종과 차이가 있다.

② ⓑ는 중국 종이나 일본 종에는 존재하지 않는 신라 종의 독특한 조형 양식에 해당한다.

③ 중국 종에는 ⓒ가 존재하지 않고, 일본 종에 존재하는 것은 ⓒ와 형상이 다르다.

④ 일본 종은 신라 종과 달리 ⓓ의 주변에 가로 세로의 띠가 있다.

⑤ 신라 종은 중국 종이나 일본 종과 달리 몸체의 정점부가 ⓔ 부분보다 볼록하게 튀어나와 있다.

❶ ¹절에서 시간을 알리거나 의식을 행할 때 쓰이는 종을 범종이라고 한다. (²범종은 불교가 중국에 유입되면서 나타나기 시작하여 우리나라와 일본의 사찰로 퍼져 나갔다. ³중국 종의 영향 속에서도 우리나라와 일본의 범종은 각각 독특한 조형 양식을 발전시켰는데,) 우리나라 범종의 전형적인 조형 양식은 신라에서 완성되었다. ⁴신라에서는 독창적이고 섬세한 조형 양식을 지닌 대형 종을 주조하였는데, 이는 중국이나 일본의 주조 공법으로는 만들기 어려운 것이었다. ⁵이러한 신라 종의 조형 양식은 조선 초기를 기점으로 한 큰 변화가 나타나기 전까지 후대의 범종으로 계승되었다.

▶ 우리나라 범종의 전형적인 조형 양식을 완성한 ⎣(1)⎦의 종

❷ ¹신라 종의 몸체는 항아리를 거꾸로 세워 놓은 것과 비슷하게 가운데가 불룩하게 튀어나온 모습을 하고 있다. ²이와 달리 중국 종은 몸체의 하부가 팔(八)자로 벌어져 있으며, 일본 종은 수직 원통형으로 되어 있다. ³범종의 정상부에는 종을 매다는 용 모양의 고리인 용뉴(龍鈕)가 있는데, 신라 종의 용뉴는 쌍용 형태인 중국 종이나 일본 종의 용뉴와는 달리 한 마리 용의 모습을 하고 있다. ⁴그리고 용뉴 뒤에는 우리나라의 범종에서만 특징적으로 나타나는 음통이 있다.

▶ 신라 시대 범종의 조형 양식의 특징 ①

❸ ¹주조 공법이 발달했던 신라의 범종에는 섬세한 문양들이 장식되어 있어 중국 종이나 일본 종과 차이를 보인다. ²신라 종의 상부와 하부에는 각각 상대와 하대라고 부르는 동일한 크기의 문양 띠가 있는데, 여기에는 덩굴무늬나 연꽃무늬 등의 불교적 상징물이 장식되어 있다. ³상대 바로 아래 네 방향에는 사다리꼴의 유곽이 있으며 그 안에 연꽃 봉우리 형상이 장식된 유두가 9개씩 있어, 단순한 꼭지 형상의 유두가 있는 일본 종이나 유두와 유곽 모두 존재하지 않는 중국 종과 차이를 보인다. ⁴그리고 가장 불룩하게 튀어나온 종의 정점부에는 타종 부위인 당좌(撞座)가 있으며, 이 당좌 사이에는 천인상(天人像)이 아름답게 장식되어 있어 가로 세로의 띠만 있는 일본 종과 차이가 있다.

▶ 신라 시대 범종의 조형 양식의 특징 ②



● 범종의 개념: 절에서 시간을 알리거나 의식을 행할 때 쓰이는 종.

● 우리나라(신라)의 범종의 특징

| 신라 시대 | - 불교, 중국 종의 영향 속에서 우리나라 범종의 전형적인 조형 양식이 완성됨.<br>- 독창적이고 섬세한 조형 양식을 지닌 ⎣(2)⎦ 종을 주조함.<br>- 조선 초기의 큰 변화가 나타나기 전까지 후대의 범종으로 계승됨. |
| --- | --- |

 '범종'이라는 화제를 제시하고, 신라 범종의 특징을 부연 설명함.



● 신라 범종의 조형 양식의 특징

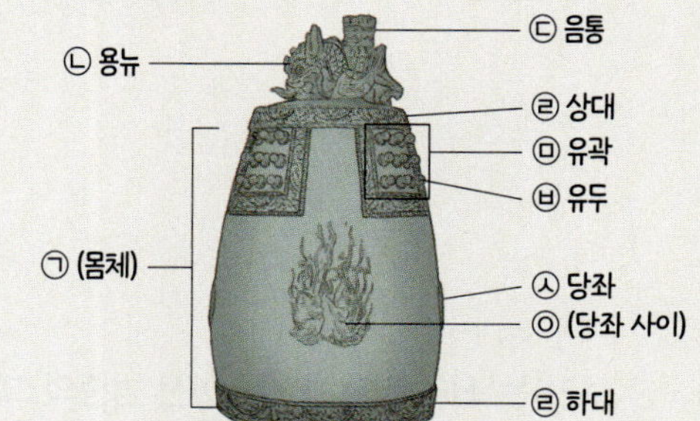


| 부위(요소) | | 신라의 종 | 중국의 종 | 일본의 종 |
| --- | --- | --- | --- | --- |
| ㉠ | 몸체 | 몸체의 ⎣(3)⎦가 불룩하게 튀어나온 형태 | 몸체의 하부가 팔(八)자로 벌어진 형태 | 수직 원통형 |
| ⓛ | 용뉴 | 한 마리 용의 형태 | 쌍용 형태 | |
| ⓒ | 음통 | ⎣(4)⎦. | 없음. | |
| ⓔ | 상대, 하대 | 불교적 상징물 장식 | - | - |
| ⓜ | 유곽 | 사다리꼴 | 없음. | - |
| ⓗ | 유두 | 연꽃 봉우리 형상, 9개 | 없음. | 단순한 꼭지 형상 |
| ⓐ | 당좌 | 종의 정점부에 있음. | - | - |
| ⓞ | 당좌 사이 | ⎣(5)⎦ 장식 | - | 가로 세로 띠 |

 • 신라 종의 조형 양식의 특징을 각 ⎣(6)⎦별로 제시함.

• 신라 종의 특징을 중국 종, 일본 종과 비교·대조하여 설명함.

❹ ¹고려 시대에는 이러한 신라 종의 조형 양식이 미약한 변화 속에서 계승된다. ²전기에는 상대와 접하는 종의 상판 둘레에 견대라 불리는 어깨 문양의 장식이 추가되고 유곽과 당좌의 위치가 달라지며, 천인상만 부조되어 있던 자리에 삼존불 등이 함께 나타난다. ³그리고 고려 후기로 가면 전기 양식의 견대가 연꽃을 세운 모양으로 변하고, 원나라의 침입 이후 전래된 라마교의 영향으로 범자(梵字) 문양 등의 장식이 나타난다. ⁴한편, 범종이 소형화되어 신라 종의 조형 양식이 계승되면서도 그러한 조형 양식을 지닌 대형 종의 주조 공법은 사라지게 된다.

▶ 고려 시대에 나타난 범종의 조형 양식 변화

❺ ¹조선 초기에는 새 왕조를 연 왕실 주도로 다시 대형 종이 주조된다. ²이때 조선에서는 신라의 대형 종 주조 공법을 대신하여 중국 종의 주조 공법을 도입하게 된다. ³그러면서 중국 종처럼 음통이 없이 쌍용으로 된 용뉴가 등장하며, 당좌가 사라지고, 신라 종의 섬세한 장식 대신 중국 종의 전형적인 장식들이 나타나게 된다. ⁴이후 불교를 억제하는 정책에 따라 한동안 범종 제작이 통제되었고, 16세기에 사찰 주도로 소형 종이 주조되면서 사라졌던 신라 종의 조형 양식이 다시 나타난다. ⁵그후 이러한 혼합 양식과 복고 양식이 병립하다가 복고 양식이 사라지면서 우리나라의 범종은 쇠퇴기에 접어들게 된다.

▶ 조선 초기 이후에 나타난 범종의 조형 양식 변화



● 고려 시대에 나타난 범종의 조형 양식 변화
- 신라 종의 조형 양식이 미약한 변화 속에서 (7)    됨.

| 고려 전기 | - 상대와 접하는 종의 상판 둘레에 견대가 추가됨.<br>- 유곽과 당좌의 위치가 달라짐.<br>- 천인상 자리에 (8)    등이 함께 나타남. |
|---|---|

| 고려 후기 | - 견대가 연꽃을 세운 모양으로 변함.<br>- 라마교의 영향으로 범자 문양 등의 장식이 나타남.<br>- 범종이 소형화되어 대형 종의 주조 공법이 사라짐. |
|---|---|

구조 이해  고려 시대의 전기와 후기에 나타난 범종의 조형 양식의 변화를 통시적으로 나열함.

내용 이해

● 조선 시대에 나타난 범종의 조형 양식 변화

| 조선 초기 | - 왕실 주도로 중국 종의 주조 공법을 도입하여 대형 종이 주조됨.<br>- (9)    종이 지닌 조형 양식의 특징이 나타남. |
|---|---|

| 16세기 | 사찰 주도로 소형 종이 주도되면서 신라 종의 조형 양식이 다시 나타남. |
|---|---|

| 쇠퇴기 | 혼합 양식과 복고 양식이 병립하다가 복고 양식의 소멸로 쇠퇴기에 접어듦. |
|---|---|

구조 이해  조선 초기, 16세기, 쇠퇴기에 나타난 범종의 조형 양식의 변화를 (10)    으로 나열함.

답 (1) 신라 (2) 대형 (3) 가운데 (4) 있음 (5) 천인상 (6) 부위(요소)
(7) 계승 (8) 삼존불 (9) 중국 (10) 통시적

## 지문 구조 노트

❶ 우리나라 (1)    의 전형적인 조형 양식을 완성한 신라의 종

❷ ~ ❸ 신라 시대 범종의 조형 양식의 특징 [비교·대조]

❹ 고려 시대에 나타난 범종의 조형 양식 변화 [나열(통시)]

❺ (2)    초기 이후에 나타난 범종의 조형 양식 변화 [나열(통시)]

나열(통시)

요약·정리  이 글은 우리나라 범종의 전형적인 조형 양식인 신라 범종의 특징과 시대별 (3)    과정을 설명하는 글이다. 먼저 신라 종의 조형 양식의 특징을 다른 나라의 종과 (4)    하여 설명한 다음, 이러한 범종의 조형 양식이 고려 시대와 조선 시대를 거치면서 어떻게 변화했는지 상세하게 밝히고 있다.

답 (1) 범종 (2) 조선 (3) 변천(변화) (4) 비교·대조

# 지휘자의 음악 해석



지문 난도 ★★☆☆☆
지문 길이  500  2500

❶ ¹지휘자와 오케스트라가 베토벤의 *교향곡을 소리로 *재현해 내지 않는다면 베토벤의 명곡은 결코 우리 앞에 '생생한 소리'로서 존재할 수 없다. ²지휘자와 오케스트라가 작곡가의 악보를 소리로 바꾸는 과정에서 '음악 해석'이라는 것이 이루어진다. ³지휘자는 자신의 음악적 관점을 리허설을 통해 전달하고, 여러 가지 손동작과 표정, 몸짓 등으로 감정을 표현하거나 음악의 느낌을 단원들에게 전달하며 훌륭한 연주를 이끌어 낸다. ⁴그 순간 지휘자는 단지 박자만 맞추는 것이 아니라 음악을 해석하고 있는 것이다.

❷ ¹일반인들에게 음악 해석이란 말은 조금 낯설지도 모른다. ²엄연히 작곡가가 남긴 악보가 있고, 지휘자나 연주자는 악보에 써 있는 대로 음악을 지휘하거나 연주를 하면 될 테니 연주의 차이도 거기서 거기 아니냐고 할 수도 있다. ³하지만 막상 악보를 보고 연주를 해 보면 이것이 간단한 문제가 아니라는 것을 알게 된다. ⁴가령 '점점 느리게 연주하라'는 뜻의 '리타르단도'라든가 '점점 빠르게 연주하라'는 뜻의 '스트린젠도'라는 기호가 나타났을 때 과연 어디서부터 어떻게 느려져야 하고 어떻게 빨라져야 할까? ⁵작곡가가 아무리 악보를 정교하게 그린다 해도 작곡가는 연주자들에게 자신이 의도한 음악을 정확하게 전달해 낼 수 없다. ⁶이것이 바로 '악보의 불완전성'이며 이 불완전성이야말로 다양한 음악 해석을 가능하게 한다.

❸ ¹그럼 베토벤의 〈교향곡 5번〉이 지휘자의 관점에 따라 얼마나 다르게 연주될 수 있는지 살펴보자. ²1악장 도입부만 해도 지휘자마다 천차만별이다. ³베토벤 〈교향곡 5번〉을 여는 '따따따딴~'의 네 음은 베토벤의 운명이 문을 두드리는 소리라고 해서 흔히 '운명의 동기'라고 불린다. ⁴운명의 동기가 나타나는 1악장의 첫 페이지에 베토벤은 '알레그로 콘 브리오' 즉 '빠르고 활기 있게' 연주하라고 적어 놓았다. ⁵그리고 그 옆에는 정확한 *템포를 지시하기 위해 2분 음표를 *메트로놈 108로 연주하라고 적어 놓았다. ⁶1악장은 2/4박자의 곡이므로 2분 음표의 템포는 곧 한 마디의 템포인 셈인데, 한 마디를 메트로놈 108의 속도로 연주한다는 것은 연주자들을 긴장시킬 만한 매우 빠른 템포이다.

❹ ¹하지만 정확하고 무자비하기로 유명한 지휘자 토스카니니는 정확하게 베토벤이 원하는 템포 그대로 운명의 동기를 연주한다. ²그리고 운명의 동기를 반복적으로 *구축하며 운명이 추적해 오는 것 같은 뒷부분도 사정없이 몰아친다. ³그의 해석으로 베토벤 음악의 추진력은 더욱 돋보인다.

❺ ¹반면 음악을 주관적으로 해석하기로 유명한 푸르트벵글러는 베토벤이 적어 놓은 메트로놈 기호에 별로 신경을 쓰지 않았다. ²푸르트벵글러의 지휘로 재탄생한 운명의 노크 소리는 매우 느린 템포로 연주된다. ³그럼에도 불구하고 한 음 한 음 힘 있고 또렷하게 표현된 그 소리는 그 어느 노크 소리보다 가슴을 울리는 웅장함을 담고 있다. ⁴두 번째 노크 소리의 *여운이 끝나기가 무섭게 시작되는 '운명의 추적' 부분에서도 푸르트벵글러는 이 작품에 대한 독특한 시각을 보여 준다. ⁵그는 여기서 도입부의 느린 템포와는 전혀 다른 매우 빠른 템포로 음악을 이끌어 가면서 웅장하게 표현된 운명의 동기와는 대조적으로 더욱 *긴박감 넘치는 운명의 추적을 느끼게 한다. ⁶푸르트벵글러는 비록 1악장 도입부에서 베토벤이 적어 놓은 메트로놈 기호를 지키지는 않았다. ⁷하지만 도입부에 나타난 두 번의 노크 소리를 느리고 웅장하게 연주한 후 뒷부분의 음악은 빠르고 긴박감 넘치게 이끌어 감으로써 베토벤 음악이 지닌 웅장함과 역동성을 더욱 잘 부각시키고 있다. ⁸그렇다면 푸르트벵글러의 해석이 틀렸다고 할 수 있을까? ⁹악보에 충실하고자 했던 토스카니니와 악보 너머의 음악적 느낌에 더 충실하고자 했던 푸르트벵글러 중 누가 옳은 것일까?

❻ ¹음악에선 틀린 음을 연주하는 것 이외에 틀린 것이란 없다. ²틀린 것이 아니라 다른 것이다. ³여러 가지 '다름'을 허용하는 것이야말로 클래식 음악을 더욱 생동감 넘치는 현재의 음악으로 재현하는 힘이 된다.

---

● **교향곡** 관현악을 위하여 작곡한, 소나타 형식의 규모가 큰 곡. 보통 4악장으로 이루어지며, 하이든이 시작하여 모차르트와 베토벤에 의하여 확립되었다.

● **재현하다** 다시 나타나다. 또는 다시 나타내다.

● **템포(tempo)** 악곡을 연주하는 속도나 박자.

● **메트로놈** 시계추의 원리를 응용하여 악곡의 박자를 맞추거나 빠르기를 나타내는 기구. 메트로놈이 나타내는 1분간의 박자 수를 'M.M. ♩=180' 따위로 표시한다.

● **구축하다** 체제, 체계 따위의 기초를 닦아 세우다.

● **여운** ① 아직 가시지 않고 남아 있는 운치. ② 소리가 그치거나 거의 사라진 뒤에도 아직 남아 있는 음향.

● **긴박감** 매우 다급하고 절박한 느낌.

**1** 전개 방식 파악하기

**윗글의 논지 전개 방식으로 가장 적절한 것은?**

① 화제의 변천 과정을 역사적으로 살펴보고 있다.

② 낯선 개념을 익숙한 대상에 빗대어 설명하고 있다.

③ 다양한 관점을 소개하면서 절충안을 모색하고 있다.

④ 구체적인 사례를 들어 화제에 대한 이해를 돕고 있다.

⑤ 대상에 대한 서로 다른 관점의 장·단점을 비교하고 있다.

스스로 점검: ○ ┆ △ ┆ ✕
정답의 근거:

**I**
**인문**
**예술**

**2** 중심 내용 파악하기

**'음악 해석'에 대한 이해로 적절하지 <u>않은</u> 것은?**

① 동일한 곡이라도 지휘자마다 연주자에게 다른 요구를 할 수 있다.

② 악보를 통해 작곡가의 의도를 연주자에게 완벽하게 전달하기는 어렵다.

③ 작곡가가 악보에 자신의 의도를 정확하게 담았다면 음악 해석은 불필요하다.

④ 음악 해석은 지휘자나 연주자가 작곡가의 악보를 소리로 재현할 때 이루어진다.

⑤ 지휘자는 동작이나 표정을 통해 연주자들에게 자신이 해석한 음악의 느낌을 전달한다.

스스로 점검: ○ ┆ △ ┆ ✕
정답의 근거:

**3** 구체적 사례나 상황에 적용하기 〔고난도〕

**윗글을 바탕으로 〈보기〉에 대해 보인 반응으로 적절하지 <u>않은</u> 것은?**

스스로 점검: ○ ┆ △ ┆ ✕
정답의 근거:

> ┌ 보기 ┐
>
> [1]베토벤 당시의 호른으로는 재현부에서 C장조로 낮아진 제2주제 팡파르를 연주할 수 없었다. [2]그래서 베토벤은 자신의 〈교향곡 5번〉 1악장 재현부에서 제2주제 팡파르를 호른과 음색이 가장 유사한 목관 악기인 바순으로 연주하도록 했다. [3]그러나 19세기에 관악기의 개량이 이루어지면서 어떤 음이든 연주할 수 있는 호른이 널리 보급되었다. [4]그러자 어떤 지휘자들은 베토벤 〈교향곡 5번〉 1악장의 재현부에서 제2주제 팡파르를 호른으로 연주해야 한다고 주장했다. [5]하지만 어떤 지휘자들은 베토벤이 악보에 적어 놓은 그대로 바순의 연주를 고집했다.

① 베토벤은 당시 악기의 한계 때문에 자신이 의도한 바를 정확하게 구현하지 못했겠군.

② 토스카니니는 베토벤이 악보에 적어 놓은 그대로 바순으로 연주하는 데 동조했겠군.

③ 자신의 음악 해석에 따라 호른이나 바순 이외의 악기로 연주하는 지휘자도 있을 수 있겠군.

④ 호른으로 연주를 해야 한다고 주장한 지휘자들은 악보에 충실한 음악 해석을 중요시했겠군.

⑤ 윗글의 글쓴이는 바순과 호른 중 어떤 악기로 연주해도 그 지휘자의 연주가 틀렸다고는 생각하지 않겠군.

❶ [1]지휘자와 오케스트라가 베토벤의 교향곡을 소리로 재현해 내지 않는다면 베토벤의 명곡은 결코 우리 앞에 '생생한 소리'로서 존재할 수 없다. [2]지휘자와 오케스트라가 작곡가의 악보를 소리로 바꾸는 과정에서 '음악 해석'이라는 것이 이루어진다. [3]지휘자는 자신의 음악적 관점을 리허설을 통해 전달하고, 여러 가지 손동작과 표정, 몸짓 등으로 감정을 표현하거나 음악의 느낌을 단원들에게 전달하며 훌륭한 연주를 이끌어 낸다. [4]그 순간 지휘자는 단지 박자만 맞추는 것이 아니라 음악을 해석하고 있는 것이다.

▶ 지휘자의 음악 해석

❷ [1]일반인들에게 음악 해석이란 말은 조금 낯설지도 모른다. [2]엄연히 작곡가가 남긴 악보가 있고, 지휘자나 연주자는 악보에 써 있는 대로 음악을 지휘하거나 연주를 하면 될 테니 연주의 차이도 거기서 거기 아니냐고 할 수도 있다. [3]하지만 막상 악보를 보고 연주를 해 보면 이것이 간단한 문제가 아니라는 것을 알게 된다. [4]가령 '점점 느리게 연주하라'는 뜻의 '리타르단도'라든가 '점점 빠르게 연주하라'는 뜻의 '스트린젠도'라는 기호가 나타났을 때 과연 어디서부터 어떻게 느려져야 하고 어떻게 빨라져야 할까? [5]작곡가가 아무리 악보를 정교하게 그린다 해도 작곡가는 연주자들에게 자신이 의도한 음악을 정확하게 전달해 낼 수 없다. [6]이것이 바로 '악보의 불완전성'이며 이 불완전성이야말로 다양한 음악 해석을 가능하게 한다.

▶ 다양한 음악 해석을 가능하게 하는 악보의 (2)

❸ [1]그럼 베토벤의 〈교향곡 5번〉이 지휘자의 관점에 따라 얼마나 다르게 연주될 수 있는지 살펴보자. [2]1악장 도입부만 해도 지휘자마다 천차만별이다. [3]베토벤 〈교향곡 5번〉을 여는 '따따따딴~'의 네 음은 베토벤의 운명이 문을 두드리는 소리라고 해서 흔히 '운명의 동기'라고 불린다. [4]운명의 동기가 나타나는 1악장의 첫 페이지에 베토벤은 '알레그로 콘 브리오' 즉 '빠르고 활기 있게' 연주하라고 적어 놓았다. [5]그리고 그 옆에는 정확한 템포를 지시하기 위해 2분 음표를 메트로놈 108로 연주하라고 적어 놓았다. [6]1악장은 2/4박자의 곡이므로 2분 음표의 템포는 곧 한 마디의 템포인 셈인데, 한 마디를 메트로놈 108의 속도로 연주한다는 것은 연주자들을 긴장시킬 만한 매우 빠른 템포이다.

▶ 매우 빠른 템포로 시작하는 베토벤의 〈교향곡 5번〉

❹ [1]하지만 정확하고 무자비하기로 유명한 지휘자 토스카니니는 정확하게 베토벤이 원하는 템포 그대로 운명의 동기를 연주한다. [2]그리고 운명의 동기를 반복적으로 구축하며 운명이 추적해 오는 것 같은 뒷부분도 사정없이 몰아친다. [3]그의 해석으로 베토벤 음악의 추진력은 더욱 돋보인다.

▶ 지휘자 토스카니니의 음악 해석: 악보에 충실함.

---

**내용 이해**

● 지휘자의 음악 해석
- 음악 해석은 지휘자와 오케스트라가 작곡가의 악보를 소리로 바꾸는 과정에서 이루어짐.
- 지휘자는 자신의 음악적 관점에 따라 음악을 해석하고 이를 단원들에게 전달하여 연주를 이끌어 냄.

**구조 이해** '(1)　　　'이라는 중심 화제를 제시함.

**내용 이해**

● 악보의 불완전성의 의미

| 악보의 불완전성 |
| --- |
| 작곡가가 악보를 아무리 정교하게 그리더라도 연주자들에게 자신이 의도한 음악을 정확하게 전달할 수 없음. |

↓

지휘자나 연주자의 (3)　　　 음악 해석을 가능하게 함.

**구조 이해** • 음악 해석에 대한 일반인들의 오해를 반박함.
• 예시를 통해 '악보의 불완전성'의 의미를 설명함.

**내용 이해**

● 음악 해석의 예: 베토벤의 〈교향곡 5번〉 1악장

| 〈교향곡 5번〉 1악장 | 작곡가 베토벤 |
| --- | --- |
| | - '(4)　　　 활기 있게(알레그로 콘 브리오)' 연주할 것<br>- 2분 음표를 메트로놈 108로 연주할 것 (매우 빠른 템포로 연주하라는 의미) |

**구조 이해** 〈교향곡 5번〉의 1악장에 관한 베토벤의 의도를 구체적으로 제시함.

**내용 이해**

● 지휘자 토스카니니의 음악 해석

| 지휘자 토스카니니 |
| --- |
| - 정확하게 베토벤이 원하는 템포 그대로 연주함.<br>- 운명의 동기를 반복적으로 구축하며 운명의 추적 부분도 사정없이 몰아침. |

↓

베토벤 음악의 (5)　　　 이 돋보이게 함.

**구조 이해** 〈교향곡 5번〉에 대한 토스카니니의 음악 해석을 구체적으로 설명함.

❺ <sup>1</sup>반면 음악을 주관적으로 해석하기로 유명한 <u>푸르트뱅글러</u>는 베토벤이 적어 놓은 메트로놈 기호에 별로 신경을 쓰지 않았다. <sup>2</sup>푸르트뱅글러의 지휘로 재탄생한 <u>운명의 노크 소리는 매우 느린 템포로 연주된다.</u> <sup>3</sup>그럼에도 불구하고 한 음 한 음 힘 있고 또렷하게 표현된 그 소리는 그 어느 노크 소리보다 가슴을 울리는 웅장함을 담고 있다. <sup>4</sup>두 번째 노크 소리의 여운이 끝나기가 무섭게 시작되는 '운명의 추적' 부분에서도 푸르트뱅글러는 이 작품에 대한 독특한 시각을 보여 준다. <sup>5</sup>그는 여기서 도입부의 느린 템포와는 전혀 다른 매우 빠른 템포로 음악을 이끌어 가면서 웅장하게 표현된 운명의 동기와는 대조적으로 더욱 긴박감 넘치는 운명의 추적을 느끼게 한다. <sup>6</sup>푸르트뱅글러는 비록 1악장 도입부에서 베토벤이 적어 놓은 메트로놈 기호를 지키지는 않았다. <sup>7</sup>하지만 도입부에 나타난 두 번의 노크 소리를 느리고 웅장하게 연주한 후 뒷부분의 음악은 빠르고 긴박감 넘치게 이끌어 감으로써 베토벤 음악이 지닌 웅장함과 역동성을 더욱 잘 부각시키고 있다. (<sup>8</sup>그렇다면 푸르트뱅글러의 해석이 틀렸다고 할 수 있을까? <sup>9</sup>악보에 충실하고자 했던 토스카니니와 악보 너머의 음악적 느낌에 더 충실하고자 했던 푸르트뱅글러 중 누가 옳은 것일까?)

▶ 지휘자 푸르트뱅글러의 음악 해석: 주관적으로 음악을 해석함.

❻ <sup>1</sup>음악에선 틀린 음을 연주하는 것 이외에 틀린 것이란 없다. <sup>2</sup>틀린 것이 아니라 다른 것이다. <sup>3</sup>여러 가지 '다름'을 허용하는 것이야말로 클래식 음악을 더욱 생동감 넘치는 현재의 음악으로 재현하는 힘이 된다.

▶ 음악 해석에 대한 글쓴이의 생각

**내용 이해**

● 지휘자 푸르트뱅글러의 음악 해석

| 지휘자 푸르트뱅글러 |
| --- |
| - 베토벤이 적어 놓은 메트로놈 기호에 신경 쓰지 않음.<br>- 도입부에서 운명의 노크 소리를 매우 (6) 템포로 웅장하게 연주함.<br>- 도입부와 대조적으로 운명의 추적 부분을 매우 빠른 템포로 긴박감 넘치게 연주함. |

↓

| 베토벤 음악의 웅장함과 (7) 을 부각함. |
| --- |

**구조 이해** • <교향곡 5번>에 대한 푸르트뱅글러의 음악 해석을 구체적으로 설명함.
• 질문을 통해 '음악 해석의 다름' 문제에 대한 의문을 제기함.

**내용 이해**

● 음악 해석에 대한 글쓴이의 생각
 - 음악 해석의 방식은 틀린 것이 아니라 (8) 것임.
 - 다양한 음악 해석을 허용하는 것은 클래식 음악을 더욱 생동감 넘치는 현재의 음악으로 재현하는 힘이 됨.

**구조 이해** ❺-8~9의 의문에 대한 답을 제시하면서 음악 해석에 대한 글쓴이의 긍정적 관점을 밝힘.

답 (1) 음악 해석 (2) 불완전성 (3) 다양한 (4) 빠르고 (5) 추진력 (6) 느린 (7) 역동성 (8) 다른

## 지문 구조 노트

❶ (1) 의 음악 해석

❷ 다양한 음악 해석을 가능하게 하는 악보의 불완전성

❸ 매우 빠른 템포로 시작하는 베토벤의 <교향곡 5번>

나열

❹ 지휘자 토스카니니의 음악 해석 ←비교·대조→ ❺ 지휘자 푸르트뱅글러의 음악 해석

❻ 음악 해석에 대한 글쓴이의 생각

**요약·정리** 이 글은 같은 음악이더라도 지휘자의 관점에 따라 달라지는 '음악 해석'에 대해 설명하는 글이다. 베토벤의 <교향곡 5번>을 다르게 해석한 두 지휘자의 (2) 를 제시함으로써 다양한 음악 해석을 허용하는 것에 대한 글쓴이의 (3) 관점을 밝히고 있다.

답 (1) 지휘자 (2) 사례(예) (3) 긍정적

# 필수 어휘 ZIP

**1** 다음 뜻풀이에 해당하는 단어를 쓰시오.

(1) ㅇ ㅇ : 아직 가시지 않고 남아 있는 운치.
(                )

(2) ㅈ ㅎ : 여러 가지 재료를 이용하여 구체적인 형태나 형상을 만듦.
(                )

(3) ㅍ ㅇ ㅅ : 사물의 관련이나 일의 결과가 반드시 그렇게 될 수밖에 없는 요소나 성질.
(                )

**2** 제시된 단어의 뜻풀이로 올바른 것을 연결하시오.

(1) 단초 ·
· ㉠ 일이나 사건을 풀어 나갈 수 있는 첫머리.

(2) 명제 ·
· ㉡ 있는 것들을 모두 하나로 합친 전부 또는 전체.

(3) 총체 ·
· ㉢ 어떤 문제에 대한 하나의 논리적 판단 내용과 주장을 언어 또는 기호로 표시한 것.

**3** 〈보기〉의 빈칸에 공통적으로 들어갈 말로 가장 적절한 것은?

───── 보기 ─────
• 우리의 이익에 [        ]되는 제안은 받아들일 수 없다.
• 나와 친구는 사사건건 의견이 [        ]된다.
• 서로의 이해관계가 [        ]되는 갈등을 겪었다.

① 계승　　　② 구축　　　③ 상정
④ 상충　　　⑤ 인지

**4** 다음 문장의 의미를 고려하여 괄호 안에서 알맞은 단어를 골라 ○표 하시오.

(1) 그는 자신의 운명에 ( 순응했다 , 인정했다 ).
(2) 국민은 헌법을 ( 준수해야 , 중재해야 ) 할 의무를 지닌다.
(3) 난방 기구에 대한 부주의는 화재를 ( 모색한다 , 야기한다 ).
(4) 현재 학계에는 여러 개의 학파가 ( 병립하고 , 병행하고 ) 있다.

**5** 다음 뜻풀이를 가진 단어를 골라 ○표 하시오.

(1) 경우에 따라 재치 있게 대응하는 지혜.
| 기지 | 기재 |

(2) 자연계를 지배하고 있는 원리와 법칙.
| 섭정 | 섭리 |

(3) 한 번 하였던 행위나 일을 다시 되풀이하다.
| 재연하다 | 재현하다 |

(4) 어떤 사상이나 학설 따위를 처음으로 시작하거나 내세우다.
| 창조하다 | 창시하다 |

**6** 다음 단어의 뜻풀이가 적절하면 ○에, 그렇지 않으면 ✕에 표시하시오.

(1) 향유하다: 수준이나 정도를 더 높이다. [○ ✕]
(2) 의거하다: 어떤 사실이나 원리 따위에 근거하다. [○ ✕]
(3) 주조하다: 조각에서, 평평한 면에 글자나 그림 따위가 도드라지게 새겨지다. [○ ✕]
(4) 사유: ① 대상을 두루 생각하는 일. ② 개념, 구성, 판단, 추리 따위를 행하는 인간의 이성 작용. [○ ✕]

# II

# 조세의 효율성과 공평성

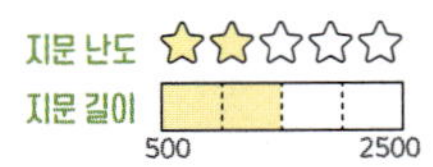

지문 난도 ★★☆☆☆
지문 길이　500　　2500

❶ [1]조세는 국가의 •재정을 마련하기 위해 경제 주체인 기업과 국민들로부터 거두어들이는 돈이다. [2]그런데 국가가 조세를 강제로 부과하다 보니 경제 주체의 의욕을 떨어뜨려 경제적 순손실을 초래하거나 조세를 부과하는 방식이 공평하지 못해 불만을 야기하는 문제가 나타난다. [3]따라서 조세를 부과할 때는 조세의 효율성과 공평성을 고려해야 한다.

❷ [1]우선 ㉠조세의 효율성에 대해서 알아보자. [2]상품에 소비세를 부과하면 상품의 가격 상승으로 소비자가 상품을 적게 구매하기 때문에 상품을 통해 얻는 소비자의 •편익이 줄어들게 되고, 생산자가 상품을 팔아서 얻는 이윤도 줄어들게 된다. [3]소비자와 생산자가 얻는 편익이 줄어드는 것을 경제적 순손실이라고 하는데 조세로 인하여 경제적 순손실이 생기면 경기가 •둔화될 수 있다. [4]이처럼 조세를 부과하게 되면 경제적 순손실이 불가피하게 발생하게 되므로, 이를 최소화하도록 조세를 부과해야 조세의 효율성을 높일 수 있다.

❸ [1]㉡조세의 공평성은 조세 부과의 형평성을 실현하는 것으로, 조세의 공평성이 확보되면 조세 부과의 형평성이 높아져서 조세 저항을 줄일 수 있다. [2]공평성을 확보하기 위한 기준으로는 편익 원칙과 능력 원칙이 있다. [3]편익 원칙은 조세를 통해 제공되는 도로나 가로등과 같은 •공공재를 소비함으로써 얻는 편익이 클수록 더 많은 세금을 부담해야 한다는 원칙이다. [4]이는 공공재를 사용하는 만큼 세금을 내는 것이므로 납세자의 저항이 크지 않지만, 현실적으로 공공재의 사용량을 측정하기가 쉽지 않다는 문제가 있고 조세 부담자와 편익 •수혜자가 달라지는 문제도 발생할 수 있다.

❹ [1]능력 원칙은 개인의 소득이나 재산 등을 고려한 세금 부담 능력에 따라 세금을 내야 한다는 원칙으로 조세를 통해 소득을 재분배하는 효과가 있다. [2]능력 원칙은 수직적 공평과 수평적 공평으로 나뉜다. [3]수직적 공평은 소득이 높거나 재산이 많을수록 세금을 많이 부담해야 한다는 원칙이다. [4]이를 실현하기 위해 특정 세금을 내야 하는 모든 납세자에게 같은 세율을 적용하는 비례세나 소득 수준이 올라감에 따라 점점 높은 세율을 적용하는 ➕누진세를 시행하기도 한다.

❺ [1]수평적 공평은 소득이나 재산이 같을 경우 세금도 같게 부담해야 한다는 원칙이다. [2]그런데 수치상의 소득이나 재산이 동일하더라도 실질적인 조세 부담 능력이 달라, 내야 하는 세금에 차이가 생길 수 있다. [3]예를 들어 소득이 동일하더라도 부양가족의 수가 다르면 실질적인 조세 부담 능력에 차이가 생긴다. [4]이와 같은 문제를 해결하여 공평성을 높이기 위해 정부에서는 •공제 제도를 통해 조세 부담 능력이 적은 사람의 세금을 감면해 주기도 한다.

---

**배경지식➕**

**누진세**

누진세란 소득 금액이 커질수록 높은 세율을 적용하도록 정한 세금을 의미한다. 누진세가 도입된 배경은 다음과 같다. 제2차 세계대전 이후 많은 나라에서 경제력의 불평등과 소득 간 불평등이 심화되면서 소득 재분배가 주요 문제로 떠오르게 되었다. 이때 소득 재분배의 효과적인 방안이 바로 소득에 누진세율을 적용하는 것이었고, 이에 따라 현재 세계 대부분의 국가에서는 소득세에 누진세를 적용하고 있다. 누진세는 능력에 따라 더 많은 세금을 부담하는 것을 원칙으로 한다. 누진세가 적용되면 고소득자는 더 많은 세금을, 저소득층은 상대적으로 적은 세금을 내게 된다. 국가는 이러한 정책을 통해 계층 간 소득의 불평등을 완화하고 있다.

● **재정** 국가 또는 지방 자치 단체가 행정 활동이나 공공 정책을 시행하기 위해 자금을 만들어 관리하고 이용하는 경제 활동.
● **편익** 편리하고 유익함.
● **둔화되다** 느려지고 무디어지다.
● **공공재** 모든 사람들이 공동으로 이용할 수 있는 재화나 서비스.
● **수혜자** 혜택을 받는 사람.
● **공제** 받을 몫에서 일정한 금액이나 수량을 뺌.

**1** 윗글에 대한 설명으로 가장 적절한 것은?

① 상반된 두 입장을 비교, 분석한 후 이를 절충하고 있다.

② 대상을 기준에 따라 구분한 뒤 그 특성을 설명하고 있다.

③ 대상의 개념을 그와 유사한 대상에 빗대어 소개하고 있다.

④ 통념을 반박하며 대상이 가진 속성을 새롭게 조명하고 있다.

⑤ 시간의 흐름에 따라 대상이 발달하는 과정을 서술하고 있다.

스스로 점검: ○ ｜ △ ｜ ×
정답의 근거:



**2** ㉠과 ㉡에 대한 설명으로 적절하지 않은 것은?

① ㉠은 조세가 경기에 미치는 영향과 관련되어 있다.

② ㉡은 납세자의 조세 저항을 완화하는 데 도움이 된다.

③ ㉠은 ㉡과 달리 소득 재분배를 목적으로 한다.

④ ㉡은 ㉠과 달리 조세 부과의 형평성을 실현하는 것이다.

⑤ ㉠과 ㉡은 모두 조세를 부과할 때 고려해야 하는 요건이다.

스스로 점검: ○ ｜ △ ｜ ×
정답의 근거:



**3** 〈보기〉는 경제 수업의 일부이다. 윗글을 바탕으로 할 때, 선생님의 질문에 적절하게 답한 학생을 모두 골라 바르게 묶은 것은?

스스로 점검: ○ ｜ △ ｜ ×
정답의 근거:

> **보기**
>
> 선생님: 여러분, 아래 표는 소득을 기준으로, A, B, C의 세금 공제 내역을 가정한 것입니다. 표를 보고 조세의 공평성이 어떻게 적용되었는지 각자 분석해 볼까요?
>
> | 구분 | 소득 | 세율 | 공제액 | 납부액 | 공제 항목 |
> | --- | --- | --- | --- | --- | --- |
> | A | 3,000만 원 | 5% | 0만 원 | 150만 원 | 공제 없음 |
> | B | 3,000만 원 | 5% | 100만 원 | 50만 원 | 부양가족 2인 |
> | C | 4,000만 원 | 10% | 100만 원 | 300만 원 | 부양가족 2인 |
>
> 성근: A와 달리 B에게 공제 혜택을 부여함으로써 조세의 공평성이 약화되고 있어요. ············· ㄱ
>
> 수지: B가 A와 달리 부양가족 공제를 받은 것은 실질적인 조세 부담 능력을 고려한 것이네요. ····· ㄴ
>
> 현욱: B와 C의 납부액에 차이가 있는 것은 편익 원칙을 적용하여 세금을 징수했기 때문이에요. ···· ㄷ
>
> 유미: B의 세율이 5%이고, C의 세율이 10%인 것은 수직적 공평을 위한 누진세가 적용된 결과겠네요. ·············································································· ㄹ

① ㄱ, ㄷ　　　② ㄴ, ㄹ　　　③ ㄷ, ㄹ　　　④ ㄱ, ㄴ, ㄷ　　　⑤ ㄱ, ㄴ, ㄹ

❶ ¹조세는 국가의 재정을 마련하기 위해 경제 주체인 기업과 국민들로부터 거두어들이는 돈이다. ²그런데 (국가가 조세를 강제로 부과하다 보니 경제 주체의 의욕을 떨어뜨려 경제적 순손실을 초래하거나 조세를 부과하는 방식이 공평하지 못해 불만을 야기하는 문제가 나타난다.) ³따라서 조세를 부과할 때는 조세의 효율성과 공평성을 고려해야 한다.

▶ 조세 부과 시 나타나는 [(1)       ]와 이를 완화하기 위해 고려해야 할 점

❷ ¹우선 조세의 효율성에 대해서 알아보자. ²(상품에 소비세를 부과하면 상품의 가격 상승으로 소비자가 상품을 적게 구매하기 때문에 상품을 통해 얻는 소비자의 편익이 줄어들게 되고, 생산자가 상품을 팔아서 얻는 이윤도 줄어들게 된다. ³소비자와 생산자가 얻는 편익이 줄어드는 것을 경제적 순손실이라고 하는데 조세로 인하여 경제적 순손실이 생기면 경기가 둔화될 수 있다.) ⁴이처럼 조세를 부과하게 되면 경제적 순손실이 불가피하게 발생하게 되므로, 이를 최소화하도록 조세를 부과해야 조세의 효율성을 높일 수 있다.

▶ 조세의 효율성의 특징

❸ ¹조세의 공평성은 조세 부과의 형평성을 실현하는 것으로, 조세의 공평성이 확보되면 조세 부과의 형평성이 높아져서 조세 저항을 줄일 수 있다. ²공평성을 확보하기 위한 기준으로는 편익 원칙과 능력 원칙이 있다. ³편익 원칙은 조세를 통해 제공되는 도로나 가로등과 같은 공공재를 소비함으로써 얻는 편익이 클수록 더 많은 세금을 부담해야 한다는 원칙이다. ⁴이는 공공재를 사용하는 만큼 세금을 내는 것이므로 납세자의 저항이 크지 않지만, 현실적으로 공공재의 사용량을 측정하기가 쉽지 않다는 문제가 있고 조세 부담자와 편익 수혜자가 달라지는 문제도 발생할 수 있다.

▶ 조세의 공평성: ① [(4)       ] 원칙

---

**내용 이해**

● 조세의 개념: 국가의 재정을 마련하기 위해 경제 주체인 기업과 국민들로부터 거두어들이는 돈.

● 조세 부과 시 문제점

| 문제점 |
| --- |
| ① 경제 주체의 의욕을 떨어뜨려 경제적 순손실을 초래함. |
| ② 조세 부과 방식이 공평하지 못해 [(2)    ]을 야기함. |

↓

| 조세의 효율성과 공평성을 고려해야 함. |

**구조 이해** 조세의 개념을 정의한 다음, 이 글의 화제인 조세의 효율성과 공평성의 필요성을 제시함.

**내용 이해**

● 조세의 효율성을 고려해야 하는 이유 ㉮ 소비세 부과

| 소비세 부과로 상품의 가격이 상승됨. |

↓

| 소비자가 상품을 적게 구매함. |

↓

| 소비자와 생산자가 얻는 편익이 줄어듦. (경제적 순손실 발생) |

↓

| 경기가 둔화됨. |

↓

| 경제적 순손실을 [(3)    ]하도록 조세를 부과하여 조세의 효율성을 높여야 함. |

**구조 이해** ❶에서 언급한 화제 중 '조세의 효율성'에 대해 부연 설명함.

**내용 이해**

● 조세의 공평성의 목적: 조세 부과의 [(5)    ] 실현
→ 조세 저항 완화

● 조세의 공평성의 분류

| 조세의 공평성 |
| --- |

| 편익 원칙 | 능력 원칙 |

공공재를 소비함으로써 얻는 편익이 클수록 더 많은 세금을 부담해야 하는 원칙.

**구조 이해** • ❶에서 언급한 화제 중 '조세의 공평성'에 대해 부연 설명함.
• 공평성을 확보하기 위한 기준을 편익 원칙과 능력 원칙으로 분류한 뒤, 그중 편익 원칙의 특징을 구체적으로 설명함.

❹ ¹능력 원칙은 개인의 소득이나 재산 등을 고려한 세금 부담 능력에 따라 세금을 내야 한다는 원칙으로 조세를 통해 소득을 재분배하는 효과가 있다. ²능력 원칙은 수직적 공평과 수평적 공평으로 나뉜다. ³수직적 공평은 소득이 높거나 재산이 많을수록 세금을 많이 부담해야 한다는 원칙이다. ⁴이를 실현하기 위해 특정 세금을 내야 하는 모든 납세자에게 같은 세율을 적용하는 비례세나 소득 수준이 올라감에 따라 점점 높은 세율을 적용하는 누진세를 시행하기도 한다.

▶ 조세의 공평성: ② 능력 원칙 - 수직적 공평

**능력 원칙의 종류**

| 능력 원칙 |
| --- |

세금 부담 능력에 따라 세금을 내야 하는 원칙.
→ 소득 (6) 효과

| 수직적 공평 | 수평적 공평 |
| --- | --- |

소득, 재산이 많을수록 세금을 많이 부담해야 하는 원칙.
예) 비례세, (7) 시행

 • ❸에서 분류한 조세의 공평성 확보 기준 중 능력 원칙의 특징을 구체적으로 설명함.
• 능력 원칙을 다시 수직적 공평과 수평적 공평으로 분류한 뒤, 수직적 공평에 대해 구체적으로 설명함.

❺ ¹수평적 공평은 소득이나 재산이 같을 경우 세금도 같게 부담해야 한다는 원칙이다. ²그런데 수치상의 소득이나 재산이 동일하더라도 실질적인 조세 부담 능력이 달라, 내야 하는 세금에 차이가 생길 수 있다. (³예를 들어 소득이 동일하더라도 부양가족의 수가 다르면 실질적인 조세 부담 능력에 차이가 생긴다.) ⁴이와 같은 문제를 해결하여 공평성을 높이기 위해 정부에서는 공제 제도를 통해 조세 부담 능력이 적은 사람의 세금을 감면해 주기도 한다.

▶ 조세의 공평성: ② 능력 원칙 - (8) 공평



● 수평적 공평: 소득이나 재산이 같을 경우 세금도 같게 부담해야 하는 원칙.

| 조세 부과 시 문제점 | 해결 방안 |
| --- | --- |
| 소득이나 재산이 동일하더라도 실질적인 조세 (9) 능력에 차이가 있음. | 정부에서 공제 제도로 세금을 감면해 줌. |

 • ❹에서 분류한 능력 원칙 중 수평적 공평에 대해 예를 들어 구체적으로 설명함.

답 (1) 문제 (2) 불만 (3) 최소화 (4) 편익 (5) 형평성
(6) 재분배 (7) 누진세 (8) 수평적 (9) 부담

## 지문 구조 노트

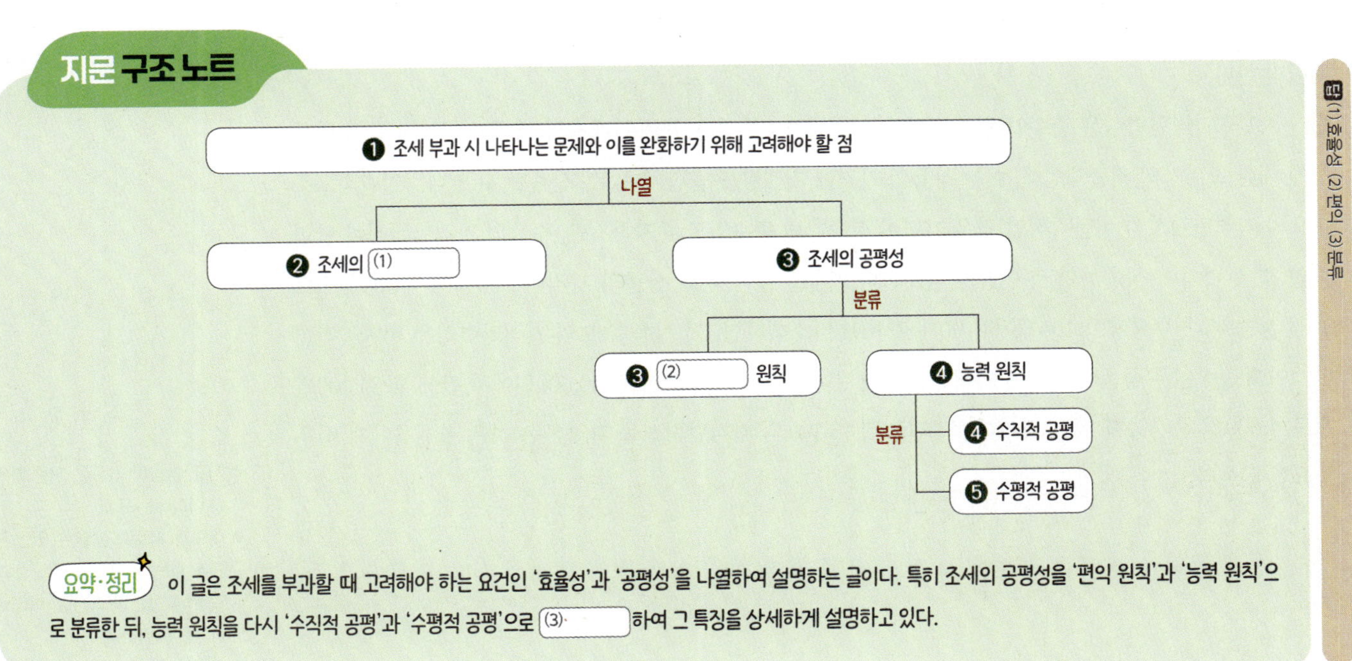


요약·정리 이 글은 조세를 부과할 때 고려해야 하는 요건인 '효율성'과 '공평성'을 나열하여 설명하는 글이다. 특히 조세의 공평성을 '편익 원칙'과 '능력 원칙'으로 분류한 뒤, 능력 원칙을 다시 '수직적 공평'과 '수평적 공평'으로 (3) 하여 그 특징을 상세하게 설명하고 있다.



답 (1) 효율성 (2) 편익 (3) 분류

❶ [1]일반적으로 ✛수요의 법칙에 따르면 어떤 상품의 가격 변화에 따라 그 상품의 수요량은 변화한다. [2]수요의 가격탄력성은 가격이 변할 때 수요량이 변하는 정도를 나타내는 ˙지표다. [3]가격 변화에 따른 수요량의 변화가 민감하면 탄력적이라 하고, 가격 변화에 따른 수요량의 변화가 민감하지 않으면 비탄력적이라고 한다.

❷ [1]수요의 가격탄력성에 영향을 주는 대표적인 요인에는 세 가지가 있다. [2]첫째, ˙대체재의 존재 여부이다. [3]어떤 상품에 밀접한 대체재가 있으면, 소비자들은 그 상품 대신에 대체재를 사용할 수 있으므로 그 상품 수요의 가격탄력성은 탄력적이다. [4]예를 들어 버터는 마가린이라는 밀접한 대체재가 있기 때문에 버터 가격이 오르면 버터의 수요량은 크게 감소하므로 버터 수요의 가격탄력성은 탄력적이다. [5]반면에 달걀은 마땅한 대체재가 없으므로, 달걀 수요의 가격탄력성은 비탄력적이다. [6]둘째, 필요성의 정도이다. [7]필수재 수요의 가격탄력성은 대체로 비탄력적인 반면에, 사치재 수요의 가격탄력성은 대체로 탄력적이다. [8]예를 들어 필수재인 휴지의 가격이 오르면 아껴 쓰기는 하겠지만 그 수요량이 급격하게 줄어들지는 않는다. [9]그러나 사치재인 보석의 가격이 상승하면 그 수요량이 감소한다. [10]셋째, 소득에서 지출이 차지하는 비중이다. [11]해당 상품을 구매하기 위한 지출이 소득에서 차지하는 비중이 높을수록 수요의 가격탄력성은 커진다. [12]소득에서 차지하는 비중이 큰 상품의 가격이 인상되면 개인의 소비 생활에 지장을 초래할 수 있으므로 그만큼 가격 변화에 민감하게 반응할 수밖에 없다.

❸ [1]그렇다면 수요의 가격탄력성은 어떻게 계산할 수 있을까? [2]수요의 가격탄력성은 수요량의 변화율을 가격의 변화율로 나눈 값이다.

[A]

$$\text{[3]수요의 가격탄력성} = \left| \frac{\text{수요량의 변화율}}{\text{가격의 변화율}} \right| = \left| \frac{\text{수요량의 변화분 / 기존수요량}}{\text{가격의 변화분 / 기존가격}} \right|$$

[4]예를 들어 아이스크림 가격이 10% 인상되었는데, 아이스크림 수요량이 20% 감소했다고 하자. [5]이 경우 수요량의 변화율이 가격 변화율의 2배에 해당하므로 수요의 가격탄력성은 2가 된다. [6]일반적으로 수요의 가격탄력성이 1보다 크면 탄력적, 1보다 작으면 비탄력적이라 하고, 수요의 가격탄력성이 1이면 단위탄력적이라 한다.

❹ [1]수요의 가격탄력성은 총수입에 큰 영향을 미친다. [2]총수입은 상품 판매자의 판매 수입이며 동시에 상품에 대한 소비자의 지출액인데, 이는 상품의 가격에 거래량을 곱한 수치로 ˙산출할 수 있다. [3]일반적으로 수요의 가격탄력성이 비탄력적인 경우 가격이 상승하면 총수입도 증가하지만, 수요의 가격탄력성이 탄력적인 경우 가격이 상승하면 총수입은 감소한다. [4]예를 들어 어느 상품의 가격이 500원에서 600원으로 20% 상승할 때 수요량이 100개에서 90개로 10% 감소했다면, 이 상품 수요의 가격탄력성은 비탄력적이다. [5]이때 총수입은 상품의 가격에 거래량을 곱한 수치이므로 가격 인상 전 50,000원에서 인상 후 54,000원으로 4,000원 증가하게 되는 것이다. [6]그러므로 ⓐ수요의 가격탄력성을 파악하는 것은 판매자에게 매우 중요한 일이다.

---

**배경지식** ✛

**수요의 법칙**
한 달에 참치 통조림을 30개씩 사 먹는 고양이 A가 있고, 참치 통조림 가격이 1,000원일 때 참치 통조림에 대한 고양이의 수요량이 30개라고 가정해 보자. 그런데 참치 통조림 가격이 2,000원으로 오르자, 가격을 부담스럽게 느낀 고양이는 한 달에 참치 통조림을 10개만 사 먹기로 했다. 이때 참치 통조림에 대한 고양이의 수요량은 10개이다. 이렇게 다른 조건이 일정하고 가격만 변할 때, 가격과 수요량 사이에 음(−)의 관계가 나타나는 것을 '수요의 법칙'이라고 한다.

● **지표** 방향이나 목적, 기준 따위를 나타내는 표지.
● **대체재** 서로 대신 쓸 수 있는 관계에 있는 두 가지의 재화. 쌀과 밀가루, 만년필과 연필, 버터와 마가린 따위이다.
● **산출하다** 계산하여 내다.

**1** 윗글을 통해 알 수 있는 내용으로 적절하지 <u>않은</u> 것은?

① 수요의 가격탄력성 개념

② 수요의 가격탄력성 산출 방법

③ 상품 판매자의 판매 수입 산출 방법

④ 대체재의 유무가 수요의 가격탄력성에 미치는 영향

⑤ 수요의 가격탄력성에 영향을 주는 요인들 간의 관계





**2** ⓐ의 이유로 가장 적절한 것은?

① 수요의 가격탄력성으로 소비자의 소득 규모를 판단할 수 있기 때문에

② 수요의 가격탄력성으로 판매 상품의 문제점을 파악할 수 있기 때문에

③ 수요의 가격탄력성이 판매 상품의 생산 단가를 예측 가능하게 하기 때문에

④ 수요의 가격탄력성이 판매자의 총수입 증가 여부에 영향을 미칠 수 있기 때문에

⑤ 수요의 가격탄력성으로 판매자의 판매 수입과 소비자의 지출액 차이를 파악할 수 있기 때문에





**3** 〈보기〉는 김밥과 영화 관람권의 가격 인상 이후 하루 동안의 수요량 감소를 나타낸 표이다. [A]를 바탕으로 〈보기〉를 탐구한 내용으로 적절한 것은?

보기

| 구분 | 김밥 | 영화 관람권 |
| --- | --- | --- |
| 기존 가격 | 2,000원 | 10,000원 |
| 가격 변화분 | 500원 | 2,000원 |
| 기존 수요량 | 100개 | 2,500장 |
| 수요량 변화분 | 20개 | 1,000장 |

※ 단, 김밥과 영화 관람권의 가격과 수요량에 영향을 끼치는 다른 요인은 없는 것으로 한다.

① 김밥은 가격의 변화율이 수요량의 변화율보다 작다.

② 영화 관람권은 가격의 변화율이 수요량의 변화율보다 크다.

③ 김밥과 영화 관람권 수요의 가격탄력성은 모두 1보다 작다.

④ 김밥과 영화 관람권은 가격의 변화율에 대한 수요량의 변화율이 같다.

⑤ 김밥 수요의 가격탄력성은 비탄력적이고, 영화 관람권 수요의 가격탄력성은 탄력적이다.

❶ [1]일반적으로 수요의 법칙에 따르면 어떤 상품의 가격 변화에 따라 그 상품의 수요량은 변화한다. [2]수요의 가격탄력성은 가격이 변할 때 수요량이 변하는 정도를 나타내는 지표다. [3]가격 변화에 따른 수요량의 변화가 민감하면 탄력적이라 하고, 가격 변화에 따른 수요량의 변화가 민감하지 않으면 비탄력적이라고 한다.

▶ 수요의 가격탄력성의 (1)

❷ [1]수요의 가격탄력성에 영향을 주는 대표적인 요인에는 세 가지가 있다. [2]첫째, 대체재의 존재 여부이다. [3]어떤 상품에 밀접한 대체재가 있으면, 소비자들은 그 상품 대신에 대체재를 사용할 수 있으므로 그 상품 수요의 가격탄력성은 탄력적이다. [4]예를 들어 버터는 마가린이라는 밀접한 대체재가 있기 때문에 버터 가격이 오르면 버터의 수요량은 크게 감소하므로 버터 수요의 가격탄력성은 탄력적이다. [5]반면에 달걀은 마땅한 대체재가 없으므로, 달걀 수요의 가격탄력성은 비탄력적이다. [6]둘째, 필요성의 정도이다. [7]필수재 수요의 가격탄력성은 대체로 비탄력적인 반면에, 사치재 수요의 가격탄력성은 대체로 탄력적이다. [8]예를 들어 필수재인 휴지의 가격이 오르면 아껴 쓰기는 하겠지만 그 수요량이 급격하게 줄어들지는 않는다. [9]그러나 사치재인 보석의 가격이 상승하면 그 수요량이 감소한다. [10]셋째, 소득에서 지출이 차지하는 비중이다. [11]해당 상품을 구매하기 위한 지출이 소득에서 차지하는 비중이 높을수록 수요의 가격탄력성은 커진다. [12]소득에서 차지하는 비중이 큰 상품의 가격이 인상되면 개인의 소비 생활에 지장을 초래할 수 있으므로 그만큼 가격 변화에 민감하게 반응할 수밖에 없다.

▶ 수요의 가격탄력성에 영향을 주는 세 가지 요인

❸ [1]그렇다면 수요의 가격탄력성은 어떻게 계산할 수 있을까? [2]수요의 가격탄력성은 수요량의 변화율을 가격의 변화율로 나눈 값이다.

$$ [3]\text{수요의 가격탄력성} = \left| \frac{\text{수요량의 변화율}}{\text{가격의 변화율}} \right| = \left| \frac{\text{수요량의 변화분/기존수요량}}{\text{가격의 변화분/기존가격}} \right| $$

[4]예를 들어 아이스크림 가격이 10% 인상되었는데, 아이스크림 수요량이 20% 감소했다고 하자. [5]이 경우 수요량의 변화율이 가격 변화율의 2배에 해당하므로 수요의 가격탄력성은 2가 된다. [6]일반적으로 수요의 가격탄력성이 1보다 크면 탄력적, 1보다 작으면 비탄력적이라 하고, 수요의 가격탄력성이 1이면 단위탄력적이라 한다.

▶ 수요의 가격탄력성을 (5) 하는 방법

---

**내용 이해**

● 수요의 가격탄력성: 가격이 변할 때 (2) 이 변하는 정도를 나타내는 지표.

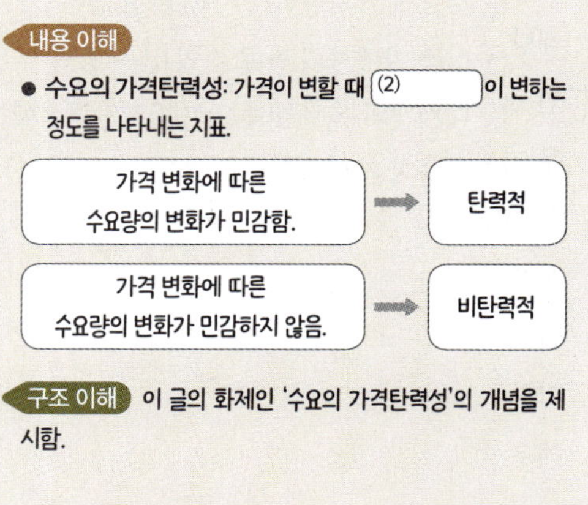


**구조 이해** 이 글의 화제인 '수요의 가격탄력성'의 개념을 제시함.

**내용 이해**

● 수요의 가격탄력성에 영향을 주는 세 가지 요인

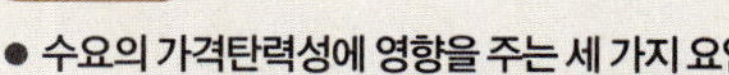


**구조 이해**
· 앞부분에서 언급한 수요의 가격탄력성에 관한 세부 정보를 설명함.
· 수요의 가격탄력성에 영향을 주는 요인 세 가지를 (4) 하고 예를 들면서 설명함.

**내용 이해**

● 수요의 가격탄력성을 계산하는 방법

$$ \text{수요의 가격탄력성} = \left| \frac{\text{수요량의 변화율}}{\text{가격의 변화율}} \right| = \left| \frac{\text{수요량의 변화분/기존수요량}}{\text{가격의 변화분/기존가격}} \right| $$

● 수요의 가격탄력성의 결과 해석

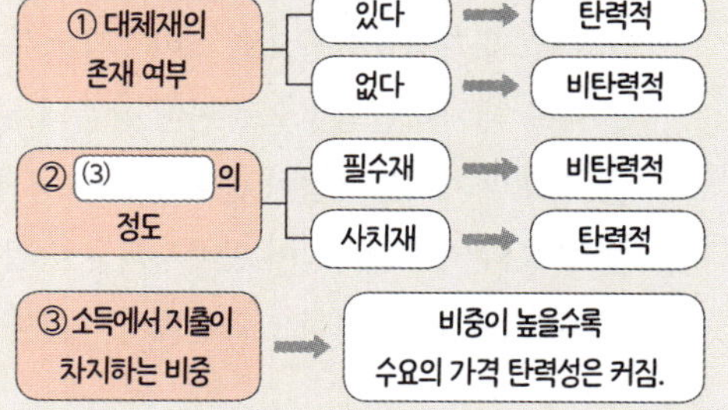


**구조 이해** 수요의 가격탄력성의 계산 방법을 제시하고, 예를 들어 구체적으로 설명함.

❹ ¹수요의 가격탄력성은 총수입에 큰 영향을 미친다. ²총수입은 상품 판매자의 판매 수입이며 동시에 상품에 대한 소비자의 지출액인데, 이는 상품의 가격에 거래량을 곱한 수치로 산출할 수 있다. ³일반적으로 수요의 가격탄력성이 비탄력적인 경우 가격이 상승하면 총수입도 증가하지만, 수요의 가격탄력성이 탄력적인 경우 가격이 상승하면 총수입은 감소한다. ⁴예를 들어 어느 상품의 가격이 500원에서 600원으로 20% 상승할 때 수요량이 100개에서 90개로 10% 감소했다면, 이 상품 수요의 가격탄력성은 비탄력적이다. ⁵이때 총수입은 상품의 가격에 거래량을 곱한 수치이므로 가격 인상 전 50,000원에서 인상 후 54,000원으로 4,000원 증가하게 되는 것이다. ⁶그러므로 수요의 가격탄력성을 파악하는 것은 판매자에게 매우 중요한 일이다.

▶ 수요의 가격탄력성과 [(7)]의 관계

- **총수입**
  - 개념: 상품 판매자의 판매 수입, 소비자의 지출액
  - 계산 방법: 상품의 가격 × 거래량
- **수요의 가격탄력성과 총수입의 관계**

| 수요의 가격탄력성이 비탄력적인 경우 | 가격 상승 | 총수입이 증가함. |
| 수요의 가격탄력성이 탄력적인 경우 | 가격 상승 | 총수입이 [(8)] |

**구조 이해** 수요의 가격탄력성과 총수입의 상관관계를 예를 들어 구체적으로 설명함.

**답** (1) 개념 (2) 수요량 (3) 필요성 (4) 나열 (5) 계산 (6) 비탄력적 (7) 총수입 (8) 감소함



## 지문 구조 노트

❶ 수요의 가격탄력성의 개념

❷ 수요의 가격탄력성에 영향을 주는 세 가지 요인 [나열]

| [(1)] 존재 여부 | 필요성의 정도 | 소득에서 지출이 차지하는 비중 |

❸ 수요의 가격탄력성을 [(2)]하는 방법

❹ 수요의 가격탄력성과 총수입의 관계

**요약·정리** 이 글은 중심 화제인 수요의 [(3)]에 대한 여러 가지 정보를 설명하는 글이다. 수요의 가격탄력성에 영향을 주는 요인들을 나열하여 설명하고, 수요의 가격탄력성의 계산 방법, 총수입과의 관계와 같은 특징을 구체적인 예를 들어 설명하고 있다.

**답** (1) 대체재 (2) 계산 (3) 가격탄력성

# 경제학 **03** 경제학에서의 실업



❶ [1]경제학에서는 일할 의사와 능력이 모두 있는 사람이 일자리를 갖지 못한 상태를 실업이라고 정의하고, 실업이 증가하면 사회가 생산할 수 있는 *재화나 서비스의 수량이 적어지는 등의 경제적 문제가 발생한다고 보았다. [2]경제학에서는 실업이 발생하는 원인에 따라 실업을 크게 마찰적 실업, 구조적 실업, 경기적 실업 등으로 분류하고 그 해결책을 정부의 역할과 관련하여 제시하고 있다.

[A]
❷ [1]우선 마찰적 실업이란 일반적인 경제 상황에서 노동자가 개인의 선택으로 직업이나 직장을 바꾸는 과정에서 *불가피하게 발생하는 실업이다. [2]이는 전체 생산량 측면에서 경제적으로 큰 손실을 발생시키지 않기 때문에 정부의 역할은 크게 요구되지 않는다. [3]다음으로 구조적 실업이란 노동자가 공급하는 기술 수준과 기업에서 요구하는 기술 수준 간의 불합치 때문에 발생하는 실업이다. [4]이는 노동자의 재교육 등과 같은 방법으로 해결할 수 있기 때문에 이와 관련된 정책을 수립하는 정부의 역할이 요구된다. [5]마지막으로 경기적 실업이란 경기 침체의 영향으로 기업 활동이 *위축되고 이로 인해 노동에 대한 수요가 감소하여 고용량이 줄어들어 발생하는 실업이다. [6]이는 다른 종류의 실업에 비해 생산량 측면에서 경제적으로 큰 손실을 발생시킬 수 있기에 경제학자들은 이를 해결하기 위한 정부의 역할에 대해 다양한 의견을 제시한다.

❸ [1]먼저 고전학파에서는 시장에서 임금이나 물가 등의 가격 변수가 완전히 *탄력적으로 작용하기 때문에 경기적 실업을 자연스럽게 해소될 수 있는 일시적 현상으로 본다. [2]이들에 의하면 노동자들이 받는 화폐의 액수를 의미하는 명목임금이 변하지 않은 상태에서, 경기 침체로 인해 ✚물가가 하락하게 되면 명목임금을 물가로 나눈 값, 즉 임금의 실제 가치를 의미하는 실질임금은 상승하게 된다. [3]예를 들어 물가가 10% 정도 하락하게 되면 명목임금으로 구매할 수 있는 재화의 양이 10% 정도 늘어날 수 있고, 이는 물가가 하락하기 전보다 실질임금이 10% 정도 상승했다는 의미이다. [4]이렇게 실질임금이 상승하게 되면 경기적 실업으로 인해 실업 상태에 있던 노동자들은 노동 시장에서 일자리를 적극적으로 찾으려고 하고, 이로 인해 노동의 초과공급이 발생하게 된다. [5]그래서 노동자들은 노동 시장에서 경쟁하게 되고 이러한 경쟁으로 인해 명목임금은 탄력적으로 하락하게 된다. [6]명목임금의 하락은 실질임금의 하락으로 이어지게 되고 실질임금은 경기가 침체되기 이전과 동일한 수준으로 돌아간다. [7]결국 기업에서는 명목임금이 하락한 만큼 노동의 수요량을 늘릴 수 있게 되므로 노동의 초과공급은 사라지고 실업이 자연스럽게 해소된다. [8]따라서 고전학파에서는 인위적 개입을 통해 경기적 실업을 감소시키려는 정부의 역할에 반대한다.

❹ [1]그러나 케인즈학파에서는 시장에서 임금이나 물가 등의 가격 변수가 완전히 탄력적으로 작용하지는 않기 때문에 경기적 실업은 자연스럽게 해소될 수 없다고 주장한다. [2]즉 명목임금이 변하지 않은 상태에서 경기 침체로 인한 물가 하락으로 실질임금이 상승하더라도, 고전학파에서 말하는 것처럼 명목임금이 탄력적으로 하락하는 현상은 일어나기 어렵다고 본 것이다. [3]이에 대해 케인즈학파에서는 여러 가지 이유를 제시하는데 그중 하나가 화폐환상현상이다. [4]화폐환상현상이란 경기 침체로 인해 물가가 하락하고 이에 영향을 받아 명목임금이 하락하였을 때의 실질임금이, 명목임금의 하락 이전과 동일하다는 것을 노동자가 인식하지 못하는 현상을 의미한다. [5]그래서 경기 침체에 의해 물가가 하락하더라도 화폐환상현상으로 인해 노동자들은 명목임금의 하락을 받아들이지 않게 되고, 결국 명목임금은 경기적 실업이 발생하기 이전의 수준과 비슷하게 유지된다. [6]이는 기업에서 노동의 수요량을 늘리지 못하는 결과로 이어지게 되고 실업은 지속된다. [7]따라서 케인즈학파에서는 정부가 정책을 통해 노동의 수요를 늘리는 등의 경기적 실업을 감소시킬 수 있는 적극적인 역할을 해야 한다고 주장한다.

---

**배경지식 ✚**

**디플레이션**
디플레이션은 물가 수준이 지속해서 하락하는 현상을 말한다. 디플레이션은 국민 경제에 심각한 영향을 미치는데, 물건 가격이 지속적으로 하락하면 기업이 생산을 줄이게 되어 결국 경제 전체가 무너질 수 있기 때문이다. 기업의 생산 활동이 위축되면 고용이 줄고, 고용이 줄면 소득이 줄어서 가계 소비가 줄고, 이는 다시 기업의 판매 부진으로 이어져 생산 활동이 위축되는 악순환을 거듭하게 된다.

● **재화** 사람이 바라는 바를 충족시켜 주는 모든 물건. 이것을 획득하는 데에 대가가 필요한 것을 경제재라고 하며, 필요하지 않은 것을 자유재라고 한다.
● **불가피하다** 피할 수 없다.
● **위축되다** 어떤 힘에 눌려 졸아들고 기를 펴지 못하게 되다.
● **탄력적** 상황에 따라 알맞게 대처하는 것.

세부 내용 파악하기

**1** 윗글에서 언급하지 <u>않은</u> 내용은?

① 실업의 정의
② 실업의 발생 원인
③ 화폐환상현상의 유형
④ 실업의 종류에 따른 정부의 역할
⑤ 명목임금의 탄력적 작용에 대한 관점 차이



구체적 사례나 상황에 적용하기

**2** [A]를 바탕으로 〈보기〉를 이해한 것으로 가장 적절한 것은?

〉 보기 〈

ㄱ. 20년 가까이 카메라 필름 제조 회사에서 필름 제조 전문가로 근무하던 갑은 새로운 필름 제조 기술의 등장으로 회사의 생산 시설이 교체됨에 따라 실업 상태에 놓이게 되었다.

ㄴ. A 의류업체 직원인 을은 평소 근무하고 싶었던 B 의류업체에서 경력 사원을 모집한다는 공고를 보고 다니던 회사를 그만두었다.

① ㄱ과 달리 ㄴ은 경기 침체의 영향에 의해 발생하는 실업이겠군.
② ㄱ과 달리 ㄴ은 사회 전체 생산량 측면에서 큰 손실을 발생시키는 실업이겠군.
③ ㄴ과 달리 ㄱ은 일자리를 스스로 바꾸는 과정에서 발생하는 실업이겠군.
④ ㄴ과 달리 ㄱ은 일반적인 경제 상황에서 불가피하게 발생하는 실업이겠군.
⑤ ㄴ과 달리 ㄱ은 노동자의 기술과 회사에서 요구하는 기술의 차이에 의해 발생하는 실업이겠군.



**II
사회·
문화**

구체적 사례나 상황에 적용하기　[고난도]

**3** 〈보기〉는 경기적 실업을 설명하기 위한 그래프이다. 윗글을 바탕으로 〈보기〉를 이해한 내용으로 적절하지 <u>않은</u> 것은?

〉 보기 〈

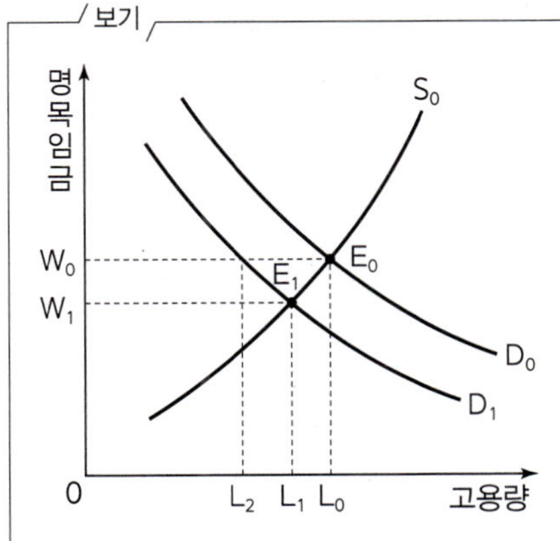


* $S_0$은 노동의 공급곡선, $D_0$과 $D_1$은 노동의 수요곡선임.
* $E_0$은 경기적 실업이 발생하기 전에 형성되어 있던 노동에 대한 수요와 공급의 균형점임.
* 제시된 상황 이외의 모든 경제적 변수는 고려하지 않음.

① $D_0$이 $D_1$로 이동하여 노동의 초과공급이 발생했다면, 고전학파에서는 이를 일시적 현상이라고 생각하겠군.
② $D_0$이 $D_1$로 이동하여 $W_0$이 $W_1$ 수준으로 하락했다면, 고전학파에서는 그 원인을 노동의 초과공급으로 인한 노동자들의 경쟁 때문이라고 생각하겠군.
③ $D_0$이 $D_1$로 이동하더라도 $W_0$이 $W_1$ 수준으로 하락하지 않았다면, 케인즈학파에서는 그 원인을 화폐환상현상 때문일 수 있다고 생각하겠군.
④ $D_0$이 $D_1$로 이동하여 실업이 발생했다면, 케인즈학파에서는 이를 해결하기 위해 노동의 수요를 늘리기 위한 정부의 역할이 필요하다고 생각하겠군.
⑤ $D_0$이 $D_1$로 이동하더라도 명목임금이 $W_0$ 수준으로 유지되었다면, 케인즈학파에서는 $L_0$에서 $L_2$의 차이만큼 노동에 대한 수요가 발생할 것으로 생각하겠군.

❶ [1]경제학에서는 일할 의사와 능력이 모두 있는 사람이 일자리를 갖지 못한 상태를 실업이라고 정의하고, 실업이 증가하면 사회가 생산할 수 있는 재화나 서비스의 수량이 적어지는 등의 경제적 문제가 발생한다고 보았다. [2]경제학에서는 실업이 발생하는 원인에 따라 실업을 크게 마찰적 실업, 구조적 실업, 경기적 실업 등으로 분류하고 그 해결책을 정부의 역할과 관련하여 제시하고 있다.

▶ 경제학에서 제시하는 실업의 유형과 해결책

❷ [1]우선 마찰적 실업이란 일반적인 경제 상황에서 노동자가 개인의 선택으로 직업이나 직장을 바꾸는 과정에서 불가피하게 발생하는 실업이다. [2]이는 전체 생산량 측면에서 경제적으로 큰 손실을 발생시키지 않기 때문에 정부의 역할은 크게 요구되지 않는다. [3]다음으로 구조적 실업이란 노동자가 공급하는 기술 수준과 기업에서 요구하는 기술 수준 간의 불합치 때문에 발생하는 실업이다. [4]이는 노동자의 재교육 등과 같은 방법으로 해결할 수 있기 때문에 이와 관련된 정책을 수립하는 정부의 역할이 요구된다. [5]마지막으로 경기적 실업이란 경기 침체의 영향으로 기업 활동이 위축되고 이로 인해 노동에 대한 수요가 감소하여 고용량이 줄어들어 발생하는 실업이다. [6]이는 다른 종류의 실업에 비해 생산량 측면에서 경제적으로 큰 손실을 발생시킬 수 있기에 경제학자들은 이를 해결하기 위한 정부의 역할에 대해 다양한 의견을 제시한다.

▶ 실업의 발생 (2) 에 따른 실업의 유형과 정부의 역할

❸ [1]먼저 고전학파에서는 시장에서 임금이나 물가 등의 가격 변수가 완전히 탄력적으로 작용하기 때문에 경기적 실업을 자연스럽게 해소될 수 있는 일시적 현상으로 본다. [2]이들에 의하면 노동자들이 받는 화폐의 액수를 의미하는 명목임금이 변하지 않은 상태에서, 경기 침체로 인해 물가가 하락하게 되면 명목임금을 물가로 나눈 값, 즉 임금의 실제 가치를 의미하는 실질임금은 상승하게 된다. [3]예를 들어 물가가 10% 정도 하락하게 되면 명목임금으로 구매할 수 있는 재화의 양이 10% 정도 늘어날 수 있고, 이는 물가가 하락하기 전보다 실질임금이 10% 정도 상승했다는 의미이다. [4]이렇게 실질임금이 상승하게 되면 경기적 실업으로 인해 실업 상태에 있던 노동자들은 노동 시장에서 일자리를 적극적으로 찾으려고 하고, 이로 인해 노동의 초과공급이 발생하게 된다. [5]그래서 노동자들은 노동 시장에서 경쟁하게 되고 이러한 경쟁으로 인해 명목임금은 탄력적으로 하락하게 된다. [6]명목임금의 하락은 실질임금의 하락으로 이어지게 되고 실질임금은 경기가 침체되기 이전과 동일한 수준으로 돌아간다. [7]결국 기업에서는 명목임금이 하락한 만큼 노동의 수요량을 늘릴 수 있게 되므로 노동의 초과공급은 사라지고 실업이 자연스럽게 해소된다. [8]따라서 고전학파에서는 인위적 개입을 통해 경기적 실업을 감소시키려는 정부의 역할에 반대한다.

▶ 경기적 실업 시 정부의 역할에 관한 고전학파의 주장

---

**내용 이해**

● 실업의 개념: (1) 할 의사와 능력이 모두 있는 사람이 일자리를 갖지 못한 상태.

● 이 글에서 설명할 내용: 경제학에서 제시하는 실업의 발생 원인에 따른 실업의 유형, 그에 따른 해결책(정부의 역할)

**구조 이해** 이 글의 화제인 실업의 개념을 정의하고, 본론에서 설명할 중심 내용을 밝힘.

**내용 이해**

● 실업의 유형과 그에 따른 정부의 역할

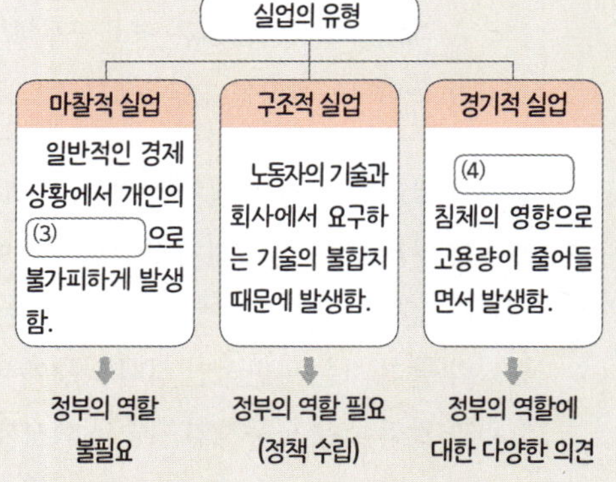


**구조 이해** 실업의 발생 원인에 따른 실업의 유형 세 가지를 설명하고, 각 유형에 따른 정부의 역할을 제시함.

**내용 이해**

● 경기적 실업에 관한 고전학파의 주장
: 임금이나 물가는 완전히 탄력적으로 작용하므로 경기적 실업은 자연스럽게 해소될 수 있는 일시적 현상임.

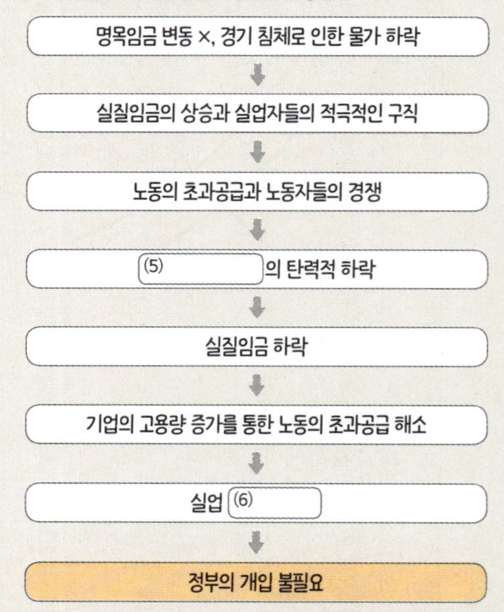


**구조 이해** 경기적 실업의 발생과 해소 과정, 경기적 실업 발생 시 정부의 역할에 대한 고전학파의 주장을 제시함.

❹ [1]그러나 케인즈학파에서는 시장에서 임금이나 물가 등의 가격 변수가 완전히 탄력적으로 작용하지는 않기 때문에 경기적 실업은 자연스럽게 해소될 수 없다고 주장한다. [2]즉 명목임금이 변하지 않은 상태에서 경기 침체로 인한 물가 하락으로 실질임금이 상승하더라도, 고전학파에서 말하는 것처럼 명목임금이 탄력적으로 하락하는 현상은 일어나기 어렵다고 본 것이다. [3]이에 대해 케인즈학파에서는 여러 가지 이유를 제시하는데 그중 하나가 화폐환상현상이다. [4]화폐환상현상이란 경기 침체로 인해 물가가 하락하고 이에 영향을 받아 명목임금이 하락하였을 때의 실질임금이, 명목임금의 하락 이전과 동일하다는 것을 노동자가 인식하지 못하는 현상을 의미한다. [5]그래서 경기 침체에 의해 물가가 하락하더라도 화폐환상현상으로 인해 노동자들은 명목임금의 하락을 받아들이지 않게 되고, 결국 명목임금은 경기적 실업이 발생하기 이전의 수준과 비슷하게 유지된다. [6]이는 기업에서 노동의 수요량을 늘리지 못하는 결과로 이어지게 되고 실업은 지속된다. [7]따라서 케인즈학파에서는 정부가 정책을 통해 노동의 수요를 늘리는 등의 경기적 실업을 감소시킬 수 있는 적극적인 역할을 해야 한다고 주장한다.

▶ 경기적 실업 시 정부의 역할에 관한 케인즈학파의 주장





답 (1) 일 (2) 원인 (3) 선택 (4) 경기 (5) 명목임금 (6) 해소 (7) 필요 (8) 케인즈학파

## 지문 구조 노트

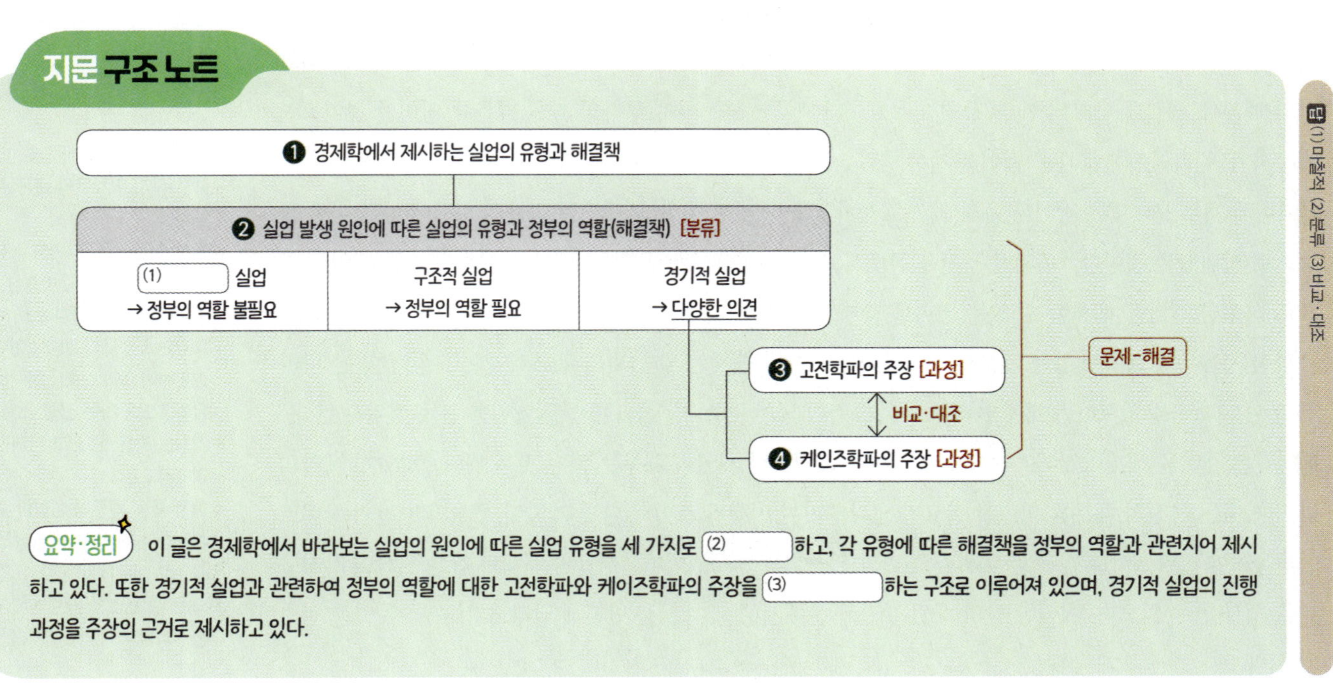


요약·정리  이 글은 경제학에서 바라보는 실업의 원인에 따른 실업 유형을 세 가지로 (2)       하고, 각 유형에 따른 해결책을 정부의 역할과 관련지어 제시하고 있다. 또한 경기적 실업과 관련하여 정부의 역할에 대한 고전학파와 케인즈학파의 주장을 (3)       하는 구조로 이루어져 있으며, 경기적 실업의 진행 과정을 주장의 근거로 제시하고 있다.

# 법학

# 04 법률 행위로서의 계약

# 일반-특수 # 원인-결과 [수능]

지문 난도 ★★★★☆
지문 길이 500 ━━ 2500

❶ [1]일반적인 다른 약속처럼 ➕계약도 서로의 의사 표시가 ●합치하여 성립하지만, 이때의 의사는 일정한 법률 효과의 발생을 목적으로 한다는 점에서 차이가 있다. [2]한 예로 매매 계약은 '팔겠다'는 일방의 의사 표시와 '사겠다'는 상대방의 의사 표시가 합치함으로써 성립하며, ●매도인은 ●매수인에게 매매 목적물의 소유권을 이전하여야 할 의무를 짐과 동시에 매매 대금의 지급을 청구할 권리를 갖는다. [3]반대로 매수인은 매도인에게 매매 대금을 지급할 의무가 있고 소유권의 이전을 청구할 권리를 갖는다. [4]양 당사자는 서로 권리를 행사하고 서로 의무를 ●이행하는 관계에 놓이는 것이다.

❷ [1]이처럼 의사 표시를 필수적 요소로 하여 법률 효과를 발생시키는 행위들을 법률 행위라 한다. [2]계약은 법률 행위의 일종으로서, 당사자에게 일정한 청구권과 이행 의무를 발생시킨다. [3]청구권을 내용으로 하는 권리가 채권이고, 그에 따라 이행을 해야 할 의무가 채무이다. [4]따라서 채권과 채무는 발생한 법률 효과가 동전의 양면처럼 서로 다른 방향에서 파악되는 것이라 할 수 있다. [5]채무자가 채무의 내용대로 이행하여 채권을 소멸시키는 것을 변제라 한다.

❸ [1]갑과 을은 을이 소유한 그림 A를 갑에게 매도하는 것을 내용으로 하는 매매 계약을 체결하였다. [2]을의 채무는 그림 A의 소유권을 갑에게 이전하는 것이다. [3]●동산인 물건의 소유권을 이전하는 방식은 그 물건을 인도하는 것이다. [4]갑은 그림 A가 너무나 마음에 들었기 때문에 그것을 인도받기 전에 대금 전액을 금전으로 지급하였다. [5]그런데 갑이 아무리 그림 A를 넘겨달라고 청구하여도 을은 인도해 주지 않았다.

❹ [1]채권의 내용은 민법과 같은 실체법에서 규정하고 있고, 그것을 강제적으로 실현할 수 있도록 민사 소송법이나 민사 집행법 같은 절차법이 갖추어져 있다. [2]갑은 ●소를 제기하여 판결로써 자기가 가진 채권의 존재와 내용을 공적으로 확정받을 수 있고, 나아가 법원에 강제 집행을 신청할 수도 있다. [3]강제 집행은 국가가 물리적 실력을 행사하여 채무자의 의사에 구애받지 않고 채무의 내용을 실행시켜 채권이 실현되도록 하는 제도이다.

❺ [1]을이 그림 A를 넘겨주지 않은 까닭은 갑으로부터 매매 대금을 받은 뒤에 을의 과실로 불이 나 그림 A가 타 없어졌기 때문이다. [2]㉠결국 채무는 ●이행 불능이 되었다. [3]소송을 하더라도 불능의 내용을 이행하라는 판결은 나올 수 없다. [4]그림 A의 소실이 계약 체결 전이었다면, 그 계약은 실현 불가능한 내용을 담고 있기 때문에 체결할 때부터 계약 자체가 무효이다. [5]이행 불능이 채무자의 과실 때문에 일어난 것이라면 채무자가 채무 불이행에 대한 책임을 져야 한다.

❻ [1]이때 채무 불이행은 갑이나 을의 의사 표시가 작용한 것이 아니라, 매매 목적물의 소실에 따른 이행 불능으로 말미암은 것이다. [2]이러한 사건을 통해서도 법률 효과가 발생한다. [3]채무 불이행에 대한 책임은 갑으로 하여금 계약을 해제할 수 있는 권리를 갖게 한다. [4]갑이 계약 해제권을 행사하면 그때까지 유효했던 계약이 처음부터 효력이 없는 것으로 된다. [5]이때의 계약 해제는 일방의 의사 표시만으로 성립한다. [6]따라서 갑이 해제권을 행사하는 데에 을의 승낙은 요건이 되지 않는다. [7]이러한 법률 행위를 단독 행위라 한다.

❼ [1]갑은 계약을 해제하였다. [2]이로써 그 계약으로 발생한 채권과 채무는 없던 것이 된다. [3]당연히 계약의 양 당사자는 자신의 채무를 이행할 필요가 없다. [4]이미 이행된 것이 있다면 계약이 체결되기 전의 상태로 돌려놓아야 한다. [5]이를 청구할 수 있는 권리가 원상회복 청구권이다. [6]계약의 해제로 갑은 원상회복 청구권을 행사할 수 있으며, 이러한 갑의 채권은 결국 을에게 매매 대금을 반환해 달라고 청구할 수 있는 권리가 된다.

세부 내용 파악하기

**1** **윗글의 내용과 일치하지 <u>않는</u> 것은?**

① 실체법에는 청구권에 관한 규정이 있다.

② 절차법에 강제 집행 제도가 마련되어 있다.

③ 법률 행위가 없으면 법률 효과가 발생하지 않는다.

④ 법원을 통하여 물리력으로 채권을 실현할 수 있다.

⑤ 실현 불가능한 것을 내용으로 하는 계약은 무효이다.

스스로 점검: ○ ┆ △ ┆ ✕
정답의 근거:

구체적 사례나 상황에 적용하기

**2** **㉠의 상황에 대한 설명으로 적절한 것은?**

① '을'의 과실로 이행 불능이 되어 '갑'의 계약 해제권이 발생한다.

② '갑'은 소를 제기하여야 매매의 목적이 된 재산권을 이전받을 수 있다.

③ '갑'은 원상회복 청구권을 행사하여야 '그림 A'의 소유권을 회복할 수 있다.

④ '갑'과 '을'은 애초부터 실현 불가능한 내용의 계약을 체결하였기 때문에 이행 불능이 되었다.

⑤ '을'이 '갑'에게 '그림 A'를 인도하는 것은 불가능해졌지만 '을'은 채무 불이행에 대한 책임을 지지 않는다.

스스로 점검: ○ ┆ △ ┆ ✕
정답의 근거:

구체적 사례나 상황에 적용하기 `고난도`

**3** **윗글을 바탕으로 할 때, 〈보기〉에 대한 분석으로 적절하지 <u>않은</u> 것은?**

스스로 점검: ○ ┆ △ ┆ ✕
정답의 근거:

> ─ 보기 ─
>
> [1]'증여'는 당사자의 일방이 자기의 재산을 무상으로 상대방에게 줄 의사를 표시하고 상대방이 이를 승낙함으로써 성립하는 계약이다. [2]증여자만 이행 의무를 진다는 점이 특징이다. [3]'유언'은 유언자의 사망과 동시에 일정한 법률 효과를 발생시키려는 것을 목적으로 하는데, 유언자의 의사 표시만으로 유효하게 성립하고 의사 표시의 상대방이 필요 없다는 점에서 증여와 차이가 있다.

① '증여', '유언', '매매'는 모두 법률 행위로서 의사 표시를 요소로 한다.

② '증여'와 '유언'은 법률 효과를 발생시키려는 목적이 있다는 점이 공통된다.

③ '증여'는 변제의 의무를 발생시키지 않는다는 점에서 '매매'와 차이가 있다.

④ '증여'는 당사자 일방만이 이행한다는 점에서 양 당사자가 서로 이행하는 관계를 갖는 '매매'와 차이가 있다.

⑤ '증여'는 양 당사자의 의사 표시가 서로 합치하여 성립한다는 점에서 의사 표시의 합치가 필요 없는 '유언'과 차이가 있다.

**❶** [1]일반적인 다른 약속처럼 계약도 서로의 의사 표시가 합치하여 성립하지만, 이 때의 의사는 일정한 법률 효과의 발생을 목적으로 한다는 점에서 차이가 있다. [2]한 예로 매매 계약은 '팔겠다'는 일방의 의사 표시와 '사겠다'는 상대방의 의사 표시가 합치함으로써 성립하며, 매도인은 매수인에게 매매 목적물의 소유권을 이전하여야 할 의무를 짐과 동시에 매매 대금의 지급을 청구할 권리를 갖는다. [3]반대로 매수인은 매도인에게 매매 대금을 지급할 의무가 있고 소유권의 이전을 청구할 권리를 갖는다. [4]양 당사자는 서로 권리를 행사하고 서로 의무를 이행하는 관계에 놓이는 것이다.

▶ 일반적인 약속과 계약의 공통점, 차이점

**❷** [1]이처럼 의사 표시를 필수적 요소로 하여 법률 효과를 발생시키는 행위들을 법률 행위라 한다. [2]계약은 법률 행위의 일종으로서, 당사자에게 일정한 청구권과 이행 의무를 발생시킨다. [3]청구권을 내용으로 하는 권리가 채권이고, 그에 따라 이행을 해야 할 의무가 채무이다. [4]따라서 채권과 채무는 발생한 법률 효과가 동전의 양면처럼 서로 다른 방향에서 파악되는 것이라 할 수 있다. [5]채무자가 채무의 내용대로 이행하여 채권을 소멸시키는 것을 변제라 한다.

▶ 법률 행위로서 계약의 특징

**❸** [1]갑과 을은 을이 소유한 그림 A를 갑에게 매도하는 것을 내용으로 하는 매매 계약을 체결하였다. [2]을의 채무는 그림 A의 소유권을 갑에게 이전하는 것이다. [3]동산인 물건의 소유권을 이전하는 방식은 그 물건을 인도하는 것이다. [4]갑은 그림 A가 너무나 마음에 들었기 때문에 그것을 인도받기 전에 대금 전액을 금전으로 지급하였다. [5]그런데 갑이 아무리 그림 A를 넘겨달라고 청구하여도 을은 인도해 주지 않았다.

▶ 을이 갑에게 그림 A를 매도하는 매매 계약 상황

**❹** [1]채권의 내용은 민법과 같은 실체법에서 규정하고 있고, 그것을 강제적으로 실현할 수 있도록 민사 소송법이나 민사 집행법 같은 절차법이 갖추어져 있다. [2]갑은 소를 제기하여 판결로써 자기가 가진 채권의 존재와 내용을 공적으로 확정받을 수 있고, 나아가 법원에 강제 집행을 신청할 수도 있다. [3]강제 집행은 국가가 물리적 실력을 행사하여 채무자의 의사에 구애받지 않고 채무의 내용을 실행시켜 채권이 실현되도록 하는 제도이다.

▶ 채권과 관련된 법률과 강제 집행 제도

---

**내용 이해**

● 일반적인 약속과 계약의 공통점과 차이점

| | 일반적인 약속 | 계약 |
|---|---|---|
| 공통점 | 서로의 (1) | 가 합치하여 성립함. |
| 차이점 | 법률 효과가 발생하지 않음. | 법률 효과가 발생함. (매매 계약의 경우 매도인, 매수인에게 채무와 채권이 생김.) |

**구조 이해** 일반적인 약속과 계약의 공통점과 차이점을 예를 들어 구체적으로 설명함.

**내용 이해**

● 법률 행위: 의사 표시를 필수적 요소로 하여 (2) 효과를 발생시키는 행위.

● 계약의 특징
- 청구권과 이행 의무를 발생시키는 법률 행위임.
  채권 / 채무
- 채무자는 채무의 내용대로 이행하여 (3) 을 소멸시키는 '변제'의 의무가 있음.

**구조 이해** 계약과 관련된 용어의 개념을 제시하고, 이와 관련하여 계약의 특징을 설명함.

**내용 이해**

● 예시: 매매 계약 상황

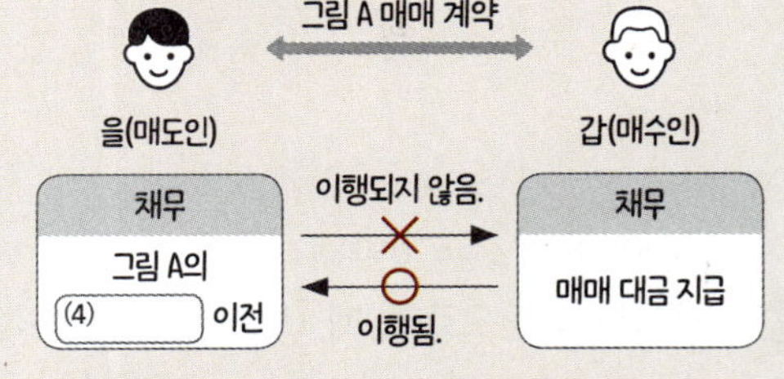


**구조 이해** 매매 계약의 상황을 예로 들어 설명함.

**내용 이해**

● 채권과 관련된 법률과 제도

| 실체법 | 채권의 내용을 규정하는 법. 민법이 있음. |
|---|---|
| 절차법 | 채권의 내용을 실현하는 데 필요한 절차를 규정한 법. 민사 소송법, 민사 집행법이 있음. |



**구조 이해** 채권과 관련된 세부 정보(법률, 제도)를 제시함.

❺ ¹을이 그림 A를 넘겨주지 않은 까닭은 갑으로부터 매매 대금을 받은 뒤에 을의 과실로 불이 나 그림 A가 타 없어졌기 때문이다. ²결국 채무는 이행 불능이 되었다. ³소송을 하더라도 불능의 내용을 이행하라는 판결은 나올 수 없다. ⁴그림 A의 소실이 계약 체결 전이었다면, 그 계약은 실현 불가능한 내용을 담고 있기 때문에 체결할 때부터 계약 자체가 무효이다. ⁵이행 불능이 채무자의 과실 때문에 일어난 것이라면 채무자가 채무 불이행에 대한 책임을 져야 한다.

▶ 채무 이행 (6)　　 상황에서의 채무 불이행 책임

❻ ¹이때 채무 불이행은 갑이나 을의 의사 표시가 작용한 것이 아니라, 매매 목적물의 소실에 따른 이행 불능으로 말미암은 것이다. ²이러한 사건을 통해서도 법률 효과가 발생한다. ³채무 불이행에 대한 책임은 갑으로 하여금 계약을 해제할 수 있는 권리를 갖게 한다. ⁴갑이 계약 해제권을 행사하면 그때까지 유효했던 계약이 처음부터 효력이 없는 것으로 된다. ⁵이때의 계약 해제는 일방의 의사 표시만으로 성립한다. ⁶따라서 갑이 해제권을 행사하는 데에 을의 승낙은 요건이 되지 않는다. ⁷이러한 법률 행위를 단독 행위라 한다.

▶ 채무 이행 불능 상황에서의 계약 (7)　　　 행사

❼ ¹갑은 계약을 해제하였다. ²이로써 그 계약으로 발생한 채권과 채무는 없던 것이 된다. ³당연히 계약의 양 당사자는 자신의 채무를 이행할 필요가 없다. ⁴이미 이행된 것이 있다면 계약이 체결되기 전의 상태로 돌려놓아야 한다. ⁵이를 청구할 수 있는 권리가 원상회복 청구권이다. ⁶계약의 해제로 갑은 원상회복 청구권을 행사할 수 있으며, 이러한 갑의 채권은 결국 을에게 매매 대금을 반환해 달라고 청구할 수 있는 권리가 된다.

▶ 계약 해제로 인한 채권·채무 소멸과 (8)　　　 청구권 행사

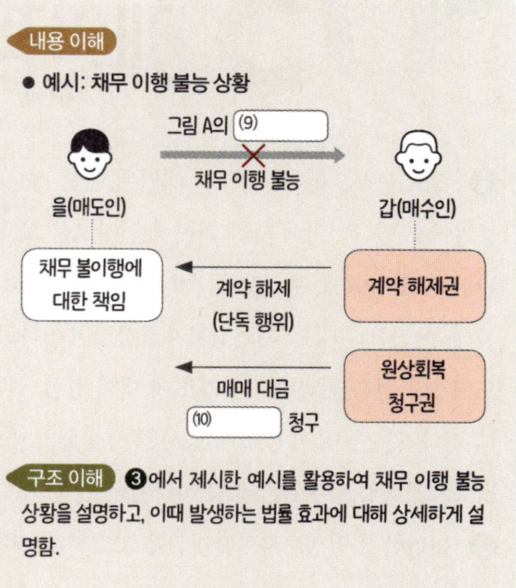


구조 이해　❸에서 제시한 예시를 활용하여 채무 이행 불능 상황을 설명하고, 이때 발생하는 법률 효과에 대해 상세하게 설명함.

답 (1) 의사 표시 (2) 법률 (3) 채권 (4) 소유권 (5) 소 (6) 불능 (7) 해제권 (8) 원상회복 (9) 소실 (10) 반환



## 지문 구조 노트

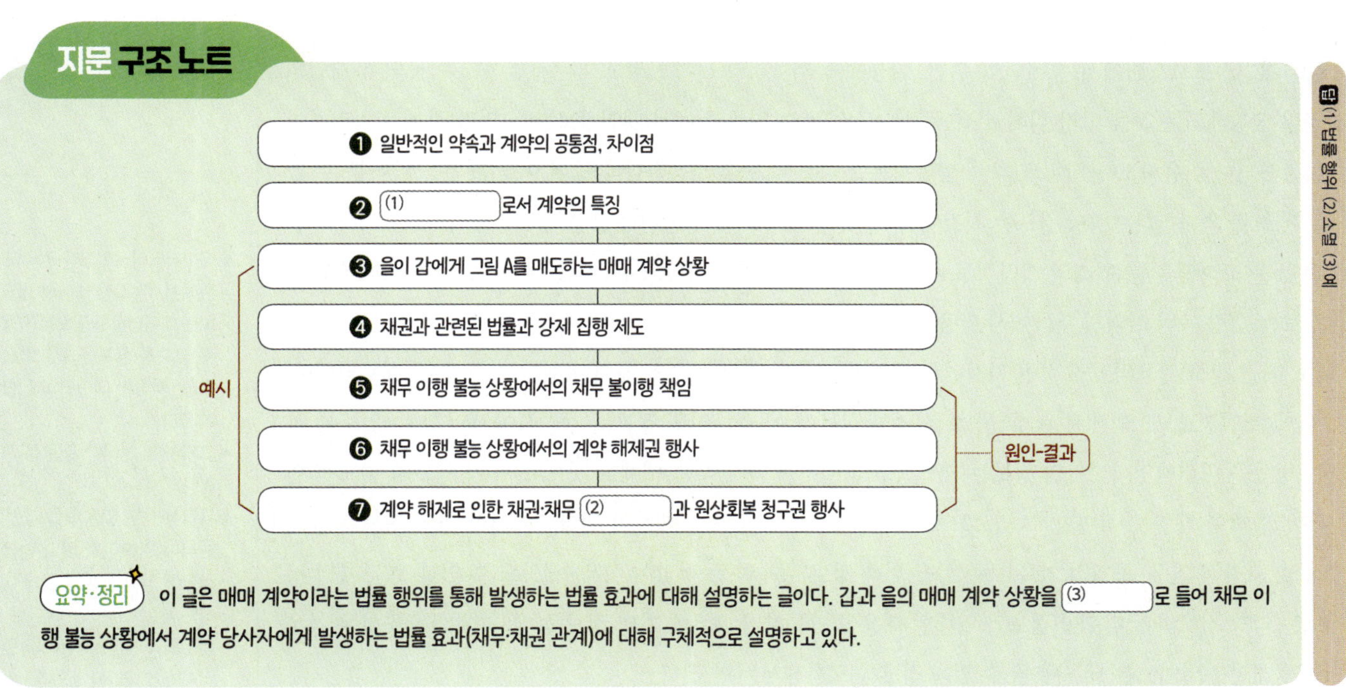


요약·정리　이 글은 매매 계약이라는 법률 행위를 통해 발생하는 법률 효과에 대해 설명하는 글이다. 갑과 을의 매매 계약 상황을 (3)　　　로 들어 채무 이행 불능 상황에서 계약 당사자에게 발생하는 법률 효과(채무·채권 관계)에 대해 구체적으로 설명하고 있다.

답 (1) 법률 행위 (2) 소멸 (3) 예

❶ ¹정보 통신 기술의 발달로 개인에 대한 정보가 •데이터베이스화되면서 개인정보 유출로 인한 피해가 증가하고 있다. ²이에 따라 최근 개인정보를 보호해야 한다는 사회적 인식이 커지고 있다. ³개인은 자신에 관한 정보가 언제, 누구에게, 어느 범위까지 알려지고 이용될 것인지를 스스로 결정할 수 있는 권리를 가지는데, 이러한 권리를 '개인정보자기결정권'이라고 한다. ⁴이는 타인에 의해 개인정보가 함부로 공개되지 않도록 보장받을 권리와 개인정보에 대해 열람, 삭제, 정정 등의 행위를 요구할 수 있는 권리 등을 포함한다. ⁵우리나라는 헌법 제17조에 명시된 사생활의 비밀과 자유가 보장되어야 한다는 내용을 주된 근거로 개인정보자기결정권이 기본권 중 하나임을 인정하고 있다.

❷ ¹이러한 개인정보자기결정권을 보호하기 위해 제정된 법률이 ✚개인정보보호법이다. ²개인정보보호법에서 규정하는 개인정보는 살아 있는 개인에 관한 정보이다. ³사망자에 관한 정보나 단체 혹은 법인에 관한 정보는 개인정보에 포함되지 않는다. ⁴또한 성명, 주민등록번호, 사진이나 동영상 등과 같이 개인을 알아볼 수 있는 정보여야 한다. ⁵그리고 주어진 정보만으로 특정 개인을 알아볼 수 없더라도 다른 정보와 쉽게 결합하여 알아볼 수 있다면 이 역시 법적 보호 대상으로서의 개인정보에 포함된다. ⁶가령 휴대 전화 번호의 뒷자리 숫자를 집 전화번호와 같은 다른 정보와 결합하여 사용자를 식별할 수 있다면 개인정보에 해당한다.

❸ ¹개인정보보호법에 따른 사전 동의 제도는 정보 주체인 개인이 개인정보에 대한 자기 결정을 표현할 수 있다는 점에서 개인정보자기결정권을 보호하는 중요한 수단이다. ²개인정보를 처리하는 개인이나 단체를 의미하는 개인정보 처리자는, 정보 주체의 동의를 구할 때 정보 수집·이용의 목적, 수집 항목, 보유 및 이용 기간 등을 •고지해야 한다. ³또한 동의를 거부할 권리가 있다는 사실과, 동의 거부에 따른 불이익이 있는 경우 그 불이익의 내용 역시 알려야 한다.

❹ ¹수집·이용하려는 개인정보 중 고유 식별 정보와 민감 정보는 별도로 동의를 받아야 한다. ²고유 식별 정보는 여권 번호와 같이 개인을 고유하게 구별하기 위해 부여된 정보이며, 민감 정보는 건강 정보나 정치적 견해와 같이 주체의 사생활을 현저히 침해할 우려가 있는 정보이다. ³이때 정보 주체가 알아보기 쉽도록 수집하려는 고유 식별 정보와 민감 정보의 항목을 밑줄이나 큰 글씨로 강조해야 한다.

❺ ¹개인정보보호법에서는 개인이 수집·이용에 동의했더라도 개인정보가 무분별하게 이용되어 개인의 권리가 침해되는 것을 막기 위해 수집 목적을 달성할 수 있는 한에서 개인정보를 ㉠익명 정보로 처리하여 보존하거나 이용하도록 하고 있다. ²익명 정보란 다른 정보를 사용하더라도 더 이상 개인을 알아볼 수 없는 정보를 의미한다. ³익명 정보는 시간이나 비용, 현재의 기술 수준이나 충분히 예견될 수 있는 기술의 발전 등을 고려했을 때 원래의 개인정보로 복원되는 것이 불가능하다고 판단되는 정보로, 익명 처리를 마친 정보는 수집 목적 이외의 분야에서 활용하기 어렵다는 제약이 있다.

❻ ¹최근 정보 활용의 중요성이 커지면서 개인정보 활용의 •유연성을 높여야 한다는 주장이 •대두되었다. ²이에 개인정보보호법에서는 개인정보를 익명 정보가 아닌 ㉡가명 정보로 가공하여 활용할 수 있도록 하는 방안을 마련하였다. ³가명 정보는 개인정보의 일부를 삭제 혹은 대체한 것으로, 추가 정보와 비교적 쉽게 결합하여 개인을 식별할 수 있으므로 개인정보보호법의 보호 대상이 된다. ⁴이러한 가명 정보는 통계 작성, 과학적 연구, 공익적 기록 보존 등을 위해 정보 주체의 동의 없이 이용·제공될 수 있다. ⁵단, 가명 정보는 익명 정보와 달리 개인정보와 일대일 대응이 가능하기 때문에 가명 정보를 제3자에게 제공하는 경우 특정 개인을 알아보는 데 사용될 수 있는 정보를 포함해서는 안 된다.


**배경지식** ✚

**개인정보보호법**
개인정보 보호에 관해 규정한 일반법이다. 개인정보의 유출, 오용, 남용으로부터 사생활의 비밀 등을 보호함으로써 국민의 권리와 이익을 증진하고 개인의 존엄과 가치를 구현하기 위하여 개인정보의 처리에 관한 사항을 규정하고 있다.

● **데이터베이스화되다** 컴퓨터 따위에서, 한 조직 내에서 필요로 하는 데이터를 공동으로 사용할 수 있도록 중복을 최소화하여 통합·저장한 데이터의 집합체가 되다.

● **고지하다** 게시나 글을 통해 알리다.

● **유연성** 어떤 일을 대할 때, 원리 원칙에 얽매이지 않고 형편과 상황에 따라 융통성 있게 대응하는 성질.

● **대두되다** 어떤 세력이나 현상이 새롭게 나타나게 되다.

세부 내용 파악하기

**1** 윗글에서 알 수 있는 내용으로 적절하지 <u>않은</u> 것은?

① 개인정보자기결정권의 개념

② 개인정보를 익명 처리하는 과정

③ 개인정보보호법을 제정하게 된 목적

④ 개인정보 활용의 유연성을 높이는 방안

⑤ 개인정보 보호에 대한 인식이 확산된 배경

스스로 점검: ○ ㅣ △ ㅣ ✕
정답의 근거:

세부 내용 파악하기

**2** ㉠과 ㉡에 대한 설명으로 적절한 것은?

① ㉠은 익명 처리되기 전의 개인정보와 일대일로 대응한다.

② ㉡은 이용 목적에 상관없이 정보 주체의 동의가 필수적이다.

③ ㉠은 ㉡과 달리 개인정보보호법의 보호 대상이 아니다.

④ ㉡은 ㉠과 달리 수집 목적 이외의 분야에서 활용되기 어렵다.

⑤ ㉠과 ㉡은 모두 개인정보 처리자가 제3자에게 제공할 수 없다.

스스로 점검: ○ ㅣ △ ㅣ ✕
정답의 근거:

구체적 사례나 상황에 적용하기 　고난도

**3** 윗글을 바탕으로 인터넷 사이트에서 회원 가입 시 제시하는 다음 동의서를 이해한 내용으로 적절하지 <u>않은</u> 것은?

---

가. 개인정보 수집 및 이용 동의

주식회사 ○○(이하 '회사')는 ○○ 서비스 회원(이하 '회원')의 권리를 적극적으로 보장합니다.

1. 수집 항목: 아이디, 비밀번호
⋮
4. 개인정보 수집 및 이용 동의를 거부할 권리

　4-1. 회원은 개인정보의 수집 및 이용 동의를 거부할 권리가 있습니다.

　4-2. 수집 및 이용 동의를 거부할 경우, 서비스 이용이 제한됩니다.

□ 개인정보를 수집하고 이용하는 것에 동의합니다.

나. 건강 정보 수집 및 이용 동의

1. 수집 항목: **건강 정보**
⋮
□ 건강 정보를 수집하고 이용하는 것에 동의합니다.

---

① '가'에서 '회사'는 개인정보 처리자, '회원'은 개인정보의 주체에 해당하겠군.

② '가'의 4-2는 정보 제공 동의를 거부할 경우 정보 주체가 받을 수 있는 불이익에 해당하겠군.

③ '가'에서 '회원'의 동의 여부를 확인하는 것은 '회원'의 개인정보자기결정권을 보호하기 위한 수단이겠군.

④ '나'의 1은 개인의 건강 정보가 고유 식별 정보에 해당하기 때문에 수집 항목을 강조하여 표시한 것이겠군.

⑤ '나'는 정보 주체의 사생활이 현저히 침해되는 것을 방지하는 차원에서 '가'와 별도로 동의를 받는 것이겠군.

스스로 점검: ○ ㅣ △ ㅣ ✕
정답의 근거:

❶ [1]정보 통신 기술의 발달로 개인에 대한 정보가 데이터베이스화되면서 개인정보 유출로 인한 피해가 증가하고 있다. [2]이에 따라 최근 개인정보를 보호해야 한다는 사회적 인식이 커지고 있다. [3]개인은 자신에 관한 정보가 언제, 누구에게, 어느 범위까지 알려지고 이용될 것인지를 스스로 결정할 수 있는 권리를 가지는데, 이러한 권리를 '개인정보자기결정권'이라고 한다. [4]이는 타인에 의해 개인정보가 함부로 공개되지 않도록 보장받을 권리와 개인정보에 대해 열람, 삭제, 정정 등의 행위를 요구할 수 있는 권리 등을 포함한다. [5]우리나라는 헌법 제17조에 명시된 사생활의 비밀과 자유가 보장되어야 한다는 내용을 주된 근거로 개인정보자기결정권이 기본권 중 하나임을 인정하고 있다.

▶ 개인정보와 관련된 (1)　　　　　 상황과 개인정보자기결정권의 중요성

❷ [1]이러한 개인정보자기결정권을 보호하기 위해 제정된 법률이 개인정보보호법이다. [2]개인정보보호법에서 규정하는 개인정보는 살아 있는 개인에 관한 정보이다. [3]사망자에 관한 정보나 단체 혹은 법인에 관한 정보는 개인정보에 포함되지 않는다. [4]또한 성명, 주민등록번호, 사진이나 동영상 등과 같이 개인을 알아볼 수 있는 정보여야 한다. [5]그리고 주어진 정보만으로 특정 개인을 알아볼 수 없더라도 다른 정보와 쉽게 결합하여 알아볼 수 있다면 이 역시 법적 보호 대상으로서의 개인정보에 포함된다. [6]가령 휴대 전화 번호의 뒷자리 숫자를 집 전화번호와 같은 다른 정보와 결합하여 사용자를 식별할 수 있다면 개인정보에 해당한다.

▶ 개인정보보호법에서 규정하는 (3)　　　　　 의 범위

❸ [1]개인정보보호법에 따른 사전 동의 제도는 정보 주체인 개인이 개인정보에 대한 자기 결정을 표현할 수 있다는 점에서 개인정보자기결정권을 보호하는 중요한 수단이다. [2]개인정보를 처리하는 개인이나 단체를 의미하는 개인정보 처리자는, 정보 주체의 동의를 구할 때 정보 수집·이용의 목적, 수집 항목, 보유 및 이용 기간 등을 고지해야 한다. [3]또한 동의를 거부할 권리가 있다는 사실과, 동의 거부에 따른 불이익이 있는 경우 그 불이익의 내용 역시 알려야 한다.

▶ 개인정보보호법에 따른 사전 동의 제도: 고지 사항

❹ [1]수집·이용하려는 개인정보 중 고유 식별 정보와 민감 정보는 별도로 동의를 받아야 한다. [2]고유 식별 정보는 여권 번호와 같이 개인을 고유하게 구별하기 위해 부여된 정보이며, 민감 정보는 건강 정보나 정치적 견해와 같이 주체의 사생활을 현저히 침해할 우려가 있는 정보이다. [3]이때 정보 주체가 알아보기 쉽도록 수집하려는 고유 식별 정보와 민감 정보의 항목을 밑줄이나 큰 글씨로 강조해야 한다.

▶ 개인정보보호법에 따른 사전 동의 제도: 별도 동의 사항

---

**내용 이해**

● 개인정보보호법의 제정 배경과 필요성

**문제 상황**

개인정보 유출로 인한 피해가 증가하면서 개인정보 보호에 대한 사회적 인식이 커짐.

＋

**개인정보자기결정권**

개인이 자신에 관한 정보의 공개 범위, 이용 여부 등을 스스로 결정할 수 있는 권리로, 헌법 제17조를 근거로 하여 (2)　　　　 으로 인정됨.

**구조 이해** 개인정보와 관련한 문제 상황과 개인정보자기결정권의 중요성을 언급한 문단으로, ❷에서 설명하는 개인정보보호법의 제정 배경과 필요성을 밝힘.

**내용 이해**

● 개인정보보호법: (4)　　　　　 을 보호하기 위해 제정된 법률.

● 개인정보의 범위

**개인정보**

- 살아 있는 개인에 관한 정보
  (~~사망자 정보, 단체 정보, 법인 정보~~)
- 개인을 알아볼 수 있는 정보
  (예) 성명, 주민등록번호, 사진, 동영상)
- 다른 정보와 결합하여 특정 개인을 식별할 수 있는 정보

**구조 이해** • ❶-❷는 '문제 – 해결' 구조로 이루어짐.
• 개인정보보호법에서 규정하는 개인정보의 범위(조건)를 나열함.

**내용 이해**

● 사전 동의 제도

동의
동의 요청

개인정보 처리자　　　　개인정보 주체

**고지**
- 정보 수집·이용의 (5)　　　 , 항목, 기간 등
- 동의를 거부할 권리가 있다는 사실
- 동의 거부에 따른 불이익의 내용

**별도 동의**
- 고유 식별 정보 (예) 여권 번호
- (6)　　　 정보 (예) 건강 정보, 정치적 견해

**구조 이해** • 개인정보보호법에 따른 사전 동의 제도에 대해 구체적으로 설명함.
• 개인정보의 수집·이용 시 개인정보 처리자가 고지해야 할 사항과 별도로 동의받아야 할 사항을 나열함.

❺ ¹개인정보보호법에서는 개인이 수집·이용에 동의했더라도 개인정보가 무분별하게 이용되어 개인의 권리가 침해되는 것을 막기 위해 수집 목적을 달성할 수 있는 한에서 개인정보를 익명 정보로 처리하여 보존하거나 이용하도록 하고 있다. ²익명 정보란 다른 정보를 사용하더라도 더 이상 개인을 알아볼 수 없는 정보를 의미한다. ³익명 정보는 시간이나 비용, 현재의 기술 수준이나 충분히 예견될 수 있는 기술의 발전 등을 고려했을 때 원래의 개인정보로 복원되는 것이 불가능하다고 판단되는 정보로, 익명 처리를 마친 정보는 수집 목적 이외의 분야에서 활용하기 어렵다는 제약이 있다.

▶ 개인정보보호법에 따른 개인정보의 처리 방안: ① 익명 정보



❻ ¹최근 정보 활용의 중요성이 커지면서 개인정보 활용의 유연성을 높여야 한다는 주장이 대두되었다. ²이에 개인정보보호법에서는 개인정보를 익명 정보가 아닌 가명 정보로 가공하여 활용할 수 있도록 하는 방안을 마련하였다. ³가명 정보는 개인정보의 일부를 삭제 혹은 대체한 것으로, 추가 정보와 비교적 쉽게 결합하여 개인을 식별할 수 있으므로 개인정보보호법의 보호 대상이 된다. ⁴이러한 가명 정보는 통계 작성, 과학적 연구, 공익적 기록 보존 등을 위해 정보 주체의 동의 없이 이용·제공될 수 있다. ⁵단, 가명 정보는 익명 정보와 달리 개인정보와 일대일 대응이 가능하기 때문에 가명 정보를 제3자에게 제공하는 경우 특정 개인을 알아보는 데 사용될 수 있는 정보를 포함해서는 안 된다.

▶ 개인정보보호법에 따른 개인정보의 처리 방안: ② 가명 정보





II
사회·문화

## 지문 구조 노트

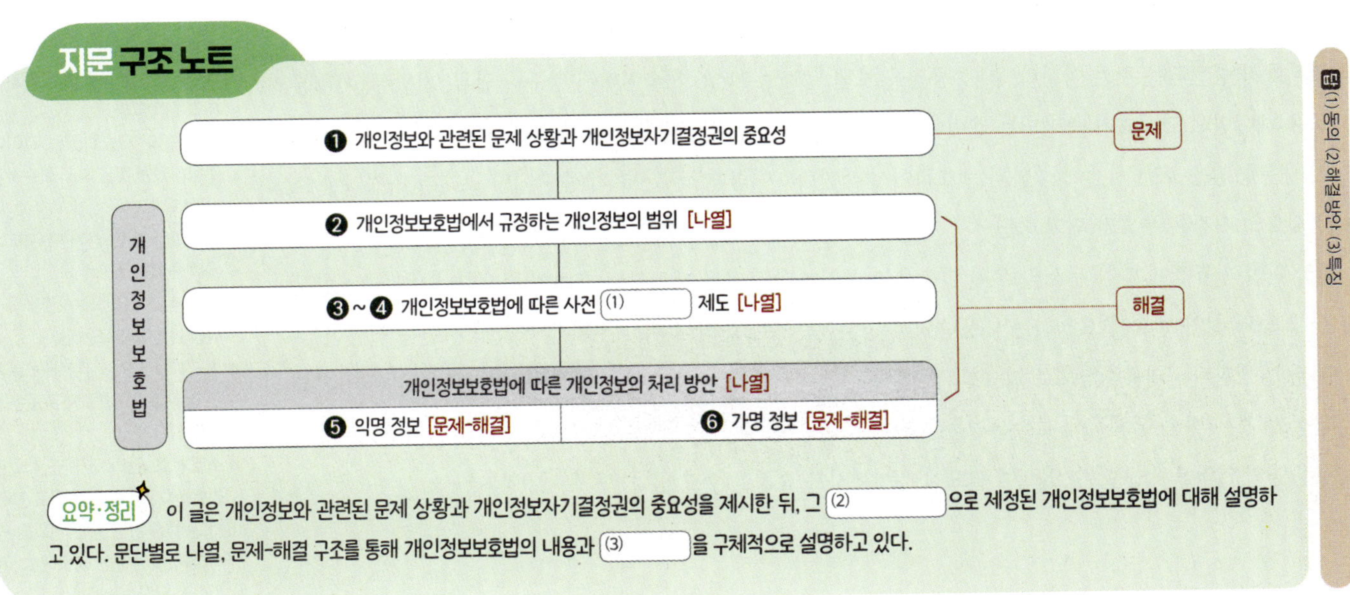



요약·정리 이 글은 개인정보와 관련된 문제 상황과 개인정보자기결정권의 중요성을 제시한 뒤, 그 (2) 으로 제정된 개인정보보호법에 대해 설명하고 있다. 문단별로 나열, 문제-해결 구조를 통해 개인정보보호법의 내용과 (3) 을 구체적으로 설명하고 있다.

# 내용증명 제도

❶ [1]분쟁이 *예견되거나 진행 중인 상황에서 후일 상대방이 사실을 번복하거나 그런 내용을 고지받지 못했다고 주장하는 것을 막기 위해 '내용증명'을 활용할 수 있다. [2]내용증명이란 누가, 언제, 누구에게, 어떤 내용의 문서를 보냈다는 사실을 우체국에서 공적으로 증명해 주는 특수한 우편 제도로, 이를 활용하면 향후 법적 분쟁의 소지를 줄일 수 있다.

❷ [1]내용증명은 개인 간 채권·채무 관계나 권리·의무를 더욱 명확하게 할 필요가 있을 때 주로 이용된다. [2]예를 들어 방문 판매를 통해 충동적으로 구입한 화장품, 건강식품 등의 구매 계약을 *철회 기간 내에 취소하고 싶을 때 사용할 수 있다. [3]특히 판매자와 연락이 되지 않는 등의 사유로 계약을 철회할 수 있는 기간 내에 철회가 불가능한 경우에도 사용한다.

❸ [1]내용증명은 다른 우편물과는 달리 우체국에 같은 내용의 문서 3부를 제출해야 한다. [2]이는 발신인, 수신인, 우체국 3자가 각각 동일한 내용의 문서를 소지하기 위함이다. [3]그 결과 발신인이 작성한 어떤 내용의 문서가 언제 누구에게 발송되었는지를 우체국장이 증명할 수 있게 되는 것이다. [4]그러나 이것이 문서의 내용이 맞다는 것까지 증명하는 것은 아니라는 점에 유의해야 한다. [5]내용증명 우편이 발송되었다는 사실은 *입증하지만 문서 내용의 *진위까지 입증하는 것은 아니므로 그 자체로 문제가 해결되는 것은 아니다.

❹ [1]그렇다면 내용증명은 어떠한 기능을 하는 것일까? [2]우선, 내용증명은 문서를 발송하였다는 것을 공적으로 증명하는 증거 효력을 갖는다. [3]만약 법적 대응 과정에서 내용증명을 제출한다면 상대방은 그와 같은 내용의 문서를 언제 받았다는 사실만큼은 문제 삼을 수 없다. [4]다음으로, 내용증명은 상대방에게 심리적 부담을 주어 그 내용의 이행을 실현하게 하기도 한다. [5]왜냐하면 내용증명을 보내는 사람이 추후 강력한 법적 대응을 이어갈 의지가 있음을 알리기 때문이다. [6]예를 들어 A에게 돈을 빌린 B가 채무 이행을 독촉하는 내용증명을 받으면 B는 A가 이후 법적 대응을 할 수도 있다는 심리적 부담을 느껴 자발적으로 돈을 갚을 가능성이 있다는 것이다.

❺ [1]또한 내용증명은 그 자체만으로는 단순히 *최고하는 것에 불과하지만, *소멸시효를 중단시키는 데 중요한 역할을 한다. [2]채권에는 소멸시효가 있기 때문에 제때 권리 행사를 하지 않으면 소멸시효가 만료되어 그 권리가 소멸된다. [3]따라서 소멸시효가 만료될 무렵까지 채무 이행이 이루어지지 않고 있다면 채권자는 소멸시효가 더 이상 진행되지 못하도록 중단시켜야 한다. [4]그러나 내용증명을 발송하였다고 하여 바로 소멸시효가 중단되는 것은 아니다. [5]내용증명을 보낸 날짜로부터 6개월 이내에 청구나 압류, 가압류, 가처분 등을 해야만 소멸시효가 중단되는 효력이 발생한다. [6]이러한 법적 대응을 하게 되면 해당 사안의 소멸시효가 내용증명을 보낸 시점에 중단되는 효력이 발생한다. [7]이렇게 소멸시효가 중단되면 그때까지 경과한 소멸시효의 기간은 무효가 되고 중단 사유가 종료된 때로부터 소멸시효가 새로이 시작된다.

❻ [1]민법의 규정에 따라 문서의 우편 발송은 수신인에게 도달된 때로부터 효력이 발생한다. [2]그러나 방문 판매 등의 청약 철회를 요청하는 내용증명의 경우에는 수신인의 수취 여부와 상관없이 서면을 발송한 날부터 발생한다. [3]내용증명으로 발송한 우편물은 3년간 우체국에서 보관한다. [4]발신인이나 수신인이 이를 분실할 경우 발송 우체국에 특수우편물수령증, 주민등록증 등을 제시해 본인임을 입증하면 보관 중인 내용증명의 열람을 청구할 수 있으며 필요시에는 복사를 요청할 수도 있다.

---

● **예견되다** 앞으로 일어날 일이 미리 짐작되다.

● **철회** 이미 제출하였던 것이나 주장하였던 것을 다시 회수하거나 번복함.

● **입증하다** 어떤 증거 따위를 내세워 증명하다.

● **진위** 참과 거짓 또는 진짜와 가짜를 통틀어 이르는 말.

● **최고하다** 다른 사람에게 일정한 행위를 할 것을 요구하는 통지를 하다.

● **소멸시효** 권리자가 자신의 권리를 행사할 수 있음에도 불구하고 일정 기간 동안 권리를 행사하지 아니하는 경우에 그 권리를 소멸하는 제도.

전개 방식 파악하기

**1 윗글에 대한 설명으로 가장 적절한 것은?**

① 특정 제도의 특징과 기능을 구체적인 사례를 들어 소개하고 있다.

② 특정 제도의 형성 배경과 발달 과정을 순차적으로 서술하고 있다.

③ 특정 제도가 지닌 문제점과 한계를 다양한 측면에서 고찰하고 있다.

④ 특정 제도가 실시되었을 때 예상되는 장점과 단점을 분석하고 있다.

⑤ 특정 제도의 필요성을 언급한 뒤 그 속성을 유사한 대상에 빗대어 설명하고 있다.

세부 내용 파악하기

**2 윗글의 내용과 일치하지 <u>않는</u> 것은?**

① 내용증명을 받은 수신인은 심리적 부담감을 느끼고 문제 해결을 시도할 수 있다.

② 방문판매의 청약 철회를 요청하는 내용증명의 효력은 서면을 발송한 날부터 발생한다.

③ 내용증명 발송 직후 발신인이 이를 분실한 경우 발송 우체국에서 복사를 요청할 수 있다.

④ 내용증명을 위해 우체국에 같은 내용의 문서를 3부 제출하여 발신인도 그중 하나를 갖는다.

⑤ 계약을 철회할 수 있는 기간이 지난 후 발송한 내용증명도 법적 대응 과정에서 효력을 가질 수 있다.

구체적 사례나 상황에 적용하기  고난도

**3 윗글을 바탕으로 〈보기〉의 상황을 이해한 내용으로 가장 적절한 것은?**

> ┌─ 보기 ─┐
>
> 을은 갑에게 돈을 빌려주었으며, 해당 채무 관계의 소멸시효는 3년으로 2020년 12월 31일에 만료된다. 그런데 갑은 만료일이 다가오도록 을에게 채무를 이행하지 않고 있다. 이에 을은 주변의 조언을 받아 2020년 10월 31일에 채무 이행을 요구하는 내용증명을 보내어 갑에게 도달하였음을 확인하였다.

① 을이 갑에게 내용증명을 보낸 궁극적인 목적은 소멸시효 만료를 알리기 위함이다.

② 을이 보낸 내용증명으로 인해 소멸시효 만료일인 2020년 12월 31일로부터 중단 효력이 발생한다.

③ 을이 내용증명을 소멸시효 만료 2개월 전에 보냈으므로 중단 사유 종료 후 소멸시효가 2개월 연장된다.

④ 을이 이후 법적 대응을 할 뜻이 없다면 을이 돈을 받을 수 있는 권리는 2020년 12월 31일까지만 유지된다.

⑤ 을이 2021년 6월 30일까지 가압류, 가처분 등의 조치를 하면 소멸시효는 2020년 10월 31일에 중단된 것으로 본다.

❶ ¹분쟁이 예견되거나 진행 중인 상황에서 후일 상대방이 사실을 번복하거나 그런 내용을 고지받지 못했다고 주장하는 것을 막기 위해 '내용증명'을 활용할 수 있다. ²내용증명이란 누가, 언제, 누구에게, 어떤 내용의 문서를 보냈다는 사실을 우체국에서 공적으로 증명해 주는 특수한 우편 제도로, 이를 활용하면 향후 법적 분쟁의 소지를 줄일 수 있다.
▶ 내용증명 제도의 개념과 필요성

❷ ¹내용증명은 개인 간 채권·채무 관계나 권리·의무를 더욱 명확하게 할 필요가 있을 때 주로 이용된다. (²예를 들어 방문 판매를 통해 충동적으로 구입한 화장품, 건강식품 등의 구매 계약을 철회 기간 내에 취소하고 싶을 때 사용할 수 있다. ³특히 판매자와 연락이 되지 않는 등의 사유로 계약을 철회할 수 있는 기간 내에 철회가 불가능한 경우에도 사용한다.)
▶ 내용증명이 사용되는 경우

❸ ¹내용증명은 다른 우편물과는 달리 우체국에 같은 내용의 문서 3부를 제출해야 한다. ²이는 발신인, 수신인, 우체국 3자가 각각 동일한 내용의 문서를 소지하기 위함이다. ³그 결과 발신인이 작성한 어떤 내용의 문서가 언제 누구에게 발송되었는지를 우체국장이 증명할 수 있게 되는 것이다. ⁴그러나 이것이 문서의 내용이 맞다는 것까지 증명하는 것은 아니라는 점에 유의해야 한다. ⁵내용증명 우편이 발송되었다는 사실은 입증하지만 문서 내용의 진위까지 입증하는 것은 아니므로 그 자체로 문제가 해결되는 것은 아니다.
▶ 내용증명의 발송 방법과 ③ [     ] 범위

❹ ¹그렇다면 내용증명은 어떠한 기능을 하는 것일까? ²우선, 내용증명은 문서를 발송하였다는 것을 공적으로 증명하는 증거 효력을 갖는다. (³만약 법적 대응 과정에서 내용증명을 제출한다면 상대방은 그와 같은 내용의 문서를 언제 받았다는 사실만큼은 문제 삼을 수 없다. ⁴다음으로, 내용증명은 상대방에게 심리적 부담을 주어 그 내용의 이행을 실현하게 하기도 한다. ⁵왜냐하면 내용증명을 보내는 사람이 추후 강력한 법적 대응을 이어갈 의지가 있음을 알리기 때문이다. (⁶예를 들어 A에게 돈을 빌린 B가 채무 이행을 독촉하는 내용증명을 받으면 B는 A가 이후 법적 대응을 할 수도 있다는 심리적 부담을 느껴 자발적으로 돈을 갚을 가능성이 있다는 것이다.)
▶ 내용증명의 기능: ① 공적 ⑤ [     ] 효력 ② 상대방의 의무 이행 독촉

---

**내용 이해**

● 내용증명의 개념과 효용

| 내용증명 제도 |
| --- |
| 누가, 언제, 누구에게, 어떤 내용의 문서를 보냈다는 사실을 ⑴ [     ]에서 공적으로 증명해 주는 특수한 우편 제도. |

↓

| 향후 법적 분쟁의 소지를 줄일 수 있음. |
| --- |

**구조 이해** 이 글의 화제인 내용증명 제도의 개념과 필요성을 제시함.

**내용 이해**

● 내용증명이 사용되는 경우

| 개인 간 채권·채무 관계나 권리·의무를 명확하게 할 때 |
| --- |
| 예 - 구매 계약을 철회 기간 내에 ⑵ [     ]하고 싶은 경우<br>- 구매 계약을 철회할 수 있는 기간 내에 철회가 불가능한 경우 |

**구조 이해** 앞서 언급한 내용증명의 특징(내용증명이 사용되는 경우)을 예를 들어 설명함.

**내용 이해**

● 내용증명의 발송 방법과 입증 범위

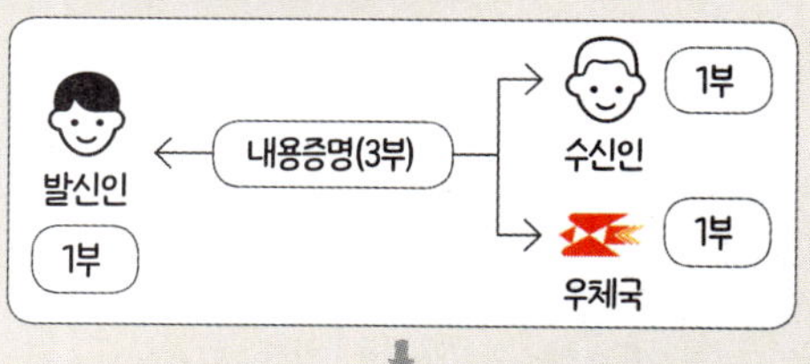


↓

- 내용증명 우편이 ⑷ [     ]되었다는 사실을 입증함.
- 문서 내용의 진위까지 입증하는 것은 아님.

**구조 이해** 다른 우편물과 구별되는 내용증명의 특징(발송 방법과 입증 범위)을 설명함.

**내용 이해**

● 내용증명의 기능
① 문서를 발송하였다는 것을 공적으로 증명하는 증거 효력을 가짐.
② 상대방에게 심리적 부담을 주어 내용의 이행을 ⑹ [     ]하게 하기도 함.

**구조 이해** 내용증명의 첫 번째, 두 번째 기능을 나열하고, 구체적인 예를 들어 설명함.

❺ ¹또한 내용증명은 그 자체만으로는 단순히 최고하는 것에 불과하지만, 소멸시효를 중단시키는 데 중요한 역할을 한다. ²채권에는 소멸시효가 있기 때문에 제때 권리 행사를 하지 않으면 소멸시효가 만료되어 그 권리가 소멸된다. ³따라서 소멸시효가 만료될 무렵까지 채무 이행이 이루어지지 않고 있다면 채권자는 소멸시효가 더 이상 진행되지 못하도록 중단시켜야 한다. ⁴그러나 내용증명을 발송하였다고 하여 바로 소멸시효가 중단되는 것은 아니다. ⁵내용증명을 보낸 날짜로부터 6개월 이내에 청구나 압류, 가압류, 가처분 등을 해야만 소멸시효가 중단되는 효력이 발생한다. ⁶이러한 법적 대응을 하게 되면 해당 사안의 소멸시효가 내용증명을 보낸 시점에 중단되는 효력이 발생한다. ⁷이렇게 소멸시효가 중단되면 그때까지 경과한 소멸시효의 기간은 무효가 되고 중단 사유가 종료된 때로부터 소멸시효가 새로이 시작된다.

▶ 내용증명의 기능: ③ [(7)        ]의 중단

❻ ¹민법의 규정에 따라 문서의 우편 발송은 수신인에게 도달된 때로부터 효력이 발생한다. ²그러나 방문판매 등의 청약 철회를 요청하는 내용증명의 경우에는 수신인의 수취 여부와 상관없이 서면을 발송한 날부터 발생한다. ³내용증명으로 발송한 우편물은 3년간 우체국에서 보관한다. ⁴발신인이나 수신인이 이를 분실할 경우 발송 우체국에 특수우편물수령증, 주민등록증 등을 제시해 본인임을 입증하면 보관 중인 내용증명의 열람을 청구할 수 있으며 필요시에는 복사를 요청할 수도 있다.

▶ 내용증명의 효력 발생과 보관



**내용 이해**

● 내용증명의 기능
③ 소멸시효를 중단시키는 데 중요한 역할을 함.

소멸시효 만료 이전에 내용증명을 발송함.
↓
내용증명을 보낸 날짜로부터 [(8)    ]개월 이내에 법적 대응(청구나 압류, 가압류, 가처분 등)을 함.
↓
내용증명을 보낸 시점에 소멸시효가 중단됨.

**구조 이해** 내용증명의 세 번째 기능을 구체적으로 설명함.

**내용 이해**

● 내용증명의 효력 발생 시점
- 내용증명의 우편 발송이 [(9)    ]에게 도달된 때
- 청약 철회를 요청하는 내용증명은 수신인의 수취 여부와 상관없이 서면을 발송한 날

● 내용증명 우편물의 분실 시

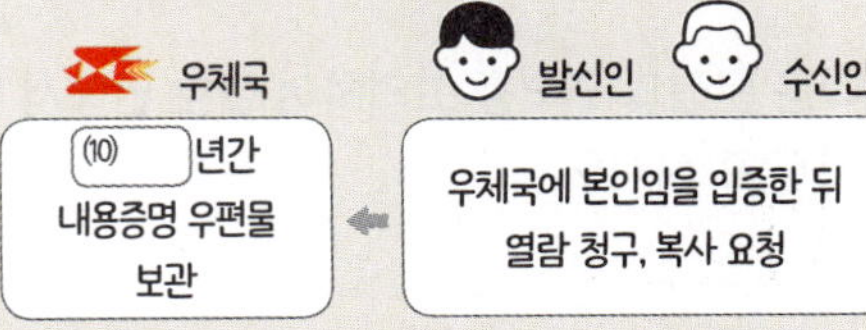


**구조 이해** 내용증명의 특징(효력 발생 시점과 분실 시 열람 및 복사 요청 방법)을 설명함.

답 (1) 우체국 (2) 취소 (3) 입증 (4) 발송 (5) 증거 (6) 실현
(7) 소멸시효 (8) 6 (9) 수신인 (10) 3

## 지문 구조 노트

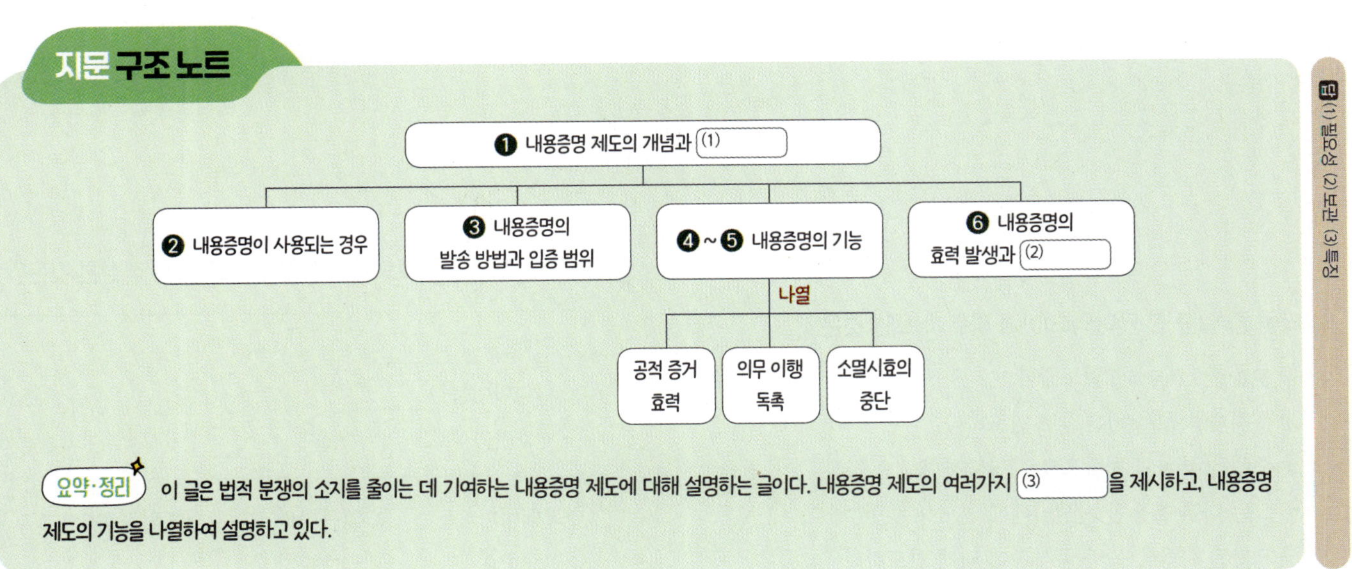


**요약·정리** 이 글은 법적 분쟁의 소지를 줄이는 데 기여하는 내용증명 제도에 대해 설명하는 글이다. 내용증명 제도의 여러가지 [(3)    ]을 제시하고, 내용증명 제도의 기능을 나열하여 설명하고 있다.

답 (1) 필요성 (2) 보관 (3) 특징

# 필수 어휘 ZIP

**1** 제시된 단어의 뜻풀이로 올바른 것을 연결하시오.

(1) 동산 ·

(2) 진위 ·

(3) 편익 ·

· ㉠ 편리하고 유익함.

· ㉡ 참과 거짓 또는 진짜와 가짜를 통틀어 이르는 말.

· ㉢ 현상, 성질 따위를 바꾸지 아니하고 옮길 수 있는 재산.

**2** 다음 문장의 의미를 고려하여 괄호 안에서 알맞은 단어를 골라 ○표 하시오.

(1) 이 화재는 안전 관리 소홀이 빚은 ( 예견된 , 번복된 ) 사고이다.

(2) 외모는 아름다움을 판단하는 ( 지장 , 지표 ) 중의 하나일 뿐이다.

(3) 이장은 동네 사람들에게 그 일을 널리 ( 고지하였다 , 거치하였다 ).

(4) 우리 두 사람은 공동 작업을 하는 데에 의견이 ( 위축됐다 , 합치했다 ).

**3** 다음 중 밑줄 친 단어의 의미가 <u>다르게</u> 쓰인 것은?

① 물품을 친구에게 <u>인도하다</u>.

② 무지한 백성을 바른길로 <u>인도하다</u>.

③ 중생을 부처의 깨달음으로 <u>인도하다</u>.

④ 그는 나를 훌륭한 선생님에게 <u>인도해</u> 주었다.

⑤ 그릇된 사람을 올바른 사람이 되게 <u>인도하다</u>.

**4** 다음 단어의 뜻풀이가 적절하면 ○에, 그렇지 않으면 ✕에 표시하시오.

(1) 둔화되다: 느리고 무디어지다. ○ ✕

(2) 불가피하다: 더 어찌할 나위가 없을 만큼 가차 없다. ○ ✕

(3) 이행하다: 깨달아 알다. 또는 잘 알아서 받아들이다. ○ ✕

(4) 소(訴): 원고가 법원에 대하여 특정한 소송물의 정당성 여부를 심판하여 권리 보호를 허락하여 달라고 요구하는 신청. ○ ✕

**5** 다음 뜻풀이를 가진 단어를 골라 ○표 하시오.

(1) 물건을 사서 넘겨받은 사람. | 매도인 | 매수인 |

(2) 모든 사람들이 공동으로 이용할 수 있는 재화나 서비스. | 공공재 | 사유물 |

(3) 다른 사람에게 일정한 행위를 할 것을 요구하는 통지를 하다. | 최고하다 | 회유하다 |

(4) 이미 제출하였던 것이나 주장하였던 것을 다시 회수하거나 번복함. | 철수 | 철회 |

**6** 다음 빈칸에 공통적으로 들어갈 단어로 가장 적절한 것은?

- 결백을 [ ].
- 알리바이를 [ ].
- 변호사가 피고인의 무죄를 [ ].

① 고백하다　　② 입문하다　　③ 인정하다

④ 입증하다　　⑤ 입소하다

# III

## 영역별 실전 독해

# 과학 · 기술

# 푸리에의 열전도 법칙

지문 난도 ★★★☆☆
지문 길이 〔500 ▮▮▮ 2500〕

❶ ¹일상에서의 음식 조리 과정은 열전달에 관한 과학적 원리로 설명할 수 있다. ²열전달은 열이 온도가 높은 곳에서 낮은 곳으로 이동하는 현상인데 조리 과정에서는 전도에 의한 열전달이 많이 일어난다. ³전도란 물질을 이루는 ˙입자들의 상호 작용을 통해 보다 활동적인 입자로부터 이웃의 덜 활동적인 입자로 열이 전달되는 현상이다. ⁴이러한 전도는 온도 차이가 있는 경우에 일어나는데, 한 물질 내에서 발생하기도 하며 서로 다른 물질들이 접촉하는 경우에도 발생한다.

❷ ¹열전달 과정에서 단위 시간 동안 열이 전달되는 비율을 열전달률이라고 하는데 열전달률은 결국 열이 짧은 시간 동안 얼마나 많이 전달되는가를 나타내므로 음식의 조리에서 고려할 중요한 요소가 된다. ²전도에 의한 열전달률은 온도 차이와 면적에 비례하고, 거리에 반비례한다. ³즉, 전도가 일어나는 두 지점 사이의 온도 차이가 커질수록, 열이 전달되는 면적이 커질수록 열전달률은 높아지고, 전도가 일어나는 두 지점 사이의 거리가 멀어질수록 열전달률은 낮아진다. ⁴이러한 현상을 ˙수식으로 처음 정리한 사람이 푸리에이기 때문에 이를 ㉠푸리에의 열전도 법칙이라고 부른다. ⁵그런데 실제로 실험을 해보면 한 물질 내에서 일어나는 전도의 경우에 다른 조건이 동일하더라도 물질의 종류가 다르면 열전달률이 다르게 나타난다. ⁶이는 물질이 전도에 의해 열을 전달할 수 있는 능력의 ˙척도, 즉 열전도도가 물질마다 다르기 때문이다. ⁷따라서 푸리에의 열전도 법칙에 따르면 다른 조건이 같더라도 열전도도가 높은 경우 열전달률도 높게 나타난다.

❸ ¹튀김의 조리 과정을 푸리에의 열전도 법칙으로 설명하면 다음과 같다. ²식용유의 움직임을 고려하지 않는다면, 튀김의 조리 과정은 주로 식용유와 튀김 재료 간의 전도로 파악될 수 있다. ³맛있는 튀김을 만들기 위해서는 냄비를 가열하여 식용유의 온도를 충분히 높여 식용유로부터 튀김 재료로의 열전달률을 높여

[A] 야 한다. ⁴그리고 튀김 재료를 식용유에 넣으면 재료 표면에 수많은 기포들이 형성된다. ⁵이 기포들은 식용유에서 튀김 재료로의 높은 열전달률로 인해 순간적으로 많은 열이 전달되어 생겨난 것인데 재료 표면의 수분이 수증기로 변해 식용유 속에서 기포의 형태가 된 것이다. ⁶이 기포들은 식용유 표면으로 올라가 공기 중으로 빠져나가고 이때 지글지글 소리가 난다.

❹ ¹이 수증기 기포들은 튀김을 맛있게 만드는 데 중요한 역할을 한다. ²수분이 수증기의 형태로 튀김 재료에서 빠져나감에 따라 재료 안쪽의 수분들은 빈자리를 채우기 위해 표면 쪽으로 이동한다. ³그 결과 지속적으로 재료의 수분은 기포로 변하고 이로 인해 재료는 수분량이 줄어들면서 바삭한 식감을 지니게 된다. ⁴또한 튀김 재료 표면의 기포들은 재료와 식용유 사이에서 일종의 공기층과 같은 역할을 해 식용유가 재료로 흡수되는 것을 막아서 튀김을 덜 기름지게 한다. ⁵그리고 재료 표면에 생성된 기포들을 거쳐 열전달이 일어나기 때문에 기포들은 재료 표면이 빨리 타 버리지 않게 하고 튀김 재료의 안쪽까지 열이 전달되어 재료가 골고루 잘 익게 한다.

● **입자** 물질을 구성하는 미세한 크기의 물체. 소립자, 원자, 분자, 콜로이드 따위를 이른다.
● **수식** 수 또는 양을 나타내는 숫자나 문자를 계산 기호로 연결한 식. 등식, 부등식 따위가 있다.
● **척도** 평가하거나 측정할 때 의거할 기준.

세부 내용 파악하기

## 1 윗글을 이해한 것으로 적절하지 <u>않은</u> 것은?

① 물질을 이루는 입자들의 상호 작용을 통해 전도가 일어난다.

② 음식의 조리 과정에서는 전도에 의한 열전달이 많이 일어난다.

③ 물질이 전도에 의해 열을 전달할 수 있는 능력은 물질마다 다르다.

④ 음식의 조리에서 단위 시간 동안 열이 전달되는 비율을 고려하는 것은 중요하다.

⑤ 열의 전도는 서로 다른 물질들이 접촉하는 경우에만 발생하며 한 물질 안에서는 발생하지 않는다.



구체적 사례나 상황에 적용하기

## 2 다음은 윗글을 읽은 건축 동아리 학생들이 '에너지 효율이 높은 건물 설계'에 대해 대화를 나눈 것이다. ㉠을 활용한 의견으로 적절하지 <u>않은</u> 것은?

① 부원 1: 겨울철 열손실을 줄여야 하니까 지붕을 통한 열전달률을 낮추기 위해 건물의 지붕을 일반적인 지붕의 재료보다 열전도도가 낮은 재료를 사용하는 설계가 필요하다고 생각해.

② 부원 2: 일반적으로 벽보다 창문의 열전도도가 높으니 여름철 실내 냉방 효율을 높이고 싶다면 창문을 통한 열전달률을 낮추기 위해 건물 외벽에 설치된 창문의 면적을 줄이는 설계가 필요하다고 생각해.

③ 부원 3: 여름철 외부 온도의 영향을 최소화하고 건물 외벽을 통한 열전달률을 낮추기 위해 외벽은 일반적인 것보다 두껍게 설계하는 것이 필요해.

④ 부원 4: 차가운 방바닥에 빠른 난방을 하려면 난방용 온수 배관에서 방바닥으로의 열전달률을 높여야 하니 난방용 온수 배관과 방바닥이 닿는 접촉 면적을 넓게 설계해야겠어.

⑤ 부원 5: 여름철 현관문을 통한 실외 온도의 영향을 최소화하려면 현관문을 통한 열전달률을 낮춰야 하니 같은 두께라도 열전도도가 더 높은 재질의 현관문을 사용하는 것으로 설계해야겠어.



세부 내용 파악하기  `고난도`

## 3 〈보기〉는 [A]의 과정을 도식화한 것이다. 윗글을 바탕으로 ㉮~㉰를 이해한 것으로 적절하지 <u>않은</u> 것은?

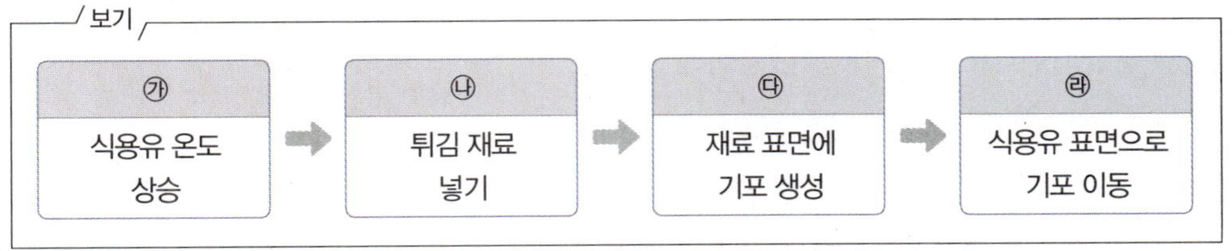


① ㉮에서는 서로 다른 물질인 냄비와 식용유 사이에서 열전달이 일어나겠군.

② ㉯의 결과로 ㉰가 진행되는 것은 튀김 재료에 순간적으로 많은 열이 전달되었기 때문이겠군.

③ ㉰에서는 열이 전달됨에 따라 튀김 재료 표면의 수분이 튀김 재료 안쪽으로 이동하겠군.

④ ㉰에서 ㉱로의 과정이 반복되면 튀김 재료의 수분량이 점차 줄어들겠군.

⑤ ㉱에서는 수증기가 공기 중으로 빠져나가면서 지글지글 소리가 나겠군.

❶ [1]일상에서의 음식 조리 과정은 열전달에 관한 과학적 원리로 설명할 수 있다. [2]열전달은 열이 온도가 높은 곳에서 낮은 곳으로 이동하는 현상인데 조리 과정에서는 전도에 의한 열전달이 많이 일어난다. [3]전도란 물질을 이루는 입자들의 상호 작용을 통해 보다 활동적인 입자로부터 이웃의 덜 활동적인 입자로 열이 전달되는 현상이다. [4]이러한 전도는 온도 차이가 있는 경우에 일어나는데, 한 물질 내에서 발생하기도 하며 서로 다른 물질들이 접촉하는 경우에도 발생한다.

▶ 열전달 현상과 전도 현상의 [①]

❷ [1]열전달 과정에서 단위 시간 동안 열이 전달되는 비율을 열전달률이라고 하는데 열전달률은 결국 열이 짧은 시간 동안 얼마나 많이 전달되는가를 나타내므로 음식의 조리에서 고려할 중요한 요소가 된다. [2]전도에 의한 열전달률은 온도 차이와 면적에 비례하고, 거리에 반비례한다. [3]즉, 전도가 일어나는 두 지점 사이의 온도 차이가 커질수록, 열이 전달되는 면적이 커질수록 열전달률은 높아지고, 전도가 일어나는 두 지점 사이의 거리가 멀어질수록 열전달률은 낮아진다. [4]이러한 현상을 수식으로 처음 정리한 사람이 푸리에이기 때문에 이를 푸리에의 열전도 법칙이라고 부른다. [5]그런데 실제로 실험을 해보면 한 물질 내에서 일어나는 전도의 경우에 다른 조건이 동일하더라도 물질의 종류가 다르면 열전달률이 다르게 나타난다. [6]이는 물질이 전도에 의해 열을 전달할 수 있는 능력의 척도, 즉 열전도도가 물질마다 다르기 때문이다. [7]따라서 푸리에의 열전도 법칙에 따르면 다른 조건이 같더라도 열전도도가 높은 경우 열전달률도 높게 나타난다.

▶ 열전달률의 개념과 푸리에의 [③] 법칙

❸ [1]튀김의 조리 과정을 푸리에의 열전도 법칙으로 설명하면 다음과 같다. [2]식용유의 움직임을 고려하지 않는다면, 튀김의 조리 과정은 주로 식용유와 튀김 재료 간의 전도로 파악될 수 있다. ([3]맛있는 튀김을 만들기 위해서는 냄비를 가열하여 식용유의 온도를 충분히 높여 식용유로부터 튀김 재료로의 열전달률을 높여야 한다. [4]그리고 튀김 재료를 식용유에 넣으면 재료 표면에 수많은 기포들이 형성된다. [5]이 기포들은 식용유에서 튀김 재료로의 높은 열전달률로 인해 순간적으로 많은 열이 전달되어 생겨난 것인데 재료 표면의 수분이 수증기로 변해 식용유 속에서 기포의 형태가 된 것이다. [6]이 기포들은 식용유 표면으로 올라가 공기 중으로 빠져나가고 이때 지글지글 소리가 난다.)

▶ 푸리에의 열전도 법칙으로 설명하는 튀김의 조리 과정

---

**내용 이해**

● 열전달 현상과 전도 현상의 개념

| 열전달 | 열이 온도가 [②] 곳에서 낮은 곳으로 이동하는 현상. |
|---|---|
| 전도 | - 물질을 이루는 입자들의 상호 작용을 통해 보다 활동적인 입자로부터 덜 활동적인 입자로 열이 전달되는 현상.<br>- 온도 차이가 있는 경우(한 물질 내에서 또는 서로 다른 물질들이 접촉하는 경우)에 발생함. |

**구조 이해** '음식 조리 과정에서 일어나는 열전달 현상'이라는 중심 화제를 설명하기 위해 '열전달'과 '전도'의 개념을 제시함.

**내용 이해**

● 열전달률: 열전달 과정에서 단위 시간동안 열이 전달되는 비율.

● 전도에 의한 열전달률의 특성

- 두 지점 사이의 온도 차이가 커질수록
- 열이 전달되는 [④] 이 커질수록
- 두 지점 사이의 거리가 가까울수록
- 다른 조건이 같더라도 열전도도가 높은 물질일수록

➡ 전도에 의한 열전달률이 높아짐.

**구조 이해** 푸리에의 열전도 법칙에서 설명하는, 전도에 의한 열전달률의 특성을 제시함.

**내용 이해**

● 식용유와 튀김 재료 간의 전도에 의한 튀김의 조리 과정

① 냄비를 가열하여 식용유의 온도를 충분히 높여 식용유로부터 튀김 재료로의 [⑤] 을 높임.

② 튀김 재료를 식용유에 넣으면, 순간적으로 식용유에서 튀김 재료로 많은 열이 전달됨.

③ 재료 표면의 [⑥] 이 수증기로 변해 재료 표면에 수많은 기포들이 형성됨.

④ 기포들이 식용유 표면으로 올라가 공기 중으로 빠져나가고, 지글지글 소리가 남.

**구조 이해** 튀김의 조리 과정을 순차적으로 제시하고, 각 단계에서 일어나는 열전도 현상을 설명함.

❹ [1]이 수증기 기포들은 튀김을 맛있게 만드는 데 중요한 역할을 한다. ([2]수분이 수증기의 형태로 튀김 재료에서 빠져나감에 따라 재료 안쪽의 수분들은 빈자리를 채우기 위해 표면 쪽으로 이동한다. [3]그 결과 지속적으로 재료의 수분은 기포로 변하고 이로 인해 재료는 수분량이 줄어들면서 바삭한 식감을 지니게 된다.) [4]또한 튀김 재료 표면의 기포들은 재료와 식용유 사이에서 일종의 공기층과 같은 역할을 해 식용유가 재료로 흡수되는 것을 막아서 튀김을 덜 기름지게 한다. [5]그리고 재료 표면에 생성된 기포들을 거쳐 열전달이 일어나기 때문에 기포들은 재료 표면이 빨리 타 버리지 않게 하고 튀김 재료의 안쪽까지 열이 전달되어 재료가 골고루 잘 익게 한다.

▶ 튀김 재료 표면에 생긴 수증기 기포의 역할



● 튀김이 바삭한 식감을 지니게 되는 과정

① 수분이 수증기의 형태로 튀김 재료에서 빠져나가면 재료 안쪽의 수분이 빈자리를 채우기 위해 표면 쪽으로 이동함.

② ①을 반복하면서 지속적으로 재료의 수분이 기포로 변하고, 재료의 (7) 이 줄어듦.

③ 튀김이 바삭한 식감을 지니게 됨.

● 수증기 기포의 역할
- 튀김이 바삭한 식감을 지니게 함.
- 공기층과 같은 역할을 해 식용유가 재료로 흡수되는 것을 막아서 튀김을 덜 기름지게 함.
- 재료 표면이 빨리 타 버리지 않게 하고 재료의 안쪽까지 열이 전달되어 재료가 골고루 잘 익게 함.

 • 튀김이 바삭한 식감을 지니게 되는 (8) 을 설명함.
• 튀김의 조리 과정에서 수증기 기포가 하는 역할을 나열함.

답 (1) 개념 (2) 높은 (3) 열전도 (4) 면적 (5) 열전달률 (6) 수분 (7) 수분량 (8) 과정

## 지문 구조 노트

❶ (1)          현상과 전도 현상의 개념

❷ 열전달률의 개념과 푸리에의 열전도 법칙 [원인-결과]

❸ 푸리에의 열전도 법칙으로 설명하는 튀김의 조리 과정 [과정]

❹ 튀김 재료 표면에 생긴 수증기 (2)          의 역할 [과정, 나열]

요약·정리 ) 이 글은 음식의 조리 과정에서 일어나는 현상을 열전달에 관한 과학적 원리로 설명하는 글이다. (3)          의 열전도 법칙을 활용하여 튀김의 조리 과정에서 일어나는 현상을 상세하게 설명하고 있다.

답 (1) 열전달 (2) 기포 (3) 푸리에

❶ [1]우리가 섭취한 영양소로부터 생활에 필요한 에너지를 얻거나 몸에 필요한 물질을 합성하는 과정은 모두 화학 반응에 의해 이루어진다. [2]이 화학 반응의 속도를 변화시키는 물질이 ⁺촉매이다. [3]촉매는 정촉매와 부촉매로 구분되는데, 활성화 에너지와 반응 속도를 통해 설명할 수 있다. [4]활성화 에너지란 어떤 물질이 화학 반응을 일으키기 위해 필요한 최소한의 에너지이다. [5]활성화 에너지가 낮아지면 반응 속도가 빨라지고, 활성화 에너지가 높아지면 반응 속도가 느려지게 된다. [6]이러한 활성화 에너지를 낮추는 것이 정촉매이고, 활성화 에너지를 높이는 것이 부촉매이다.

❷ [1]우리 몸속에도 이러한 촉매가 존재하는데, •효소가 그러하다. [2]대부분의 효소는 생체 내에서 화학 반응을 빠르고 쉽게 일어나게 한다. [3]예를 들어 소화 효소인 펩신이 분비되어 우리는 음식물을 오랫동안 위장에 담고 있지 않고 소화시킬 수 있는 것이다. [4]효소를 구성하는 주성분은 단백질이며 각 효소는 고유의 입체 구조를 갖는다. [5]효소는 촉매로 작용하는 과정에서 반응물과 일시적으로 결합한다. [6]효소에서 반응물과 결합하여 화학 반응이 일어나게 하는 특정 부분을 활성 부위라고 하며, 활성 부위와 결합하는 반응물을 기질이라고 한다. [7]효소에 의한 촉매 과정에서 효소의 활성 부위와 기질의 3차원적 입체 구조가 맞으면 효소·기질 복합체가 일시적으로 형성되는데, 이처럼 한 종류의 효소가 한 종류의 기질에만 작용하는 것을 효소의 기질 특이성이라 한다. [8]촉매 과정이 끝나면 기질은 생성물로 바뀌며, 효소·기질 복합체로부터 분리된 효소는 처음과 동일한 화학적 상태로 복귀하여 다음 반응을 준비한다.

❸ [1]그런데 어떤 화학 물질은 효소와 결합하여 효소의 작용을 방해하는데, 이러한 물질을 저해제라고 한다. [2]저해제는 효소 반응을 방해하는 방식에 따라 ㉠경쟁적 저해제와 ㉡비경쟁적 저해제로 나누어진다. [3]먼저 경쟁적 저해제는 기질과 유사한 3차원적 입체 구조를 지니고 있어, 기질이 결합할 효소의 활성 부위에 기질 대신에 경쟁적 저해제가 결합하여 효소·기질 복합체의 형성을 •저해한다. [4]경쟁적 저해제는 기질의 농도가 증가하면 저해 효과는 감소한다. [5]다음으로 비경쟁적 저해제는 효소의 활성 부위가 아닌 효소의 다른 부위에 결합하여 효소의 입체 구조를 변형시킴으로써 효소의 활성 부위에 기질이 결합하지 못하게 한다. [6]그 결과 효소·기질 복합체가 형성되지 않아 효소의 작용을 저해한다. [7]비경쟁적 저해제가 작용하는 경우에는 기질의 농도가 증가해도 저해 효과는 감소하지 않는다.

**배경지식** ⁺

**촉매의 작용 원리**

화학 반응은 활성화 에너지 이상의 에너지를 가진 분자들이 충돌할 때 일어난다. 이때 촉매는 활성화 에너지를 변화시킴으로써 반응 속도를 변화시킨다. 그렇다면 촉매는 어떻게 활성화 에너지를 변화시킬 수 있을까? 촉매는 반응이 일어나는 새로운 경로를 제공한다. 정촉매는 낮은 활성화 에너지를 갖는 새로운 경로를 제공하여 활성화 에너지 이상의 에너지를 갖는 분자 수를 증가시키므로 반응 속도가 빨라진다.

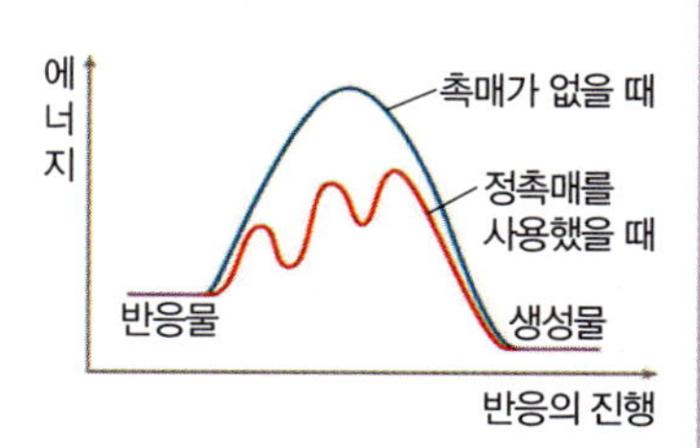


• **효소** 복잡한 구조의 큰 단백질 분자로 생물의 세포 안에서 생명 활동에 필요한 반응을 촉진하는 일종의 촉매.

• **저해하다** 막아서 못 하도록 해치다.

세부 내용 파악하기

**1 윗글에 대한 이해로 적절하지 <u>않은</u> 것은?**

① 효소는 생체 내의 화학 반응에서 활성화 에너지를 조절하는 역할을 한다.

② 촉매는 몸에 필요한 물질을 합성하는 화학 반응에서 반응 속도에 영향을 미친다.

③ 기질의 구조와 효소의 활성 부위의 구조가 다르면 효소 촉매 반응은 일어나지 않는다.

④ 촉매 과정에서 반응물과 일시적으로 결합하는 효소는 고유의 입체 구조를 가지고 있다.

⑤ 효소·기질 복합체에서 분리된 효소는 다른 종류의 기질에 맞는 입체 구조로 변형되어 다음 반응을 준비한다.



세부 내용 파악하기

**2 ㉠과 ㉡에 대한 설명으로 적절한 것은?**

① ㉠과 달리 ㉡은 효소의 입체 구조를 변형시키는 역할을 한다.

② ㉡과 달리 ㉠은 효소·기질 복합체의 형성을 방해한다.

③ ㉠과 ㉡은 모두 기질과 유사한 입체 구조를 가지고 있다.

④ ㉠과 ㉡은 모두 효소의 활성 부위가 아닌 곳에 결합한다.

⑤ ㉠과 ㉡은 모두 기질의 농도 증가가 저해 효과에 영향을 미친다.



구체적 사례나 상황에 적용하기　고난도

**3 다음은 촉매 반응을 설명하기 위한 그래프이다. 윗글을 바탕으로 〈보기〉를 이해한 것으로 적절한 것은?**

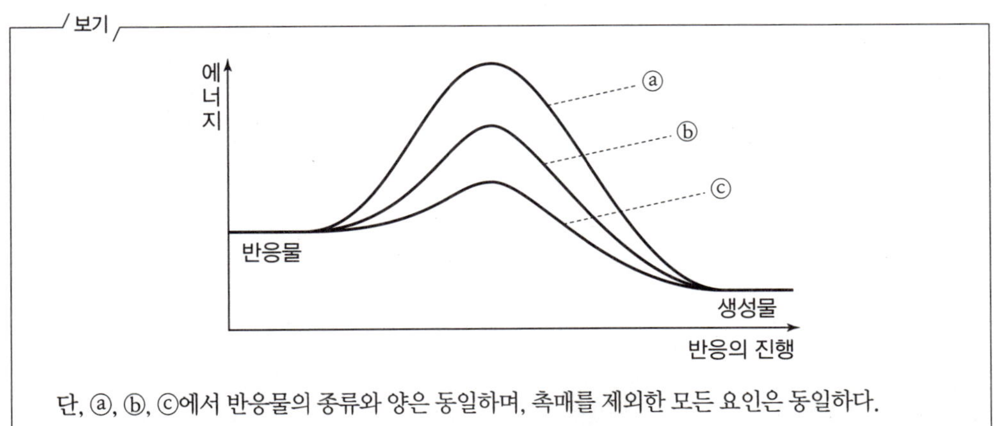


① ⓐ를 촉매가 없는 그래프라고 가정할 때, ⓑ는 반응물에 부촉매를 넣은 그래프이겠군.

② ⓒ를 촉매가 없는 그래프라고 가정할 때, ⓐ는 반응물에 정촉매를 넣은 그래프이겠군.

③ 생성물을 만들어 내는 화학 반응 속도는 ⓒ가 ⓑ보다 빠르겠군.

④ ⓐ, ⓑ, ⓒ에서 반응에 필요한 활성화 에너지는 동일하겠군.

⑤ ⓐ, ⓑ, ⓒ에서 동일한 양의 생성물을 만들기 위해 필요한 시간은 모두 동일하겠군.

❶ ¹우리가 섭취한 영양소로부터 생활에 필요한 에너지를 얻거나 몸에 필요한 물질을 합성하는 과정은 모두 화학 반응에 의해 이루어진다. ²이 화학 반응의 속도를 변화시키는 물질이 촉매이다. ³촉매는 정촉매와 부촉매로 구분되는데, 활성화 에너지와 반응 속도를 통해 설명할 수 있다. ⁴활성화 에너지란 어떤 물질이 화학 반응을 일으키기 위해 필요한 최소한의 에너지이다. ⁵활성화 에너지가 낮아지면 반응 속도가 빨라지고, 활성화 에너지가 높아지면 반응 속도가 느려지게 된다. ⁶이러한 활성화 에너지를 낮추는 것이 정촉매이고, 활성화 에너지를 높이는 것이 부촉매이다.

▶ 촉매의 개념과 종류

❷ ¹우리 몸속에도 이러한 촉매가 존재하는데, 효소가 그러하다. ²대부분의 효소는 생체 내에서 화학 반응을 빠르고 쉽게 일어나게 한다. (³예를 들어 소화 효소인 펩신이 분비되어 우리는 음식물을 오랫동안 위장에 담고 있지 않고 소화시킬 수 있는 것이다.) ⁴효소를 구성하는 주성분은 단백질이며 각 효소는 고유의 입체 구조를 갖는다. ⁵⊕효소는 촉매로 작용하는 과정에서 반응물과 일시적으로 결합한다. ⁶효소에서 반응물과 결합하여 화학 반응이 일어나게 하는 특정 부분을 활성 부위라고 하며, 활성 부위와 결합하는 반응물을 기질이라고 한다. ⁷효소에 의한 촉매 과정에서 효소의 활성 부위와 기질의 3차원적 입체 구조가 맞으면 효소·기질 복합체가 일시적으로 형성되는데, 이처럼 한 종류의 효소가 한 종류의 기질에만 작용하는 것을 효소의 기질 특이성이라 한다. ⁸촉매 과정이 끝나면 기질은 생성물로 바뀌며, 효소·기질 복합체로부터 분리된 효소는 처음과 동일한 화학적 상태로 복귀하여 다음 반응을 준비한다.

▶ 효소의 특징과 작용 과정

**배경지식 +**

**효소에 의한 촉매 과정과 효소의 기질 특이성**



자물쇠의 구멍에 맞는 열쇠로만 자물쇠를 열 수 있듯이 효소도 활성 부위에 맞는 특정한 물질과만 결합하여 작용한다. 예를 들어 탄수화물의 분해 효소인 수크레이스는 설탕에만 결합하여 설탕을 포도당과 과당으로 분해한다. 이때 설탕이 수크레이스의 활성 부위에 결합하면 반응의 활성화 에너지가 낮아지고 반응 속도는 빨라진다.

---

**내용 이해**

● 촉매의 개념과 종류
촉매: 화학 반응의 속도를 변화시키는 물질.

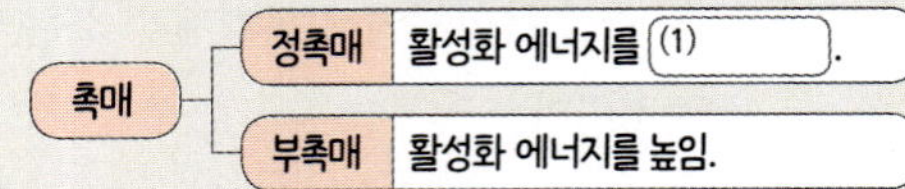



● 활성화 에너지와 반응 속도의 반비례 관계

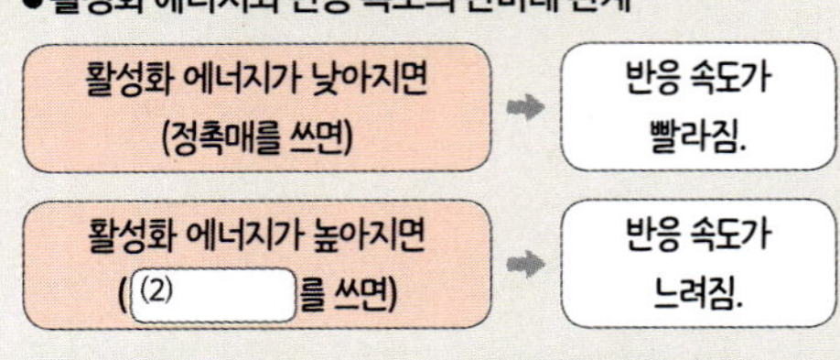



**구조 이해** • 이 글의 화제인 '촉매'를 제시하고 이를 두 종류로 분류함.
• 촉매, 활성화 에너지, 반응 속도의 관계를 설명함.

**내용 이해**

● 효소의 특징
- 생체 내에서 화학 반응을 빠르고 쉽게 일어나게 함.
- 단백질로 구성되어 있으며, 각 효소는 고유의 입체 구조를 가짐.
- 효소의 기질 (3)        : 한 종류의 효소는 한 종류의 기질에만 작용함.

● 효소가 촉매로 작용하는 과정

① 효소와 반응물이 일시적으로 결합함.
↓
② 효소의 활성 부위와 기질의 3차원적 입체 구조가 맞으면 효소·기질 (4)        가 일시적으로 형성됨.
↓
③ 촉매 과정이 끝나면 기질은 생성물로 바뀌며, 효소·기질 복합체로부터 분리된 효소는 처음과 동일한 화학적 상태로 복귀하여 다음 반응을 준비함.

**구조 이해** • 효소의 특징을 나열하고 예를 들어 설명함.
• 효소가 촉매로 작용하는 (5)        을 순차적으로 설명함.

❸ [1]그런데 어떤 화학 물질은 효소와 결합하여 효소의 작용을 방해하는데, 이러한 물질을 저해제라고 한다. [2]저해제는 효소 반응을 방해하는 방식에 따라 경쟁적 저해제와 비경쟁적 저해제로 나누어진다. [3]먼저 경쟁적 저해제는 기질과 유사한 3차원적 입체 구조를 지니고 있어, 기질이 결합할 효소의 활성 부위에 기질 대신에 경쟁적 저해제가 결합하여 효소·기질 복합체의 형성을 저해한다. [4]경쟁적 저해제는 기질의 농도가 증가하면 저해 효과는 감소한다. [5]다음으로 비경쟁적 저해제는 효소의 활성 부위가 아닌 효소의 다른 부위에 결합하여 효소의 입체 구조를 변형시킴으로써 효소의 활성 부위에 기질이 결합하지 못하게 한다. [6]그 결과 효소·기질 복합체가 형성되지 않아 효소의 작용을 저해한다. [7]비경쟁적 저해제가 작용하는 경우에는 기질의 농도가 증가해도 저해 효과는 감소하지 않는다.

▶ 효소의 작용을 방해하는 저해제의 종류와 그 방식



| | 경쟁적 저해제 | 비경쟁적 저해제 |
|---|---|---|
| 구조 | 기질과 유사한 3차원적 입체 구조 | (언급되지 않음.) |
| 작용 방식 | 기질이 결합할 효소의 활성 부위에 기질 대신 결합함. → 효소·기질 복합체의 형성을 저해함. | 효소의 활성 부위가 아닌 다른 부위에 결합함. → 효소의 입체 구조를 변형시킴. → 효소의 활성 부위에 (8)     이 결합하는 것을 방해함. → 효소·기질 복합체의 형성을 저해함. |
| 기질의 농도에 따른 효과 | 기질의 농도가 증가하면 저해 효과가 (7)     함. | 기질의 농도가 증가해도 저해 효과가 감소하지 않음. |





## 지문 구조 노트

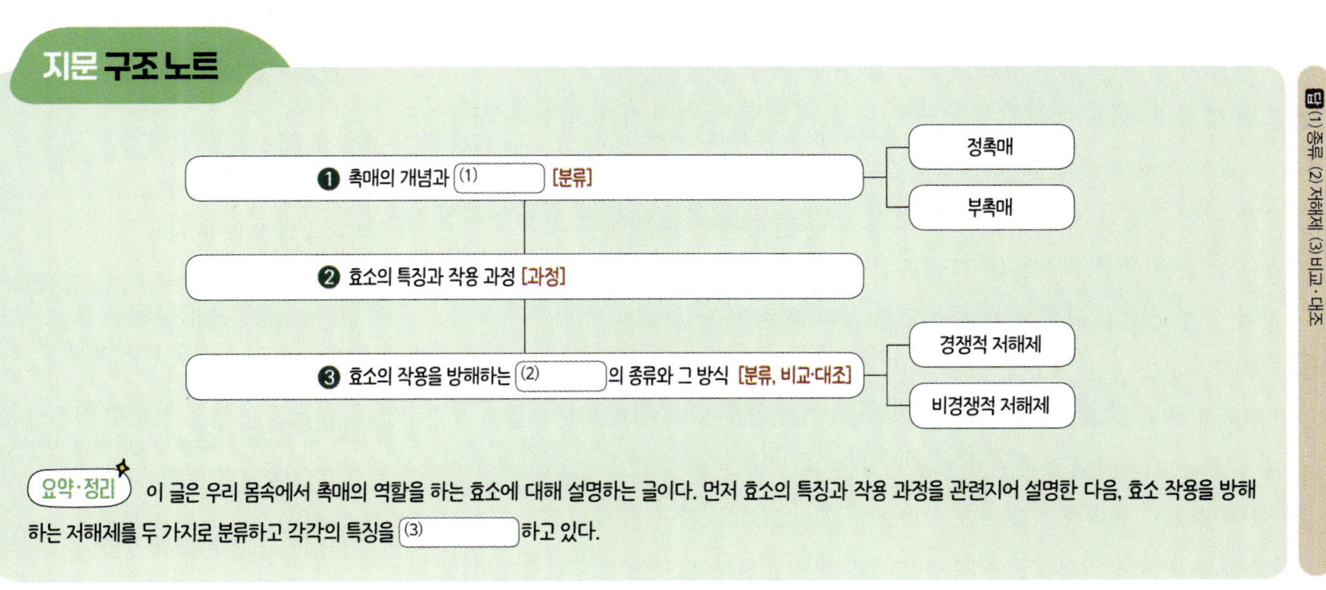



요약·정리 이 글은 우리 몸속에서 촉매의 역할을 하는 효소에 대해 설명하는 글이다. 먼저 효소의 특징과 작용 과정을 관련지어 설명한 다음, 효소 작용을 방해하는 저해제를 두 가지로 분류하고 각각의 특징을 (3)     하고 있다.

# 인체의 면역 반응

지문 난도 ★★★☆☆
지문 길이 500 ───── 2500

❶ [1]인체는 끊임없이 세균과 바이러스, 기생충과 같은 외부 물질의 공격을 받는다. [2]이들은 주로 감염이나 질병의 원인이 되므로 인체는 이와 같은 외부 물질의 침입에 저항하고 방어하는 작용을 하게 되는데, 이를 면역 반응이라 한다. [3]따라서 건강하다는 것은 면역 반응이 활발하여 외부 물질들을 완벽하게 제거하는 상태를 의미하는 것으로 이해하기 쉽다.

❷ [1]그러나 면역 반응이 과도해지면 오히려 인체에 해를 끼치기도 한다. [2]최근 •급증하는 알레르기나 천식, •자가면역질환은 불필요한 면역 반응으로 인해 발생한다. [3]면역계가 일반적으로는 해가 되지 않는 물질들인 꽃가루나 먼지뿐만 아니라 자신의 조직까지 제거해야 할 대상으로 인식하여 공격하는 것이다. [4]그런데 이와 같은 면역계 과민 반응으로 인한 질병들은 의료 환경이 발달한 선진국에서 점점 더 증가하는 추세이다. [5]그렇다면 이와 같은 면역계 과민 반응이 나타나는 이유는 무엇일까?

❸ [1]과학자들은 그 이유를 인체가 수백만 년 동안 진화해 온 환경에서 찾았다. [2]인체는 무균 지대나 청정 지대가 아니라 세균과 바이러스, 기생충 등과 함께 진화해 왔다. [3]즉 이들 침입자는 인체의 면역계로부터 자신을 보호하기 위해 면역 반응을 억제하도록 진화했고, 인체는 면역 반응을 억제하는 외부 물질의 침입에 대비하여 면역 반응을 일으키도록 진화했다. [4]그런데 현대 의학의 발달과 환경 개선으로 바이러스 등이 줄어들게 되자 면역 반응이 지나치게 된 것이다. [5]이를 위생가설이라고 한다. [6]위생가설에 따르면 바이러스에 접할 기회가 줄어든 깨끗한 환경이 오히려 질병의 원인이 된다.

❹ [1]위생가설은 인체가 외부 물질과의 공존 속에서 면역 반응의 균형을 찾는다는 •시사점을 주었다. [2]모든 외부 물질들이 배척되기만 한다면 면역 반응에 •제동을 걸어줄 존재가 사라지므로 균형이 깨어지는 것이다. [3]그렇다면 면역계는 어떻게 외부 물질과 공존할 수 있을까? [4]장(腸)에 존재하는 미생물을 통해 이를 설명할 수 있다. [5]우리 장 안에는 몸 전체의 세포 수보다 10여 배나 더 많은 장내미생물이 살고 있는데, 이는 면역계가 이들의 존재를 인정하고 받아들였기 때문이다.

❺ [1]면역계를 구성하는 면역세포들은 인체에 유입된 외부 물질을 인지하고 이를 제거하는 면역 반응을 일으킨다. [2]•중추적 역할을 하는 면역세포는 수지상세포와 T세포이다. [3]수지상세포는 말 그대로 세포막이 나뭇가지처럼 기다랗게 뻗어 나와 있는 모양의 세포이다. [4]수지상세포는 인체에 침입한 외부 물질을 인지하고, 소장과 대장 주변에 분포한 +림프절에서 미성숙T세포를 조력T세포와 세포독성T세포로 분화시킨다. [5]이 두 종류의 T세포가 몸 안에 침입한 이물질을 없애는 역할을 한다.

❻ [1]그런데 장내미생물은 조력T세포나 세포독성T세포의 공격을 피하기 위해 수지상세포에 영향을 미쳐 그 성격을 바꿔놓는다. [2]즉 수지상세포가 면역 반응을 일으키지 못하게 만드는 것이다. [3]이렇게 성격이 변한 수지상세포를 조절수지상세포라고 부른다. [4]조절수지상세포는 림프절에서 미성숙T세포를 조절T세포로 성숙시키는데, 조절T세포는 조력T세포나 세포독성T세포와는 달리 면역 반응을 억제하는 역할을 한다. [5]그 결과 장내미생물은 외부 물질이면서도 면역계와 공존할 수 있게 된 것이다.

❼ [1]장내미생물은 조절T세포를 통해 자신의 생존을 꾀하지만 그 결과 인체의 면역계는 면역 반응의 강약을 조절하게 된다. [2]조절T세포가 면역계 과민 반응으로 인한 질병을 치료하는 역할을 담당하게 된 것이다. [3]실제로 알레르기 환자의 몸에 조절T세포가 작용하면 과민 면역 반응으로 인해 발생한 염증이 억제되면서 증상이 완화된다. [4]이처럼 조절T세포를 만들게 하는 데 외부 물질인 장내미생물이 중요한 역할을 한다는 사실이 밝혀지면서 면역계와 공존하는 외부 물질에 대한 인식의 전환이 일어나게 되었다.

---

**배경지식 ➕**

**림프절(림프샘)**
포유류의 림프관에 있는 둥글거나 길쭉한 모양의 부푼 곳. 인간은 몸 전체에 걸쳐 약 500~600개 정도의 림프절이 있으며 주로 겨드랑이, 사타구니, 목, 가슴, 배에 모여 있다. 림프(조직 세포 사이를 채우고 있으며 면역과 관련된 기능을 하는 액체)에 섞인 병원균이 옮겨 가는 것을 막는 역할을 한다.

---

● **급증하다** 갑작스럽게 늘어나다.
● **자가면역질환** 자신의 항원에 대하여 항체를 만들어서 생기는 면역병.
● **시사점** 미리 일러 주는 암시.
● **제동을 걸다** '일의 진행이나 활동을 방해하거나 멈추게 하다'라는 뜻의 관용구.
● **중추적** 가장 중요한 부분이나 자리가 되는.

**1  윗글에 대한 설명으로 가장 적절한 것은?**

① 면역 반응이 일어나는 과정을 분석하여 가설의 수정이 필요함을 제안하고 있다.

② 면역계 과민 반응의 원인을 설명하여 면역 반응에 대한 *통념에 변화를 주고 있다.

③ 면역 반응에 대한 상반된 관점을 소개하고 각각의 관점이 지닌 한계를 설명하고 있다.

④ 면역계 과민 반응의 해결 방안을 제시하고 예상되는 반론을 반박하면서 주장을 강화하고 있다.

⑤ 면역 반응에 주도적 역할을 하는 면역세포를 생성 위치에 따라 분류한 뒤 각각의 역할을 구체화하고 있다.

스스로 점검: ○ | △ | ×
정답의 근거:

● **통념** 일반적으로 널리 통하는 개념.



**2  윗글을 이해한 내용으로 적절하지 않은 것은?**

① 인체의 면역계는 과도한 면역 반응을 스스로 조절하는 능력이 있다.

② 인체가 건강하다는 것은 면역 반응의 강약이 조절되는 것을 의미한다.

③ 외부 물질이 인체에 유해한 경우도 있지만 유해하지 않은 경우도 있다.

④ 현대 의학의 발달과 환경 개선은 면역 반응이 지나치게 된 원인에 해당한다.

⑤ 장내미생물은 자신을 공격 대상으로 인식하지 못하도록 면역계에 영향을 미친다.

스스로 점검: ○ | △ | ×
정답의 근거:



**3  윗글을 바탕으로 〈보기〉를 이해한 내용으로 적절하지 않은 것은?**

스스로 점검: ○ | △ | ×
정답의 근거:

─ 보기 ─

다음은 윗글에서 설명한 면역계의 작용을 도식화한 것이다.



① (가)의 수지상세포는 (나)의 조절수지상세포와 달리 외부 물질을 제거해야 할 대상으로 인지한다.

② (가)의 T세포는 (나)의 T세포와 달리 몸 안에 침입한 이물질을 없애는 역할을 한다.

③ (나)의 미성숙T세포는 (가)의 미성숙T세포와 달리 두 종류의 면역세포로 분화되지 않는다.

④ (나)의 T세포는 (가)의 T세포와 달리 과민 면역 반응으로 발생한 염증을 억제하는 역할을 한다.

⑤ (가)와 (나)의 작용은 모두 외부 물질의 유입을 막음으로써 인체를 보호하기 위해 일어난다.

❶ ¹인체는 끊임없이 세균과 바이러스, 기생충과 같은 외부 물질의 공격을 받는다. ²이들은 주로 감염이나 질병의 원인이 되므로 인체는 이와 같은 외부 물질의 침입에 저항하고 방어하는 작용을 하게 되는데, 이를 면역 반응이라 한다. ³따라서 건강하다는 것은 면역 반응이 활발하여 외부 물질들을 완벽하게 제거하는 상태를 의미하는 것으로 이해하기 쉽다.
▶ 면역 반응의 개념과 이와 관련한 통념

**내용 이해**

● 면역 반응의 개념과 그에 대한 통념

| 면역 반응 | 세균과 바이러스, 기생충과 같은 외부 물질의 침입에 저항하고 (1) 하는 작용. |
|---|---|

↓

| 통념 | 보통 면역 반응이 활발하여 외부 물질들을 완벽하게 (2) 하는 상태여야 건강하다고 이해함. |
|---|---|

**구조 이해** 중심 화제인 '면역 반응'의 개념을 정의하고, 이와 관련한 통념을 제시함.

❷ ¹그러나 면역 반응이 과도해지면 오히려 인체에 해를 끼치기도 한다. ²최근 급증하는 알레르기나 천식, 자가면역질환은 불필요한 면역 반응으로 인해 발생한다. ³면역계가 일반적으로는 해가 되지 않는 물질들인 꽃가루나 먼지뿐만 아니라 자신의 조직까지 제거해야 할 대상으로 인식하여 공격하는 것이다. ⁴그런데 이와 같은 면역계 과민 반응으로 인한 질병들은 의료 환경이 발달한 선진국에서 점점 더 증가하는 추세이다. ⁵그렇다면 이와 같은 면역계 과민 반응이 나타나는 이유는 무엇일까?
▶ 면역계 (3) 반응의 개념과 그 원인에 대한 의문

**내용 이해**

● 면역계 과민 반응의 개념

| 면역 반응과 건강한 상태에 대한 통념 |
|---|

↑ 반박

| 면역 반응이 과도해지면 오히려 인체에 해를 끼침. |
|---|

→ **면역계 과민 반응**: 면역계가 해가 되지 않는 물질뿐만 아니라 자신의 (4) 까지 제거해야 할 대상으로 인식하여 공격하는 것.

**구조 이해** • ❶에서 언급한 통념을 반박함.
• 면역계 과민 반응이 나타나는 이유에 관한 질문을 던짐.

❸ ¹과학자들은 그 이유를 인체가 수백만 년 동안 진화해 온 환경에서 찾았다. ²인체는 무균 지대나 청정 지대가 아니라 세균과 바이러스, 기생충 등과 함께 진화해 왔다. ³즉 이들 침입자는 인체의 면역계로부터 자신을 보호하기 위해 면역 반응을 억제하도록 진화했고, 인체는 면역 반응을 억제하는 외부 물질의 침입에 대비하여 면역 반응을 일으키도록 진화했다. ⁴그런데 현대 의학의 발달과 환경 개선으로 바이러스 등이 줄어들게 되자 면역 반응이 지나치게 된 것이다. ⁵이를 위생가설이라고 한다. ⁶위생가설에 따르면 바이러스에 접할 기회가 줄어든 깨끗한 환경이 오히려 질병의 원인이 된다.
▶ (5) 로 설명하는 면역계 과민 반응의 원인

**내용 이해**

● 면역계 과민 반응이 나타나는 이유 (위생가설)

| 원인 | 현대 (6) 의 발달과 환경 개선으로 바이러스에 접할 기회가 줄어듦. |
|---|---|

↓

| 결과 | 면역계 과민 반응이 나타나게 됨. |
|---|---|

**구조 이해** ❷-5에서 제시한 질문에 대한 답을 위생가설을 중심으로 설명함.

❹ ¹위생가설은 인체가 외부 물질과의 공존 속에서 면역 반응의 균형을 찾는다는 시사점을 주었다. ²모든 외부 물질들이 배척되기만 한다면 면역 반응에 제동을 걸어줄 존재가 사라지므로 균형이 깨어지는 것이다. ³그렇다면 면역계는 어떻게 외부 물질과 공존할 수 있을까? ⁴장(腸)에 존재하는 미생물을 통해 이를 설명할 수 있다. ⁵우리 장 안에는 몸 전체의 세포 수보다 10여 배나 더 많은 장내미생물이 살고 있는데, 이는 면역계가 이들의 존재를 인정하고 받아들였기 때문이다.
▶ 위생가설의 시사점 및 면역계와 장내미생물의 공존에 대한 의문

**내용 이해**

● 위생가설이 주는 시사점

| 위생가설 | ➡ | 인체는 외부 물질과의 공존 속에서 면역 반응의 균형을 찾는다는 것을 보여 줌. 예 면역계와 (7) 의 공존 |
|---|---|---|

**구조 이해** 면역계와 외부 물질의 공존 방식에 관한 질문을 던지고, 이와 관련한 예시를 제시함.

**❺** [1]면역계를 구성하는 면역세포들은 인체에 유입된 외부 물질을 인지하고 이를 제거하는 면역 반응을 일으킨다. [2]중추적 역할을 하는 면역세포는 수지상세포와 T세포이다. [3]수지상세포는 말 그대로 세포막이 나뭇가지처럼 기다랗게 뻗어 나와 있는 모양의 세포이다. [4]수지상세포는 인체에 침입한 외부 물질을 인지하고, 소장과 대장 주변에 분포한 림프절에서 미성숙T세포를 조력T세포와 세포독성T세포로 분화시킨다. [5]이 두 종류의 T세포가 몸 안에 침입한 이물질을 없애는 역할을 한다.
▶ 면역 반응을 일으키는 수지상세포와 T세포

**❻** [1]그런데 장내미생물은 조력T세포나 세포독성T세포의 공격을 피하기 위해 수지상세포에 영향을 미쳐 그 성격을 바꿔놓는다. [2]즉 수지상세포가 면역 반응을 일으키지 못하게 만드는 것이다. [3]이렇게 성격이 변한 수지상세포를 조절수지상세포라고 부른다. [4]조절수지상세포는 림프절에서 미성숙T세포를 조절T세포로 성숙시키는데, 조절T세포는 조력T세포나 세포독성T세포와는 달리 면역 반응을 억제하는 역할을 한다. [5]그 결과 장내미생물은 외부 물질이면서도 면역계와 공존할 수 있게 된 것이다.
▶ 면역 반응을 억제하는 데 기여하는 장내미생물

**❼** [1]장내미생물은 조절T세포를 통해 자신의 생존을 꾀하지만 그 결과 인체의 면역계는 면역 반응의 강약을 조절하게 된다. [2]조절T세포가 면역계 과민 반응으로 인한 질병을 치료하는 역할을 담당하게 된 것이다. [3]실제로 알레르기 환자의 몸에 조절T세포가 작용하면 과민 면역 반응으로 인해 발생한 염증이 억제되면서 증상이 완화된다. [4]이처럼 조절T세포를 만들게 하는 데 외부 물질인 장내미생물이 중요한 역할을 한다는 사실이 밝혀지면서 면역계와 공존하는 외부 물질에 대한 인식의 전환이 일어나게 되었다.
▶ 장내미생물의 중요성과 이를 통한 인식의 전환



● 면역세포가 면역 반응을 일으키는 과정

① 수지상세포가 인체에 침입한 외부 물질을 인지함.

↓

② 수지상세포가 림프절에서 미성숙T세포를 조력T세포와 (8) 로 분화시킴.

↓

③ 조력T세포와 세포독성T세포가 외부 물질을 없앰.

● 장내미생물이 면역 반응을 억제하는 과정

① 장내미생물이 수지상세포가 면역 반응을 일으키지 못하도록 이를 (9) 로 바꿈.

↓

② 조절수지상세포가 림프절에서 미성숙T세포를 조절T세포로 성숙시킴.

↓

③ 조절T세포가 면역 반응을 억제하는 역할을 하여 과민 면역 반응으로 인한 (10) 이 억제되고 증상이 완화됨.

 • 면역세포와 장내미생물의 역할을 면역계 작용 과정과 관련지어 설명함.
• ❹-3의 이유를 구체적으로 설명함.



● 외부 물질에 대한 인식의 전환

| 외부 물질인 장내미생물이 조절T세포를 만들게 하는 데 중요한 역할을 함. | → | 면역계와 공존하는 외부 물질에 대한 인식의 전환이 일어남. |

 면역계와 공존하는 외부 물질에 대한 인식의 전환을 원인-결과 관계에 따라 설명함.

**답** (1) 방어 (2) 제거 (3) 과민 (4) 조직 (5) 위생가설 (6) 의학 (7) 장내미생물 (8) 세포독성T세포 (9) 조절수지상세포 (10) 염증

---

## 지문 **구조 노트**

원인-결과 · 원인-결과

**①** 면역 반응의 개념과 이와 관련한 (1)

**②** 면역계 과민 반응의 개념과 그 원인에 대한 의문

**③** 위생가설로 설명하는 면역계 과민 반응의 (2)

**④** 위생가설의 시사점 및 면역계와 장내미생물의 공존에 대한 의문

**⑤~⑥** 장내미생물이 면역계와 공존할 수 있는 이유
: 면역세포와 장내미생물의 역할 [과정]

**⑦** 장내미생물의 중요성과 이를 통한 인식의 전환 [원인-결과]

인식의 변화



**요약·정리** 이 글은 크게 인체의 면역 반응과 외부 물질에 대한 통념을 제시하고, 면역계와 장내미생물의 공존을 근거로 들어 통념을 (3) 하는 구조로 이루어져 있다. 부분적으로 위생가설을 중심으로 면역계 (4) 이 나타나는 원인을 설명하고, 장내미생물의 역할을 중심으로 면역계와 장내미생물의 공존이 가능한 이유를 설명하고 있다.

❶ [1]타워 크레인은 수십 톤에 달하는 •중량물을 들어 올리는 건설 기계 장비이다. [2]타워 크레인은 어떻게 무거운 건설 자재를 들어 올릴 수 있는 것일까?

❷ [1]타워 크레인은 그림과 같이 기초부, 마스트, 텔레스코핑 케이지, 운전실, 지브, 트롤리, 후크 블록 등으로 구성된다. [2]기초부는 타워 크레인을 지지하는 부분이고, 마스트는 타워 크레인을 지지하는 기둥이다. [3]텔레스코핑 케이지는 타워 크레인의 높이를 조절하는 장치로, 유압 장치를 통해 운전실을 들어 올린 후 마스트와 운전실 사이의 빈 공간에 단위 마스트를 끼워 넣어 높이를 조절한다.

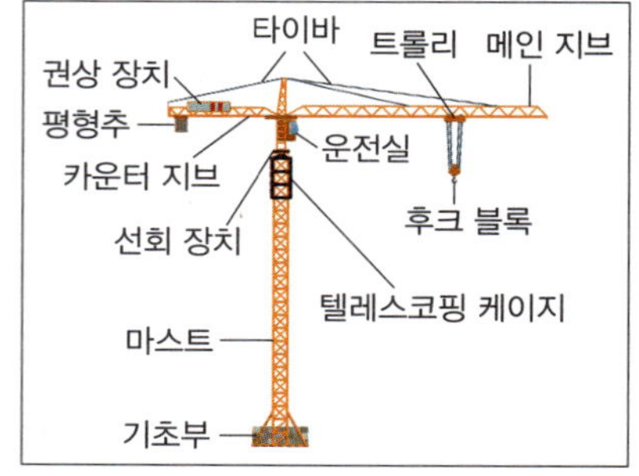


❸ [1]운전실은 타워 크레인을 •제어하는 곳으로, 하단에는 중량물을 수평으로 이동시키는 선회 장치가 있고, 상단의 타워 헤드에는 지브의 •인장력을 •보강하면서 •평형 유지를 돕는 타이바가 연결되어 있다. [2]지브는 카운터 지브와 메인 지브로 구성되는데, 카운터 지브는 길이가 짧으며 일정한 무게의 콘크리트 평형추가 고정되어 있는 부분이고, 메인 지브는 길이가 길고 중량물을 들어 올리는 역할을 하는 부분이다. [3]트롤리는 메인 지브의 레일을 통해 중량물을 수평으로 이동시키는 역할을 한다.

❹ [1]카운터 지브와 메인 지브의 길이가 다름에도 불구하고 지브가 한쪽으로 기울어지지 않고 평형을 이룰 수 있는 것은 무엇 때문일까? [2]그것은 바로 ✚지레의 원리로 설명할 수 있다. [3]지레에는 작용점, 받침점, 힘점이 있는데, 작용점에 가하는 힘을 F, 작용점에서 받침점까지의 거리를 D, 힘점에 작용하는 힘을 f, 힘점에서 받침점까지의 거리를 d라고 할 때, FD = fd이면 지레는 어느 한쪽으로 기울어지지 않고 평형을 이루게 된다. [4]마찬가지로 타워 크레인의 평형추는 작용점, 운전실 지점은 받침점, 트롤리는 힘점에 해당하는데, 타워 크레인은 두 지브의 길이가 다르기 때문에 길이가 짧은 카운터 지브에 무거운 평형추를 설치하여 길이가 긴 메인 지브와 평형을 이루도록 한다. [5]그런데 타워 크레인은 메인 지브에 있는 트롤리의 위치에 따라 들어 올릴 수 있는 중량물의 무게가 달라진다. [6]메인 지브의 바깥쪽에서 들어 올린 중량물을 메인 지브 안쪽으로 이동시키는 것은 자유롭지만, ㉠반대로 메인 지브의 안쪽에서 들어 올린 중량물을 메인 지브 바깥쪽으로 이동시키지 못할 수도 있다.

[A]
❺ [1]타워 크레인이 수십 톤에 달하는 건축 자재를 들어 올릴 수 있는 것은 중량물을 매다는 후크 블록에 움직도르래를 사용하기 때문이다. [2]후크 블록의 움직도르래는 와이어로프를 통해 권상 장치와 연결되어 있다. [3]권상 장치는 그 안에 있는 전동기의 회전 방향에 따라 와이어로프를 원통 모양의 드럼에 감거나 풀어 중량물을 들어 올리거나 내린다. [4]도르래를 사용할 때의 •역학 관계는 '일의 양(W) = 줄을 당긴 힘(F) × 감아올린 줄의 길이(S)'로 나타낼 수 있다. [5]동일한 무게의 물체를 들어 올린 높이가 같다면 권상 장치가 물체를 들어 올리기 위해 한 일의 양이 같다. [6]그런데 고정도르래만 사용할 때와 비교해, 움직도르래 1개를 사용하여 지상에서 같은 높이로 물체를 들어 올리면, 일의 양은 같지만 도르래 양쪽으로 물체의 무게가 반씩 분산되기 때문에 물체를 들어 올리는 힘의 크기는 1/2로 줄어들게 되고, 감아올린 줄의 길이는 2배로 길어진다. [7]이러한 움직도르래를 타워 크레인에서 추가적으로 사용할 때마다 동일한 무게의 중량물을 같은 높이로 들어 올릴 때 권상 장치가 사용하는 힘의 크기가 더 감소하지만, 권상 장치가 감아올리는 와이어로프의 길이는 더 길어지게 된다. [8]하지만 여러 개의 움직도르래를 사용하게 되면 여러 가닥의 와이어로프가 바람에 의해 꼬여 손상되는 일이 발생할 수 있기 때문에 사용할 수 있는 움직도르래의 개수가 제한된다.

---

**배경지식 ✚**

**타워 크레인에 적용된 지레의 원리**

- 작용점(F): 물체에 힘이 작용하는 지점.
- 받침점: 지레를 받치는 지점.
- 힘점(f): 힘을 가하는 지점.

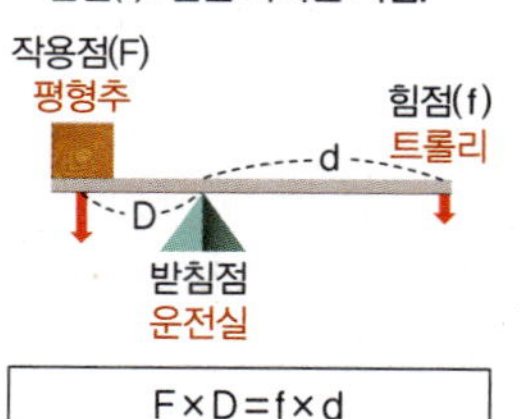


---

- ●중량물 부피에 비하여 무거운 물건.
- ●제어하다 기계나 설비 또는 화학 반응 따위가 목적에 알맞은 작용을 하도록 조절하다.
- ●인장력 물체의 중심축에 평행하게 바깥 방향으로 작용하여 물체가 늘어나게 하는 힘.
- ●보강하다 보태거나 채워서 본디보다 더 튼튼하게 하다.
- ●평형 사물이 한쪽으로 기울지 않고 안정해 있음.
- ●역학 관계 부분을 이루는 요소가 서로 의존적으로 제약하는 힘의 관계.

**세부 내용 파악하기**

**1 윗글을 통해 알 수 있는 내용이 <u>아닌</u> 것은?**

① 타이바는 길이가 다른 두 개의 지브가 한쪽으로 기울어지지 않도록 돕는 역할을 한다.

② 타워 크레인으로 들어 올린 중량물의 수평 이동은 트롤리와 선회 장치에 의해 이루어진다.

③ 후크 블록에 여러 개의 움직도르래가 사용되면 와이어로프가 꼬여 손상될 가능성이 높아진다.

④ 타워 크레인이 중량물을 들어 올릴 때와 내릴 때에 권상 장치에 있는 전동기의 회전 방향은 반대가 된다.

⑤ 타워 크레인의 높이를 높이기 위해서는 텔레스코핑 케이지의 유압 장치를 이용해 마스트를 들어 올려야 한다.

스스로 점검: ○ │ △ │ ✕
정답의 근거:

**생략된 정보 추론하기**

**2 ㉠의 이유로 가장 적절한 것은?**

① 평형추와 운전실 사이의 거리와 평형추의 무게가 고정되어 있기 때문에

② 평형추와 운전실 사이의 거리에 비해 트롤리와 운전실 사이의 거리가 가까워지기 때문에

③ 트롤리와 운전실 사이의 거리가 멀어질수록 힘점과 받침점 사이의 거리가 가까워지기 때문에

④ 카운터 지브에 설치된 평형추의 무게와 권상 장치에 있는 중량물의 무게의 비가 달라지기 때문에

⑤ 트롤리가 메인 지브의 바깥쪽으로 이동할수록 평형추가 있는 카운터 지브 쪽으로 타워 크레인이 기울어지기 때문에

스스로 점검: ○ │ △ │ ✕
정답의 근거:

**구체적 사례나 상황에 적용하기 | 생략된 정보 추론하기** [고난도]

**3 [A]를 바탕으로 〈보기 1〉을 이해한 내용을 〈보기 2〉와 같이 정리할 때, (ㄱ), (ㄴ)에 들어갈 말로 적절한 것은?**

스스로 점검: ○ │ △ │ ✕
정답의 근거:

보기 1



(단, 움직도르래의 규격과 중량물이 놓여 있는 높이가 같음.)

보기 2

A, B를 이용해 같은 무게의 중량물을 각각 들어 올릴 때, 권상 장치가 감아올린 와이어로프의 길이가 같다면 권상 장치가 중량물을 들어 올릴 때 사용한 힘의 크기는 ( ㄱ ), 들어 올린 중량물의 높이는 ( ㄴ ).

|  | (ㄱ) | (ㄴ) |
|---|---|---|
| ① | A가 B보다 크고 | A가 B보다 높다 |
| ② | A가 B보다 크고 | A가 B보다 낮다 |
| ③ | A가 B보다 작고 | A가 B보다 높다 |
| ④ | A가 B보다 작고 | A가 B보다 낮다 |
| ⑤ | A와 B가 같고 | A와 B가 같다. |

❶ ¹타워 크레인은 수십 톤에 달하는 중량물을 들어 올리는 건설 기계 장비이다. ²타워 크레인은 어떻게 무거운 건설 자재를 들어 올릴 수 있는 것일까?
▶ 타워 크레인의 개념과 그 원리에 대한 의문

❷ ¹타워 크레인은 그림과 같이 기초부, 마스트, 텔레스코핑 케이지, 운전실, 지브, 트롤리, 후크 블록 등으로 구성된다. ²기초부는 타워 크레인을 지지하는 부분이고, 마스트는 타워 크레인을 지지하는 기둥이다. ³텔레스코핑 케이지는 타워 크레인의 높이를 조절하는 장치로, 유압

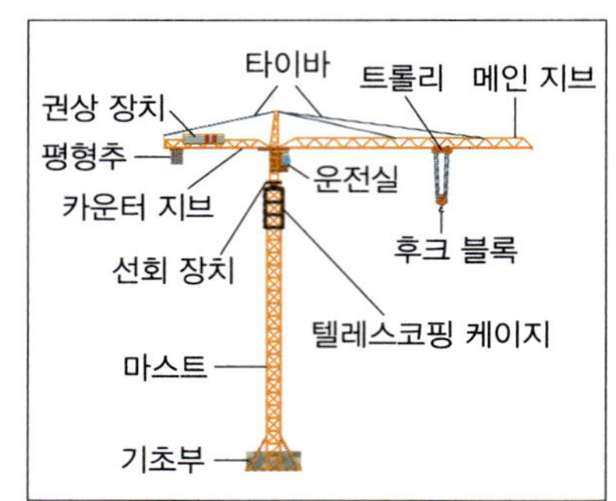


장치를 통해 운전실을 들어 올린 후 마스트와 운전실 사이의 빈 공간에 단위 마스트를 끼워 넣어 높이를 조절한다.

❸ ¹운전실은 타워 크레인을 제어하는 곳으로, 하단에는 중량물을 수평으로 이동시키는 선회 장치가 있고, 상단의 타워 헤드에는 지브의 인장력을 보강하면서 평형 유지를 돕는 타이바가 연결되어 있다. ²지브는 카운터 지브와 메인 지브로 구성되는데, 카운터 지브는 길이가 짧으며 일정한 무게의 콘크리트 평형추가 고정되어 있는 부분이고, 메인 지브는 길이가 길고 중량물을 들어 올리는 역할을 하는 부분이다. ³트롤리는 메인 지브의 레일을 통해 중량물을 수평으로 이동시키는 역할을 한다.
▶ 타워 크레인의 (2)         와 기능

❹ ¹카운터 지브와 메인 지브의 길이가 다름에도 불구하고 지브가 한쪽으로 기울어지지 않고 평형을 이룰 수 있는 것은 무엇 때문일까? ²그것은 바로 지레의 원리로 설명할 수 있다. (³지레에는 작용점, 받침점, 힘점이 있는데, 작용점에 가하는 힘을 F, 작용점에서 받침점까지의 거리를 D, 힘점에 작용하는 힘을 f, 힘점에서 받침점까지의 거리를 d라고 할 때, FD = fd이면 지레는 어느 한쪽으로 기울어지지 않고 평형을 이루게 된다.) ⁴마찬가지로 타워 크레인의 평형추는 작용점, 운전실 지점은 받침점, 트롤리는 힘점에 해당하는데, 타워 크레인은 두 지브의 길이가 다르기 때문에 길이가 짧은 카운터 지브에 무거운 평형추를 설치하여 길이가 긴 메인 지브와 평형을 이루도록 한다. ⁵그런데 타워 크레인은 메인 지브에 있는 트롤리의 위치에 따라 들어 올릴 수 있는 중량물의 무게가 달라진다. ⁶메인 지브의 바깥쪽에서 들어 올린 중량물을 메인 지브 안쪽으로 이동시키는 것은 자유롭지만, 반대로 메인 지브의 안쪽에서 들어 올린 중량물을 메인 지브 바깥쪽으로 이동시키지 못할 수도 있다.
▶ 타워 크레인이 평형을 이룰 수 있는 이유: (5)         의 원리

---



---

**내용 이해**
● 타워 크레인의 개념: 수십 톤에 달하는 중량물을 들어 올리는 건설 기계 장비.

**구조 이해** 이 글의 화제인 '(1)         '의 개념을 정의하고 이와 관련한 의문을 제시함.

**내용 이해**
● 타워 크레인의 구조

| | |
|---|---|
| 기초부 | 타워 크레인을 지지하는 부분 |
| 마스트 | 타워 크레인을 지지하는 기둥 |
| 텔레스코핑 케이지 | 마스트와 운전실 사이의 빈 공간에 단위 마스트를 끼워 넣어 타워 크레인의 (3)         를 조절하는 장치 |
| 운전실 | 타워 크레인을 제어하는 곳 |
| 선회 장치 | 중량물을 수평으로 이동시키는 장치 |
| 타이바 | 지브의 인장력을 보강하면서 평형 유지를 돕는 장치 |
| 카운터 지브 | 길이가 짧으며 일정한 무게의 콘크리트 평형추가 고정되어 있는 부분 |
| 메인 지브 | 길이가 길고 중량물을 들어 올리는 역할을 하는 부분 |
| (4)         | 메인 지브의 레일을 통해 중량물을 수평으로 이동시키는 역할을 하는 부분 |

**구조 이해** 타워 크레인의 구조를 분석하여 각 부분의 기능을 설명함.

**내용 이해**
● 타워 크레인에 적용된 지레의 원리

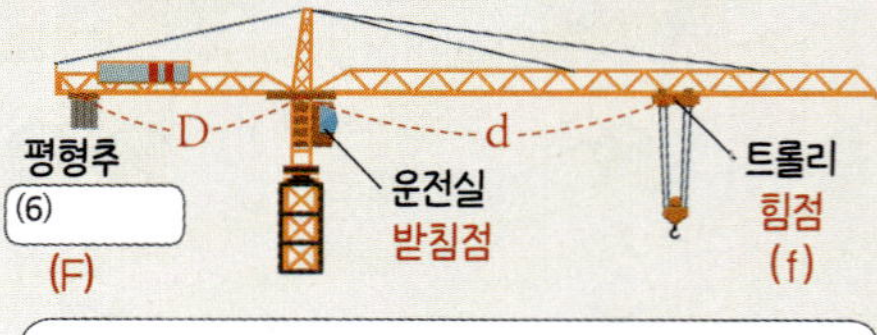


● 타워 크레인이 평형을 유지할 수 있는 이유

지레의 원리를 이용하여 길이가 짧은 카운터 지브에 무거운 평형추를 설치함.

⬇

카운터 지브와 메인 지브의 길이가 다름에도 불구하고 평형을 이룰 수 있게 됨.

**구조 이해** 지레의 원리와 관련지어 타워 크레인의 지브가 평형을 유지하는 이유를 설명함.

❺ ¹타워 크레인이 수십 톤에 달하는 건축 자재를 들어 올릴 수 있는 것은 중량물을 매다는 후크 블록에 움직도르래를 사용하기 때문이다. ²후크 블록의 움직도르래는 와이어로프를 통해 권상 장치와 연결되어 있다. ³권상 장치는 그 안에 있는 전동기의 회전 방향에 따라 와이어로프를 원통 모양의 드럼에 감거나 풀어 중량물을 들어 올리거나 내린다. (⁴도르래를 사용할 때의 역학 관계는 '일의 양(W) = 줄을 당긴 힘(F) × 감아올린 줄의 길이(S)'로 나타낼 수 있다. ⁵동일한 무게의 물체를 들어 올린 높이가 같다면 권상 장치가 물체를 들어 올리기 위해 한 일의 양이 같다. ⁶그런데 고정도르래만 사용할 때와 비교해, 움직도르래 1개를 사용하여 지상에서 같은 높이로 물체를 들어 올리면, 일의 양은 같지만 도르래 양쪽으로 물체의 무게가 반씩 분산되기 때문에 물체를 들어 올리는 힘의 크기는 1/2로 줄어들게 되고, 감아올린 줄의 길이는 2배로 길어진다.) ⁷이러한 움직도르래를 타워 크레인에서 추가적으로 사용할 때마다 동일한 무게의 중량물을 같은 높이로 들어 올릴 때 권상 장치가 사용하는 힘의 크기가 더 감소하지만, 권상 장치가 감아올리는 와이어로프의 길이는 더 길어지게 된다. ⁸하지만 여러 개의 움직도르래를 사용하게 되면 여러 가닥의 와이어로프가 바람에 의해 꼬여 손상되는 일이 발생할 수 있기 때문에 사용할 수 있는 움직도르래의 개수가 제한된다.

▶ 타워 크레인이 무거운 건축 자재를 들어 올릴 수 있는 이유: 도르래의 원리

**내용 이해**

● 도르래의 역학 관계

[일의 양(W) = 줄을 당긴 힘(F) × 감아올린 줄의 길이(S)]

| 고정도르래 사용 시 | 움직도르래 사용 시 |
| --- | --- |
| $W = F \times S$ | $W = \frac{1}{2}F \times 2S$ |

● 타워 크레인이 건축 자재를 들어 올릴 수 있는 이유

| 후크 블록에 (7)          를 사용함. |
| --- |
| 권상 장치가 감아올리는 와이어로프의 길이(S)는 더 길어지지만, 권상 장치가 사용하는 힘의 크기(F)는 더 감소함. |

↓

| 수십 톤에 달하는 건축 자재를 들어 올릴 수 있음. |
| --- |

**구조 이해** • 도르래의 역학 관계를 중심으로 고정도르래만 사용할 때와 움직도르래를 사용할 때를 (8)          함.
• 타워 크레인이 무거운 건축 자재를 들어 올릴 수 있는 이유를 밝힘.

답 (1) 타워 크레인 (2) 구조 (3) 높이 (4) 트롤리 (5) 지레 (6) 작용점 (7) 움직도르래 (8) 비교·대조

Ⅲ 과학·기술

## 지문 구조 노트

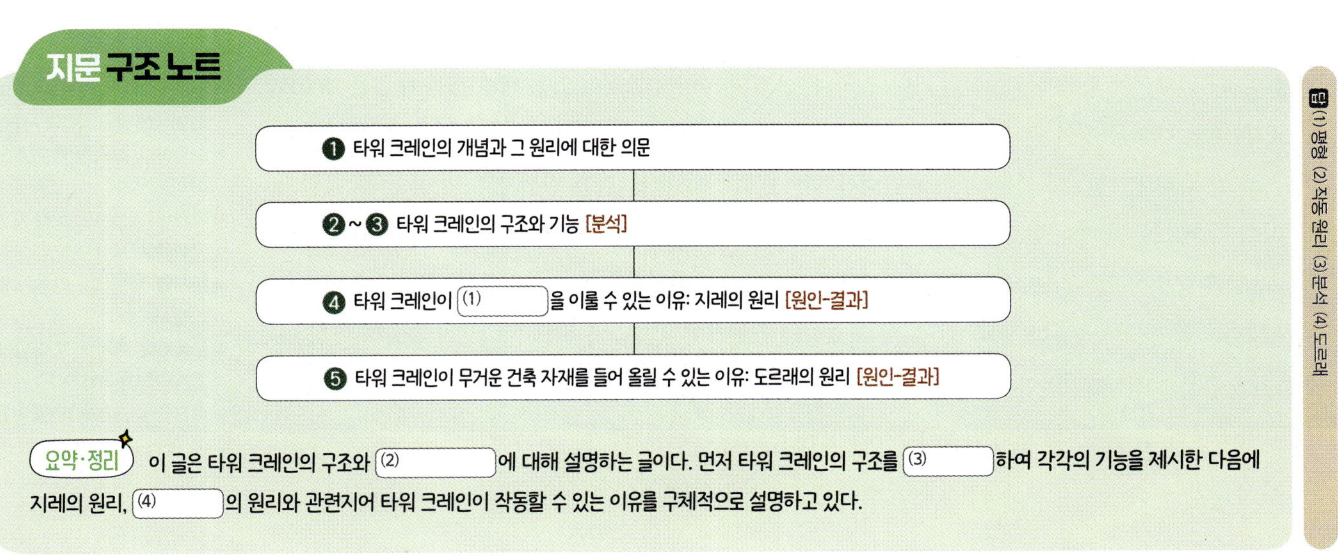


답 (1) 평형 (2) 작동 원리 (3) 분석 (4) 도르래

《❶ 기출 배경지식》 바로가기 | 252쪽 인공지능

지문 난도 ★★★★☆
지문 길이 ▭▭▭▭▭ 500 ── 2500

❶ [1]최근 스마트폰이나 자동차 등에서 •인공지능 음성 언어 비서 시스템이 사용되고 있다. [2]이 시스템이 제대로 작동하기 위해서는 사용자의 음성이 올바르게 인식되어야 한다. [3]그런데 불분명하게 발음하거나 여러 단어를 쉼 없이 발음하는 경우 시스템이 어떻게 이를 올바른 문장으로 인식할 수 있을까? [4]이럴 때는 입력된 음성 언어를 문자 언어로 변환한 다음, 통계 데이터를 활용하여 단어나 문장의 오류를 •보정하는 •자연어 처리 기술이 사용된다.

❷ [1]자연어 처리 기술에는 철자 오류 보정 방식과 띄어쓰기 오류 보정 방식이 있다. [2]철자 오류 보정 방식은 교정 사전과 어휘별 통계 데이터를 기반으로 잘못된 •문자열을 올바른 문자열로 바꿔 주는 방식이다. [3]철자 오류 보정은 '전처리, 오류 문자열 판단, 교정 후보 집합 생성, 최종 교정 문자열 탐색' 과정을 거친다. [4]먼저 '전처리'는 입력 문장에서 사용자의 발음이 불분명하게 입력되어 시스템에서 처리가 불가능한 문자열을 처리가 가능한 문자열로 바꿔 주는 과정이다. [5]가령, '실크'가 '싩'으로 인식될 경우, '싩'이라는 음절이 국어에 쓰이지 않으므로 '실크'로 바꿔 준다. [6]이렇게 전처리가 끝나면 다음 단계인 '오류 문자열 판단' 단계로 넘어간다. [7]이 단계에서는 입력된 문장을 어절 단위의 문자열로 구분하여, 각 문자열이 교정 사전의 오류 문자열에 존재하는지 여부를 확인한다. [8]교정 사전이란 오류 문자열과 이를 수정한 교정 문자열이 쌍을 이루어 •구축되어 있는 사전이다. [9]예를 들어 사람들이 자주 틀리는 어휘인 '할려고'의 경우, 교정 사전의 오류 문자열에 '할려고', 이를 수정한 교정 문자열에 '하려고'가 들어가 있다.

[A]

❸ [1]처리된 문자열이 교정 사전의 오류 문자열에 존재하지 않을 경우 바로 결과 문장으로 도출되지만, 존재할 경우 '교정 후보 집합 생성' 단계로 넘어간다. [2]이 단계에서는 오류 문자열과 교정 문자열 모두를 교정 후보로 하는 교정 후보 집합을 생성한다. [3]예컨대 처리된 문자열이 '할려고'일 경우, '할려고'와 '하려고' 모두를 교정 후보로 하는 교정 후보 집합을 생성한다. [4]그런 다음 '최종 교정 문자열 탐색' 단계로 넘어간다. [5]여기서는 철자 오류가 거의 없는 교과서나 신문 기사와 같은 자료에서 어휘들의 사용 빈도를 추출한 어휘별 통계 데이터를 활용하여, 교정 후보 중 사용 빈도가 높은 문자열을 최종 교정 문자열로 선택하여 결과 문장을 도출한다. [6]만일 통계 데이터에서 '할려고'의 사용 빈도가 1회, '하려고'의 사용 빈도가 100회라면 '하려고'를 최종 교정 문자열로 선택하는 것이다.

❹ [1]띄어쓰기 오류 보정 방식은 잘못된 띄어쓰기를 통계 데이터와 비교하여 올바른 띄어쓰기로 바꿔 주는 방식이다. [2]이를 위해서는 입력된 문장의 띄어쓰기를 시스템에서 처리할 수 있도록 •이진법으로 변환하는 과정이 요구된다. [3]이 과정에서 음절의 좌나 우, 혹은 음절의 사이에 공백이 있을 때 1, 공백이 없을 때 0으로 표기한다. [4]가령 '동생이 밥 을 먹었다'라는 문장에서 '밥'은 음절의 좌, 우에 모두 공백이 있으므로 이를 이진법으로 나타내 '1밥1'이 되는데, 이를 편의상 '밥(11)'로 나타낸다. [5]같은 방법으로 '밥 을'은 두 음절의 좌, 사이, 우에 모두 공백이 있으므로 '밥을(111)'이 되고, '밥 을 먹'은 '밥을먹(1110)'이 된다. [6]이때 문장의 처음과 끝은 공백이 있는 것으로 처리한다. [7]이렇게 띄어쓰기를 이진법으로 변환한 다음, 올바르게 띄어쓰기가 구현된 문장에서 추출한 통계 데이터와 비교한다. [8]그 결과 빈도수가 높은 띄어쓰기 결과에 맞춰 띄어쓰기 오류를 보정한다. [9]만약 통계 데이터에서 '밥을(111)'의 빈도수가 낮고 '밥을(101)'의 빈도수가 높을 경우, 이에 따라 '밥 을'은 '밥을'로 띄어쓰기가 보정된다.

● **인공지능** 인간의 지능이 가지는 학습, 추리, 적응, 논증 따위의 기능을 갖춘 컴퓨터 시스템.
● **보정하다** 부족한 부분을 보태어 바르게 하다.
● **자연어** 일반 사회에서 자연히 발생하여 쓰이는 언어.
● **문자열** 데이터로 다루는 일련의 문자.
● **구축되다** 체제, 체계 따위의 기초가 닦아져 세워지다.
● **이진법** 숫자 0과 1만을 사용하여, 둘씩 묶어서 윗자리로 올려가는 표기법. 십진법의 0, 1, 2, 3, 4는 이진법에서는 0, 1, 10, 11, 100이 된다.

세부 내용 파악하기

**1** 윗글에서 알 수 있는 내용으로 적절하지 <u>않은</u> 것은?

① 잘못 입력된 문장이 보정되지 않으면 음성 언어 비서 시스템이 제 기능을 발휘하지 못한다.

② 음성 인식 오류를 보정할 때는 사용자의 음성 언어를 문자 언어로 변환하는 과정이 선행된다.

③ 철자 오류 보정 방식은 각 단계마다 입력된 문장을 음절 단위로 구분하여 데이터를 처리한다.

④ 띄어쓰기 오류 보정 방식에서 입력된 문장의 처음과 끝은 공백이 있는 것으로 처리된다.

⑤ 띄어쓰기 오류 보정 방식은 통계 데이터에서 빈도수가 높은 띄어쓰기 결과에 맞춰 오류를 보정한다.



구체적 사례나 상황에 적용하기 고난도

**2** [A]를 참고로 하여 다음의 ㉮~㉱를 설명한 내용으로 적절하지 <u>않은</u> 것은?

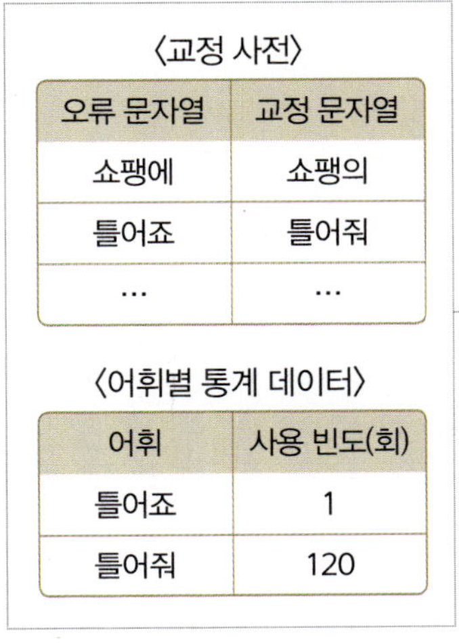


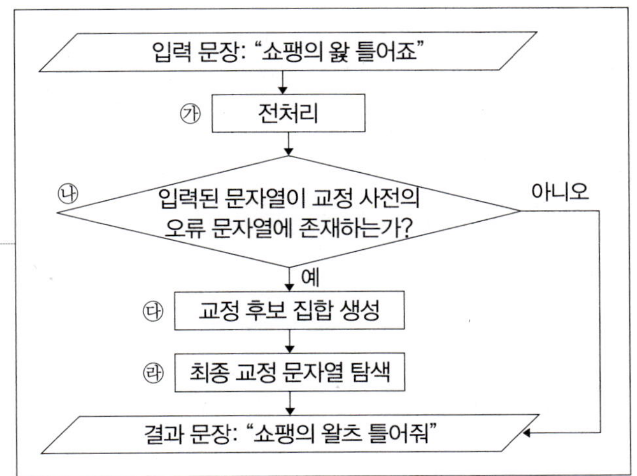


① ㉮: '왏'를 '왈츠'로 교정하여 처리가 가능한 문자열로 바꿔 준다.

② ㉯: '쇼팽의'는 교정 사전의 오류 문자열에 해당하지 않으므로 결과 문장으로 바로 보낸다.

③ ㉯: '틀어죠'는 교정 사전의 오류 문자열에 해당하므로 '교정 후보 집합 생성' 단계로 보낸다.

④ ㉰: '틀어죠'가 교정 사전의 오류 문자열에 있으므로 '틀어줘'만으로 교정 후보 집합을 생성한다.

⑤ ㉱: 어휘별 통계 데이터를 적용하여 사용 빈도가 높은 '틀어줘'를 최종 교정 문자열로 선택한다.



생략된 정보 추론하기

**3** 윗글을 바탕으로 할 때, ㄱ~ㅁ에서 띄어쓰기 오류 보정이 일어난 이유로 가장 적절한 것은?

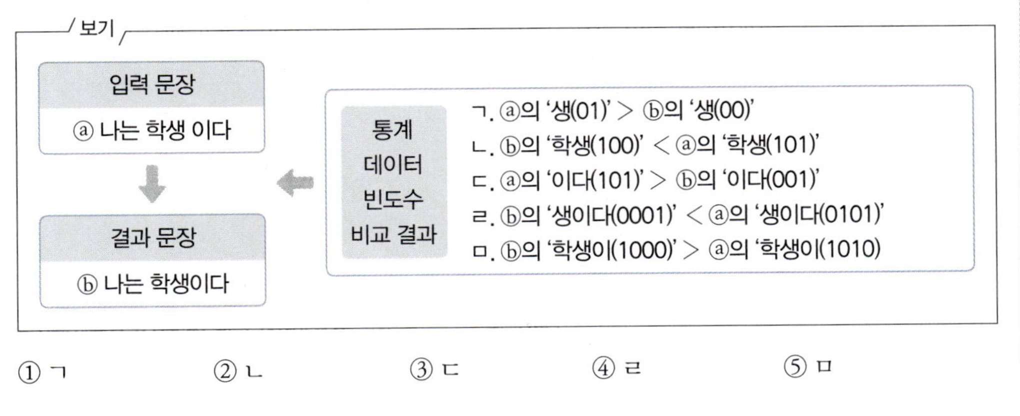


① ㄱ   ② ㄴ   ③ ㄷ   ④ ㄹ   ⑤ ㅁ

❶ [1]최근 스마트폰이나 자동차 등에서 인공지능 음성 언어 비서 시스템이 사용되고 있다. [2]이 시스템이 제대로 작동하기 위해서는 사용자의 음성이 올바르게 인식되어야 한다. [3]그런데 불분명하게 발음하거나 여러 단어를 쉼 없이 발음하는 경우 시스템이 어떻게 이를 올바른 문장으로 인식할 수 있을까? [4]이럴 때는 입력된 음성 언어를 문자 언어로 변환한 다음, 통계 데이터를 활용하여 단어나 문장의 오류를 보정하는 자연어 처리 기술이 사용된다.
▶ 인공지능 음성 언어 비서 시스템에서 사용되는 자연어 처리 기술

❷ [1]자연어 처리 기술에는 철자 오류 보정 방식과 띄어쓰기 오류 보정 방식이 있다. [2]철자 오류 보정 방식은 교정 사전과 어휘별 통계 데이터를 기반으로 잘못된 문자열을 올바른 문자열로 바꿔 주는 방식이다. [3]철자 오류 보정은 '전처리, 오류 문자열 판단, 교정 후보 집합 생성, 최종 교정 문자열 탐색' 과정을 거친다. [4]먼저 '전처리'는 입력 문장에서 사용자의 발음이 불분명하게 입력되어 시스템에서 처리가 불가능한 문자열을 처리가 가능한 문자열로 바꿔 주는 과정이다. [5]가령, '실크'가 '싫'으로 인식될 경우, '싫'이라는 음절이 국어에 쓰이지 않으므로 '실크'로 바꿔 준다. [6]이렇게 전처리가 끝나면 다음 단계인 '오류 문자열 판단' 단계로 넘어간다. [7]이 단계에서는 입력된 문장을 어절 단위의 문자열로 구분하여, 각 문자열이 교정 사전의 오류 문자열에 존재하는지 여부를 확인한다. [8]교정 사전이란 오류 문자열과 이를 수정한 교정 문자열이 쌍을 이루어 구축되어 있는 사전이다. [9]예를 들어 사람들이 자주 틀리는 어휘인 '할려고'의 경우, 교정 사전의 오류 문자열에 '할려고', 이를 수정한 교정 문자열에 '하려고'가 들어가 있다.

❸ [1]처리된 문자열이 교정 사전의 오류 문자열에 존재하지 않을 경우 바로 결과 문장으로 도출되지만, 존재할 경우 '교정 후보 집합 생성' 단계로 넘어간다. [2]이 단계에서는 오류 문자열과 교정 문자열 모두를 교정 후보로 하는 교정 후보 집합을 생성한다. [3]예컨대 처리된 문자열이 '할려고'일 경우, '할려고'와 '하려고' 모두를 교정 후보로 하는 교정 후보 집합을 생성한다. [4]그런 다음 '최종 교정 문자열 탐색' 단계로 넘어간다. [5]여기서는 철자 오류가 거의 없는 교과서나 신문 기사와 같은 자료에서 어휘들의 사용 빈도를 추출한 어휘별 통계 데이터를 활용하여, 교정 후보 중 사용 빈도가 높은 문자열을 최종 교정 문자열로 선택하여 결과 문장을 도출한다. [6]만일 통계 데이터에서 '할려고'의 사용 빈도가 1회, '하려고'의 사용 빈도가 100회라면 '하려고'를 최종 교정 문자열로 선택하는 것이다.
▶ 자연어 처리 기술의 유형: ① 철자 오류 보정 방식의 처리 과정

---

**내용 이해**

● 자연어 처리 기술이 사용되는 경우

인공지능 음성 언어 비서 시스템이 사용자의 음성을 올바르게 인식하지 못하는 경우

↓

**자연어 처리 기술**

입력된 음성 언어를 (1)　　　로 변환한 다음, 통계 데이터를 활용하여 단어나 문장의 (2)　　　를 보정하는 기술.

**구조 이해** 이 글의 화제인 자연어 처리 기술을 언급한 문단으로, 인공지능 음성 언어 비서 시스템에서 자연어 처리 기술이 사용되는 경우를 밝힘.

**내용 이해**

● 자연어 처리 기술의 유형: ① 철자 오류 보정 방식
(3)　　　과 어휘별 통계 데이터를 기반으로 잘못된 문자열을 올바른 문자열로 바꿔 주는 방식.

입력 문장: 잘못된 문자열이 포함된 문장

**전처리 단계**
시스템에서 처리가 불가능한 문자열을 처리가 가능한 문자열로 바꾸어 줌.

**오류 문자열 판단 단계**
어절 단위의 문자열이 교정 사전의 오류 문자열에 존재하는지 여부를 확인함. ── 존재하지 않는 경우

존재하는 경우

**교정 후보 집합 생성 단계**
오류 문자열과 (4)　　　문자열 모두를 교정 후보로 하는 교정 후보 집합을 생성함.

**최종 교정 문자열 탐색 단계**
어휘별 통계 데이터를 활용하여 교정 후보 중 사용 빈도가 (5)　　　문자열을 최종 교정 문자열로 선택함.

결과 문장: 올바른 문자열로 보정된 문장

**구조 이해** 자연어 처리 기술의 첫 번째 유형인 '철자 오류 보정 방식'을 설명한 문단으로, 처리 (6)　　　을 구체적으로 설명함.

❹ ¹**띄어쓰기 오류 보정 방식**은 잘못된 띄어쓰기를 통계 데이터와 비교하여 올바른 띄어쓰기로 바꿔 주는 방식이다. ²이를 위해서는 입력된 문장의 띄어쓰기를 시스템에서 처리할 수 있도록 이진법으로 변환하는 과정이 요구된다. ³이 과정에서 음절의 좌나 우, 혹은 음절의 사이에 공백이 있을 때 1, 공백이 없을 때 0으로 표기한다. ⁴가령 '동생이 밥 을 먹었다'라는 문장에서 '밥'은 음절의 좌, 우에 모두 공백이 있으므로 이를 이진법으로 나타내 '1밥1'이 되는데, 이를 편의상 '밥(11)'로 나타낸다. ⁵같은 방법으로 '밥 을'은 두 음절의 좌, 사이, 우에 모두 공백이 있으므로 '밥을(111)'이 되고, '밥 을 먹'은 '밥을먹(1110)'이 된다. ⁶이때 문장의 처음과 끝은 공백이 있는 것으로 처리한다. ⁷이렇게 띄어쓰기를 이진법으로 변환한 다음, 올바르게 띄어쓰기가 구현된 문장에서 추출한 통계 데이터와 비교한다. ⁸그 결과 빈도수가 높은 띄어쓰기 결과에 맞춰 띄어쓰기 오류를 보정한다. ⁹만약 통계 데이터에서 '밥을(111)'의 빈도수가 낮고 '밥을(101)'의 빈도수가 높을 경우, 이에 따라 '밥을'은 '밥을'로 띄어쓰기가 보정된다.

▶ 자연어 처리 기술의 유형: ② 띄어쓰기 오류 보정 방식의 처리 과정

---



● 자연어 처리 기술의 유형: ② 띄어쓰기 오류 보정 방식
  잘못된 띄어쓰기를 통계 데이터와 비교하여 올바른 띄어쓰기로 바꿔 주는 방식.

입력 문장: 잘못된 띄어쓰기가 포함된 문장

**띄어쓰기 이진법 변환 단계**
음절의 좌나 우, 음절의 사이에 공백이 있을 때 1, 공백이 없을 때 (7) 으로 표기

**띄어쓰기 오류 보정 단계**
올바른 띄어쓰기가 구현된 문장에서 추출한 통계 데이터와 비교하여 (8) 가 높은 띄어쓰기 결과에 맞춰 띄어쓰기 오류를 보정함.

결과 문장: 올바른 띄어쓰기로 보정된 문장

**구조 이해** 자연어 처리 기술의 두 번째 유형인 '띄어쓰기 오류 보정 방식'을 설명한 문단으로, 처리 과정을 구체적으로 설명함.

**답** (1) 문자 언어 (2) 오류 (3) 교정 사전 (4) 교정 (5) 높은 (6) 과정 (7) 0 (8) 빈도수

III
과학·기술

---

## 지문 구조 노트

❶ 인공지능 음성 언어 비서 시스템에서 사용되는 자연어 처리 기술

자연어 처리 기술의 (1) 별 처리 과정 [분류, 과정]

❷~❸ 철자 오류 보정 방식의 처리 과정
전처리 단계 → 오류 문자열 판단 단계
→ 교정 후보 집합 생성 단계
→ 최종 교정 문자열 탐색 단계

❹ 띄어쓰기 오류 보정 방식의 처리 과정
띄어쓰기 (2) 변환 단계
→ 띄어쓰기 오류 보정 단계

**요약·정리** 이 글은 인공지능 음성 언어 비서 시스템에서 사용되는 자연어 처리 기술의 유형을 설명하는 글이다. 자연어 처리 기술을 '철자 오류 보정 방식'과 '띄어쓰기 오류 보정 방식'으로 분류하고, 각각의 방식이 오류를 보정하는 (3) 을 상세하게 설명하고 있다.

**답** (1) 유형 (2) 이진법 (3) 과정

# OTP 기술

지문 난도 ★★★★★
지문 길이  500 ─┼─ 2500

❶ [1]인터넷 뱅킹을 할 때 온라인상에서 사용자 •인증은 필수적이다. [2]흔히 아이디와 비밀번호를 입력하는 방식이 사용되는데, 이는 고정된 정보를 반복적으로 사용하기 때문에 정보가 노출될 수 있다. [3]이러한 문제점을 보완하기 위해 개발된 인증 기법이 OTP(One−Time Password) 기술이다. [4]OTP 기술은 금융 거래 인증을 받을 때마다 해당 기관에서 발급한 OTP발생기를 통해 새로운 비밀번호를 생성하여 인증받는 방식이다.

❷ [1]OTP 기술은 크게 비동기화 방식과 •동기화 방식으로 나눌 수 있다. [2]비동기화 방식은 OTP발생기와 인증 서버 사이에 동기화된 값이 없는 방식으로, 인증 서버의 •질의에 사용자가 응답하는 방식이다. [3]OTP 기술 도입 초기에 사용된 질의 응답 방식은 인증 서버가 임의의 6자리 수, 즉 질욋값을 제시하면 사용자는 그 수를 OTP발생기에 입력하고, OTP발생기는 질욋값과 다른 응답값을 생성한다. [4]사용자는 그 값을 로그인 서버에 입력하고 인증 서버는 입력된 값을 확인한다. [5]이 방식은 사용자가 OTP발생기에 질욋값을 직접 입력해 응답값을 구해야 하는 번거로움이 있기 때문에 사용이 불편하다.

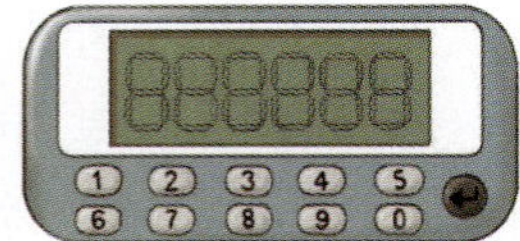

〈초기 OTP발생기〉

❸ [1]이와 달리 동기화 방식은 OTP발생기와 인증 서버 사이에 동기화된 값을 설정하고 이에 따라 비밀번호를 생성하는 방식으로, 이벤트 동기화 방식과 시간 동기화 방식이 있다. [2]이벤트 동기화 방식은 기춋값과 카운트값을 바탕으로 OTP발생기는 비밀번호를, 인증 서버는 인증값을 생성하는 방식이다. [3]기춋값이란 사용자의 신상 정보와 해당 금융 기관의 정보 등이 반영된 고유한 값이며, 카운트값이란 비밀번호를 생성한 횟수이다. [4]사용자가 인증을 받아야 할 경우 이벤트 동기화 방식의 OTP발생기는 기춋값과 카운트값을 바탕으로 비밀번호를 생성하게 되며, 생성된 비밀번호를 사용자가 로그인 서버에 입력하면 된다. [5]이때 OTP발생기는 비밀번호를 생성할 때마다 카운트값을 증가시킨다. [6]인증 서버 역시 기춋값과 카운트값으로 인증값을 생성하여 로그인 서버로 입력된 OTP발생기의 비밀번호와 비교하는 것이다. [7]이때 인증에 성공하면 인증 서버는 카운트값을 증가시켜서 저장해 두었다가 다음번 인증에 반영한다. [8]그러나 이 방식은 OTP발생기에서 비밀번호를 생성만 하고 인증하지 않으면 OTP발생기와 인증 서버 간에 카운트값이 달라지는 문제점이 있다.

❹ [1]시간 동기화 방식은 현재 금융 거래에서 주로 사용되는 방식으로, 기춋값과 인증을 시도한 날짜와 시간을 바탕으로 일정한 시간 간격마다 일방향 함수를 통해 OTP발생기는 비밀번호를, 인증 서버는 인증값을 생성하는 방식이다. [2]일방향 함수란 계산하기는 쉽지만 •역연산하는 것은 매우 어려운 함수로, 결괏값을 안다고 하더라도 입력값을 구하는 것이 매우 어려운 특성이 있다.

[A]

❺ [1]시간 동기화 방식으로 일회용 비밀번호를 생성하는 과정은 다양하지만 다음과 같은 과정을 생각해 볼 수 있다. [2]사용자가 인증을 받아야 할 경우 시간 동기화 방식의 OTP발생기는 발급 시 동기화된 기춋값과 인증 시도 시간을 바탕으로 r를 구하고, r에 대해 일방향 함수 f를 n번 수행하여 $X_n$을 생성한다. [3]이렇게 생성된 $X_n$을 사용자가 로그인 서버에 입력하면, 로그인 서버는 입력된 $X_n$을 일방향 함수 f로 한 번 더 계산해 $X_{n+1}$을 구하고 이 값을 인증 서버로 전달하게 된다. [4]인증 서버 역시 기춋값과 인증 시도 시간을 바탕으로 r를 구하고, r에 대해 일방향 함수 f를 n+1번 수행하여 $X_{n+1}$을 생성한 후 로그인 서버로부터 전달받은 값과 비교하여 인증을 하게 된다.

❻ [1]시간 동기화 방식의 OTP발생기에는 인증 서버의 시간과 같은 시간을 가리키는 전자시계가 장착되어 있어 시간 동기화가 가능하다. [2]하지만 인증 서버와 OTP발생기 간에 시간 오차가 발생하면 인증에 실패한다. [3]또한 시간 동기화 방식은 이벤트 동기화 방식에 비해 입력 시간에도 제약을 받는다. [4]왜냐하면 사용자의 비밀번호 입력 시간이 길어지면 새로운 비밀번호가 생성되기 때문이다.

● 인증 어떠한 문서나 행위가 정당한 절차로 이루어졌다는 것을 공적 기관이 증명함.

● 동기화 서로 일관성 있게 같은 값을 유지하는 것. 같은 시점에 서 특정 작업을 수행하는 것.

● 질의 의심나거나 모르는 점을 물음.

● 역연산 계산을 한 결과를, 계산을 하기 전의 수 또는 식으로 되돌아가게 하는 계산.

**세부 내용 파악하기**

**1  윗글에 대한 이해로 가장 적절한 것은?**

① 이벤트 동기화 방식은 시간 동기화 방식에 비해 로그인 서버에 비밀번호를 입력해야 하는 시간에 제약을 받지 않는다.

② 비동기화 방식의 OTP 기술은 OTP발생기의 질의에 사용자가 응답값을 인증 서버에 입력해야 인증에 성공한다.

③ 아이디와 비밀번호를 입력하는 방식은 고정된 정보를 반복적으로 사용하기 때문에 정보가 노출될 우려가 없다.

④ 시간 동기화 방식은 비밀번호 생성 간격을 짧게 할수록 비밀번호가 바뀌는 횟수가 감소할 것이다.

⑤ 질의 응답 방식에서 사용자가 OTP발생기에 입력한 임의의 6자리 수는 응답값과 일치할 것이다.

**구체적 사례나 상황에 적용하기**

**2  윗글을 바탕으로 〈보기〉를 이해한 내용으로 적절하지 <u>않은</u> 것은?**

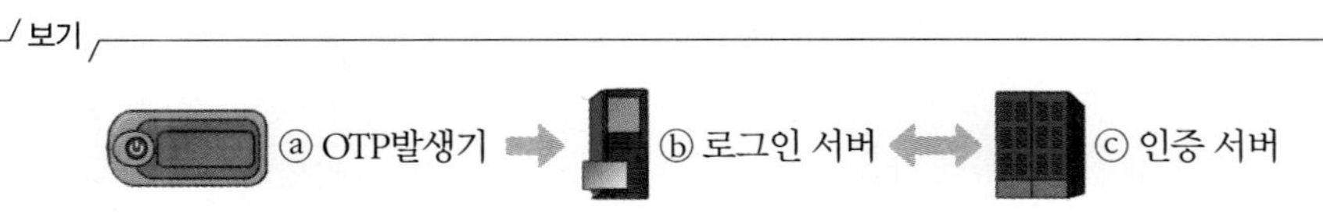


┌ 보기

① 시간 동기화 방식에서 인증에 성공하였다면 사용자가 ⓐ에서 ⓑ로 보낸 비밀번호와 ⓑ에서 생성한 인증값은 같을 것이다.

② 시간 동기화 방식에서 ⓐ와 ⓒ 사이에 시간 오차가 발생하면 ⓐ에서 생성한 비밀번호로는 인증에 성공할 수 없을 것이다.

③ 이벤트 동기화 방식에서 기촛값과 카운트값을 바탕으로 ⓐ는 비밀번호를, ⓒ는 인증값을 생성할 것이다.

④ 이벤트 동기화 방식에서 ⓐ로 비밀번호를 생성하기만 하고 인증하지 않는다면 ⓐ와 ⓒ의 카운트값이 서로 달라질 것이다.

⑤ 이벤트 동기화 방식에서 ⓐ가 생성한 비밀번호로 인증을 받았다면 ⓒ는 카운트값을 증가시켜 다음번 인증에 반영할 것이다.

**구체적 사례나 상황에 적용하기** 〔고난도〕

**3  [A]를 바탕으로 〈보기〉를 이해한 내용으로 적절하지 <u>않은</u> 것은?**

┌ 보기

사용자 A와 사용자 B는 모두 각자의 OTP발생기를 통해 ㉠2019년 3월 7일 오전 10:00에 인증을 시도하고, ㉡오전 10:30에 인증을 다시 시도하였다. 그리고 ㉢다음날 오전 10:30에 다시 인증을 시도하였다.

① ㉠에서 $X_n$이 노출되더라도 r는 알아내기가 어렵겠군.

② ㉠과 ㉡에서 사용자 A의 r는 서로 다르겠군.

③ ㉡과 ㉢에서 함수 f를 n번 수행한 $X_n$은 같겠군.

④ ㉢에서 사용자 A와 사용자 B의 기촛값은 서로 다르겠군.

⑤ ㉠~㉢에서 사용자 B의 $X_{n+1}$들은 서로 다르겠군.

❶ [1]인터넷 뱅킹을 할 때 온라인상에서 사용자 인증은 필수적이다. [2]흔히 아이디와 비밀번호를 입력하는 방식이 사용되는데, 이는 고정된 정보를 반복적으로 사용하기 때문에 정보가 노출될 수 있다. [3]이러한 문제점을 보완하기 위해 개발된 인증 기법이 OTP(One-Time Password) 기술이다. [4]OTP 기술은 금융 거래 인증을 받을 때마다 해당 기관에서 발급한 OTP발생기를 통해 새로운 비밀번호를 생성하여 인증받는 방식이다.

▶ 아이디-비밀번호 인증 방식의 문제점을 보완하기 위해 개발된 OTP 기술

❷ [1]OTP 기술은 크게 비동기화 방식과 동기화 방식으로 나눌 수 있다. [2]비동기화 방식은 OTP발생기와 인증 서버 사이에 동기화된 값이 없는 방식으로, 인증 서버의 질의에 사용자가 응답하는 방식이다. [3]OTP 기술 도입 초기에 사용된 질의 응답 방식은 인증 서버가 임의의 6자리 수, 즉 질윗값을 제시하면 사용자는 그 수를 OTP발생기에 입력하고, OTP발생기는 질윗값과 다른 응답값을 생성한다. [4]사용자는 그 값을 로그인 서버에 입력하고 인증 서버는 입력된 값을 확인한다. [5]이 방식은 사용자가 OTP발생기에 질윗값을 직접 입력해 응답값을 구해야 하는 번거로움이 있기 때문에 사용이 불편하다.

▶ OTP 기술의 유형: ① 비동기화 방식

❸ [1]이와 달리 동기화 방식은 OTP발생기와 인증 서버 사이에 동기화된 값을 설정하고 이에 따라 비밀번호를 생성하는 방식으로, 이벤트 동기화 방식과 시간 동기화 방식이 있다. [2]이벤트 동기화 방식은 기촛값과 카운트값을 바탕으로 OTP발생기는 비밀번호를, 인증 서버는 인증값을 생성하는 방식이다. [3]기촛값이란 사용자의 신상 정보와 해당 금융 기관의 정보 등이 반영된 고유한 값이며, 카운트값이란 비밀번호를 생성한 횟수이다. [4]사용자가 인증을 받아야 할 경우 이벤트 동기화 방식의 OTP발생기는 기촛값과 카운트값을 바탕으로 비밀번호를 생성하게 되며, 생성된 비밀번호를 사용자가 로그인 서버에 입력하면 된다. [5]이때 OTP발생기는 비밀번호를 생성할 때마다 카운트값을 증가시킨다. [6]인증 서버 역시 기촛값과 카운트값으로 인증값을 생성하여 로그인 서버로 입력된 OTP발생기의 비밀번호와 비교하는 것이다. [7]이때 인증에 성공하면 인증 서버는 카운트값을 증가시켜서 저장해 두었다가 다음번 인증에 반영한다. [8]그러나 이 방식은 OTP발생기에서 비밀번호를 생성만 하고 인증하지 않으면 OTP발생기와 인증 서버 간에 카운트값이 달라지는 문제점이 있다.

▶ OTP 기술의 유형: ② 동기화 방식 - 이벤트 동기화 방식

---

**내용 이해**

● OTP(One-Time Password) 기술

| 아이디-비밀번호 입력 | | OTP 기술 |
|---|---|---|
| 고정된 정보를 반복적으로 사용하기 때문에 정보가 노출될 수 있는 문제점이 있음. | 해결 → | 금융 거래 인증을 받을 때마다 OTP발생기를 통해 새로운 비밀번호를 생성하여 인증받는 방식. |

**구조 이해** 아이디-비밀번호 입력 방식의 (1)〔　〕을 밝히고, 이에 대한 대안으로 개발된 OTP 기술을 소개함.

**내용 이해**

● OTP 기술의 유형: ① 비동기화 방식
· OTP발생기와 인증 서버 사이에 동기화된 값이 없는 방식으로, 인증 서버의 질의에 사용자가 응답하는 방식.

| 인증 서버 | ① 질윗값(임의의 6자리 수) 제시 |
|---|---|
| OTP발생기 | ② 사용자가 질윗값 입력<br>③ 질윗값과 다른 응답값 생성 |
| 로그인 서버 | ④ 사용자가 (2)〔　〕입력 |
| 인증 서버 | ⑤ 입력된 응답값 확인 → 인증 |

· 한계: 사용자가 OTP발생기에 (3)〔　〕을 직접 입력해 응답값을 구해야 하기 때문에 사용이 불편함.

**구조 이해** OTP 기술의 첫 번째 유형인 '비동기화 방식'의 개념, 과정(작동 원리), 한계를 구체적으로 설명함.

**내용 이해**

● OTP 기술의 유형: ② 동기화 방식
　OTP발생기와 인증 서버 사이에 (4)〔　〕된 값을 설정하고 이에 따라 비밀번호를 생성하는 방식.
(1) 이벤트 동기화 방식: 기촛값과 (5)〔　〕을 바탕으로 비밀번호를 생성하는 방식.

| OTP발생기 | ① 기촛값 + 카운트값 → 비밀번호 생성<br>(이때 카운트값 증가) |
|---|---|
| 로그인 서버 | ② 사용자가 비밀번호 입력 |
| 인증 서버 | ③ 기촛값 + 카운트값 → 인증값 생성<br>④ ②의 비밀번호와 인증값 비교<br>→ 인증(카운트값 증가) |

· 한계: OTP발생기에서 비밀번호를 생성하고 인증하지 않으면 OTP발생기와 인증 서버 간에 카운트값이 달라짐.

**구조 이해** · OTP 기술의 두 번째 유형인 '동기화 방식'을 다시 두 가지로 분류함.
· '이벤트 동기화 방식'의 개념, 과정(작동 원리), 한계를 구체적으로 설명함.

❹ [1]<u>시간 동기화 방식</u>은 현재 금융 거래에서 주로 사용되는 방식으로, 기춧값과 인증을 시도한 날짜와 시간을 바탕으로 일정한 시간 간격마다 일방향 함수를 통해 OTP발생기는 비밀번호를, 인증 서버는 인증값을 생성하는 방식이다. [2]일방향 함수란 계산하기는 쉽지만 역연산하는 것은 매우 어려운 함수로, 결괏값을 안다고 하더라도 입력값을 구하는 것이 매우 어려운 특성이 있다.

▶ OTP 기술의 유형: ② 동기화 방식 - 시간 동기화 방식의 개념

❺ [1]시간 동기화 방식으로 일회용 비밀번호를 생성하는 과정은 다양하지만 다음과 같은 과정을 생각해 볼 수 있다. [2]사용자가 인증을 받아야 할 경우 시간 동기화 방식의 OTP발생기는 발급 시 동기화된 기춧값과 인증 시도 시간을 바탕으로 r를 구하고, r에 대해 일방향 함수 f를 n번 수행하여 $X_n$을 생성한다. [3]이렇게 생성된 $X_n$을 사용자가 로그인 서버에 입력하면, 로그인 서버는 입력된 $X_n$을 일방향 함수 f로 한 번 더 계산해 $X_{n+1}$을 구하고 이 값을 인증 서버로 전달하게 된다. [4]인증 서버 역시 기춧값과 인증 시도 시간을 바탕으로 r를 구하고, r에 대해 일방향 함수 f를 n+1번 수행하여 $X_{n+1}$을 생성한 후 로그인 서버로부터 전달받은 값과 비교하여 인증을 하게 된다.

▶ OTP 기술의 유형: ② 동기화 방식 - 시간 동기화 방식의 (6)

❻ [1]시간 동기화 방식의 OTP발생기에는 인증 서버의 시간과 같은 시간을 가리키는 전자시계가 장착되어 있어 시간 동기화가 가능하다. [2]하지만 인증 서버와 OTP발생기 간에 시간 오차가 발생하면 인증에 실패한다. [3]또한 시간 동기화 방식은 이벤트 동기화 방식에 비해 입력 시간에도 제약을 받는다. [4]왜냐하면 사용자의 비밀번호 입력 시간이 길어지면 새로운 비밀번호가 생성되기 때문이다.

▶ OTP 기술의 유형: ② 동기화 방식 - 시간 동기화 방식의 한계

---



- OTP 기술의 유형: ② 동기화 방식
- (2) 시간 동기화 방식: 기춧값과 인증 시도 시간을 바탕으로 일정한 시간 간격마다 (7) 함수를 통해 비밀번호를 생성하는 방식.

| OTP발생기 | ① 기춧값 + 인증 시도 시간 → r<br>→ f = $X_n$(비밀번호) 생성 |
| --- | --- |
| 로그인 서버 | ② 사용자가 $X_n$ 입력<br>③ f = $X_{n+1}$ 생성 후 인증 서버로 전달 |
| 인증 서버 | ④ 기춧값 + 인증 시도 시간 → r<br>→ f = $X_{n+1}$(인증값) 생성<br>⑤ 인증값과 ③의 값 비교 → 인증 |

- 한계: - 인증 서버와 OTP발생기 간에 (8) 오차가 발생하면 인증에 실패함.
  - 입력 시간에도 제약을 받음.

 OTP 기술의 '동기화 방식' 중 '시간 동기화 방식'의 개념, 과정(작동 원리), 한계를 구체적으로 설명함.

답 (1) 문제점 (2) 응답값 (3) 질읫값 (4) 동기화 (5) 카운트값
(6) 과정 (7) 일방향 (8) 시간

---

## 지문 구조 노트

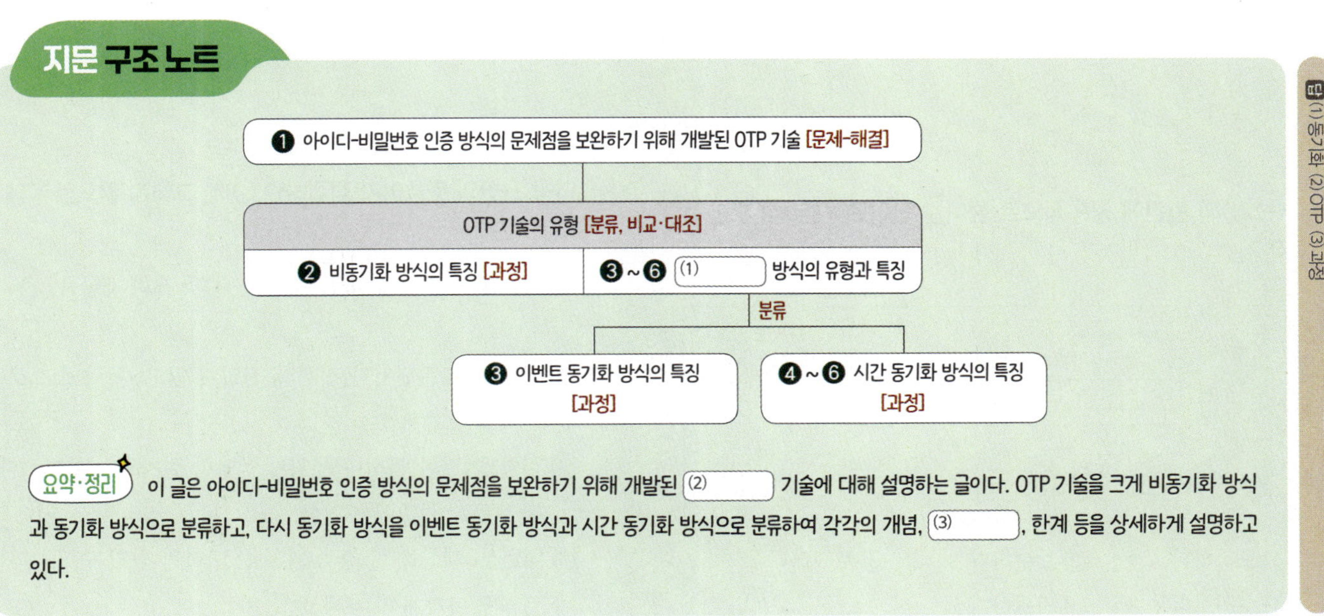


요약·정리 이 글은 아이디-비밀번호 인증 방식의 문제점을 보완하기 위해 개발된 (2) 기술에 대해 설명하는 글이다. OTP 기술을 크게 비동기화 방식과 동기화 방식으로 분류하고, 다시 동기화 방식을 이벤트 동기화 방식과 시간 동기화 방식으로 분류하여 각각의 개념, (3) , 한계 등을 상세하게 설명하고 있다.

답 (1) 동기화 (2) OTP (3) 과정

# 필수 어휘 ZIP
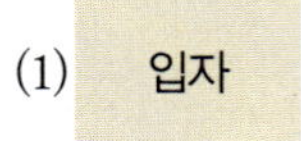

**1** 다음 단어의 뜻풀이로 올바른 것을 찾아 연결하시오.

(1) 입자 ·

(2) 질의 ·

(3) 문자열 ·

· ㉠ 의심나거나 모르는 점을 물음.

· ㉡ 데이터로 다루는 일련의 문자.

· ㉢ 물질을 구성하는 미세한 크기의 물체.

**2** 다음 뜻풀이를 가진 단어를 골라 ○표 하시오.

(1) 평가하거나 측정할 때 의거할 기준.

| 지척 | 척도 |

(2) 사물이 한쪽으로 기울지 않고 안정해 있음.

| 평균 | 평형 |

(3) 일반 사회에서 자연히 발생하여 쓰이는 언어.

| 외국어 | 자연어 |

(4) 서로 일관성 있게 같은 값을 유지하는 것. 같은 시점에서 특정 작업을 수행하는 것.

| 동기화 | 학습화 |

**3** 〈보기〉의 빈칸에 공통적으로 들어갈 단어로 가장 적절한 것은?

／ 보기 ／
- 전력을 [     ].
- 시설을 [     ].
- 규정을 [     ].
- 회사에서 전문 인력을 [     ].

① 보강하다　　② 보수하다　　③ 보정하다
④ 수리하다　　⑤ 지원하다

**4** 다음 문장의 의미를 고려하여 괄호 안에서 알맞은 단어를 골라 ○표 하시오.

(1) 생존을 ( 저해하고 , 제어하고 ) 압박해서는 안 된다.

(2) 새로운 전산망이 ( 건설되었다 , 구축되었다 ).

(3) 계속되는 무더위로 전력 수요가 ( 급락하고 , 급증하고 ) 있다.

(4) 소프트웨어는 미래 산업의 선진화에서 ( 중도적 , 중추적 ) 역할을 담당한다.

**5** 〈보기〉에 제시된 의미를 지닌 관용구로 가장 적절한 것은?

／ 보기 ／
일의 진행이나 활동을 방해하거나 멈추게 하다.
예 높아지려는 말소리에 [     ].

① 입이 쓰다.
② 피를 토하다.
③ 제동을 걸다.
④ 간이 떨어지다.
⑤ 미역국을 먹다.

**6** 다음 단어의 뜻풀이가 적절하면 ○에, 그렇지 않으면 ✕에 표시하시오.

(1) 중량물: 운반할 수 있는 유형(有形)의 재화나 물품.

| ○ | ✕ |

(2) 인공지능: 운전자가 직접 운전하지 않고, 차량 스스로 도로에서 달리게 하는 일.

| ○ | ✕ |

(3) 인증: 어떠한 문서나 행위가 정당한 절차로 이루어졌다는 것을 공적 기관이 증명함.

| ○ | ✕ |

(4) 역연산: 계산을 한 결과를, 계산을 하기 전의 수 또는 식으로 되돌아가게 하는 계산.

| ○ | ✕ |

# IV

# 미술품 복원 작업

지문 난도 ★★★★☆
지문 길이 ▮▮▮▯▯ 500 ─ 2500

❶ [1]미술 작품은 사용된 재료의 자연적 노화 현상이나 예기치 않은 사고, 재해 등으로 작품의 일부가 손상되기도 하는데, 손상된 작품을 작가의 의도를 살려 원래의 모습으로 되돌려 놓는 것을 미술품 복원 작업이라고 한다. [2]복원 작업을 할 때에는 미관적인 면보다는 작가가 표현하고자 하는 의도에 초점을 맞추어 인위적인 처리를 가급적 최소화하여야 한다.

❷ [1]미술품 복원 작업은 목적에 따라 예방 보존 작업과 긴급 보존 처리 작업, 보존 복원 처리 작업으로 나눌 수 있다. [2]먼저 예방 보존 작업은 작품의 손상을 사전에 방지하는 작업으로, 작품 보존에 적합한 온도 및 습도를 제공하고, 사고 예방 안전 장비를 설치하는 등 작품 전시에 필요한 최적의 환경을 제공하여 작품의 수명을 오래 지속시키기 위한 모든 활동이 해당된다. [3]긴급 보존 처리 작업은 작품의 손상이 매우 심해서 빠른 시일 내에 보존 처리를 하지 않으면 안 되는 작품들을 선별하여 위험 요소를 제거하거나 철거하는 작업으로, 허물어져 가는 벽화를 보강하거나, 모자이크 형식의 작품 사이에 생긴 잡초를 제거하는 일 등이 해당된다. [4]그리고 작품의 깨진 조각을 재배열하여 조합하는 경우처럼 작품의 일부가 심하게 없어지거나, 파손되었을 때에는 보존 복원 처리 작업을 실시한다. [5]이 작업을 진행할 때에는 작품이 만들어진 목적과 작가의 의도를 살려야 하기 때문에, 작품의 원본과 작품에 대한 완전한 이해와 존중이 요구된다.

❸ [1]미술품 복원 작업은 작품의 상태를 조사하는 것에서부터 출발한다. [2]이를 위해 육안으로 작품을 조사하기도 하지만, 주로 'X선투과사진법'을 이용한다. [3]X선은 파장이 0.01~10nm인 ●전자파로 파장의 길이가 매우 짧은 편이다. [4]파장이 짧은 전자파는 물체를 ●투과하는 성질이 있는데, 파장이 짧을수록 투과력이 증가하며, 물체의 밀도가 크고 두께가 두꺼울수록 투과력은 감소한다. [5]또한 X선은 필름을 ●감광시키는 성질이 있기 때문에, 미술품을 사이에 두고 X선원의 반대 측에 필름을 놓은 후 X선을 쪼이면, 필름에 흑백의 영상을 얻을 수 있다. [6]이때 X선의 투과력이 감소할수록 투과율 또한 감소하여 물체의 영상은 필름에 하얗게 나타난다. [7]따라서 흑백의 명암 차를 분석하면 물체의 밀도와 두께뿐만 아니라, 육안으로 식별할 수 없는 미술품의 손상 부위도 찾아낼 수 있는 것이다.

[A]

❹ [1]작품의 상태를 조사한 후에는 손상 정도에 맞게 복원 작업을 진행하는데, 작품을 오염시키고 있는 이물질을 제거하는 클리닝 작업을 먼저 실시한다. [2]이 작업은 작품이 원래의 모습을 찾도록 하는 데 큰 기여를 하지만, 여러 가지 화학 약품을 사용하기 때문에 작품에 손상을 가할 위험성이 매우 큰 작업이다. [3]따라서 클리닝 작업을 실시하기 전에는 작품에 사용된 재료의 화학 성분을 분석해야 하는데, 이때 사용하는 방법이 '형광X선분석법'이다. [4]작품을 이루고 있는 재료의 원소는 ●원자로 이루어져 있으며, 원자의 중심에 있는 원자핵은 양자와 중성자로 이루어져 있다. [5]그리고 원자핵 주변에는 전자가 있다. [6]원소마다 고유의 원자핵 구조와 전자 수를 가지고 있으며, 원소의 전자는 원자핵 주위를 정해진 궤도를 따라 돌고 있다. [7]분석하고자 하는 대상에 X선을 쪼이면, 안쪽 궤도의 전자는 X선과 충돌한 후 밖으로 튀어나오게 된다. [8]그 자리를 바깥쪽에 위치한 전자가 이동하면서 원소에 따라 고유의 형광X선이 발생하는데, 이 형광X선의 파장을 분석하면 실험 재료 속에 포함되어 있는 원소의 종류를 알 수 있다. [9]또한 원소가 많이 포함되어 있을수록 형광X선의 방출량이 증가하므로, X선의 세기를 측정하면 원소의 양 또한 알 수 있다. [10]이러한 형광X선분석법은 실험 재료를 파괴하지 않고 분석할 수 있으며, 측정 준비에 소요되는 시간이 짧고, 측정 또한 몇 분 만에 완료되기 때문에 벽화나 ●단청처럼 측정 대상을 이동시키기 어려운 경우의 성분 분석에 널리 사용되고 있다. [11]클리닝 작업을 마친 미술품은 이후 여러 과정을 거쳐 원래의 모습을 회복하게 된다.

● **전자파** 공간에서 전기장과 자기장이 주기적으로 변화하면서 전달되는 파동. 파장이 긴 것부터 마이크로파, 가시광선, 엑스선, 감마선이라고 이른다.
● **투과하다** 빛, 액체, 소리 등이 물질을 뚫고 통과하다.
● **감광** 사진에서, 필름에 바른 감광제에 빛을 쬐어 흑백의 상을 만듦.
● **원자** 물질을 구성하는 기본 입자. 원자는 (+)전하를 띠며 원자의 중심에 위치하는 원자핵과, (−)전하를 띠며 원자핵 주위를 빠르게 움직이는 전자로 구성되어 있다.
● **단청** 옛날식 집의 벽, 기둥, 천장 따위에 여러 가지 빛깔로 그림이나 무늬를 그림. 또는 그 그림이나 무늬.

전개 방식 파악하기

**1 윗글에 대한 설명으로 가장 적절한 것은?**

① 미술품 복원 과정을 설명하면서 미술품이 지닌 경제적 가치를 탐색하고 있다.

② 미술품 복원 작업의 종류를 구분하고 그것을 근거로 하여 예술의 형식을 분류하고 있다.

③ 미술품 복원 작업의 특징과 과정을 서술하면서 과학적 분석 방법이 활용되는 원리를 설명하고 있다.

④ 미술품 복원 작업이 등장하게 된 배경을 검토하며 과학적 분석 방법의 장점과 한계를 평가하고 있다.

⑤ 미술품 복원에 대한 평가가 작업 방식에 따라 달라지는 원인을 제시하고 과학적 분석과의 관계를 설명하고 있다.



세부 내용 파악하기

**2 윗글을 이해한 내용으로 가장 적절한 것은?**

① 작품 보존에 필요한 최적의 환경을 제공하는 것은 보존 복원 처리 작업에 해당한다.

② 작품에 사용된 재료의 자연적 노화로 인해 발생한 작품의 손상은 복원 작업에서 제외된다.

③ 허물어져 가는 벽화의 성분 분석을 할 때에는 형광X선분석법을 사용하는 것이 효과적이다.

④ 형광X선은 원소의 안쪽 전자 궤도에 위치한 전자가 X선과 충돌하여 바깥쪽 궤도로 이동할 때 발생한다.

⑤ 미술 작품의 보존 작업은 작품 원본에 대한 이해를 바탕으로 작가의 의도보다 미관적인 면에 초점을 두어야 한다.



**IV 융합·복합**

구체적 사례나 상황에 적용하기 [고난도]

**3 [A]를 바탕으로 〈보기〉의 영상을 이해한 것으로 적절하지 않은 것은?**

보기

밀도가 같은 동일한 재질로 이루어진 목판의 글자가 일부 손상되어 복원 작업을 하려고 한다. 목판을 복원하기 전에 'X선투과사진법'을 사용하여 다음과 같은 영상을 얻었다.

〈촬영 전 목판〉　〈X선 촬영 영상〉

① ⓐ~ⓓ 중에서 X선의 투과율이 가장 낮은 곳은 ⓑ이겠군.

② 파장이 짧은 X선을 사용할수록 ⓒ는 더 검게 나타나겠군.

③ ⓑ를 보니 목판에는 육안으로 식별할 수 없는 손상 부위가 있겠군.

④ ⓐ와 ⓒ의 명암 차이는 해당 부위의 목판 두께가 다르기 때문이겠군.

⑤ ⓓ는 목판의 해당 부위가 손상되었기 때문에 ⓐ보다 검게 나타난 것이겠군.

❶ ¹미술 작품은 사용된 재료의 자연적 노화 현상이나 예기치 않은 사고, 재해 등으로 작품의 일부가 손상되기도 하는데, 손상된 작품을 작가의 의도를 살려 원래의 모습으로 되돌려 놓는 것을 미술품 복원 작업이라고 한다. ²복원 작업을 할 때에는 미관적인 면보다는 작가가 표현하고자 하는 의도에 초점을 맞추어 인위적인 처리를 가급적 최소화하여야 한다.

▶ 미술품 복원 작업의 개념

**내용 이해**

● 미술품 복원 작업의 개념

| 미술품이 재료의 자연적 노화 현상, 사고, 재해 등으로 손상된 경우 | → | 미술품 복원 작업<br>원래의 모습으로 되돌려 놓는 작업 |

미관적인 면 < 작가의 표현 (1)

**구조 이해** 이 글의 화제인 미술품 복원 작업을 언급한 문단으로, 미술품 복원 작업의 개념을 설명함.

❷ ¹미술품 복원 작업은 목적에 따라 예방 보존 작업과 긴급 보존 처리 작업, 보존 복원 처리 작업으로 나눌 수 있다. ²먼저 예방 보존 작업은 작품의 손상을 사전에 방지하는 작업으로, (작품 보존에 적합한 온도 및 습도를 제공하고, 사고 예방 안전 장비를 설치하는 등 작품 전시에 필요한 최적의 환경을 제공하여 작품의 수명을 오래 지속시키기 위한 모든 활동이 해당된다.) ³긴급 보존 처리 작업은 작품의 손상이 매우 심해서 빠른 시일 내에 보존 처리를 하지 않으면 안 되는 작품들을 선별하여 위험 요소를 제거하거나 철거하는 작업으로, 허물어져 가는 벽화를 보강하거나, 모자이크 형식의 작품 사이에 생긴 잡초를 제거하는 일 등이 해당된다. ⁴그리고 작품의 깨진 조각을 재배열하여 조합하는 경우처럼 작품의 일부가 심하게 없어지거나, 파손되었을 때에는 보존 복원 처리 작업을 실시한다. ⁵이 작업을 진행할 때에는 작품이 만들어진 목적과 작가의 의도를 살려야 하기 때문에, 작품의 원본과 작품에 대한 완전한 이해와 존중이 요구된다.

▶ (2) 에 따른 미술품 복원 작업의 종류

**내용 이해**

● 미술품 복원 작업의 종류

| 예방 보존 작업 | 작품의 손상을 사전에 방지하는 작업<br>예 작품 보존에 적합한 최적의 환경 제공, 사고 예방 안전 장비 설치 |
| 긴급 보존 처리 작업 | 손상이 매우 심한 작품을 선별하여 위험 요소를 긴급하게 제거, (3) 하는 작업<br>예 허물어져 가는 벽화 보강, 모자이크 형식의 작품 사이에 생긴 잡초 제거 |
| 보존 복원 처리 작업 | 작품 일부가 심하게 없어지거나 파손되었을 때 복원하는 작업<br>예 작품의 깨진 조각 재배열 및 조합 |

**구조 이해** 미술품 복원 작업의 종류를 목적에 따라 분류하고, 각각의 특징을 구체적으로 예를 들어 설명함.

❸ ¹미술품 복원 작업은 작품의 상태를 조사하는 것에서부터 출발한다. ²이를 위해 육안으로 작품을 조사하기도 하지만, 주로 'X선투과사진법'을 이용한다. ³X선은 파장이 0.01~10nm인 전자파로 파장의 길이가 매우 짧은 편이다. ⁴(파장이 짧은 전자파는 물체를 투과하는 성질이 있는데, 파장이 짧을수록 투과력이 증가하며, 물체의 밀도가 크고 두께가 두꺼울수록 투과력은 감소한다. ⁵또한 X선은 필름을 감광시키는 성질이 있기 때문에, 미술품을 사이에 두고 X선원의 반대 측에 필름을 놓은 후 X선을 쪼이면, 필름에 흑백의 영상을 얻을 수 있다. ⁶이때 X선의 투과력이 감소할수록 투과율 또한 감소하여 물체의 영상은 필름에 하얗게 나타난다.) ⁷따라서 흑백의 명암 차를 분석하면 물체의 밀도와 두께뿐만 아니라, 육안으로 식별할 수 없는 미술품의 손상 부위도 찾아낼 수 있는 것이다.

▶ 미술품 복원 작업의 과정: ① 'X선투과사진법'을 이용한 작품의 (4) 조사

**내용 이해**

● 'X선투과사진법'의 원리

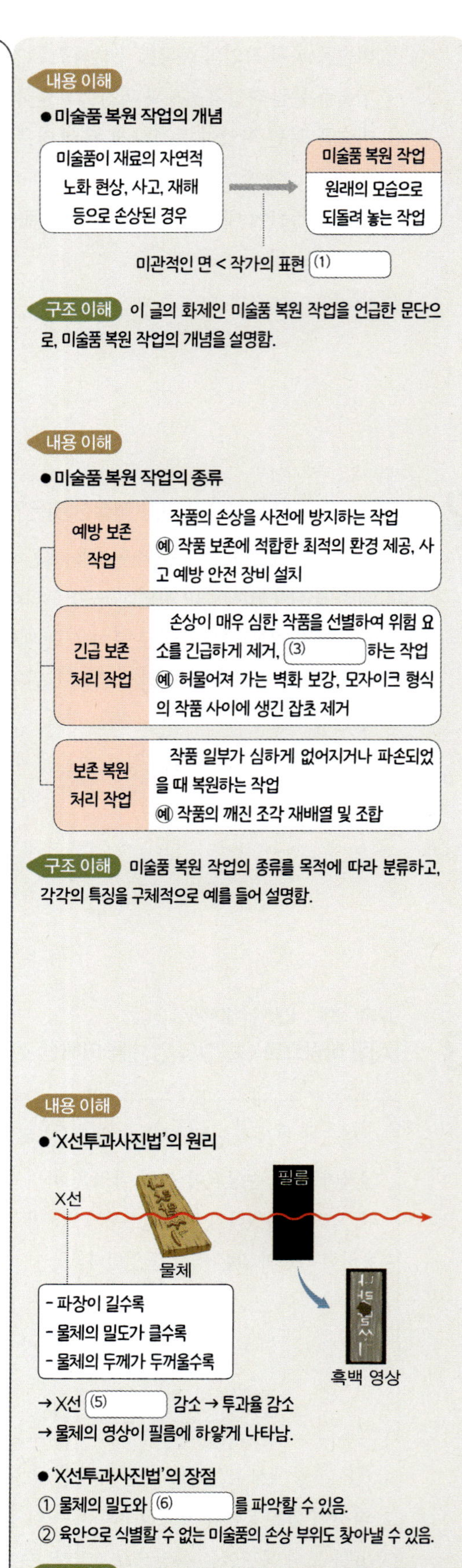


→ X선 (5) 감소 → 투과율 감소
→ 물체의 영상이 필름에 하얗게 나타남.

● 'X선투과사진법'의 장점
① 물체의 밀도와 (6) 를 파악할 수 있음.
② 육안으로 식별할 수 없는 미술품의 손상 부위도 찾아낼 수 있음.

**구조 이해** • 미술품 복원 작업 과정의 첫 번째 단계를 설명함.
• 'X선투과사진법'의 원리를 설명함.

❹ ¹작품의 상태를 조사한 후에는 손상 정도에 맞게 복원 작업을 진행하는데, 작품을 오염시키고 있는 이물질을 제거하는 클리닝 작업을 먼저 실시한다. ²이 작업은 작품이 원래의 모습을 찾도록 하는 데 큰 기여를 하지만, 여러 가지 화학 약품을 사용하기 때문에 작품에 손상을 가할 위험성이 매우 큰 작업이다. ³따라서 클리닝 작업을 실시하기 전에는 작품에 사용된 재료의 화학 성분을 분석해야 하는데, 이때 사용하는 방법이 '형광X선분석법'이다. ⁴작품을 이루고 있는 재료의 원소는 원자로 이루어져 있으며, 원자의 중심에 있는 원자핵은 양자와 중성자로 이루어져 있다. ⁵그리고 원자핵 주변에는 전자가 있다. ⁶원소마다 고유의 원자핵 구조와 전자 수를 가지고 있으며, 원소의 전자는 원자핵 주위를 정해진 궤도를 따라 돌고 있다. ⁷(분석하고자 하는 대상에 X선을 쪼이면, 안쪽 궤도의 전자는 X선과 충돌한 후 밖으로 튀어나오게 된다. ⁸그 자리를 바깥쪽에 위치한 전자가 이동하면서 원소에 따라 고유의 형광X선이 발생하는데, 이 형광X선의 파장을 분석하면 실험 재료 속에 포함되어 있는 원소의 종류를 알 수 있다. ⁹또한 원소가 많이 포함되어 있을수록 형광X선의 방출량이 증가하므로, X선의 세기를 측정하면 원소의 양 또한 알 수 있다.) ¹⁰이러한 형광X선분석법은 실험 재료를 파괴하지 않고 분석할 수 있으며, 측정 준비에 소요되는 시간이 짧고, 측정 또한 몇 분 만에 완료되기 때문에 벽화나 단청처럼 측정 대상을 이동시키기 어려운 경우의 성분 분석에 널리 사용되고 있다. ¹¹클리닝 작업을 마친 미술품은 이후 여러 과정을 거쳐 원래의 모습을 회복하게 된다.

▶ 미술품 복원 작업의 과정: ② '형광X선분석법'을 이용한 작품 재료의 (7)〔　　　　〕 분석과 클리닝 작업

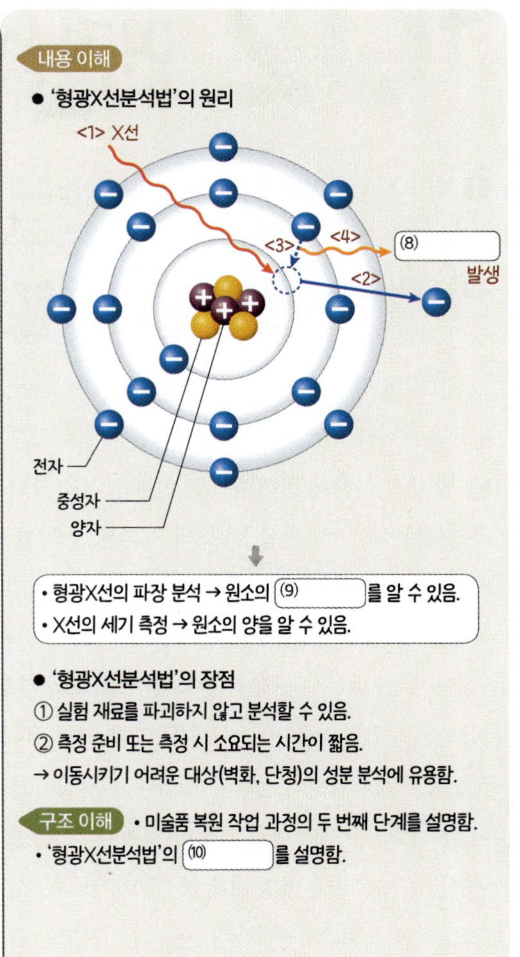



답 (1) 의도 (2) 목적 (3) 철거 (4) 상태 (5) 투과력 (6) 두께 (7) 화학 성분 (8) 형광X선 (9) 종류 (10) 원리



## 지문 구조 노트

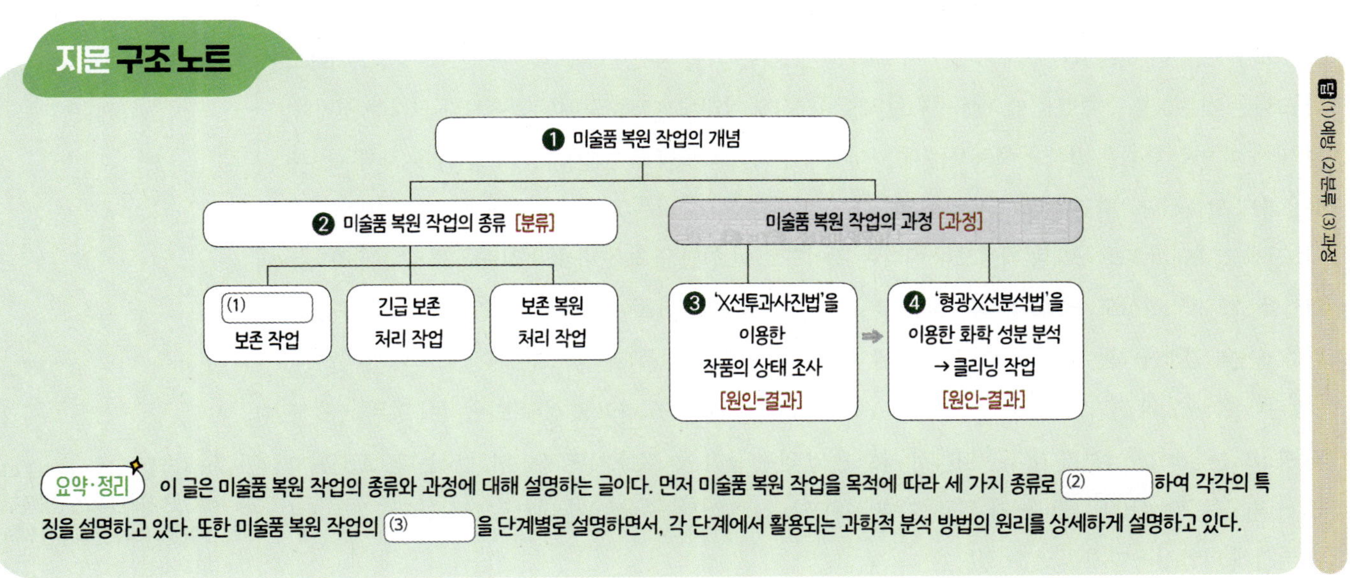



요약·정리 이 글은 미술품 복원 작업의 종류와 과정에 대해 설명하는 글이다. 먼저 미술품 복원 작업을 목적에 따라 세 가지 종류로 (2)〔　　　〕하여 각각의 특징을 설명하고 있다. 또한 미술품 복원 작업의 (3)〔　　〕을 단계별로 설명하면서, 각 단계에서 활용되는 과학적 분석 방법의 원리를 상세하게 설명하고 있다.

답 (1) 예방 (2) 분류 (3) 과정

# 02 연관성 분석



지문 난도 ★★★★★
지문 길이  1000  3000

❶ [1]현대 사회는 정보 통신 기술의 발달로 매일 엄청난 양의 자료가 생성·축적되고 있다. [2]이러한 많은 양의 자료에서 유용한 정보를 찾아 활용하기 위해 다양한 분석 기법이 쓰이는데, 그중 정책 수립, 기업 관리, 의학 분야 연구, 마케팅 등에 널리 쓰이는 것이 연관성 분석이다. [3]마케팅 분야를 예로 든다면, 연관성 분석은 수집한 자료 안에 존재하는 품목 간의 ●연관 규칙을 발견하는 과정을 말하며, 연관 규칙은 '고객이 X를 사면 Y도 산다.'의 형태를 띤다. [4]이때 '고객이 X를 산다.'는 조건이 되고 '고객이 Y를 산다.'는 결과가 된다. [5]연관 규칙은 'X→Y'와 같이 조건과 결과를 기호로 표현하는 것이 일반적이며, 통계학의 확률을 기반으로 한다.

❷ [1]연관성 분석을 통해 유용한 연관 규칙을 찾기 위해서는 대상 품목들이 어느 정도의 연관성이 있는지를 측정해야 한다. [2]연관성 ●측도의 기본은 발생 빈도로, 이와 관련한 주요 측도에는 지지도, 신뢰도, 향상도가 있다. [3]먼저 지지도는 전체 거래에 대해서 조건과 결과에 있는 품목들이 함께 구매되는 경향을 나타낸다. [4]'X→Y'의 지지도는 X와 Y를 모두 구매하는 거래의 수를 전체 거래의 수로 나눈 값으로, 지지도가 높다는 것은 동시 구매가 많이 일어난다는 것을 의미한다. [5]〈표〉는 다섯 가지의 품목만 취급하는 편의점에서 다섯 명의 고객이 한 번씩만 거래했다고 가정한 것이다. [6]〈표〉에서 생수와 빵을 모

| 고객 | 품목 |
|------|------|
| 1 | 빵, 생수, 우유 |
| 2 | 빵, 휴지, 우유 |
| 3 | 빵, 세제, 우유 |
| 4 | 빵, 생수, 세제 |
| 5 | 생수, 휴지, 우유 |

〈표〉

두 산 경우는 다섯 번의 거래 중 두 번이므로, '생수→빵'의 지지도는 2/5(40%)이다. [7]'빵→생수'의 지지도도 2/5이므로 'X→Y'와 'Y→X'의 지지도는 같다.

❸ [1]신뢰도는 조건의 구매가 발생하였을 때 결과의 구매가 일어날 확률이다. [2]즉 'X→Y'의 신뢰도는 X와 Y를 모두 구매하는 거래의 수를 X를 구매하는 거래의 수로 나눈 값이다. [3]따라서 신뢰도가 높다는 것은 조건의 구매가 발생한 경우에 결과의 구매가 많이 일어남을 의미한다. [4]〈표〉에서 생수를 구매한 세 번의 거래 중에서 두 번만 빵을 샀으므로, '생수→빵'은 2/3(약 66.7%)의 신뢰도를 갖는다. [5]그런데 '빵→생수'의 신뢰도는 2/4(50%)이다. [6]이처럼 'X→Y'와 'Y→X'의 신뢰도는 같지 않을 수 있다.

❹ [1]향상도는 어떤 연관 규칙에 대하여 조건 없이 결과가 일어날 확률보다, 조건이 일어났을 때 결과가 일어날 확률이 얼마나 더 향상되는지를 알려 주는 측도이다. [2]향상도는 신뢰도를 기대 신뢰도로 나눈 값이다. [3]기대 신뢰도란 'X→Y'에서 Y를 포함하는 거래의 수를 전체 거래의 수로 나눈 값이다. [4]'X→Y'에서 향상도가 1이라는 것은 X와 Y의 구매가 서로 독립적이라는 의미이다. [5]그리고 'X→Y'에서 향상도가 1보다 크다는 것은 X를 구매했을 때 Y를 구매할 확률이, 전체 거래에서 Y를 구매할 확률보다 크다는 것이다. [6]따라서 이 연관 규칙은 결과를 예측하는 데 있어서 우연적 기회보다 우수하여 마케팅 전략을 ⓐ세우는 데 유용하게 활용된다. [7]반면에 'X→Y'에서 향상도가 1보다 작다는 것은 X를 구매했을 때 Y를 구매할 확률이, 전체 거래에서 Y를 구매할 확률보다 작다는 것이므로 이 연관 규칙을 마케팅 전략에 바로 적용하기는 어렵다. [8]그래서 향상도가 1보다 작은 경우에는 음의 연관 규칙을 만들어 유용하게 쓰일 수 있도록 하기도 한다. [9]음의 연관 규칙은 결과에 '이다' 대신에 '아니다'를 쓴다는 것을 제외하고는 연관 규칙과 유사하다. [10]예컨대 'X→Y'의 신뢰도가 30%이고, 'X→Y'의 기대 신뢰도가 40%라고 가정해 보자. [11]이 경우 'X→Y'의 향상도는 3/4으로 1보다 작다. [12]따라서 이를 음의 연관 규칙, 곧 'X를 사면 Y를 사지 않는다.'로 전환하면, 신뢰도는 70%(100%−30%)가 되고, 기대 신뢰도는 60%(100%−40%)가 되므로 향상도는 7/6로 1보다 커지게 되어 유용하게 쓰일 수 있다.

[A]

● 연관 규칙 명시된 한계에 따라서 빈번하게 나오는 항목값의 조합을 나타내는 공통된 약속.
● 측도 측정되는 정도.

❺ [1]이와 같은 ✚연관성 분석은 결과가 명확하기 때문에 이해하기 쉽고, 유용한 연관 규칙의 형태로 주어지므로 마케팅 전략에 적용하기도 좋다. [2]그러나 분석하려는 품목의 수가 늘어나면 연관 규칙이 기하급수적으로 늘어난다는 문제가 발생하는데, 이 문제를 해결하기 위한 보편적 방법으로 거래가 충분히 이루어지지 않은 품목을 제거하는 최소지지도 가지치기가 있다. [3]이는 지지도가 낮은 품목을 분석 대상에서 삭제하거나, 하위 품목을 상위 품목으로 일반화하여 품목들이 분석자가 임의로 설정한 최소지지도를 넘게 하는 것이다.

❻ [1]지금까지 살펴본 연관성 분석은 사건들의 발생 순서는 분석의 고려 대상으로 삼지 않았다. [2]그런데 순차적으로 일어나는 사건들을 나열한 시계열 자료를 분석하여 선후 사건들 사이의 연관성을 추론할 수도 있다. [3]이를 시차 연관성 분석이라고 한다. [4]시간의 흐름에 따라 어떤 사건들이 일어났는지를 분석하여 사건들 간의 연관성을 발견하면, 이러한 연관성을 토대로 미래의 사건을 예측하거나 사건들 사이의 인과 관계를 추론하는 등 다양하게 활용할 수 있다. [5]이와 같은 시차 연관성 분석을 하기 위해서는 사건이 일어난 시간이나 순서를 알려 주는 정보가 필요하다. [6]또한 다른 시간대에 일어난 사건이 동일한 분석 대상에서 일어났다는 것을 알려 주는 분석 대상의 식별 정보도 필요하다.

**배경지식** ✚

**연관성 분석의 활용** 예

| 구매 데이터 |
| --- |
| 😀 품목 1, 품목 2 |
| 😀 품목 1, 품목 3 |
| 😀 품목 1, 품목 2 |

↓

| 연관성 분석 |
| --- |
| 품목 간의 연관성 파악<br>(상품의 구매 패턴 분석) |

↓

| 마케팅 전략 수립 예 |
| --- |
| • 효율적인 상품 진열<br>• 동시 구매할 가능성이 높은 상품 추천: 쿠폰 제공, 묶음 상품 구성 |

**IV**<br>융합·복합

---

전개 방식 파악하기

**1** 윗글에 대한 설명으로 적절하지 **않은** 것은?

① 연관성 분석에 쓰이는 측도들을 예를 들어 설명하고 있다.

② 연관성 분석이 시대에 따라 변천하게 된 과정을 설명하고 있다.

③ 시차 연관성 분석의 특징과 분석에 필요한 요소들을 밝히고 있다.

④ 연관성 분석에서 발생할 수 있는 문제를 해결하기 위한 방법을 제시하고 있다.

⑤ 다양한 분석 기법이 여러 분야에서 널리 쓰이게 된 사회적 배경을 소개하고 있다.

스스로 점검: ○ | △ | ✕
정답의 근거:

---

세부 내용 파악하기

**2** 윗글의 내용과 일치하지 **않는** 것은?

① 연관성 측도에서 기본이 되는 것은 발생 빈도이다.

② 향상도가 1이라는 것은 조건과 결과가 서로 독립적이라는 의미이다.

③ 연관성 분석은 결과가 명확하고 유용한 연관 규칙의 형태로 주어지는 장점이 있다.

④ 최소지지도 가지치기에는 지지도가 낮은 품목을 분석 대상에서 삭제하는 방법이 있다.

⑤ 연관성 분석에서 분석하려는 품목을 상위 품목으로 일반화하면 연관 규칙의 수가 기하급수적으로 늘어난다.

스스로 점검: ○ | △ | ✕
정답의 근거:

**3** 윗글의 〈표〉에 대해 이해한 내용으로 적절하지 <u>않은</u> 것은?



① '빵 → 생수'가 '빵 → 휴지'의 지지도보다 높은 것은 '빵'을 '생수'와 함께 구매한 경우가 '빵'을 '휴지'와 함께 구매한 경우보다 많은 것을 의미한다.

② '휴지 → 우유'의 신뢰도가 100%인 것은 '우유'를 구매한 모든 경우에 '휴지'를 구매한 것을 의미한다.

③ '생수 → 빵'과 '생수 → 우유'는 '생수 → 휴지'보다 신뢰도가 높다.

④ '우유 → 생수'의 지지도와 '생수 → 우유'의 지지도는 같다.

⑤ '빵 → 세제'의 신뢰도와 '세제 → 빵'의 신뢰도는 다르다.



**4** [A]를 바탕으로 할 때, 〈보기〉에 대해 보인 반응으로 가장 적절한 것은?



> ┌ 보기 ┐
>
> 어느 매장에서 고객들이 팥빙수를 만들기 위해 구매한 팥(A), 인절미(B), 콩가루(C)의 전체 거래 정보에 대해 연관성 분석을 하였다. 다음은 이를 통해 발견한 연관 규칙의 일부이다.

| 연관 규칙(X → Y) | 기대 신뢰도 | 신뢰도 | 향상도 | |
|---|---|---|---|---|
| A → B | 42.5% | 55.6% | 1.308 | ⑦ |
| B → C | 40.0% | 35.3% | 0.883 | ⑭ |
| C → A | 45.0% | 50.0% | 1.111 | ⑭ |
| : | : | : | : | |

① ⑦의 연관 규칙에서 B를 포함하는 거래의 수를 전체 거래의 수로 나눈 값은 ⑭의 연관 규칙에서 A를 포함하는 거래의 수를 전체 거래의 수로 나눈 값보다 크군.

② ⑭의 연관 규칙에서 B를 구매했을 때 C를 구매할 확률은 전체 거래에서 C를 구매할 확률보다 작군.

③ ⑭의 연관 규칙의 신뢰도는 ⑭의 음의 연관 규칙의 신뢰도보다 크군.

④ ⑭의 연관 규칙이 ⑦의 연관 규칙보다 마케팅 전략에 바로 적용하여 활용하기에 유용하겠군.

⑤ ⑭의 연관 규칙을 음의 연관 규칙인 'A → C'로 전환하면 더욱 유용하게 쓸 수 있겠군.



**5** ⓐ의 문맥적 의미와 가장 유사한 것은?



① 변호사는 그를 증인으로 <u>세웠다</u>.

② 시험이 끝난 학생들이 방학 계획을 <u>세웠다</u>.

③ 과장은 회사의 실적을 올리는 데 공을 <u>세웠다</u>.

④ 목수는 목재를 잘 자르기 위해 톱날을 <u>세웠다</u>.

⑤ 우리 학교는 많은 노력을 기울여 전통을 <u>세웠다</u>.

**❶** [1]현대 사회는 정보 통신 기술의 발달로 매일 엄청난 양의 자료가 생성·축적되고 있다. [2]이러한 많은 양의 자료에서 유용한 정보를 찾아 활용하기 위해 다양한 분석 기법이 쓰이는데, 그중 정책 수립, 기업 관리, 의학 분야 연구, 마케팅 등에 널리 쓰이는 것이 연관성 분석이다. [3]마케팅 분야를 예로 든다면, 연관성 분석은 수집한 자료 안에 존재하는 품목 간의 연관 규칙을 발견하는 과정을 말하며, 연관 규칙은 '고객이 X를 사면 Y도 산다.'의 형태를 띤다. [4]이때 '고객이 X를 산다.'는 조건이 되고 '고객이 Y를 산다.'는 결과가 된다. [5]연관 규칙은 'X → Y'와 같이 조건과 결과를 기호로 표현하는 것이 일반적이며, 통계학의 확률을 기반으로 한다.

▶ 다양한 (1)     기법이 쓰이게 된 사회적 배경과 연관성 분석의 개념

**❷** [1]연관성 분석을 통해 유용한 연관 규칙을 찾기 위해서는 대상 품목들이 어느 정도의 연관성이 있는지를 측정해야 한다. [2]연관성 측도의 기본은 발생 빈도로, 이와 관련한 주요 측도에는 지지도, 신뢰도, 향상도가 있다. [3]먼저 지지도는 전체 거래에 대해서 조건과 결과에 있는 품목들이 함께 구매되는 경향을 나타낸다. [4]'X → Y'의 지지도는 X와 Y를 모두 구매하는 거래의 수를 전체 거래의 수로 나눈 값으로, 지지도가 높다는 것은 동시 구매가 많이 일어난다는 것을 의미한다. [5]〈표〉는 다섯 가지의 품목만 취급하는 편의점에서 다섯 명의 고객이 한 번씩만 거래했다고 가정한 것이다. [6]〈표〉에서 생수와 빵을 모두 산 경우는 다섯 번의 거래 중 두 번이므로, '생수 → 빵'의 지지도는 2/5(40%)이다. [7]'빵 → 생수'의 지지도도 2/5이므로 'X → Y'와 'Y → X'의 지지도는 같다.

| 고객 | 품목 |
|---|---|
| 1 | 빵, 생수, 우유 |
| 2 | 빵, 휴지, 우유 |
| 3 | 빵, 세제, 우유 |
| 4 | 빵, 생수, 세제 |
| 5 | 생수, 휴지, 우유 |

〈표〉

▶ 연관성 분석에 쓰이는 측도: ① 지지도

**❸** [1]신뢰도는 조건의 구매가 발생하였을 때 결과의 구매가 일어날 확률이다. [2]즉 'X → Y'의 신뢰도는 X와 Y를 모두 구매하는 거래의 수를 X를 구매하는 거래의 수로 나눈 값이다. [3]따라서 신뢰도가 높다는 것은 조건의 구매가 발생한 경우에 결과의 구매가 많이 일어남을 의미한다. [4]〈표〉에서 생수를 구매한 세 번의 거래 중에서 두 번만 빵을 샀으므로, '생수 → 빵'은 2/3(약 66.7%)의 신뢰도를 갖는다. [5]그런데 '빵 → 생수'의 신뢰도는 2/4(50%)이다. [6]이처럼 'X → Y'와 'Y → X'의 신뢰도는 같지 않을 수 있다.

▶ 연관성 분석에 쓰이는 측도: ② 신뢰도

---

**내용 이해**

● 연관성 분석 기법의 활용 배경과 개념

> 정보 통신 기술의 발달로 많은 양의 자료가 생성·축적됨.

↓

> 많은 자료에서 유용한 정보를 찾아 활용하기 위해 다양한 분석 기법이 쓰임.

↓

> 연관성 분석
> - 품목 간의 (2)    을 발견하는 과정.
> - 'X(조건) → Y(결과)'의 형태로 표현함.

**구조 이해** 이 글의 화제인 '연관성 분석 기법'을 제시한 문단으로, 연관성 분석이 쓰이게 된 배경과 그 개념을 설명함.

**내용 이해**

● 연관성 측도의 구분

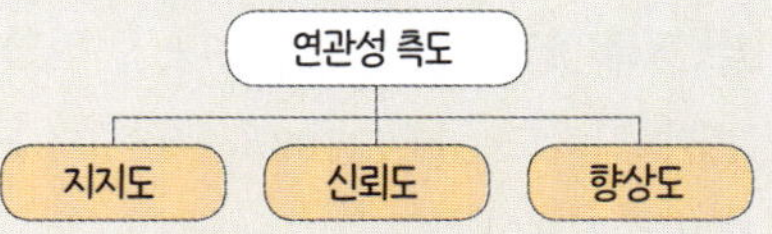


● 연관성 분석의 측도: ① 지지도

(1) 개념: 전체 거래에 대해서 조건과 결과에 있는 품목들이 함께 구매되는 경향을 나타내는 측도.

(2) 계산 방법: $\dfrac{\text{X와 Y를 모두 구매하는 거래의 수}}{(3)\ \text{거래의 수}}$

(3) 특징

① 'X → Y'의 지지도가 높다는 것은 X와 Y의 (4)     구매가 많이 일어난다는 의미임.

② 'X → Y'와 'Y → X'의 지지도는 같음.

**구조 이해** • 연관성 측도를 세 가지로 나열하고, 첫 번째 측도인 '지지도'의 개념과 특징을 설명함.

• 구체적인 자료를 통해 지지도를 계산하는 방법을 보여 줌.

**내용 이해**

● 연관성 분석의 측도: ② 신뢰도

(1) 개념: 조건의 구매가 발생하였을 때 결과의 구매가 일어날 확률을 나타내는 측도.

(2) 계산 방법: $\dfrac{\text{X와 Y를 모두 구매하는 거래의 수}}{(5)\ \text{를 구매하는 거래의 수}}$

(3) 특징

① 'X → Y'의 신뢰도가 높다는 것은 조건의 구매가 발생한 경우에 (6)    의 구매가 많이 일어난다는 의미임.

② 'X → Y'와 'Y → X'의 신뢰도는 같지 않을 수 있음.

**구조 이해** • 두 번째 측도인 '신뢰도'의 개념과 특징을 설명함.

• 구체적인 자료를 통해 신뢰도를 계산하는 방법을 보여 줌.

❹ [1]향상도는 어떤 연관 규칙에 대하여 조건 없이 결과가 일어날 확률보다, 조건이 일어났을 때 결과가 일어날 확률이 얼마나 더 향상되는지를 알려 주는 측도이다. [2]향상도는 신뢰도를 기대 신뢰도로 나눈 값이다. [3]기대 신뢰도란 'X → Y'에서 Y를 포함하는 거래의 수를 전체 거래의 수로 나눈 값이다. ([4]'X → Y'에서 향상도가 1이라는 것은 X와 Y의 구매가 서로 독립적이라는 의미이다. [5]그리고 'X → Y'에서 향상도가 1보다 크다는 것은 X를 구매했을 때 Y를 구매할 확률이, 전체 거래에서 Y를 구매할 확률보다 크다는 것이다. [6]따라서 이 연관 규칙은 결과를 예측하는 데 있어서 우연적 기회보다 우수하여 마케팅 전략을 세우는 데 유용하게 활용된다. [7]반면에 'X → Y'에서 향상도가 1보다 작다는 것은 X를 구매했을 때 Y를 구매할 확률이, 전체 거래에서 Y를 구매할 확률보다 작다는 것이므로 이 연관 규칙을 마케팅 전략에 바로 적용하기는 어렵다. [8]그래서 향상도가 1보다 작은 경우에는 음의 연관 규칙을 만들어 유용하게 쓰일 수 있도록 하기도 한다.) [9]음의 연관 규칙은 결과에 '이다' 대신에 '아니다'를 쓴다는 것을 제외하고는 연관 규칙과 유사하다. [10]예컨대 'X → Y'의 신뢰도가 30%이고, 'X → Y'의 기대 신뢰도가 40%라고 가정해 보자. [11]이 경우 'X → Y'의 향상도는 3/4으로 1보다 작다. [12]따라서 이를 음의 연관 규칙, 곧 'X를 사면 Y를 사지 않는다.'로 전환하면, 신뢰도는 70%(100%−30%)가 되고, 기대 신뢰도는 60%(100%−40%)가 되므로 향상도는 7/6로 1보다 커지게 되어 유용하게 쓰일 수 있다.

▶ 연관성 분석에 쓰이는 측도: ③ 향상도

❺ [1]이와 같은 연관성 분석은 결과가 명확하기 때문에 이해하기 쉽고, 유용한 연관 규칙의 형태로 주어지므로 마케팅 전략에 적용하기도 좋다. [2]그러나 분석하려는 품목의 수가 늘어나면 연관 규칙이 기하급수적으로 늘어난다는 문제가 발생하는데, 이 문제를 해결하기 위한 보편적 방법으로 거래가 충분히 이루어지지 않은 품목을 제거하는 최소지지도 가지치기가 있다. ([3]이는 지지도가 낮은 품목을 분석 대상에서 삭제하거나, 하위 품목을 상위 품목으로 일반화하여 품목들이 분석자가 임의로 설정한 최소지지도를 넘게 하는 것이다.)

▶ 연관성 분석의 장단점 및 단점을 해결하기 위한 최소지지도 가지치기

---

❹ ¹지금까지 살펴본 연관성 분석은 사건들의 발생 순서는 분석의 고려 대상으로 삼지 않았다. ²그런데 순차적으로 일어나는 사건들을 나열한 시계열 자료를 분석하여 선후 사건들 사이의 연관성을 추론할 수도 있다. ³이를 시차 연관성 분석이라고 한다. ⁴시간의 흐름에 따라 어떤 사건들이 일어났는지를 분석하여 사건들 간의 연관성을 발견하면, 이러한 연관성을 토대로 미래의 사건을 예측하거나 사건들 사이의 인과 관계를 추론하는 등 다양하게 활용할 수 있다. ⁵이와 같은 시차 연관성 분석을 하기 위해서는 사건이 일어난 시간이나 순서를 알려 주는 정보가 필요하다. ⁶또한 다른 시간대에 일어난 사건이 동일한 분석 대상에서 일어났다는 것을 알려 주는 분석 대상의 식별 정보도 필요하다.

▶ 그 밖의 분석 기법: 시차 연관성 분석의 개념과 특징

● 시차 연관성 분석의 개념과 특징

| 시차 연관성 분석 |
| --- |
| - 시계열 자료를 분석하여 ⑫ [ ] 사건들 사이의 연관성을 추론하는 분석 방법. |
| - 사건의 발생 시간이나 순서 정보, 분석 대상의 식별 정보가 필요함. |

↓ 활용

| |
| --- |
| - 미래의 사건을 예측하는 경우 |
| - 사건들 사이의 인과 관계를 추론하는 경우 |

구조 이해 다양한 분석 기법 중 또 다른 방법인 '시차 연관성 분석 기법'의 개념과 특징을 설명함.

답 (1) 분석 (2) 연관 규칙 (3) 전체 (4) 동시 (5) X (6) 결과
(7) 결과 (8) Y (9) 음 (10) 마케팅 (11) 일반화 (12) 선후

**Ⅳ 융합·복합**

## 지문 구조 노트

❶ 다양한 분석 기법이 쓰이게 된 사회적 배경과 연관성 분석의 개념

**연관성 분석에 쓰이는 측도 [나열]**

❷ (1) [ ] 의 개념과 특징  ❸ 신뢰도의 개념과 특징  ❹ 향상도의 개념과 특징

❺ 연관성 분석의 장단점과 단점을 해결하기 위한 (2) [ ] 가지치기 [문제-해결]

❻ 그 밖의 분석 기법: 시차 연관성 분석의 개념과 특징

요약·정리 이 글은 다양한 분석 기법의 하나인 연관성 분석 기법의 특징에 대해 설명하는 글이다. 연관성 분석에 쓰이는 주요 측도 세 가지를 나열하여 설명하고, 연관성 분석의 (3) [ ] 을 제시하고 있다. 마지막 문단에서는 또 다른 분석 기법인 '시차 연관성 분석'을 소개하고 있다.

답 (1) 지지도 (2) 최소지지도 (3) 장단점

# 03 사랑에 관한 두 가지 관점

지문 난도 ★★★☆☆
지문 길이　500　2500

**가 ❶** ¹사랑의 본질에 대한 토마스 아퀴나스의 설명은 인간의 사랑인 아모르에 대한 분석에 기초한다. ²그는 인간이 선을 추구하려는 욕구를 지닌 존재인데, 욕구를 추구하는 인간 행위의●원천이 바로 사랑이라 말한다. ³이때 선이란 자신에게 좋은 것으로 자신의 본성에 적합하거나 자신에게 기쁨을 주는 것을 뜻한다.

**❷** ¹아퀴나스에 따르면 인간의 욕구는 감각적 욕구와 지적 욕구로 구별되는데, 이는 선을 추구한다는 점에서는 동일하지만 크게 두 가지 차이점이 있다. ²첫째, 감각적 욕구에 의한 추구 행위는 대상에 의해 촉발되어 이에 수동적으로 반응하는 것이다. ³반면 지적 욕구에 의한 추구 행위는 지성의 능동적인 활동과 주체의 선택에 의해 일어나는 보다 적극적인 것이다. ⁴둘째, 감각적 욕구는 감각적 인식능력에 의해 선으로 인식된 것을 추구하는 반면, 지적 욕구는 지성에 의해 선으로 이해된 것을 추구한다. ⁵왜냐하면 감각적 인식능력은 대상의 선악 판단에 개입할 수 없지만, 지성은 대상이 무엇이든 이해한 바에 따라 선악 판단을 다르게 할 수 있기 때문이다. ⁶예를 들어 단맛이 나에게 기쁨을 준다면 감각적 욕구는 사탕을 추구하겠지만, 지적 욕구는 사탕이 충치를 유발할 수도 있으므로 선이 아니라고 판단한다면 추구하지 않을 수도 있다.

**❸** ¹아퀴나스는 감각적 욕구와 지적 욕구가 있는 곳에는 항상 사랑이 있다고 말하며, 사랑이 선을 향한 감각적 욕구와 지적 욕구에 의한 추구 행위를 일으키는 힘이라고 설명한다. ²특히, 아퀴나스는 감각적 욕구에 의한 추구 행위를 '정념'이라고 칭하며, 사랑을 전제하지 않는 정념은 없으며 선을 향한 사랑에서부터 여러 정념이 비롯된다고 하였다. ³만약 여러 대상에 대한 감각적 욕구들이 동시에 일어난다면 어떻게 될까? ⁴인간은 가장 먼저 추구할 감각적 욕구를 지성에 의해 판단하고 선택한다. ⁵다른 것보다 더 선이라고 이해된 것을 우선 추구하기 때문이다. ⁶결국 아퀴나스가 말하는 인간의 사랑은 선에 대한 자신의 이해에 ●입각하기 때문에 자신에게 선인 것에 대한 사랑을 근본으로 한다.

● **원천** 사물의 근원.
● **입각하다** 어떤 사실이나 주장 따위에 근거를 두어 그 입장에 서다.

**나 ❶** ¹칸트는 감성적 차원의 사랑과 실천적 차원의 사랑이 다르다고 설명한다. ²감성적 차원의 사랑은 남녀 간의 사랑같이 인간의 경향성에 근거한 사랑이며, 실천적 차원의 사랑은 의무로서의 사랑이라 할 수 있다. ³칸트는 감성적 차원의 사랑보다는 실천적 차원의 사랑에 더 주목하고 가치를 부여한다.

**❷** ¹칸트에 따르면 인간은 도덕법칙을 실천하려고 하는 선의지를 지닌 존재이다. ²여기서 선의지란 선을 지향하는 의지로 그 자체만으로 조건 없이 선한 것이다. ³그는 인간이 도덕적 존재가 될 수 있는 것은 이성이 인간에게 도덕법칙을 의무로 부여하기 때문이라고 말한다. ⁴칸트에게 의무란 도덕법칙에 대한 존경심 때문에 어떤 행위를 필연적으로 해야만 하는 것이다. ⁵이때 보편적으로 적용할 수 있는 ⊕도덕법칙은 '너는 무엇을 해야 한다'라는 명령의 형식으로 나타나며, 칸트는 선의지에 따라 의무로부터 비롯된 행위를 실천하는 것만이 도덕적 가치가 있다고 보았다.

**❸** ¹칸트의 관점에서 감성적 차원의 사랑은 욕구나 자연적 경향성에 이끌리는 감정이기 때문에, 의무로 강제하거나 명령을 통해 일으킬 수 있는 것이 아니다. ²그는 어떤 경향성과도 무관하거나 심지어 경향성을 거스르지만, 도덕법칙을 따르려는 의무로서의 사랑을 실천하는 것만이 참된 도덕적 가치를 지닌다고 보았다. ³그리고 실천적 차원의 사랑만이 보편적인 도덕법칙으로 명령될 수 있으며, 인간에 대한 실천적 차원의 사랑은 모든 인간이 갖는 서로에 대한 의무라고 말한다.

**배경지식 ✛**
**정언 명령과 가언 명령**
정언 명령은 마땅히 해야 할 행위를 지시하는 명령으로, 명령 그 자체가 목적이 되며 "~하라."의 형식으로 제시된다. 이와 달리 가언 명령은 조건부 명령으로, "만약 ~하려면 ~하라."의 형식으로 제시된다. 칸트는 도덕 법칙이 정언 명령의 형태를 띠어야 한다고 보았다.

**1** 전개 방식 파악하기

**(가)와 (나)의 공통점으로 가장 적절한 것은?**

① (가)와 (나)는 모두 문제점에 대한 해결 방안을 모색하고 있다.

② (가)와 (나)는 모두 용어의 개념을 정의하며 내용을 전개하고 있다.

③ (가)와 (나)는 모두 두 가지 이론의 장단점을 비교하며 설명하고 있다.

④ (가)와 (나)는 모두 두 가지 관점을 절충하며 하나의 결론을 도출하고 있다.

⑤ (가)와 (나)는 모두 특정 학자의 견해가 지닌 논리적 오류를 지적하고 있다.

스스로 점검: ○ ┆ △ ┆ ×
정답의 근거:

**2** 세부 내용 파악하기

**(가)와 (나)에 대해 이해한 내용으로 적절하지 않은 것은?**

① (가)의 아퀴나스는 인간이 선악을 판단할 수 있다고 보았고, (나)의 칸트는 인간에게 그 자체로 선한 선의지가 내재되어 있다고 보았다.

② (가)의 아퀴나스는 모든 정념이 사랑을 전제한다고 보았고, (나)의 칸트는 감성적 차원의 사랑은 명령을 통해 일으킬 수 없다고 보았다.

③ (가)의 아퀴나스는 사랑을 통해 기쁨을 얻을 수 있다고 보았고, (나)의 칸트는 사랑이 인간에게 도덕법칙을 의무로 부여한다고 보았다.

④ (가)의 아퀴나스는 사랑을 욕구와의 관계에 따라 설명하였고, (나)의 칸트는 사랑을 감성적 차원과 실천적 차원으로 구분하여 설명하였다.

⑤ (가)의 아퀴나스는 인간의 사랑이 자신에게 선인 것에 대한 사랑을 근본으로 한다고 보았고, (나)의 칸트는 보편적으로 적용할 수 있는 도덕법칙이 있다고 보았다.

스스로 점검: ○ ┆ △ ┆ ×
정답의 근거:

**3** 구체적 사례나 상황에 적용하기  〔고난도〕

**(가)와 (나)를 읽은 학생이 〈보기〉에 대해 보인 반응으로 적절하지 않은 것은?**

스스로 점검: ○ ┆ △ ┆ ×
정답의 근거:

> ┌ 보기 ┐
>
> 　갑은 잠에서 깨어나 방 안 가득한 카레 냄새를 맡고 카레가 먹고 싶어져 식탁으로 갔다. 그런데 오늘 예정된 봉사 활동에 늦지 않기 위해 카레를 먹지 않기로 하고 봉사 활동을 하러 갔다. 봉사 활동을 마치고 집에 가는 길에 카페에 들렀더니 진열장에 시원한 생수와 맛있는 케이크가 있었다. 그것들을 보니 목도 마르고 배도 고팠지만 생수를 먼저 주문해 마신 후, 케이크를 주문해 먹었다. 그러다 갑은 카페에 들어오는 이성인 을의 미소를 보고 첫눈에 반했다. 평소 갑은 부끄러움이 많았지만 용기를 내어 을에게 다가갔다.

① 아퀴나스에 따르면, 갑이 카레가 먹고 싶어진 것은 카레 냄새에 의해 촉발된 감각적 욕구에 의한 추구 행위이겠군.

② 아퀴나스에 따르면, 갑이 카레를 먹지 않은 것은 지성이 카레를 먹는 것을 선이 아니라고 판단했기 때문이겠군.

③ 아퀴나스에 따르면, 갑이 생수와 케이크 중 생수를 먼저 주문해 마신 것은 갈증을 해결하는 것이 더 선이라고 이해했기 때문이겠군.

④ 칸트에 따르면, 갑이 을의 미소에 첫눈에 반한 것은 자연적 경향성에 이끌린 것이겠군.

⑤ 칸트에 따르면, 갑이 을에게 다가간 것은 감성적 차원의 사랑에서 실천적 차원의 사랑으로 나아간 것이겠군.

**가 ❶** [1]사랑의 본질에 대한 토마스 아퀴나스의 설명은 인간의 사랑인 아모르에 대한 분석에 기초한다. [2]그는 인간이 선을 추구하려는 욕구를 지닌 존재인데, 욕구를 추구하는 인간 행위의 원천이 바로 사랑이라 말한다. [3]이때 선이란 자신에게 좋은 것으로 자신의 본성에 적합하거나 자신에게 기쁨을 주는 것을 뜻한다.

▶ (1)     , 선에 대한 아퀴나스의 생각

**❷** [1]아퀴나스에 따르면 인간의 욕구는 감각적 욕구와 지적 욕구로 구별되는데, 이는 선을 추구한다는 점에서는 동일하지만 크게 두 가지 차이점이 있다. ([2]첫째, 감각적 욕구에 의한 추구 행위는 대상에 의해 촉발되어 이에 수동적으로 반응하는 것이다. [3]반면 지적 욕구에 의한 추구 행위는 지성의 능동적인 활동과 주체의 선택에 의해 일어나는 보다 적극적인 것이다. [4]둘째, 감각적 욕구는 감각적 인식능력에 의해 선으로 인식된 것을 추구하는 반면, 지적 욕구는 지성에 의해 선으로 이해된 것을 추구한다. [5]왜냐하면 감각적 인식능력은 대상의 선악 판단에 개입할 수 없지만, 지성은 대상이 무엇이든 이해한 바에 따라 선악 판단을 다르게 할 수 있기 때문이다. [6]예를 들어 단맛이 나에게 기쁨을 준다면 감각적 욕구는 사탕을 추구하겠지만, 지적 욕구는 사탕이 충치를 유발할 수도 있으므로 선이 아니라고 판단한다면 추구하지 않을 수도 있다.) ▶ 아퀴나스가 분류한 두 가지 욕구의 특징: 감각적 욕구와 지적 욕구

**❸** [1]아퀴나스는 감각적 욕구와 지적 욕구가 있는 곳에는 항상 사랑이 있다고 말하며, 사랑이 선을 향한 감각적 욕구와 지적 욕구에 의한 추구 행위를 일으키는 힘이라고 설명한다. [2]특히, 아퀴나스는 감각적 욕구에 의한 추구 행위를 '정념'이라고 칭하며, 사랑을 전제하지 않는 정념은 없으며 선을 향한 사랑에서부터 여러 정념이 비롯된다고 하였다. ([3]만약 여러 대상에 대한 감각적 욕구들이 동시에 일어난다면 어떻게 될까? [4]인간은 가장 먼저 추구할 감각적 욕구를 지성에 의해 판단하고 선택한다. [5]다른 것보다 더 선이라고 이해된 것을 우선 추구하기 때문이다.) [6]결국 아퀴나스가 말하는 인간의 사랑은 선에 대한 자신의 이해에 입각하기 때문에 자신에게 선인 것에 대한 사랑을 근본으로 한다.

▶ 인간의 사랑의 본질에 대한 아퀴나스의 관점

**나 ❶** [1]칸트는 감성적 차원의 사랑과 실천적 차원의 사랑이 다르다고 설명한다. [2]감성적 차원의 사랑은 남녀 간의 사랑같이 인간의 경향성에 근거한 사랑이며, 실천적 차원의 사랑은 의무로서의 사랑이라 할 수 있다. [3]칸트는 감성적 차원의 사랑보다는 실천적 차원의 사랑에 더 주목하고 가치를 부여한다.

▶ (7)     차원의 사랑에 주목한 칸트

---

**내용 이해**

● '사랑'과 '선'에 대한 아퀴나스의 생각

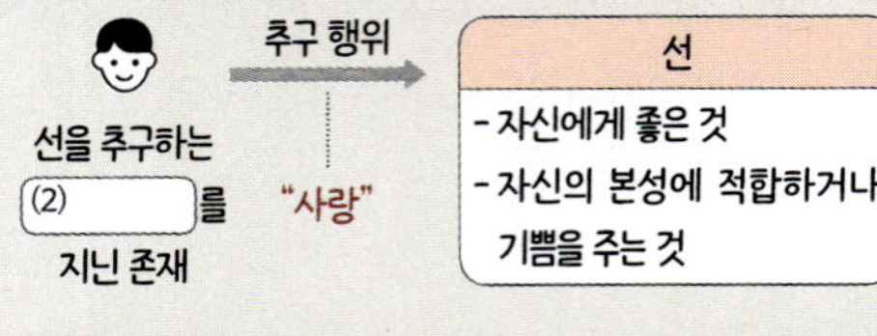


**구조 이해** 이 글의 화제인 '사랑', '선'에 대한 아퀴나스의 생각을 제시함.

**내용 이해**

● 감각적 욕구와 지적 욕구에 의한 추구 행위의 공통점과 차이점

|  | 감각적 욕구 추구 행위 | 지적 욕구 추구 행위 |
|---|---|---|
| 공통점 | 선을 추구함. | |
| 차이점 | - 대상에 의해 촉발되어 수동적으로 반응하는 것<br>- 감각적 인식능력에 의해 선으로 인식된 것을 추구함. | - 지성의 능동적인 활동과 주체의 선택에 의해 일어나는 적극적인 것<br>- (3)     에 의해 선으로 이해된 것을 추구함. |

**구조 이해** 인간의 욕구를 감각적 욕구와 지적 욕구 두 가지로 (4)     하고, 각각에 의한 추구 행위의 특징을 비교·대조함.

**내용 이해**

● 사랑과 인간의 욕구의 관계

- 사랑은 선을 향한 감각적 욕구와 지적 욕구에 의한 추구 행위를 일으키는 힘임.
- 선을 향한 사랑에서부터 여러 (5)     (감각적 욕구에 의한 추구 행위)이 비롯됨.
- 감각적 욕구들이 동시에 일어나면 지성에 의해 더 선이라고 이해된 것을 우선 추구함.

↓

인간의 사랑은 선에 대한 이해를 바탕으로 하여 자신에게 (6)     인 것에 대한 사랑을 근본으로 함.

**구조 이해** 아퀴나스가 말하는 인간의 사랑을 욕구와의 관계에 따라 구체적으로 설명함.

**내용 이해**

● 두 가지 사랑에 대한 칸트의 생각

| 인간의 경향성에 근거한 (8)     차원의 사랑' | < | 의무로서의 사랑인 '실천적 차원의 사랑' |

**구조 이해** 칸트가 구분한 두 가지 차원의 사랑을 정의하고, '실천적 차원의 사랑'이라는 중심 화제를 제시함.

❷ [1]칸트에 따르면 인간은 도덕법칙을 실천하려고 하는 선의지를 지닌 존재이다. [2]여기서 선의지란 선을 지향하는 의지로 그 자체만으로 조건 없이 선한 것이다. [3]그는 인간이 도덕적 존재가 될 수 있는 것은 이성이 인간에게 도덕법칙을 의무로 부여하기 때문이라고 말한다. [4]칸트에게 의무란 도덕법칙에 대한 존경심 때문에 어떤 행위를 필연적으로 해야만 하는 것이다. [5]이때 보편적으로 적용할 수 있는 도덕법칙은 '너는 무엇을 해야 한다'라는 명령의 형식으로 나타나며, 칸트는 선의지에 따라 의무로부터 비롯된 행위를 실천하는 것만이 도덕적 가치가 있다고 보았다.

▶ 선의지에 따른 (9)⬚의 실천을 중시한 칸트의 관점

❸ [1]칸트의 관점에서 감성적 차원의 사랑은 욕구나 자연적 경향성에 이끌리는 감정이기 때문에, 의무로 강제하거나 명령을 통해 일으킬 수 있는 것이 아니다. [2]그는 어떤 경향성과도 무관하거나 심지어 경향성을 거스르지만, 도덕법칙을 따르려는 의무로서의 사랑을 실천하는 것만이 참된 도덕적 가치를 지닌다고 보았다. [3]그리고 실천적 차원의 사랑만이 보편적인 도덕법칙으로 명령될 수 있으며, 인간에 대한 실천적 차원의 사랑은 모든 인간이 갖는 서로에 대한 의무라고 말한다.

▶ 실천적 차원의 사랑(의무로서의 사랑)의 실천을 중시한 칸트의 관점

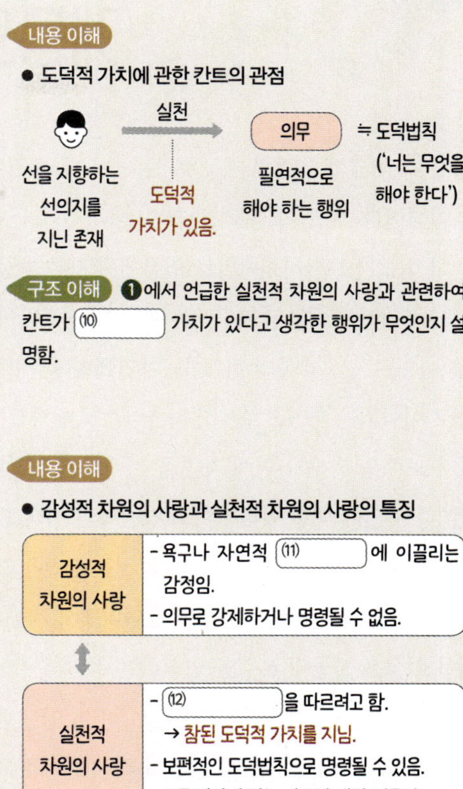




## 지문 구조 노트

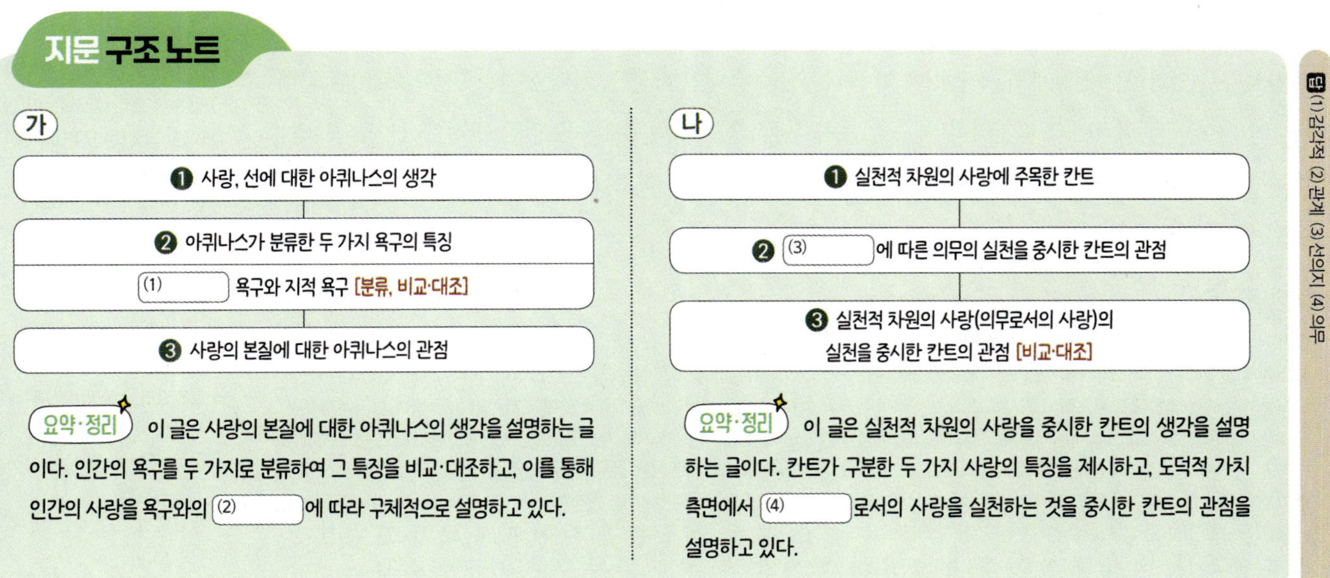

## 가 계몽의 전개 과정   나 표현주의

**가** ❶ [1]16~18세기 유럽의 계몽주의는 구시대의 권위에 반대하여 합리적 이성을 통해 인류의 진보를 꾀하려 한 이념이다. [2]이는 17세기 과학 혁명과 함께 근대의 시작을 알리며, 중세의 어둠에서 벗어난 서구인들에게 이성에 기초한 사회야말로 인류에게 자유와 풍요를 선사할 것이라는 희망을 안겨 주었다. [3]그러나 아도르노는 "완전히 계몽된 지구에는 재앙의 *징후만이 빛나고 있다."라며 계몽에 대해 다른 입장을 제시하였다.

❷ [1]아도르노는 계몽의 전개를, '자연에 대한 지배'와 '인간에 대한 지배'에서, '인간의 내적 자연에 대한 지배'로 이어지는 과정으로 설명하였다. [2]첫 번째 단계인 자연에 대한 지배는 인간이 자연의 위협에서 벗어나 자기 보존을 꾀하기 위해 자연을 지배하는 것이다. [3]근대 과학 혁명은 사람들로 하여금 미신과 환상에서 벗어나 자연에 대한 합리적이고 경험적인 지식을 갖게 하였다. [4]이를 무기로 인간은 지배와 피지배라는 사회적 관계를 공고히 하여 자연에 맞서는 집단적 힘을 키움으로써 자연을 지배할 수 있게 되었다.

❸ [1]그런데 사회적 지배 양식이 강화되면서 계몽의 두 번째 단계인 인간에 대한 지배로 이어진다. [2]이 과정에서 이성은 사물의 본질을 인식하는 본연의 기능에서 벗어나, 인간과 자연을 지배하기 위한 도구적 이성으로 변질된다. [3]이는 합리성이라는 *미명 아래 오로지 목적 달성을 위한 도구로 사용되는 이성이라 할 수 있다. [4]사회 전체가 도구적 이성에 의해 총체적으로 관리되면서, 개인은 자율성과 비판적 사유 능력을 상실한 채 목적 달성을 위한 수단으로 *전락하였다. [5]그 결과 사회는 점차 전체를 위해 개인의 자유와 권리를 억압하는 전체주의적 경향을 띠게 되었다.

❹ [1]자연과 인간 사회의 지배자가 된 인간은, 계몽의 마지막 단계로 인간의 내적 자연마저 지배하게 된다. [2]내적 자연이란, 감정이나 욕망과 같이 인간의 내면에 있는 자연적 요소를 말한다. [3]이는 비합리적일 뿐만 아니라 목적 달성의 방해 요소라고 여겨졌으므로 사회적으로 통제 가능한 합리적 주체가 되기 위해 인간은 스스로 내적 자연을 억압해야만 했다. [4]역설적이게도 자연에 대한 폭력적 지배가 인간 스스로에 대한 폭력적 지배로 *귀결된 것이다. [5]그로 인해 인간은 존재의 허무감이나 자기 소외로 인한 불안과 절망을 감당해야 했다. [6]아도르노는 ✛《오디세이아》에 나오는 세이렌의 일화를 계몽의 전개 과정이 *집약적으로 드러난 *알레고리로 보고 그 과정을 설명하였다.

❺ [1]이처럼 아도르노는 근대 문명이 파국으로 치닫게 된 원인을 계몽의 전개 과정, 즉 인간의 자기 보존에서 시작되어 자연에 대한 지배와 인간의 내적 자연에 대한 지배로까지 이어진 결과로 보았다. [2]특히 인간의 자율성을 억압하는 전체주의, 히틀러에 의한 나치즘과 유대인 학살은, 지배 논리로 *전화(轉化)된 근대 이성이 얼마나 폭력적이고 비합리적일 수 있는지 *단적으로 보여 준다. [3]이러한 관점에서 아도르노는 ㉠"이성의 차가운 빛 아래 새로운 야만의 싹이 자라난다."라며 애도하였다.

**배경지식➕**

**《오디세이아》의 세이렌 일화에 드러난 계몽의 전개 과정**

세이렌의 일화에서 바다 요정 세이렌은 뱃사람들을 아름다운 노랫소리로 유혹해 제물로 삼는다. 섬을 무사히 지나기 위해 오디세우스는 부하들에게 귀를 밀랍으로 막으라고 지시하고, 노랫소리의 유혹에 빠지려는 욕망을 억압하기 위해 돛대에 자신의 몸을 묶어 움직이지 못하게 한다. 세이렌의 노랫소리가 들려오자 오디세우스는 이성을 잃고 풀어 달라고 애원하지만, 부하들은 아무 소리도 듣지 못한 채 힘차게 노를 저어 무사히 섬을 지나간다. 아도르노에 따르면 세이렌이 인간을 유혹해서 제물로 삼는 것은 자연의 위협을 상징하고, 오디세우스 일행이 섬을 무사히 지나간 것은 인간이 자연의 위협에서 벗어났다는 점에서 '자연에 대한 지배'를 상징한다. 그리고 오디세우스가 부하들의 귀를 밀랍으로 막고 오로지 노를 젓게 만든 것은 부하들이 목적 달성을 위한 수단으로 전락했다는 점에서 '인간에 대한 지배'를 상징한다. 또 오디세우스가 자신의 몸을 돛대에 묶은 것은 욕망과 감정을 스스로 억압한 것이므로 '인간의 내적 자연에 대한 지배'를 상징한다.

● **징후** 겉으로 나타나는 낌새.
● **미명** 그럴듯하게 내세운 명목이나 명칭.
● **전락하다** 나쁜 상태나 타락한 상태에 빠지다.
● **귀결되다** 어떤 결말이나 결과에 이르게 되다.
● **집약적** 하나로 모아서 뭉뚱그리는 것.
● **알레고리** A를 말하기 위해 B를 사용하여 그 유사성을 적절히 암시하면서 A를 상징적으로 나타내는 방법.
● **전화되다** 질적으로 바뀌어서 달리 되다.
● **단적** 곧바르고 명백한 것.

**나❶** [1]고대의 신화, 그리고 중세의 신 중심의 사고에서 벗어난 근대 서구인들에게 이성은 인류를 구원할 빛이자 진리였다. [2]그러나 이성을 맹신한 결과 전쟁의 비극과 물질문명의 ●병폐를 경험한 유럽인들은, 이성에 대한 깊은 회의감과 함께 인간의 실존 문제에 관심을 갖게 되었다. [3]특히 전쟁의 소용돌이 한가운데 있던 독일의 젊은 예술가들은 사회·정치적 긴장 상태에 ●항거하며, 그동안 근대 이성의 그늘에 가려 소외되어 왔던 인간의 내면을 회화를 통해 분출하고자 하였는데, 이러한 예술 운동을 표현주의라고 부른다.

**❷** [1]표현주의는 한 마디로 '감정을 표현한다.'라는 의미이다. [2]기존의 사실주의 회화가 대상을 있는 그대로 표현하려고 한 반면, 표현주의 회화는 눈에 보이는 대상의 모습이 아닌 작가의 감정이나 내면 등을 표현하려고 하였다. [3]표현주의 화가인 마티스는 화가 노트에서 "회화는 결국 표현이다."라고 주장하면서, 표현이 눈으로 본 것을 눈에 전달하는 것이 아니라 마음으로 느낀 것을 마음에 전달하는 수단임을 강조하였다. [4]이는 회화의 기본 목적이 대상을 사실적으로 재현하는 것이라는 전통적 규범을 거부하였다는 점에서 ●아방가르드 운동의 일종이라 할 수 있다.

**❸** [1]표현주의는 화가의 감정을 표현하는 데 중점을 두기 때문에 대상의 색이나 형태가 왜곡되어 나타난다는 특징이 있다. [2]특히 색의 경우, 각각의 색감이 주는 주관적 느낌을 통해 작가가 느끼는 감정이나 감각을 표현하려 하였다. [3]따라서 표현주의 작품에서는 사물이 갖는 고유한 색은 무시된 채 내면을 드러내기 위해 작가가 자의적으로 선택한 색이 사용되었다. [4]또한 순간적으로 분출되는 강렬한 감정을 포착하는 과정에서, 다소 과장되고 거친 붓놀림이 특징적으로 나타났다. [5]이러한 방법을 통해 표현주의는 전쟁 이후 사회의 불안감이나 인간의 ●근원적 고통을 화폭에 담아내었다.

**❹** [1]표현주의는 도외시되어 온 인간의 감정을 표현하려 했다는 점에서, 회화의 영역을 대상의 외면에 ●국한하지 않고 인간의 내면까지 확장시킨 운동으로 평가받았다. [2]이는 훗날 선이나 형, 색 등의 조형 요소를 통해 작가의 감정을 표현하는 현대 추상 미술이 등장하는 기반이 되었다.

●**병폐** 어떤 사물의 내부에 있는 옳지못한 경향이나 해로운 요소.
●**항거하다** 순종하지 아니하고 맞서서 반항하다.
●**아방가르드** 기성의 예술 관념이나 형식을 부정하고 혁신적 예술을 주장한 예술 운동.
●**근원적** 사물이 비롯되는 근본이나 원인이 되는.
●**국한하다** 범위를 일정한 부분에 한정하다.

**IV 융합 복합**

---

**배경지식+**

·사실주의     ·표현주의     ·추상 미술

▲ 도미에, 〈삼등 열차〉     ▲ 놀데, 〈황금 송아지 주위의 댄스〉     ▲ 몬드리안, 〈빨강, 파랑, 노랑의 구성〉

---

전개 방식 파악하기

**1** **(가)와 (나)의 공통점으로 가장 적절한 것은?**

① 근대 사회에 내재된 여러 문제와 이의 해결 방안을 분석하고 있다.

② 근대 사회가 발전하게 된 과정을 예술적 관점에서 고찰하고 있다.

③ 근대 사회의 부정적인 측면에 대한 비판적인 입장을 제시하고 있다.

④ 근대 사회의 특성을 상반된 관점에서 분석한 두 이론을 소개하고 있다.

⑤ 근대 사회의 과학 혁명을 이어 가기 위한 당시 사람들의 노력을 설명하고 있다.

스스로 점검: ○ ㅣ △ ㅣ ✕
정답의 근거:

**2** (가)에서 ㉠과 같이 말한 의도로 가장 적절한 것은?



① 계몽에 대한 반작용으로 다시 자연으로 회귀하려는 사회적 움직임을 옹호하고 있다.

② 인류의 진보를 지향했던 계몽주의가 인류의 자율성을 억압하는 방향으로 역행한 것을 경고하고 있다.

③ 신화적 상상력을 기반으로 인간이 자연을 지배하는 과정에서 이성의 힘이 약화되는 것을 우려하고 있다.

④ 인간 소외 문제를 해결해야 한다는 사회적 요구를 반영하여 인간의 집단적 힘이 필요함을 제안하고 있다.

⑤ 근대 문명의 추악한 현실을 극복하기 위해 인간의 자기 보존에 대한 욕망을 회복해야 함을 강조하고 있다.

세부 내용 파악하기

**3** (나)에서 알 수 있는 내용으로 적절하지 <u>않은</u> 것은?



① 근대 이성에 회의를 느낀 유럽인들은 인간 실존의 문제에 관심을 갖게 되었다.

② 표현주의는 전쟁을 경험한 독일의 젊은 예술가들을 중심으로 등장한 예술 운동이다.

③ 마티스에 의하면 표현의 의미는 눈으로 본 것을 눈에 전달하는 수단이라 할 수 있다.

④ 표현주의는 대상의 외면에만 국한하지 않고 인간의 감정까지 다루었다는 평가를 받는다.

⑤ 표현주의는 대상을 사실적으로 재현하지 않았다는 점에서 당시 혁신적인 예술 운동이었다.

구체적 사례나 상황에 적용하기 〔고난도〕

**4** (가)의 '아도르노'와 (나)의 '표현주의'의 관점에서 〈보기〉의 작품을 감상한 내용으로 적절하지 <u>않은</u> 것은?



> ┌ 보기 ┐
>
> [1]표현주의 작가인 뭉크의 작품 〈절규〉에서는, 해골의 형상을 한 남자가 공포에 가득 찬 표정으로 귀를 틀어막으며 비명을 지르고 있다. [2]그 뒤로 핏빛으로 물든 하늘과 검은색 강물을 꿈틀거리듯 왜곡하여 표현함으로써 존재의 허무감에서 오는 불안과 고통을 감상자들이 그대로 느낄 수 있도록 하였다.

뭉크, 〈절규〉

① (가): 작가가 표현하려고 한 감정은 근대 이성에 의해 억눌려 온 인간의 내적 자연으로 볼 수 있겠군.

② (가): 작가가 전달하는 불안과 고통은 이성이 팽배했던 근대 사회에서 한 개인이 느꼈던 존재의 허무감과 관련이 있다고 볼 수 있겠군.

③ (나): 해골 형상과 꿈틀거리는 강물은 작가가 느끼는 공포를 표현하기 위해 의도적으로 형태를 왜곡한 것이라고 볼 수 있겠군.

④ (나): 비명을 지르는 남자의 모습을 회화적 전통에 따라 표현함으로써 감상자도 그 고통을 그대로 느끼게 한 것으로 볼 수 있겠군.

⑤ (나): 강물의 검은색은 실제 색이라기보다는 작가가 느끼는 고통을 효과적으로 표현하기 위해 자의적으로 선택한 색이 사용된 것으로 볼 수 있겠군.

**가 ❶** [1]16~18세기 유럽의 계몽주의는 구시대의 권위에 반대하여 합리적 이성을 통해 인류의 진보를 꾀하려 한 이념이다. [2]이는 17세기 과학 혁명과 함께 근대의 시작을 알리며, 중세의 어둠에서 벗어난 서구인들에게 이성에 기초한 사회야말로 인류에게 자유와 풍요를 선사할 것이라는 희망을 안겨 주었다. [3]그러나 아도르노는 "완전히 계몽된 지구에는 재앙의 징후만이 빛나고 있다."라며 계몽에 대해 다른 입장을 제시하였다.

▶ 유럽의 (1)〔　　　〕에 대해 부정적인 입장을 보인 아도르노

**❷** [1]아도르노는 계몽의 전개를, '자연에 대한 지배'와 '인간에 대한 지배'에서, '인간의 내적 자연에 대한 지배'로 이어지는 과정으로 설명하였다. [2]첫 번째 단계인 자연에 대한 지배는 인간이 자연의 위협에서 벗어나 자기 보존을 꾀하기 위해 자연을 지배하는 것이다. ([3]근대 과학 혁명은 사람들로 하여금 미신과 환상에서 벗어나 자연에 대한 합리적이고 경험적인 지식을 갖게 하였다. [4]이를 무기로 인간은 지배와 피지배라는 사회적 관계를 공고히 하여 자연에 맞서는 집단적 힘을 키움으로써 자연을 지배할 수 있게 되었다.)

▶ 아도르노가 설명한 계몽의 전개 과정: ① 자연에 대한 지배

**❸** [1]그런데 사회적 지배 양식이 강화되면서 계몽의 두 번째 단계인 인간에 대한 지배로 이어진다. [2]이 과정에서 이성은 사물의 본질을 인식하는 본연의 기능에서 벗어나, 인간과 자연을 지배하기 위한 도구적 이성으로 변질된다. [3]이는 합리성이라는 미명 아래 오로지 목적 달성을 위한 도구로 사용되는 이성이라 할 수 있다. [4]사회 전체가 도구적 이성에 의해 총체적으로 관리되면서, 개인은 자율성과 비판적 사유 능력을 상실한 채 목적 달성을 위한 수단으로 전락하였다. [5]그 결과 사회는 점차 전체를 위해 개인의 자유와 권리를 억압하는 전체주의적 경향을 띠게 되었다.

▶ 아도르노가 설명한 계몽의 전개 과정: ② 인간에 대한 지배

**❹** [1]자연과 인간 사회의 지배자가 된 인간은, 계몽의 마지막 단계로 인간의 내적 자연마저 지배하게 된다. [2]내적 자연이란, 감정이나 욕망과 같이 인간의 내면에 있는 자연적 요소를 말한다. [3]이는 비합리적일 뿐만 아니라 목적 달성의 방해 요소라고 여겨졌으므로 사회적으로 통제 가능한 합리적 주체가 되기 위해 인간은 스스로 내적 자연을 억압해야만 했다. [4]역설적이게도 자연에 대한 폭력적 지배가 인간 스스로에 대한 폭력적 지배로 귀결된 것이다. [5]그로 인해 인간은 존재의 허무감이나 자기 소외로 인한 불안과 절망을 감당해야 했다. [6]아도르노는 《오디세이아》에 나오는 세이렌의 일화를 계몽의 전개 과정이 집약적으로 드러난 알레고리로 보고 그 과정을 설명하였다.

▶ 아도르노가 설명한 계몽의 전개 과정: ③ 인간의 내적 자연에 대한 지배

---

**내용 이해**

● 계몽주의에 대한 아도르노의 입장

| 계몽주의 | | 아도르노: "완전히 계몽된 지구에는 재앙의 징후만이 빛나고 있다." |
|---|---|---|
| 구시대의 권위에 반대하여 합리적 이성을 통해 인류의 진보를 꾀하려 한 이념 | ← 비판 | |

**구조 이해** 계몽주의에 대한 긍정적 관점과 대비되는 아도르노의 부정적 관점을 중심 화제로 제시함.

**내용 이해**

● 계몽의 전개 과정: ① 자연에 대한 지배

과학 혁명을 통해 자연에 대한 합리적·경험적 지식을 갖게 됨.

↓

지배 관계를 공고히 하여 자연에 맞서는 집단적 힘을 키움.

↓

자연의 위협에서 벗어나 (2)〔　　　〕을 지배할 수 있게 됨.

**구조 이해** 아도르노가 설명한 계몽의 전개 과정을 제시하고, 그 중 첫 번째 단계인 '자연에 대한 지배'가 가능했던 이유를 밝힘.

**내용 이해**

● 계몽의 전개 과정: ② 인간에 대한 지배

이성은 인간과 자연을 지배하기 위한 도구적 이성으로 변질됨.

↓

개인은 목적 달성을 위한 (3)〔　　　〕으로 전락함.

↓

사회는 전체를 위해 개인의 자유와 권리를 억압하는 전체주의적 경향을 띠게 됨.

**구조 이해** ❷에 제시된 '자연에 대한 지배'의 다음 단계를 설명하는 문단으로, '인간에 대한 지배' 단계에서 일어난 이성의 기능 변화와 그 결과를 밝힘.

**내용 이해**

● 계몽의 전개 과정: ③ 인간의 내적 자연에 대한 지배

인간은 내적 자연(감정이나 욕망)을 스스로 억압함.

↓

존재의 (4)〔　　　〕이나 자기 소외로 인한 불안과 절망을 느끼게 됨.

**구조 이해** ❸에 제시된 '인간에 대한 지배'의 다음 단계를 설명하는 문단으로, '인간의 내적 자연에 대한 지배' 단계에서 벌어진 일과 그 결과를 설명함.

❺ [1]이처럼 아도르노는 근대 문명이 파국으로 치닫게 된 원인을 계몽의 전개 과정, 즉 인간의 자기 보존에서 시작되어 자연에 대한 지배와 인간의 내적 자연에 대한 지배로까지 이어진 결과로 보았다. [2]특히 (인간의 자율성을 억압하는 전체주의, 히틀러에 의한 나치즘과 유대인 학살)은, 지배 논리로 전화(轉化)된 근대 이성이 얼마나 폭력적이고 비합리적일 수 있는지 단적으로 보여 준다. [3]이러한 관점에서 아도르노는 "이성의 차가운 빛 아래 새로운 야만의 싹이 자라난다."라며 애도하였다.

▶ 근대 문명의 파국 원인을 계몽의 전개 과정으로 설명한 아도르노

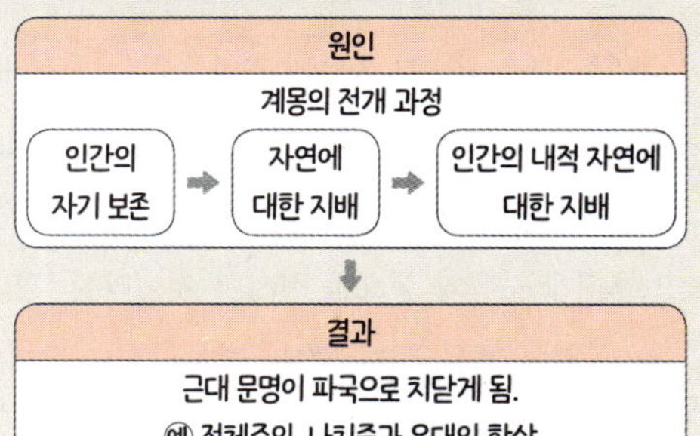



구조 이해 앞부분에 제시된 계몽에 대한 아도르노의 생각을 ⑤ 하여 제시함.

（나）❶ [1]고대의 신화, 그리고 중세의 신 중심의 사고에서 벗어난 근대 서구인들에게 이성은 인류를 구원할 빛이자 진리였다. [2]그러나 이성을 맹신한 결과 전쟁의 비극과 물질문명의 병폐를 경험한 유럽인들은, 이성에 대한 깊은 회의감과 함께 인간의 실존 문제에 관심을 갖게 되었다. [3]특히 전쟁의 소용돌이 한가운데 있던 독일의 젊은 예술가들은 사회·정치적 긴장 상태에 항거하며, 그동안 근대 이성의 그늘에 가려 소외되어 왔던 내면을 회화를 통해 분출하고자 하였는데, 이러한 예술 운동을 표현주의라고 부른다.

▶ 유럽에서 ⑥ 가 대두된 배경

내용 이해
● 표현주의가 대두된 배경

전쟁의 비극과 물질문명의 병폐를 경험함.
↓
이성에 대한 회의감을 느끼고 인간의 실존 문제에 관심을 가짐.
↓
표현주의
인간 내면을 회화를 통해 분출하고자 한 예술 운동

구조 이해 이성에 대한 맹신이 불러온 부정적 결과를 밝히고, 이러한 결과에 대한 비판으로 등장한 '표현주의'를 중심 화제로 제시함.

❷ [1]표현주의는 한 마디로 '감정을 표현한다.'라는 의미이다. [2]기존의 사실주의 회화가 대상을 있는 그대로 표현하려고 한 반면, 표현주의 회화는 눈에 보이는 대상의 모습이 아닌 작가의 감정이나 내면 등을 표현하려고 하였다. [3]표현주의 화가인 마티스는 화가 노트에서 "회화는 결국 표현이다."라고 주장하면서, 표현이 눈으로 본 것을 눈에 전달하는 것이 아니라 마음으로 느낀 것을 마음에 전달하는 수단임을 강조하였다. [4]이는 회화의 기본 목적이 대상을 사실적으로 재현하는 것이라는 전통적 규범을 거부하였다는 점에서 아방가르드 운동의 일종이라 할 수 있다.

▶ 사실주의 회화와 대비되는 표현주의의 특징

내용 이해
● 표현주의의 특징
- 작가의 ⑦ 이나 내면 등을 표현하려고 함.
  ↔ 사실주의: 대상을 있는 그대로 표현함.
- 화가 마티스는 표현이 '마음으로 느낀 것을 마음에 전달하는 수단'임을 강조함.
- 대상을 사실적으로 재현하는 회화의 전통적 규범을 거부함.

구조 이해 사실주의 회화의 특징과 대비되는 표현주의의 특징을 구체적으로 설명함.

❸ ¹표현주의는 화가의 감정을 표현하는 데 중점을 두기 때문에 대상의 색이나 형태가 왜곡되어 나타난다는 특징이 있다. ²특히 색의 경우, 각각의 색감이 주는 주관적 느낌을 통해 작가가 느끼는 감정이나 감각을 표현하려 하였다. ³따라서 표현주의 작품에서는 사물이 갖는 고유한 색은 무시된 채 내면을 드러내기 위해 작가가 자의적으로 선택한 색이 사용되었다. ⁴또한 순간적으로 분출되는 강렬한 감정을 포착하는 과정에서, 다소 과장되고 거친 붓놀림이 특징적으로 나타났다. ⁵이러한 방법을 통해 표현주의는 전쟁 이후 사회의 불안감이나 인간의 근원적 고통을 화폭에 담아내었다.

▶ 표현주의 작품의 표현적 특징

❹ ¹표현주의는 도외시되어 온 인간의 감정을 표현하려 했다는 점에서, 회화의 영역을 대상의 외면에 국한하지 않고 인간의 내면까지 확장시킨 운동으로 평가받았다. ²이는 훗날 선이나 형, 색 등의 조형 요소를 통해 작가의 감정을 표현하는 현대 추상 미술이 등장하는 기반이 되었다.

▶ 표현주의의 (9)

**내용 이해**

● 표현주의 작품에 나타나는 표현적 특징

> 화가가 느끼는 감정이나 감각을 표현하는 데 중점을 둠.

**표현주의 작품**
- 대상의 색이나 형태가 (8) 되어 나타남.
- 고유한 색이 아닌 화가가 자의적으로 선택한 색이 사용됨.
- 다소 과장되고 거친 붓놀림이 나타남.

> 전쟁 이후 사회의 불안감, 인간의 근원적 고통을 담아냄.

**구조 이해** ❷에서 설명한 표현주의의 특징과 관련하여 표현주의 작품에 나타나는 표현적 특징을 나열함.

**내용 이해**

● 표현주의의 의의
① 도외시되어 온 인간의 감정을 표현하려 함.
→ 회화의 영역을 인간 내면까지 확장시킨 운동이라 평가받음.
② 선이나 형, 색 등의 조형 요소를 통해 작가의 감정을 표현하는 현대 (10) 미술이 등장하는 기반이 됨.

**구조 이해** 표현주의가 지닌 의의를 나열함.

Ⅳ
융합·
복합

답 (1) 계몽주의 (2) 자연 (3) 수단 (4) 허무감
(5) 요약 (6) 표현주의 (7) 감정
(8) 왜곡 (9) 의의 (10) 추상

## 지문 구조 노트

**가**

❶ 유럽의 계몽주의에 대해 부정적인 입장을 보인 아도르노

**아도르노가 설명한 계몽의 전개 과정 [과정, 원인-결과]**
❷ 자연에 대한 지배 ➡ ❸ 인간에 대한 지배
➡ ❹ 인간의 (1) 에 대한 지배

❺ 근대 문명의 파국 원인을 계몽의 전개 과정으로 설명한 아도르노

**요약·정리** 이 글은 유럽의 계몽주의를 비판한 (2) 의 생각을 설명하는 글이다. 계몽의 전개 과정을 세 단계로 나누고 그 결과를 상세하게 설명함으로써 아도르노의 주장에 타당성을 더해 주고 있다.

**나**

❶ 유럽에서 표현주의가 대두된 배경 [원인-결과]

❷ (3) 회화와 대비되는 표현주의의 특징

❸ 표현주의 작품의 표현적 특징

❹ 표현주의의 의의

**요약·정리** 이 글은 유럽에서 근대 이성에 대한 반동의 결과로 대두된 (4) 에 대해 설명하는 글이다. 사실주의 회화와 대비되는 표현주의의 특징, 미술사에서 표현주의가 갖는 의의를 상세히 설명하고 있다.

답 (1) 내적 자연 (2) 아도르노 (3) 사실주의 (4) 표현주의

# 필수 어휘 ZIP

**1** 제시된 단어의 뜻풀이로 올바른 것을 연결하시오.

(1) 감광 ·

(2) 단적 ·

(3) 단청 ·

· ㉠ 곧바르고 명백한 것.

· ㉡ 사진에서, 필름에 바른 감광제에 빛을 쬐어 흑백의 상을 만듦.

· ㉢ 옛날식 집의 벽, 기둥, 천장 따위에 여러 가지 빛깔로 그린 그림이나 무늬.

**2** 다음 뜻풀이를 가진 단어를 골라 ◯표 하시오.

(1) 범위를 일정한 부분에 한정하다.  | 국한하다 | 무한하다 |

(2) 어떤 결말이나 결과에 이르게 되다.  | 귀결되다 | 부결되다 |

(3) 빛, 액체, 소리 등이 물질을 뚫고 통과하다.  | 투과하다 | 투명하다 |

(4) A를 말하기 위해 B를 사용하여 그 유사성을 적절히 암시하면서 A를 상징적으로 나타내는 방법.  | 알고리즘 | 알레고리 |

**3** 〈보기〉의 빈칸에 들어갈 단어로 가장 적절한 것은?

> **보기**
>
> 수영: 오늘 미술 시간에 배운 내용이 뭐였더라?
> 민호: 기성의 예술 관념이나 형식을 부정하고 [     ] 예술을 주장한 예술 운동인 '아방가르드'를 배웠어.

① 사실적  ② 종합적  ③ 주관적
④ 표현적  ⑤ 혁신적

**4** 다음 문장의 의미를 고려하여 괄호 안에서 알맞은 단어를 골라 ◯표 하시오.

(1) 그는 학교를 설립한다는 ( 무명 , 미명 ) 아래 우리에게 기부금 납부를 강요했다.

(2) 사회에 만연한 부조리와 ( 병폐 , 병영 )이/가 널리 고발되었다.

(3) 시(詩)는 인간의 온갖 정신 활동의 ( 근원적 , 집약적 ) 산물이라 할 수 있다.

**5** 다음 단어의 뜻풀이가 적절하면 ◯에, 그렇지 않으면 ✕에 표시하시오.

(1) 징후: 병이 나은 뒤의 경과.  | ◯ ✕ |

(2) 항거하다: 말하지 아니하다.  | ◯ ✕ |

(3) 맹신하다: 옳고 그름을 가리지 않고 덮어놓고 믿다.  | ◯ ✕ |

(4) 입각하다: 어떤 사실이나 주장 따위에 근거를 두어 그 입장에 서다.  | ◯ ✕ |

**6** 〈보기〉의 밑줄 친 단어와 다른 의미로 쓰인 것은?

> **보기**
>
> 그는 사기꾼으로 <u>전락하고</u> 말았다.

① 빈곤국으로 <u>전락하다</u>.

② 이 남자는 상민으로 <u>전락한</u> 양반의 자손이다.

③ 농토를 빼앗긴 농민들은 소작인으로 <u>전락하였다</u>.

④ 그는 자기의 몸이 낭떠러지로 <u>전락하는</u> 것 같았다.

⑤ 기계 문명에만 의지한다면 인간은 기계의 노예로 <u>전락하게</u> 될 것이다.

## Favorite book

 공부 계획은 어떻게 세워야 할까요?

공부해야 하는 과목은 많고, 시간은 너무 부족해요. 시험 날짜는 가까워지는데 막상 제대로 공부한 과목은 하나도 없는 것 같아요. 어떻게 하면 좋을까요?

💬 공부 계획을 세울 때에는 먼저 내가 부족한 과목은 무엇인지, 과목별 나의 진도를 어떠한지 확인하고 우선순위를 정하는 것이 중요해요. 이를 바탕으로 4W1H 방법, 즉 '언제(when), 어디서(where), 무엇을(what), 어떻게(how), 왜(when)'에 따라 나의 학습 목표와 방법을 구체적으로 세워 보세요.

## Favorite book

 학교 시험공부와 모의고사 공부를 병행하기 힘들어요.

학교 시험 성적도 챙겨야 하고, 모의고사 성적도 챙겨야 해서 너무 힘들어요. 교과서 공부만 하기도 바쁜데 모의고사 공부는 어떻게 하면 좋을까요?

💬 학교 시험공부와 모의고사 공부가 언뜻 보면 달라 보이지만, 사실 두 시험이 다루는 내용은 크게 다르지 않아요. 다만 출제 경향이 살짝 다를 뿐이죠. 평일에는 그날 학교에서 배운 내용을 복습하면서 내신을 대비하고, 주말에는 모의고사 문제집을 풀면서 모의고사를 대비하는 방법을 추천해요.

## Favorite book

 기출문제를 아무리 풀어도 국어 성적이 안 올라요.

기출문제를 많이 풀어 봐야 한다고 해서, 문제집을 여러 권 사다 풀었는데도 국어 성적이 안 올라요.

💬 기출문제는 아주 좋은 학습 재료이지만, 얼마나 많이 푸느냐보다는 어떻게 풀었느냐가 더 중요해요. 먼저 지문 독해를 꼼꼼히 하고, 각 선지마다 정오답의 근거가 되는 내용을 지문에서 찾아보세요. 문제를 다 푼 다음에는 내가 이 문항을 왜 틀렸는지 오답 노트를 쓰면서 정리해 보는 것도 좋은 방법이에요.

## Favorite book

 오답 노트를 잘 정리하는 팁을 알려 주세요.

오답 노트를 정리하는 게 중요하다고들 하는데, 어떻게 정리하면 좋을지 모르겠어요.

💬 먼저 지문과 문제를 복사하거나 사진을 찍어서 공책에 붙이세요. 그리고 자신의 문제 풀이를 정리해 보세요. 문제 유형, 체감 난도, 정답을 맞혔는지 여부, 내가 고른 정답, 나의 선지 판단 근거, 문제를 틀린 이유 등을 적을 수 있어요. 그리고 그 옆에 실제 정답과 해설을 정리하면 돼요.

메 모

## 해법문학 시리즈

내신&수능의 출제(예상) 작품과 국어 공부의 비법을 담은 국어 영역 필수템

문학 종합서 | **해법문학**

수능 문학 영역 주요 작품 875편을
심도 있게 분석하여 수록

[고전시가/고전산문/현대시/현대소설/수필극]

문학 문제편 | **해법문학Q**

고전문학, 현대문학 마스터를 위해
필수 문학 작품 311편을 시대순으로 수록

[고전문학/현대문학]

# book.chunjae.co.kr

**교재 내용 문의** ················ 교재 홈페이지 ▶ 고등 ▶ 교재상담

**교재 내용 외 문의** ················ 교재 홈페이지 ▶ 고객센터 ▶ 1:1문의

**발간 후 발견되는 오류** ············ 교재 홈페이지 ▶ 고등 ▶ 학습지원 ▶ 학습자료실

2
기출 독해 훈련

천재교육

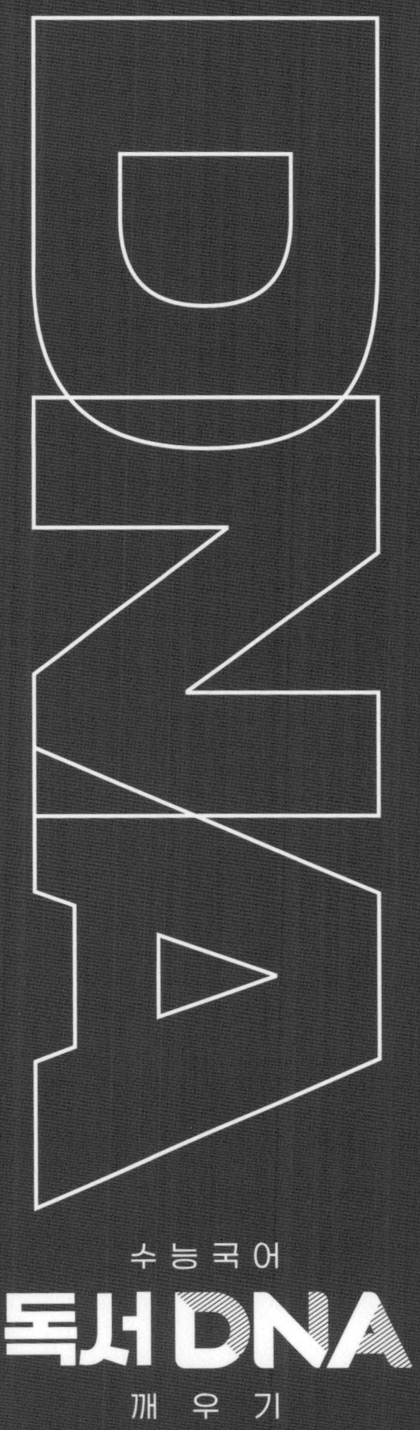



BOOK 2 / 문제 유형

천재교육

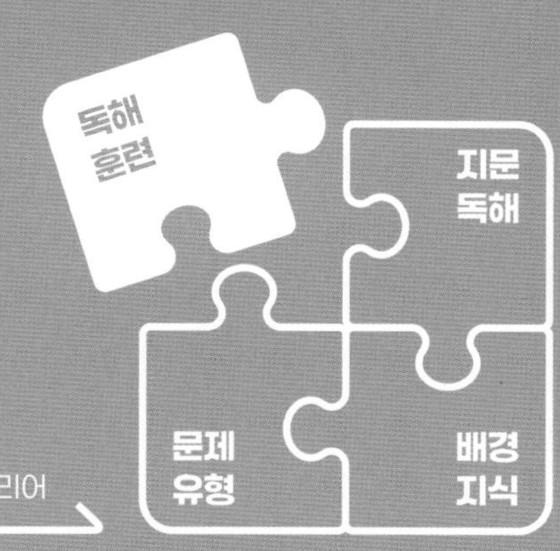


성공은 매일 반복한 작은 노력들의 합이다. -로버트 콜리어

#수능필수
#독해훈련
#매일학습
#수능만점

## 수능 국어 독서 DNA 깨우기 ❷ 기출 독해 훈련


**개발총괄** 고명선
**편집개발** 박유리, 우영은, 이하은, 배은수
**디자인총괄** 김희정
**표지디자인** 윤순미, 김지현
**내지디자인** 박희춘, 최지희
**제작** 황성진, 조규영
**조판** 대진문화(구민범, 권재원)

**발행일** 2022년 11월 15일 초판 2024년 11월 1일 3쇄
**발행인** (주)천재교육
**주소** 서울시 금천구 가산로9길 54
**신고번호** 제2001-000018호
**고객센터** 1577-0902

수능국어

# 독서 DNA 깨우기

## 2

**기출 독해 훈련**

BOOK 2 / 문제 유형

# BOOK 2 구성과 활용

## STEP 1 문제 유형

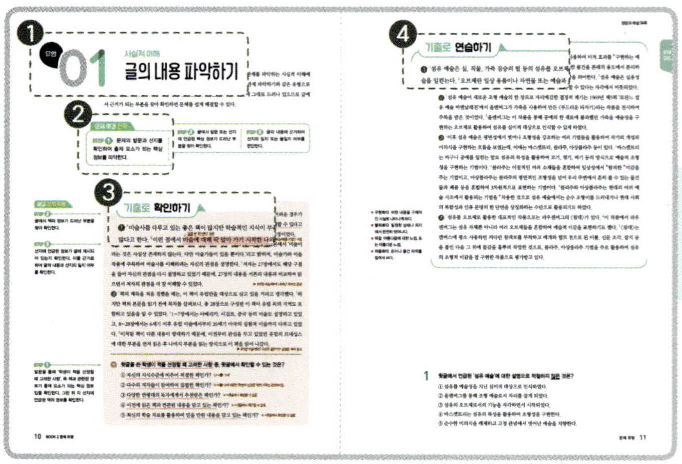

❶ 수능 국어 독서 영역에 출제되는 문제 유형의 특징을 공부해 봅니다.

❷ 문제 해결 전략 에서 문제를 쉽게 해결할 수 있는 방법을 파악해 봅니다.

❸ 기출로 확인하기 로 문제 해결 전략이 적용된 사례를 살피며 문제 풀이를 연습해 봅니다.

❹ 기출로 연습하기 에서 학습한 내용을 적용하여 문제를 해결해 봅니다.

## STEP 3 필수 어휘 ZIP

## ● 정답과 해설

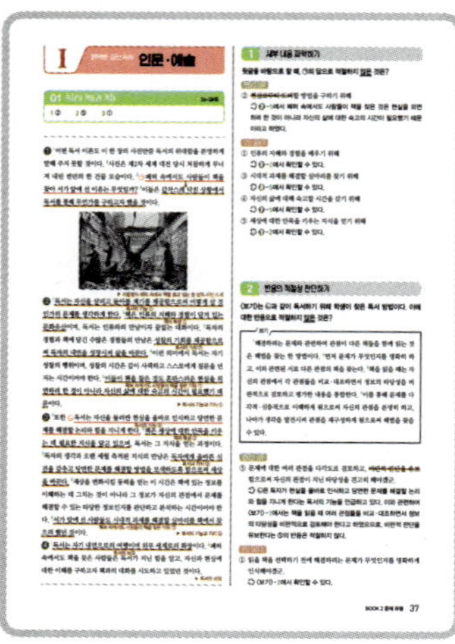

지문 분석 내용을 참고하여
정답이 정답인 이유, 오답이
오답인 이유를 확인해 봅니다.

한 단원이 끝날 때마다 간단한
문제를 풀며 기출문제에 활용된
어휘의 뜻과 쓰임을 익혀 봅니다.

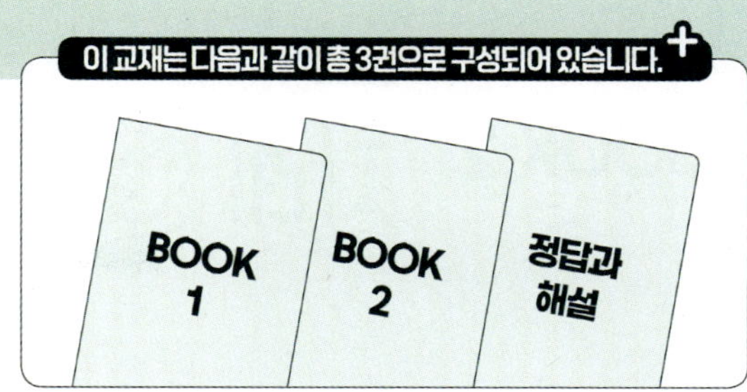


# STEP 2 영역별 실전 독해

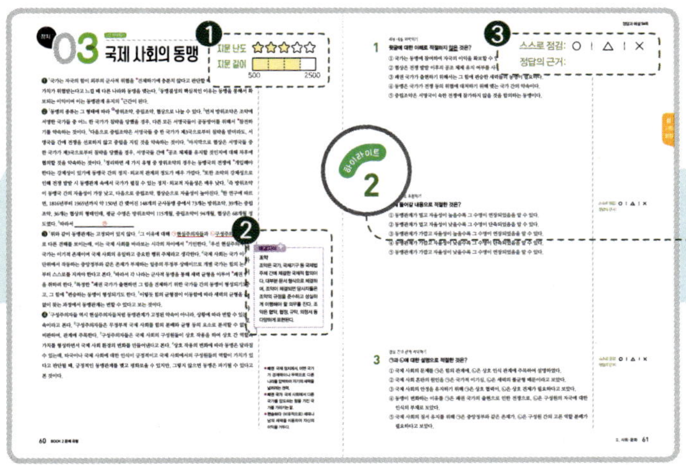

실제 기출문제를 풀어 보며 앞서 학습한 문제 해결 전략을 적용해 봅니다.

❶ '지문 난도'와 '지문 길이'를 확인할 수 있습니다.

❷ 배경지식+ 에서 지문 내용과 관련된 추가 배경지식을 학습합니다.

❸ '스스로 점검', '정답의 근거'를 통해 자신의 문제 풀이를 점검합니다.

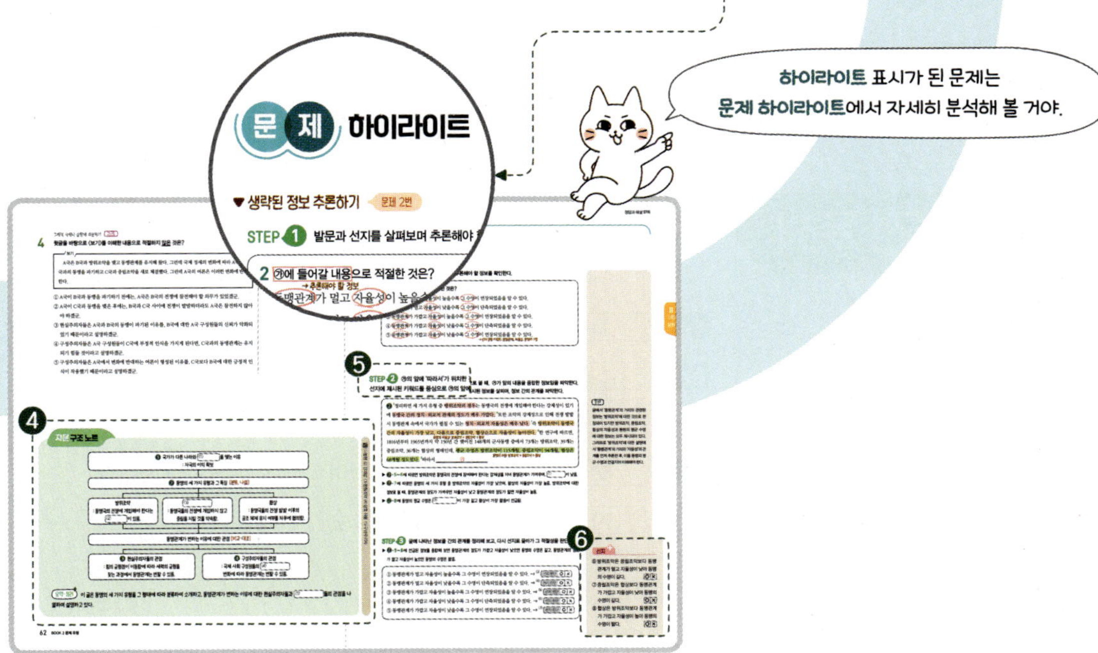


❹ 지문 구조 노트 에서 지문 전체의 내용과 구조도를 한눈에 확인해 봅니다.

❺ STEP ❶~❸ 문제 해결 전략을 적용하여 선지를 하나하나 분석해 봅니다.

❻ 선지+ 에서 추가로 제시될 만한 선지를 풀어 봅니다.

## 문제 유형

## 영역별 실전 독해

### I 인문 · 예술

# BOOK 2  학습 계획표 🐱

| 차례 | | | 계획 | 학습일 | 점검 |
|---|---|---|---|---|---|
| **수능에 잘 나오는 문제 유형** | 01 [사실적 이해] 글의 내용 파악하기<br>02 [사실적 이해] 전개 방식 파악하기 | | 1일차 | 월  일 | 😊 😐 😟 |
| | 03 [추론적 이해] 생략된 정보 추론하기<br>04 [추론적 이해] 구체적 사례나 상황에 적용하기 | | 2일차 | 월  일 | 😊 😐 😟 |
| | 05 [비판적 이해] 글의 내용 및 관점 비판하기<br>06 [비판적 이해] 반응의 적절성 판단하기 | | 3일차 | 월  일 | 😊 😐 😟 |
| | 07 [어휘] 단어의 의미 파악하기<br>[특강] 글의 내용을 종합하여 의미를 재구성하기 | | 4일차 | 월  일 | 😊 😐 😟 |
| **영역별 실전 독해** | **I 인문·예술** | 01 [독서] 독서의 기능과 가치<br>02 [심리] 감정 노동과 감정 조절 전략 | 5일차 | 월  일 | 😊 😐 😟 |
| | | 03 [언어 철학] 프레게와 고유 이름<br>04 [철학] 노동의 철학적 의미 | 6일차 | 월  일 | 😊 😐 😟 |
| | | 05 [사진] 브레송의 결정적 순간<br>06 [현대 미술] 하이퍼리얼리즘 | 7일차 | 월  일 | 😊 😐 😟 |
| | **II 사회·문화** | 01 [경제] 금융 상품과 고객 투자 성향<br>02 [사회·문화] 집합 의례 | 8일차 | 월  일 | 😊 😐 😟 |
| | | 03 [정치] 국제 사회의 동맹<br>04 [국제법] 국가 간 분쟁 해결 방법 | 9일차 | 월  일 | 😊 😐 😟 |
| | | 05 [경제] 합리적 선택<br>06 [사법] 사법의 계약과 효력 | 10일차 | 월  일 | 😊 😐 😟 |
| | **III 과학·기술** | 01 [물리 화학] 상과 상변화<br>02 [생명 과학] 약의 작용 | 11일차 | 월  일 | 😊 😐 😟 |
| | | 03 [생명 과학] 호흡과 순환<br>04 [반도체] 터치스크린 패널 | 12일차 | 월  일 | 😊 😐 😟 |
| | | 05 [정보 처리] 가상 공간 체험<br>06 [정보 처리] 어라운드 뷰 시스템 | 13일차 | 월  일 | 😊 😐 😟 |
| | **IV 융합·복합** | 01 [과학+예술] 투시 원근법의 구현 원리<br>02 [과학+인문] 쿤의 과학혁명 가설 | 14일차 | 월  일 | 😊 😐 😟 |
| | | 03 [인문+인문] 헤겔의 미학<br>04 [사회+사회] 광고의 기능과 영향 | 15일차 | 월  일 | 😊 😐 😟 |

수능에 잘 나오는

# 문제 유형

# 수능 독서 짚고 가기



## 1 기출문제를 반복적으로 학습하는 것은 중요하다?

수능 국어 독서 영역을 공부할 때, 우리는 사실적·추론적·비판적 이해라는 말을 접하게 된다. 이는 우리가 글을 읽고 정보를 이해하는 데 필요한 통합적인 사고 능력이다. 수능 독서는 학생들이 이러한 독서 능력을 갖추었는지 평가하는 시험으로, 각각의 사고 능력을 측정할 수 있는 여러 유형의 문제를 설계하여 출제한다.

기출문제는 이미 과거에 출제된 문제이므로 똑같은 형태로 다시 나올 가능성은 없다. 그럼에도 불구하고 **기출문제를 반복해서 공부하기를 권한다.** 왜냐하면 **기출 지문과 문제는 매우 수준이 높고 오류가 없는 검증된 문제**이기 때문이다.

또한 기출문제를 여러 번 풀다 보면 **수능 출제자들이 어떤 방식으로 문제를 출제하는지 그 의도와 패턴을 파악할 수 있다.** 이런 점들을 종합하여 볼 때, 기출문제는 단연코 가장 좋은 수능 대비 훈련의 재료이다.

## 2 범주별 출제 비율은 비슷하다?

수능 독서 문제는 크게 사실적 이해, 추론적 이해, 비판적 이해, 어휘라는 범주 내에서 출제된다. 이는 수능 독서에서 측정하고자 하는 독서 능력으로, 출제 비율이 다르게 나타난다.

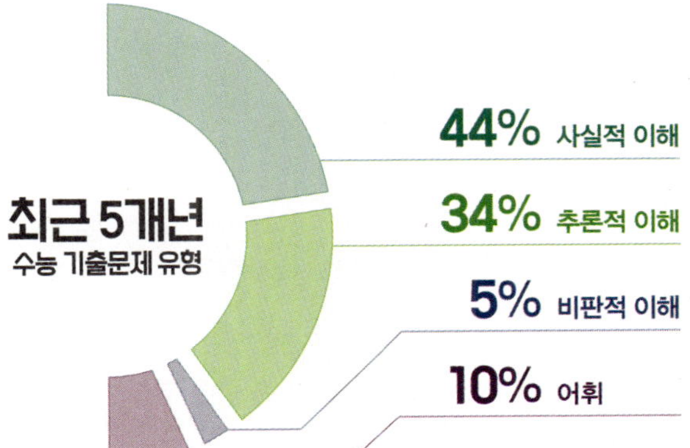



사실적 이해와 추론적 이해 문제는 모든 수능 독서 지문에 출제되며, 최근 5개년 수능 독서 문제 비율에서 약 78%를 차지한다. 수능 독서에서는 문제 하나하나가 모두 중요하지만, 출제 비율을 고려하여 사실적 이해와 추론적 이해 문제를 중심으로 분석할 필요가 있다. **출제 비율이 높은 범주의 문제만큼은 충분히 대비해 두어야 높은 점수를 확보할 수 있기 때**문이다. 또한 출제 비율별로 문제 유형을 분석하고 풀이 방법을 익힌 다음, 자신의 취약점을 찾아 집중적으로 공략할 필요가 있다.

## 3 시험에 잘 나오는 문제 유형이 있다?

수능 독서에 출제되는 문제들은 평가 영역에 따라 일부 유형화되어 있다. 이 책에서는 그중 **수능 독서에 출제되는 대표 문제 유형으로 7가지를 선정하여 분석하였으며**, 2022학년도 예시 문항에서 **새롭게 출제된 문제 유형을 특강에서 소개**하였다.

| | |
|---|---|
| **사실적 이해** | • 글의 내용 파악하기<br>• 전개 방식 파악하기 |
| **추론적 이해** | • 생략된 정보 추론하기<br>• 구체적 사례나 상황에 적용하기 |
| **비판적 이해** | • 글의 내용 및 관점 비판하기<br>• 반응의 적절성 판단하기 |
| **어휘** | 단어의 의미 파악하기 |
| 신유형<br>**적용·창의** | 글의 내용을 종합하여 의미를 재구성하기 |

수능 독서에 출제되는 세부 문제 유형을 파악해야 하는 이유는 **문제 유형별로 적용할 수 있는 해결 전략이 각각 다르기 때문**이다.

단, 문제별 해결 전략이 절대적인 것은 아니다. 같은 유형이라도 글의 성격 또는 〈보기〉의 유무 등에 따라 문제 해결 접근 방식이 조금씩 다를 수 있기 때문이다. 이 점에 유의하여, 이 책과 함께 문제를 분석하고 해결 전략을 적절히 활용해 보는 훈련을 해 보자.

깨우자 내 안의 독서 DNA!

## 01

**사실적 이해**

# 글의 내용 파악하기



독해의 기본은 글의 내용을 정확히 파악하고, 글에 담긴 정보 간의 관계를 파악하는 사실적 이해에 있다. 사실적 이해를 묻는 문제는 중심·세부 내용 파악하기, 정보 간의 관계 파악하기와 같은 유형으로 출제된다. 글의 내용 파악하기 유형의 문제는 대부분 선지의 내용이 글에 그대로 드러나 있으므로 글에서 근거가 되는 부분을 찾아 확인하면 문제를 쉽게 해결할 수 있다.

### 문제 해결 전략

**STEP 1** 문제의 발문과 선지를 확인하여 출제 요소가 되는 핵심 정보를 파악한다.

**STEP 2** 글에서 발문 또는 선지에 언급된 핵심 정보가 드러난 부분을 찾아 확인한다.

**STEP 3** 글의 내용에 근거하여 선지의 일치 또는 불일치 여부를 판단한다.

---

### 해결 전략 적용

**STEP 2**
글에서 책의 정보가 드러난 부분을 찾아 확인한다.

**STEP 3**
선지에 언급된 정보가 글에 제시되어 있는지 확인한다. 이를 근거로 하여 글의 내용과 선지의 일치 여부를 확인한다.

**STEP 1**
발문을 통해 '학생이 책을 선정할 때 고려한 사항', 즉 책과 관련된 정보가 출제 요소가 되는 핵심 정보임을 확인한다. 그런 뒤 각 선지에 언급된 책의 정보를 확인한다.

### 기출로 확인하기

❶ ¹미술사를 다루고 있는 좋은 책이 많지만 학술적인 지식이 부족하면 이해하기 어려운 경우가 많다고 한다. ²이런 점에서 ⌜글을 쓴 학생의 수준⌟ 미술에 대해 막 알아 가기 시작한 나와 같은 독자도 이해할 수 있다고 알려진, 곰브리치의 《서양 미술사》를 택해 서양 미술의 흐름을 살펴본 것은 좋은 결정이었다. `책의 수준, 저자와 관련된 도서 정보`
▶ 글쓴이가 곰브리치의 《서양 미술사》를 선정한 이유

❷ ¹이 책을 통해 저자는 미술사를 어떻게 이해할 것인가를 설명한다. ²저자는 서론에서 '미술이라는 것은 사실상 존재하지 않는다. 다만 미술가들이 있을 뿐이다.'라고 밝히며, 미술가와 미술 작품에 주목하여 미술사를 이해하려는 자신의 관점을 설명한다. ³저자는 27장에서도 해당 구절을 들어 자신의 관점을 다시 설명하고 있었기 때문에, 27장의 내용을 서론의 내용과 비교하여 읽으면서 저자의 관점을 더 잘 이해할 수 있었다.
▶ 《서양 미술사》에 나타난 저자의 관점

❸ ¹책의 제목을 처음 접했을 때는, 이 책이 유럽만을 대상으로 삼고 있을 거라고 생각했다. ²하지만 책의 본문을 읽기 전에 목차를 살펴보니, 총 28장으로 구성된 이 책이 유럽 외의 지역도 포함하고 있음을 알 수 있었다. ³1~7장에서는 아메리카, 이집트, 중국 등의 미술도 설명하고 있었고, 8~28장에서는 6세기 이후 유럽 미술에서부터 20세기 미국의 실험적 미술까지 다루고 있었다. ⁴이처럼 책이 다룬 내용이 방대하기 때문에, 이전부터 관심을 두고 있었던 유럽의 르네상스에 대한 부분을 먼저 읽은 후 나머지 부분을 읽는 방식으로 이 책을 읽어 나갔다.
▶ 《서양 미술사》의 구성과 글쓴이가 설정한 독서 방식

---

❓ 윗글을 쓴 학생이 책을 선정할 때 고려한 사항 중, 윗글에서 확인할 수 있는 것은?

☑ 자신의 지식 수준에 비추어 적절한 책인가? ○→❶-1~2

② 다수의 저자들이 참여하여 집필한 책인가? ✕→❶-2에 따르면 학생이 선정한 책의 저자는 곰브리치임.

③ 다양한 연령대의 독자에게서 추천받은 책인가? ✕→윗글에서 확인할 수 없음.

④ 이전에 읽은 책과 연관된 내용을 담고 있는 책인가? ✕→윗글에서 확인할 수 없음.

⑤ 최신의 학술 자료를 활용하여 믿을 만한 내용을 담고 있는 책인가? ✕→윗글에서 확인할 수 없음.

## 기출로 연습하기

❶ [1]섬유 예술은 실, 직물, 가죽 짐승의 털 등의 섬유를 오브제로 사용하여 미적 효과를 ●구현하는 예술을 일컫는다. [2]오브제란 일상 용품이나 자연물 또는 예술과 무관한 물건을 본래의 용도에서 분리하여 작품에 사용함으로써 새로운 상징적 의미를 불러일으키는 대상을 의미한다. [3]섬유 예술은 실용성에 초점을 둔 공예와 달리 섬유가 예술성을 지닌 오브제로서 기능할 수 있다는 자각에서 비롯되었다.

❷ [1]섬유 예술이 새로운 조형 예술의 한 장르로 자리매김한 결정적 계기는 1969년 제5회 '로잔느 섬유 예술 비엔날레전'에서 올덴버그가 가죽을 사용하여 만든 〈부드러운 타자기〉라는 작품을 전시하여 주목을 받은 것이었다. [2]올덴버그는 이 작품을 통해 공예의 한 재료에 불과했던 가죽을 예술성을 구현하는 오브제로 활용하여 섬유를 심미적 대상으로 인식할 수 있게 하였다.

❸ [1]이후 섬유 예술은 평면성에서 벗어나 조형성을 강조하는 여러 기법들을 활용하여 작가의 개성과 미의식을 구현하는 흐름을 보였는데, 이에는 바스켓트리, 콜라주, 아상블라주 등이 있다. [2]바스켓트리는 바구니 공예를 일컫는 말로 섬유의 특성을 활용하여 꼬기, 엮기, 짜기 등의 방식으로 예술적 조형성을 구현하는 기법이다. [3]콜라주는 이질적인 여러 소재들을 혼합하여 일상성에서 ●탈피한 ●미감을 주는 기법이고, 아상블라주는 콜라주의 평면적인 조형성을 넘어 우리 주변에서 흔히 볼 수 있는 물건들과 폐품 등을 혼합하여 3차원적으로 표현하는 기법이다. [4]콜라주와 아상블라주는 현대의 여러 예술 사조에서 활용되는 기법을 ●차용한 것으로 섬유 예술에서는 순수 조형미를 드러내거나 현대 사회의 복합성과 인류 문명의 한 단면을 상징화하는 수단으로 활용되기도 하였다.

❹ [1]섬유를 오브제로 활용한 대표적인 작품으로는 라우센버그의 〈침대〉가 있다. [2]이 작품에서 라우센버그는 섬유 자체뿐 아니라 여러 오브제들을 혼합하여 예술적 미감을 표현하기도 했다. [3]〈침대〉는 캔버스에 평소 사용하던 커다란 침대보를 부착하고 베개와 퀼트 천으로 된 이불, 신문 조각, 잡지 등을 붙인 다음 그 위에 물감을 흩뿌려 작업한 것으로, 콜라주, 아상블라주 기법을 주로 활용하여 섬유의 조형적 미감을 잘 구현한 작품으로 평가받고 있다.

● **구현하다** 어떤 내용을 구체적인 사실로 나타나게 하다.
● **탈피하다** 일정한 상태나 처지에서 완전히 벗어나다.
● **미감** 아름다움에 대한 느낌. 또는 아름다운 느낌.
● **차용하다** 돈이나 물건 따위를 빌려서 쓰다.

**1** 윗글에서 언급된 '섬유 예술'에 대한 설명으로 적절하지 <u>않은</u> 것은?

① 섬유를 예술성을 지닌 심미적 대상으로 인식하였다.
② 올덴버그를 통해 조형 예술로서 자리를 잡게 되었다.
③ 섬유의 오브제로서의 기능을 자각하면서 시작되었다.
④ 바스켓트리는 섬유의 특성을 활용하여 조형성을 구현한다.
⑤ 순수한 미의식을 배제하고 고정 관념에서 벗어난 예술을 지향한다.

### 사실적 이해
# 전개 방식 파악하기

글을 읽을 때에는 글의 내용뿐만 아니라 글이 어떻게 구성되고 전개되는지, 그리고 부분적으로 어떤 서술 방식을 사용하고 있는지 파악해야 한다. 글의 전개 방식을 파악하는 문제는 글 전체의 흐름을 나타내는 전개 방식 파악하기, 문단 간 관계 이해하기, 서술상 특징 파악하기와 같은 유형으로 출제된다. 대체로 선지에는 글의 전개 방식과 내용 요소가 함께 진술되므로 둘 사이의 관련성을 고려하며 선지의 적절성을 판단해야 한다.

**문제 해결 전략**

**STEP 1** 글의 중심 화제를 파악하고 문단별 중심 내용을 정리한다.

**STEP 2** 문단 간의 관계를 고려하여 글 전체의 흐름을 파악한다.

**STEP 3** 선지에 언급된 내용 요소와 전개 방식을 확인하며 그 적절성을 판단한다.

## 기출로 확인하기

**해결 전략 적용**

**STEP 1**
글의 중심 화제가 '이(理)'와 '기(氣)'임을 파악하고, 이와 관련하여 각 문단에서 서술하고 있는 중심 내용이 무엇인지 확인한다.

**STEP 2**
❶은 '이'와 '기'의 개념을 설명하고 있으며, ❷, ❸은 '이'와 '기'에 대한 서경덕과 이황의 관점을 각각 나열하고 있음을 파악한다.

❶ ¹성리학은 우주의 근원과 질서, 그리고 인간의 심성과 질서를 '이(理)'와 '기(氣)' 두 가지를 통해 설명하고, 이를 바탕으로 인간과 세계를 연구하는 학문이다. ²성리학에서 일반적으로 '이'는 만물에 내재하는 원리이고, '기'는 그 원리를 현실에 드러내 주는 방식과 구체적인 현실의 모습이라 할 수 있다.

▶ 성리학에서의 '이'와 '기'의 개념

❷ ¹'기'를 중시했던 대표적인 성리학자로 서경덕을 들 수 있다. ²그는 '기'를 우주 만물의 근원이라고 보았다. ³서경덕에 의하면, 태초에 '기'가 음기와 양기가 되고, 음기와 양기가 모이고 흩어지고를 반복하면서 하늘과 땅, 해와 달과 별, 불과 물 등의 만물이 만들어졌다. ⁴'기'는 어떤 외부의 원리나 힘에 의해 움직이는 것이 아니라 스스로 움직여 만물을 생성하고 변하게 한다. ⁵하지만 '이'는 '기' 속에 있으면서 '기'가 작용하는 원리로 존재할 뿐 독립적으로 드러나거나 작용하지 않는다. ⁶즉 '이'와 '기'는 하나이며, 세계에 드러나는 것은 '기'뿐이라는 것이다.

▶ '이'와 '기'에 대한 서경덕의 관점

❸ ¹'이'를 중시했던 대표적인 성리학자는 이황이다. ²그는 '이'를 우주 만물의 근원이자 변하지 않는 절대적 가치이며 도덕 법칙이라고 보았다. ³'이'는 하늘의 뜻 즉 천도(天道)이며 만물이 선천적으로 지니고 태어나는 본성이라고 여겼다. ⁴현실 사회가 비도덕적이고 타락한 모습을 보이는 이유는 인간이 본성을 잃어버리고 사악한 마음을 따르기 때문인데 이러한 사악한 마음은 인간의 생체적 욕구, 욕망 등인 '기'에서 나오는 것이다. ⁵따라서 '이'와 '기'가 하나일 수는 없으며 둘은 철저히 구분되어야 한다는 것이 이황의 주장이다.

▶ '이'와 '기'에 대한 이황의 관점

**STEP 3**
선지에 언급된 내용 요소가 글에 제시되어 있는지 확인하며, 선지에서 글의 전개 방식을 적절하게 설명하고 있는지 판단한다.

**Q 윗글에 대한 설명으로 가장 적절한 것은?**

① 철학적 용어의 현대적 의미를 재조명하고 있다.
　×→ 윗글에서 확인할 수 없음.

② 철학적 용어에 대한 사회적 통념을 비판하고 있다.
　×→ 윗글에서 확인할 수 없음.

③ 문답의 형식을 통해 철학적 용어의 개념을 드러내고 있다.
　×→ 윗글에서 확인할 수 없음.

④ 현실을 해석하는 철학적 용어가 등장한 배경을 소개하고 있다.
　×→ ❶-1에서 '이'와 '기'라는 철학적 용어를 소개하고 있으나, 등장 배경은 제시되지 않음.

✔ 철학적 용어의 관계를 바라보는 다양한 관점을 나열하고 있다.
　○→ ❷-6, ❸-5에서 '이'와 '기'의 관계에 대한 서경덕과 이황의 관점을 나열함.

## 기출로 연습하기



❶ [1]자연에서 발생하는 모든 일은 목적 지향적인가? [2]자기 몸통보다 더 큰 나뭇가지나 잎사귀를 허둥대며 운반하는 개미들은 분명히 목적을 가진 듯이 보인다. [3]그런데 가을에 지는 낙엽이나 한밤중에 쏟아지는 우박도 목적을 가질까? [4]아리스토텔레스는 모든 자연물이 목적을 추구하는 본성을 타고나며, 외적 원인이 아니라 내재적 본성에 따른 운동을 한다는 목적론을 제시한다.

❷ [1]근대에 접어들어 모든 사물이 생명력을 갖지 않는 일종의 기계라는 견해가 강조되면서, 아리스토텔레스의 목적론은 비과학적이라는 이유로 많은 비판에 직면한다. [2]갈릴레이는 목적론적 설명이 과학적 설명으로 사용될 수 없다고 주장하며, 베이컨은 목적에 대한 탐구가 과학에 ●무익하다고 평가하고, 스피노자는 목적론이 자연에 대한 이해를 왜곡한다고 비판한다. [3]이들의 비판은 목적론이 인간 이외의 자연물도 이성을 갖는 것으로 의인화한다는 것이다. [4]그러나 이런 비판과는 달리 아리스토텔레스는 자연물을 생물과 무생물로, 생물을 식물·동물·인간으로 나누고, 인간만이 이성을 지닌다고 생각했다.

❸ [1]일부 현대 학자들은, 근대 사상가들이 당시 과학에 기초한 기계론적 모형이 더 설득력을 갖는다는 일종의 ●교조적 믿음에 의존했을 뿐, 아리스토텔레스의 목적론을 거부할 충분한 근거를 제시하지 못했다고 비판한다. [2]이런 맥락에서 볼로틴은 근대 과학이 자연에 목적이 없음을 보이지도 못했고 그렇게 하려는 시도조차 하지 않았다고 지적한다. [3]또한 우드필드는 목적론적 설명이 과학적 설명은 아니지만, 목적론의 옳고 그름을 확인할 수 없기 때문에 목적론이 거짓이라 할 수도 없다고 지적한다.

❹ [1]17세기의 과학은 실험을 통해 과학적 설명의 참·거짓을 확인할 것을 요구했고, 그런 경향은 생명체를 비롯한 세상의 모든 것이 물질로만 구성된다는 물질론으로 이어졌으며, 물질론 가운데 일부는 모든 생물학적 과정이 물리·화학 법칙으로 설명된다는 환원론으로 이어졌다. [2]이런 환원론은 살아 있는 생명체가 죽은 물질과 다르지 않음을 함축한다. [3]하지만 아리스토텔레스는 자연물의 물질적 구성 요소를 알면 그것의 본성을 모두 설명할 수 있다는 엠페도클레스의 견해를 반박했다. [4]이 반박은 자연물이 단순히 물질로만 이루어진 것이 아니며, 또한 그것의 본성이 단순히 물리·화학적으로 ●환원되지도 않는다는 주장을 내포한다.

❺ [1]첨단 과학의 발전에도 불구하고 생명체의 존재 원리와 이유를 정확히 ●규명하는 과제는 아직 진행 중이다. [2]자연물의 구성 요소에 대한 아리스토텔레스의 탐구는 자연물이 존재하고 운동하는 원리와 이유를 밝히려는 것이었고, 그의 목적론은 지금까지 이어지는 그러한 탐구의 출발점이라 할 수 있다.

●**무익하다** 이롭거나 도움이 될 만한 것이 없다.
●**교조적** 역사적 환경이나 구체적 현실과 관계없이 어떠한 상황에서도 절대로 변하지 않는 진리인듯 믿고 따르는.
●**환원되다** 잡다한 사물이나 현상이 어떤 근본적인 것으로 바뀌다.
●**규명하다** 어떤 사실을 자세히 따져서 바로 밝히다.

**2** 윗글의 논지 전개 방식으로 가장 적절한 것은?

① 대립되는 두 이론을 소개하고 각 이론의 장단점을 비교하고 있다.
② 특정 이론에 대한 상반된 주장을 제시하여 절충 방안을 모색하고 있다.
③ 특정 이론에 대한 다양한 비판의 타당성을 검토한 후 새로운 이론을 도출하고 있다.
④ 특정 이론에 대한 비판들을 시대순으로 제시하여 그 이론의 부당성을 주장하고 있다.
⑤ 특정 이론에 대한 비판들을 검토하고 그 이론에 대한 해석을 제시하여 의의를 밝히고 있다.

# 03 생략된 정보 추론하기

**추론적 이해**

추론적 이해는 글에 명시적으로 드러나지 않은 정보를 논리적으로 미루어 판단하는 것이다. 생략된 정보를 추론하는 문제는 크게 글의 내용·의미·관점 추론하기, 이유·근거·전제·결론 추론하기와 같은 유형으로 출제된다. 이러한 문제의 선지는 글의 내용을 바탕으로 새롭게 재진술되거나 글의 숨겨진 내용을 이끌어 낸 것이므로, 글에서 가장 연관성 있는 근거를 찾아 적절한 추론을 거친 내용인지 확인해야 한다.

추론하는 문제에서는 주로 발문에서 글의 일부를 'ㄱ'과 같은 기호로 특정하여 제시해.

## 문제 해결 전략

**STEP 1** 문제의 발문이나 선지를 살펴보며 추론해야 할 정보가 무엇인지 확인한다.

**STEP 2** 글에서 관련된 정보가 언급된 부분을 찾아 앞뒤 문맥을 파악하며 추론의 구체적인 근거를 탐색한다.

**STEP 3** 글에서 추론의 근거를 찾고, 선지가 그 내용에 근접하는지 또는 글의 내용과 선지의 인과 관계가 성립하는지 확인한다.

## 기출로 확인하기

❶ ¹'국내총생산(GDP, gross domestic product)'은 일정 기간 동안 한 나라 안에서 생산된 재화 및 용역의 금전적 가치를 합한 것으로, 기간은 보통 년으로 한다. (국내총생산의 개념) ²그렇다면 국내총생산의 '국내(D, domestic)'는 무슨 뜻일까? ³여기서 국내는 한 나라의 국경 안을 의미한다. ⁴그런데 한 나라의 국경 안에 있는 생산자가 그 나라의 국민이나 기업이 아닐 수도 있다. ⁵뒤집어 생각하면 모든 생산자가 자국에서 생산 활동을 하는 것은 아니라는 의미도 된다. ⁶한 나라의 국경 안에서 나오는 생산량이 아니라 한 나라의 국민과 그 나라의 기업이 생산한 생산량 전체는 '국민총생산(GNP, gross national product)'이라고 한다. (국민총생산의 개념)

▶ 국내총생산과 국민총생산의 개념

**해결 전략 적용**

**STEP 2**
㉠의 앞문장 내용으로 볼 때, ㉠의 '시장에서……어려운 재화나 용역'은 국내총생산과 국민총생산에 포함되지 않는 '일부의 생산량'에 해당한다. 이를 바탕으로 하여 ㉠의 뒤 문장들을 확인하며 ㉠의 근거가 되는 내용을 탐색한다.

❷ ¹국내총생산과 국민총생산은 일부의 생산량을 포함하지 못한다는 한계가 있다. ²㉠시장에서 거래되지 않거나 돈으로 계산하기 어려운 재화나 용역은 제외될 수밖에 없다는 것이다. ³개발도상국의 영세한 자급농이나 주부의 가사 노동이 그 사례에 해당한다. (국내총생산과 국민총생산에 포함되지 않는 사례) ⁴개발도상국의 영세한 자급농은 자기가 생산한 농산물 대부분을 자체 소비하고 시장에 내다팔지 않아서 그들의 농산물은 총생산량에 포함되지 않는다. (㉠의 이유: 시장에 내다팔지 않음. → 시장에서 거래되지 않음.) ⁵또한 주부의 가사 노동은 시장 밖에서 생산될 뿐만 아니라 돈으로 계산하기도 어렵기 때문에 국내총생산이나 국민총생산 어디에도 포함되지 않는다. (㉠의 이유: 시장 밖에서 생산되어 가격을 매기기 어려움.) ⁶그래서 최근에는 이러한 부분도 반영하여 경제 활동을 살피려는 움직임을 보이고 있다.

▶ 국내총생산과 국민총생산의 한계

**STEP 1**
발문을 통해 추론해야 할 정보(㉠의 이유)를 확인한다.

**STEP 3**
추론한 내용과 선지를 비교해 보며, 선지가 ㉠의 근거를 적절하게 제시하고 있는지 판단한다.

**Q 문맥을 고려할 때 ㉠의 이유로 가장 적절한 것은?** (추론해야 할 정보)

① 생산물을 소비할 수 있는 시장이 한정되어 있기 때문에 ×→ 윗글에서 근거를 확인할 수 없음.

☑ 생산량의 가치는 시장 가격으로만 계산하기 때문에 ○→ ❷-3~5에 제시된 ㉠의 이유(시장에서 거래되지 않으며 가격을 매기기 어려움.)와 근접하며 이를 새롭게 재진술한 것임.

③ 생산량이 일정하지 않고 수시로 변하기 때문에 ×→ 윗글에서 근거를 확인할 수 없음.

④ 생산물이 거래되는 구조가 복잡하기 때문에 ×→ 윗글에서 근거를 확인할 수 없음.

⑤ 생산량이 매우 미미한 수준이기 때문에 ×→ 윗글에서 근거를 확인할 수 없음.

## 기출로 연습하기

❶ [1]영상 안정화 기술에는 빛을 이용하는 광학적 기술과 소프트웨어를 이용하는 디지털 기술 등이 있다. [2]광학 영상 안정화(OIS) 기술을 사용하는 카메라 모듈은 렌즈 모듈, 이미지 센서, 자이로 센서, 제어 장치, 렌즈를 움직이는 장치로 구성되어 있다. [3]일반적으로 카메라는 렌즈를 통해 들어온 빛이 이미지 센서에 닿아 피사체의 상이 맺히고, 피사체의 한 점에 해당하는 위치인 화소마다 빛의 세기에 비례하여 발생한 전기 신호가 저장 매체에 영상으로 저장된다. [4]그런데 카메라가 흔들리면 이미지 센서 각각의 화소에 닿는 빛의 세기가 변한다. [5]이때 OIS 기술이 작동되면 자이로 센서가 카메라의 움직임을 감지하여 방향과 속도를 제어 장치에 전달한다. [6]제어 장치가 렌즈를 이동시키면 피사체의 상이 유지되면서 영상이 안정된다.

❷ [1]OIS 기술이 손 떨림을 훌륭하게 보정해 줄 수는 있지만 렌즈의 이동 범위에 한계가 있어 보정할 수 있는 움직임의 폭이 좁다. [2]디지털 영상 안정화(DIS) 기술은 촬영 후에 소프트웨어를 사용해 흔들림을 보정하는 기술로 역동적인 상황에서 촬영한 동영상에 적용할 때 좋은 결과를 얻을 수 있다. [3]이 기술은 촬영된 동영상을 프레임 단위로 나눈 후 연속된 프레임 간 피사체의 움직임을 추정한다. [4]움직임을 추정하는 한 방법은 특징점을 이용하는 것이다. [5]특징점으로는 피사체의 모서리처럼 주위와 밝기가 뚜렷이 구별되며 영상이 이동하거나 회전해도 그 밝기 차이가 유지되는 부분이 선택된다.

❸ [1]먼저 k번째 프레임에서 특징점들을 찾고, 다음 k+1번째 프레임에서 같은 특징점들을 찾는다. [2]이 두 프레임 사이에서 같은 특징점이 얼마나 이동하였는지 계산하여 영상의 움직임을 추정한다. [3]그리고 흔들림이 발생한 곳으로 추정되는 프레임에서 위치 차이 만큼 보정하여 흔들림의 영향을 줄이면 보정된 동영상은 움직임이 부드러워진다. [4]그러나 특징점의 수가 늘어날수록 연산이 더 오래 걸린다.

**3** 윗글을 참고할 때, 〈보기〉의 A~C에 들어갈 말을 바르게 짝지은 것은?

> ┌─ 보기 ─
>
> 특징점으로 선택되는 점들과 주위 점들의 밝기 차이가 ( A ), 영상이 흔들리기 전의 밝기 차이와 후의 밝기 차이 변화가 ( B ) 특징점의 위치 추정이 유리하다. 그리고 특징점들이 많을수록 보정에 필요한 ( C )이/가 늘어난다.

| | A | B | C |
|---|---|---|---|
| ① | 클수록 | 클수록 | 프레임의 수 |
| ② | 클수록 | 작을수록 | 시간 |
| ③ | 클수록 | 작을수록 | 프레임의 수 |
| ④ | 작을수록 | 클수록 | 시간 |
| ⑤ | 작을수록 | 작을수록 | 프레임의 수 |

# 구체적 사례나 상황에 적용하기

글에 제시된 개념이나 원리, 관점 등은 대체로 추상적이고 관념적인 표현으로 서술된다. 이 유형의 문제는 글의 이해를 돕는 생활 속 사례나 상황, 시각 자료, 도표 등을 〈보기〉에 제시하고, 글에 나타난 추상적·관념적 정보를 〈보기〉에 대응시킬 수 있는지 묻는다. 이러한 유형은 〈보기〉와 선지의 내용을 파악한 뒤, 글에서 관련된 부분을 찾아 비교하며 해결할 수 있다.

선지는 주로 글의 내용을 바탕으로 하되, 〈보기〉를 분석한 진술로 구성돼. 글의 정보가 〈보기〉의 사례나 상황에서 어떻게 구체화되는지 살펴봐.

## 문제 해결 전략

**STEP 1** 문제의 발문, 〈보기〉, 선지를 살펴보며 출제 요소가 되는 핵심 정보를 확인한다.

**STEP 2** 글에서 문제의 출제 요소와 관련된 부분을 찾아 확인한다.

**STEP 3** 글의 내용을 〈보기〉의 사례나 상황에 적용해 보며 선지의 적절성을 판단한다.

## 해결 전략 적용

**STEP 2**
글을 읽으며 '모델링'과 '렌더링'의 개념을 이해하고, 관련된 내용을 살펴보며 '모델링'과 '렌더링'의 특징을 확인한다.

**STEP 1**
문제의 발문, 〈보기〉, 선지를 살피며 반복되는 단어를 찾는다. '모델링'과 '렌더링'이 문제의 출제 요소가 되는 핵심 정보임을 확인한다.

**STEP 3**
글에서 찾은 '모델링'과 '렌더링'의 정보를 〈보기〉의 사례에 적용해 본다. '모델링'과 '렌더링'의 개념·원리가 〈보기〉에서 어떻게 구체화되고 있는지 확인하며 선지의 설명이 적절한지 판단한다.

## 기출로 확인하기

❶ ¹3D 영상을 생성하기 위해서는 모델링과 렌더링을 거쳐야 한다. ²모델링은 3차원 가상 공간에서 물체의 모양과 크기, 공간적인 위치, 표면 특성 등과 관련된 고유의 값을 설정하거나 수정하는 단계이다. ³모양과 크기를 설정할 때 주로 3개의 정점으로 형성되는 삼각형의 조합으로 물체 표면을 표현한다. ⁴이때 삼각형의 꼭짓점들은 물체의 모양과 크기를 결정하는 정점이 되는데, 이 정점들의 개수는 물체가 변형되어도 변하지 않으며, 정점들의 상대적 위치는 물체 고유의 모양이 변하지 않는 한 달라지지 않는다. ⁵물체가 커지거나 작아지는 경우에는 정점 사이의 간격이 넓어지거나 좁아지고, 물체가 이동하는 경우에는 정점들이 간격을 유지하면서 동일한 방향으로 이동한다.
▶ 모델링의 개념과 과정

❷ ¹이 데이터를 활용하여, 물체를 어디에서 바라보는가를 나타내는 관찰 시점을 기준으로 2차원의 화면을 생성하는 것이 렌더링이다. ²전체 화면을 잘게 나눈 점이 화소인데, 정해진 개수의 화소로 화면을 표시하고 각 화소별로 밝기나 색상 등을 나타내는 화솟값이 부여된다.
▶ 렌더링의 개념과 과정

● 〈보기〉는 3D 애니메이션 제작 계획의 일부이다. 윗글을 바탕으로 할 때 적절하지 않은 것은?

보기

| [장면 구상] | [장면 스케치] |
|---|---|
| 장면 1 | 주인공 '네모'가 얼굴을 정면으로 향한 채 입에 아직 불지 않은 풍선을 물고 있다. |
| 장면 2 | '네모'가 바람을 불어 넣어 풍선이 점점 커진다. |
| 장면 3 | 풍선이 더 이상 커지지 않고 모양을 유지한 채, 네모는 풍선과 함께 하늘로 날아올라 점점 멀어진다. |

— 정점들은 간격을 유지하면서 이동함(❶-5).

① 장면 1의 렌더링에서 풍선에 가려 보이지 않는 입 부분의 삼각형들의 표면 특성은 화솟값을 구하는 데 사용되지 않겠군.

② 장면 2의 모델링에서 풍선에 있는 정점의 개수는 유지되겠군.

③ 장면 2의 모델링에서 풍선에 있는 정점 사이의 거리가 멀어지겠군.

④ 장면 3의 모델링에서 풍선에 있는 정점들이 이루는 삼각형들이 작아지겠군.

⑤ 장면 3의 렌더링에서 전체 화면에서 화솟값이 있는 화소의 개수는 변하지 않겠군.

## 기출로 연습하기



❶ ¹비행기의 운항 정보를 파악하려면 직선 운동과, 각의 변화가 일어나는 회전 운동인 각운동을 이해해야 한다. ²가속도 센서는 비행기의 직선 운동에 의한 방향, 속도, 이동 거리의 변화를 감지하는 장치이다. ³비행기는 3차원 공간에서 운동하므로 위치나 이동 정보를 측정하기 위해서는 세 가지 축이 필요하다. ⁴따라서 가속도 센서 역시 세 개가 필요하다. ⁵즉 비행기의 맨 앞부분에서 꼬리까지를 기준으로 한 수평축, 비행기의 한 쪽 날개 끝에서 반대쪽 날개 끝을 기준으로 한 수평축, 비행기 동체의 윗부분에서 수직으로 아랫부분까지를 기준으로 한 수직축에서의 직선 운동을 측정하는 가속도 센서가 각각 필요하다.

❷ ¹그런데 가속도 센서는 직선 운동에서의 방향과 거리, 속도만 측정할 수 있고, 비행기가 외부의 힘에 의해 갑자기 기울어지는 것과 같은 각의 변화는 정확히 측정하지 못한다. ²운항 중인 비행기가 좌우로 기울어지는 것은 맨 앞부분에서 꼬리까지를 회전축으로 한 회전 운동이고, 비행기의 머리 부분이 위로 들리거나 아래로 기우는 것은 비행기의 한 쪽 날개 끝에서 반대쪽 날개 끝을 회전축으로 한 회전 운동이다. ³그리고 비행기가 좌우로 •선회를 하는 경우는 동체의 윗부분에서 수직으로 아랫부분까지를 회전축으로 한 회전 운동이다. ⁴이와 같은 세 가지의 회전 운동을 측정하기 위해서는 세 개의 자이로스코프가 필요하다.

❸ ¹만약 다른 움직임이 없는 상태에서 앞으로만 직선 운동을 하는 비행기가 하강기류를 만나 비행기의 머리가 아래로 향하면서 속도 변화와 각의 변화를 동반한 운동을 한다면, 가속도 센서는 시간에 따른 속도와 이동 거리의 변화를 측정한다. ²그리고 한 쪽 날개 끝에서 반대쪽 날개 끝을 축으로 한 비행기의 회전 운동을 측정하는 자이로스코프가 각의 변화를 감지하게 된다.

● **선회** 항공기가 곡선을 그리듯 진로를 바꿈.

**4** 윗글을 바탕으로 〈보기〉를 이해한 내용으로 적절하지 <u>않은</u> 것은?

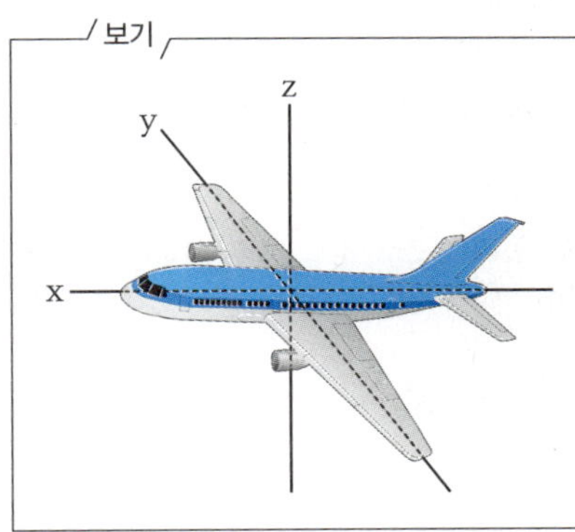



현재 비행기는 일정한 속도를 유지하며 x축 방향으로 직선 운동하고 있으며, 이때 관성 항법 장치의 가속도 센서와 자이로스코프는 정상 작동하고 있다.

① 비행기의 앞머리가 들리는 경우, y축을 기준으로 한 비행기의 회전 운동을 감지하는 자이로스코프가 각의 변화를 감지하겠군.

② 비행기가 좌우로 기울어지는 경우, x축을 기준으로 한 비행기의 회전 운동을 감지하는 자이로스코프가 각의 변화를 감지하겠군.

③ 비행기가 오른쪽으로 갑자기 선회하는 경우, z축을 기준으로 한 비행기의 회전 운동을 감지하는 자이로스코프가 각의 변화를 감지하겠군.

④ 비행기가 x축 방향으로 수평을 유지한 채 수직으로 하강하는 경우, z축을 기준으로 한 직선 운동을 감지하는 가속도 센서가 이동 거리와 속도를 측정하겠군.

⑤ 비행기가 왼쪽으로 선회하면서 속도와 각의 변화를 동반하는 경우, 가속도 센서는 속도 변화를, y축을 기준으로 한 비행기의 회전 운동을 감지하는 자이로스코프는 각의 변화를 감지하겠군.

## 비판적 이해
# 글의 내용 및 관점 비판하기

> 독서에서 '비판'이란 글에 담긴 내용이나 글쓴이의 생각이 적절한지 확인하고 따지는 것을 말해.

글의 내용 및 관점을 비판하는 문제는 글의 타당성과 적절성을 논리적이고 합리적인 사고를 통해 판단할 수 있는지 평가하는 유형이다. 주로 특정 대상에 관한 관점을 다룬 글에서, 다른 관점을 기준으로 하여 글의 타당성을 판단하는 문제로 출제된다. 글에서 관점이 드러난 부분을 파악하고, 이를 뒷받침하는 근거들을 확인하며 내용의 타당성, 적절성 등을 판단해야 한다.

### 문제 해결 전략

**STEP ❶** 발문의 조건을 파악하여 비판의 기준이 되는 관점과 비판의 대상이 되는 관점을 확인한다.

**STEP ❷** 글이나 〈보기〉에서 두 관점의 핵심을 파악하고 비교해 보며 대립되는 점을 찾는다.

**STEP ❸** 선지에서 비판의 대상이 되는 관점의 문제점이나 한계를 정확하게 지적하고 있는지 판단한다.

## 기출로 확인하기

### 해결 전략 적용

**STEP ❷**
이원론은 정신을 비물리적이고 독립적인 대상으로 보고, 동일론은 정신이 독립적이지 않은 물리적 대상일 뿐이라고 보았다는 점에서 두 관점이 대립하고 있음을 확인한다.

**❶** ¹육체는 원자로 이루어져 있으며 화학적 조성을 띠지만 정신은 비물리적 대상이라고 주장하는 이론이 이원론이다. ²이에 견줘 동일론은 정신은 육체, 그중에서 두뇌의 물리적 상태와 동일한 것으로 존재하지, 육체와 독립되어 존재하지 않는다고 주장한다. ³이원론자는 정신도 눈에 보이지 않지만 그것을 가정해야만 설명할 수 있는 특성들이 있다고 주장한다.
▶ 정신과 육체에 관한 이원론과 동일론의 주장

**❷** ¹대표적 이원론자인 데카르트는 그런 특성으로 언어와 수학적 추론을 제시한다. ²그는 완전히 물리적인 체계가 사람처럼 언어를 사용하거나 수학적인 추론을 해낼 수 없다고 보았다. ³그러나 이런 주장은 그 힘이 처음 생각했던 것보다 약하다. ⁴먼저 컴퓨터 언어라는 개념은 이제 상식적인 것이 되었다. ⁵컴퓨터 언어는 인간의 언어에 비해 구조와 내용 면에서 단순하지만 그 차이는 종류의 차이가 아니라 정도의 차이이다. ⁶한편 컴퓨터 기술자들은 수학적 추론의 일반 원리를 바탕으로 하여 데카르트를 깜짝 놀라게 했을 법한 기계를 만들어 내었다. ⁷독립적인 정신을 가정하지 않고서도 언어와 수학적 추론을 설명할 수 있는 가능성이 생긴 것이다.
▶ 이원론자인 데카르트의 주장과 이에 대한 동일론의 반박

**STEP ❶**
발문에서 비판의 기준이 되는 관점(이원론)과 대상이 되는 관점(동일론)을 확인한다. 또한 선지에서 반복되는 표현(언어, 수학적 추론, 기계)을 살펴본다.

**Q** [A]에 드러난 동일론의 주장에 대해 이원론이 비판할 때, 그 내용으로 적절하지 않은 것은?

① 인간과 같은 수준의 언어를 사용하는 기계가 있을 수 있다고 하는데, 있다고 하더라도 정말로 그 뜻을 이해하고 사용하는 것은 아니다.
○ → ❷-1~2

② 인간과 같은 수준의 언어를 사용하는 기계가 있을 수 있다고 하는데, 있다고 하더라도 그것은 행동적인 측면만 따라할 뿐이고 사랑이나 두려움 같은 감성적 측면은 따라할 수 없다.
○ → 이원론의 관점에 따르면 감성적 측면은 '정신'만의 특성임(❷-1~2).

**STEP ❸**
동일론에 대한 이원론의 비판에서 동일론의 논지를 정확하게 파악하여 지적하고 있는지, 이원론의 관점에 따라 비판하는 내용이 맞는지 확인하며 선지의 적절성을 판단한다.

☑ ③ 수학적 추론을 하는 기계가 있을 수 있다고 하는데, 기계가 정신을 가지지 못한다고 말하면서도 수학적 추론을 한다는 것은 성립할 수 없다.
✕ → 이원론의 관점에 해당함(❷-1~2). 동일론은 기계가 정신의 특성을 지닐 수 있다고 봄(❷-7).

④ 수학적 추론을 하는 기계가 있을 수 있다고 하는데, 있다고 하더라도 그것은 프로그램에 따라 작동하는 것에 불과하지 선택에 따른 행동이라고 볼 수 없다.
○ → 이원론의 관점에 따르면 기계의 수학적 추론이 인간의 선택적 행동과 같다고 볼 수 없음(❷-1~2).

⑤ 수학적 추론을 하는 기계가 있을 수 있다고 하는데, 비행 시뮬레이션이 실제 비행의 모방에 불과한 것처럼 기계의 수학적 추론은 인간의 수학적 추론을 모방한 것에 불과하다.
○ → 이원론의 관점에 따르면 기계의 수학적 추론이 인간의 수학적 추론과 같다고 볼 수 없음(❷-1~2).

## 기출로 연습하기



❶ [1]논리실증주의자와 포퍼는 지식을 수학적 지식이나 논리학 지식처럼 경험과 무관한 것과 과학적 지식처럼 경험에 의존하는 것으로 구분한다. [2]그중 과학적 지식은 과학적 방법에 의해 누적된다고 주장한다. [3]가설은 과학적 지식의 후보가 되는 것인데, 그들은 가설로부터 논리적으로 도출된 예측을 관찰이나 실험 등의 경험을 통해 맞는지 틀리는지 판단함으로써 그 가설을 시험하는 과학적 방법을 제시한다. [4]논리실증주의자는 예측이 맞을 경우에, 포퍼는 예측이 틀리지 않는 한, 그 예측을 도출한 가설이 하나씩 새로운 지식으로 추가된다고 주장한다.

❷ [1]하지만 콰인은 가설만 가지고서 예측을 논리적으로 도출할 수 없다고 본다. [2]예측은 가설, 기존의 지식들, 여러 조건 등을 모두 합쳐야만 논리적으로 도출된다는 것이다. [3]그러므로 예측이 거짓으로 밝혀지면 정확히 무엇 때문에 예측에 실패한 것인지 알 수 없다는 것이다. [4]이로부터 콰인은 개별적인 가설뿐만 아니라 기존의 지식들과 여러 조건 등을 모두 포함하는 전체 지식이 경험을 통한 시험의 대상이 된다는 총체주의를 제안한다.

❸ [1]논리실증주의자와 포퍼는 수학적 지식이나 논리학 지식처럼 경험과 무관하게 참으로 판별되는 분석 명제와, 과학적 지식처럼 경험을 통해 참으로 판별되는 종합 명제를 서로 다른 종류라고 구분한다. [2]그러나 콰인은 분석 명제와 종합 명제로 지식을 엄격히 구분하는 대신, 경험과 직접 충돌하지 않는 중심부 지식과, 경험과 직접 충돌할 수 있는 주변부 지식을 •상정한다. [3]경험과 직접 충돌하여 참과 거짓이 쉽게 바뀌는 주변부 지식과 달리 주변부 지식의 토대가 되는 중심부 지식은 상대적으로 견고하다. [4]그러나 이 둘의 경계를 명확히 나눌 수 없어 콰인은 이 둘을 다른 종류라고 하지 않는다. [5]수학적 지식이나 논리학 지식은 중심부 지식의 한가운데에 있어 경험에서 가장 멀리 떨어져 있지만 경험과 무관한 것은 아니라는 것이다. [6]그런데 주변부 지식이 경험과 충돌하여 거짓으로 밝혀지면 전체 지식의 어느 부분을 수정해야 할지 고민하게 된다. [7]주변부 지식을 수정하면 전체 지식의 변화가 크지 않지만 중심부 지식을 수정하면 관련된 다른 지식이 많아 전체 지식도 크게 변화하게 된다. [8]그래서 대부분의 경우에는 주변부 지식을 수정하는 쪽을 선택하겠지만 실용적 필요 때문에 중심부 지식을 수정하는 경우도 있다. [9]그리하여 콰인은 중심부 지식과 주변부 지식이 원칙적으로 모두 수정의 대상이 될 수 있고, 지식의 변화도 더 이상 개별적 지식이 단순히 누적되는 과정이 아니라고 주장한다.

❹ [1]총체주의는 특정 가설에 대해 제기되는 반박이 결정적인 것처럼 보이더라도 그 가설이 실용적으로 필요하다고 인정되면 언제든 그와 같은 반박을 피하는 방법을 강구하여 그 가설을 받아들일 수 있다. [2]그러나 총체주의는 "A이면서 동시에 A가 아닐 수는 없다."와 같은 논리학의 법칙처럼 아무도 의심하지 않는 지식은 분석 명제로 분류해야 하는 것이 아니냐는 비판에 답해야 하는 어려움이 있다.

● **상정하다** 어떤 정황을 가정적으로 생각하여 단정하다.

---

**5** 윗글의 총체주의에 대한 비판으로 가장 적절한 것은?



① 가설로부터 논리적으로 도출된 예측이 경험과 충돌하더라도 그 충돌 때문에 가설이 틀렸다 할 수 없다.
② 논리학 지식이나 수학적 지식이 중심부 지식의 한가운데에 위치한다고 해서 경험과 무관한 것은 아니다.
③ 전체 지식은 결정적인 반박도 피할 수 있으므로 수정 대상을 주변부 지식으로 한정하는 것은 잘못이다.
④ 중심부 지식을 수정하면 주변부 지식도 수정해야 하겠지만, 주변부 지식을 수정한다고 해서 중심부 지식을 수정해야 하는 것은 아니다.
⑤ 중심부 지식과 주변부 지식 간의 경계가 불분명하다 해도 중심부 지식 중에는 주변부 지식들과 종류가 다른 지식이 존재한다.

## 06

### 비판적 이해
# 반응의 적절성 판단하기

글과 자료를 관련지어 이해한 반응이 적절한지를 판단할 수 있는지 평가하는 유형이다. 대체로 〈보기〉의 형태로 자료가 제시되며 자료의 정확성, 타당성을 판단하는 비판적 능력과 연관된다. 글이나 〈보기〉의 내용에서 독자의 반응과 관련된 근거를 찾아 선지의 적절성을 판단해야 한다.

### 문제 해결 전략

**STEP 1** 문제에 제시된 〈보기〉의 주요 내용을 파악한다.

**STEP 2** 〈보기〉를 글의 내용과 관련지어 이해하고, 둘을 비교해 보며 공통점과 차이점을 파악한다.

**STEP 3** 선지에 제시된 독자의 반응을 확인하고, 이를 뒷받침하는 근거가 글이나 〈보기〉의 내용에 기반한 것인지 판단한다.

## 기출로 확인하기

### 해결 전략 적용

**STEP 2**
〈보기〉와 관련하여, 윗글에서 '현실 세계'의 '본질'에 관한 플라톤의 관점이 드러난 부분을 찾아 〈보기〉의 세잔의 관점과 비교한다.

**❶** ¹고대 그리스인들은 춤, 시, 음악은 '엔투시아스모스(enthousiasmos)'로부터 그리고 건축, 회화, 조각은 '테크네(techne)'로부터 비롯된다고 생각했다. ²보통 '엔투시아스모스'는 '열광', '열정'을 의미하고 '테크네'는 '기술', '제작'을 의미한다. ³고대 그리스인들에게 엔투시아스모스는 종교적인 행사에서 사제가 신의 메시지를 얻기 위해 신과 교감하는 열광적인 상태를 의미했다.
▶ 고대 그리스인들에게 있어 엔투시아스모스와 테크네의 의미

**❷** ¹플라톤은 인간의 '이성'을 초월적 세계의 *이데아를 파악할 수 있는 중요한 능력으로 보았다.
인간의 이성에 대한 플라톤의 관점
²이런 관점을 바탕으로 그는 엔투시아스모스를 인간이 '이성'으로부터 멀어진 상태로 보았기 때문에 여기에서 비롯된 예술을 인간에게 유해한 것으로 규정하였는데, 특히 시를 강하게 비판했다. ³시는 인간에 의한 소산이라기보다는 신과의 교감에 의해서 얻은 메시지에 가까운 것이므로, 인간의 '이성'과는 더 멀어진 것이라고 생각했기 때문이다. ⁴또한 플라톤은 현실 세계의 본질인 이데아에 최상의 가치를 부여하고, 현실 세계는 이 이데아를 모방하여 생겨난 것이기 때문에 이데아보다 더 낮은 가치를 지닐 수밖에 없다고 말했다. ⁵이런 관점을 바탕으로 플라톤은 테크네를 발휘하여 이루어진 현실 세계에 대한 모방의 결과물에 대해서도 비판적인 관점을 취했는데 회화와 조각에 대한 비판이 대표적이다.
현실 세계를 모방한 작품에 관한 플라톤의 비판적 관점 ▶ 엔투시아스모스와 테크네에 대한 플라톤의 관점

● **이데아** 인간이 감각하는 현실적 사물의 원형(原形). 모든 존재와 인식의 근거가 되는 초월적인 실재로서 사물의 영원하고 불변하는 본질적인 원형.

**STEP 1**
〈보기〉가 '현실 세계'의 '본질'에 관한 세잔의 관점을 다루고 있음을 파악한다.

**Q** 윗글과 〈보기〉를 읽은 학생이 보일 수 있는 반응으로 가장 적절한 것은?

**보기**

¹세잔은 현실 세계에 존재하는 사물의 외양에서는 드러나지 않는 본질이 있다고 믿었고
현실 세계의 본질에 관한 세잔의 관점
이를 묘사하는 데 목적을 두었다. ²그래서 특정한 사물의 형태를 단순화하여 그 사물의 본질에 가까운 거의 추상적인 형태로 시각화하는 작업을 통해 작품들을 창작하였다.

**STEP 3**
선지에 나타난 학생의 반응을 뒷받침할 수 있는 근거를 글이나 〈보기〉에서 찾아 확인한다. 두 관점을 비교할 때에는 '∼와 달리', '모두'와 같은 표현에 주목하여 선지를 살핀다.

① 플라톤은 세잔과 달리 사물의 본질이 종교적인 활동을 통해 드러난다고 보고 있군.
× → ❷-1, 3
② 세잔은 플라톤과 달리 현실 세계보다 초월적 세계를 더 가치 있는 것으로 평가하고 있군.
× → 초월적 세계를 최상의 가치로 평가한 것은 플라톤임(❷-1, 4).
③ 플라톤과 세잔은 모두 사물의 형태에서 유발되는 감정을 긍정적으로 여기고 있군.
× → 플라톤은 이성을 중시하고 엔투시아스모스(열광, 열정)에서 비롯된 예술을 비판했음(❷-1~2).
④ 플라톤과 세잔은 모두 추상적인 묘사를 사용한 작품 창작에 대해 비판하고 있군.
× → 세잔은 추상적인 묘사를 사용하여 작품을 창작함(〈보기〉-2).
⑤ 플라톤과 세잔은 모두 현실 세계의 사물에 대해 더 본질적인 것이 있음을 전제하고 있군.
○ → ❷-4, 〈보기〉-1

## 기출로 연습하기

❶ [1]근대 이전의 조각은 고유한 미술 영역의 독립적인 작품으로서가 아니라 신전이나 사원 왕궁과 같은 장소의 일부로서 존재했다. [2]중세 유럽의 성당 곳곳에 성서와 관련 있는 각종 인물이 새겨지거나 조각상으로 놓였던 것, 왕궁 안에 왕이나 귀족의 인물상들이 놓였던 것이 그 예이다. [3]이러한 조각은 그것이 놓여 있는 장소의 성격에 따라 종교적인 분위기를 조성하거나 왕의 권력을 상징함으로써 사람들을 •감화시키는 기능을 수행하였다.

❷ [1]조각이 장소와 긴밀한 관련성을 지니고 그 장소의 맥락과 의미를 강조하는 수단으로 활용되는 경향은 근대에 들어서면서 큰 변화를 맞이했다. [2]종교의 영향력 및 왕권이 약화되면서 관련 장소가 지녔던 권위도 퇴색하여, 그 장소에 놓인 조각에 부여되었던 종교적, 정치적 의미도 약해진 것이다. [3]또 특정 장소의 상징으로서의 조각이 원래의 장소에서 물리적으로 분리되어 기존의 맥락을 상실하는 경우도 생겨났다. [4]이러한 상황이 전시 및 교육을 목적으로 하는 박물관, 미술관 등 근대적 장소가 출현하는 상황과 맞물리면서 조각에 대한 새로운 관점이 부각되기 시작했다. [5]조각이 박물관이나 미술관에 놓이면서 미적 감상의 대상인 작품으로서의 성격이 강조된 것이다. [6]사람들은 조각을 예술적인 기법이나 양식 등 순수한 미적 현상이 구현된 독립적인 작품으로 감상하게 되었다.

❸ [1]이러한 경향은 19세기 이후 미술의 흐름 속에서 더욱 두드러졌고, 작품 외적 맥락에 구속되기보다는 작품 자체에서 의미의 완결을 추구하는 경우가 많아졌다. [2]그래서 작품 바깥의 대상을 지시하거나 재현하기보다는 감상자의 시선을 작품에만 집중시키는 단순하고 추상화된 작품들이 이 시기부터 많이 등장하였다. [3]이러한 작품들은 대개 미술 전시장의 전형적인 화이트 큐브, 즉 출입구 이외에는 사방이 막힌 실내 공간 안에서 받침대 위에 놓여 실제적인 장소나 현실로부터 분리된 느낌을 주었다.

● **감화시키다** 좋은 영향을 받아 생각이나 감정이 바람직하게 변화하게 하다.

**6** 윗글과 〈보기〉를 관련지어 이해한 것으로 적절한 것은?

/보기/

중세 시대에 건축, 조각, 회화는 독자적인 예술 분야가 아닌 기술이나 수공업의 영역으로 인식되었으며, 정치, 사회적 기능에 전적으로 의존하였다. 근대에 이르러 미술의 개념이 확립되고 미가 인간 행위를 지배하는 하나의 독립적 원리로 여겨지면서 사람들은 종교적 신비감이 시들해진 상태에서 순수한 미적 체험을 추구하기 시작했다. 미술관을 포함한 박물관의 건립은 이러한 변화와 맞물린 근대적 현상이었다.

① 박물관에서 원래의 장소로 되돌아온 조각상은 건축, 조각, 회화 영역의 통합에 기여하겠군.

② 근대에 출현한 박물관은 작품이 가진 수공업으로서의 가치를 강화하는 데 초점을 두었겠군.

③ 조각상을 감상의 대상인 작품으로 여긴다는 것은 그것에 정치, 사회적 기능을 부여한다는 뜻이겠군.

④ 종교적인 인물상이 사원에서 박물관으로 옮겨지면서 미의 개념이 예술 분야에서 기술 분야로 확대되었겠군.

⑤ 중세의 종교 건축물의 일부였던 조각상이 원래의 장소에서 물리적으로 분리되면 원래의 종교적 신비감이 유지되기 어렵겠군.

# 단어의 의미 파악하기

어휘 문제는 학습자가 어휘의 지시적·문맥적·비유적 의미를 이해하고 표현하는 능력을 지니고 있는지 평가하는 유형이다. 이는 단어의 의미를 직접적으로 묻는 문제, 가장 가까운 의미로 쓰인 단어를 찾는 문제, 문맥상 서로 바꾸어 쓸 수 있는 단어를 고르는 문제 유형으로 출제된다. 다만 단어의 지시적·비유적 의미를 묻는 문제라고 하더라도 사실상 단어가 쓰인 맥락을 바탕으로 하므로, 단어가 쓰인 문장 또는 글 전체의 맥락을 고려하여 단어의 문맥적 의미를 파악하는 것이 가장 중요하다.

## 문제 해결 전략

**STEP 1** 단어 뜻에 유의하여 글을 읽고, 밑줄 친 단어가 있는 문장을 주의 깊게 살핀다.

**STEP 2** 문장의 앞뒤 내용을 확인하며 밑줄 친 단어의 문맥적 의미를 파악한다.

**STEP 3** 단어의 의미를 선지의 밑줄 친 부분에 대입하거나 문장에 바꿔 쓸 단어가 대신 쓰였을 때 그 의미가 자연스러운지 판단한다.

## 기출로 확인하기

❶ ¹물건을 사용하고 있는 사람이 그 물건의 주인일까? 점유란 물건에 대한 사실상의 지배 상태를 뜻한다. ²이에 비해 소유란 어떤 물건을 사용·수익·처분할 수 있는 권리를 가진 상태라고 정의된다. ³따라서 점유자와 소유자가 항상 일치하지는 않는다. ⁴점유는 소유자를 공시하는 기능도 수행한다. ⁵공시란 물건에 대해 누가 어떤 권리를 가지고 있는지를 알려 주는 것이다. ⁶물건 중에서 피아노, 금반지, 가방 등과 같은 대부분의 동산은 점유에 의해 소유권이 공시된다.
▶ 점유와 소유의 개념

❷ ¹물건의 소유권이 양도되려면, 소유자가 양도인이 되어 양수인과 유효한 양도 계약을 하고 이에 더하여 소유권 양도를 공시해야 한다. ²점유로 소유권이 공시되는 동산의 소유권 양도는 점유를 넘겨주는 점유 인도로 공시된다. ³양도인이 소유자가 아니더라도 양수인이 점유 인도를 받으면 소유권을 취득할 수 있을까? ⁴점유로 공시되는 동산의 경우 양수인이 충분히 주의를 했는데도 양도인이 소유자가 아님을 알지 못한 채 양도인과 유효한 계약을 하고, 점유 인도로 공시를 했다면 양수인은 소유권을 취득한다. ⁵이것을 '선의취득'이라 한다.
▶ 선의취득의 개념

❸ ¹반면에 국가가 관리하는 공적 기록인 등기·등록으로 공시되어야 하는 물건은 아예 선의취득 대상이 아니다. ²법률이 등록 대상으로 규정한 자동차, 항공기 등의 동산은 등록으로 공시되는 물건이고, 토지·건물과 같은 부동산은 등기로 공시되는 물건이다. ³이러한 고가의 재산에 대해 선의취득을 허용하게 되면 원래 소유자의 의사에 반하는 소유권 박탈이 ⓐ일어나게 된다.
▶ 선의취득 대상이 아닌 물건과 소유권 박탈이 일어나는 요건

## 해결 전략 적용

**STEP 1** ⓐ가 쓰인 문장을 살펴보고, ⓐ의 주체가 '소유권 박탈'임을 확인한다.

**STEP 2** ⓐ의 앞 내용을 고려하며 ⓐ의 '일어나다'가 '어떤 일이 생기다.'의 뜻으로 쓰였음을 파악한다.

**STEP 3** 선지의 주어를 살피며, 밑줄 친 단어의 자리에 '어떤 일이 생기다.'의 뜻을 대입해 보고 문장의 의미가 자연스러운지 판단한다.

**Q 문맥상 의미가 ⓐ와 가장 가까운 것은?**

☑ ① 작년은 우리나라에서 수많은 사건이 일어난 해였다.  ○ → ⓐ의 뜻을 대입했을 때, '사건이'가 '어떤 일'에 해당하는 주어의 역할을 하며 문장의 의미가 자연스러움.

② 청중 사이에서는 기쁨으로 인해 환호성이 일어났다.  × → '소리가 나다.'의 뜻으로 쓰임.

③ 형님의 강한 의지력으로 집안이 다시 일어나게 되었다.  × → '약하거나 희미하던 것이 성하여지다.'의 뜻으로 쓰임.

④ 나는 그 사람에 대해 경계심이 일어나지 않을 수 없었다.  × → '어떤 마음이 생기다.'의 뜻으로 쓰임.

⑤ 사회는 구성원들이 부조리에 맞서 일어남으로써 발전한다.  × → '몸과 마음을 모아 나서다.'의 뜻으로 쓰임.

## 기출로 연습하기

❶ [1]1764년에 발간된 체사레 베카리아의 《범죄와 형벌》은 커다란 *반향을 일으켰다. [2]형벌에 관한 논리 정연하고 새로운 주장들에 유럽의 지식 사회가 매료된 것이다. [3]자유와 행복을 추구하는 이성적인 인간을 상정하는 당시 계몽주의 사조에 베카리아는 충실히 호응하여, 이익을 저울질할 줄 알고 그에 따라 행동하는 존재로서 인간을 전제하였다. [4]사람은 대가 없이 공익만을 위하여 자유를 내어놓지는 않는다. [5]끊임없는 전쟁과 같은 상태에서 벗어나기 위하여 자유의 일부를 떼어 주고 나머지 자유의 몫을 평온하게 ⓐ누리기로 합의한 것이다. [6]저마다 할애한 자유의 총합이 주권을 구성하고, 주권자가 이를 위탁받아 관리한다. [7]따라서 사회의 형성과 지속을 위한 조건이라 할 법은 저마다의 행복을 증진시킬 때 가장 잘 준수되며, 전체 복리를 위해 법 위반자에게 설정된 것이 형벌이다. [8]이런 논증으로 베카리아는 형벌권의 행사는 양도의 범위를 벗어날 수 없다는 출발점을 세웠다.

❷ [1]베카리아가 볼 때, 형벌은 범죄가 일으킨 결과를 되돌려 놓을 수 없다. [2]또한 인간을 괴롭히는 것 자체가 그 목적인 것도 아니다. [3]형벌의 목적은 오로지 범죄자가 또다시 피해를 끼치지 못하도록 억제하고, 다른 사람들이 그 같은 행위를 하지 못하도록 예방하는 데 있을 뿐이다. [4]이는 범죄로 얻을 이득, 곧 공익이 입게 되는 그만큼의 손실보다 형벌이 가하는 손해가 조금이라도 크기만 하면 달성된다. [5]그리고 이러한 손익 관계를 누구나 알 수 있도록 처벌 체계는 명확히 *성문법으로 규정되어야 하고, 그 집행의 확실성도 갖추어져야 한다. [6]결국 범죄를 ⓑ가로막는 *방벽으로 형벌을 바라보는 것이다. [7]이 울타리의 높이는 살인인지 절도인지 등에 따라 달리해야 한다. [8]공익을 훼손한 정도에 비례해야 하는 것이다. [9]그것을 넘어서는 처벌은 폭압이며 불필요하다. [10]베카리아는 말한다. [11]상이한 피해를 일으키는 두 범죄에 동일한 형벌을 적용한다면 더 무거운 죄에 대한 억지력이 상실되지 않겠는가.

❸ [1]그는 인간이 감각적인 존재라는 사실에 맞추어 제도가 운용될 것을 *역설한다. [2]가장 잔혹한 형벌도 계속 시행되다 보면 사회 일반은 그에 ⓒ무디어져 마침내 그런 것을 봐도 옥살이에 대한 공포 이상을 느끼지 못한다. [3]인간의 정신에 ⓓ크나큰 효과를 끼치는 것은 형벌의 강도가 아니라 지속이다. [4]죽는 장면의 목격은 무시무시한 경험이지만 그 기억은 일시적이고, 자유를 박탈당한 인간이 속죄하는 고통의 모습을 오랫동안 대하는 것이 더욱 강력한 억제 효과를 갖는다는 주장이다. [5]더욱 중요한 것을 지키기 위해 희생한 자유에는 무엇보다도 값진 생명이 포함될 수 없다고도 말한다. [6]이처럼 베카리아는 잔혹한 형벌을 반대하여 휴머니스트로, 최대 다수의 최대 행복을 말하여 공리주의자로, 자유로운 인간들 사이의 합의를 바탕으로 논의를 전개하여 사회 계약론자로 이해된다. [7]형법학에서도 형벌로 되갚아 준다는 응보주의를 탈피하여 장래의 범죄 발생을 방지한다는 일반 예방주의로 나아가는 토대를 ⓔ세웠다는 평가를 받는다.

밑줄 친 단어 ⓐ~ⓔ의 자리에 각 선지의 한자어를 대입해 보고, 문장의 의미가 자연스러운지 확인해 봐.

● **반향** 어떤 사건이나 발표 따위가 세상에 영향을 미치어 일어나는 반응.
● **성문법** 문자로 적어 표현하고, 문서의 형식을 갖춘 법. 제정법 따위이다.
● **방벽** 밖으로부터 쳐들어오는 것을 막으려고 쌓은 벽.
● **역설하다** 자기의 뜻을 힘주어 말하다.

## 7 문맥상 ⓐ~ⓔ와 바꿔 쓰기에 적절하지 <u>않은</u> 것은?

① ⓐ: 향유(享有)하기로
② ⓑ: 단절(斷絶)하는
③ ⓒ: 둔감(鈍感)해져
④ ⓓ: 지대(至大)한
⑤ ⓔ: 수립(樹立)하였다는

# 특강 신유형 글의 내용을 종합하여 의미를 재구성하기

이 유형은 2022학년도 수능 예시 문항에 새롭게 출제된 유형이다. 수능 예시 문항에서는 독자인 학생이 독서 목적을 설정하여 글을 찾아 읽는 과정이 도식으로 제시되었고, 그중 '재구성하기' 단계에서 학생이 글의 내용을 분석하여 질문에 대한 답을 쓴 글로 적절한 것을 찾는 문제가 출제되었다. 이는 같은 화제를 다룬 여러 글을 읽고, 화제에 대해 비판적·통합적으로 이해하여 의미를 재구성하는 '주제 통합적 독서' 활동과 관련이 있다. 그리고 그 의미를 글로 표현한다는 측면에서 내용을 생성·조직·표현·수정하는 '적용·창의' 능력과 관련된다고도 볼 수 있다.

이 유형의 문제를 해결하기 위해서는, 먼저 독자가 설정한 관점 또는 독자가 해결하고자 하는 문제가 무엇인지 확인해야 한다. 그런 다음 선지의 진술에 독자의 관점이나 해결 방안이 드러나는지, 그리고 글의 내용을 비교하여 종합한 내용이 적절한지 살펴보아야 한다.

## 문제 해결 전략

**STEP ❶** 글을 읽으며 글의 중심 화제와 주제, 글쓴이의 관점을 파악한다.

**STEP ❷** 문제에 주어진 상황이나 조건(독서 목적, 새로운 관점 등)을 확인한다.

**STEP ❸** 주어진 상황이나 조건에 맞게 글의 내용을 재구성한 선지를 찾는다.

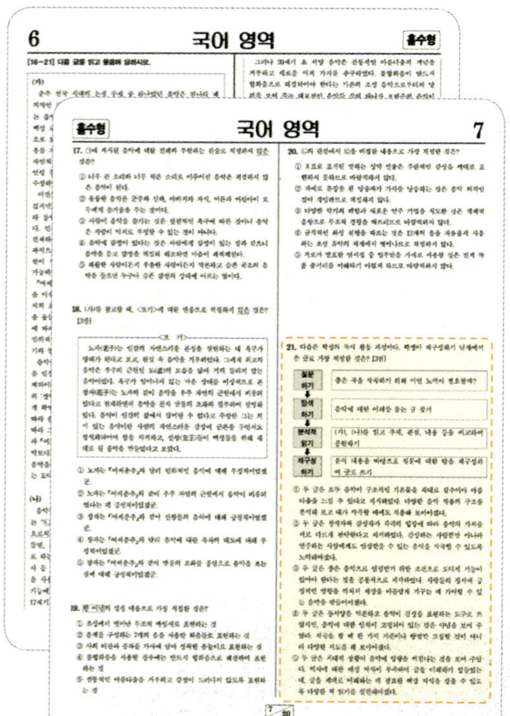



**21.** 다음은 학생의 독서 활동 과정이다. 학생이 재구성하기 단계에서 쓴 글로 가장 적절한 것은? [3점]

| 질문하기 | 좋은 곡을 작곡하기 위해 어떤 노력이 필요할까? |
| --- | --- |
| 탐색하기 | 음악에 대한 이해를 돕는 글 찾기 |
| 분석적 읽기 | (가), (나)를 읽고 주제, 관점, 내용 등을 비교하여 종합하기 |
| 재구성하기 | 분석 내용을 바탕으로 질문에 대한 답을 재구성하여 글로 쓰기 |

① 두 글은 모두 음악이 구조적인 기본틀을 제대로 갖추어야 아름다움을 느낄 수 있다고 제시하였다. 다양한 음악 작품의 구조를 분석해 보고 내가 작곡할 때에도 적용해 보아야겠다.

② 두 글은 창작자와 감상자가 각각의 입장에 따라 음악의 가치를 서로 다르게 판단한다고 제시하였다. 감상하는 사람뿐만 아니라 연주하는 사람에게도 인정받을 수 있는 음악을 작곡할 수 있도록 노력해야겠다.

③ 두 글은 좋은 음악으로 인정받기 위한 조건으로 도덕적 기능이 있어야 한다는 것을 공통적으로 제시하였다. 사람들의 정서에 긍정적인 영향을 끼쳐서 세상을 아름답게 가꾸는 데 기여할 수 있는 음악을 만들어야겠다.

④ 두 글은 동서양을 막론하고 음악이 감정을 표현하는 도구로 쓰였지만, 음악에 대한 인식이 고정되어 있는 것은 아님을 보여 주었다. 작곡을 할 때 한 가지 기준이나 방법만 고집할 것이 아니라 다양한 시도를 해 보아야겠다.

⑤ 두 글은 시대적 상황이 음악에 영향을 끼친다는 것을 보여 주었

# 독서의 기능과 가치

❶ [1]어떤 독서 이론도 이 한 장의 사진만큼 독서의 위대함을 분명하게 말해 주지 못할 것이다. [2]사진은 제 2차 세계 대전 당시 처참하게 무너져 내린 런던의 한 건물 모습이다. [3]⊙폐허 속에서도 사람들이 책을 찾아 서가 앞에 선 이유는 무엇일까? [4]이들은 갑작스레 닥친 상황에서 독서를 통해 무언가를 구하고자 했을 것이다.

❷ [1]독서는 자신을 살피고 돌아볼 계기를 제공함으로써 어떻게 살 것인가의 문제를 생각하게 한다. [2]책은 인류의 지혜와 경험이 담겨 있는 문화유산이며, 독서는 인류와의 만남이자 끝없는 대화이다. [3]독자의 경험과 책에 담긴 수많은 경험들의 만남은 성찰의 기회를 제공함으로써 독자의 내면을 성장시켜 삶을 바꾼다. [4]이런 의미에서 독서는 자기 성찰의 행위이며, 성찰의 시간은 깊이 사색하고 스스로에게 질문을 던지는 시간이어야 한다. [5]이들이 책을 찾은 것도 혼란스러운 현실을 외면하려 한 것이 아니라 자신의 삶에 대한 숙고의 시간이 필요했기 때문이다.

❸ [1]또한 ⓒ독서는 자신을 둘러싼 현실을 올바로 인식하고 ˙당면한 문제를 해결할 논리와 힘을 지니게 한다. [2]책은 세상에 대한 안목을 키우는 데 필요한 지식을 담고 있으며, 독서는 그 지식을 얻는 과정이다. [3]독자의 생각과 오랜 세월 축적된 지식의 만남은 독자에게 올바른 ˙식견을 갖추고 당면한 문제를 해결할 방법을 모색하도록 함으로써 세상을 바꾼다. [4]세상을 변화시킬 ˙동력을 얻는 이 시간은 책에 있는 정보를 이해하는 데 그치는 것이 아니라 그 정보가 자신의 관점에서 문제를 해결할 수 있는 타당한 정보인지를 판단하고 분석하는 시간이어야 한다. [5]서가 앞에 선 사람들도 시대적 과제를 해결할 실마리를 책에서 찾으려 했던 것이다.

❹ [1]독서는 자기 내면으로의 여행이며 외부 세계로의 확장이다. [2]폐허 속에서도 책을 찾은 사람들은 독서가 지닌 힘을 알고, 자신과 현실에 대한 이해를 구하고자 책과의 대화를 시도하고 있었던 것이다.

● **당면하다** 바로 눈앞에 당하다.
● **식견** 학식과 견문이라는 뜻으로, 사물을 분별할 수 있는 능력을 이르는 말.
● **동력** 어떤 일을 발전시키고 밀고 나가는 힘.

하이라이트

세부 내용 파악하기

**1**

**윗글을 바탕으로 할 때, ㉠의 답으로 적절하지 <u>않은</u> 것은?**

① 인류의 지혜와 경험을 배우기 위해

② 현실로부터 도피할 방법을 구하기 위해

③ 시대적 과제를 해결할 실마리를 찾기 위해

④ 자신의 삶에 대해 숙고할 시간을 갖기 위해

⑤ 세상에 대한 안목을 키우는 지식을 얻기 위해

스스로 점검: ○ ｜ △ ｜ ✕
정답의 근거:

**I**
인문·예술

반응의 적절성 판단하기  고난도

**2**

**〈보기〉는 ㉡과 같이 독서하기 위해 학생이 찾은 독서 방법이다. 이에 대한 반응으로 적절하지 <u>않은</u> 것은?**

> 보기
>
> [1]해결하려는 문제와 관련하여 관점이 다른 책들을 함께 읽는 것은 해법을 찾는 한 방법이다. [2]먼저 문제가 무엇인지를 명확히 하고, 이와 관련된 서로 다른 관점의 책을 찾는다. [3]책을 읽을 때는 자신의 관점에서 각 관점들을 비교·대조하면서 정보의 타당성을 비판적으로 검토하고 평가한 내용을 통합한다. [4]이를 통해 문제를 다각적·심층적으로 이해하게 됨으로써 자신의 관점을 분명히 하고, 나아가 생각을 발전시켜 관점을 재구성하게 됨으로써 해법을 찾을 수 있다.

① 읽을 책을 선택하기 전에 해결하려는 문제가 무엇인지를 명확하게 인식해야겠군.

② 서로 다른 관점을 비교·대조하면서 검토함으로써 편협한 시각에서 벗어나 문제를 폭넓게 보아야겠군.

③ 문제의 해결을 위해 서로 다른 관점을 비판적으로 통합하여 문제에 대한 생각을 새롭게 구성할 수 있어야겠군.

④ 정보를 이해하는 수준을 넘어, 각 관점의 타당성을 검토하고 평가 내용을 통합함으로써 문제를 깊이 이해해야겠군.

⑤ 문제에 대한 여러 관점을 다각도로 검토하고, 비판적 판단을 유보함으로써 자신의 관점이 지닌 타당성을 견고히 해야겠군.

스스로 점검: ○ ｜ △ ｜ ✕
정답의 근거:

**3** 다음은 윗글을 읽은 학생의 독서 기록장 일부이다. 이에 대한 설명으로 가장 적절한 것은?



> [1]나의 독서 대부분은 정보 습득을 위한 것이었다. [2]책의 내용이 그대로 내 머릿속으로 옮겨져 지식이 쌓이기만을 바랐지 내면의 성장을 생각하지 못했다. [3]윤동주 평전을 읽으며 스스로에게 질문을 던지는 이 시간이 나에 대해 *사색하며 삶을 가꾸는 소중한 시간임을 새삼 느낀다. [4]오늘 나는 책장을 천천히 넘기며 나에게로의 여행을 떠나 보려 한다.

● **사색하다** 어떤 것에 대하여 깊이 생각하고 이치를 따지다.

① 삶을 성찰하게 하는 독서의 가치를 깨닫고 이를 실천하려는 모습을 보이고 있다.

② 문학 분야에 편중되었던 독서 습관을 버리고 다양한 분야의 책을 읽으려는 노력을 보이고 있다.

③ 독서를 지속적으로 실천하지 못한 태도를 반성하고 문제 해결을 위해 장기적인 독서 계획을 세우고 있다.

④ 내면적 성장을 위한 도구로서의 독서의 중요성을 인식하고 다양한 매체를 활용한 독서의 방법을 제안하고 있다.

⑤ 개인의 지적 성장에 머무는 독서의 한계를 지적하고 타인과 경험을 공유하는 독서 토론의 필요성을 강조하고 있다.

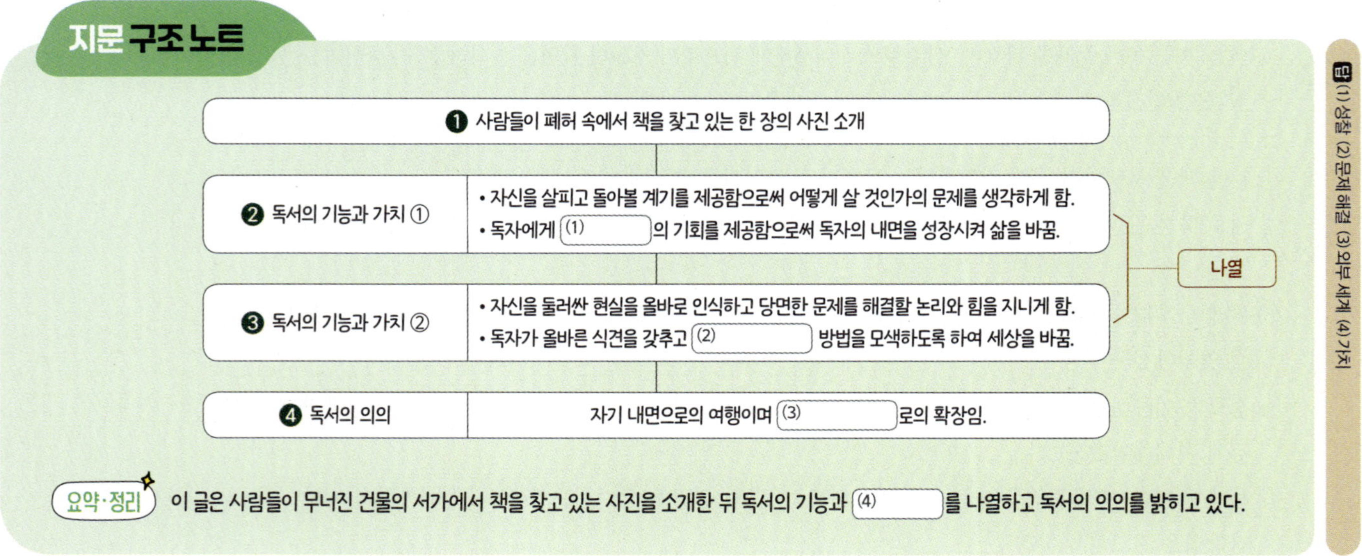

# 문 제 하이라이트

**I**
인문·예술

## ▼ 세부 내용 파악하기 　문제 1번

**STEP 1** 발문을 통해 출제 요소가 되는 핵심 정보가 무엇인지 파악하고, 선지에 언급된 키워드를 확인한다.

> **1** 윗글을 바탕으로 할 때, ㉠의 답으로 적절하지 <u>않은</u> 것은?
> └ 출제 요소
> ① 인류의 지혜와 경험을 배우기 위해
> ② 현실로부터 도피할 방법을 구하기 위해
> ③ 시대적 과제를 해결할 실마리를 찾기 위해
> ④ 자신의 삶에 대해 숙고할 시간을 갖기 위해
> ⑤ 세상에 대한 안목을 키우는 지식을 얻기 위해

**TIP**

선지에는 글의 내용이 있는 그대로 언급되거나, 문맥상 비슷한 내용으로 바뀌어 제시된다. 이를 고려하여 글에서 선지에 언급된 키워드를 찾고, 그 앞뒤 내용을 살펴 내용상 선지와 어긋난 부분이 없는지 꼼꼼히 확인해야 한다.

**STEP 2, 3** 글에서 ㉠의 내용을 확인하고, 선지에 언급된 키워드를 중심으로 관련된 정보를 찾아 선지의 진술이 적절한지 판단한다.

> ❶ ³㉠폐허 속에서도 사람들이 책을 찾아 서가 앞에 선 이유는 무엇일까?

> ❷ ¹독서는 자신을 살피고 돌아볼 계기를 제공함으로써 어떻게 살 것인가의 문제를 생각하게 한다. ²책은 인류의 지혜와 경험이 담겨 있는 문화유산이며, 독서는 인류와의 만남이자 끝없는 대화이다. ³독자의 경험과 책에 담긴 수많은 경험들의 만남은 성찰의 기회를 제공함으로써 독자의 내면을 성장시켜 삶을 바꾼다. ⁴이런 의미에서 독서는 자기 성찰의 행위이며, 성찰의 시간은 깊이 사색하고 스스로에게 질문을 던지는 시간이어야 한다. ⁵이들이 책을 찾은 것도 혼란스러운 현실을 외면하려 한 것이 아니라 자신의 삶에 대한 숙고의 시간이 필요했기 때문이다.
> ❸ ¹또한 독서는 자신을 둘러싼 현실을 올바로 인식하고 당면한 문제를 해결할 논리와 힘을 지니게 한다. ²책은 세상에 대한 안목을 키우는 데 필요한 지식을 담고 있으며, 독서는 그 지식을 얻는 과정이다. ³독자의 생각과 오랜 세월 축적된 지식의 만남은 독자에게 올바른 식견을 갖추고 당면한 문제를 해결할 방법을 모색하도록 함으로써 세상을 바꾼다. …… ⁵서가 앞에 선 사람들도 시대적 과제를 해결할 실마리를 책에서 찾으려 했던 것이다.

① ❷-2에서 책에 인류의 지혜와 경험이 담겨 있음을 언급함. → ⁽¹⁾ 선지 판단 ○ ×

② ❷-5에서 폐허 속에서도 사람들이 책을 찾은 것은 혼란스러운 현실을 ⁽²⁾[　　　]하려 한 것이 아님을 언급함. → ⁽³⁾ 선지 판단 ○ ×

③ ❸-5에서 폐허 속에서도 사람들이 책을 찾은 것은 시대적 과제를 해결할 실마리를 책에서 찾으려 했기 때문임을 밝힘. → ⁽⁴⁾ 선지 판단 ○ ×

④ ❷-5에서 폐허 속에서도 사람들이 책을 찾은 것은 자신의 삶에 대한 숙고의 시간이 필요했기 때문임을 밝힘. → ⁽⁵⁾ 선지 판단 ○ ×

⑤ ❸-2에서 책에 세상에 대한 안목을 키우는 데 필요한 ⁽⁶⁾[　　　]이 담겨 있음을 언급함. → ⁽⁷⁾ 선지 판단 ○ ×

**선지 ➕**

⑥ 지식을 쌓아 지적 능력을 향상시키기 위해 ○ ×
⑦ 당면한 문제를 해결할 논리와 힘을 얻기 위해 ○ ×
⑧ 자기 성찰의 기회를 얻어 내면을 성장시키기 위해 ○ ×

# 감정 노동과 감정 조절 전략

지문 난도 ★★★☆☆
지문 길이 500 ──── 2500

❶ ¹우리는 일상생활을 하면서 ✛감정 노동 종사자를 쉽게 접할 수 있다. ²감정 노동 종사자들은 특정한 감정 표현을 요구받기 때문에 스트레스를 받는 경우가 많다. ³일반적으로 감정 노동은 업무상 요구되는 특정한 감정 상태를 연출하거나 유지하기 위해 행하는 일체의 감정 관리 활동을 일컫는다.

❷ ¹감정 노동 종사자의 감정에 영향을 미치는 요인들은 크게 개인 특성, 직무 특성, 조직 특성으로 나눌 수 있다. ²개인 특성을 대표하는 요인으로는 공감적 배려가 있다. ³이것은 타인의 감정에 전적으로 동의하지 않더라도 타인의 감정에 공감하는 표현을 하는 것이다. ⁴공감적 배려가 강한 사람은 타인의 감정에 대응하기 위하여 실제 감정과는 다른 감정을 표현하기도 한다. ⁵직무 특성을 대표하는 요인으로는 직무 다양성이 있다. ⁶이것은 직무 수행 과정에서 활용해야 하는 기능이나 재능의 복합성과 관련된다. ⁷직무 다양성이 [A] 증가할수록 표현해야 할 감정도 다양해질 수밖에 없다. ⁸특히 서비스 업무에서는 고객의 유형이 다양하면 직무 다양성이 높아진다. ⁹조직 특성을 대표하는 요인으로는 사회적 지원이 있다. ¹⁰이것은 상급자, 동료 등 조직 내에서 대인관계를 맺는 사람들에게서 얻는 인정이나 조언, 물질적 지원 등의 긍정적인 뒷받침을 의미한다. ¹¹사회적 지원이 풍부한 조직에서 일하는 사람은 감정 노동에 대한 스트레스는 낮고 업무 만족도는 높다. ¹²이러한 세 가지 특성의 요인들은 복합적으로 작용하면서 감정 노동의 양상도 다양하게 나타난다.

❸ ¹실제 직무 수행 장면에서 나타나는 감정 노동 양상 중 대표적인 것으로 표면 행위와 내면 행위 두 가지가 있다. ²조직이 종사자에게 요구하는 특정한 감정 표현을 조직의 감정 표현 규칙이라고 하는데, 표면 행위는 실제로 느끼지 않는 감정을 조직의 감정 표현 규칙에 맞추어 표현하는 것이다. ³내면 행위는 조직의 감정 표현 규칙을 내면화하여 실제 감정으로 느끼면서 표현하는 것이다. ⁴내면 행위는 심리적 안정에 긍정적 영향을 미친다. ⁵반면 표면 행위를 할 때 감정 노동 종사자들은 자신의 감정을 위장해야 하기 때문에 감정 부조화를 경험하게 된다. ⁶감정 부조화 상태가 되면 수치심이나 짜증과 같은 부정적인 감정이 유발된다. ⁷감정 부조화가 지속되면 감정 노동 종사자는 스스로를 위선적이라고 생각하며 거짓 자아를 느끼게 되고, 심할 경우 우울증과 같은 정신 병리 증세를 겪을 수도 있다.

❹ ¹따라서 감정 노동 종사자들은 감정 부조화에 따른 부정적 감정을 해소하기 위해 여러 가지 감정 조절 전략을 ●구사한다. ²우선 자신이 경험한 부정적 감정에 대하여 스스로 평가를 한다. ³그 후 이에 어떻게 대처할 것인가를 결정하여 적절한 감정 조절 전략을 구사한다. ⁴이러한 감정 조절 전략에는 대표적으로 세 가지가 있다. ⁵첫째, 능동 전략은 부정적 감정에 적극적으로 대처하는 전략이다. ⁶부정적인 감정을 있는 그대로 받아들이고, 자신이 왜 이러한 기분을 느끼게 되었는지 이해하고자 노력한다. ⁷또한 과거 유사한 상황을 떠올리거나 문제에 따른 긍정적 측면을 보면서 자신이 더 성숙할 수 있는 기회로 삼기도 한다. ⁸나아가 부정적인 감정을 유발한 상황을 개선하거나 해결할 수 있는 구체적인 행동을 취하기도 한다. ⁹'자꾸 짜증이 나는 이유가 뭘까?', '옛날에도 비슷한 일이 있었는데 잘 극복했으니 이번에도 잘 이겨내면 좋은 경험이 될 거야.'라고 생각하는 경우가 그 예에 해당한다.

❺ ¹둘째, 회피·분산 전략은 부정적인 감정 상태에 있을 때 의도적으로 다른 생각들을 떠올려 현재의 부정적인 상황을 피하거나 주의를 분산시키는 전략이다. ²'별것 아닐 거야.', '불쾌한 감정은 금방 지나갈 거야.'라고 생각하며 부정적 상황을 외면하거나, 부정적인 상황과 상관없는 즐거운 상황을 떠올리는 것이 그 예에 해당한다. ³하지만 이 전략을 자주 쓰다 보면 자신의 문제뿐만 아니라 주위의 문제에도 무관심한 태도

---



● **구사하다** 말이나 수사법, 기교, 수단 따위를 능숙하게 마음대로 부려 쓰다.

를 가지게 될 수도 있다.

**❻** [1]셋째, 지지 추구 전략은 자신을 지지하는 사람들과의 교류를 통하여 자아 개념과 자존감을 안정되게 유지함으로써 부정적인 감정을 해소하려는 전략이다. [2]친밀한 사람을 만나 자기 감정을 •토로하여 공감을 얻거나 주위 사람으로부터 조언이나 도움을 구하는 것 등이 그 예이다. [3]이 전략은 타인과의 상호 작용 과정을 통해 감정을 조절하는 것으로, 부정적 감정을 누그러뜨릴 수 있기에 많은 사람들이 활용한다. [4]세 가지 감정 조절 전략 중 회피·분산 전략과 지지 추구 전략은 일시적인 감정 조절에는 유용한 전략이나 근본적인 문제를 해결할 수 없다는 한계를 지닌다. [5]따라서 궁극적인 감정 조절을 위해서는 능동 전략을 활용하는 것이 바람직하다.

● **토로하다** 마음에 있는 것을 죄다 드러내어서 말하다.

---

세부 내용 파악하기

**1** 윗글에서 확인할 수 **없는** 것은?

① 감정 조절이 불가능한 상황
② 감정 노동의 개념과 대표적 양상
③ 감정 조절 전략이 구사되는 과정
④ 감정 부조화의 지속이 초래하는 결과
⑤ 부정적인 감정을 줄이는 감정 조절 전략

스스로 점검: ○ ┆ △ ┆ ×
정답의 근거:

전개 방식 파악하기

**2** [A]의 내용 전개 방식으로 가장 적절한 것은?

① 대상의 의의를 제시하고 그 이유를 밝히고 있다.
② 대상의 변화 과정을 언급한 뒤 전망을 예측하고 있다.
③ 대상을 항목별로 분류하고 각 항목의 특성을 밝히고 있다.
④ 대상의 구성 요소를 나열한 후 그 장단점을 분석하고 있다.
⑤ 대상 간의 공통점과 차이점을 부각하여 논지를 강화하고 있다.

스스로 점검: ○ ┆ △ ┆ ×
정답의 근거:

반응의 적절성 판단하기

**3** 윗글을 읽고 보인 반응으로 적절하지 **않은** 것은?

① 감정 조절 전략 중에는 일시적인 감정 조절에 유용한 전략도 있군.
② 주의를 분산시키는 감정 조절 전략을 구사하면 궁극적인 감정 조절이 가능하겠군.
③ 공감적 배려가 강한 사람은 자신의 감정과 일치하지 않는 감정적인 표현을 할 수 있겠군.
④ 다른 생각들을 떠올리거나 자신을 지지해 주는 사람과의 교류를 통해 감정 조절을 할 수 있겠군.
⑤ 상급자나 동료들의 인정이나 조언은 감정 노동 종사자의 감정에 영향을 미치는 조직 특성에 해당하는군.

스스로 점검: ○ ┆ △ ┆ ×
정답의 근거:

**4** 윗글을 바탕으로 〈보기〉의 사례를 이해한 내용으로 적절하지 <u>않은</u> 것은?



> 보기
>
> 영희는 A호텔에서 안내 업무를 맡고 있다. ⓐ영희가 맡은 업무는 손님들의 나이나 성향이 다양하여 힘든 점이 많다. ⓑ하지만 지배인부터 동료 직원들까지 자신을 존중하고 지원해 주는 분위기가 마음에 들어 자기 일에 만족하고 있다. ⓒ가끔 영희는 기분 나쁜 반응을 보이는 손님도 웃으며 맞아야 하는 것에 짜증을 느끼기도 했는데, 그런 순간마다 자신에게 문제가 있는 것인지 손님에게 문제가 있는 것인지를 생각하면서 문제를 극복해 보려고 하였다. ⓓ슬픈 일이 있는데도 손님을 대하며 밝은 표정을 보여야 할 때는 우울함이 느껴지기도 했는데, 그럴 때는 아무 생각도 하지 않으려 애를 썼다. ⓔ그래도 기분이 나아지지 않을 때는 '오늘 친구랑 무슨 영화를 보러 갈까?'와 같이 좋은 일들을 떠올리면 기분이 나아졌다.

① ⓐ: 직무 다양성이 높아서 힘든 감정 노동을 수행해야 하는 상황에 놓여 있군.

② ⓑ: 사회적 지원이 풍부하여 업무 만족도가 높게 나타나고 있군.

③ ⓒ: 능동 전략을 사용하여 부정적 감정에 적극적으로 대처하려 하고 있군.

④ ⓓ: 현재의 상황을 외면하여 감정 부조화에 따른 부정적인 감정을 해소하려 하는군.

⑤ ⓔ: 타인과의 상호 작용을 바탕으로 자존감을 회복하려는 전략을 활용하였군.

---



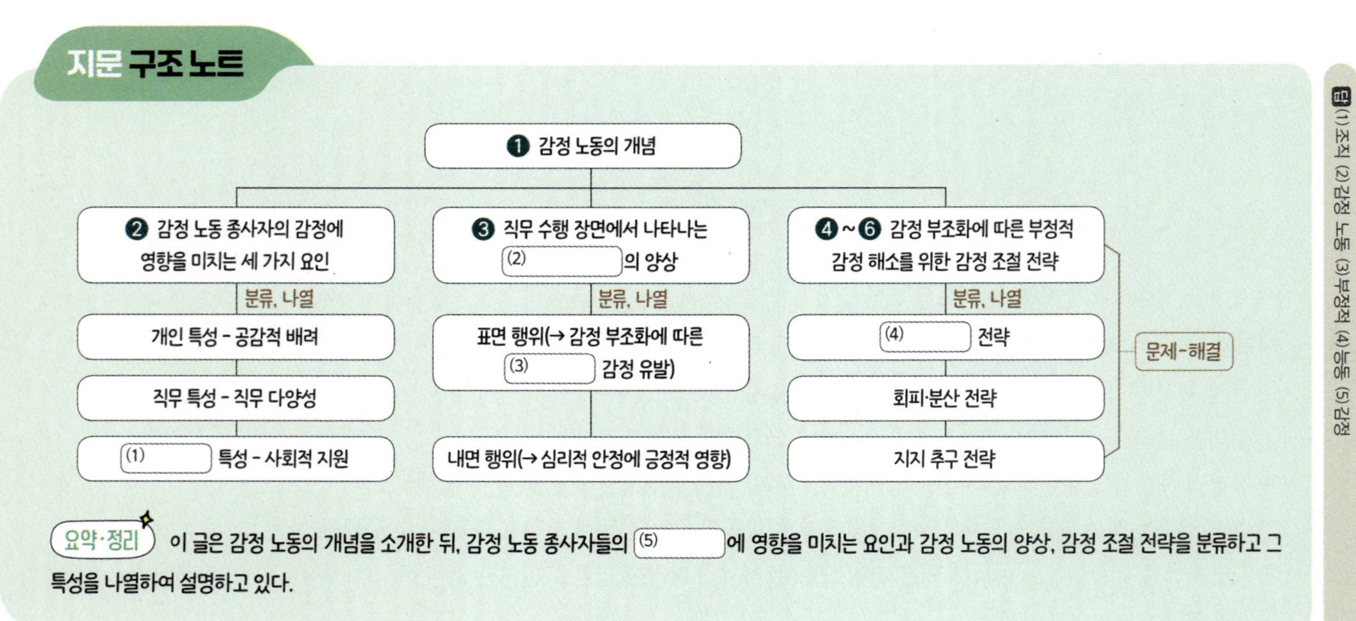


**요약·정리** 이 글은 감정 노동의 개념을 소개한 뒤, 감정 노동 종사자들의 (5) 에 영향을 미치는 요인과 감정 노동의 양상, 감정 조절 전략을 분류하고 그 특성을 나열하여 설명하고 있다.

#  하이라이트



## ▼ 전개 방식 파악하기  〈 문제 2번 〉

**STEP 1**  발문에서 특정 부분의 전개 방식을 묻고 있음을 확인한다.

> **2** [A]의 내용 전개 방식으로 가장 적절한 것은?

**STEP 2**  [A]의 주요 내용을 파악하고, [A]에서 이를 설명하기 위해 활용한 전개 방식을 확인한다.

> ❷ ¹감정 노동 종사자의 감정에 영향을 미치는 요인들은 크게 개인 특성, 직무 특성, 조직 특성으로
> → [A]에서 설명하려는 대상
> 나눌 수 있다. → 분류와 관련된 표지

▶ ❷-1에서 '감정 노동 종사자의 감정에 영향을 미치는 요인들'을 개인 특성, 직무 특성, 조직 특성으로 항목화하여 (1) 〔        〕함.

> ❷ ²개인 특성을 대표하는 요인으로는 공감적 배려가 있다. ³이것은 타인의 감정에 전적으로 동의
> 하지 않더라도 타인의 감정에 공감하는 표현을 하는 것이다. ⁴공감적 배려가 강한 사람은 타인의 감
> 공감적 배려의 개념
> 정에 대응하기 위하여 실제 감정과는 다른 감정을 표현하기도 한다. ⁵직무 특성을 대표하는 요인으
> 공감적 배려가 강할 때 나타나는 특성
> 로는 직무 다양성이 있다. ⁶이것은 직무 수행 과정에서 활용해야 하는 기능이나 재능의 복합성과 관
> 직무 다양성의 개념
> 련된다. ⁷직무 다양성이 증가할수록 표현해야 할 감정도 다양해질 수밖에 없다. ⁸특히 서비스 업무
> 직무 다양성이 증가할 때 나타나는 특성
> 에서는 고객의 유형이 다양하면 직무 다양성이 높아진다. ⁹조직 특성을 대표하는 요인으로는 사회
> 적 지원이 있다. ¹⁰이것은 상급자, 동료 등 조직 내에서 대인관계를 맺는 사람들에게서 얻는 인정이
> 사회적 지원의 개념
> 나 조언, 물질적 지원 등의 긍정적인 뒷받침을 의미한다. ¹¹사회적 지원이 풍부한 조직에서 일하는
> 사람은 감정 노동에 대한 스트레스는 낮고 업무 만족도는 높다. ¹²이러한 세 가지 특성의 요인들은
> 사회적 지원이 풍부할 때 나타나는 특성
> 복합적으로 작용하면서 감정 노동의 양상도 다양하게 나타난다.

▶ ❷-2~11에서는 ❷-1에서 분류한 세 가지 특성의 요인을 각각 나열하여 설명함.
> - ❷-2~4 : 개인 특성의 대표 요인인 공감적 (2) 〔       〕의 개념과 특성
> - ❷-5~8 : 직무 특성의 대표 요인인 직무 다양성의 개념과 특성
> - ❷-9~11 : 조직 특성의 대표 요인인 사회적 지원의 개념과 특성

▶ ❷-12에서 세 가지 특성의 요인이 복합적으로 작용했을 때의 특징을 언급하며 문단을 마무리함.

**STEP 3**  ❷에서 파악한 [A]의 전개 방식과 선지를 대응해 보며 선지의 적절성을 판단한다.

> ① 대상의 의의를 제시하고 그 이유를 밝히고 있다. → (3) 〔 선지 판단 ○ × 〕
> ② 대상의 변화 과정을 언급한 뒤 전망을 예측하고 있다. → (4) 〔 선지 판단 ○ × 〕
> ③ 대상을 항목별로 분류하고 각 항목의 특성을 밝히고 있다. → (5) 〔 선지 판단 ○ × 〕
> ④ 대상의 구성 요소를 나열한 후 그 장단점을 분석하고 있다. → (6) 〔 선지 판단 ○ × 〕
> ⑤ 대상 간의 공통점과 차이점을 부각하여 논지를 강화하고 있다. → (7) 〔 선지 판단 ○ × 〕

---

〔 TIP 〕

수능에는 글 전체가 아니라 문제 2번 처럼 특정 부분에 쓰인 전개 방식을 묻는 문제가 출제되기도 한다. 지정 된 범위 안에 쓰인 전개 방식을 파악 하는 문제이므로, 글 전체에 쓰인 전 개 방식을 하나하나 확인해야 하는 문제보다 좀 더 쉽게 해결할 수 있다.

**선지** +

⑥ 대상을 세 유형으로 나눈 뒤 각각 의 특성을 나열하고 있다.
〔 ○ × 〕

⑦ 대상이 작용할 때 발생하는 문제 점을 밝히고 그 해결 방안을 제시 하고 있다. 〔 ○ × 〕

⑧ 대상에 대한 상반된 관점을 제시 하고 이를 절충하여 새로운 결론 을 도출하고 있다. 〔 ○ × 〕

# 프레게와 고유 이름

❶ [1]언어 철학에서 특정 인물이나 사물 등을 나타내는 '고유 이름'은 언어와 대상의 관계를 밝히는 데 중요한 역할을 하는 언어 표현이다. [2]그래서 고유 이름이 의미하는 바가 무엇인지에 대한 논의는 언어 철학자들의 중요한 관심사였다. [3]그중 의미지칭이론에 따르면 고유 이름이 의미하는 바는 그 표현이 지칭하는 것, 즉 지시체 자체이다. [4]이들에 따르면 '금성'이라는 고유 이름이 의미하는 바는 금성 자체인 것이다. [5]하지만 프레게는 이러한 의미지칭이론의 입장을 그대로 받아들일 경우 발생하는 문제를 지적하며, 이를 해결하기 위해 지시체와 '뜻'을 구분하여 고유 이름이 의미하는 바를 새롭게 설명하는 이론을 제시한다.

❷ [1]먼저 프레게는 고유 이름이 의미하는 바가 지시체라는 의미지칭이론의 입장을 따를 경우에 발생하는 문제를 밝힌다. [2]다음의 두 문장을 보자.

  [3]1) 샛별은 <u>샛별</u>이다.
  [4]2) 샛별은 <u>개밥바라기</u>이다.

❸ [1]프레게에 의하면 의미지칭이론의 입장에서 1)과 2)는 완전히 동일한 의미를 지녀야 한다. [2]왜냐하면 의미지칭이론에 따르면 밑줄 친 '샛별'과 '개밥바라기'라는 두 고유 이름이 의미하는 바는 금성이라는 지시체로 동일하기 때문이다. [3]하지만 프레게는 1)은 동어의 반복이기에 정보를 제공하지 않고, 2)는 정보를 제공하기 때문에 사람들은 두 문장을 다르게 인식하게 된다고 말한다. [4]그리고 이러한 인식적 차이가 발생하는 이유가 고유 이름이 지시체 그 자체가 아닌 '뜻'을 의미하기 때문이라고 주장한다. [5]즉 프레게는 '샛별'은 아침에 뜨는 별이라는 뜻을, '개밥바라기'는 저녁에 뜨는 별이라는 뜻을 의미하며, '샛별'과 '개밥바라기'는 동일한 지시체인 금성을 서로 다른 제시 방식으로 제시한 것이라고 말한다. [6]프레게는 이처럼 동일한 지시체의 서로 다른 제시 방식인 '샛별'과 '개밥바라기'는 다른 뜻을 가진다고 말한다. [7]따라서 프레게는 고유 이름이 의미하는 바는 지시체가 아니기에 지시체와 뜻을 구분해야 하고, 뜻의 차이로 인해 1)과 2)가 인식적 차이가 있음을 설명하려고 한 것이다.

❹ [1]프레게는 고유 이름에 한정 기술구도 포함되어야 한다고 주장한다. [2]한정 기술구란 오직 하나의 대상만이 만족하는 조건을 몇 개의 단어나 이런저런 기호로 구성한 언어 표현이다. [3]예를 들어 프레게는 '플라톤의 가장 유명한 제자'나 '니코마코스 윤리학의 저자'와 같은 한정 기술구도 '아리스토텔레스'와 같은 고유 이름으로 ●간주한다. [4]그래서 프레게에 따르면 '플라톤의 가장 유명한 제자'와 '니코마코스 윤리학의 저자'는 고유 이름들이며, 아리스토텔레스라는 사람에 대한 서로 다른 제시 방식으로 각각은 다른 뜻을 가진다.

❺ [1]한편 프레게는 특정 지시체에 대해 개인이 갖고 있는 관념을 뜻과 혼동해서는 안 된다고 말한다. [2]관념은 지시체에서 개인이 감각적 경험을 통해 얻게 된 주관적인 내적 이미지이다. [3]반면 뜻은 우리가 의사소통을 통해 전달하고 이해할 수 있어야 하기에, 언어 공동체가 공유할 수 있는 객관적으로 합의된 재산인 것이다.
[A]
[4]다시 말해 우리가 성공적으로 의사소통할 수 있는 이유는 뜻이 ●공적인 것이기 때문이다. [5]만약 뜻이 개인의 관념과 같다고 한다면 뜻은 사람마다 다르게 되고, 의사소통은 성공적으로 이루어지기 어렵게 된다.
[6]따라서 프레게는 언어 표현의 뜻은 개인이 지시체에 대해 갖는 관념과는 다르다는 것을 분명히 한다.

❻ [1]결국 프레게는 지시체와 뜻을 구분함으로써 고유 이름이 의미하는 바를 명확히 하였다. [2]또한 이를 통해 의미지칭이론에서 설명하지 못하는 ㉠'유니콘'과 같이 지시체가 존재하지 않는 허구적인 대상의 고유 이름이 의미하는 바를 설명할 수 있게 되었다.

● **간주하다** 상태, 모양, 성질 따위가 그와 같다고 보거나 그렇다고 여기다.
● **공적** 국가나 사회에 관계되는 것

전개 방식 파악하기

**1** **윗글에 대한 설명으로 가장 적절한 것은?**

① 기존의 이론을 비판한 새로운 이론을 예를 중심으로 설명하고 있다.

② 특정 학자가 주장한 이론의 변천 과정을 통시적 관점에서 분석하고 있다.

③ 상반된 이론을 제시한 후 두 이론을 절충한 새로운 이론을 소개하고 있다.

④ 특정 이론에 대한 다양한 관점을 제시하고 각 관점의 장단점을 비교하고 있다.

⑤ 특정 학자가 자신의 이론에 제기된 문제점을 수용하는 과정을 단계별로 밝히고 있다.

스스로 점검: ○ ┊ △ ┊ ✕
정답의 근거:

세부 내용 파악하기

**2** **〈보기〉는 프레게의 이론을 비유적으로 설명하기 위한 예시이다. 윗글의 [A]를 참고하여 프레게의 입장에서 〈보기〉의 ⓐ~ⓒ를 설명할 수 있는 말로 적절한 것을 고른 것은?**

───／ 보기 ╱────

　　우리 가족들은 천문대에 가서 ⓐ밤하늘의 달을 보았다. 그날 우리는 하나의 망원경을 통해 달을 보고 이야기를 나눌 수 있었다. ⓑ우리 가족이 나눈 대화 속 망원경 렌즈에 맺힌 달의 형상은 모두 같았지만, 그날 망원경의 렌즈를 거쳐 ⓒ망막에 맺힌 달은 우리 가족에게 서로 다른 추억으로 기억되고 있다.

|  | ⓐ | ⓑ | ⓒ |
|---|---|---|---|
| ① | 지시체 | 관념 | 뜻 |
| ② | 내적 이미지 | 뜻 | 관념 |
| ③ | 지시체 | 뜻 | 관념 |
| ④ | 내적 이미지 | 관념 | 뜻 |
| ⑤ | 지시체 | 내적 이미지 | 뜻 |

스스로 점검: ○ ┊ △ ┊ ✕
정답의 근거:

생략된 정보 추론하기

**3** **윗글을 참고할 때, 의미지칭이론에서 ㉠을 설명하지 못하는 이유를 추론한 내용으로 가장 적절한 것은?**

① 고유 이름은 다수의 지시체를 의미한다고 보기 때문이겠군.

② 고유 이름과 지시체는 서로 관련이 없다고 보기 때문이겠군.

③ 고유 이름이 의미하는 바를 지시체 그 자체로 보기 때문이겠군.

④ 고유 이름과 지시체가 서로 다른 정보를 제공한다고 보기 때문이겠군.

⑤ 고유 이름으로는 언어와 대상의 관계를 밝힐 수 없다고 보기 때문이겠군.

스스로 점검: ○ ┊ △ ┊ ✕
정답의 근거:

**4** 윗글을 읽은 학생이 프레게의 입장에서 〈보기〉에 대해 보일 수 있는 반응으로 적절하지 **않은** 것은?



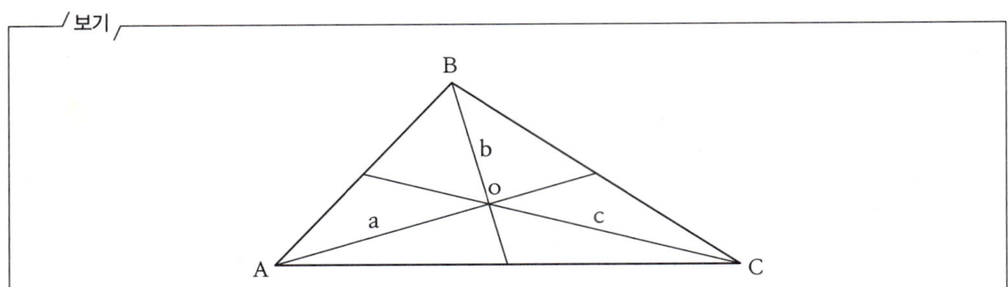


위 삼각형의 각 꼭짓점에서 그 대변의 중점으로 이어지는 선을 a, b, c라고 할 때, ㉮'a와 b의 교점'과 ㉯'b와 c의 교점'의 지시체는 ㉰o이다. 따라서 ㉱'o는 a와 b의 교점이다.'와 같은 문장으로 표현할 수 있다.

① ㉮와 ㉯는 동일한 지시체를 지칭하지만 뜻은 서로 다르다고 볼 수 있겠군.

② ㉮와 ㉯는 몇 개의 단어와 기호로 구성되어 있지만 고유 이름으로 볼 수 있겠군.

③ ㉮와 ㉯로 의사소통이 가능한 이유는 ㉰에 대한 개인의 내적 이미지가 일치하기 때문이겠군.

④ ㉰에 대한 제시 방식에는 ㉮와 ㉯뿐만 아니라 'a와 c의 교점'도 포함할 수 있겠군.

⑤ ㉱는 'o는 o이다.'라는 문장과 인식적 차이가 발생한다고 할 수 있겠군.

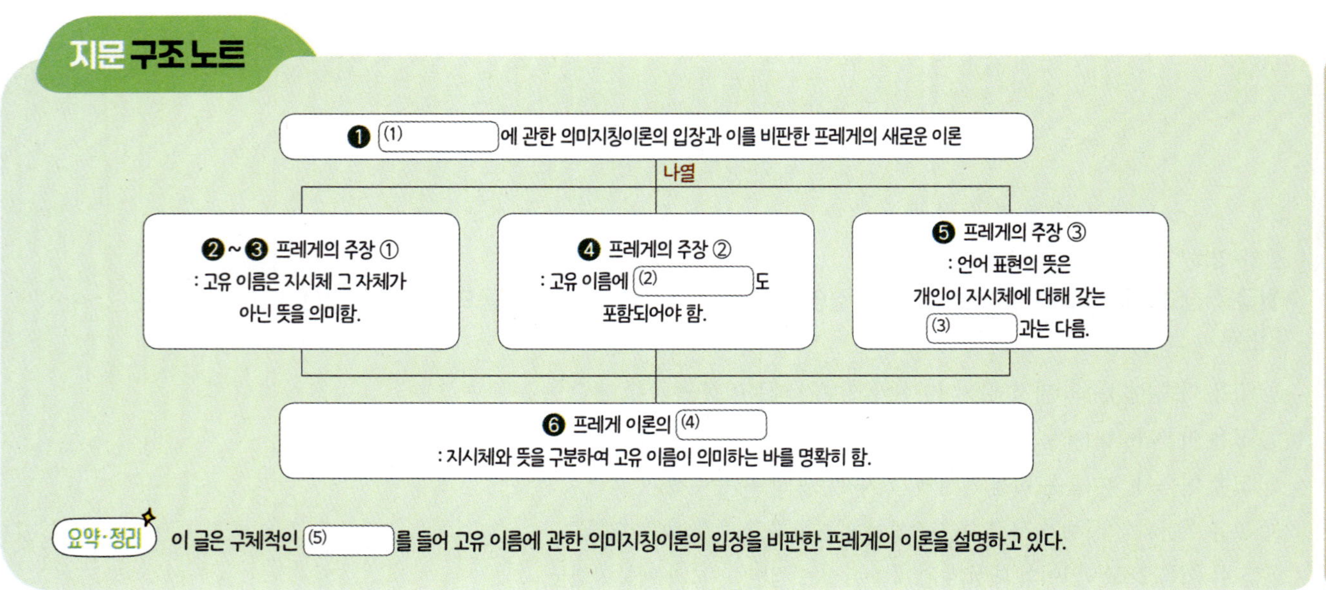

# 문제 하이라이트

## ▼ 생략된 정보 추론하기 〈문제 3번〉

**STEP 1** 발문과 선지를 살펴보며 추론해야 할 정보를 확인한다.

**3** 윗글을 참고할 때, **의미지칭이론에서** ㉠을 설명하지 못하는 이유를 추론한 내용으로 가장 적절한 것은?
〈추론해야 할 정보〉

① 고유 이름은 다수의 지시체를 의미한다고 보기 때문이겠군.
② 고유 이름과 지시체는 서로 관련이 없다고 보기 때문이겠군.
③ 고유 이름이 의미하는 바를 지시체 그 자체로 보기 때문이겠군.
④ 고유 이름과 지시체가 서로 다른 정보를 제공한다고 보기 때문이겠군.
⑤ 고유 이름으로는 언어와 대상의 관계를 밝힐 수 없다고 보기 때문이겠군.
→ 선지 ①~⑤의 공통 키워드: 고유 이름, 지시체

**❺** ²또한 이를 통해 의미지칭이론에서 설명하지 못하는 ㉠'유니콘'과 같이 지시체가 존재하지 않는 허구적인 대상의 고유 이름이 의미하는 바를 설명할 수 있게 되었다.

**STEP 2** 글에서 '의미지칭이론'에 대해 설명한 부분을 찾고 선지에 언급된 키워드를 중심으로 ㉠의 구체적인 근거를 탐색한다.

**❶** ¹언어 철학에서 특정 인물이나 사물 등을 나타내는 고유 이름은 언어와 대상의 관계를 밝히는 데 중요한 역할을 하는 언어 표현이다. ²그래서 고유 이름이 의미하는 바가 무엇인지에 대한 논의는 언어 철학자들의 중요한 관심사였다. ³그중 **의미지칭이론에 따르면** 고유 이름이 의미하는 바는 그 표현이 지칭하는 것, 즉 지시체 자체이다. ⁴이들에 따르면 '금성'이라는 고유 이름이 의미하는 바는 금성 자체인 것이다.
**❻** ¹결국 프레게는 지시체와 뜻을 구분함으로써 고유 이름이 의미하는 바를 명확히 하였다. ²또한 이를 통해 **의미지칭이론에서** 설명하지 못하는 ㉠'유니콘'과 같이 지시체가 존재하지 않는 허구적인 대상의 고유 이름이 의미하는 바를 설명할 수 있게 되었다.

▶ **❶**-3에 따르면 의미지칭이론에서는 고유 이름이 의미하는 바를 [(1)　　] 그 자체로 봄. 즉, 의미지칭이론에서는 고유 이름이 어떤 의미를 갖기 위해서는 지시체가 반드시 존재해야 한다고 볼 것임.

▶ **❻**-1~2에 따르면 프레게는 지시체와 [(2)　　]을 구분하여 고유 이름이 의미하는 바를 명확히 하였고, 이를 통해 ㉠을 설명할 수 있게 됨.

**STEP 3** 글의 내용과 선지의 논리적 관계를 확인하며 선지의 적절성을 판단한다.

① 고유 이름은 다수의 지시체를 의미한다고 보기 때문이겠군. → (3) 〔선지 판단 ○ ×〕
② 고유 이름과 지시체는 서로 관련이 없다고 보기 때문이겠군. → (4) 〔선지 판단 ○ ×〕
③ 고유 이름이 의미하는 바를 지시체 그 자체로 보기 때문이겠군. → (5) 〔선지 판단 ○ ×〕
④ 고유 이름과 지시체가 서로 다른 정보를 제공한다고 보기 때문이겠군. → (6) 〔선지 판단 ○ ×〕
⑤ 고유 이름으로는 언어와 대상의 관계를 밝힐 수 없다고 보기 때문이겠군. → (7) 〔선지 판단 ○ ×〕

---

**I 인문·예술**

〔TIP〕
선지에 공통된 키워드가 언급되는지 확인해 두는 것이 좋다. 공통 키워드를 중심으로 글에서 관련된 내용을 찾아 확인하면 문제에서 묻는 정보를 빠르게 추론할 수 있다.

**선지⁺**

⑥ 고유 이름을 개인이 지시체에 대해 갖는 관념으로 이해했기 때문이겠군. 〔○ ×〕
⑦ 지시체가 실존해야만 고유 이름이 의미하는 바를 설명할 수 있기 때문이겠군. 〔○ ×〕
⑧ 고유 이름이 의미하는 바를 파악하기 위해 지시체와 뜻을 구분하는 것이 무의미하다고 보기 때문이겠군. 〔○ ×〕

# 철학 04 노동의 철학적 의미

❶ [1]누구나 한번쯤은 경치 좋은 곳에 누워 아무 일도 하지 않는 자신의 삶을 꿈꿔 본 적이 있을 것이다. [2]이러한 상상에는 '일', 즉 '노동'에 대한 우리의 부정적 생각이 깔려 있다. [3]하지만 역사 속에서 인간은 노동을 통해 개인과 사회를 발전시켜왔고, 이러한 점에서 노동은 나름의 가치를 지닌다고 볼 수 있다. [4]그렇다면 철학자들은 이러한 인간의 노동에 어떤 철학적 의미를 부여했을까?

❷ [1]로크는 노동을 ㉠소유의 권리와 관련하여 설명했다. [2]로크는 신이 인류의 생존을 위해 인간에게 자연을 공유물로 주면서, 동시에 인간이 신의 목적대로 자연을 이용할 수 있도록 이성도 주었다고 주장한다. [3]그런데 그는 신이 인간에게 공유물로 주지 않은 유일한 것이 신체이기 때문에 각자의 신체에 대해서는 본인만이 *배타적 권리를 가진다고 본다. [4]이렇게 신체가 한 개인의 소유라면 그 신체의 활동인 노동 역시 그 개인의 소유가 되는 것이다. [5]그리하여 인간이 공유 상태인 어떤 사물에 노동을 부여하는 것은 공유물에 배타적 소유권을 첨가하는 것이 된다. [6]따라서 모든 개인은 노동을 통해 소유권의 주체가 될 수 있다. [7]다만 로크는 모든 노동이 공유물에 대한 소유권의 근거가 되는 것은 아니라고 보았다. [8]로크에게 노동은 단순히 신체를 사용하는 것이 아니라 삶과 편의에 최대한 도움이 되도록 자연을 이용하는 것을 의미하기 때문이다. [9]이에 따라 로크는 만약 어떤 개인이 신체를 사용하여 공유물을 인류의 삶에 손해가 되도록 만든 경우, 그것은 노동에 해당하지 않기 때문에 소유권을 인정받을 수 없다고 주장했다.

❸ [1]한편 헤겔은 노동을 사적 소유권의 근거를 넘어 주체와 객체가 통일되는 과정이며, 인간이 자기의식과 자기 정체성을 확보하는 계기라고 주장했다. [2]또한 인간은 동물과 달리 자연을 그대로 받아들이지 않고 노동을 통해 자신에게 맞게 바꾸어 필요한 물품과 적절한 생활환경을 마련하며 생명을 보전한다고 보았다. [3]이때 자립성을 지닌 객체는 주체의 노동에 저항하기 마련인데, 객체의 자립성은 인간의 노동에 의해 일정하게 제거되고 약화되어 주체에 알맞게 변화된다. [4]한편 주체는 노동 과정에서 객체에 내재된 질서나 법칙을 일정 정도 받아들이면서 자신의 욕구나 목적을 객체 속에 실현한다. [5]그 결과 객체는 주체의 노동으로 사라지거나 파괴되는 것이 아니라 인간과 무관한 것에서 인간을 위한 노동 산물로 변화하는 것이다. [6]이렇게 하여 주체는 객체 안으로 들어가고 객체는 주체의 고유한 형식을 받아들이게 된다. [7]헤겔은 이처럼 노동을 통해 주체가 자신을 객체 속에 나타내는 것을 자기 대상화라 하였다. [8]결국 주체와 객체는 서로 분리·고립되어 있다가 노동을 통해 노동 산물 속에서 통일되어 가며, 주체는 그 속에 실현된 자기 대상화의 정도만큼 자기의식을 확보한다는 것이다. [9]그런데 헤겔은 노동 산물이 주체의 ㉡소유지만, 여전히 주체와 분리되어 있고, 주체를 완전히 표현하지도 못하기에 노동을 통한 주객 통일에 한계가 있다고 지적했다.

❹ [1]이에 비해 마르크스는 헤겔의 노동관을 *수용하면서도 노동 자체가 한계를 지닌다는 주장에는 동의하지 않았다. [2]마르크스는 인간은 노동을 통해 외부 대상인 자연을 가공하여 인간의 욕구와 자기실현에 알맞은 인간화된 자연으로 만든다고 보았다. [3]결국 그에게 노동은 객체에 인간적 형식을 부여하기 위해 자연적 소재의 형식을 부정함으로써 주체의 주관적 욕구나 목적을 대상으로 객관화하는 것이다. [4]그리하여 가공된 대상에는 주체의 형식이 부여되고, 주체의 욕구나 목적 등은 *물질화되어 구체적 노동 산물이 된다. [5]그 결과 인간은 노동을 통해 만들어 낸 노동 산물에서 자신의 능력을 확인하고 자기의식과 정체성을 확보하게 된다. [6]더 나아가 자신의 능력을 더욱 개발하여 자연의 구속으로부터 벗어나 자유를 획득하면서 자아를 실현하게 되는 것이다. [7]이러한 관점에서 그는 노동이 가장 현실적인 주객 통일의 방법이자 인간의 자아실현 과정이라 주장한 것이다. [8]다만 그는 노동을 통한 주객 통일의 한계가 사회적 구조의 한계에서 비롯된다고

● **배타적** 남을 배척하는.
● **수용하다** 어떠한 것을 받아들이다.
● **물질화되다** 의식으로부터 독립된 객관적 실재로서 감각의 원천이 되는 대상이 되다.

분석하며, 노동을 통한 인간의 자아실현을 완성하기 위해서는 사회 구조를 •변혁해야 한다고 역설했다.

●**변혁하다** 급격하게 바꾸어 아주 달라지게 하다.

세부 내용 파악하기

**1** 윗글에서 답을 찾을 수 있는 질문에 해당하지 <u>않는</u> 것은?

① 로크는 인간에게 이성을 부여한 신의 의도를 무엇이라 생각하는가?
② 헤겔은 인간이 동물과 달리 자연을 자신에게 맞게 바꾸는 목적을 무엇이라 생각하는가?
③ 헤겔은 인간이 노동을 통해 자신을 객체 속에 나타내어 얻게 되는 결과를 무엇이라 생각하는가?
④ 마르크스는 노동이 인간의 자아를 실현하는 과정이 될 수 있는 이유를 무엇이라 생각하는가?
⑤ 마르크스는 노동이 주객 통일을 완성하는 것을 방해하는 사회적 구조의 한계를 무엇이라 생각하는가?

스스로 점검: ○ ㅣ △ ㅣ ✕
정답의 근거:

정보 간의 관계 파악하기

**2** ㉠과 ㉡에 대한 이해로 가장 적절한 것은?

① ㉠과 ㉡은 모두 인간을 신으로부터 자유롭게 한다.
② ㉠과 ㉡은 모두 인간의 노동을 성립 기반으로 하고 있다.
③ ㉠은 이타심의 실현을 목적으로 하는 반면, ㉡은 이기심의 실현을 목적으로 한다.
④ ㉠은 인간과 자연의 합일을 강화하는 반면, ㉡은 인간과 자연의 분리를 강화한다.
⑤ ㉠은 공유물의 존재에 의해 보장되는 반면, ㉡은 주객 통일의 완성에 의해 보장된다.

스스로 점검: ○ ㅣ △ ㅣ ✕
정답의 근거:

구체적 사례나 상황에 적용하기

**3** 윗글의 마르크스의 관점에서 〈보기〉를 이해한 내용으로 적절하지 <u>않은</u> 것은?

> ┌ 보기 ┐
>
> [1]캐릭터 아티스트를 꿈꾸는 A씨는 관련 공부를 위해 미국으로 건너가 예술 학교에서 공부를 마치고 B사에 입사했다. [2]그런데 그곳에서 그는 유명한 몇몇 캐릭터만 반복적으로 그려야 하는 현실에 염증을 느끼고 캐릭터 아티스트로서 더 성장할 수 없겠다는 생각이 들어 C사로 직장을 옮겼다. [3]이후 그는 다양한 종류의 캐릭터를 마음껏 변용해 그리는 동시에 여러 동물들의 모습을 관찰하여 자신만의 독창적인 캐릭터를 창작하게 되었다.

① A씨는 노동을 통해 자신의 욕구를 객체 속에 실현하려고 노력해 왔겠군.
② A씨는 노동을 통해 자신의 형식을 부여한 노동 산물을 만드는 데 관심을 가지고 있겠군.
③ A씨가 제한된 캐릭터를 그리는 노동에 염증을 느꼈던 이유는 자기의식 확보에 대한 갈증 때문이겠군.
④ A씨가 직장을 옮긴 것은 노동을 자신의 재능을 개발하고 자유를 확장하는 계기로 삼기 위한 것이겠군.
⑤ A씨가 예술 학교에서 공부한 기간은 외부 대상인 자연의 형식에 맞게 자신의 목적을 객관화시킨 시기였겠군.

스스로 점검: ○ ㅣ △ ㅣ ✕
정답의 근거:

## 윗글과 〈보기〉에 대한 반응으로 가장 적절한 것은?



---

**보기**

[1]제레미 리프킨은 첨단 과학 기술이 생산 수단에 접목되는 상황으로 인한 노동의 종말을 예언했다. [2]그는 노동의 종말이 긍정적으로는 여가적 삶의 증대를, 부정적으로는 대량 실업으로 인한 정체성의 시련을 초래할 수 있다고 지적했다. [3]그래서 대량 실업의 피해자들을 위해 사회적 경제 부분의 일자리 공유 전략을 가동해야 한다고 주장했다. [4]이를 통해 그들이 삶의 이유를 찾고, 사회 구성원으로서의 자신의 가치를 입증할 기회를 제공해야 한다는 것이다.

---

① 윗글과 〈보기〉 모두 노동이 인간의 정신보다 신체에 더 큰 영향을 끼친다는 것을 인지하고 있군.
② 윗글과 〈보기〉 모두 인간이 자신을 긍정적으로 인식하게 하는 데 노동이 기여한다는 것을 인정하고 있군.
③ 윗글의 노동의 한계는 〈보기〉의 노동의 종말로 인해 나타난 결과이겠군.
④ 윗글의 노동의 기능은 〈보기〉의 노동의 기능과 대립하고 있군.
⑤ 윗글은 〈보기〉와 달리 사회 변화가 노동에 미칠 수 있는 영향을 언급하고 있군.

---

### 지문 구조 노트

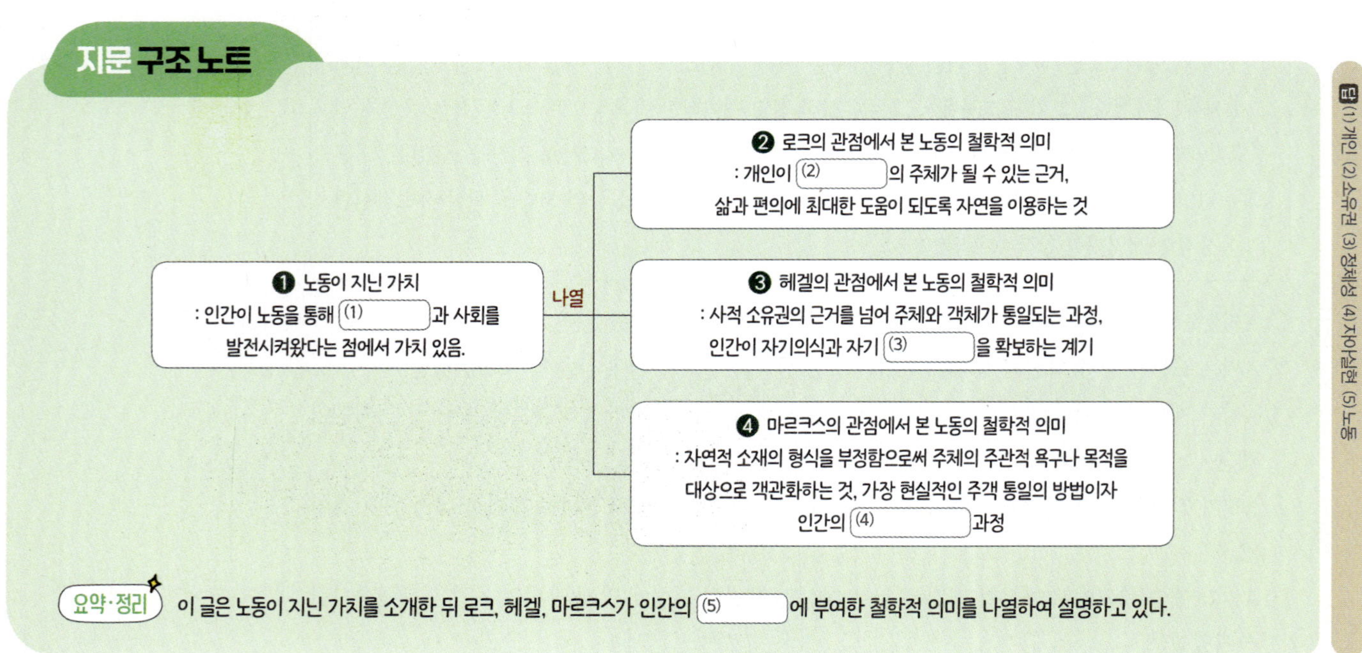


**요약·정리** 이 글은 노동이 지닌 가치를 소개한 뒤 로크, 헤겔, 마르크스가 인간의 (5)　　　에 부여한 철학적 의미를 나열하여 설명하고 있다.

# 문 제 하이라이트



▼ **반응의 적절성 판단하기**  〔문제 4번〕

**STEP 1**  〈보기〉와 선지를 읽고 출제 요소가 되는 핵심 정보를 확인한다.

**4** 윗글과 〈보기〉에 대한 반응으로 가장 적절한 것은?

┌ 보기 ┐

[1]제레미 리프킨은 첨단 과학 기술이 생산 수단에 접목되는 상황으로 인한 노동의 종말을 예언했다. [2]그는 노동의 종말이 긍정적으로는 여가적 삶의 증대를, 부정적으로는 대량 실업으로 인한 **정체성의 시련을 초래**할 수 있다고 지적했다. [3]그래서 대량 실업의 피해자들을 위해 사회적 경제 부분의
〔노동이 정신에 미치는 영향 ①〕
일자리 공유 전략을 가동해야 한다고 주장했다. [4]이를 통해 **그들이 삶의 이유를 찾고, 사회 구성원으**
〔일자리 공유 전략 → 노동〕      〔노동이 정신에 미치는 영향 ②, 노동의 기능〕
**로서의 자신의 가치를 입증할 기회를 제공**해야 한다는 것이다.

① 윗글과 〈보기〉 모두 노동이 인간의 정신보다 신체에 더 큰 영향을 끼친다는 것을 인지하고 있군.

② 윗글과 〈보기〉 모두 인간이 자신을 긍정적으로 인식하게 하는 데 노동이 기여한다는 것을 인정하고 있군.

③ 윗글의 노동의 한계는 〈보기〉의 노동의 종말로 인해 나타난 결과이겠군.

④ 윗글의 노동의 기능은 〈보기〉의 노동의 기능과 대립하고 있군.

⑤ 윗글은 〈보기〉와 달리 사회 변화가 노동에 미칠 수 있는 영향을 언급하고 있군.

**STEP 2, 3**  글에서 노동의 영향과 기능이 언급된 부분을 찾고, 〈보기〉와 관련지어 이해해 보며 선지의 적절성을 판단한다.

❷ [1]로크는 노동을 소유의 권리와 관련하여 설명했다. …… [6]따라서 모든 개인은 노동을 통해 소유권의 주체가 될 수 있다.

❸ [1]한편 헤겔은 노동을 사적 소유권의 근거를 넘어 주체와 객체가 통일되는 과정이며, 인간이 자기의식과 자기 정체성을 확보하는 계기라고 주장했다. …… [9]그런데 헤겔은 노동 산물이 주체의 소유지만, 여전히 주체와 분리되어 있고, 주체를 완전히 표현하지도 못하기에 노동을 통한 주객 통일에 한계가 있다고 지적했다.

❹ [3]결국 그에게 노동은 객체에 인간적 형식을 부여하기 위해 자연적 소재의 형식을 부정함으로써
〔마르크스〕
주체의 주관적 욕구나 목적을 대상으로 객관화하는 것이다. …… [5]그 결과 인간은 노동을 통해 만들어 낸 노동 산물에서 자신의 능력을 확인하고 자기의식과 정체성을 확보하게 된다. …… [8]다만 그는 노동을 통한 주객 통일의 한계가 사회적 구조의 한계에서 비롯된다고 분석하며, 노동을 통한 인간의 자아실현을 완성하기 위해서는 사회 구조를 변혁해야 한다고 역설했다.

① 윗글과 〈보기〉에서 노동이 신체에 미치는 영향은 확인할 수 없음. → (1) 〔선지 판단 ○ ×〕

② ❷-1에서는 노동을 사적 소유권의 근거로, ❸-1, ❹-5에서는 인간이 자기 정체성을 확보하는 계기로 보며, 〈보기〉-4에서는 노동을 통해 인간이 자신의 (2) ⬚ 를 입증할 수 있다고 언급함. → (3) 〔선지 판단 ○ ×〕

③ ❸-9와 ❹-8에 언급된 노동의 한계는 '(4) ⬚ 통일의 한계'임. 〈보기〉에 언급된 노동의 종말(여가적 삶의 증대와 정체성의 시련 초래)은 윗글에 언급된 노동의 한계와 관련 없음. → (5) 〔선지 판단 ○ ×〕

④ ❷-6, ❸-1, ❹-5와 〈보기〉-4에 나타난 노동의 기능은 인간의 정신적 측면과 관련됨. → (6) 〔선지 판단 ○ ×〕

⑤ ❹-8에서 마르크스는 사회 구조의 변혁으로 노동을 통한 자아실현을 완성할 수 있다고 보았으며, 〈보기〉에서는 사회 변화에 따른 기술의 발전이 노동의 종말을 가져올 수 있다고 언급함. → (7) 〔선지 판단 ○ ×〕

**선지+**

⑥ 윗글과 〈보기〉 모두 모든 노동이 공유물에 대한 소유권의 근거가 된다고 보았다.  〔○ ×〕

⑦ 윗글과 〈보기〉 모두 노동을 자기 정체성을 확보하는 수단으로 보았다.  〔○ ×〕

⑧ 윗글에 언급된 노동의 산물은 〈보기〉의 정체성의 시련으로 볼 수 있다.  〔○ ×〕

# 브레송의 결정적 순간

지문 난도 ★★★☆☆
지문 길이 500 ─ 2500

❶ [1]브레송은 일상의 순간에 예술적 생명감을 불어넣은 '결정적 순간'의 미학을 탄생시킨 사진작가이다. [2]그는 ●피사체가 의식하지 못한 상태에서 피사체의 자연스러운 동작이나 표정을 찍는 사진 기법을 활용하여 자신의 예술성을 드러내었다.

❷ [1]㉠브레송은 자신의 예술성을 드러내기 위해 안정된 구도와 ●유동성을 기반으로 하여 움직임 가운데 균형을 잡아낸 사진을 촬영하였다. [2]'안정된 구도'란 회화에 기초한 구도를 통해 사진에서 안정감을 느낄 수 있도록 하는 것을 의미한다. [3]그가 사용한 회화의 구도는 황금분할 구도, ✛기하학적 구도, 주요 요소들을 대비시킨 구도였다. [4]황금분할 구도는 3:2의 비율로 화면을 분할한 것이고, 기하학적 구도는 여러 종류의 도형이 채워져 있는 것이다. [5]주요 요소들 간의 대비로는 ●동(動)과 ●정(靜)의 대비, 상하 대비, 좌우 대비, 좌우 대각선 대비 등을 사용하였다. [6]그는 이와 같은 안정된 구도의 기반이 되는 공간을 미리 계획하였다. [7]그리고 '유동성'은 움직이는 대상에 집중하는 것으로, 그는 자신이 미리 계획했던 구도에 움직이는 대상이 들어와 원하는 형태적 구성을 완성한 순간이 포착될 때까지 끈질기게 기다렸다. [8]한편 카메라를 눈의 연장으로 생각했던 그는, 화각이 인간의 시야와 가장 비슷한 표준 렌즈를 주로 사용해 사람의 눈높이에서 촬영했다. [9]이때 화각은 카메라 렌즈를 통해 이미지를 담을 수 있는 범위를 뜻한다. [10]그는 표준 렌즈에 비해 화각이 넓은 광각 렌즈나 플래시의 사용을 가급적 피했다. [11]이런 장치를 사용하면 눈으로 보는 실제 모습과 달라지기 때문이었다.

❸ [1]그는 《순간 이미지》라는 자신의 사진집에서 '결정적 순간'이란 어떤 하나의 사실과 관련해 시각적으로 포착된 다양한 모습들이 하나의 ●긴밀한 구성을 이루고, 그 구성 안에 의미가 실리는 것을 순간적으로 동시에 인식하는 것이라 정의 내렸다. [2]그는 내용과 구성이 조화를 이룬 '결정적 순간'을 발견하고 타이밍에 맞추어 촬영하였던 것이다.

❹ [1]이후 사진작가들에게 브레송의 미학은 큰 영향을 주었다. [2]1960년대부터 활동한 ㉡마크 코헨은 브레송의 '결정적 순간'에 영향을 받아 자신만의 결정적 순간을 포착하고자 했다. [3]그는 돌발성을 기반으로 한 근접 촬영 방식을 택해 독특하면서도 기발한 결정적 순간을 포착했다. [4]그는 광각 렌즈를 부착한 카메라를 들고 길거리에서 마주치는 사람들에게 돌발적으로 접근해 카메라를 허리 밑에 위치한 상태에서 자유로운 각도로 촬영하였다. [5]그리고 그는 대상의 일부만을 잘라낸 구도를 사용하기도 하였으며 플래시를 사용해 그림자의 모양을 자신의 의도대로 변화시키기도 하였다. [6]즉 그는 자신이 원한 형태의 사진을 촬영하기에 적합한 방식으로 눈으로 보는 세상과는 다르게 보이도록 인공적으로 만든 자신만의 결정적 순간을 포착한 것이다.

❺ 이처럼 예술가가 자신이 원하는 순간을 포착하는 것의 중요성을 보여 준 브레송의 '결정적 순간'은 사진작가 각자의 개성이 담긴 결정적 순간으로 확대되면서 예술 ●지평을 넓혔다는 평가를 받았다.

---

**배경지식** ✛

**기하학**
기하학이란 도형 및 공간의 성질에 대하여 연구하는 학문을 말하며, 기하학적이란 기하학에 관련이 있거나 바탕을 두고 있는 또는 그런 것을 뜻한다. 아래는 사각형과 삼각형을 활용하여 기하학적 구도를 완성한 그림이다.

● **피사체** 사진을 찍는 대상이 되는 물체.
● **유동성** 형편이나 경우에 따라 이리저리 변동될 수 있는 성질.
● **동**(動, 움직일 동) 움직이다.
● **정**(靜, 고요할 정) 고요하다.
● **긴밀하다** 서로의 관계가 매우 가까워 빈틈이 없다.
● **지평** 사물의 전망이나 가능성 따위를 비유적으로 이르는 말.

전개 방식 파악하기

**1** **윗글에 대한 설명으로 가장 적절한 것은?**

① '결정적 순간'의 미학이 등장하게 된 시대적 배경을 설명하고 있다.

② '결정적 순간'의 의미를 설명하며 이후에 끼친 영향을 제시하고 있다.

③ '결정적 순간'에 대한 상반된 견해를 제시하며 절충점을 모색하고 있다.

④ '결정적 순간'의 사례를 제시하면서 이에 대한 다양한 견해를 비교하고 있다.

⑤ '결정적 순간'을 규정하는 조건이 시대에 따라 달라지는 원인을 분석하고 있다.

스스로 점검: ○ ┆ △ ┆ ✕
정답의 근거:



세부 내용 파악하기

**2** **다음은 윗글을 읽은 후 정리한 독서 노트이다. 그 내용이 적절하지 <u>않은</u> 것은?**

| | | |
|---|---|---|
| **알게 된 점** | 브레송의 사진에 회화가 미친 영향 | ① |
| | 브레송의 사진에 주로 사용된 구도 | ② |
| | 브레송의 '결정적 순간'이 갖는 예술사적 의의 | ③ |
| **더 알고 싶은 내용** | 마크 코헨이 결정적 순간을 포착하기 위해 주로 사용한 렌즈 | ④ |
| | 마크 코헨의 결정적 순간이 잘 드러난 대표 작품 | ⑤ |

스스로 점검: ○ ┆ △ ┆ ✕
정답의 근거:

정보 간의 관계 파악하기

**3** **㉠과 ㉡에 대한 설명으로 적절하지 <u>않은</u> 것은?**

① ㉠은 내용과 구성이 조화를 이루는 순간을 촬영하였다.

② ㉠은 카메라의 위치나 렌즈 선택 시 사람 눈과의 유사성을 중시하였다.

③ ㉡은 근접 촬영을 통해 독특하고 기발한 이미지를 담았다.

④ ㉡은 인공의 빛을 이용해 눈으로 보는 세상과는 다른 순간을 포착하였다.

⑤ ㉠과 ㉡은 모두 돌발성을 기반으로 하여 사진작가의 의도대로 촬영하였다.

스스로 점검: ○ ┆ △ ┆ ✕
정답의 근거:

**4** 구체적 사례나 상황에 적용하기  [고난도]

〈보기〉는 브레송의 '생 라자르 역(1932)'을 분석하기 위한 그림이다. 윗글을 바탕으로 할 때 〈보기〉에 대해 이해한 것으로 적절하지 <u>않은</u> 것은?



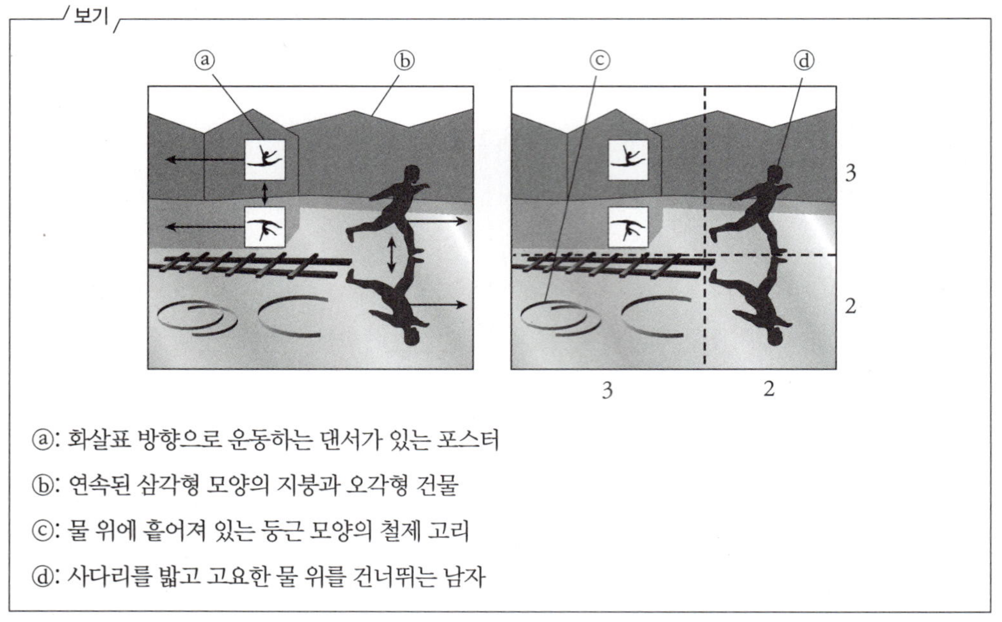



ⓐ: 화살표 방향으로 운동하는 댄서가 있는 포스터

ⓑ: 연속된 삼각형 모양의 지붕과 오각형 건물

ⓒ: 물 위에 흩어져 있는 둥근 모양의 철제 고리

ⓓ: 사다리를 밟고 고요한 물 위를 건너뛰는 남자

① 움직이는 남자와 고요한 물에서 동과 정의 대비를 확인할 수 있군.

② 남자와 그림자, 포스터와 그림자의 위치에서 상하 대비를 보이는 안정된 구도를 확인할 수 있군.

③ 건물, 지붕, 사다리, 고리의 모습에서 여러 종류의 도형이 이루는 기하학적 구도를 찾아볼 수 있군.

④ 남자와 그림자가 일정한 비율로 분할된 곳에 위치한 것에서 황금분할에 기초한 구도를 찾아볼 수 있군.

⑤ 남자와 포스터 속 댄서를 좌우 대각선에 배치한 것에서 미리 계획한 구도에 변화를 주었음을 알 수 있군.

---

## 지문 구조 노트

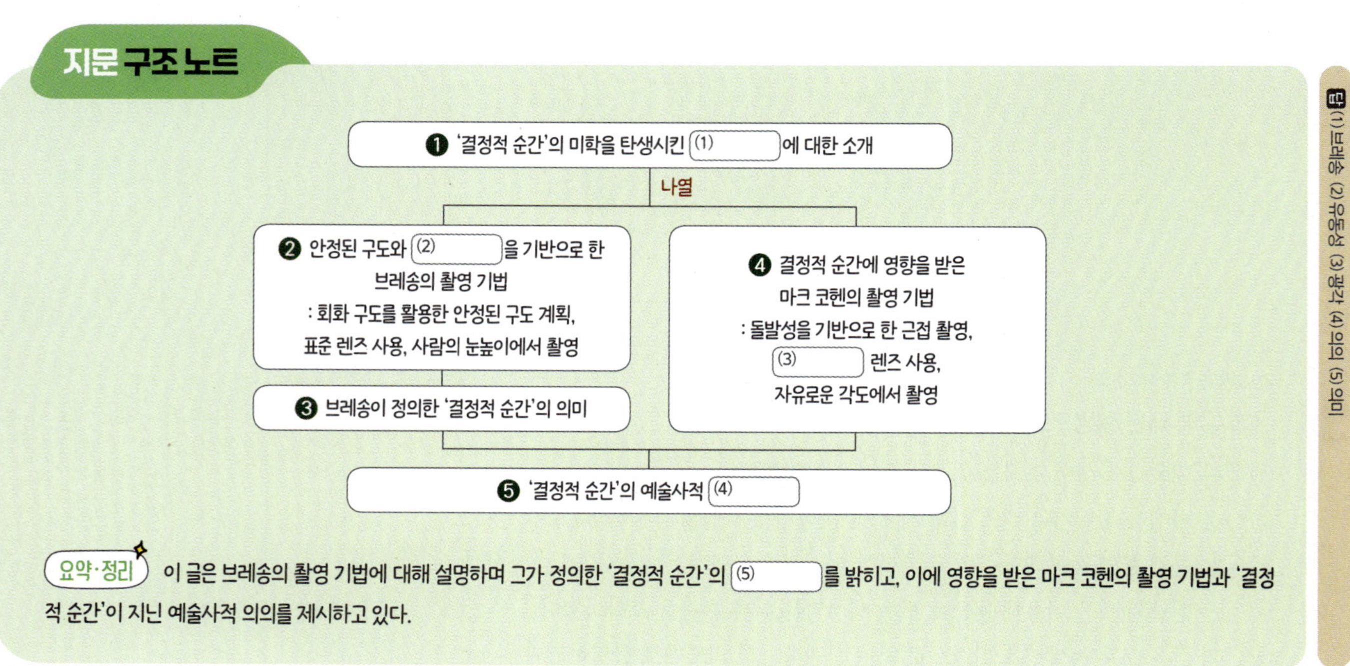





**요약·정리** 이 글은 브레송의 촬영 기법에 대해 설명하며 그가 정의한 '결정적 순간'의 (5)        를 밝히고, 이에 영향을 받은 마크 코헨의 촬영 기법과 '결정적 순간'이 지닌 예술사적 의의를 제시하고 있다.

## ▼ 구체적 사례나 상황에 적용하기  문제 4번

**STEP 1**  〈보기〉와 선지를 읽고 출제 요소가 되는 핵심 정보를 확인한다.

**4** 〈보기〉는 브레송의 '생 라자르 역(1932)'을 분석하기 위한 그림이다. 윗글을 바탕으로 할 때 〈보기〉에 대해 이해한 것으로 적절하지 <u>않은</u> 것은?

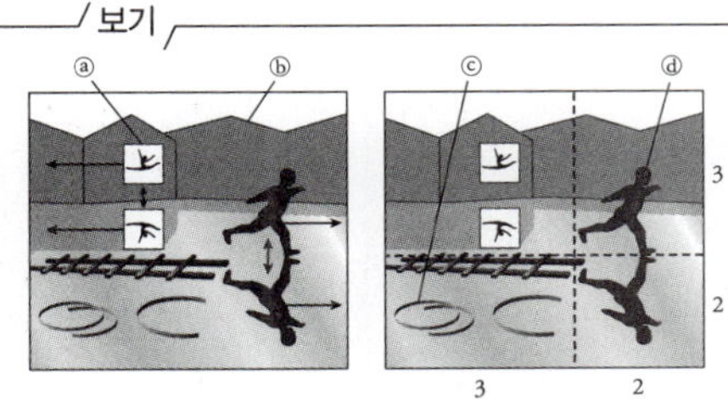


ⓐ: 화살표 방향으로 운동하는 댄서가 있는 포스터

ⓑ: 연속된 삼각형 모양의 지붕과 오각형 건물

ⓒ: 물 위에 흩어져 있는 둥근 모양의 철제 고리

ⓓ: 사다리를 밟고 고요한 물 위를 건너뛰는 남자

① 움직이는 남자와 고요한 물에서 동과 정의 대비를 확인할 수 있군.

② 남자와 그림자, 포스터와 그림자의 위치에서 상하 대비를 보이는 안정된 구도를 확인할 수 있군.

③ 건물, 지붕, 사다리, 고리의 모습에서 여러 종류의 도형이 이루는 기하학적 구도를 찾아볼 수 있군.

④ 남자와 그림자가 일정한 비율로 분할된 곳에 위치한 것에서 황금분할에 기초한 구도를 찾아볼 수 있군.

⑤ 남자와 포스터 속 댄서를 좌우 대각선에 배치한 것에서 미리 계획한 구도에 변화를 주었음을 알 수 있군.

→ 선지 ①~⑤에는 브레송이 작품에 사용한 구도에 관한 정보가 나타나 있음.

**STEP 2, 3**  선지에 언급된 정보를 글에서 찾아 확인하며 〈보기〉에 적용해 보고, 선지가 〈보기〉의 그림을 적절하게 설명하고 있는지 판단한다.

❷ [2]'안정된 구도'란 회화에 기초한 구도를 통해 사진에서 안정감을 느낄 수 있도록 하는 것을 의미한다. [3]그가 사용한 회화의 구도는 황금분할 구도, 기하학적 구도, 주요 요소들을 대비시킨 구도였다. ([4]황금분할 구도는 3:2의 비율로 화면을 분할한 것이고, 기하학적 구도는 여러 종류의 도형이 채워져 있는 것이다. [5]주요 요소들 간의 대비로는 동(動)과 정(靜)의 대비, 상하 대비, 좌우 대비, 좌우 대각선 대비 등을 사용하였다.) [6]그는 이와 같은 안정된 구도의 기반이 되는 공간을 미리 계획하였다. [7]그리고 '유동성'은 움직이는 대상에 집중하는 것으로, 그는 자신이 미리 계획했던 구도에 움직이는 대상이 들어와 원하는 형태적 구성을 완성한 순간이 포착될 때까지 끈질기게 기다렸다.

① ❷-5에서 브레송이 동과 정의 대비를 사용했음이 언급됨. 〈보기〉에서는 움직이는 남자와 고요한 물의 모습이 대비됨.  → [(1)] [선지 판단 ○ ×]

② ❷-5에서 브레송이 [(2)　　　]를 위해 상하 대비를 사용했음이 언급됨. 〈보기〉에서는 포스터와 남자의 아래로 물에 비친 그림자가 각각 배치되어 있음.  → [(3)] [선지 판단 ○ ×]

③ ❷-4에 따르면 기하학적 구도란 여러 종류의 [(4)　　　]이 채워져 있는 것임. 〈보기〉의 ⓑ에서 삼각형과 오각형, ⓒ에서 원, ⓓ 위에 위치한 사다리에서 사각형의 모습을 발견할 수 있음.  → [(5)] [선지 판단 ○ ×]

④ ❷-4에 따르면 황금분할 구도는 3:2의 비율로 화면을 분할한 것임. 〈보기〉에서 남자와 그림자가 3:2의 비율로 분할된 곳에 위치하고 있음.  → [(6)] [선지 판단 ○ ×]

⑤ ❷-6~7에 따르면 브레송은 미리 계획한 구도에 움직이는 대상이 들어와 형태적 구성을 완성한 순간이 포착될 때까지 기다림. 즉, 〈보기〉의 구도는 미리 계획된 것임.  → [(7)] [선지 판단 ○ ×]

**선지⁺**

⑥ 물 위의 반원 고리를 좌우로 배치한 것에서 회화적 구도를 고려했음을 알 수 있군. [○ ×]

⑦ 불균형한 구도에 움직이는 대상이 들어와 형태적 구성을 완성한 것으로 볼 수 있군. [○ ×]

⑧ 움직이는 남자의 모습을 포착한 것으로 볼 때 유동성을 기반으로 했음을 확인할 수 있군. [○ ×]

현대
미술

# 06 하이퍼리얼리즘

모의평가

지문 난도 ★★★☆☆
지문 길이  500 ──── 2500

❶ [1]미술관에서 오랫동안 움직이지 않고 서 있는 관광객 차림의 부부를 본다면 사람들은 다시 한 번 바라볼 것이다. [2]그리고 그것이 미술 작품이라는 것을 알면 놀랄 것이다. [3]이처럼 현실에 존재하는 것을 •실재라고 믿을 수 있도록 재현하는 유파를 하이퍼리얼리즘이라고 한다.

❷ [1]관광객처럼 우리 주변에서 흔히 볼 수 있는 것을 대상으로 고르면 ㉠현실성이 높다고 하고, 그 대상을 시각적 재현에 ⓐ기대어 실재와 똑같이 표현하면 ㉡사실성이 높다고 한다. [2]대상의 현실성과 표현의 사실성을 모두 추구한 하이퍼리얼리즘은 같은 ✚리얼리즘 경향에 ⓑ드는 팝아트와 비교하면 그 특성이 잘 드러난다. [3]이들은 1960년대 미국에서 발달하여 현재까지 유행하고 있는 유파로, 당시 자본주의 사회의 일상의 모습을 대상으로 삼은 점에서는 공통적이다. [4]팝아트는 대상을 함축적으로 변형했지만 하이퍼리얼리즘은 대상을 정확하게 재현하려고 하였다. [5]그래서 팝아트는 주로 대상의 현실성을 추구하지만, 하이퍼리얼리즘은 대상의 현실성뿐만 아니라 •트롱프뢰유의 흐름을 ⓒ이어 표현의 사실성도 추구한다. [6]팝아트는 대상의 정확한 재현보다는 대중과 쉽게 소통할 수 있는 인쇄 매체를 주로 활용한 반면에, 하이퍼리얼리즘은 새로운 재료나 기계적인 방식을 적극 사용하여 대상을 정확히 재현하는 방법을 추구하였다.

❸ [1]자본주의 일상을 사실적으로 표현한 하이퍼리얼리즘의 대표적인 작가에는 핸슨이 있다. [2]그의 작품 ㉢⟨쇼핑 카트를 밀고 가는 여자(1969)⟩는 물질적 풍요함 속에 •매몰되어 살아가는 당시 현대인을 비판적 시각에서 표현한 작품으로 해석할 수 있다. [3]이 작품의 대상은 상품이 가득한 쇼핑 카트와 여자이다. [4]그녀는 욕망의 주체이며 물질에 대한 탐욕을 상징하고 있고, 상품이 가득한 쇼핑 카트는 욕망의 객체이며 물질을 상징하고 있다. [5]그래서 여자가 상품이 넘칠 듯이 가득한 쇼핑 카트를 밀고 있는 구도는 물질적 풍요 속에서의 과잉 소비 성향을 보여 준다.

❹ [1]이 작품의 기법을 ⓓ보면, 생활공간에 전시해도 자연스럽도록 작품을 전시 받침대 없이 제작하였다. [2]사람을 보고 찰흙으로 형태를 만드는 방법 대신 사람에게 직접 석고를 덧발라 형태를 뜨는 실물 주형 기법을 사용하여 사람의 형태와 크기를 똑같이 재현하였다. [3]또한 기존 입체 작품의 재료인 청동의 금속재 대신에 합성수지, 폴리에스터, 유리 섬유 등을 사용하고 에어브러시로 채색하여 사람 피부의 질감과 색채를 똑같이 재현하였다. [4]여기에 •오브제인 가발, 목걸이, 의상 등을 덧붙이고 쇼핑 카트, 식료품 등을 그대로 사용하여 사실성을 ⓔ높였다.

❺ [1]리얼리즘 미술의 가장 큰 목적은 현실을 포착하고 그것을 효과적으로 전달하는 것이다. [2]작가가 포착한 현실을 전달하는 표현 방법은 다양하다. [3]하이퍼리얼리즘과 팝아트 등의 리얼리즘 작가들은 대상들을 그대로 재현하거나 함축적으로 변형하는 등 자신만의 방법으로 현실을 전달하여 감상자와 소통하고 있다.

---

배경지식✚

**리얼리즘(Realism)**
'사실주의'라고도 한다. 일반적으로 현실을 있는 그대로 묘사·재현하려고 하는 창작 태도를 말하며, 좁은 의미에서 19세기 중엽에 유럽에서 일어난 예술 사조를 지칭한다. 현실 속에서 일상적이고 평범한 주제를 찾아 객관적으로 관찰하여 그 개성적 특질을 있는 그대로 그려 내려 한 것이 특징이다.

● **실재** 실제로 존재함.
● **트롱프뢰유(trompe – l'oeil)** '속임수 그림'이란 말로 감상자가 실물처럼 착각할 정도로 정밀하게 재현하는 것.
● **매몰되다** 보이지 아니하게 파묻히다.
● **오브제(objet)** 일상 용품이나 물건을 본래의 용도로 쓰지 않고 예술 작품에 사용하는 기법 또는 그 물체.

**1** 정보 간의 관계 파악하기

**㉠과 ㉡을 중심으로 윗글을 이해한 내용으로 적절한 것은?**

① 팝아트와 하이퍼리얼리즘은 모두 당시 자본주의의 일상을 대상으로 삼아 ㉠을 높였다.

② 팝아트는 대상을 함축적으로 변형했다는 점에서 하이퍼리얼리즘과 달리 ㉡이 높다고 할 수 있다.

③ 하이퍼리얼리즘이 팝아트와 달리 트롱프뢰유의 전통을 이은 것은 ㉠을 추구하기 위해서이다.

④ 팝아트와 하이퍼리얼리즘이 주로 인쇄 매체를 활용한 것은 ㉡을 추구하기 위한 것이다.

⑤ 팝아트와 하이퍼리얼리즘은 모두 ㉠과 ㉡을 동시에 추구한다는 점에서 리얼리즘 유파에 해당한다.

스스로 점검: ○ │ △ │ ✕
정답의 근거:

**2** 세부 내용 파악하기

**㉢에 대한 설명으로 적절하지 <u>않은</u> 것은?**

① 재현한 인체에 실제 사물인 오브제를 덧붙이고 받침대 없이 전시하여 실재처럼 보이게 하였다.

② 찰흙으로 원형을 만들지 않고 사람에게 석고를 덧발라 외형을 뜨는 기법을 사용하여 형태를 정확히 재현하였다.

③ 현실을 효과적으로 전달하기 위해 욕망의 주체는 실물과 똑같은 크기로, 욕망의 객체는 실재 그대로 제시하였다.

④ 인체의 피부 질감을 재현할 수 있었던 것은 합성수지, 폴리에스터, 유리 섬유 따위의 신재료를 사용했기 때문이다.

⑤ 당시 자본주의 사회에서의 합리적인 소비 성향을 반영하기 위해 주변에서 흔히 볼 수 있는 소비자와 상품을 제시하였다.

스스로 점검: ○ │ △ │ ✕
정답의 근거:

**3** 단어의 의미 파악하기

**문맥상 ⓐ~ⓔ와 가장 가까운 의미로 쓰인 것은?**

① ⓐ: 누나가 그린 그림을 벽면 한쪽에 <u>기대어</u> 놓았다.

② ⓑ: 그때는 언니도 노래를 잘 부르는 <u>축에</u> 들었다.

③ ⓒ: 1학년이 출발한 데 <u>이어</u> 2학년도 바로 출발했다.

④ ⓓ: 사무실에는 회계를 <u>보는</u> 직원만 혼자 들어갔다.

⑤ ⓔ: 그는 이번 조치에 대해 비판의 목소리를 <u>높였다</u>.

스스로 점검: ○ │ △ │ ✕
정답의 근거:

**4** 윗글의 '핸슨'의 작품과 〈보기〉의 작품을 바탕으로 할 때, 작가들이 자신의 입장에서 상대를 비평하는 말로 가장 적절한 것은?

스스로 점검: ○ ㅣ △ ㅣ ✕
정답의 근거:

보기

▲ 쿠넬리스, 〈무제〉　　　　▲ 코수스, 〈하나, 그리고 세 개의 의자〉

　쿠넬리스는 주변에서 흔히 볼 수 있는 살아 있는 말 12마리를 화랑 벽에 매어 놓고, 감상자가 화랑이라는 환경 안에 놓인 실제 말들의 존재와 말들의 온기와 냄새, 그리고 소리를 체험해서 다양하게 작품의 의미를 만들도록 하였다.

　코수스는 '의자의 사진', '실제 의자', '의자의 언어적인 개념' 세 가지 모두를 한 공간에 배치하여, 대상을 나타내는 여러 가지 방식이 존재할 수 있음을 보여 주었다.

① 핸슨이 쿠넬리스에게: 미술은 시각적인 체험뿐만 아니라 청각, 후각 등 다양한 체험이 감상의 기준이 되어야 한다.

② 핸슨이 코수스에게: 미술에서 대상은 일상적이고 평범한 것이 아니라 역사적으로나 정치적으로 가치 있어야 한다.

③ 쿠넬리스가 핸슨에게: 미술에서 재현의 가장 효과적인 방법은 실물 주형의 기법보다 대상을 그대로 제시하는 것이어야 한다.

④ 쿠넬리스가 코수스에게: 미술에서 작품의 의미는 감상자가 실제 대상을 대면해서 만들어지는 것이 아니라 작가에 의해서 만들어지는 것이어야 한다.

⑤ 코수스가 쿠넬리스에게: 미술에서 대상을 재현할 때는 대상의 이미지보다 그 대상 자체만을 제시해야 한다.

## 지문 구조 노트

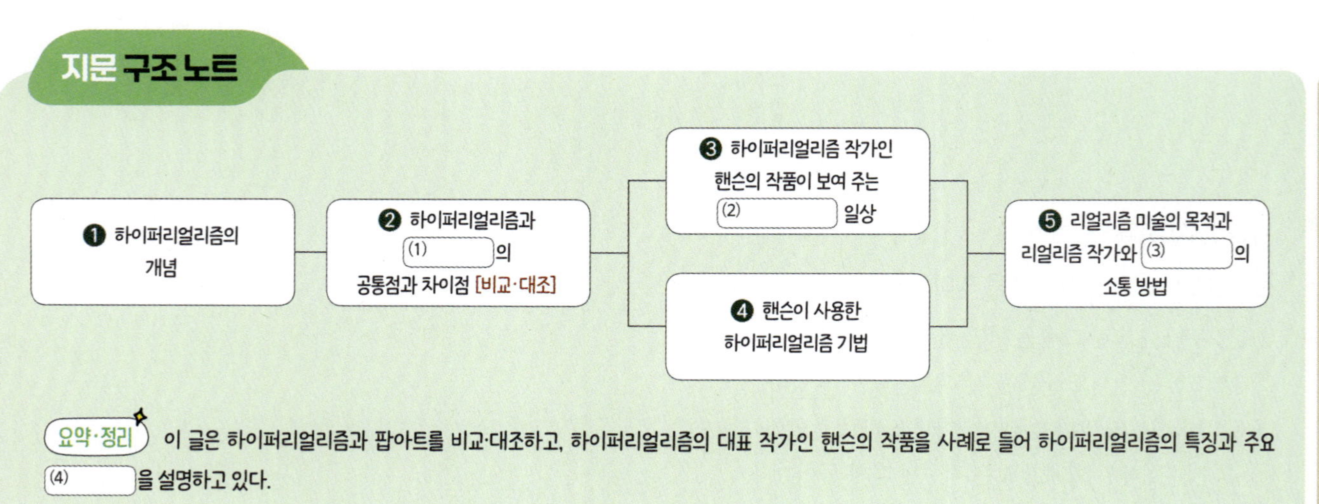


요약·정리　이 글은 하이퍼리얼리즘과 팝아트를 비교·대조하고, 하이퍼리얼리즘의 대표 작가인 핸슨의 작품을 사례로 들어 하이퍼리얼리즘의 특징과 주요 (4)　　　　을 설명하고 있다.

# 문 제 하이라이트



## ▼ 단어의 의미 파악하기  〔문제 3번〕

**STEP 1, 2**  글에서 ⓐ~ⓔ가 위치한 문장을 찾고, 앞뒤 내용을 살피며 ⓐ~ⓔ의 문맥적 의미를 파악한다.

> **3** 문맥상 ⓐ~ⓔ와 가장 가까운 의미로 쓰인 것은?

❷ [1]관광객처럼 우리 주변에서 흔히 볼 수 있는 것을 대상으로 고르면 현실성이 높다고 하고, 그 대상을 시각적 재현에 ⓐ기대어 실재와 똑같이 표현하면 사실성이 높다고 한다. [2]대상의 현실성과 표현의 사실성을 모두 추구한 하이퍼리얼리즘은 같은 리얼리즘 경향에 ⓑ드는 팝아트와 비교하면 그 특성이 잘 드러난다. …… [5]그래서 팝아트는 주로 대상의 현실성을 추구하지만, 하이퍼리얼리즘은 대상의 현실성뿐만 아니라 트롱프뢰유의 흐름을 ⓒ이어 표현의 사실성도 추구한다.
*'남의 힘에 의지하다.'*
*'어떤 범위나 기준, 또는 일정한 기간 안에 속하거나 포함되다.'*
*'끊어지지 않게 계속하다.'*

❹ [1]이 작품의 기법을 ⓓ보면, 생활공간에 전시해도 자연스럽도록 작품을 전시 받침대 없이 제작하였다. …… [4]여기에 오브제인 가발, 목걸이, 의상 등을 덧붙이고 쇼핑 카트, 식료품 등을 그대로 사용하여 사실성을 ⓔ높였다.
*'대상의 내용이나 상태를 알기 위하여 살피다.'*
*'품질, 수준, 능력, 가치 따위가 보통보다 위에 있다.'*

**STEP 3**  **1, 2** 에서 파악한 ⓐ~ⓔ의 문맥적 의미를 선지의 밑줄 친 단어에 대입해 보고, 문장의 의미가 자연스러운지 판단한다.

> **3** 문맥상 ⓐ~ⓔ와 가장 가까운 의미로 쓰인 것은?
> ① ⓐ: 누나가 그린 그림을 벽면 한쪽에 <u>기대어</u> 놓았다.
> ② ⓑ: 그때는 언니도 노래를 잘 부르는 축에 <u>들었다.</u>
> ③ ⓒ: 1학년이 출발한 데 <u>이어</u> 2학년도 바로 출발했다.
> ④ ⓓ: 사무실에는 회계를 <u>보는</u> 직원만 혼자 들어갔다.
> ⑤ ⓔ: 그는 이번 조치에 대해 비판의 목소리를 <u>높였다.</u>

① 밑줄 친 '기대어'는 '벽면의 힘에 의지하다.'라는 뜻이 아니라, 문맥상 '(그림을) 벽면에 의지하여 비스듬히 대다.'의 의미임. → (1) 〔선지 판단 ○ ✕〕

② 밑줄 친 '들었다'는 '어떤 범위나 기준, 또는 일정한 기간 안에 속하거나 포함되다.'의 뜻으로, 문맥상 '언니'가 '노래를 잘 부르는 축'이라는 특정 기준 안에 포함된다는 의미임. → (2) 〔선지 판단 ○ ✕〕

③ 밑줄 친 '이어'는 '(흐름이) 끊어지지 않게 계속하다.'라는 뜻이 아니라, 문맥상 '(1학년의) 뒤를 잇따르다.'의 의미임. → (3) 〔선지 판단 ○ ✕〕

④ 밑줄 친 '보는'은 '회계의 내용이나 상태를 알기 위하여 살피다.'라는 뜻이 아니라, 문맥상 '회계 일을 맡아 하다.'의 의미임. → (4) 〔선지 판단 ○ ✕〕

⑤ 밑줄 친 '높였다'는 '(비판의 목소리의) 품질, 수준, 가치 따위가 보통보다 위에 있다.'라는 뜻이 아니라, 문맥상 '어떤 의견이 다른 의견보다 많고 우세하다.'라는 의미임. → (5) 〔선지 판단 ○ ✕〕

⑥ ⓒ: 그는 잠시 숨을 고른 뒤 이어 말하기 시작했다. 〔○ ✕〕
⑦ ⓓ: 그는 친구를 보기 위해 약속 장소와 시간을 정했다. 〔○ ✕〕
⑧ ⓔ: 회사에서 그의 직급을 과장으로 높여 주었다. 〔○ ✕〕

# 필수 어휘 ZIP

**1** 다음 뜻풀이에 해당하는 단어를 쓰시오.

(1) ㄷ ㄹ : 어떤 일을 발전시키고 밀고 나가는 힘.

( )

(2) ㅈ ㅍ : 사물의 전망이나 가능성 따위를 비유적으로 이르는 말. ( )

(3) ㅇ ㄷ ㅅ : 형편이나 경우에 따라 이리저리 변동될 수 있는 성질. ( )

**2** 제시된 단어의 뜻풀이로 올바른 것을 연결하시오.

(1) 간주하다 ・

・㉠ 어떤 것에 대하여 깊이 생각하고 이치를 따지다.

(2) 구사하다 ・

・㉡ 상태, 모양, 성질 따위가 그와 같다고 보거나 그렇다고 여기다.

(3) 사색하다 ・

・㉢ 말이나 수사법, 기교, 수단 따위를 능숙하게 마음대로 부려 쓰다.

**3** 다음 빈칸에 공통으로 들어갈 말로 적절한 것은?

・물가 안정은 우리 사회가 [      ]한 과제이다.

・어려움을 [      ]하더라도 용기를 잃지 말아야 한다.

・위급한 일에 [      ]하였을 때는 신중하게 대처해야 한다.

① 당면　② 대두　③ 진보　④ 포착　⑤ 상대

**4** 다음 문장의 의미를 고려하여 괄호 안에서 알맞은 단어를 골라 ○표 하시오.

(1) 남의 말을 무비판적으로 ( 배척하는, 수용하는 ) 것은 위험한 일이다.

(2) 이 지역의 토양은 쓰레기가 ( 매몰된, 채굴된 ) 뒤로 심각하게 오염되었다.

(3) 저작권이란 창작물에 대하여 저작자가 행사하는 ( 배타적, 이타적 ) 권리이다.

**5** 다음 뜻풀이를 가진 단어를 골라 ○표 하시오.

(1) 실제로 존재함.

| 실재 | 실현 |

(2) 카메라 렌즈를 통해 이미지를 담을 수 있는 범위.

| 화각 | 화소 |

(3) 학식과 견문이라는 뜻으로, 사물을 분별할 수 있는 능력을 이르는 말.

| 식견 | 인식 |

(4) 지시체에서 개인이 감각적 경험을 통해 얻게 된 주관적인 내적 이미지.

| 관념 | 이념 |

**6** 다음 단어의 뜻풀이가 적절하면 ○표, 적절하지 않으면 ✕표를 고르시오.

(1) 긴밀하다: 서로의 관계가 매우 가까워 빈틈이 없다. ○ ✕

(2) 변혁하다: 제도나 기구 따위를 새롭게 뜯어고치다. ○ ✕

(3) 물질화되다: 의식으로부터 독립된 객관적 실재로서 감각의 원천이 되는 대상이 되다. ○ ✕

(4) 피사체: 일상 용품이나 물건을 본래의 용도로 쓰지 않고 예술 작품에 사용하는 기법 또는 그 물체. ○ ✕

# Ⅱ

# 금융 상품과 고객 투자 성향

❶ ¹금융 상품에는 주식, 예금, •채권 등 다양한 유형의 투자 상품이 있다. ²그중 ✚주식은 예금에 비해 큰 수익을 얻을 수 있지만 •손실의 가능성이 크고, 예금은 상대적으로 적은 수익을 얻지만 손실의 가능성이 적다. ³그렇기 때문에 사람들은 자신의 투자 성향에 따라 각기 다른 금융 상품을 선호한다. ⁴금융 회사는 이러한 고객의 성향을 고려하여 고객에게 •최적의 투자 상품을 추천한다. ⁵그렇다면 금융 회사가 고객들의 투자 성향을 판단하는 기준은 무엇일까?

❷ ¹금융 회사는 투자의 기대 효용에 대한 고객들의 태도 차이를 기준으로 고객들을 위험 추구형, 위험 회피형 등으로 분류한다. ²투자의 기대 효용이란 투자를 통해 얻을 수 있는 수익의 기댓값으로, 투자 수익에 그것이 발생할 확률을 곱한 값과 투자 손실에 그것이 발생할 확률을 곱한 값의 총합을 의미한다. ³예를 들어, 어떤 금융 상품 ㉮에 500원의 비용을 들여 투자할 때, 40%의 확률로 2,000원의 수익을 얻을 수 있고, 60%의 확률로 투자한 500원을 모두 잃는다고 가정해 보자. ⁴그렇다면 이 상품의 기대 효용은 투자 수익인 2,000원에 40%를 곱한 값(2,000×0.4=800)과 투자 손실인 −500원에 60%를 곱한 값(−500×0.6=−300)의 총합인 500원이 된다.

❸ ¹고객들의 투자 유형은 투자를 통해 얻을 수 있는 기대 효용과 투자를 하지 않고 화폐를 보유할 때의 효용 중에서 어느 것을 선택하느냐에 따라 나눌 수 있다. ²투자보다 화폐 보유를 선호하면 위험 회피형이고 투자를 통한 기대 효용을 선호하면 위험 추구형이다. ³즉, 투자한 500원을 모두 잃을 수 있음에도 금융 상품 ㉮에 투자하려는 사람은 위험 추구형이고, 손실을 우려하여 500원을 투자하지 않고 화폐로 보유하려는 사람은 위험 회피형이다.

❹ ¹이처럼 기대 효용이 같더라도 소비자들이 보이는 태도에는 차이가 있는데, 이를 •한계 효용의 개념으로 설명할 수 있다. ²제시된 그래프는 어떤 사람이 느끼는 화폐에 대한 효용을 나타낸 것이다. ³그래프를 보면 투자에 성공해서 화폐가 a에서 a+1로 1단위 증가할 경우 한계 효용은 15와 18의 차인 3이 된다. ⁴반대로 투자에 실패하여 화폐가 a에서 a−1로 1 단위 감소할 경우 한계 효용은 15와 10의 차

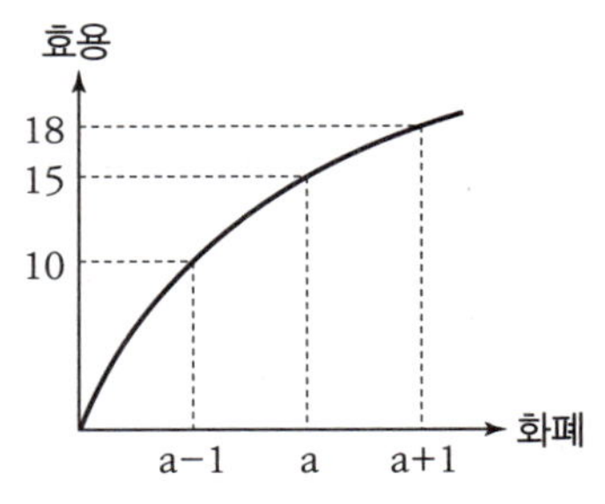


인 5가 된다. ⁵이 사람은 투자에서 성공했을 때 오는 만족(3)보다 투자에서 실패했을 때 오는 불만족(5)을 더 크게 인식하므로 투자를 하지 않는 위험 회피형의 성향을 보일 것이다. ⁶만일 ㉠투자 실패로 인한 불만족보다 투자 성공으로 인한 만족을 더 크게 여기는 경우에는 위험 추구형 성향을 보이게 될 것이다.

❺ ¹금융 회사는 이러한 고객들의 투자 성향을 분류하여 위험 회피형인 고객에게는 예금과 같이 안전성이 높은 상품을 추천하고, 위험 추구형인 고객에게는 손실의 위험이 있더라도 큰 수익을 얻을 수 있는 투자 상품을 추천하게 된다. ²이와 같은 방식으로 금융 상품을 추천했을 때, 금융 회사는 더 많은 고객들과 더 많은 투자 자금을 •유치할 수 있게 된다.

---

**배경지식**✚

**주식과 예금**

| 주식 | 예금 |
| --- | --- |
| 주식 가격이 변동되므로 낮은 가격에 사서 높은 가격에 팔면 시세 차익을 얻을 수 있지만, 원금 손실 가능성이 있음. | 이자가 확정되어 있으므로 예금을 맡긴 사람은 이자 수익을 얻으며, 원금이 보장됨. |

● **채권** 국가, 지방 자치 단체, 은행, 회사 따위가 사업에 필요한 자금을 차입하기 위하여 발행하는 유가 증권.
● **손실** 잃어버리거나 축나서 손해를 봄. 또는 그 손해.
● **최적** 가장 알맞음.
● **한계 효용** 일정한 종류의 재화가 잇따라 소비될 때 최후의 한 단위로부터 얻어지는 심리적 만족도.
● **유치하다** 행사나 사업 따위를 이끌어 들이다.

세부 내용 파악하기

# 1 윗글에서 언급된 정보가 <u>아닌</u> 것은?

① 투자 상품의 유형

② 기대 효용의 계산 방법

③ 투자 성향의 판단 기준

④ 투자 성향의 분류 효과

⑤ 투자 상품의 다양화 방안

스스로 점검: ○ ┊ △ ┊ ✕
정답의 근거:

추론의 적절성 판단하기

# 2 ㉠과 같은 투자 성향을 가진 사람의 화폐에 대한 효용 그래프로 적절한 것은?

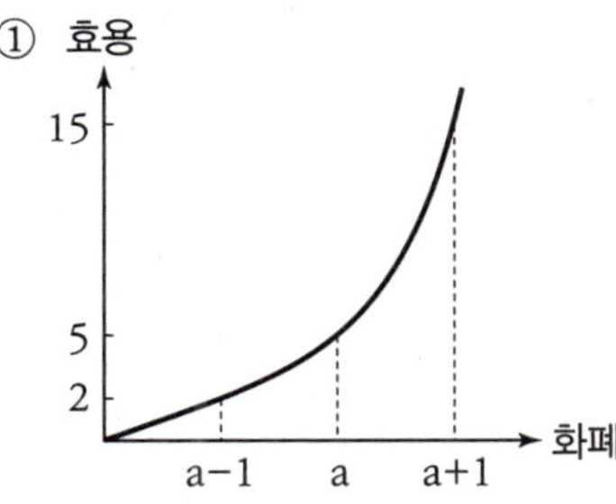

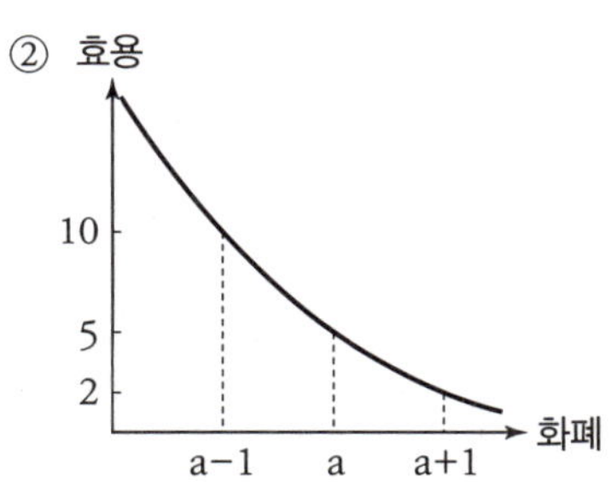

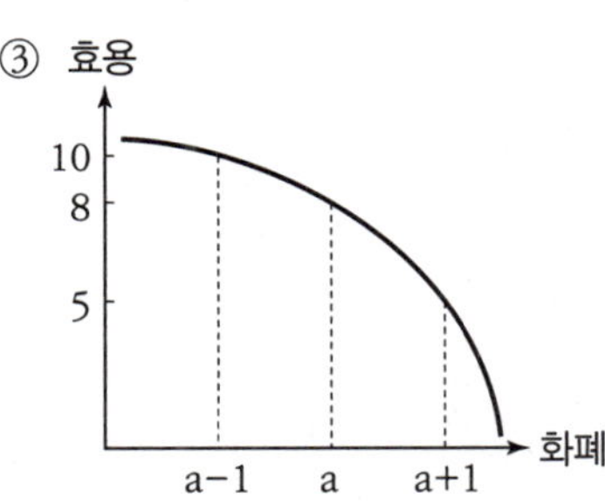

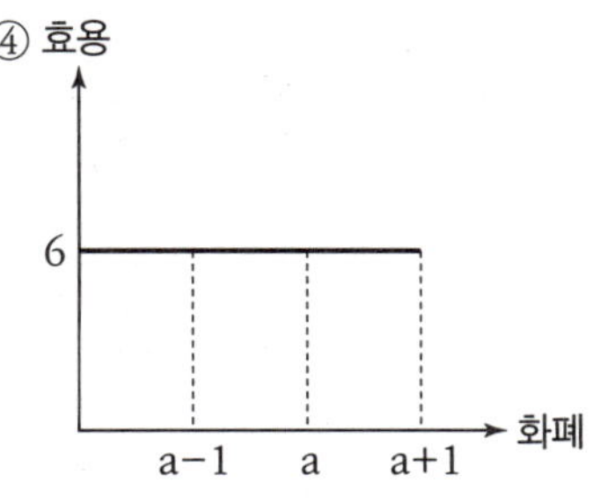

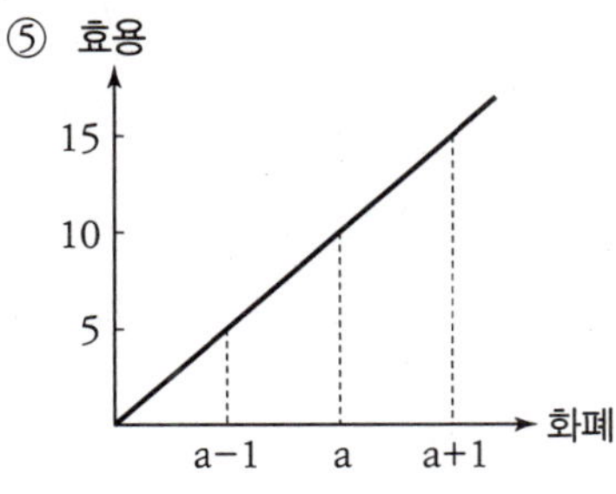

스스로 점검: ○ ┊ △ ┊ ✕
정답의 근거:

**3**  윗글을 바탕으로 할 때 〈보기〉의 '갑', '을', '병'에 대한 설명으로 적절하지 **않은** 것은?



보기

*귀하는 50만 원의 현금을 보유하거나 다음의 두 상품 중 하나에 투자를 해야 한다면, 어느 경우를 더 선호하십니까?

(단위: 만 원)

|  | 투자 비용 | 투자 수익 | 수익을 얻을 확률 | 기대 효용 |
|---|---|---|---|---|
| A상품 | 50 | 450 | 20% | 50 |
| B상품 | 50 | 200 | 40% | 50 |

|  | A상품 | B상품 | 현금 보유 |
|---|---|---|---|
| 갑 |  | ✓ |  |
| 을 | ✓ |  |  |
| 병 |  |  | ✓ |

① '갑'은 '병'에 비해 손실 위험이 있더라도 수익을 얻을 수 있는 투자 상품을 선호하겠군.

② '갑'과 '을'은 화폐를 보유하기보다 투자를 통해 얻는 기대 효용을 선택하였군.

③ '을'은 '갑'에 비해 투자할 때 위험을 더 추구하는 성향을 보이는군.

④ '병'은 '갑'과 달리 A상품이 B상품보다 투자 실패 확률이 더 크다고 보겠군.

⑤ '병'은 '을'에 비해 투자 성공의 만족보다 투자 실패의 불만족을 더 크게 인식하겠군.

● **귀하** 듣는 이를 높여 이르는 이인칭 대명사.

---

## 지문 **구조 노트**

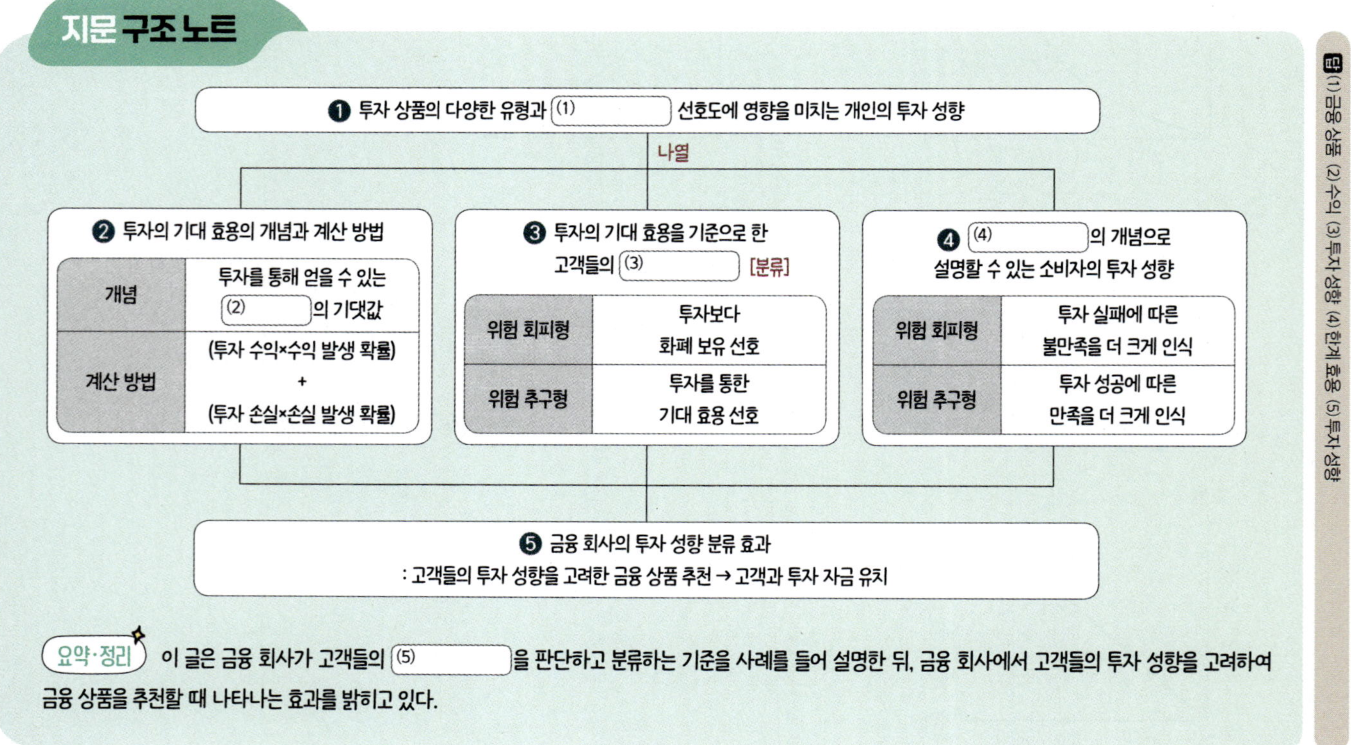


정답 (1)금융 상품 (2)수익 (3)투자 성향 (4)한계 효용 (5)투자 성향

**요약·정리**  이 글은 금융 회사가 고객들의 (5)      을 판단하고 분류하는 기준을 사례를 들어 설명한 뒤, 금융 회사에서 고객들의 투자 성향을 고려하여 금융 상품을 추천할 때 나타나는 효과를 밝히고 있다.

# 문제 하이라이트

## ▼ 세부 내용 파악하기  문제 1번

### STEP ① 선지에 언급된 키워드를 확인한다.

**1 윗글에서 언급된 정보가 아닌 것은?**

① 투자 상품의 유형
② 기대 효용의 계산 방법
③ 투자 성향의 판단 기준
④ 투자 성향의 분류 효과
⑤ 투자 상품의 다양화 방안

### STEP ②,③ 글에서 선지의 키워드와 관련 있는 문단을 찾고, 선지의 내용이 제시되어 있는지 확인한다.

❶ [1]금융 상품에는 주식, 예금, 채권 등 다양한 유형의 투자 상품이 있다. [2]그중 주식은 예금에 비해 큰 수익을 얻을 수 있지만 손실의 가능성이 크고, 예금은 상대적으로 적은 수익을 얻지만 손실의 가능성이 적다. …… [5]그렇다면 금융 회사가 고객들의 투자 성향을 판단하는 기준은 무엇일까?

❷ [1]금융 회사는 투자의 기대 효용에 대한 고객들의 태도 차이를 기준으로 고객들을 위험 추구형, 위험 회피형 등으로 분류한다. [2]투자의 기대 효용이란 투자를 통해 얻을 수 있는 수익의 기댓값으로, 투자 수익에 그것이 발생할 확률을 곱한 값과 투자 손실에 그것이 발생할 확률을 곱한 값의 총합을 의미한다.

❺ [1]금융 회사는 이러한 고객들의 투자 성향을 분류하여 위험 회피형인 고객에게는 예금과 같이 안전성이 높은 상품을 추천하고, 위험 추구형인 고객에게는 손실의 위험이 있더라도 큰 수익을 얻을 수 있는 투자 상품을 추천하게 된다. [2]이와 같은 방식으로 금융 상품을 추천했을 때, 금융 회사는 더 많은 고객들과 더 많은 투자 자금을 유치할 수 있게 된다.

① ❶-1에 다양한 투자 상품의 유형으로 주식, 예금, 채권이 언급됨. → (1) 선지 판단 ○ ×

② ❷-2에 투자의 기대 효용이 투자 수익에 그것이 발생할 확률을 곱한 값과 투자 손실에 그것이 발생할 확률을 곱한 값의 총합으로 계산될 수 있음이 언급됨. → (2) 선지 판단 ○ ×

③ ❶-5에서 금융 회사가 고객들의 투자 성향을 판단하는 기준이 무엇인지 묻고 있으며, ❷-1에서 그 답으로 '투자의 (3)＿＿＿＿에 대한 고객들의 태도 차이'를 제시함. → (4) 선지 판단 ○ ×

④ ❺-1~2에 금융 회사가 고객들의 투자 성향에 따라 투자 상품을 추천하고, 이를 통해 더 많은 고객과 (5)＿＿＿＿을 유치할 수 있게 된다는 점이 언급됨. → (6) 선지 판단 ○ ×

⑤ ❶에는 금융 상품의 다양한 유형이, ❷~❹에는 소비자의 투자 성향에 관한 내용이, ❺에는 금융 회사의 투자 성향 분류 효과에 관한 내용이 언급되어 있으며, 투자 상품의 다양화 방안은 윗글에 나타나지 않음. → (7) 선지 판단 ○ ×

---

**TIP**

글을 읽으며 문단별로 중심 내용을 정리하는 것이 좋다. 문단의 중심 내용을 정리해 두면 문제 1번과 같은 '세부 내용 파악하기' 유형을 풀 때 선지에 언급된 내용이 제시된 문단의 위치와 세부 정보를 빠르게 확인할 수 있다.

Ⅱ 사회·문화

**선지 +**

⑥ 주식과 예금의 특징  ○ ×
⑦ 한계 효용의 문제점  ○ ×
⑧ 금융 회사의 투자 상품 유치 방법  ○ ×

# 집합 의례



❶ ¹사람들은 함께 모여 '집합 의례'를 행한다. ²㉠뒤르켐은 오스트레일리아 부족들의 집합 의례를 공동체 결속의 관점에서 탐구한다. ³부족 사람들은 문제 상황이 발생할 경우 생계 활동을 멈추고 자신들이 공유하는 성(聖)과 속(俗)의 분류 체계를 활용하여 이 상황이 성스러운 것인지 아니면 속된 것인지를 •판별하는 집합 의례를 행한다. ⁴이 과정에서 그들은 자신들이 공유하는 성스러움이 무엇인지 새삼 깨닫고 그것을 중심으로 약해진 기존의 도덕 공동체를 재생한다. ⁵집합 의례가 끝나면 부족 사람들은 가슴속에 성스러움을 품고 일상의 속된 세계로 되돌아간다. ⁶이로써 단순히 먹고사는 문제에 불과했던 생계 활동이 성스러움과 연결된 도덕적 의미를 지니게 된다.

❷ ¹뒤르켐은 현대 사회의 집합 의례가 기존 도덕 공동체의 재생으로 끝나지 않고 새로운 도덕 공동체를 •창출할 것이라고 본다. ²예를 들어, 프랑스 혁명은 자유, 평등, 우애와 같은 새로운 성스러움을 창출하고 이를 중심으로 새로운 도덕 공동체를 구성한 집합 의례다. ³뒤르켐은 새로 창출된 성스러움이 자기 이해관계를 추구하며 속된 세계에서 살아가는 개인들에게 서로 결속할 수 있는 도덕적 의미를 제공할 것이라 여긴다.

❸ ¹㉡파슨스와 스멜서는 이러한 이론적 통찰을 기능주의 이론으로 구체화한다. ²그들은 성스러움을 가치라는 말로 바꿔 표현한다. ³현대 사회에서는 가치가 평상시 사회적 삶 아래에 잠재되어 있다가, 그 도덕적 의미가 뿌리부터 뒤흔들리는 위기 시기에 위로 올라와 전국적으로 일반화된다. ⁴속된 일상에서 사람들은 가치를 추구하기보다는 자기 이해관계를 구체화한 목표와 •이의 실현을 안내하는 규범에 따라 살아간다. ⁵하지만 위기 시기에는 사람들의 관심이 자신들의 특수한 이해관계에서 보편적인 가치로 상승한다. ⁶사람들은 가치에 기대어 위기가 주는 심리적 긴장과 압박을 해소하는 집합 의례를 행한다. ⁷그 결과 사회의 통합이 회복된다. ⁸파슨스와 스멜서는 이것이 마치 유기체가 환경의 압박으로 인해 흐트러진 항상성의 기능을 생리 작용을 통해 회복하는 과정과 유사하다고 본다.

❹ ¹㉢알렉산더는 파슨스와 스멜서의 이론을 받아들이면서도 그들이 사용한 생물학적 은유가 복잡한 현대 사회의 집합 의례를 탐구하는 데는 한계가 있다고 보고, 그 대안으로 '사회적 공연론'을 제시한다. ²그는 가치를 전 사회로 일반화하는 집합 의례가 현대 사회에서는 유기체의 생리 작용처럼 자연적으로 진행되는 것이 아니라, 그 결과가 정해지지 않은 과정이라고 본다. ³현대 사회는 사회적 공연의 요소들이 •분화되어 있을 뿐만 아니라 각 요소가 자율성을 지니고 있다. ⁴따라서 이 요소들을 융합하는 사회적 공연은 •우발성이 극대화된 문화적 실천을 요구한다. ⁵알렉산더가 기능주의 이론과 달리 공연의 요소들이 어떤 조건 아래에서 어떤 과정을 거쳐 융합이 이루어지는지 경험적으로 세밀하게 탐구해야 한다고 강조하는 이유가 여기에 있다.

❺ ¹현대 사회의 사회적 공연의 요소들로는 성과 속의 분류 체계를 다양하게 구체화한 대본, 다양한 대본을 자신만의 방식으로 실행하는 배우, 계급·출신 지역·나이·성별 등 내부적으로 분화된 관객, 시·공간적으로 다양한 동선을 짜서 공연을 무대 위에 올리는 •미장센, 시·공간의 한계를 넘어 공연을 광범위한 관객에게 전파하는 상징적 생산 수단, 공연을 생산하고 배포하고 해석하는 과정을 총체적으로 통제하지 못할 정도로 고도로 분화된 사회적 권력 등이 있다. ²그러나 요소의 분화와 자율성이 없는 전체주의 사회에서는 국가 권력에 의한 대중 동원만 있을 뿐 사회적 공연이 일어나기 어렵다.

● **판별하다** 옳고 그름이나 좋고 나쁨을 판단하여 구별하다.
● **창출하다** 전에 없던 것을 처음으로 생각하여 지어내거나 만들어 내다.
● **이의** 도리와 정의를 아울러 이르는 말.
● **분화되다** 단순하거나 등질인 것에서 복잡하거나 이질인 것으로 변하게 되다.
● **우발성** 우연히 일어나는 성질.
● **미장센(mise en scéne)** 무대 위에서의 등장인물의 배치나 역할, 무대 장치, 조명 따위에 관한 총체적인 계획과 실행.

전개 방식 파악하기

**1** **윗글의 논지 전개 방식에 대한 설명으로 가장 적절한 것은?**

① 중심 화제에 대해 주요 학자들이 합의한 결과를 제시하고 있다.

② 중심 화제에 대해 상반된 견해를 제시한 후 두 견해를 절충하고 있다.

③ 중심 화제에 대한 이론이 후속 연구에 의해 보완되는 과정을 고찰하고 있다.

④ 중심 화제에 대한 다양한 사례들을 제시한 후 이를 유형별로 분류하고 있다.

⑤ 중심 화제의 역사적 기원에 대한 다양한 가설들의 의의와 한계를 평가하고 있다.

스스로 점검: ○ | △ | ✕
정답의 근거:

**Ⅱ 사회·문화**

세부 내용 파악하기

**2** **'집합 의례'에 대해 ㉠이 할 수 있는 말로 적절하지 않은 것은?**

① 부족 사회는 집합 의례를 행하여 기존의 도덕 공동체를 되살린다.

② 집합 의례를 통해 사람들은 생계 활동의 성스러운 의미를 얻는다.

③ 현대 사회에서는 집합 의례를 통해 새로운 도덕 공동체가 형성된다.

④ 공동체 성원들은 집합 의례를 거쳐 구체적인 이해관계를 중심으로 묶인다.

⑤ 집합 의례의 과정에서 공동체 성원들은 문제 상황을 성 또는 속의 문제로 규정한다.

스스로 점검: ○ | △ | ✕
정답의 근거:

세부 내용 파악하기

**3** **위기 시기에 일어나는 상황을 이해한 것으로 가장 적절한 것은?**

① 사람들이 관심을 속에서 성으로 옮긴다.

② 사람들이 목표와 규범 차원에서 행동한다.

③ 사람들이 생계 활동을 위한 최적의 수단을 찾는다.

④ 사람들이 항상성을 유지하기 위해 위기 상황을 외면한다.

⑤ 사람들이 평상시 추구하던 삶의 도덕적 의미를 상실한다.

스스로 점검: ○ | △ | ✕
정답의 근거:

정보 간의 관계 파악하기

**4** **윗글의 ㉡과 ㉢에 대한 설명으로 가장 적절한 것은?**

① ㉡과 달리 ㉢은 현대 사회의 집합 의례는 그 결과가 미리 결정되어 있지 않다고 본다.

② ㉡과 달리 ㉢은 집합 의례가 가치의 일반화를 통해 도덕 공동체를 구성할 것이라 본다.

③ ㉢과 달리 ㉡은 집합 의례가 발생하는 과정을 경험적으로 탐구할 필요성이 있다고 본다.

④ ㉡과 ㉢은 모두 문화적 실천으로서의 집합 의례를 유기체의 생리 과정과 유사하다고 본다.

⑤ ㉡과 ㉢은 모두 현대 사회에서는 성과 속의 분류 체계 없이 집합 의례가 일어난다고 본다.

스스로 점검: ○ | △ | ✕
정답의 근거:

**5** 윗글에서 설명한 '사회적 공연론'으로 〈보기〉를 이해한 내용으로 적절하지 <u>않은</u> 것은?

스스로 점검: ○ │ △ │ ✕
정답의 근거:

---

／보기

[1]수려한 경관으로 유명한 A시에 소각장이 들어설 예정이다. [2]A시의 시장은 정부의 보조금을 활용하여 낙후된 지역 경제를 발전시키기 위해 소각장을 유치하였다고 밝혔다. [3]A시 시민들은 반대파와 찬성파로 갈려 집회를 이어 갔다. [4]반대파는 지역 경제 발전에는 찬성하지만 소각장이 환경을 오염시킨다며 철회할 것을 요구했고, 찬성파는 반대파가 지역 이기주의에 빠져 있다고 비판했다. [5]집회에 참여하지 않았던 사람들도 의견이 갈려 토박이와 노인은 반대 운동에, 이주민과 젊은이는 찬성 운동에 적극 참여하였다. [6]중앙 언론은 이 사건이 지역 내 현상이라며 아예 보도하지 않았다. [7]반대파는 반대 운동을 전국적으로 알리기 위해 서울에 가서 집회를 하려 했지만 경찰이 허가를 내 주지 않았다.

---

① 공연의 미장센이 A시에 한정되어 펼쳐지고 있군.

② 공연의 요소들이 융합되어 가치의 일반화가 일어났군.

③ 출신 지역과 나이로 분화된 관객이 배우로 직접 나서고 있군.

④ 상징적 생산 수단과 사회적 권력이 공연의 전국적 전파를 막으려 하는군.

⑤ 배우들이 지역 경제 발전에는 동의하면서도 서로 다른 대본을 가지고 공연을 수행하는군.

---

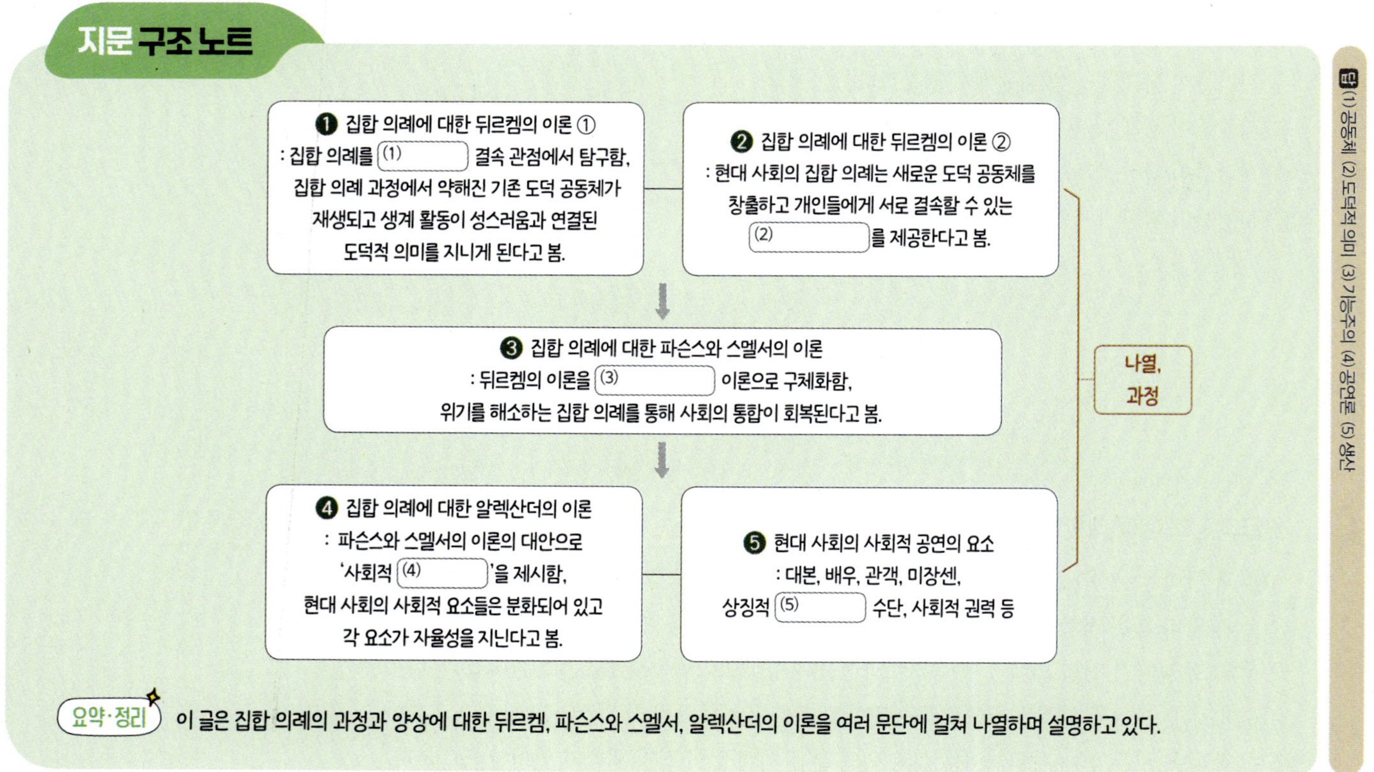



요약·정리  이 글은 집합 의례의 과정과 양상에 대한 뒤르켐, 파슨스와 스멜서, 알렉산더의 이론을 여러 문단에 걸쳐 나열하며 설명하고 있다.

# 문제 하이라이트

## ▼ 전개 방식 파악하기 | 문제 1번

**STEP 1, 2** 글의 중심 화제를 파악하여 그와 관련된 문단별 중심 내용을 정리한다. 그런 뒤 문단 간의 관계를 고려하여 글 전체의 흐름을 파악한다.

❶ [1]사람들은 함께 모여 '집합 의례'를 행한다. [2]뒤르켐은 오스트레일리아 부족들의 집합 의례를 공동체 결속의 관점에서 탐구한다. [3]부족 사람들은 문제 상황이 발생할 경우 …… 집합 의례를 행한다.

❷ [1]뒤르켐은 현대 사회의 집합 의례가 기존 도덕 공동체의 재생으로 끝나지 않고 새로운 도덕 공동체를 창출할 것이라고 본다. [2]예를 들어, 프랑스 혁명은 자유, 평등, 우애와 같은 새로운 성스러움을 창출하고 이를 중심으로 새로운 도덕 공동체를 구성한 집합 의례다. [3]뒤르켐은 새로 창출된 성스러움이 자기 이해관계를 추구하며 속된 세계에서 살아가는 개인들에게 서로 결속할 수 있는 도덕적 의미를 제공할 것이라 여긴다.

❸ [1]파슨스와 스멜서는 이러한 이론적 통찰을 기능주의 이론으로 구체화한다. [2]그들은 성스러움을 가치라는 말로 바꿔 표현한다. …… [6]사람들은 가치에 기대어 위기가 주는 심리적 긴장과 압박을 해소하는 집합 의례를 행한다. [7]그 결과 사회의 통합이 회복된다. [8]파슨스와 스멜서는 이것이 마치 유기체가 환경의 압박으로 인해 흐트러진 항상성의 기능을 생리 작용을 통해 회복하는 과정과 유사하다고 본다.

❹ [1]알렉산더는 파슨스와 스멜서의 이론을 받아들이면서도 그들이 사용한 생물학적 은유가 복잡한 현대 사회의 집합 의례를 탐구하는 데는 한계가 있다고 보고, 그 대안으로 '사회적 공연론'을 제시한다. …… [5]알렉산더가 기능주의 이론과 달리 공연의 요소들이 어떤 조건 아래에서 어떤 과정을 거쳐 융합이 이루어지는지 경험적으로 세밀하게 탐구해야 한다고 강조하는 이유가 여기에 있다.

❺ [1]현대 사회의 사회적 공연의 요소들로는 …… 고도로 분화된 사회적 권력 등이 있다.

**STEP 3** 선지에 언급된 전개 방식을 확인하며 그 적절성을 판단한다.

**1** 윗글의 논지 전개 방식에 대한 설명으로 가장 적절한 것은?

① 중심 화제에 대해 주요 학자들이 합의한 결과를 제시하고 있다.
② 중심 화제에 대해 상반된 견해를 제시한 후 두 견해를 절충하고 있다.
③ 중심 화제에 대한 이론이 후속 연구에 의해 보완되는 과정을 고찰하고 있다.
④ 중심 화제에 대한 다양한 사례들을 제시한 후 이를 유형별로 분류하고 있다.
⑤ 중심 화제의 역사적 기원에 대한 다양한 가설들의 의의와 한계를 평가하고 있다.

① 윗글은 중심 화제인 집합 의례에 대한 뒤르켐, 파슨스와 스멜서, 알렉산더의 이론을 각각 제시함. → [1] 선지 판단 ○ ×

② ❹-1에서 알렉산더는 파슨스와 스멜서의 이론의 [2]⎵⎵⎵⎵ 를 지적하고 ❹-5에서 자신의 견해를 강조할 뿐, 두 견해를 절충한 것은 아님. → [3] 선지 판단 ○ ×

③ ❸에서 파슨스와 스멜서는 ❷에 나타난 [4]⎵⎵⎵⎵ 의 견해를 기능주의 이론으로 구체화하였으며, ❹에서 알렉산더는 파슨스와 스멜서의 이론의 한계를 밝히고 그 대안을 제시함. → [5] 선지 판단 ○ ×

④ ❶과 ❷-2에서 뒤르켐의 이론을 설명하기 위해 오스트레일리아 부족들의 집합 의례와 프랑스 혁명의 사례를 제시하고 있으나, 이를 유형별로 분류한 것은 아님. → [6] 선지 판단 ○ ×

⑤ 집합 의례의 역사적 기원에 대한 다양한 가설은 윗글에서 확인할 수 없음. → [7] 선지 판단 ○ ×

---

**II 사회·문화**

**TIP**

선지에는 '중심 화제'라는 내용 요소가 공통적으로 언급되어 있다. 윗글의 중심 화제가 '집합 의례'임을 고려하여 선지에 제시된 '결과', '절충', '과정', '분류' 등의 전개 방식이 글에 나타나는지 확인해야 한다.

**선지＋**

⑥ 중심 화제의 특성이 변화되는 모습을 시대순으로 제시하고 있다. ○ ×
⑦ 중심 화제의 과정과 양상에 대한 여러 학자의 관점을 나열하고 있다. ○ ×
⑧ 중심 화제가 지닌 문제점을 언급한 후 그에 대한 해결 방안을 학자별로 제시하고 있다. ○ ×

# 03 국제 사회의 동맹



❶ [1]국가는 자국의 힘이 외부의 군사적 위협을 •견제하기에 충분치 않다고 판단할 때나, 역사와 전통 등의 가치가 위협받는다고 느낄 때 다른 나라와 동맹을 맺는다. [2]동맹결성의 핵심적인 이유는 동맹을 통해서 확보되는 이익이며 이는 동맹관계 유지의 •근간이 된다.

❷ [1]동맹의 종류는 그 형태에 따라 ✛방위조약, 중립조약, 협상으로 나눌 수 있다. [2]먼저 방위조약은 조약에 서명한 국가들 중 어느 한 국가가 침략을 당했을 경우, 다른 모든 서명국들이 공동방어를 위해서 •참전하기를 약속하는 것이다. [3]다음으로 중립조약은 서명국들 중 한 국가가 제3국으로부터 침략을 받더라도, 서명국들 간에 전쟁을 선포하지 않고 중립을 지킬 것을 약속하는 것이다. [4]마지막으로 협상은 서명국들 중 한 국가가 제3국으로부터 침략을 당했을 경우, 서명국들 간에 •공조 체제를 유지할 것인지에 대해 차후에 협의할 것을 약속하는 것이다. [5]정리하면 세 가지 유형 중 방위조약의 경우는 동맹국의 전쟁에 •개입해야 한다는 강제성이 있기에 동맹국 간의 정치·외교적 관계의 정도가 매우 가깝다. [6]또한 조약의 강제성으로 인해 전쟁 발발 시 동맹관계 속에서 국가가 펼칠 수 있는 정치·외교적 자율성은 매우 낮다. [7]즉 방위조약이 동맹국 간의 자율성이 가장 낮고, 다음으로 중립조약, 협상순으로 자율성이 높아진다. [8]한 연구에 따르면, 1816년부터 1965년까지 약 150년 간 맺어진 148개의 군사동맹 중에서 73개는 방위조약, 39개는 중립조약, 36개는 협상의 형태인데, 평균 수명은 방위조약이 115개월, 중립조약이 94개월, 협상은 68개월 정도였다. [9]따라서 ________㉮________

❸ [1]위와 같이 동맹관계는 고정되어 있지 않다. [2]그 이유에 대해 ㉠현실주의자들과 ㉡구성주의자들은 서로 다른 견해를 보이는데, 이는 국제 사회를 바라보는 시각의 차이에서 •기인한다. [3]우선 현실주의자들은 국가는 이기적 존재이며 국제 사회의 유일하고 중요한 행위 주체라고 생각한다. [4]국제 사회는 국가 이상의 단위에서 작동하는 중앙정부와 같은 존재가 부재하는 일종의 무정부 상태이므로 개별 국가는 힘의 논리로부터 스스로를 지켜야 한다고 본다. [5]따라서 각 나라는 군사적 동맹을 통해 세력 균형을 이루어 •패권 안정을 취하려 한다. [6]특정한 •패권 국가가 출현하면 그 힘을 견제하기 위한 국가들 간의 동맹이 형성되기도 하고, 그 힘에 •편승하는 동맹이 형성되기도 한다. [7]이렇듯 힘의 균형점이 이동함에 따라 세력의 균형을 끊임없이 찾는 과정에서 동맹관계는 변할 수 있다고 보는 것이다.

❹ [1]구성주의자들 역시 현실주의자들처럼 동맹관계가 고정된 약속이 아니라, 상황에 따라 변할 수 있는 약속이라고 본다. [2]구성주의자들은 무정부적 국제 사회를 힘의 분배와 균형 등의 요소로 분석할 수 없다고 비판하며, 관계에 주목한다. [3]구성주의자들은 국제 사회의 구성원들이 상호 작용을 하여 상호 간 역할과 가치를 형성하면서 국제 사회 환경의 변화를 만들어낸다고 본다. [4]상호 작용의 변화에 따라 동맹은 달라질 수 있는데, 타국이나 국제 사회에 대한 인식이 긍정적이고 국제 사회에서의 구성원들의 역할이 가치가 있다고 판단될 때, 긍정적인 동맹관계를 맺고 평화로울 수 있지만, 그렇지 않으면 동맹은 파기될 수 있다고 본 것이다.

---

**배경지식** ✛

**조약**

조약은 국가, 국제기구 등 국제법 주체 간에 체결한 국제적 합의이다. 대부분 문서 형식으로 체결하며, 조약이 체결되면 당사자들은 조약의 규정을 준수하고 성실하게 이행해야 할 의무를 진다. 조약은 협약, 협정, 규약, 의정서 등 다양하게 표현된다.

---

- •**견제하다** 일정한 작용을 가함으로써 상대편이 지나치게 세력을 펴거나 자유롭게 행동하지 못하게 억누르다.
- •**근간** 사물의 바탕이나 중심이 되는 중요한 것.
- •**참전하다** 전쟁에 참가하다.
- •**공조 체제** 여러 조직이 일정한 목적을 위하여 함께 도와주거나 서로 돕는 상태.
- •**개입하다** 자신과 직접적인 관계가 없는 일에 끼어들다.
- •**기인하다** 어떠한 것에 원인을 두다.
- •**패권** 국제 정치에서, 어떤 국가가 경제력이나 무력으로 다른 나라를 압박하여 자기의 세력을 넓히려는 권력.
- •**패권 국가** 국제 사회에서 다른 국가를 압도하는 힘을 가진 국가를 가리키는 말.
- •**편승하다** (비유적으로) 세태나 남의 세력을 이용하여 자신의 이익을 거두다.

**1** 세부 내용 파악하기

**윗글에 대한 이해로 적절하지 <u>않은</u> 것은?**

① 국가는 동맹에 참여하여 자국의 이익을 확보할 수 있다.

② 협상은 전쟁 발발 이후의 공조 체제 유지 여부를 사전에 결정하지 않는다.

③ 패권 국가가 출현하기 위해서는 그 힘에 편승한 세력들의 동맹이 필요하다.

④ 동맹은 국가가 전쟁 등의 위협에 대처하기 위해 맺는 국가 간의 약속이다.

⑤ 중립조약은 서명국이 속한 전쟁에 참가하지 않을 것을 합의하는 동맹이다.



**2** 생략된 정보 추론하기

**㉮에 들어갈 내용으로 적절한 것은?**

① 동맹관계가 멀고 자율성이 높을수록 그 수명이 연장되었음을 알 수 있다.

② 동맹관계가 멀고 자율성이 낮을수록 그 수명이 단축되었음을 알 수 있다.

③ 동맹관계가 가깝고 자율성이 높을수록 그 수명이 연장되었음을 알 수 있다.

④ 동맹관계가 가깝고 자율성이 낮을수록 그 수명이 단축되었음을 알 수 있다.

⑤ 동맹관계가 가깝고 자율성이 낮을수록 그 수명이 연장되었음을 알 수 있다.

**3** 정보 간의 관계 파악하기

**㉠과 ㉡에 대한 설명으로 적절한 것은?**

① 국제 사회의 문제를 ㉠은 힘의 관계에, ㉡은 상호 인식 관계에 주목하여 설명하였다.

② 국제 사회 혼란의 원인을 ㉠은 국가적 이기심, ㉡은 세력의 불균형 때문이라고 보았다.

③ 국제 사회의 안정을 유지하기 위해 ㉠은 상호 협력이, ㉡은 상호 견제가 필요하다고 보았다.

④ 동맹이 변화하는 이유를 ㉠은 패권 국가의 출현으로 인한 전쟁으로, ㉡은 구성원의 자국에 대한 인식의 부재로 보았다.

⑤ 국제 사회의 질서 유지를 위해 ㉠은 중앙정부와 같은 존재가, ㉡은 구성원 간의 고른 역할 분배가 필요하다고 보았다.

스스로 점검: ○ ｜ △ ｜ ✕
정답의 근거:

## 4 윗글을 바탕으로 〈보기〉를 이해한 내용으로 적절하지 <u>않은</u> 것은?

스스로 점검: ○ ㅣ △ ㅣ ✕
정답의 근거:

／보기／

　　A국은 B국과 방위조약을 맺고 동맹관계를 유지해 왔다. 그런데 국제 정세의 변화에 따라 A국은 B국과의 동맹을 파기하고 C국과 중립조약을 새로 체결했다. 그런데 A국의 여론은 이러한 변화에 반대한다.

① A국이 B국과 동맹을 파기하기 전에는, A국은 B국의 전쟁에 참전해야 할 의무가 있었겠군.

② A국이 C국과 동맹을 맺은 후에는, B국과 C국 사이에 전쟁이 발발하더라도 A국은 참전하지 않아야 하겠군.

③ 현실주의자들은 A국과 B국의 동맹이 파기된 이유를, B국에 대한 A국 구성원들의 신뢰가 약화되었기 때문이라고 설명하겠군.

④ 구성주의자들은 A국 구성원들이 C국에 부정적 인식을 가지게 된다면, C국과의 동맹관계는 유지되기 힘들 것이라고 설명하겠군.

⑤ 구성주의자들은 A국에서 변화에 반대하는 여론이 형성된 이유를, C국보다 B국에 대한 긍정적 인식이 작용했기 때문이라고 설명하겠군.

## 지문 구조 노트

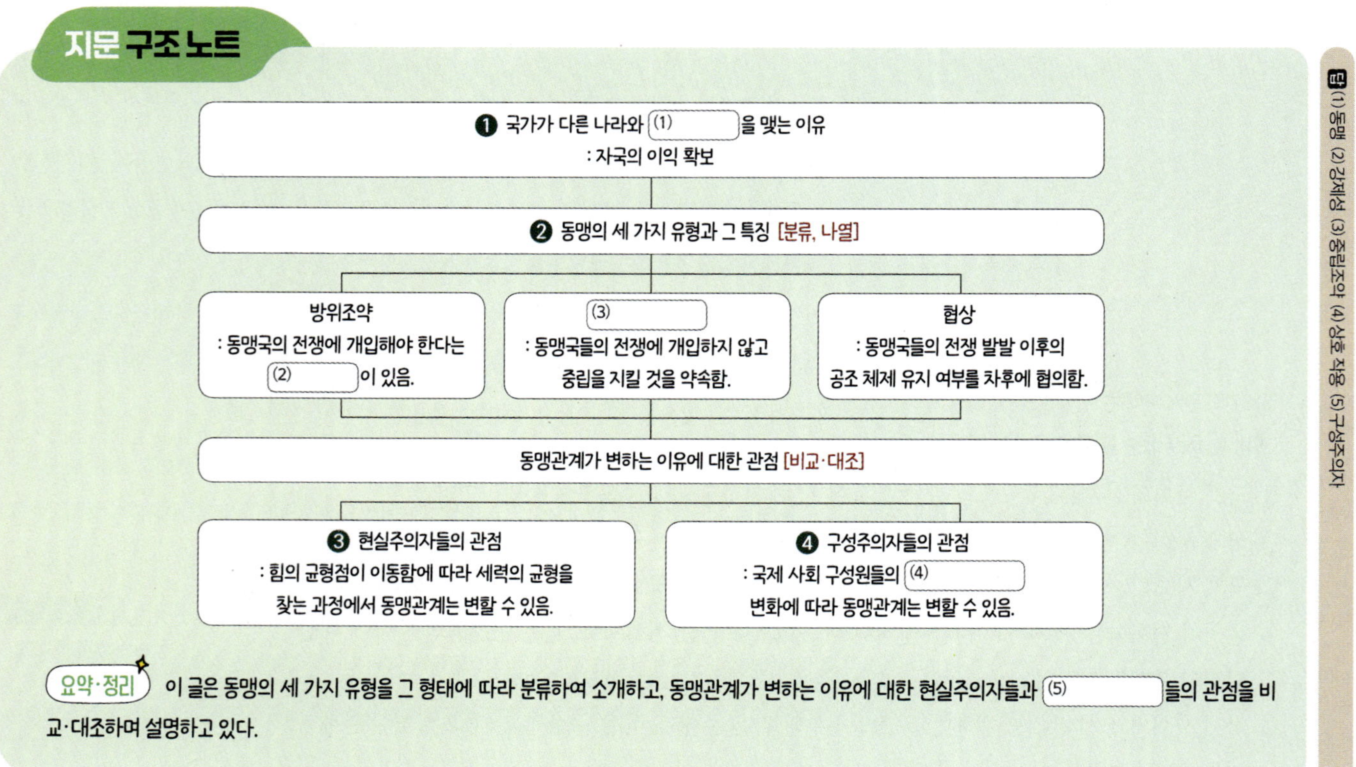


**요약·정리** 이 글은 동맹의 세 가지 유형을 그 형태에 따라 분류하여 소개하고, 동맹관계가 변하는 이유에 대한 현실주의자들과 (5)　　　들의 관점을 비교·대조하며 설명하고 있다.

# 문 제 하이라이트

## ▼ 생략된 정보 추론하기  문제 2번

### STEP 1  발문과 선지를 살펴보며 추론해야 할 정보를 확인한다.

**2** ㉮에 들어갈 내용으로 적절한 것은?
→ 추론해야 할 정보
① 동맹관계가 멀고 자율성이 높을수록 그 수명이 연장되었음을 알 수 있다.
② 동맹관계가 멀고 자율성이 낮을수록 그 수명이 단축되었음을 알 수 있다.
③ 동맹관계가 가깝고 자율성이 높을수록 그 수명이 연장되었음을 알 수 있다.
④ 동맹관계가 가깝고 자율성이 낮을수록 그 수명이 단축되었음을 알 수 있다.
⑤ 동맹관계가 가깝고 자율성이 낮을수록 그 수명이 연장되었음을 알 수 있다.
→ 선지 공통 키워드: 동맹관계, 자율성, 동맹의 수명

### STEP 2  ㉮의 앞에 '따라서'가 위치한 것으로 볼 때, ㉮가 앞의 내용을 종합한 정보임을 파악한다. 선지에 제시된 키워드를 중심으로 ㉮의 앞에 제시된 정보를 살피며, 정보 간의 관계를 파악한다.

**❷** [5]정리하면 세 가지 유형 중 방위조약의 경우는 동맹국의 전쟁에 개입해야 한다는 강제성이 있기에 동맹국 간의 정치·외교적 관계의 정도가 매우 가깝다. [6]또한 조약의 강제성으로 인해 전쟁 발발 시 동맹관계 속에서 국가가 펼칠 수 있는 정치·외교적 자율성은 매우 낮다. [7]즉 방위조약이 동맹국 간의 자율성이 가장 낮고, 다음으로 중립조약, 협상순으로 자율성이 높아진다.
동맹의 자율성: 방위조약 < 중립조약 < 협상
[8]한 연구에 따르면, 1816년부터 1965년까지 약 150년 간 맺어진 148개의 군사동맹 중에서 73개는 방위조약, 39개는 중립조약, 36개는 협상의 형태인데, 평균 수명은 방위조약이 115개월, 중립조약이 94개월, 협상은 68개월 정도였다. [9]따라서 ________ ㉮
동맹의 수명: 방위조약 > 중립조약 > 협상

▶ ❷-5~6에 따르면 방위조약은 동맹국의 전쟁에 참여해야 한다는 강제성을 지녀 동맹관계가 가까우며, ⑴ [        ]이 낮음.

▶ ❷-7에 따르면 동맹의 세 가지 유형 중 방위조약의 자율성이 가장 낮으며, 협상의 자율성이 가장 높음. 방위조약에 대한 정보로 볼 때, 동맹관계의 정도가 가까우면 자율성이 낮고 동맹관계의 정도가 멀면 자율성이 높음.

▶ ❷-8에 동맹의 평균 수명은 ⑵ [        ]이 가장 길고 협상이 가장 짧음이 언급됨.

### STEP 3  글에 나타난 정보들 간의 관계를 정리해 보고, 다시 선지로 돌아가 그 적절성을 판단한다.

▶ ❷-5~8에 언급된 정보를 종합해 보면 동맹관계의 정도가 가깝고 자율성이 낮으면 동맹의 수명은 길고, 동맹관계의 정도가 멀고 자율성이 높으면 동맹의 수명은 짧음.

① 동맹관계가 멀고 자율성이 높을수록 그 수명이 연장되었음을 알 수 있다. → ⑶ 선지 판단 ○ ×
② 동맹관계가 멀고 자율성이 낮을수록 그 수명이 단축되었음을 알 수 있다. → ⑷ 선지 판단 ○ ×
③ 동맹관계가 가깝고 자율성이 높을수록 그 수명이 연장되었음을 알 수 있다. → ⑸ 선지 판단 ○ ×
④ 동맹관계가 가깝고 자율성이 낮을수록 그 수명이 단축되었음을 알 수 있다. → ⑹ 선지 판단 ○ ×
⑤ 동맹관계가 가깝고 자율성이 낮을수록 그 수명이 연장되었음을 알 수 있다. → ⑺ 선지 판단 ○ ×

II 사회·문화

**TIP**
글에서 '동맹관계'의 거리와 관련된 정보는 '방위조약'에 대한 것으로 한정되어 있지만 방위조약, 중립조약, 협상의 자율성과 동맹의 평균 수명에 대한 정보는 모두 제시되어 있다. 그러므로 '방위조약'에 대한 설명에서 '동맹관계'의 거리와 '자율성'의 관계를 먼저 추론한 후, 이를 동맹의 평균 수명과 연결지어 이해해야 한다.

**선지 ⁺**
⑥ 방위조약은 중립조약보다 동맹관계가 멀고 자율성이 낮아 동맹의 수명이 길다. ○ ×
⑦ 중립조약은 협상보다 동맹관계가 가깝고 자율성이 낮아 동맹의 수명이 길다. ○ ×
⑧ 협상은 방위조약보다 동맹관계가 가깝고 자율성이 높아 동맹의 수명이 짧다. ○ ×

# 국가 간 분쟁 해결 방법

❶ 유엔해양법협약은 해양의 이용을 둘러싸고 발생하는 국가 간의 ●상반된 이익을 ●절충하고 갈등을 해결하는 규범의 역할을 담당하고 있다.

❷ ¹유엔해양법협약에 따르면 해양을 둘러싸고 해당 협약에 대한 해석이나 적용에 관해 국가 간 분쟁이 발생하였을 때, 분쟁 당사국들은 우선 의무적으로 분쟁 해결에 관하여 신속히 의견을 교환해야 하고 교섭이나 조정 절차 등 국가 간 합의에 의한 평화적 수단을 통해 분쟁 해결을 위해 노력해야 한다. ²이러한 평화적 분쟁 해결 수단을 거쳐야 할 의무를 당사국에 부과하는 이유는 국제법의 특성상, 분쟁 해결의 원리가 기본적으로 각 국가의 동의를 바탕으로 적용되기 때문이다. ³그런데 만약 이러한 방법으로도 분쟁이 해결되지 못할 경우에는 구속력 있는 결정을 수반하는 절차에 들어가게 되는데 이를 강제절차라고 한다.

❸ ¹강제절차란 분쟁 당사국들이 국제적인 분쟁 해결 기구를 통해 분쟁을 해결하는 절차이다. ²이때 당사국들은 자국의 이익이나 분쟁 내용 등을 고려해 분쟁 해결 기구를 선택할 수 있는데, 선택 가능한 기구에는 중재재판소, 국제해양법재판소 등 유엔해양법협약에 의해 설립된 분쟁 해결 기구들이 있다. ³이 중 중재재판소는 필요할 때마다 분쟁 당사국 간의 합의를 통해 구성되고, 국제해양법재판소는 상설 기구로 재판관 임명이나 재판소 조직 등이 사전에 결정되어 있다. ⁴만약 분쟁 당사국들이 분쟁 해결 기구를 선택하지 않았거나 양국이 동일한 선택을 하지 않은 경우에는 별도의 합의를 하지 않는 한, 사건이 중재재판소에 ●회부된다.

❹ ¹본안 소송을 담당하는 재판소가 분쟁에 대한 최종 판결을 내리기 위해서는 먼저 본안 소송 관할권의 존재 여부를 판단하여 확정하는 ●심리 절차를 거쳐야 한다. ²여기서 관할권이란 회부된 사건을 재판소가 다룰 수 있는 권한을 의미하는데, 이후 본안 소송의 관할권이 확정된 사안에 대해 해당 재판소는 재판 과정을 거쳐 분쟁에 대한 최종 판결을 내리게 된다.

❺ ¹그런데 재판의 최종 판결이 내려지기까지 일정 시간이 소요되기 때문에, 해당 재판소는 분쟁 당사국의 요청이 있으면 필요한 경우 잠정조치를 명령할 수 있다. ²이때 잠정조치란 긴급한 상황에서 분쟁 당사국의 이익을 보호하거나 해양 환경의 중대한 피해를 방지할 목적으로 내려지는 구속력 있는 임시 조치이다. ³잠정조치는 효력이 임시적이므로 본안 소송의 최종 판결이 내려지면 효력이 종료된다.

❻ ¹분쟁 당사국이 소송을 제기하여 재판소에 사건이 회부되면 소송 절차가 개시되고, 그 이후 분쟁 당사국들은 언제든지 잠정조치를 요청할 수 있다. ²일반적으로 잠정조치는 사건이 회부된 재판소에서 담당하지만, 본안 소송의 재판소와 잠정조치를 명령하는 재판소가 다른 경우도 있다. ³본안 소송과 마찬가지로 잠정조치도 관할권을 필요로 한다.

❼ ¹예를 들어 유엔해양법협약에 의한 중재재판소에 사건이 회부되었지만, 사안이 긴급하여 재판소 구성을 기다릴 수 없는 경우에 국제해양법재판소가 잠정조치를 담당할 수 있다. ²이때 본안 소송을 담당하는 중재재판소의 관할권이 확정되지 않았더라도, 잠정조치가 요청된 국제해양법재판소에서 ㉠본안 소송의 관할권을 심리한 결과, 중재재판소가 관할권을 갖게 될 가능성이 예측되어야 국제해양법재판소는 ㉡잠정조치의 관할권을 가질 수 있다. ³기본적으로 잠정조치에 대한 관할권은 본안 소송을 담당하는 재판소가 관할권을 갖게 될 가능성이 큰 경우에 인정되기 때문이다. ⁴결국 사건이 회부된 중재재판소의 본안 소송의 관할권 존재 가능성이 예측되고, 분쟁 해결이 긴급하여 잠정조치의 필요성이 인정되면, 분쟁 당사국의 이익을 보호하거나 해양 환경의 중대한 피해를 방지하기 위해 국제해양법재판소가 잠정조치 재판을 통해 잠정조치를 명령할 수 있는 것이다.

● **상반되다** 서로 반대되거나 어긋나게 되다.

● **절충하다** 서로 다른 사물이나 의견, 관점 따위를 알맞게 조절하여 서로 잘 어울리게 하다.

● **회부되다** 물건이나 사건 따위가 어떤 대상이나 과정으로 돌려보내지거나 넘어가다.

● **심리** 사실 관계 및 법률관계를 명확히 하기 위하여 증거나 방법 따위를 심사하는 것.

**1** 중심 내용 파악하기

**윗글에서 알 수 있는 내용으로 적절하지 <u>않은</u> 것은?**

① 잠정조치 재판에서 내려진 결정은 구속력이 없는 임시 조치이다.

② 분쟁 당사국들은 자국의 이익을 고려하여 분쟁 해결 기구를 선택할 수 있다.

③ 유엔해양법협약에 따른 분쟁 해결 원리는 각 국가의 동의를 바탕으로 적용된다.

④ 국제해양법재판소는 유엔해양법협약에 의해 설립된 국제적인 분쟁 해결 기구이다.

⑤ 유엔해양법협약은 분쟁 당사국들에게 분쟁 해결에 대한 신속한 의견 교환 의무를 부과하고 있다.

스스로 점검: ○ ㅣ △ ㅣ ✕
정답의 근거:

**II 사회·문화**

**2** 세부 내용 파악하기

**다음은 윗글에 제시된 분쟁 해결 절차를 도식화한 것이다. 이를 이해한 것으로 적절하지 <u>않은</u> 것은?**

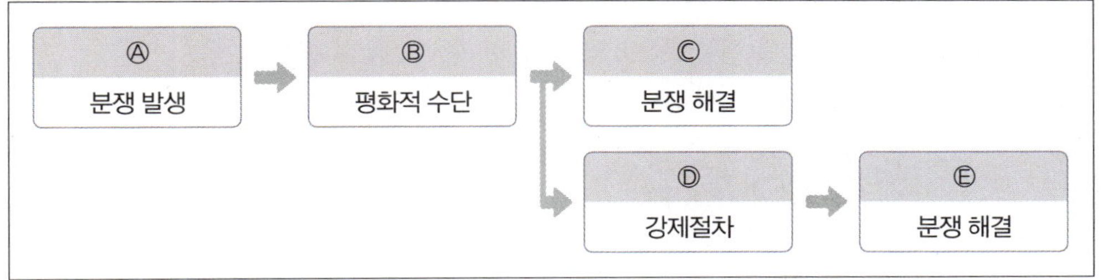


① Ⓐ는 유엔해양법협약의 해석과 적용에 대하여 국가 간 다툼이 있다는 것을 의미한다.

② Ⓓ를 진행하는 모든 분쟁 해결 기구는 분쟁이 발생하기 전에 재판소가 구성되어 있다.

③ Ⓑ를 통해 Ⓒ로 가는 과정은 분쟁 당사국 간 합의에 따라 진행된 것이다.

④ Ⓓ를 통해 Ⓔ로 가는 과정은 국제적 분쟁 해결 기구의 구속력 있는 결정을 통해 이루어진 것이다.

⑤ Ⓓ를 통해 Ⓔ로 가는 과정에서 잠정조치 명령이 내려졌다면 그 효력은 최종 판결 전까지만 유효하다.

스스로 점검: ○ ㅣ △ ㅣ ✕
정답의 근거:

**3** 정보 간의 관계 파악하기

**㉠, ㉡에 대한 이해로 가장 적절한 것은?**

① ㉠의 존재 가능성이 예측되어야 ㉡은 인정된다.

② ㉠에 대한 판단에 앞서 ㉡의 존재 여부를 판단한다.

③ ㉡이 확정되지 않으면 ㉠은 인정되지 않는다.

④ 본안 소송의 최종 판결 이후 ㉠이 확정된다.

⑤ 본안 소송의 개시 시점은 ㉡의 인정 시점과 일치한다.

스스로 점검: ○ ㅣ △ ㅣ ✕
정답의 근거:

**4** 구체적 사례나 상황에 적용하기 [고난도]

〈보기〉는 '유엔해양법협약에 대한 모의재판' 수업에 사용된 사례이다. 윗글을 참고할 때 〈보기〉에 대한 반응으로 적절하지 <u>않은</u> 것은?

스스로 점검: ○ ㅣ △ ㅣ ✕
정답의 근거:

> ─/보기/
>
> 유엔해양법협약에 가입된 A국과 B국 간에 해양을 둘러싼 분쟁이 발생하였다. A국은 B국의 공장 건설로 인하여 자국의 인근 바다에 해양 오염 물질이 *유출될 것을 *우려하여, B국과 교섭을 시도하였으나 B국은 이에 응하지 않았다. 추후 A국은 국제해양법재판소를, B국은 중재재판소를 통한 재판을 원하였으나 합의를 이루지 못했다. 이후 절차에 따라 양국이 제기한 소송은 재판에 회부되었다. A국은 판결이 내려지기까지 오랜 시일이 걸릴 것을 *염려하여 잠정조치를 바로 요청하였다. 이를 받아들여 재판소는 잠정조치를 명령하였다.

● **유출되다** 밖으로 흘러 나가다.
● **우려하다** 근심하거나 걱정하다.
● **염려하다** 앞일에 대하여 여러 가지로 마음을 써서 걱정하다.

① A국이 잠정조치를 요청할 수 있었던 것은 B국과의 사건이 재판에 회부되었기 때문이겠군.

② A국이 요청한 결과 잠정조치 명령이 내려졌으므로 B국과의 본안 소송 재판은 종결되겠군.

③ A국이 B국에게 교섭을 시도한 것은 분쟁 당사국들에게 평화적 해결 수단을 거쳐야 할 의무가 있기 때문이겠군.

④ A국과 B국은 동일한 분쟁 해결 기구를 선택하지 않았으므로 두 국가 간 분쟁은 중재재판소를 통해 해결되겠군.

⑤ A국이 재판에 사건이 회부된 후 바로 잠정조치를 요청한 것은 B국으로 인한 자국의 해양 오염을 시급히 막기 위함이겠군.

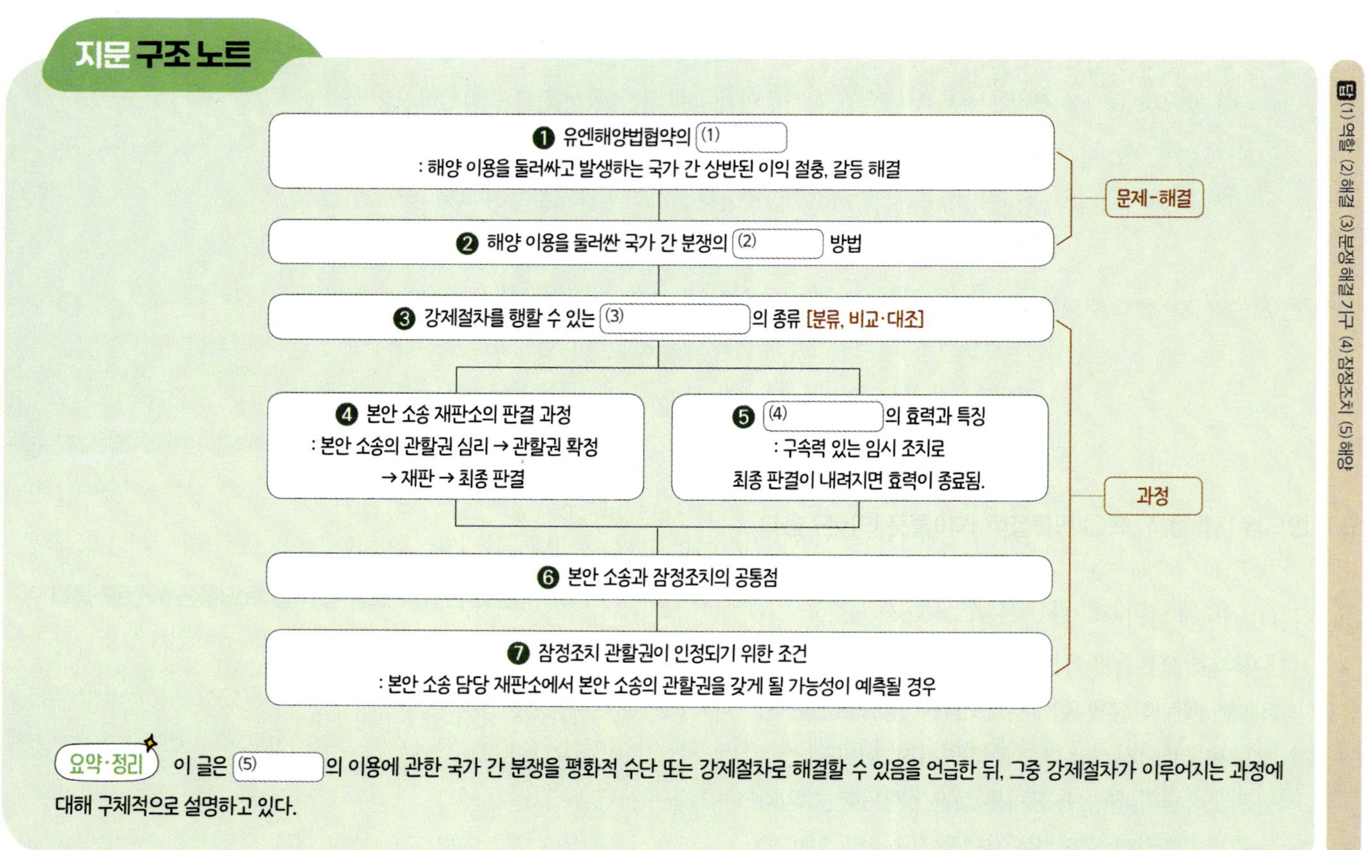


답 (1) 역할 (2) 해결 (3) 분쟁 해결 기구 (4) 잠정조치 (5) 해양

## ▼ 구체적 사례나 상황에 적용하기  `문제 4번`

**STEP ①** 발문과 〈보기〉, 선지를 살펴보며 출제 요소가 되는 핵심 정보를 확인한다.

**4** 〈보기〉는 '유엔해양법협약에 대한 모의재판' 수업에 사용된 사례이다. 윗글을 참고할 때 〈보기〉에 대한 반응으로 적절하지 <u>않은</u> 것은?

> ─ 보기 ─
> 유엔해양법협약에 가입된 A국과 B국 간에 해양을 둘러싼 분쟁이 발생하였다. A국은 B국의 공장 건설로 인하여 자국의 인근 바다에 해양 오염 물질이 유출될 것을 우려하여, B국과 교섭을 시도하였으나 B국은 이에 응하지 않았다. 추후 A국은 국제해양법재판소를, B국은 중재재판소를 통한 재판을 원하였으나 합의를 이루지 못했다. 이후 절차에 따라 양국이 제기한 소송은 재판에 회부되었다. A국은 판결이 내려지기까지 오랜 시일이 걸릴 것을 염려하여 잠정조치를 바로 요청하였다. 이를 받아들여 재판소는 잠정조치를 명령하였다.

① A국이 잠정조치를 요청할 수 있었던 것은 B국과의 사건이 재판에 회부되었기 때문이겠군.

② A국이 요청한 결과 잠정조치 명령이 내려졌으므로 B국과의 본안 소송 재판은 종결되겠군.

③ A국이 B국에게 교섭을 시도한 것은 분쟁 당사국들에게 평화적 해결 수단을 거쳐야 할 의무가 있기 때문이겠군.

④ A국과 B국은 동일한 분쟁 해결 기구를 선택하지 않았으므로 두 국가 간 분쟁은 중재재판소를 통해 해결되겠군.

⑤ A국이 재판에 사건이 회부된 후 바로 잠정조치를 요청한 것은 B국으로 인한 자국의 해양 오염을 시급히 막기 위함이겠군.

**STEP ②,③** 선지에 언급된 정보를 글에서 찾아 확인해 보고, 글의 내용을 근거로 하여 선지가 〈보기〉의 상황을 적절하게 설명하고 있는지 판단한다.

> ❷ [1]…… 분쟁 당사국들은 우선 의무적으로 분쟁 해결에 관하여 신속히 의견을 교환해야 하고 교섭이나 조정 절차 등 국가 간 합의에 의한 평화적 수단을 통해 분쟁 해결을 위해 노력해야 한다.
>
> ❸ [4]만약 분쟁 당사국들이 분쟁 해결 기구를 선택하지 않았거나 양국이 동일한 선택을 하지 않은 경우에는 별도의 합의를 하지 않는 한, 사건이 중재재판소에 회부된다.
>
> ❺ [2]잠정조치란 긴급한 상황에서 분쟁 당사국의 이익을 보호하거나 해양 환경의 중대한 피해를 방지할 목적으로 내려지는 구속력 있는 임시 조치이다. [3]잠정조치는 효력이 임시적이므로 본안 소송의 최종 판결이 내려지면 효력이 종료된다.
>
> ❻ [1]분쟁 당사국이 소송을 제기하여 재판소에 사건이 회부되면 소송 절차가 개시되고, 그 이후 분쟁 당사국들은 언제든지 잠정조치를 요청할 수 있다.

① ❻-1에 따르면 잠정조치는 재판소에 사건이 ⑴[＿＿＿]된 뒤 요청할 수 있음. → ⑵ `선지 판단 ○ ×`

② ❺-2~3에 따르면 잠정조치는 본안 소송의 최종 판결 전에 내려지는 임시 조치임. → ⑶ `선지 판단 ○ ×`

③ ❷-1에 따르면 분쟁 당사국들은 교섭 등의 ⑷[＿＿＿＿＿＿]을 통해 분쟁 해결을 위해 노력해야 할 의무가 있음. → ⑸ `선지 판단 ○ ×`

④ ❸-4에 따르면 양국이 동일한 분쟁 해결 기구를 선택하지 않은 경우 사건은 중재재판소에 회부됨. → ⑹ `선지 판단 ○ ×`

⑤ ❺-2에 따르면 잠정조치는 분쟁 당사국의 해양 환경 피해를 방지할 목적으로 내려짐. → ⑺ `선지 판단 ○ ×`

**선지 ＋**

⑥ A국과 B국의 사건이 재판에 회부된 것은 평화적 수단으로 분쟁을 해결하지 못했기 때문이군. [○|×]

⑦ A국과 B국은 서로 다른 기구에서 재판하기를 원했으므로 본안 소송 재판소와 잠정조치 재판소도 서로 다르겠군. [○|×]

⑧ A국의 요청에 따라 재판소가 잠정조치를 명령한 것은 본안 소송 관할권이 존재하거나 존재할 가능성이 크기 때문이겠군. [○|×]

경제

# 05 합리적 선택



지문 난도 ★★★★☆
지문 길이  500 ─── 2500

❶ [1]가계, 기업, 정부는 경제 주체로서 가계는 소비, 기업은 생산, 정부는 정책 결정 시 합리적인 선택을 하기 위해 노력한다. [2]이때 합리적인 선택을 하려면 편익과 비용을 충분히 고려하여 편익에서 비용을 뺀 순편익이 가장 큰 대안을 선택해야 한다. [3]편익이란 어떤 선택을 할 때 얻는 이득으로, 기업의 판매 수입과 같은 금전적인 것이나 소비자가 상품을 소비함으로써 얻는 정신적 만족감과 같은 비금전적인 것을 말한다. [4]비용이란 •암묵적 비용 중 가장 큰 것과 •명시적 비용을 합친 것이다. [5]암묵적 비용은 어떤 선택으로 인해 포기한 다른 대안의 가치를, 명시적 비용은 그 선택을 할 때 화폐로 직접 지불하는 비용을 말한다.

❷ [1]순편익은 한계편익과 한계비용이 같을 때 가장 커지는데, 한계편익은 어떤 선택에 의해 추가로 발생하는 편익이며 한계비용은 그 선택에 의해 추가로 발생하는 비용이다. [2]예를 들어, 볼펜을 1개 더 살지 고민하고 있는 소비자의 한계편익은 볼펜을 1개 더 사는 데에서 추가로 얻는 만족감이며, 한계비용은 볼펜을 1개 더 사기 위해 추가로 드는 비용이다.

❸ [1]기업은 상품을 얼마나 생산하면 이윤을 극대화할 수 있을지 한계비용과 한계수입을 고려해 합리적인 판단을 내릴 수 있다. [2]기업 입장에서 한계비용은 상품 생산량을 한 단위 증가시키는 데 추가로 드는 비용이며, 한계수입은 상품을 한 단위 더 생산하여 판매할 때 추가로 얻는 수입이다. [3]⊕완전경쟁시장에 있는 기업이라면 상품의 시장 가격 그 자체가 한계수입이 된다. [4]완전경쟁시장은 많은 수의 공급자와 수요자로 구성되어 있고 거래되는 상품이 •동질적이므로 개별 공급자나 수요자가 시장 가격에 영향을 미칠 수 없다. [5]즉 기업이나 소비자는 시장에서 결정된 상품 가격을 주어진 것으로 받아들이며 이 가격이 기업의 한계수입이 된다. [6]상품을 사려는 사람들이 많아져 시장 수요가 증가하여 상품 가격이 오른다면, 한계수입도 그만큼 동일하게 오른다.

❹ [1]생산을 계속할 때 손실이 발생하는 상황이 아니라면, 기업은 한계비용과 한계수입이 일치하도록 생산량을 조절해 이윤을 극대화할 수 있다. [2]한계비용이 한계수입보다 큰 경우에는 상품 생산량을 한 단위 더 줄일 때 그로 인해 추가로 절약되는 비용이 줄어들 수입보다 크므로 생산량을 줄여 이윤을 증가시킬 수 있다. [3]이와 반대로 한계수입이 한계비용보다 큰 경우에는 생산량을 늘려 이윤을 증가시킬 수 있다.

❺ [1]그런데 생산을 계속할 때 이윤이 남는 것이 아니라 오히려 손실을 볼 수도 있기 때문에 어떤 상황에서 손실이 발생하는지 판단하는 것도 기업 입장에서 중요하다. [2]이때 고려할 수 있는 것 중 하나가 평균비용이다. [3]평균비용은 어떤 양의 상품을 생산하는 데 •투입된 총비용을 생산량으로 나눈 것으로, 상품을 한 단위 생산하는 데 드는 평균적인 비용을 말한다. [4]여기에서 총비용은 고정비용과 가변비용으로 구분된다. [5]한계비용이 총비용 중 가변비용에만 영향을 받는 것과 달리, 평균비용은 고정비용과 가변비용에 모두 영향을 받는다. [6]고정비용은 생산량에 따라 변하지 않고 일정한 크기를 유지하는 비용으로, 생산량이 많든 적든 매달 똑같이 내야 하는 •임대료가 그 예이다. [7]가변비용은 생산량에 따라 달라지는 비용으로, 각종 재료비, 상품 생산을 늘리기 위해 추가로 고용하는 직원에게 지급되는 보수 등이 그 예이다.

❻ [1]그렇다면 기업은 손실이 발생하는지 평균비용을 통해 어떻게 알 수 있을까? [2]총비용을 전부 •회수하는 것이 언제라도 가능한 기업이 완전경쟁시장에 있다고 가정해 보자. [3]이 기업은 평균비용을 상품의 시장 가격과 비교해 보고 만약 가격이 평균비용곡선의 최저점에도 미치지 못한다면, 생산량이 얼마이든 그 가격에 상품을 판매해 보았자 손실을 피할 수 없다고 판단할 것이다. [4]그렇다면 투입된 총비용을 전부 회수하여 손실 발생을 막는 것이 이 기업에 합리적인 결정일 수 있다. [5]기업이 의도한 생산량에서의 평균비용

---

**배경지식** ＋

**완전 경쟁 시장**
진입 장벽 없이 누구나 들어와 경쟁할 수 있는 시장이다. 완전한 정보를 가진 많은 수의 수요자와 공급자 사이에 동질적인 상품이 거래된다.

**불완전 경쟁 시장**
독점이나 과점과 같이 소수 기업이 시장 지배력을 갖고 있어 가격을 결정할 수 있거나, 독점적 경쟁 시장과 같이 제품이 차별화되어 있어 기업이 자사 제품의 가격을 결정할 수 있는 시장이다.

---

● **암묵적** 자기의 의사를 밖으로 나타내지 아니한.
● **명시적** 내용이나 뜻을 분명하게 드러내 보이는.
● **동질적** 성질이 같은 것.
● **투입되다** 사람이나 물자, 자본 따위가 필요한 곳에 넣어지다.
● **임대료** 남에게 물건이나 건물 따위를 빌려준 대가로 받는 돈.
● **회수하다** 도로 거두어들이다.

이 시장 가격보다는 낮아야 이윤이 남는데, 어떻게 해도 손실을 피할 수 없다면 생산을 계속할 것인지 신중하게 고민해야 하는 것이다. [6]㉠이처럼 평균비용은 한계비용과 더불어 기업이 생산에 관한 의사 결정을 내릴 때 유용하게 활용된다.

❼ [1]합리적 선택을 중심으로 생산에 관한 기업의 의사 결정을 살펴보는 것은 경제 활동을 더 잘 이해하게 한다는 점에서 의미가 있다. [2]특히, 기업의 생산 활동은 소비자의 수요를 충족해 주고 고용 증가, 경제 성장 등 사회 전체에 미치는 영향이 크다는 점에서 주의 깊게 살펴볼 필요가 있을 것이다.

---

전개 방식 파악하기

**1  윗글의 내용 전개 방식으로 가장 적절한 것은?**

① 합리적인 선택을 할 때의 장점을 제시하며 기업의 의사 결정 과정을 평가하고 있다.

② 합리적인 선택이 지닌 한계를 제시하며 기업의 사회적 책임에 대해 서술하고 있다.

③ 경제 주체가 되기 위한 조건을 제시하며 각 경제 주체가 수행하는 역할을 비교하고 있다.

④ 합리적인 선택을 하기 위한 방법을 제시하며 생산과 관련된 기업의 의사 결정에 대해 설명하고 있다.

⑤ 기업이 생산 활동을 할 때 고려하는 요소를 제시하며 생산량을 결정할 때의 어려움을 원인에 따라 분류하고 있다.

스스로 점검:  ○ ｜ △ ｜ ✕
정답의 근거:

세부 내용 파악하기

**2  윗글에서 알 수 있는 내용으로 적절하지 않은 것은?**

① 총비용에서 고정비용을 제외한 나머지는 모두 가변비용이다.

② 완전경쟁시장의 개별 소비자는 시장 가격을 주어진 것으로 받아들인다.

③ 생산량과 상관없이 기업이 매달 똑같이 내야 하는 임대료는 한계비용에 영향을 준다.

④ 평균비용은 총비용이 생산된 상품에 똑같이 배분되었을 때 얼마인지를 나타내는 비용이다.

⑤ 같은 편익을 주는 대안이 여러 개 있다면 비용이 가장 적게 드는 것을 선택하는 것이 합리적이다.

스스로 점검:  ○ ｜ △ ｜ ✕
정답의 근거:

생략된 정보 추론하기

**3  윗글을 참고할 때, ㉠의 의미를 추론한 내용으로 가장 적절한 것은?**

① 평균비용은 고정비용이 얼마인지, 한계비용은 가변비용이 얼마인지 알아볼 때 유용하다.

② 평균비용은 시장 가격이 왜 오르는지, 한계비용은 시장 가격이 왜 떨어지는지 알아볼 때 유용하다.

③ 평균비용은 생산을 멈추어야 하는 시기가 언제인지, 한계비용은 생산에 드는 암묵적 비용이 얼마인지 알아볼 때 유용하다.

④ 평균비용은 생산을 중단할 만한 상품 가격이 얼마인지, 한계비용은 이윤을 늘리기 위해 도달해야 할 생산량이 얼마인지 알아볼 때 유용하다.

⑤ 평균비용은 생산량 증가로 총비용이 얼마나 늘어나는지, 한계비용은 상품 가격 하락으로 판매 수입이 얼마나 줄어드는지 알아볼 때 유용하다.

스스로 점검:  ○ ｜ △ ｜ ✕
정답의 근거:

**4** 구체적 사례나 상황에 적용하기 [고난도]

〈보기〉는 완전경쟁시장에 있는 어느 기업에서 생산하는 상품과 관련된 비용과 수입을 나타낸 것이다. 윗글을 바탕으로 〈보기〉를 이해한 내용으로 가장 적절한 것은?

스스로 점검: ○ △ ×
정답의 근거:

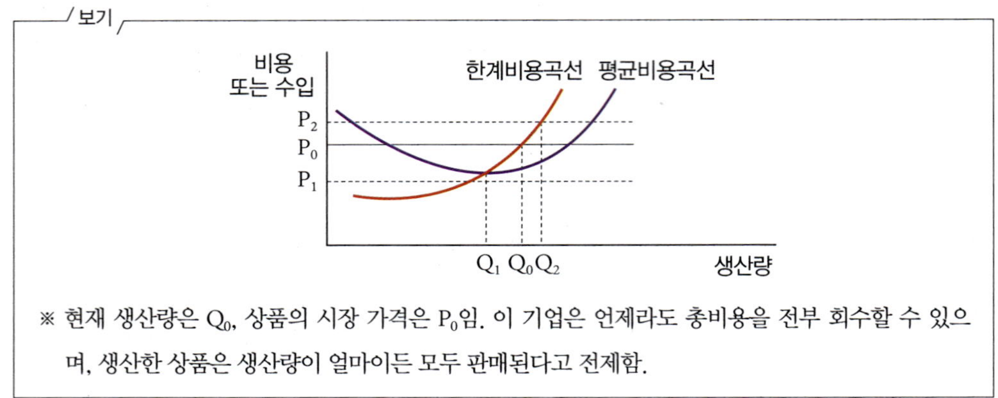


※ 현재 생산량은 $Q_0$, 상품의 시장 가격은 $P_0$임. 이 기업은 언제라도 총비용을 전부 회수할 수 있으며, 생산한 상품은 생산량이 얼마이든 모두 판매된다고 전제함.

① 생산량을 $Q_0$로 유지하면, 평균비용이 한계수입보다 작으므로 이윤이 극대화되겠군.

② 생산량을 $Q_2$로 늘리면, 한계비용이 한계수입보다 커지므로 이윤이 남지 않겠군.

③ 가격이 $P_0$로 유지되면, 생산량을 $Q_1$으로 줄여도 한계비용과 평균비용이 모두 줄어들기 때문에 이윤에는 변함이 없겠군.

④ 시장 수요의 감소로 가격이 $P_1$이 되면, 생산량을 $Q_1$으로 줄여야 평균비용이 제일 적게 들어가므로 손실을 0으로 만들 수 있겠군.

⑤ 시장 수요의 증가로 가격이 $P_2$가 되면, 한계수입이 한계비용보다 커지므로 생산량을 $Q_2$에 가깝게 늘릴수록 이윤이 증가하겠군.

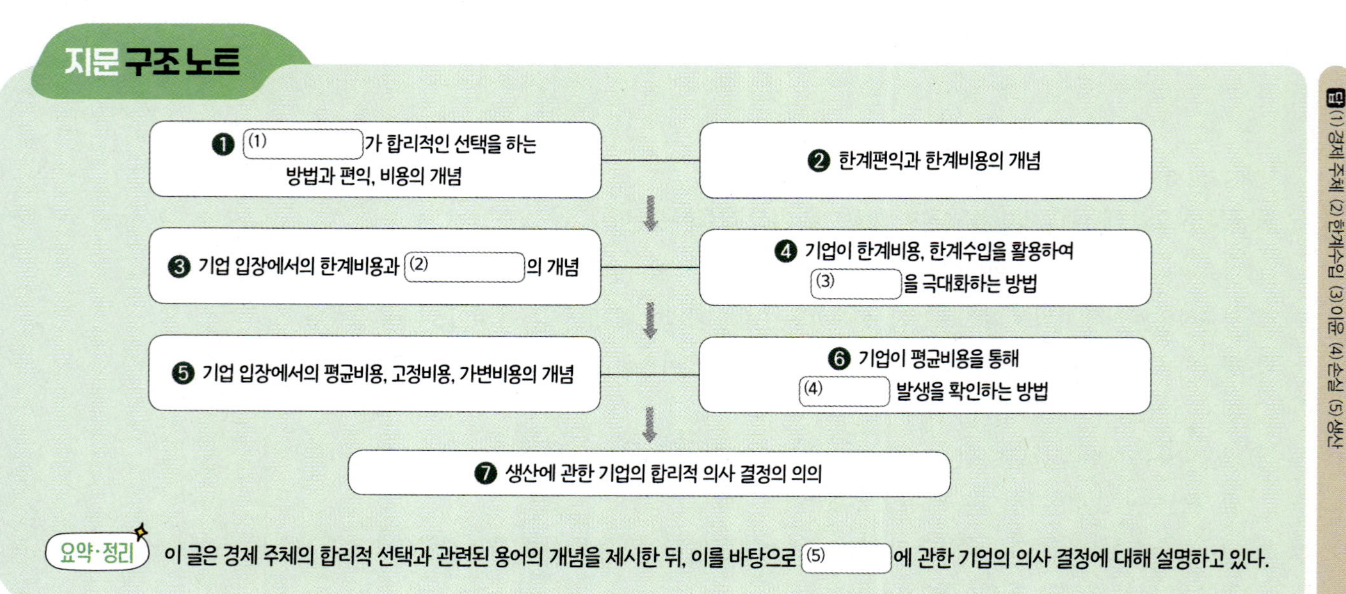


정답 (1) 경제 주체 (2) 한계수입 (3) 이윤 (4) 손실 (5) 생산

## ▼ 구체적 사례나 상황에 적용하기　문제 4번

**STEP 1**　발문과 〈보기〉, 선지를 읽고 출제 요소가 되는 핵심 정보를 확인한다.

**4** 〈보기〉는 완전경쟁시장에 있는 어느 기업에서 생산하는 상품과 관련된 비용과 수입을 나타낸 것이다. 윗글을 바탕으로 〈보기〉를 이해한 내용으로 가장 적절한 것은?

→ 완전경쟁시장에 있는 기업이라면 상품의 시장 가격 그 자체가 한계수입이 됨(❸-3).

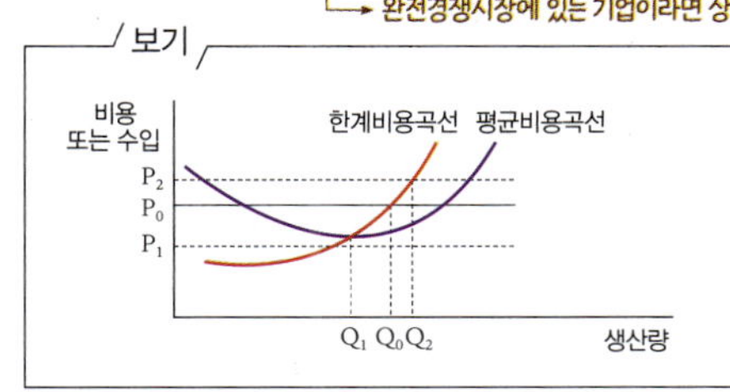

※ (현재 생산량은 $Q_0$, 상품의 시장 가격은 $P_0$임.) 이 기업은 언제라도 총비용을 전부 회수할 수 있으며, 생산한 상품은 생산량이 얼마이든 모두 판매된다고 전제함.
( ): 〈보기〉의 현재 상황　　$P_0$= 한계수입

① 생산량을 $Q_0$로 유지하면, 평균비용이 한계수입보다 작으므로 이윤이 극대화되겠군.
　→ 조건　　→ 조건에 따른 변동 사항　　→ 결과
② 생산량을 $Q_2$로 늘리면, 한계비용이 한계수입보다 커지므로 이윤이 남지 않겠군.
③ 가격이 $P_0$로 유지되면, 생산량을 $Q_1$으로 줄여도 한계비용과 평균비용이 모두 줄어들기 때문에 이윤에는 변함이 없겠군.
④ 시장 수요의 감소로 가격이 $P_1$이 되면, 생산량을 $Q_1$으로 줄여야 평균비용이 제일 적게 들어가므로 손실을 0으로 만들 수 있겠군.
⑤ 시장 수요의 증가로 가격이 $P_2$가 되면, 한계수입이 한계비용보다 커지므로 생산량을 $Q_2$에 가깝게 늘릴수록 이윤이 증가하겠군.

**STEP 2,3**　선지에 언급된 정보를 글에서 찾아 확인하며 선지의 조건에 맞게 〈보기〉에 적용해 본다. 그런 뒤 선지가 조건에 따른 변동 사항과 그 결과를 적절하게 진술하고 있는지 판단한다.

❹ [1]…… 기업은 한계비용과 한계수입이 일치하도록 생산량을 조절해 이윤을 극대화할 수 있다. [2]한계비용이 한계수입보다 큰 경우에는 상품 생산량을 한 단위 더 줄일 때 그로 인해 추가로 절약되는 비용이 줄어들 수입보다 크므로 생산량을 줄여 이윤을 증가시킬 수 있다. [3]이와 반대로 한계수입이 한계비용보다 큰 경우에는 생산량을 늘려 이윤을 증가시킬 수 있다.

❻ [2]총비용을 전부 회수하는 것이 언제라도 가능한 기업이 완전경쟁시장에 있다고 가정해 보자. [3]이 기업은 평균비용을 상품의 시장 가격과 비교해 보고 만약 가격이 평균비용곡선의 최저점에도 미치지 못한다면, 생산량이 얼마이든 그 가격에 상품을 판매해 보았자 손실을 피할 수 없다고 판단할 것이다. …… [5]기업이 의도한 생산량에서의 평균비용이 시장 가격보다는 낮아야 이윤이 남는데, 어떻게 해도 손실을 피할 수 없다면 ……

① ❹-1에 따르면 한계비용과 한계수입이 (1) 〔　〕할 때 기업의 이윤이 극대화됨.　→ (2) 선지 판단 ○ ✕
② ❹의 내용으로 볼 때 한계비용과 한계수입이 일치하는 지점에서 생산량에 변동이 생기면 이윤은 줄어듦. 다만 ❻-5의 내용으로 볼 때 〈보기〉에서 생산량이 $Q_2$일 때, 평균비용은 가격보다 낮으므로 이윤이 남음.　→ (3) 선지 판단 ○ ✕
③ ❹-1에 따르면 한계비용과 한계수입이 일치할 때 이윤이 극대화되므로, 한계비용과 한계수입이 일치하는 지점에서 생산량에 변동이 생긴다면 이윤은 줄어들 것임.　→ (4) 선지 판단 ○ ✕
④ ❻-3에 따르면 가격이 평균비용곡선의 최저점에 미치지 못할 경우 생산량에 관계 없이 손실이 발생함. 〈보기〉에서 가격 $P_1$은 평균비용곡선의 최저점보다 아래에 있으므로, 손실은 0보다 큼.　→ (5) 선지 판단 ○ ✕
⑤ ❹-3에 따르면 한계수입이 한계비용보다 큰 경우 (6) 〔　〕을 늘려 이윤을 증가시킬 수 있음.　→ (7) 선지 판단 ○ ✕

---

**II 사회·문화**

**TIP**

문제 4번처럼 발문과 〈보기〉에 사례에 대한 설명이 제시되어 있는 경우, 글에서 관련된 내용을 찾아 연결 지어 보며, 〈보기〉의 상황을 구체적으로 이해해야 한다.

**TIP**

이 문제의 선지는 '조건, 조건에 따른 변동 사항, 결과'로 구분할 수 있다. 문제를 풀 때에는 먼저 선지에 제시된 조건을 확인한 뒤, 〈보기〉의 그래프에 적용하여 변동된 한계수입, 한계비용, 평균비용을 파악해야 한다. 그런 뒤 글의 내용을 바탕으로 하여 조건에 따른 변동 사항과 그 결과가 적절한지 모두 확인해야 한다.

**선지 +**

⑥ 시장 수요의 증가로 가격이 $P_2$가 되면, 생산량을 $Q_2$로 늘려야 이윤이 극대화되겠군.　○ ✕
⑦ 시장 수요의 감소로 가격이 $P_1$이 되면, 생산량을 $Q_1$으로 줄여야 이윤이 극대화되겠군.　○ ✕
⑧ 가격이 $P_0$로 유지되면, 생산량을 $Q_1$으로 줄여도 한계수입이 평균비용곡선의 최저점보다 위에 있으므로 손실은 발생하지 않겠군.　○ ✕

# 사법의 계약과 효력

지문 난도 ★★★★☆
지문 길이　500　2500

❶ [A] ¹사무실의 방충망이 낡아서 파손되었다면 세입자와 사무실을 빌려준 건물주 중 누가 고쳐야 할까? ²이 경우, ⁺민법전의 ⁺법조문에 의하면 ⁺임대인인 건물주가 수선할 의무를 진다. ³그러나 사무실을 빌릴 때, 간단한 파손은 세입자가 스스로 해결한다는 내용을 계약서에 포함하는 경우도 있다. ⁴이처럼 법률의 규정과 계약의 내용이 어긋날 때 어떤 것이 우선 적용되어야 하는가, 법적 불이익은 없는가 등의 문제가 발생한다.

❷ ¹사법(私法)은 개인과 개인 사이의 재산, 가족 관계 등에 적용되는 법으로서 이 법의 영역에서는 ⁺'계약 자유의 원칙'이 적용된다. ²계약의 구체적인 내용 결정 등은 당사자들 스스로 정할 수 있다는 것이다. ³따라서 당사자들이 사법에 속하는 법률의 규정과 어긋난 내용으로 계약을 체결한 경우에 계약 내용이 우선 적용된다. ⁴이처럼 법률상으로 규정되어 있더라도 당사자가 자유롭게 계약 내용을 정할 수 있는 법률 규정을 '임의 법규'라고 한다. ⁵사법은 원칙적으로 임의 법규이므로, 사법으로 규정한 내용에 대해 당사자들이 계약으로 달리 정하지 않았다면 원칙적으로 법률의 규정이 적용된다. ⁶위에서 본 임대인의 수선 의무 조항이 이에 해당한다.

❸ ¹그러나 법률로 정해진 내용과 어긋나게 계약을 하면 당사자들에게 벌금이나 과태료 같은 법적 불이익이 있거나 계약의 효력이 부정되는 예외적인 경우도 있다. ²우선, 체결된 계약 내용이 법률에 정해진 내용과 어긋날 때 법적 불이익이 있지만 계약의 효력 자체는 그대로 두는 경우가 있다. ³이에 해당하는 법조문을 '단속 법규'라고 한다. ⁴공인 중개사가 자신이 소유한 부동산을 고객에게 직접 파는 것을 금지하는 규정은 단속 법규에 해당한다. ⁵따라서 ㉠이 규정을 위반하여 공인 중개사와 고객이 체결한 매매 계약의 경우 공인 중개사에게 벌금은 부과되지만 계약 자체는 유효이다. ⁶이 경우 계약 내용에 따른 행동인 ⁺급부(給付)를 할 의무가 인정되어, 공인 중개사는 매물의 소유권을 넘겨주고 고객은 ⁺대금을 지급해야 하는 것이다.

❹ ¹한편 체결된 계약 내용이 법률에 정해진 내용과 어긋날 때 법적 불이익이 있을 뿐 아니라 체결된 계약의 효력 자체도 인정되지 않아 급부 의무가 부정되는 경우가 있다. ²이에 해당하는 법조문을 '강행 법규'라고 한다. ³이 경우 계약 당사자들은 상대에게 급부를 하라고 요구할 수는 없다. ⁴이미 급부를 이행하여 재산적 이익을 넘겨주었다면 이 이익은 '부당 이득'에 해당하기 때문에 반환을 요구할 수 있다. ⁵즉 '부당 이득 반환 청구권'이 인정된다. ⁶의사와 의사 아닌 사람의 의료 기관 동업을 금지하는 법률 규정은 강행 법규이다. ⁷따라서 ㉡의사와 의사 아닌 사람이 체결한 동업 계약은 계약의 효력이 부정된다. ⁸다만 계약에 따라 이미 동업 자금을 건넸다면 이 돈을 반환하라고 요구하는 것은 가능하다.

❺ ¹그러나 강행 법규에 의해 계약의 효력이 부정되었을 때 부당 이득 반환 청구권이 인정되지 않는 경우도 있다. ²급부의 내용이 위조지폐 제작처럼 비도덕적이거나 반사회적인 행동이라면, 계약의 효력이 인정되지 않을 뿐 아니라 이미 넘겨준 이익을 돌려받을 권리도 부정되는 것이 원칙이다.

❻ ¹국가가 개인 간의 계약에 개입하는 것은 국가 안보, 사회 질서, ⁺공공복리 등의 정당한 입법 목적을 달성하기 위해서이다. ²이 경우 계약의 자유를 제한하려면 필요한 만큼만 최소로 제한해야 한다는 '비례 원칙'이 적용된다. ³이로 인해 국가가 계약 당사자들에게 미치는 영향이 다양하게 나타나는 것이다.

---

**배경지식 +**

**계약 자유의 원칙**
법률관계를 형성하는 것 역시 개인의 자유로운 의사에 맡겨야 하고 국가가 개입해서는 안 된다는 원칙이다. 이는 개인이 스스로 자기 일을 결정해서 자유롭게 권리·의무 관계를 형성할 수 있다는 의미를 담고 있다.

---

● **민법전** 민법을 규정한 법전.
● **법조문** 법률에서 조목조목 나누어서 적어 놓은 조문. 조문이란 규정이나 법령 따위에서 조목으로 나누어 적은 글을 말함.
● **임대인** 임대차 계약에 따라 돈을 받고 다른 사람에게 물건을 빌려준 사람.
● **급부** ① 재물 따위를 대어 줌. ② 채권의 목적이 되는, 채무자가 하여야 할 행위.
● **대금** 물건의 값으로 치르는 돈.
● **공공복리** 사회 구성원 전체에 두루 관계되는 복지.

세부 내용 파악하기

**1** 윗글에 대한 이해로 적절하지 <u>않은</u> 것은?

① 임의 법규에 해당하는 법률 조항과 이에 어긋난 계약 내용 가운데 계약 내용이 우선 적용된다.

② 임의 법규가 단속 법규에 비해 계약 자유의 원칙에 더 부합한다.

③ 단속 법규로 국가가 개인 간의 계약에 개입할 때에는 비례 원칙이 적용되지 않는다.

④ 단속 법규로 입법 목적을 달성할 수 있는 계약에 대해 강행 법규로 국가가 개입하는 것은 정당화될 수 없다.

⑤ 강행 법규를 위반한 계약일 때 급부의 내용에 따라 부당 이득 반환 청구권의 인정 여부가 달라진다.



구체적 사례나 상황에 적용하기

**2** 윗글을 참고할 때, [A]에 제시된 물음에 대한 답으로 맞는 것을 〈보기〉에서 고른 것은?



> **보기**
>
> ㄱ. 계약서에 방충망 수선에 관한 내용이 없으면 건물주가 수선 의무를 지고, 수선 의무를 계약에 포함하지 않은 것에 대한 법적 불이익은 누구에게도 없다.
>
> ㄴ. 계약서에 방충망 수선에 관한 내용이 없으면 세입자가 수선 의무를 지고, 건물주는 수선 의무를 계약에 포함하지 않은 것에 대해 법적 불이익을 받는다.
>
> ㄷ. 계약서에 세입자가 방충망을 수선한다는 내용이 있으면 세입자가 수선 의무를 지고, 법률 내용과 다르게 계약한 것에 대한 법적 불이익은 누구에게도 없다.
>
> ㄹ. 계약서에 세입자가 방충망을 수선한다는 내용이 있으면 세입자가 수선 의무를 지고, 건물주는 법률 내용과 다르게 계약한 것에 대해 법적 불이익을 받는다.

① ㄱ, ㄴ  ② ㄱ, ㄷ  ③ ㄱ, ㄹ  ④ ㄴ, ㄷ  ⑤ ㄴ, ㄹ

정보 간의 관계 파악하기

**3** ⊙과 ⓒ의 공통점으로 가장 적절한 것은?



① 법적 불이익을 받는 계약 당사자가 있다.

② 계약 당사자들의 급부 의무가 인정되지 않는다.

③ 계약에 따라 넘어간 재산적 이익을 반환해야 한다.

④ 법률 규정을 위반하였으므로 계약의 효력이 부정된다.

⑤ 계약 당사자가 계약의 구체적인 내용을 결정할 수 없다.

## 윗글을 참고할 때, 〈보기〉에 대한 반응으로 적절한 것은?



> **보기**
>
> 　농지를 빌리려는 A와 농지 주인인 B는 농지를 용도에 맞지 않게 사용하는 것에 합의하여 농지 임대차 계약을 체결하였다. 그리고 A는 B에게 농지 사용료를 지불하고 1년간 농지를 사용하였다. 농지법을 위반한 이 사안에 대해 대법원이 내린 판결은 다음과 같이 요약된다.
>
> 　첫째, 법률을 위반하여 농지를 빌려 준 사람에게는 벌금이 부과된다. 둘째, 이 사건의 농지 임대차 계약은 농지법을 위반한 것이므로 무효이다. 셋째, 농지를 빌려 준 사람은 받은 사용료를 반환해야 한다. 넷째, 농지를 빌린 사람은 농지를 빌려 써서 얻은 이익을 농지를 빌려 준 사람에게 반환해야 한다.

① A와 B가 농지 임대차 계약을 체결할 때에는 사법(私法)의 적용을 받지 않겠군.

② B에게 벌금을 부과하는 것은 A와 B가 맺은 농지 임대차 계약이 효력이 있음을 인정하지 않았기 때문이겠군.

③ B에게 벌금을 부과하는 것만으로는 이 계약의 내용을 규제하는 법률의 입법 목적을 실현하기에 부족하다는 점을 고려하여 계약을 무효로 판결한 것이겠군.

④ A가 농지를 빌려 써서 얻은 이익을 B에게 반환하라고 판결한 것은 급부의 내용이 비도덕적이거나 반사회적인 행동에 해당한다고 판단했기 때문이겠군.

⑤ B가 A에게서 받은 사용료를 반환하라고 판결한 것은 사용료가 부당 이득에 해당하지 않는다고 판단했기 때문이겠군.

## 지문 구조 노트

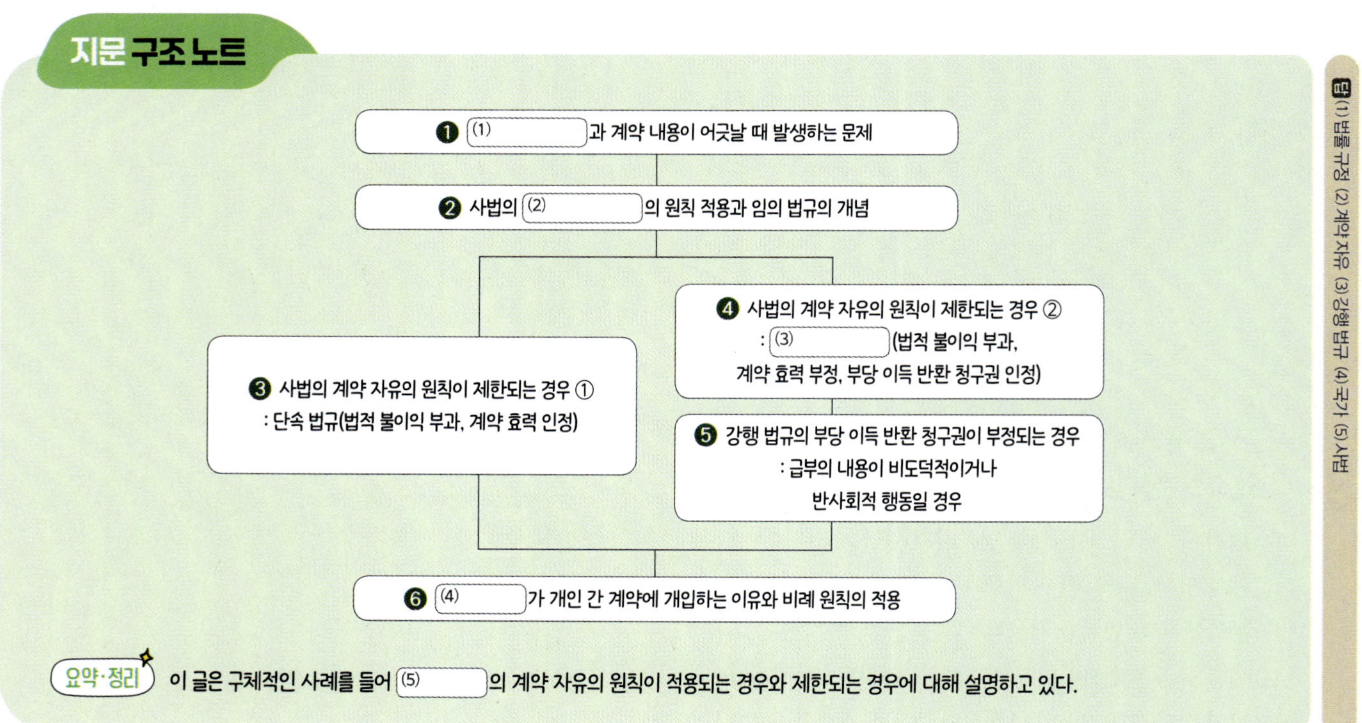


**요약·정리**　이 글은 구체적인 사례를 들어 (5)　　　　의 계약 자유의 원칙이 적용되는 경우와 제한되는 경우에 대해 설명하고 있다.

# 문 제 하이라이트

## ▼ 구체적 사례나 상황에 적용하기 〈문제 4번〉

**STEP 1** 〈보기〉와 선지를 읽고 출제 요소가 되는 핵심 정보를 확인한다.

**4** 윗글을 참고할 때, 〈보기〉에 대한 반응으로 적절한 것은?

> ─── 보기 ───
>
> 　농지를 빌리려는 A와 농지 주인인 B는 농지를 용도에 맞지 않게 사용하는 것에 합의하여 농지 임
> *법률의 규정과 어긋난 내용으로 계약함.*
> 대차 계약을 체결하였다. 그리고 A는 B에게 농지 사용료를 지불하고 1년간 농지를 사용하였다. 농지
> 법을 위반한 이 사안에 대해 대법원이 내린 판결은 다음과 같이 요약된다.
> *( ): 강행 법규가 적용됨. → 강행 법규에 관한 내용이 출제 요소가 되는 핵심 정보임.*
> (첫째, 법률을 위반하여 농지를 빌려 준 사람에게는 벌금이 부과된다. 둘째, 이 사건의 농지 임대차
> *B*
> 계약은 농지법을 위반한 것이므로 무효이다. 셋째, 농지를 빌려 준 사람은 받은 사용료를 반환해야 한
> 다. 넷째, 농지를 빌린 사람은 농지를 빌려 써서 얻은 이익을 농지를 빌려 준 사람에게 반환해야 한다.)
> *A*

① A와 B가 농지 임대차 계약을 체결할 때에는 사법(私法)의 적용을 받지 않겠군.
　→ 〈보기〉의 내용　　　　　　　　　　→ 〈보기〉 내용에 대한 해석 또는 〈보기〉 내용의 근거
② B에게 벌금을 부과하는 것은 A와 B가 맺은 농지 임대차 계약이 효력이 있음을 인정하지 않았기

　　때문이겠군.

③ B에게 벌금을 부과하는 것만으로는 이 계약의 내용을 규제하는 법률의 입법 목적을 실현하기에

　　부족하다는 점을 고려하여 계약을 무효로 판결한 것이겠군.

④ A가 농지를 빌려 써서 얻은 이익을 B에게 반환하라고 판결한 것은 급부의 내용이 비도덕적이거

　　나 반사회적인 행동에 해당한다고 판단했기 때문이겠군.

⑤ B가 A에게서 받은 사용료를 반환하라고 판결한 것은 사용료가 부당 이득에 해당하지 않는다고

　　판단했기 때문이겠군.

**STEP 2, 3** 선지에 언급된 정보를 글에서 찾아 확인해 보고, 글의 내용을 근거로 하여 선지가 〈보기〉의 상황을 적절하게 설명하고 있는지 판단한다.

**❷** ¹사법(私法)은 개인과 개인 사이의 재산, 가족 관계 등에 적용되는 법으로……

**❹** ¹한편 체결된 계약 내용이 법률에 정해진 내용과 어긋날 때 법적 불이익이 있을 뿐 아니라 체결된 계약의 효력 자체도 인정되지 않아 급부 의무가 부정되는 경우가 있다. ²이에 해당하는 법조문을 '강행 법규'라고 한다. …… ⁴이미 급부를 이행하여 재산적 이익을 넘겨주었다면 이 이익은 '부당 이득'에 해당하기 때문에 반환을 요구할 수 있다. ⁵즉 '부당 이득 반환 청구권'이 인정된다.

**❺** ¹그러나 …… ²급부의 내용이 위조지폐 제작처럼 비도덕적이거나 반사회적인 행동이라면, 계약의 효력이 인정되지 않을 뿐 아니라 이미 넘겨준 이익을 돌려받을 권리도 부정되는 것이 원칙이다.

**❻** ¹국가가 개인 간의 계약에 개입하는 것은 정당한 입법 목적을 달성하기 위해서이다. …… ²이 경우 계약의 자유를 제한하려면 필요한 만큼만 최소로 제한해야 한다는 '비례 원칙'이 적용된다.

① **❷**-1에 사법은 [(1) 　　　　] 간의 재산 등에 적용되는 법이라는 내용이 언급됨. → (2) [선지 판단 ○ ×]

② **❹**-1에 따르면 강행 법규는 체결된 계약 내용이 법률에 정해진 내용과 어긋날 때 적용됨. → (3) [선지 판단 ○ ×]

③ **❻**-1~2에 따르면 국가는 개인 간 계약 개입 시 계약의 자유를 필요한 만큼만 최소로 제한함. → (4) [선지 판단 ○ ×]

④ **❺**-1~2의 내용으로 볼 때, '부당 이득 청구권'은 [(5) 　　　　]의 내용이 비도덕적이거나 반사회적인 행동에 해당되지 않을 경우 인정됨. → (6) [선지 판단 ○ ×]

⑤ **❹**-4에 따르면 강행 법규의 경우 급부를 이행하여 취한 '부당 이득'은 반환 요구가 가능함. → (7) [선지 판단 ○ ×]

---

**선지 +**

⑥ A가 B에게 사용료를 지불하고 농지를 사용한 것은 급부의 의무가 있기 때문이겠군. [○ ×]

⑦ B에게 벌금을 부과하는 것은 B가 A에게 사용료를 받고 농지를 빌려주었기 때문이겠군. [○ ×]

⑧ A와 B의 임대차 계약의 효력을 인정하지 않는다는 판결에는 비례 원칙이 적용되어 있겠군. [○ ×]

# 필수 어휘 **ZIP**

**1** 다음 뜻풀이에 해당하는 단어를 쓰시오.

(1) ㄱ ㄱ : 사물의 바탕이나 중심이 되는 중요한 것.
( )

(2) ㅇ ㅇ : 도리와 정의를 아울러 이르는 말.
( )

(3) ㅅ ㄹ : 사실 관계 및 법률관계를 명확히 하기 위하여 증거나 방법 따위를 심사하는 것. ( )

**2** 제시된 단어의 뜻풀이로 올바른 것을 연결하시오.

(1) 동질적 · · ㉠ 성질이 같은. 또는 그런 것.

(2) 명시적 · · ㉡ 자기의 의사를 밖으로 나타내지 아니한. 또는 그런 것.

(3) 암묵적 · · ㉢ 내용이나 뜻을 분명하게 드러내 보이는. 또는 그런 것.

**3** 다음 문장의 의미를 고려하여 괄호 안에서 알맞은 단어를 골라 ○표 하시오.

(1) 무역 적자는 주로 수출 부진에 ( 기인한, 유래한 ) 것이다.

(2) 공적인 일에는 사적인 감정을 ( 개입시키지, 배척시키지 ) 말아야 한다.

(3) 정부는 앞으로 공익사업에 민간 자본을 적극 ( 보전하기로, 유치하기로 ) 결정하였다.

(4) 그는 마라톤 경기를 하는 동안 주변의 다른 선수들을 ( 견제하며, 견지하며 ) 달렸다.

**4** 다음 빈칸에 공통으로 들어갈 말로 적절한 것은?

> • 시위에 경찰이 [      ]되어 진압에 나섰다.
> • 그는 새 사업에 그의 전 재산을 [      ]하였다.
> • 그 영화에는 사상 유례없는 제작비가 [      ]되었다.

① 도입  ② 수입  ③ 유입
④ 차입  ⑤ 투입

**5** 다음 뜻풀이를 가진 단어를 골라 ○표 하시오.

(1) 우연히 일어나는 성질. | 우발성 | 우의성 |

(2) 남에게 물건이나 건물 따위를 빌려준 대가로 받는 돈. | 수임료 | 임대료 |

(3) 여러 조직이 일정한 목적을 위하여 함께 도와주거나 서로 돕는 상태. | 공공복리 | 공조 체제 |

(4) 무대 위에서의 등장인물의 배치나 역할, 무대 장치, 조명 따위에 관한 총체적인 계획과 실행. | 몽타주 | 미장센 |

**6** 다음 단어의 뜻풀이가 적절하면 ○표, 적절하지 않으면 ✕표를 고르시오.

(1) 판이하다: 옳고 그름이나 좋고 나쁨을 판단하여 구별하다. ○ ✕

(2) 창궐하다: 전에 없던 것을 처음으로 생각하여 지어내거나 만들어 내다. ○ ✕

(3) 분화되다: 단순하거나 등질인 것에서 복잡하거나 이질인 것으로 변하게 되다. ○ ✕

(4) 회부되다: 물건이나 사건 따위가 어떤 대상이나 과정으로 돌려보내지거나 넘어가다. ○ ✕

영역별 실전 독해

# 과학 · 기술

# 01 상과 상변화







❶ [1]물질은 여러 가지 다른 상(phase)으로 존재할 수 있다. [2]물질의 상이란 화학적 조성은 물론 물리적 상태가 전체적으로 •균질한 물질의 형태를 말하며, 일반적으로 고체, 액체, 기체로 구분된다. [3]고체는 일정한 부피와 모양을 가지고 있으며, 물질을 구성하는 원자들이 각자의 위치를 중심으로 결합되어 서로 고정된 상태이다. [4]액체는 일정한 부피를 가지나 모양이 일정하지는 않으며, 물질을 구성하는 분자 간 인력이 분자 위치를 고정할 만큼 강하지 못하여 분자가 액체 내부를 무질서하게 돌아다니는 상태이다. [5]기체는 부피와 모양이 모두 일정하지 않으며, 물질을 구성하는 분자 간 인력이 매우 작은 편으로 기체의 분자 간 평균적인 거리는 고체나 액체일 경우에 비해 매우 먼 상태이다.

❷ [1]물질은 압력과 온도 조건의 변화에 따라 다른 상으로 변할 수 있다. [2]•화학적 조성의 변화는 •수반되지 않으면서 물질의 상이 전환되는 현상을 상변화(phase change)라 하며, 압력은 동일하지만 온도가 더 높은 조건에서 존재하는 상일 때의 물질을 높은 상 물질이라고 한다. [3]이러한 모든 상변화에서는 물질의 내부 에너지 변화가 일어나는 특징이 있다.

❸ [1]상평형 그림(phase diagram)은 ✛닫힌계에서 압력과 온도 조건의 변화에 따른 물질의 상변화를 나타낼 수 있는 방법이다. [2]제시된 〈그림〉은 물의 상평형 그림으로, 압력과 온도 조건에 따른 물의 상을 보여 준다. [3]상평형 그림에서 상과 상 사이의 선들을 상 경계라고 하는데, 선의 각 점은 두 상이 평형을 이루는 압력과 온도 조건을 나타내며, 상 경계는 두 상이 평형을 이루는 압력과 온도 조건의 집합이 된다. [4]상평형 그림에서 고체상과 액체상이 평형을 이루는 조건을 융해 곡선, 기체상과 고체상이 평형을 이루는 조건을 승화 곡선, 기체상과 액체상이 평형을 이루는 조건을 증기 압력 곡선이라 한다.

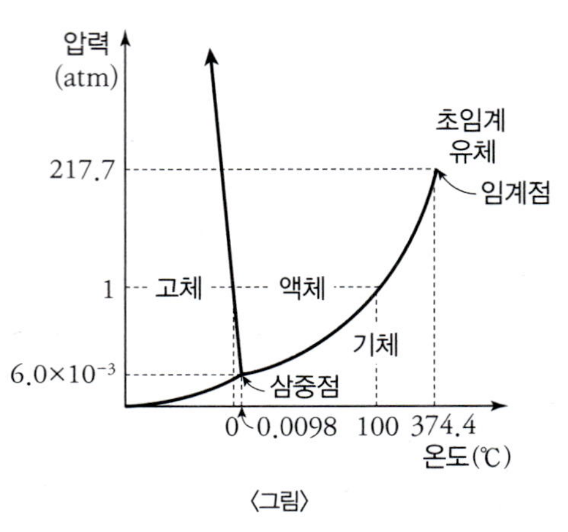


❹ [1]닫힌계에서 기체상과 액체상이 평형을 이루는 상태에 대해 설명해 보자. [2]액체가 기체로 상이 전환되는 것은, 같은 온도에서도 액체의 분자가 각각 서로 다른 에너지를 가지고 있을 수 있어서 그중 높은 에너지를 갖는 분자가 증발할 수 있기 때문이다. [3]액체의 분자들을 한데 묶어 두는 분자 간 인력이 존재함에도 불구하고, 액체의 표면에 있는 분자들은 각각 다른 정도의 운동 에너지를 갖기 때문에 그중 운동 에너지가 큰 분자들은 분자 간 인력을 극복하고 증발하여 기체 상태로 변한다. [4]하지만 기체의 분자들 일부는 반대로 에너지를 잃고 응결되어 액체로 변한다. [5]그리고 이러한 과정의 초기에는 액체의 표면을 떠나는 분자의 수가 돌아오는 수보다 훨씬 많으나, 기체의 분자 수 증가로 기체의 압력 또한 높아져 액체의 표면에서 응결되는 분자 수 또한 증가하게 된다. [6]결국 분자들의 증발 또는 응결은 지속적으로 이루어지고 있으나, 특정한 압력과 온도 조건에서 액체의 증발 속도와 기체의 응결 속도는 같아지게 되어 거시적으로 평형을 유지하게 된다. [7]그리고 이러한 상태에서의 압력과 온도 조건들이 상평형 그림의 증기 압력 곡선이 된다.

[A]

❺ [1]한편, 위 〈그림〉에서 고체와 기체 사이의 상 경계를 따라가면 두 선이 분기하는 점이 나타난다. [2]이 점은 세 개의 상이 평형을 이루며 공존하는 상태로, ㉠삼중점(triple point)이라고 한다. [3]그리고 액체와 기체 사이의 상 경계를 따라가면 선이 끝나는 임계점을 만나는데, 이때의 온도를 임계 온도, 압력을 임계 압력이

● **균질하다** 성분이나 특성이 고루 같다.
● **화학적 조성** 어떤 물질이 몇 가지 원소로 이루어졌을 때 그 개개 원소의 함유량과 비율 따위를 통틀어 이르는 말.
● **수반되다** 어떤 일과 더불어 생기다.

라 한다. [4]임계 온도는 아무리 압력을 높여도 기체가 액화되지 않는 온도이며, 임계 압력은 아무리 온도를 높여도 액체가 증발되지 않는 압력으로, 임계점에서 두 상은 액체도 기체도 아닌 초임계 유체를 형성한다.

---

**배경지식+**

**계와 주위**

계(system)는 임의로 규정할 수 있는 일정 범위로, 화학 반응이 일어나는 공간을 가리키는 말로도 쓰인다. 계를 제외한 나머지 부분을 주위 (surrounding)라고 한다. 주위는 계를 둘러싼 모든 것이므로 온도, 압력과 같은 화학 반응의 조건은 주위에 의해 만들어진다. 계와 주위는 물질과 에너지를 교환하는 관계인데, 계와 주위 사이에 물질과 에너지의 교환이 가능한 계를 열린계라 하고, 물질 교환은 불가능하고 에너지 교환만 가능한 계를 닫힌계라고 한다.

---

전개 방식 파악하기

**1** **윗글에 대한 설명으로 가장 적절한 것은?**

① 물질의 상과 상변화 개념을 제시하고, 상평형 그림을 활용하여 물질의 상변화를 설명하고 있다.

② 물질의 상을 구분하고, 압력 변화에 따라 물질을 구성하는 원자나 분자가 달라지는 원인을 분석하고 있다.

③ 물질이 물리적 형태에 따라 나타내는 특성들을 제시하고, 다양한 물질의 예를 들어 각 특성들을 설명하고 있다.

④ 물질의 상과 상변화의 관련성을 설명하고, 압력과 온도 변화에 따른 물질의 화학적 조성 변화 원인을 분석하고 있다.

⑤ 물질의 상변화 과정에서 나타나는 압력과 온도 사이의 상관성을 분석하고, 물질의 화학적 변화 이유를 제시하고 있다.

스스로 점검: ○ ｜ △ ｜ ✕
정답의 근거:



구체적 사례나 상황에 적용하기 고난도

**2** **〈보기〉와 윗글의 〈그림〉을 관련지어 이해한 내용으로 적절하지 않은 것은?**

스스로 점검: ○ ｜ △ ｜ ✕
정답의 근거:

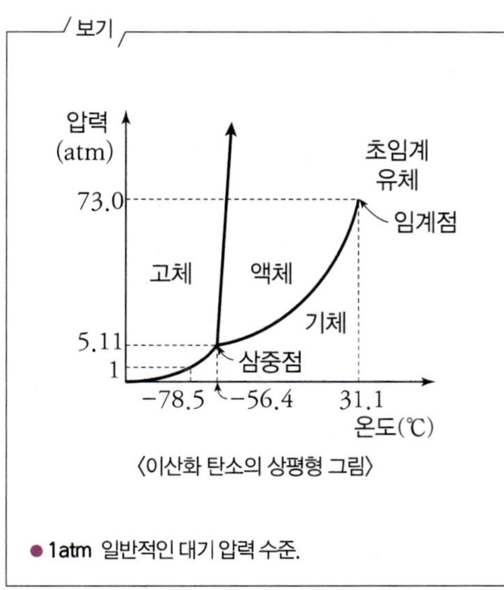


〈이산화 탄소의 상평형 그림〉

● 1atm 일반적인 대기 압력 수준.

① 이산화 탄소는 물에 비해 임계점이 상대적으로 더 낮은 압력과 온도 조건에 있군.

② 이산화 탄소는 물과 달리 일반적인 대기 압력 수준에서 액체로 존재할 수 없겠군.

③ 물과 이산화 탄소는 동일한 압력 조건에서 고체, 액체, 기체 중 기체가 높은 상 물질이겠군.

④ 물은 이산화 탄소와 달리 온도가 높아질수록 고체와 액체 간 평형을 이루는 압력이 낮아지겠군.

⑤ 물과 이산화 탄소는 어떤 압력과 온도 조건에서도 고체에서 기체로의 상변화가 일어날 수 없겠군.

**3**  [A]를 참고하여 〈보기〉를 이해한 내용으로 적절하지 <u>않은</u> 것은?



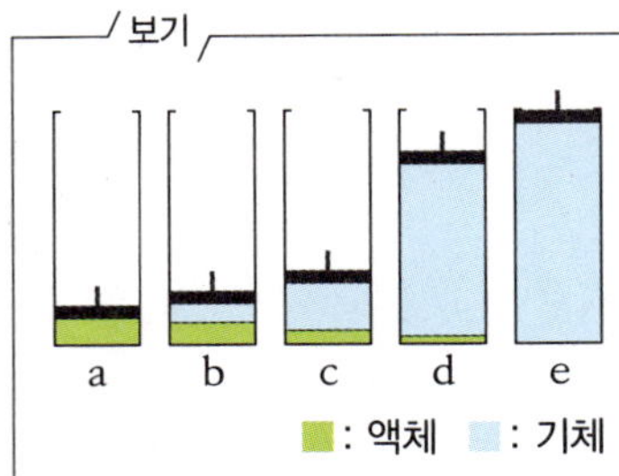


제시된 그림은 액체가 담긴 밀폐된 용기의 피스톤을 위로 당기는 과정을 단계적으로 도식화한 것이다. 그림의 a~e는 일정한 온도에서 압력의 감소에 따라 연속적으로 일어나는 액체에서 기체로의 전환을 보여 준다. a에서 e의 순서로 진행되며, a는 액체 상태, c만 상평형 상태, e는 기체 상태이다.

① a에서 e까지의 과정에서 액체의 분자 수는 감소하고 기체의 분자 수는 증가할 것이다.
② b는 액체의 표면을 떠나는 분자의 수가 기체에서 액체로 돌아오는 분자의 수보다 많은 상태일 것이다.
③ c는 액체의 분자가 증발하는 속도와 기체의 분자가 응결하는 속도가 같은 상태일 것이다.
④ c에서 e까지의 과정에서 액체의 분자와 기체의 분자는 모두 분자 간 인력이 커질 것이다.
⑤ e는 a에 비해 분자 간 평균적인 거리가 먼 상태일 것이다.

생략된 정보 추론하기

**4**  ㉠에 대한 이해로 가장 적절한 것은?



① 물질이 분자 수준에서는 상변화가 일어나고 있으나 거시적으로는 세 가지 상이 평형을 유지하고 있는 상태를 의미한다.
② 물질이 일정한 부피와 모양을 유지하면서 화학적 조성과 물리적 형태에는 변화가 없는 상태를 의미한다.
③ 물질이 세 가지 상으로 구별되나 압력과 온도의 변화에도 특정한 상을 유지하려는 상태를 의미한다.
④ 물질을 구성하는 분자 간의 인력이 강해지나 물질의 내부 에너지는 증가하는 상태를 의미한다.
⑤ 물질의 내부 에너지가 증가하며 지속적으로 압력과 온도가 상승하는 상태를 의미한다.

**지문 구조 노트**

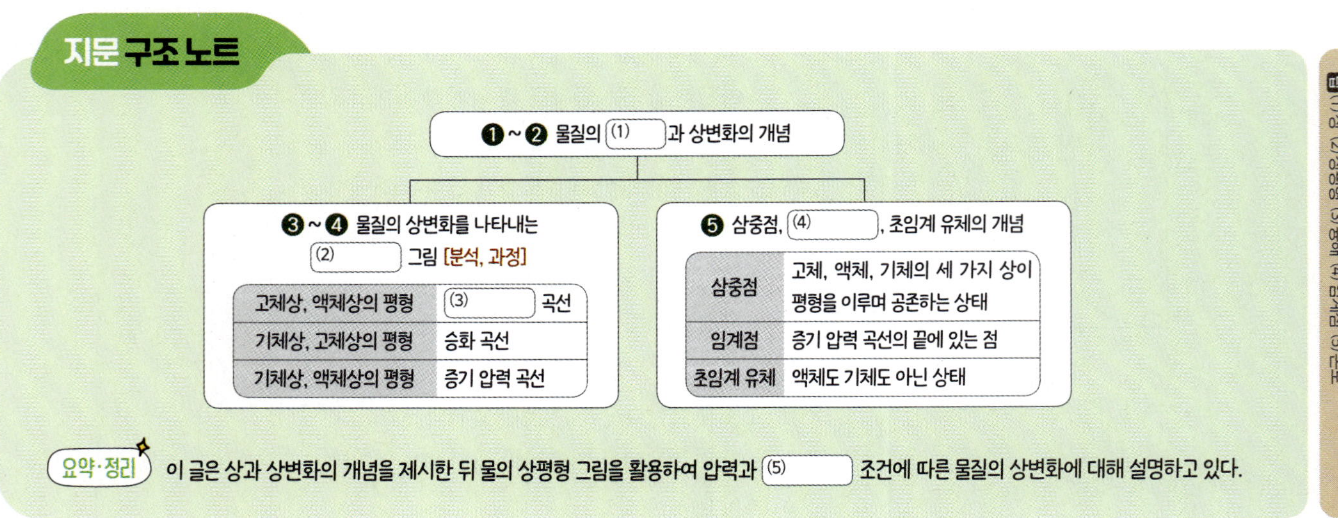

## ▼ 전개 방식 파악하기  〈문제 1번〉

**STEP 1, 2**  글의 중심 화제를 파악하여 그와 관련된 문단별 중심 내용을 정리한다. 그런 뒤 문단 간의 관계를 고려하여 글 전체의 흐름을 파악한다.

> ❶ [1]물질은 여러 가지 다른 상(phase)으로 존재할 수 있다. [2]물질의 상이란 화학적 조성은 물론 물리적 상태가 전체적으로 균질한 물질의 형태를 말하며, 일반적으로 고체, 액체, 기체로 구분된다. [3]고체는 일정한 부피와 모양을 가지고 있으며, …… [5]기체는 …… 분자 간 인력이 매우 작은 편으로 기체의 분자 간 평균적인 거리는 고체나 액체일 경우에 비해 매우 먼 상태이다.
>
> ❷ [1]물질은 압력과 온도 조건의 변화에 따라 다른 상으로 변할 수 있다. [2]화학적 조성의 변화는 수반되지 않으면서 물질의 상이 전환되는 현상을 상변화(phase change)라 하며, 압력은 동일하지만 온도가 더 높은 조건에서 존재하는 상일 때의 물질을 높은 상 물질이라고 한다.
>
> ❸ [1]상평형 그림(phase diagram)은 닫힌계에서 압력과 온도 조건의 변화에 따른 물질의 상변화를 나타낼 수 있는 방법이다. [2]제시된 〈그림〉은 물의 상평형 그림으로, 압력과 온도 조건에 따른 물의 상을 보여 준다.
>
> ❹ [1]닫힌계에서 기체상과 액체상이 평형을 이루는 상태에 대해 설명해 보자. …… 이러한 상태에서의 압력과 온도 조건들이 상평형 그림의 증기 압력 곡선이 된다.
>
> ❺ [1]한편, 위 〈그림〉에서 고체와 기체 사이의 상 경계를 따라가면 두 선이 분기하는 점이 나타난다. [2]이 점은 세 개의 상이 평형을 이루며 공존하는 상태로, 삼중점(triple point)이라고 한다.

**STEP 3**  선지에서 언급된 전개 방식을 확인하며 그 적절성을 판단한다.

> **1** 윗글에 대한 설명으로 가장 적절한 것은?
>
> ① 물질의 상과 상변화 개념을 제시하고, 상평형 그림을 활용하여 물질의 상변화를 설명하고 있다.
>
> ② 물질의 상을 구분하고, 압력 변화에 따라 물질을 구성하는 원자나 분자가 달라지는 원인을 분석하고 있다.
>
> ③ 물질이 물리적 형태에 따라 나타내는 특성들을 제시하고, 다양한 물질의 예를 들어 각 특성들을 설명하고 있다.
>
> ④ 물질의 상과 상변화의 관련성을 설명하고, 압력과 온도 변화에 따른 물질의 화학적 조성 변화 원인을 분석하고 있다.
>
> ⑤ 물질의 상변화 과정에서 나타나는 압력과 온도 사이의 상관성을 분석하고, 물질의 화학적 변화 이유를 제시하고 있다.

① ❶에서 '상'의 개념을, ❷에서 '[(1)         ]'의 개념을 제시하고, ❸~❺에서 물의 상평형 그림을 활용하여 물질의 상변화에 대해 설명함. → [(2)] 선지 판단 ○ ✕

② ❶-2에서 물질의 상을 고체, 액체, 기체로 구분하고 있으나, 물질을 구성하는 원자나 분자가 달라지는 [(3)         ]은 윗글에서 확인할 수 없음. → [(4)] 선지 판단 ○ ✕

③ ❶-3~5에 물질의 형태에 따른 특성이 나타나나, 다양한 물질의 예는 윗글에서 확인할 수 없음. → [(5)] 선지 판단 ○ ✕

④ 물질의 상과 상변화의 관련성과 물질의 화학적 조성 변화 원인은 윗글에서 확인할 수 없음. → [(6)] 선지 판단 ○ ✕

⑤ 압력과 온도 변화에 따른 물질의 상을 상평형 그림을 활용하여 설명할 뿐, 압력과 온도 사이의 상관성이나 물질의 화학적 변화 이유는 윗글에서 확인할 수 없음. → [(7)] 선지 판단 ○ ✕

**III 과학·기술**

**선지 +**

⑥ 물질의 물리적 형태를 세 가지로 나누어 각각의 특성을 비교하고, 그 특성이 활용되는 분야를 소개하고 있다. ○ ✕

⑦ 물질의 상과 상변화에 대해 설명하고, 물의 상평형 그림을 통해 증기 압력 곡선과 삼중점의 개념을 설명하고 있다. ○ ✕

⑧ 물질의 상변화가 일어나는 이유를 설명하고, 물의 상변화 과정에서 다른 물질과 구별되는 물의 특성들을 제시하고 있다. ○ ✕

생명
과학

# 02 약의 작용

고2 학력평가

지문 난도 ★★★★☆
지문 길이
500    2500

❶ [A] ¹약은 생체의 작용에 영향을 미쳐 생물학적 효과를 내기 위한 목적으로 이용하는 의약품을 말한다. ²약은 생체에서 수용체와 결합하여 유익 작용 및 유해 작용을 나타내는 방식을 취하기도 한다. ³이 경우 약은 생체의 리간드와 유사한 화학적 분자 구조를 가진 성분을 포함하는데, 이러한 성분으로 인해 약은 생체 내에서 리간드로 기능한다. ⁴여기서 리간드란 수용체와 결합하여 신경 자극이나 화학 반응과 같은 생물학적 반응을 촉발할 수 있는 물질이다. ⁵생체 내에서 수용체와 친화성이 높은 리간드가 결합하면, 리간드와 결합한 수용체의 작용에 의해 생체의 변화가 일어나기도 하고, 수용체에 의해 리간드의 구조 변화가 일어남으로써 이후의 생물학적 반응이 유도되기도 한다. ⁶이러한 점에서 약은 특정 수용체와 결합할 수 있는 리간드를 *인위적으로 생체에 증가시킴으로써 리간드와 결합한 수용체의 수가 일정 시간 동안 일정 수준 이상이 되게 하여 효과를 낸다고 할 수 있다.

❷ ¹대체로 약은 병원체에 작용하거나 생체에 직접 작용하는 방식으로 생물학적 효과를 낸다. ²박테리아나 바이러스에 의한 질병의 치료에 활용되는 항생제나 항바이러스제 등은 전자의 방식에 해당하는 경우가 많다. ³가령 박테리아에 의한 질병 치료에 사용되는 ㉠설파제는, 인간과 박테리아가 모두 대사 과정에서 *엽산이라는 물질을 필요로 하는데 엽산을 섭취하여 사용할 수 있는 인간과 달리 박테리아는 엽산을 스스로 만들어야만 한다는 점을 이용한다. ⁴박테리아는 엽산을 만들기 위한 수용체를 가지고 있는데, 파라아미노벤조산(PABA)이 그 수용체와 결합하여 최종적으로 엽산이 된다. ⁵박테리아에 감염된 환자가 설파제를 *복용하면 설파제는 체내에서 화학적 변화를 거쳐 PABA와 분자 구조가 매우 유사한 설파닐아마이드가 되어 PABA가 결합할 수용체와 먼저 결합한다. ⁶이로 인해 박테리아는 엽산을 만들지 못하고 결국 죽게 된다.

❸ ¹항바이러스제는, 스스로는 증식하지 못하고 다른 세포에 기생하여 DNA 복제 과정을 거치며 증식하는 바이러스의 특성을 활용하여, 바이러스에 감염된 세포의 증식을 막는 방식으로 바이러스 확산을 억제하기도 한다. ²㉡뉴클레오사이드 유도체를 포함한 항바이러스제가 이러한 방식의 약에 해당한다. ³뉴클레오사이드 유도체는 뉴클레오타이드와 유사하지만, 뉴클레오사이드 유도체가 세포의 DNA나 RNA의 수용체와 결합하면 결과적으로 DNA 복제 과정이 이루어지지 않는다. ⁴또한 뉴클레오사이드 유도체는 바이러스에 감염된 세포와는 쉽게 결합하지만 감염되지 않은 세포와는 잘 결합하지 않는 특성이 있다. ⁵이 때문에 뉴클레오사이드 유도체는 바이러스에 감염된 세포들이 더 이상 증식하지 못하게 할 수 있으며, 이를 통해 바이러스 확산을 억제한다.

❹ ¹한편 신경작용제는 신경전달물질의 작용에 *관여하는 방식으로 사람의 정신이나 행동에 영향을 주는 생물학적 효과를 내는 약이다. ²하나의 뉴런에서 발생한 전기 신호는 뉴런 말단에 도달하여 신경전달물질을 분비하게 하고, 이러한 신경전달물질은 *연접한 다른 뉴런에 존재하는 수용체에 화학 신호를 전달함으로써 연접한 뉴런 간에 신호를 전달하는 매개체의 역할을 한다. ³우울증과 관련된 것으로 알려진 신경전달물질인 세로토닌이나 노르에피네프린은, 보통 후(後)연접 뉴런 수용체에서 기능을 다하고 전(前)연접 뉴런에 재흡수되는 과정을 거치는데, 이 과정에서 뉴런 간 연접 틈새에서 세로토닌이나 노르에피네프린의 농도가 낮아지면 우울증이 나타나는 것으로 알려져 있다. ⁴항우울제는 연접 틈새에서 이들 신경전달물질의 부족을 해소하는 방식으로 약효를 낸다. ⁵TCA 항우울제는 전연접 뉴런의 수용체와 결합하여 신경전달물질의 재흡수가 일어나지 않도록 하는 방식으로, SNRI 항우울제는 신경전달물질의 재흡수를 억제하거나 후연접 뉴런의 수용체와 결합하는 방식으로, 연접 틈새에서 신경전달물질의 농도가 높아진 것과 같은 효

● **인위적** 자연의 힘이 아닌 사람의 힘으로 이루어지는 것.
● **엽산** 헤모글로빈 형성에 관여하는 비타민 비(B) 복합체. 푸른 잎 채소와 동물의 간·효모 따위에 들어 있으며, 부족하면 빈혈·허염·설사 따위를 일으킨다.
● **복용하다** 약을 먹다.
● **관여하다** 어떤 일에 관계하여 참여하다.
● **연접하다** 서로 잇닿다. 또는 이어 맞닿게 하다.

과를 낸다.

❺ [1]대부분의 약들은 약효가 여러 가지인 경우가 많기 때문에 두 가지 약을 함께 복용하면 이들 약의 일차적인 약효는 서로 다를지라도 이차적인 약효는 같을 수 있어, 공통되는 이차적인 약효가 한층 커질 수 있다. [2]이와 같이 약들이 서로 도와 약효를 높이는 효과를 상승효과라고 한다. [3]한편 약을 장기간 •남용하게 되면 수용체의 민감도가 떨어지게 되어, 결과적으로 기존과 동일한 효과를 내기 위해서 더 많은 약을 필요로 하게 되는 내성이 생길 수 있다.

●**남용하다** 일정한 기준이나 한도를 넘어서 함부로 쓰다.

III
과학·
기술

세부 내용 파악하기

**1** **윗글의 내용과 일치하지 <u>않는</u> 것은?**

스스로 점검: ○ | △ | ✕
정답의 근거:

① 약을 두 종류 이상 함께 복용하면 상승효과가 나타날 수 있다.

② 약은 생체의 신경 자극이나 화학 반응을 조절하는 효과를 낼 수 있다.

③ 약은 생체에서 수용체와 결합하여 유익 작용과 유해 작용을 나타낼 수 있다.

④ 약은 생체의 리간드와 유사한 물질을 포함하여 생체의 생물학적 반응을 조절할 수 있다.

⑤ 약은 생체의 대사 작용에 관여하는 물질을 제거함으로써 병원체를 직접적으로 죽게 할 수 있다.

세부 내용 파악하기

**2** **[A]를 이해한 내용으로 가장 적절한 것은?**

스스로 점검: ○ | △ | ✕
정답의 근거:

① 생체에서 리간드에 의해 수용체의 구조에 변화가 일어나면 세포의 기능에 변화가 일어난다.

② 생체에서 생물학적 반응이 일어나면 수용체와 리간드는 동일한 화학적 분자 구조로 변화된다.

③ 약을 복용하면 리간드와 결합된 수용체의 수가 일정 시간 동안 복용 전보다 많은 정도가 유지된다.

④ 약의 효과를 높이기 위해서는 약이 생체의 리간드와 친화성이 높은 리간드를 많이 포함하고 있어야 한다.

⑤ 수용체와 동일한 화학적 분자 구조를 가진 물질을 포함한 약은 생체에서 생물학적 효과를 더 크게 일으킨다.

정보 간의 관계 파악하기

**3** **㉠, ㉡에 대한 설명으로 적절하지 <u>않은</u> 것은?**

스스로 점검: ○ | △ | ✕
정답의 근거:

① ㉠은 생체 내에서 화학적 변화를 거친 후 약효를 발휘한다.

② ㉠은 병원체가 대사 과정에서 필요로 하는 물질의 생성을 방해하여 병원체의 사멸을 유도한다.

③ ㉡은 바이러스에 감염된 세포의 복제 과정에 개입하여 DNA 바이러스의 확산을 억제한다.

④ ㉠과 ㉡ 모두 병원체와 병원체에 감염될 수 있는 생체의 차이를 활용하여 생물학적 효과를 낸다.

⑤ ㉠과 ㉡ 모두 병원체와 생체가 공통적으로 필요로 하는 물질을 사용하여 병원체의 확산을 억제한다.

**4** 구체적 사례나 상황에 적용하기 [고난도]

〈보기〉는 항우울제의 작용을 이해하기 위한 그림이다. 〈보기〉를 이해한 내용으로 적절하지 **않은** 것은?



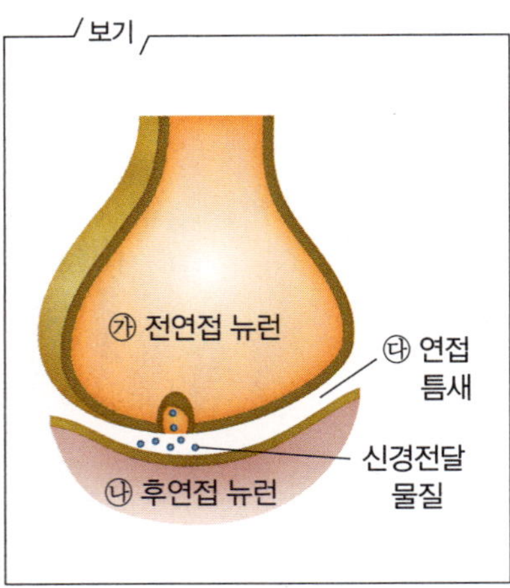


① 보통 ㉮에서 분비된 세로토닌이나 노르에피네프린은 ㉰에 작용한 후 다시 ㉮로 재흡수된다.

② SNRI 항우울제는 ㉰에 지속적으로 흡수됨으로써 ㉰에서 신경전달물질의 농도가 높아지는 효과를 낸다.

③ 우울증의 치료를 위해 ㉰에서 세로토닌이나 노르에피네프린의 농도가 높아지도록 하는 방식을 활용한다.

④ ㉰에서 신경전달물질의 농도가 높은 상태로 장기간 유지되면 수용체의 민감도가 떨어지게 된다.

⑤ 항우울제는 ㉮나 ㉯의 수용체와 결합하여 우울증이 발현되는 원인을 완화하는 효과를 낸다.

**5** 구체적 사례나 상황에 적용하기

[A]를 참고하여 〈보기〉를 이해한 내용으로 적절하지 **않은** 것은?



> 보기
>
> [1]생체의 리간드인 히스타민은 알레르기와 염증의 발생, 위산 분비 등에 모두 관여하는 것으로 알려져 있다. [2]항히스타민약으로 개발된 메피라민은 알레르기와 염증에는 효과가 있지만 위산 분비 조절에는 거의 효과가 없었다. [3]이에 연구자들은 히스타민과 친화성을 갖는 두 종류 이상의 수용체가 있을 것으로 가정하고, 위산 분비를 조절하는 새 항히스타민약을 개발하였다.

① 새 항히스타민약을 개발한 연구자들은 히스타민이 알레르기와 염증 발생에 관여하는 수용체 및 위산 분비에 관여하는 수용체 모두와 친화성을 갖는다고 가정했을 것이다.

② 메피라민은 위산 분비에 관여하는 수용체보다 알레르기와 염증 발생에 관여하는 수용체와 친화성이 높을 것이다.

③ 메피라민과 새 항히스타민약은 모두 히스타민과 유사한 화학적 분자 구조를 가진 성분을 포함할 것이다.

④ 메피라민과 새 항히스타민약은 모두 생체에서의 위산 분비 조절을 일차적인 약효로 가질 것이다.

⑤ 새 항히스타민약은 메피라민보다 위산 분비에 관여하는 수용체와 더 높은 친화성을 가질 것이다.

## 지문 구조 노트

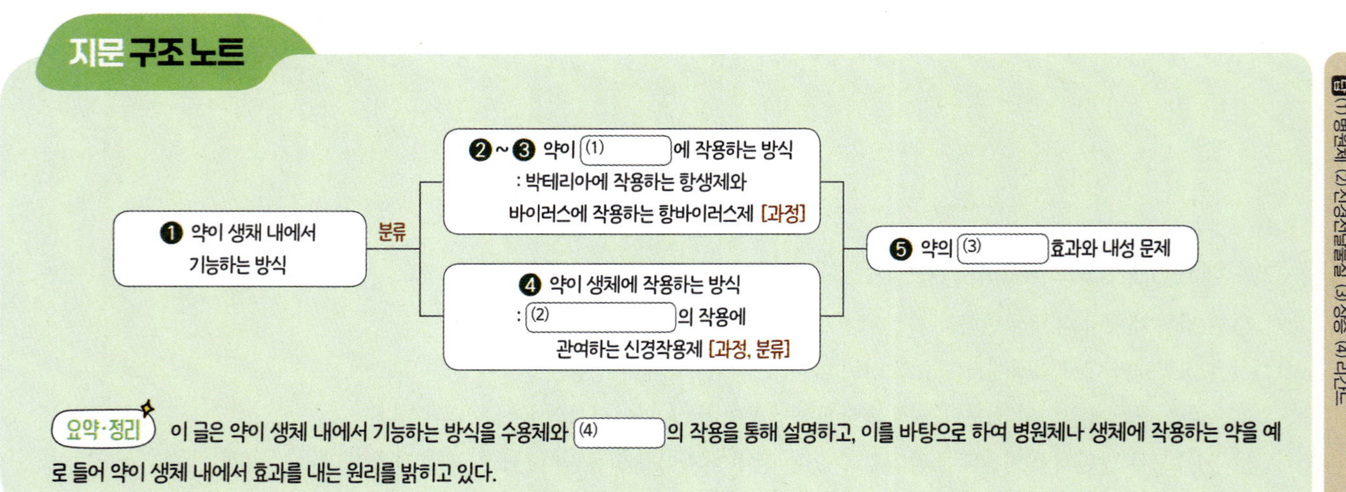

# 문 제 하이라이트

## ▼ 구체적 사례나 상황에 적용하기 〔문제 4번〕

**STEP 1** 발문, 〈보기〉, 선지를 읽고 출제 요소가 되는 핵심 정보를 확인한다.

**4** 〈보기〉는 항우울제의 작용을 이해하기 위한 그림이다. 〈보기〉를 이해한 내용으로 적절하지 않은 것은?

출제 요소가 되는 핵심 정보, **4** 관련

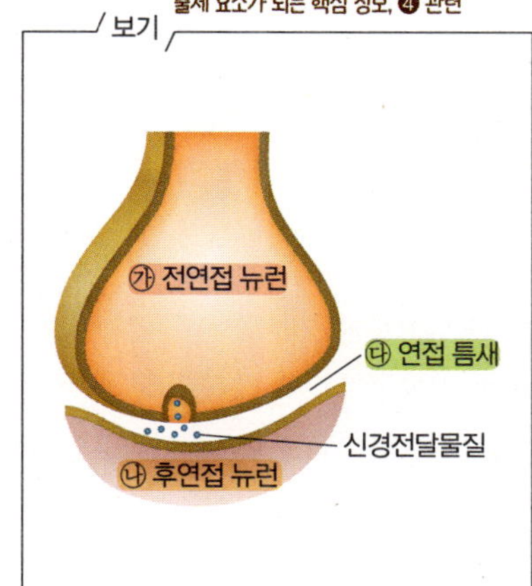


① 보통 ㉮에서 분비된 세로토닌이나 노르에피네프린은 ㉯에 작용한 후 다시 ㉮로 재흡수된다.

② SNRI 항우울제는 ㉯에 지속적으로 흡수됨으로써 ㉰에서 신경전달물질의 농도가 높아지는 효과를 낸다.

③ 우울증의 치료를 위해 ㉰에서 세로토닌이나 노르에피네프린의 농도가 높아지도록 하는 방식을 활용한다.

④ ㉰에서 신경전달물질의 농도가 높은 상태로 장기간 유지되면 수용체의 민감도가 떨어지게 된다.

⑤ 항우울제는 ㉮나 ㉯의 수용체와 결합하여 우울증이 발현되는 원인을 완화하는 효과를 낸다.

**STEP 2, 3** 지문에서 핵심 정보를 확인하고 이를 〈보기〉에 적용하며 선지를 판단한다.

**❹** [3]우울증과 관련된 것으로 알려진 신경전달물질인 세로토닌이나 노르에피네프린은, 보통 후(後)연접 뉴런 수용체에서 기능을 다하고 전(前)연접 뉴런에 재흡수되는 과정을 거치는데, 이 과정에서 뉴런 간 연접 틈새㉰에서 세로토닌이나 노르에피네프린의 농도가 낮아지면 우울증이 나타나는 것으로 알려져 있다. …… [5]TCA 항우울제는 전연접 뉴런의 수용체와 결합하여 신경전달물질의 재흡수가 일어나지 않도록 하는 방식으로, SNRI 항우울제는 신경전달물질의 재흡수를 억제하거나 후연접 뉴런의 수용체와 결합하는 방식으로, 연접 틈새에서 신경전달물질의 농도가 높아진 것과 같은 효과를 낸다.

( ): 우울증의 발현 원인

**❺** [3]한편 약을 장기간 남용하게 되면 수용체의 민감도가 떨어지게 되어, 결과적으로 기존과 동일한 효과를 내기 위해서 더 많은 약을 필요로 하게 되는 내성이 생길 수 있다.

① **❹**-3에 따르면 세로토닌이나 노르에피네프린은 ㉯에서 기능을 다한 후 ㉮에 재흡수됨. → (1) 〔선지 판단 ○ ×〕

② **❹**-5에 따르면 SNRI 항우울제는 신경전달물질의 재흡수를 억제하거나 ㉯의 수용체와 결합하는 방식으로 약효를 냄. → (2) 〔선지 판단 ○ ×〕

③ **❹**-5에 따르면 항우울제는 ㉰에서 세로토닌, 노르에피네프린의 (3) 〔 〕가 높아진 것과 같은 효과를 내어 우울증을 치료함. → (4) 〔선지 판단 ○ ×〕

④ **❺**-3의 내용으로 볼 때, 항우울제를 장기간 남용하면 ㉰에서 신경전달물질의 농도가 높은 상태가 장기간 유지되어 수용체의 민감도가 떨어지고 (5) 〔 〕이 생길 수 있음. → (6) 〔선지 판단 ○ ×〕

⑤ **❹**-5에 따르면 TCA 항우울제는 ㉮의 수용체와, SNRI 항우울제는 ㉯의 수용체와 결합하여 우울증의 원인을 완화하는 효과를 냄. → (7) 〔선지 판단 ○ ×〕

---

III
과학·기술

〔TIP〕

신경전달물질과 항우울제의 작용에 대해 설명한 부분은 **❹**이다. 글에서 〈보기〉의 ㉮, ㉯, ㉰가 언급된 부분을 표시해 보고, 이에 대한 설명을 확인하며 선지를 판단해 본다.

**선지＋**

⑥ ㉮에서 세로토닌이나 노르에피네프린의 재흡수가 활발하게 일어날수록 우울증 발현은 억제된다. 〔○×〕

⑦ TCA 항우울제는 ㉮의 수용체와 결합하고 SNRI 항우울제는 ㉯의 수용체와 결합하여 효과를 낸다. 〔○×〕

⑧ TCA 항우울제는 신경전달물질의 재흡수를 억제하는 방식으로 ㉰에서 신경전달물질의 농도가 높아지는 효과를 낸다. 〔○×〕

# 호흡과 순환

지문 난도 ★★★★☆
지문 길이 500 ⬜⬜⬜⬜ 2500

❶ [1]폐의 혈액으로 들어온 산소는 심장을 거쳐 신체의 각 조직으로 전달되어 에너지 생성에 이용되고, 물질대사 결과 생긴 노폐물인 이산화 탄소는 혈액을 통해 심장을 거쳐 폐로 전달되어 몸 밖으로 배출된다. [2]혈액과 폐포, 혈액과 조직 사이에서의 기체 교환은 •분압 차에 따른 확산에 의해 일어나며, 기체는 분압이 높은 곳에서 낮은 곳으로 확산된다. [3]한편 혈액을 운반하는 혈관 중에 심장에서 나와 폐나 각 조직으로 가는 혈액이 흐르는 혈관을 동맥, 폐나 각 조직에서 심장으로 가는 혈액이 흐르는 혈관을 정맥이라고 한다. [4]폐에서 기체 교환이 일어난 후 심장을 거쳐 각 조직으로 흐르는 혈액은 ㉮동맥혈, 조직에서 기체 교환이 일어난 후 폐로 흐르는 혈액은 ㉯정맥혈이다.

❷ [1]폐포 내 산소 분압은 100~110mmHg이고 그 주위의 모세 혈관 내 정맥혈의 산소 분압은 40mmHg이므로 폐포 내 산소가 폐포를 둘러싼 모세 혈관의 정맥혈로 확산된다. [2]이때 산소가 풍부해진 혈액은 심장을 거쳐 신체의 각 조직으로 흘러가고, 각 조직의 모세 혈관을 흐르는 동맥혈의 산소 분압은 100mmHg, 조직 내 산소 분압은 평균 40mmHg이므로 동맥혈 내의 산소는 조직으로 확산된다. [3]산소를 방출한 혈액은 심장을 거쳐 폐로 흘러간다. [4]그런데 산소는 물에 대한 •용해도가 작아 •혈장에 용해된 상태로 운반되는 양은 폐에서 조직으로 운반되는 산소의 약 1.5%에 불과하고, 약 98.5%는 적혈구 내에 있는 헤모글로빈과 결합하여 산소 헤모글로빈 형태로 운반된다.

❸ [1]산소 분압에 따른 헤모글로빈의 산소 포화도를 나타내는 곡선을 산소 해리 곡선이라고 하는데, 산소 해리 곡선에서 가로축은 혈액 내의 산소 분압, 세로축은 헤모글로빈의 산소 포화도를 나타낸다. [2]어떤 산소 분압에서 헤모글로빈이 산소와 결합한 정도인 산소 포화도와 헤모글로빈이 산소와 분리된 정도인 산소 해리도를 더한 값은 100%이다. [3]이 곡선은 완만한 S자형으로, 산소 분압이 낮아질 때 산소 헤모글로빈으로부터 •해리되는 산소의 양은 산소 분압이 40~100mmHg 구간보다 0~40mmHg 구간에서 더 많다. [4]헤모글로빈의 산소 친화도는 헤모글로빈이 산소와 결합하려는 경향을 나타내는데, 산소 친화도에 영향을 미치는 요인에는 산소 분압 외에도 혈액의 pH(수소 이온 농도 지수), 온도 등이 있다. [5]어떤 조직의 물질대사가 활발해지면 이산화 탄소의 증가로 인해 주변 모세 혈관 내 혈액의 pH가 낮아진다. [6]혈액의 pH가 낮아지면 헤모글로빈의 산소 친화도가 작아져서 산소의 해리가 촉진되어 주변 조직으로 산소가 방출된다. [7]즉 산소 분압이 같을 때 pH가 더 낮은 곳에서 산소 헤모글로빈으로부터 더 많은 산소가 방출된다. [8]또한 운동과 같은 신체 활동으로 인해 온도가 높아진 조직 주변 모세 혈관을 흐르는 혈액에서도 산소가 더 쉽게 해리되어 그 조직으로 운동 전보다 더 많은 산소가 방출된다.

❹ [1]한편 각 조직의 물질대사 결과 생긴 노폐물인 이산화 탄소도 혈액으로 확산되어 운반된다. [2]조직의 이산화 탄소 분압은 평균 46mmHg이고, 동맥혈 내 이산화 탄소 분압은 40mmHg이므로 조직 내 이산화 탄소는 조직 주변 모세 혈관을 흐르는 혈액으로 확산된다. [3]조직에서 폐로 운반되는 이산화 탄소의 약 7%는 혈장에 용해된 상태로, 약 23%는 적혈구에 있는 헤모글로빈과 결합하여 카르바미노헤모글로빈 형태로 운반된다. [4]산소와 결합하지 않은 헤모글로빈은 산소와 결합한 헤모글로빈보다 쉽게 이산화 탄소와 결합하여 카르바미노헤모글로빈을 형성하므로 정맥혈이 동맥혈보다도 헤모글로빈을 이용한 이산화 탄소 운반에 유용하다.

❺ [1]그리고 약 70%의 이산화 탄소는 탄산수소 이온 형태로 운반된다. [2]조직에서 확산된 이산화 탄소는 주로 적혈구 내에서 탄산 무수화 효소의 작용으로 물과 결합하여 탄산을 형성하고, 탄산은 수소 이온과 탄산

● **분압** 혼합 기체에서 특정 기체에 의한 압력.
● **용해도** 일정한 온도에서 일정한 양의 용매에 녹을 수 있는 용질의 최대의 양.
● **혈장** 혈액에서 혈구를 제외한 액상 성분.
● **해리되다** ① 풀려서 떨어지다. ② 분자 따위의 화학종이나 물질이 용매, 전기 따위로 인하여 이온, 원자단, 다른 분자 따위로 분해가 되다. ③ 착화합물이나 이온쌍이 구성 성분으로 나누어지게 되다.

수소 이온으로 •이온화된다. [3]이때 수소 이온은 주로 헤모글로빈과 결합하고 탄산수소 이온은 혈장으로 확산되어 폐로 운반된다. [4]폐포 주위의 모세 혈관에서는 이와 반대의 반응이 일어난다. [5]즉 탄산수소 이온은 적혈구로 이동하여 수소 이온과 재결합하여 탄산을 형성하고, 탄산은 탄산 무수화 효소의 작용으로 이산화 탄소와 물이 된다. [6]이 과정에서 생성된 이산화 탄소는 폐포 내로 확산되어 체외로 배출된다.

● **이온화되다** 전해질이 용액 속에서 양이온이나 음이온으로 해리되다.

세부 내용 파악하기

**1  윗글의 내용과 일치하는 것은?**

스스로 점검: ○ | △ | ✕
정답의 근거:

① 탄산 무수화 효소는 이산화 탄소와 물이 결합하여 탄산을 형성하는 과정과 탄산이 이산화 탄소와 물로 되는 과정에서 작용한다.

② 폐에서 조직으로 운반되는 산소와 조직에서 폐로 운반되는 이산화 탄소는 각각 세 가지 방식으로 운반된다.

③ 산소와 결합하지 않은 헤모글로빈이 산소와 결합한 헤모글로빈보다 이산화 탄소와 결합하기 어렵다.

④ 이산화 탄소와 물이 결합하여 탄산이 형성되는 반응은 주로 혈장에서 일어난다.

⑤ 평균적으로 조직 내의 산소 분압은 46mmHg, 이산화 탄소 분압은 40mmHg이다.

생략된 정보 추론하기

**2  ㉮, ㉯에 대한 설명으로 적절하지 <u>않은</u> 것은?**

스스로 점검: ○ | △ | ✕
정답의 근거:

① ㉮의 산소 분압은 조직을 지나면 낮아진다.

② ㉮에는 헤모글로빈과 결합한 산소의 양이 혈장에 용해된 산소의 양보다 많다.

③ ㉯는 폐포를 지나면 이산화 탄소 분압이 낮아진다.

④ ㉯에서 이산화 탄소는 대부분 카르바미노헤모글로빈의 형태로 운반된다.

⑤ ㉯는 조직에서 심장으로 가는 혈관과, 심장에서 폐로 가는 혈관에 흐른다.

구체적 사례나 상황에 적용하기

**3  윗글을 바탕으로 〈보기〉를 이해한 내용으로 적절하지 <u>않은</u> 것은?**

스스로 점검: ○ | △ | ✕
정답의 근거:

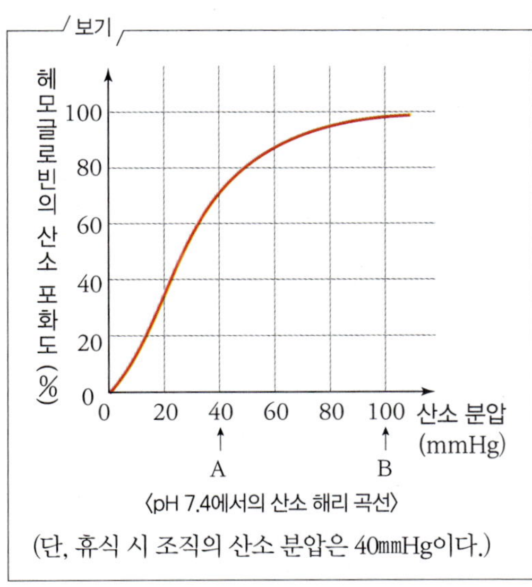


① 산소 분압이 낮아질 때 A부터 B 구간에서 감소되는 산소 포화도보다 A 이하 구간에서 감소되는 산소 포화도가 더 크다.

② 조직의 온도가 휴식 시보다 상승하면 그 조직의 주변을 흐르는 혈액의 산소 포화도는 A일 때보다 증가한다.

③ 헤모글로빈의 산소 포화도와 산소 해리도를 더한 값은 A와 B에서 동일하다.

④ B와 A에서의 산소 포화도 차이만큼의 산소가 휴식 시 조직으로 전달된다.

⑤ A에서의 산소 해리도는 B에서의 산소 해리도보다 더 크다.

반응의 적절성 판단하기 [고난도]

**윗글을 참고하여 〈보기〉에 대해 반응한 내용으로 적절하지 <u>않은</u> 것은?**

스스로 점검: ○ | △ | ✕
정답의 근거:

/ 보기 /

가. [1]일산화 탄소 중독은 일산화 탄소의 지나친 흡입으로 어지럼증, 혼수 등의 증상이 나타나는 현상이다. [2]일산화 탄소는 헤모글로빈과 결합하려는 경향이 산소의 200배 이상이기 때문에 산소와 결합할 수 있는 헤모글로빈의 양을 감소시킨다. [3]그리고 일산화 탄소는 조직에서 산소 헤모글로빈으로부터 산소의 방출을 억제한다.

나. [1]과다 호흡 증후군은 동맥혈의 이산화 탄소 농도가 정상 범위 아래로 떨어져 호흡 곤란, 어지럼증 등의 증상이 나타나는 현상이다. [2]봉지에 입을 대고 호흡을 하게 하는 응급 처치를 하면 증상을 완화하는 데 도움이 된다.

다. 호흡성 산증은 폐에서 기체 교환의 감소로 동맥혈의 이산화 탄소 분압이 증가하여 호흡 곤란, 두통 등의 증상이 나타나는 현상이다.

① 가: 일산화 탄소를 지나치게 흡입하게 되면, 생성되는 산소 헤모글로빈의 양이 평상시보다 줄어들겠군.

② 가: 일산화 탄소는 산소 헤모글로빈에서 산소가 잘 해리되지 않게 하겠군.

③ 나: 과다 호흡 증후군은 폐를 통한 이산화 탄소 배출이 너무 많이 일어나는 경우에 발생하는 증상이겠군.

④ 나: 봉지에 입을 대고 호흡을 하게 되면 평상시보다 더 적은 양의 이산화 탄소를 흡입하게 되겠군.

⑤ 다: 호흡성 산증이 나타난 사람의 체내에는 이산화 탄소가 배출되지 못해 축적되어 있겠군.

---

**지문 구조 노트**

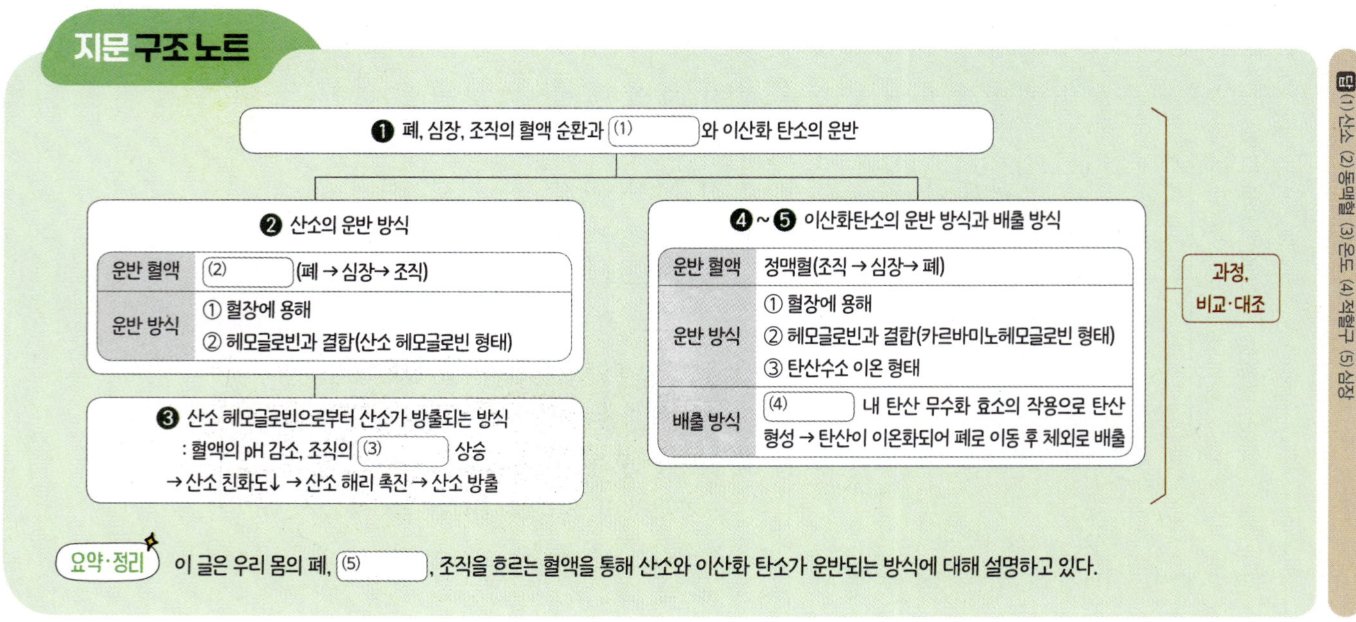

▼ **반응의 적절성 판단하기** 문제 4번

**STEP 1, 2** 〈보기〉와 선지를 읽고 출제 요소가 되는 핵심 정보를 확인한다.

**4** 윗글을 참고하여 〈보기〉에 대해 반응한 내용으로 적절하지 <u>않은</u> 것은?

─ 보기 ─

가. [1]일산화 탄소 중독은 일산화 탄소의 지나친 흡입으로 어지럼증, 혼수 등의 증상이 나타나는 현상이다. [2]일산화 탄소는 헤모글로빈과 결합하려는 경향이 산소의 200배 이상이기 때문에 산소와 결합할 수 있는 헤모글로빈의 양을 감소시킨다. [3]그리고 일산화 탄소는 조직에서 산소 헤모글로빈으로부터 산소의 방출을 억제한다. → 일산화 탄소: 산소와 결합하는 헤모글로빈의 양을 감소시킴, 산소 헤모글로빈의 산소 방출을 억제함.

나. [1]과다 호흡 증후군은 동맥혈의 이산화 탄소 농도가 정상 범위 아래로 떨어져 호흡 곤란, 어지럼증 등의 증상이 나타나는 현상이다. [2]봉지에 입을 대고 호흡을 하게 하는 응급 처치를 하면 증상을 완화하는 데 도움이 된다. → 동맥혈의 이산화 탄소 농도 감소는 즉, 동맥혈의 이산화 탄소가 줄어들었다는 것을 뜻함.

다. 호흡성 산증은 폐에서 기체 교환의 감소로 동맥혈의 이산화 탄소 분압이 증가하여 호흡 곤란, 두통 등의 증상이 나타나는 현상이다. → 동맥혈의 이산화 탄소 분압 증가는 즉, 이산화 탄소 배출이 원활하지 않음을 뜻함.

① 가: 일산화 탄소를 지나치게 흡입하게 되면, 생성되는 산소 헤모글로빈의 양이 평상시보다 줄어들겠군.

② 가: 일산화 탄소는 산소 헤모글로빈에서 산소가 잘 해리되지 않게 하겠군.

③ 나: 과다 호흡 증후군은 폐를 통한 이산화 탄소 배출이 너무 많이 일어나는 경우에 발생하는 증상이겠군.

④ 나: 봉지에 입을 대고 호흡을 하게 되면 평상시보다 더 적은 양의 이산화 탄소를 흡입하게 되겠군.

⑤ 다: 호흡성 산증이 나타난 사람의 체내에는 이산화 탄소가 배출되지 못해 축적되어 있겠군.

**STEP 3** 글과 〈보기〉에서 근거를 찾으며 선지의 적절성을 판단한다.

❷ [4]산소는 …… 혈장에 용해된 상태로 운반되는 양은 폐에서 조직으로 운반되는 산소의 약 1.5%에 불과하고, 약 98.5%는 적혈구 내에 있는 헤모글로빈과 결합하여 산소 헤모글로빈 형태로 운반된다.

❸ [6]혈액의 pH가 낮아지면 헤모글로빈의 산소 친화도가 작아져서 산소의 해리가 촉진되어 주변 조직으로 산소가 방출된다.

❺ [1]그리고 약 70%의 이산화 탄소는 탄산수소 이온 형태로 운반된다. …… [6]이 과정에서 생성된 이산화 탄소는 폐포 내로 확산되어 체외로 배출된다.

① ❷-4에 따르면 산소는 헤모글로빈과 결합하여 산소 헤모글로빈 형태로 운반되는데, 〈보기〉 가-2에 따르면 일산화 탄소는 ⑴[     ]와 결합할 수 있는 헤모글로빈의 양을 감소시킴. → ⑵ 선지 판단 ○ ✕

② ❸-6에 따르면 산소는 산소 헤모글로빈 형태에서 산소의 ⑶[     ]가 촉진되어 방출되는데, 〈보기〉 가-3에 따르면 일산화 탄소는 산소 헤모글로빈의 산소 방출을 억제함. → ⑷ 선지 판단 ○ ✕

③ 〈보기〉 나-1에 따르면 과다 호흡 증후군의 원인은 동맥혈의 이산화 탄소의 농도 감소임. 동맥혈의 이산화 탄소 농도가 감소되었다는 것은 즉, 폐를 통해 배출되는 이산화 탄소의 양이 많다는 것임. → ⑸ 선지 판단 ○ ✕

④ ❺-6에 따르면 이산화 탄소는 폐포 내에서 체외로 배출됨. 즉, 봉지에 입을 대고 호흡하면 체외로 배출된 이산화 탄소를 다시 흡입하므로 평상시보다 더 많은 양의 이산화 탄소를 흡입하게 될 것임. → ⑹ 선지 판단 ○ ✕

⑤ 폐에서 기체 교환이 감소되면 이산화 탄소가 잘 배출되지 않아 이산화 탄소가 축적될 것임. → ⑺ 선지 판단 ○ ✕

---

III 과학·기술

TIP

〈보기〉는 호흡과 관련하여 이상이 생겼을 때 나타나는 신체 증상에 대해 설명하고 있다. 〈보기〉에 '산소 헤모글로빈', '이산화 탄소'가 언급되어 있으므로, 글에서 산소와 이산화 탄소의 운반에 관한 내용을 확인하며 선지의 적절성을 판단해 본다.

선지 +

⑥ 가: 일산화 탄소 중독이 일어나면 물질대사가 활발히 이루어지지 못하겠군. ○ ✕

⑦ 나: 과다 호흡 증후군이 나타나면 폐에서 조직으로 흐르는 혈액의 이산화 탄소가 평상시보다 많겠군. ○ ✕

⑧ 다: 봉지에 입을 대고 호흡하는 응급 처치는 호흡성 산증을 해결하는 데 도움이 되겠군. ○ ✕

# 터치스크린 패널



**❶** [1]+터치스크린 패널은 스크린의 특정 지점을 직접 접촉하면 그 위치를 파악하여 해당 위치에 설정된 기능을 직관적으로 조작할 수 있도록 설계된 장치를 말한다. [2]터치스크린 패널 중 정전용량방식의 패널은 전기가 통하는 전도성 물체를 스크린에 접촉했을 때 발생하는 •정전용량의 변화를 측정하여 접촉된 위치를 파악한다. [3]터치스크린 패널에 사용되는 정전용량방식에는 일반적으로 표면정전방식과 투영정전방식이 있다.

**❷** [1]㉠표면정전방식은 패널의 네 모서리에 있는 각각의 감지회로가 동시에 정전용량의 변화를 감지하여 전도성 물체의 접촉 위치를 파악하는 방식이다. [2]표면정전방식에서는 패널의 표면에 덮인 전도성 투명 필름이 전도성 물체의 접촉을 인식하는 센서 역할을 한다. [3]센서에 전도성 물체가 접촉하게 되면 물체의 •전하량과 패널의 전하량의 차이에 의해 전압이 변화하고, 이로 인해 형성된 전기장은 정전용량을 변화시킨다. [4]네 모서리에 있는 감지회로는 정전용량의 변화된 정도를 측정하여 물체가 접촉된 위치를 파악하는 것이다. [5]표면정전방식은 투영정전방식에 비해 구조가 단순하고 단가가 낮다는 장점이 있다. [6]하지만 접촉된 위치를 대략적으로만 파악할 수 있어 정확도가 낮고 한 번에 하나의 접촉만 인식할 수 있기 때문에 여러 지점을 접촉했을 때 인식이 불가능하다는 단점이 있다.

**❸** [1]투영정전방식은 접촉을 감지할 수 있는 센서를 패널의 일정한 구역마다 배치하여 활용하는 방식으로 ㉡자기정전방식과 ㉢상호정전방식으로 나눌 수 있다. [2]자기정전방식은 패널에 전도성 물체가 접촉하면 물체의 전하량과 패널의 전하량의 차이에 의해 전압이 변화하고, 이때 형성된 전기장에 의해 증가하는 정전용량을 측정하는 방식이라는 점에서 그 원리가 표면정전방식과 유사하다. [3]하지만 자기정전방식은 표면정전방식과 달리 하나의 층에 여러 개의 행과 열의 형태로 배치된 각각의 센서들을 활용한다. [4]센서가 특정 지점의 접촉을 인식하면 센서의 각 행과 열의 끝에 배치된 감지회로가 접촉 지점에서 일어난 정전용량의 변화를 감지하고, 이를 바탕으로 행과 열의 교차점인 접촉 위치를 정교하고 빠르게 파악할 수 있다.

**❹** [1]반면 상호정전방식은 가로축으로 배열된 센서인 구동 라인과 세로축으로 배열된 센서인 감지 라인이 두 개의 층을 이루고 있다. [2]패널에 전도성 물체와의 접촉이 없을 때 구동 라인에서는 전압에 의해 전기장이 형성되며, 이 전기장은 모두 감지 라인으로 들어가 일정한 크기의 전기장을 유지하여 구동 라인과 감지 라인 사이에 상호 정전용량을 형성한다. [3]하지만 패널에 전도성 물체가 접촉하게 되면 일정한 크기를 유지하던 전기장의 일부가 접촉된 물체로 흡수된다. [4]전기장이 물체에 흡수되면 구동 라인과 감지 라인 사이에 형성된 상호 정전용량이 감소하며 전기장의 크기 역시 줄어든다. [5]이때 접촉이 정확하게 일어날수록 해당 지점에 전기장이 더 많이 줄어들게 된다. [6]결국 패널에는 접촉 전과는 다른 전기장의 흐름이 나타나 상호 정전용량이 변화하고 구동 라인과 감지 라인의 교차점인 터치좌표쌍이 인식된다. [7]이때 터치좌표쌍은 구동 라인과 감지 라인이 개별적으로 인식된 교차점이기에 하나의 패널에서는 여러 개의 터치좌표쌍이 만들어질 수 있다.

**❺** [1]이후 터치좌표쌍의 정보를 터치 컨트롤러가 디지털 신호로 변환해 이미지로 처리하여 중앙처리장치(CPU)에 전달함으로써 해당 터치스크린 패널은 전도성 물체의 접촉 여부 및 접촉한 위치를 최종적으로 판단하게 된다. [2]이러한 상호정전방식은 구동 라인과 감지 라인의 교차점을 개별적으로 인식하는 과정을 거치기에 측정 시간이 많이 소요되지만, Ⓐ두 지점을 접촉하는 멀티 터치가 가능하여 최근 스마트폰이나 태블릿과 같은 기기에 많이 활용되는 추세이다.



---



● **정전용량** 물체가 지니고 있는 전하의 용량. 여기서 전하는 물체가 가지고 있는 전기적 성질을 의미함.
● **전하량** 어떤 물체 또는 입자가 띠고 있는 전기의 양.

세부 내용 파악하기

## 1 윗글의 내용과 일치하지 <u>않는</u> 것은?

① 터치스크린 패널은 직접적인 접촉을 통한 직관적 조작이 가능하다.

② 자기정전방식은 접촉점에 해당하는 행과 열의 교차점을 터치 지점으로 인식한다.

③ 표면정전방식을 실현하기 위해서는 스크린에 전도성이 없는 투명 필름을 입혀야 한다.

④ 상호정전방식에서는 수집된 행과 열의 정보가 터치 컨트롤러에서 이미지로 처리된다.

⑤ 투영정전방식은 표면정전방식보다 구조가 복잡하지만 더욱 정교한 좌표 인식이 가능하다.



정보 간의 관계 파악하기

## 2 ㉠~㉢에 대해 이해한 내용으로 적절하지 <u>않은</u> 것은?

① ㉠~㉢은 모두 전도성 물체의 접촉에 따른 정전용량의 변화를 측정한다.

② ㉠~㉢은 모두 패널에 있는 센서를 이용하여 접촉 부분의 위치를 알아내는 방식이다.

③ ㉠과 달리 ㉡은 하나의 접촉점을 인식하기 위해 두 개 이상의 감지회로를 활용하는 방식이다.

④ ㉡과 달리 ㉢은 센서층이 두 개의 층을 이루고 있다.

⑤ ㉢과 달리 ㉡은 접촉 부분에서 증가하는 정전용량을 감지하는 방식이다.

생략된 정보 추론하기

## 3 ⓐ에 대한 이유를 추론한 것으로 가장 적절한 것은?

① 교차점의 위치를 빠르게 측정할 수 있기 때문이다.

② 중앙처리장치가 행과 열의 정보를 분할하기 때문이다.

③ 센서의 행과 열 끝에 감지회로가 배치되어 있기 때문이다.

④ 구동 라인과 감지 라인의 교차점이 개별적으로 인식되기 때문이다.

⑤ 하나의 패널에서 한 개의 터치좌표쌍만 만들어질 수 있기 때문이다.

**4** 윗글을 읽고 〈보기〉를 이해한 반응으로 적절하지 <u>않은</u> 것은?



보기

다음은 터치스크린 패널의 작동 원리를 이해하기 위해 설정된 자료이다. 〈자료 1〉은 터치스크린 패널의 한 종류를 도식화한 것이고, 〈자료 2〉는 〈자료 1〉의 ⓐ~ⓒ 지점에 형성된 전기장의 크기를 나타낸 그래프이다.

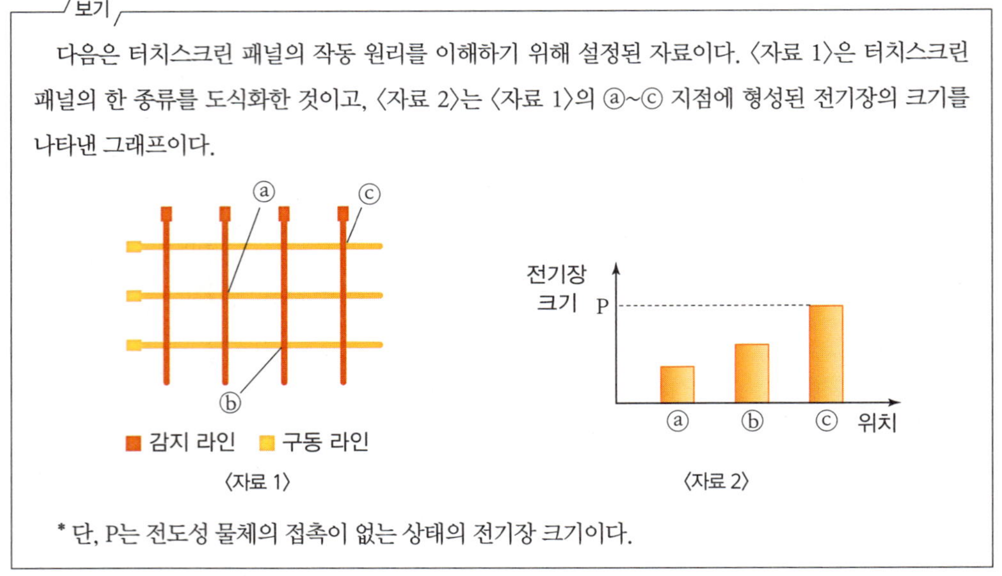


* 단, P는 전도성 물체의 접촉이 없는 상태의 전기장 크기이다.

① ⓐ에서 접촉된 물체가 흡수한 전기장의 크기는 ⓑ에서 접촉된 물체가 흡수한 전기장의 크기보다 크겠군.

② 전기장의 크기로 보아 ⓑ보다 ⓐ에서 더 정확한 접촉이 이루어진 것으로 볼 수 있겠군.

③ ⓒ에서는 구동 라인에서 발생한 전기장의 크기와 감지 라인으로 들어가는 전기장의 크기가 일치하겠군.

④ ⓒ와 달리 ⓑ에서는 감지 라인으로 들어가야 할 전기장의 일부가 접촉된 물체로 흘러들어 갔겠군.

⑤ ⓐ와 ⓒ에서는 구동 라인과 감지 라인 사이에서 형성된 상호 정전용량이 감소했겠군.

**지문 구조 노트**

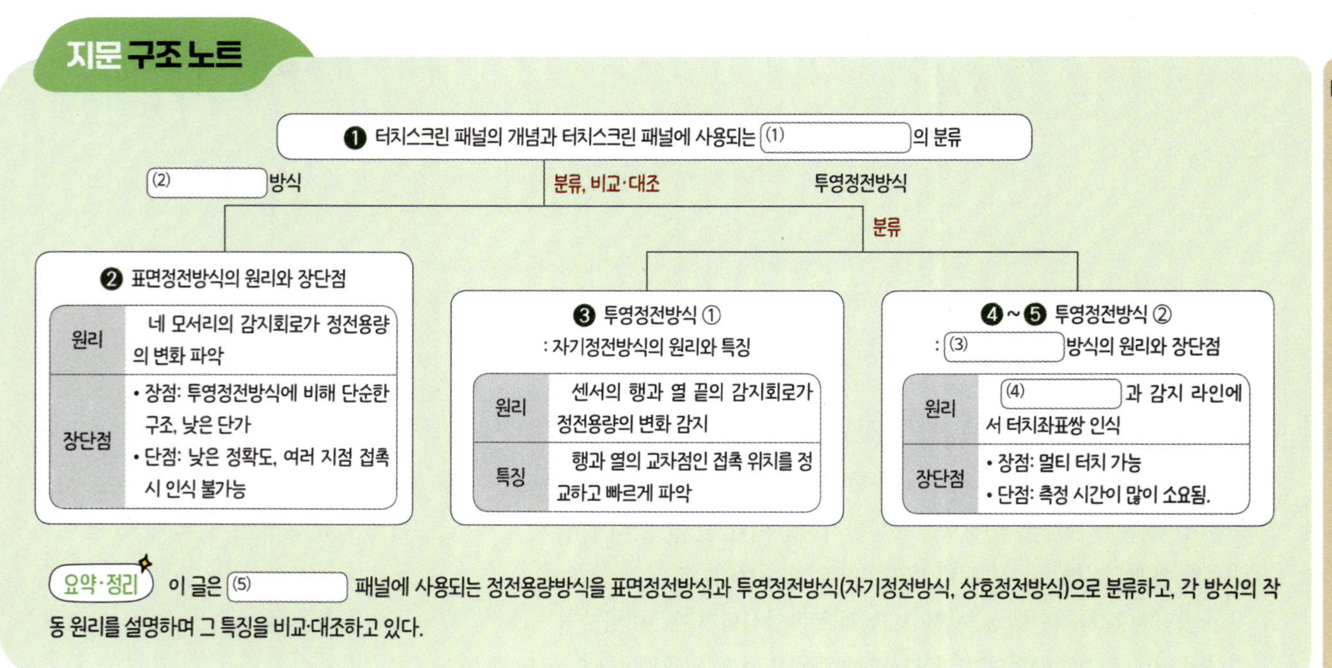


**요약·정리** 이 글은 [(5)        ] 패널에 사용되는 정전용량방식을 표면정전방식과 투영정전방식(자기정전방식, 상호정전방식)으로 분류하고, 각 방식의 작동 원리를 설명하며 그 특징을 비교·대조하고 있다.

# 문 제 하이라이트

## ▼ 생략된 정보 추론하기  〈문제 3번〉

**STEP 1** 발문과 선지를 살펴보며 추론해야 할 정보를 확인한다.

**3 ⓐ에 대한 이유**를 추론한 것으로 가장 적절한 것은?
*추론해야 할 정보*
① 교차점의 위치를 빠르게 측정할 수 있기 때문이다.
② 중앙처리장치가 행과 열의 정보를 분할하기 때문이다.
③ 센서의 행과 열 끝에 감지회로가 배치되어 있기 때문이다.
④ 구동 라인과 감지 라인의 교차점이 개별적으로 인식되기 때문이다.
⑤ 하나의 패널에서 한 개의 터치좌표쌍만 만들어질 수 있기 때문이다.

**❺** ²이러한 상호정전방식은 구동 라인과 감지 라인의 교차점을 개별적으로 인식하는 과정을 거치기에 측정 시간이 많이 소요되지만, ⓐ두 지점을 접촉하는 멀티 터치가 가능하여 최근 스마트폰이나 태블릿과 같은 기기에 많이 활용되는 추세이다.

**STEP 2, 3**  ⓐ의 내용을 확인한 뒤, 글에서 '상호정전방식'에 대해 설명한 부분을 찾고 선지에 언급된 키워드를 중심으로 ⓐ의 구체적인 근거를 탐색한다. 그 근거를 바탕으로 하여 선지의 적절성을 판단한다.

**❹** ¹반면 상호정전방식은 가로축으로 배열된 센서인 구동 라인과 세로축으로 배열된 센서인 감지 라인이 두 개의 층을 이루고 있다. …… ⁶결국 패널에는 접촉 전과는 다른 전기장의 흐름이 나타나 상호 정전용량이 변화하고 구동 라인과 감지 라인의 교차점인 터치좌표쌍이 인식된다. ⁷이때 터치좌표쌍은 구동 라인과 감지 라인이 개별적으로 인식된 교차점이기에 하나의 패널에서는 여러 개의 터치좌표쌍이 만들어질 수 있다.
**❺** ¹이후 터치좌표쌍의 정보를 터치 컨트롤러가 디지털 신호로 변환해 이미지로 처리하여 중앙처리장치(CPU)에 전달함으로써 해당 터치스크린 패널은 전도성 물체의 접촉 여부 및 접촉한 위치를 최종적으로 판단하게 된다. ²이러한 상호정전방식은 구동 라인과 감지 라인의 교차점을 개별적으로 인식하는 과정을 거치기에 측정 시간이 많이 소요되지만, ⓐ두 지점을 접촉하는 멀티 터치가 가능하여 최근 스마트폰이나 태블릿과 같은 기기에 많이 활용되는 추세이다.

① ❺-2에 상호정전방식은 구동 라인과 감지 라인의 교차점을 개별적으로 인식하는 과정을 거치기에 측정 시간이 많이 소요됨이 언급됨. →⁽¹⁾ 선지 판단 ○ ×
② 윗글에 상호정전방식에서 중앙처리장치가 행과 열의 정보를 분할한다는 내용은 나타나지 않음. →⁽²⁾ 선지 판단 ○ ×
③ 상호정전방식에서 센서의 행과 열 끝에 감지회로가 배치되어 있다는 내용은 윗글에 나타나지 않음. 센서의 행과 열 끝에 감지 회로가 배치된 것은 투영정전방식 중 ⁽³⁾＿＿＿＿방식에 대한 설명임. →⁽⁴⁾ 선지 판단 ○ ×
④ ❹-7에 상호정전방식에서 터치좌표쌍은 구동 라인과 감지 라인이 ⁽⁵⁾＿＿＿으로 인식된 교차점이기에 하나의 패널에 여러 개의 터치좌표쌍이 만들어질 수 있음이 언급됨. →⁽⁶⁾ 선지 판단 ○ ×
⑤ ❹-7에 상호정전방식은 하나의 패널에서 여러 개의 터치좌표쌍이 만들어질 수 있음이 언급됨. →⁽⁷⁾ 선지 판단 ○ ×

---

(TIP)

생략된 정보를 추론하는 문제의 근거는 글에 제시되어 있으므로, 이러한 유형의 문제는 내용 일치 문제처럼 선지의 키워드가 글에 나타나 있는지 확인하며 해결할 수 있다. ⓐ는 '상호정전방식'에 대한 내용이므로, 선지의 내용이 '상호정전방식'을 설명한 문단(❹, ❺)에 제시되어 있는지 또는 '상호정전방식'에 대한 설명으로 적절한지를 가려낸 뒤, 남은 선지와 ⓐ와의 인과 관계를 따져 보며 문제를 해결할 수 있다.

**III**
**과학·기술**

**선지➕**

⑥ 패널의 네 모서리가 각각 접촉 지점을 감지하기 때문이다. ○ ×
⑦ 패널에 배열된 센서가 한번에 여러 개의 접촉 지점을 인식할 수 있기 때문이다. ○ ×
⑧ 세로축 센서인 구동 라인과 가로축 센서인 감지 라인이 교차하는 지점에서 터치좌표쌍이 인식되기 때문이다. ○ ×

# 05 가상 공간 체험



지문 난도 ★★★☆☆
지문 길이 ┃500┃ ┃2500┃

❶ [1]'메타버스(metaverse)'는 '초월'이라는 의미의 '메타(meta)'와 '세계'를 뜻하는 '유니버스(universe)'의 합성어로, 현실 세계와 가상 공간이 적극적으로 상호 작용하는 공간을 의미한다. [2]감각 전달 장치는 메타버스 속에서 사용자를 대신하는 아바타가 보고 만지는 것으로 설정된 감각을 사용자에게 전달하는 장치이다. [3]사용자는 이를 통하여 가상 공간을 현실감 있게 체험하면서 메타버스에 몰입하게 된다.

❷ [1]시각을 전달하는 장치인 ⊕HMD는 사용자의 양쪽 눈에 가상 공간을 표현하는, •시차가 있는 영상을 전달한다. [2]전달된 영상을 뇌에서 조합하는 과정에서 사용자는 공간과 물체의 입체감을 느낄 수 있다. [3]가상 공간에서 물체를 접촉하는 것처럼 사용자의 손에 감각 반응을 직접 전달하는 장치로는 가상 현실 장갑이 있다. [4]가상 현실 장갑은 가상 공간에서 아바타가 만지는 가상 물체의 크기, 형태, 온도 등을 사용자가 느낄 수 있도록 설계되어 있다. [5]이 외에도 가상 현실 장갑은 사용자의 손가락 및 팔의 움직임에 따라 아바타를 움직이게 할 수 있다.

❸ [1]한편 사용자의 움직임을 아바타에게 전달하는 공간 이동 장치를 이용하면, 사용자는 몰입도 높은 메타버스 체험을 할 수 있다. [2]공간 이동 장치인 가상 현실 •트레드밀은 일정한 공간에 설치되어 360도 방향으로 사용자의 이동이 가능하도록 바닥의 움직임을 지원한다.

❹ [1]가상 현실 트레드밀과 함께 사용되는 모션 트래킹 시스템은 사용자의 동작에 따라 아바타가 동일하게 움직일 수 있도록 동기화하는 시스템으로, 동작 추적 센서, 관성 측정 센서, 압력 센서 등으로 구성된다. [2]동작 추적 센서는 사용자의 동작을 파악하며, 관성 측정 센서는 사용자의 이동 속도 변화율 및 회전 속도를 측정한다. [3]압력 센서는 서로 다른 물체 간에 작용하는 압력을 측정한다. [4]만약 바닥에 압력 센서가 부착된 신발을 사용자가 신고 뛰면, 압력 센서는 지면과 발바닥 사이의 압력을 감지하여 사용자가 뛰는 힘을 [A] 파악할 수 있다. [5]모션 트래킹 시스템이 사용자의 동작 정보를 컴퓨터에 전달하면, 컴퓨터는 사용자가 움직이는 방향과 속도에 ⓐ맞춰 트레드밀의 바닥을 제어한다. [6]이와 같이 사용자의 이동 동작에 따라 트레드밀의 움직임이 변경되기도 하지만, 아바타가 존재하는 가상 공간의 환경 변화에 따라 트레드밀 바닥의 진행 속도 및 방향, 기울기 등이 변경되기도 한다. [7]또한 사용자의 움직임이나 트레드밀의 작동 변화에 따라 HMD에 표시되는 가상 공간의 장면이 변경되어 사용자는 더욱 현실감 높은 체험을 할 수 있다.

● **시차** 한 물체를 서로 다른 두 지점에서 보았을 때 방향의 차이.
● **트레드밀** 넓은 벨트로 된 바닥을 모터로 회전시키고, 그 위를 걷거나 뛰도록 만든 장치.

**1** 중심 내용 파악하기

**윗글의 내용과 일치하지 <u>않는</u> 것은?**

① 감각 전달 장치와 공간 이동 장치는 사용자가 메타버스에 몰입할 수 있게 한다.

② 공간 이동 장치는 현실 세계 사용자의 움직임을 메타버스의 아바타에게 전달한다.

③ HMD는 사용자가 시각을 통해 메타버스의 공간과 물체의 입체감을 느끼도록 한다.

④ 감각 전달 장치는 아바타가 느끼는 것으로 설정된 감각을 사용자에게 전달하는 장치이다.

⑤ 가상 현실 장갑을 착용하면 사용자와 아바타는 상호 간에 감각 반응을 주고받을 수 있다.

스스로 점검: ○ ¦ △ ¦ ✕
정답의 근거:

**2** 세부 내용 파악하기

**[A]에 대한 이해로 적절한 것은?**

① 관성 측정 센서는 사용자의 이동 속도와 뛰는 힘을 측정할 수 있다.

② HMD에 표시되는 가상 공간 장면의 변경에 따라 HMD는 가상 현실 트레드밀을 제어한다.

③ 가상 공간에서 아바타가 경사로를 만나면 가상 현실 트레드밀 바닥의 기울기가 변경될 수 있다.

④ 모션 트래킹 시스템은 아바타의 동작에 따라 사용자가 동일하게 움직일 수 있도록 동기화한다.

⑤ 아바타가 이동 방향을 바꾸면 가상 현실 트레드밀 바닥의 진행 방향이 변경되어 사용자의 이동
방향이 바뀌게 된다.

스스로 점검: ○ ¦ △ ¦ ✕
정답의 근거:

**3** 하이라이트 단어의 의미 파악하기

**문맥상 의미가 ⓐ와 가장 가까운 것은?**

① 그 연주자는 피아노를 언니의 노래에 정확히 <u>맞추어</u> 쳤다.

② 아내는 집 안에 있는 물건들의 색깔을 조화롭게 <u>맞추었다</u>.

③ 우리는 다음 주까지 손발을 <u>맞추어</u> 작업을 마치기로 했다.

④ 그 동아리는 신입 회원을 한 명 더 뽑아 인원을 <u>맞추었다</u>.

⑤ 동생은 중간고사를 보고 나서 친구와 답을 <u>맞추어</u> 보았다.

스스로 점검: ○ ¦ △ ¦ ✕
정답의 근거:

**4** 윗글을 바탕으로 〈보기〉를 이해한 내용으로 적절하지 <u>않은</u> 것은?

스스로 점검: ○ ｜ △ ｜ ✕
정답의 근거:

〈보기〉

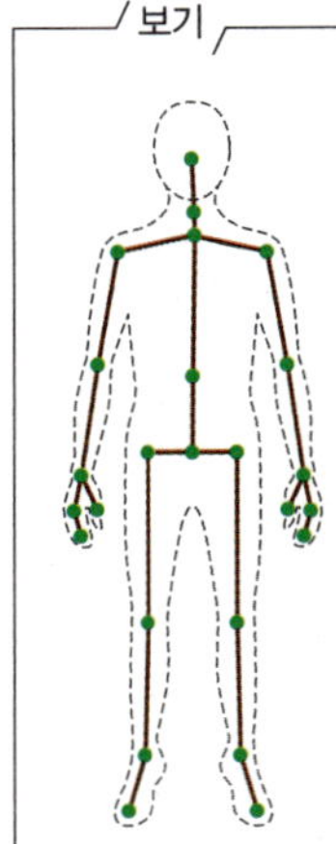

　　동작 추적 센서의 하나인 키넥트 센서는 적외선 카메라와 RGB 카메라 등으로 구성된다. 적외선 카메라는 광원에서 발산된 적외선이 피사체의 표면에서 반사되어 수신되기까지 걸리는 시간을 측정하여, 피사체의 입체 정보를 포함하는 저해상도 단색 이미지를 제공한다. 반면 RGB 카메라는 피사체의 고해상도 컬러 이미지를 제공한다. 키넥트 센서는 저해상도 입체 이미지를 고해상도 컬러 이미지에 투영하여 사용자가 검출되는 경우, 〈그림〉과 같이 신체 부위에 대응되는 25개의 연결점을 선으로 이은 3D 골격 이미지를 제공한다.

〈그림〉

① 키넥트 센서는 가상 공간에 있는 물체들 간의 거리를 측정하여 입체감을 구현할 수 있다.

② 키넥트 센서가 확보한, 사용자의 춤추는 동작 정보를 바탕으로 아바타의 춤추는 동작이 구현될 수 있다.

③ 키넥트 센서와 관성 측정 센서를 이용하여 사용자의 걷는 자세 및 이동 속도 변화율을 파악할 수 있다.

④ 연결점의 수와 위치의 제약 때문에 사용자의 골격 이미지로는 사용자의 얼굴 표정 변화를 아바타에게 전달할 수 없다.

⑤ 적외선 카메라의 입체 이미지와 RGB 카메라의 컬러 이미지 정보로부터 생성된 골격 이미지가 사용자의 동작 정보를 파악하는 데 사용된다.

---

## 지문 구조 노트

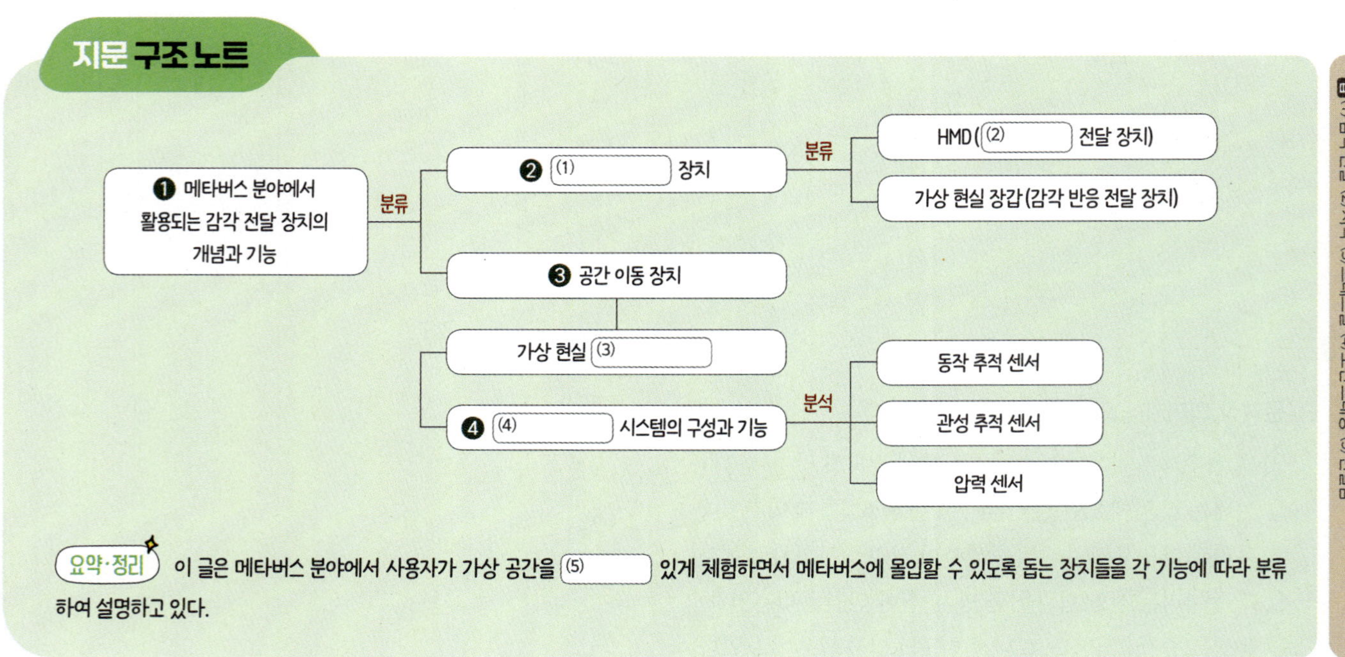


**요약·정리** 이 글은 메타버스 분야에서 사용자가 가상 공간을 (5)　　　　 있게 체험하면서 메타버스에 몰입할 수 있도록 돕는 장치들을 각 기능에 따라 분류하여 설명하고 있다.

▼ **단어의 의미 파악하기** 문제 3번

STEP **1, 2** 글에서 ⓐ가 위치한 문장을 찾고, 앞뒤 내용을 살피며 ⓐ의 문맥적 의미를 파악한다.

> **3** 문맥상 의미가 ⓐ와 가장 가까운 것은?

❹ ¹가상 현실 트레드밀과 함께 사용되는 모션 트래킹 시스템은 사용자의 동작에 따라 아바타가 동일하게 움직일 수 있도록 동기화하는 시스템으로, 동작 추적 센서, 관성 측정 센서, 압력 센서 등으로 구성된다. ······ ⁴만약 바닥에 압력 센서가 부착된 신발을 사용자가 신고 뛰면, 압력 센서는 지면과 발바닥 사이의 압력을 감지하여 사용자가 뛰는 힘을 파악할 수 있다. ⁵모션 트래킹 시스템이 사용자의 동작 정보를 컴퓨터에 전달하면, 컴퓨터는 사용자가 움직이는 방향과 속도에 ⓐ맞춰 트레드밀의 바닥을 제어한다. '어떤 기준이나 정도에 어긋나지 아니하게 하다.' ⁶이와 같이 사용자의 이동 동작에 따라 트레드밀의 움직임이 변경되기도 하지만, 아바타가 존재하는 가상 공간의 환경 변화에 따라 트레드밀 바닥의 진행 속도 및 방향, 기울기 등이 변경되기도 한다.

STEP **3** **1, 2**에서 파악한 ⓐ의 문맥적 의미를 선지의 밑줄 친 단어에 대입해 보고, 문장의 의미가 자연스러운지 판단한다.

> **3** 문맥상 의미가 ⓐ와 가장 가까운 것은?
> ① 그 연주자는 피아노를 언니의 노래에 정확히 <u>맞추어</u> 쳤다.
> ② 아내는 집 안에 있는 물건들의 색깔을 조화롭게 <u>맞추었다</u>.
> ③ 우리는 다음 주까지 손발을 <u>맞추어</u> 작업을 마치기로 했다.
> ④ 그 동아리는 신입 회원을 한 명 더 뽑아 인원을 <u>맞추었다</u>.
> ⑤ 동생은 중간고사를 보고 나서 친구와 답을 <u>맞추어</u> 보았다.

① 밑줄 친 '맞추다'는 '어떤 기준이나 정도에 어긋나지 아니하게 하다.'의 뜻으로, 문맥상 '언니의 노래'라는 기준이나 정도에 따라 피아노를 친다는 의미임. → ⁽¹⁾ 선지 판단 ○ ✕

② 밑줄 친 '맞추다'는 문맥상 '서로 어긋남이 없이 조화를 이루다.'의 뜻으로, ⓐ와 달리 '~에'에 해당되는 기준이 제시되지 않음. → ⁽²⁾ 선지 판단 ○ ✕

③ 밑줄 친 '맞추다'는 문맥상 '서로 어긋남이 없이 조화를 이루다.'의 뜻으로, ⓐ와 달리 '~에'에 해당되는 기준이 제시되지 않음. → ⁽³⁾ 선지 판단 ○ ✕

④ 밑줄 친 '맞추다'는 문맥상 '일정한 수량이 되게 하다.'의 뜻으로, ⓐ와 달리 '~에'에 해당되는 기준이 제시되지 않음. → ⁽⁴⁾ 선지 판단 ○ ✕

⑤ 밑줄 친 '맞추다'는 문맥상 '둘 이상의 일정한 대상들을 나란히 놓고 비교하여 살피다.'의 뜻으로, ⓐ와 달리 '~에'에 해당되는 기준이 제시되지 않음. → ⁽⁵⁾ 선지 판단 ○ ✕

TIP
ⓐ가 있는 문장의 내용을 볼 때, 문맥상 '~에 맞춰'는 '~에 따라'와 비슷한 의미로 쓰였음을 확인할 수 있다.

**III 과학·기술**

선지➕

⑥약속한 시각에 맞추어 전화를 걸었다. ○✕
⑦양복을 맞추기 위해 양복점에 들렀다. ○✕
⑧퍼즐 조각들을 원래대로 잘 맞추었다. ○✕

# 06 어라운드 뷰 시스템



지문 난도 ★★★☆☆
지문 길이 | 500 ┆ 2500

❶ [1]주차하거나 좁은 길을 지날 때 운전자를 돕는 장치들이 있다. [2]이 중 차량 전후좌우에 장착된 카메라로 촬영한 영상을 이용하여 차량 주위 360°의 상황을 위에서 내려다본 것 같은 영상을 만들어 차 안의 모니터를 통해 운전자에게 제공하는 장치가 있다. [3]운전자에게 제공되는 영상이 어떻게 만들어지는지 알아보자.

❷ [1]먼저 차량 주위 바닥에 바둑판 모양의 격자판을 펴 놓고 카메라로 촬영한다. [2]이 장치에서 사용하는 광각 카메라는 큰 시야각을 갖고 있어 *사각지대가 줄지만 빛이 렌즈를 ⓐ지날 때 렌즈 고유의 *곡률로 인해 영상이 중심부는 볼록하고 중심부에서 멀수록 더 휘어지는 현상, 즉 렌즈에 의한 상의 왜곡이 발생한다. [3]이 왜곡에 영향을 주는 카메라 자체의 특징을 내부 변수라고 하며 왜곡 계수로 나타낸다. [4]이를 알 수 있다면 왜곡 모델을 설정하여 왜곡을 보정할 수 있다. [5]한편 차량에 장착된 카메라의 기울어짐 등으로 인해 발생하는 왜곡의 원인을 외부 변수라고 한다. [6]㉠촬영된 영상과 실세계 격자판을 비교하면 영상에서 격자판이 회전한 각도나 격자판의 위치 변화를 통해 카메라의 기울어진 각도 등을 알 수 있으므로 왜곡을 보정할 수 있다.

❸ [1]왜곡 보정이 끝나면 영상의 점들에 대응하는 ✛3차원 실세계의 점들을 추정하여 이로부터 원근 효과가 제거된 영상을 얻는 시점 변환이 필요하다. [2]카메라가 3차원 실세계를 2차원 영상으로 *투영하면 크기가 동일한 물체라도 카메라로부터 멀리 있을수록 더 작게 나타나는데, 위에서 내려다보는 시점의 영상에서는 거리에 따른 물체의 크기 변화가 없어야 하기 때문이다.

❹ [1]㉡왜곡이 보정된 영상에서의 몇 개의 점과 그에 대응하는 실세계 격자판의 점들의 위치를 알고 있다면, 영상의 모든 점들과 격자판의 점들 간의 대응 관계를 가상의 좌표계를 이용하여 *기술할 수 있다. [2]이 대응 관계를 이용해서 영상의 점들을 격자의 모양과 격자 간의 상대적인 크기가 실세계에서와 동일하게 유지되도록 한 평면에 놓으면 2차원 영상으로 나타난다. [3]이때 얻은 영상이 ㉢위에서 내려다보는 시점의 영상이 된다. [4]이와 같은 방법으로 구한 각 방향의 영상을 합성하면 차량 주위를 위에서 내려다본 것 같은 영상이 만들어진다.

---

**배경지식 ✛**

**차원**

차원이란 수학에서, 공간적인 넓이를 나타내는 수이며 흔히 어떤 공간에서 위치를 정하는 데 필요한 좌표의 수를 가리킨다. 1차원은 위치를 나타낼 때 좌표축이 한 개, 2차원은 두 개, 3차원은 세 개가 필요하다. 그림에서 나비의 위치를 보자. 1차원에서는 좌표축이 하나이므로 나비가 좌우로 움직이는 위치만 나타낼 수 있다. 그러나 2차원에서는 가로축과 세로축을 이용할 수 있고, 3차원에서는 가로, 세로, 깊이를 모두 이용하여 나타낼 수 있다. 깊이가 더해지면서 3차원 표현에서는 멀고 가까운 거리에 대한 느낌, 즉 원근감이 느껴지게 된다.

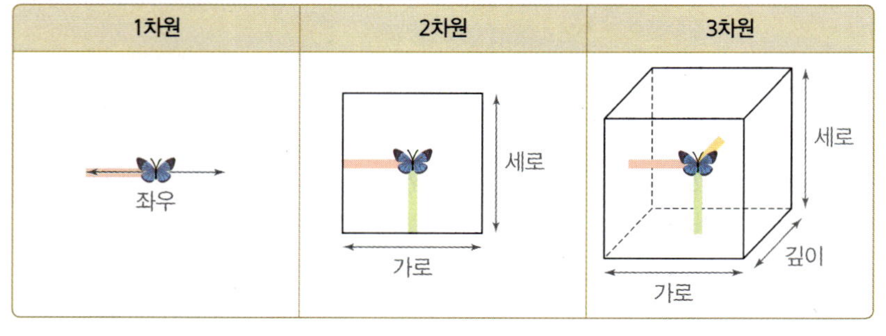


- **사각지대** 어느 위치에 섬으로써 사물이 눈으로 보이지 아니하게 되는 각도.
- **곡률** 곡선이나 곡면의 각 점에서의 구부러진 정도를 표시하는 값.
- **투영하다** 도형이나 입체를 다른 평면에 옮기다.
- **기술하다** 대상이나 과정의 내용과 특징을 있는 그대로 열거하거나 기록하여 서술하다.

세부 내용 파악하기

**1** **윗글의 내용과 일치하는 것은?**

① 차량 주위를 위에서 내려다본 것 같은 영상은 360°를 촬영하는 카메라 하나를 이용하여 만들어진다.

② 외부 변수로 인한 왜곡은 카메라 자체의 특징을 알 수 있으면 쉽게 해결할 수 있다.

③ 차량의 전후좌우 카메라에서 촬영된 영상을 하나의 영상으로 합성한 후 왜곡을 보정한다.

④ 영상이 중심부로부터 멀수록 크게 휘는 것은 왜곡 모델을 설정하여 보정할 수 있다.

⑤ 위에서 내려다보는 시점의 영상에 있는 점들은 카메라 시점의 영상과는 달리 3차원 좌표로 표시된다.

스스로 점검: ○ ㅣ △ ㅣ ✕
정답의 근거:

정보 간의 관계 파악하기

**2** **㉠~㉢을 이해한 내용으로 가장 적절한 것은?**

① ㉠에서 광각 카메라를 이용하여 확보한 시야각은 ㉡에서는 작아지겠군.

② ㉡에서는 ㉠과 마찬가지로 렌즈와 격자판 사이의 거리가 멀어질수록 격자판이 작아 보이겠군.

③ ㉡에서는 ㉠에서 렌즈와 격자판 사이의 거리에 따른 렌즈의 곡률 변화로 생긴 휘어짐이 보정되었겠군.

④ ㉡과 실세계 격자판을 비교하여 격자판의 위치 변화를 보정한 ㉢은 카메라의 기울어짐에 의한 왜곡을 바로잡은 것이겠군.

⑤ ㉡에서 렌즈에 의한 상의 왜곡 때문에 격자판의 윗부분으로 갈수록 격자 크기가 더 작아 보이던 것이 ㉢에서 보정되었겠군.

스스로 점검: ○ ㅣ △ ㅣ ✕
정답의 근거:

단어의 의미 파악하기

**3** **문맥상 ⓐ의 의미와 가장 가까운 것은?**

① 그때 동생이 탄 버스는 교차로를 지나고 있었다.

② 그것은 슬픈 감정을 지나서 아픔으로 남아 있다.

③ 어느새 정오가 훌쩍 지나 식사할 시간이 되었다.

④ 물의 온도가 어는점을 지나 계속 내려가고 있다.

⑤ 가장 힘든 고비를 지나고 나니 마음이 가뿐하다.

스스로 점검: ○ ㅣ △ ㅣ ✕
정답의 근거:

**4** 구체적 사례나 상황에 적용하기 [고난도]

## 윗글을 바탕으로 〈보기〉를 탐구한 내용으로 가장 적절한 것은?



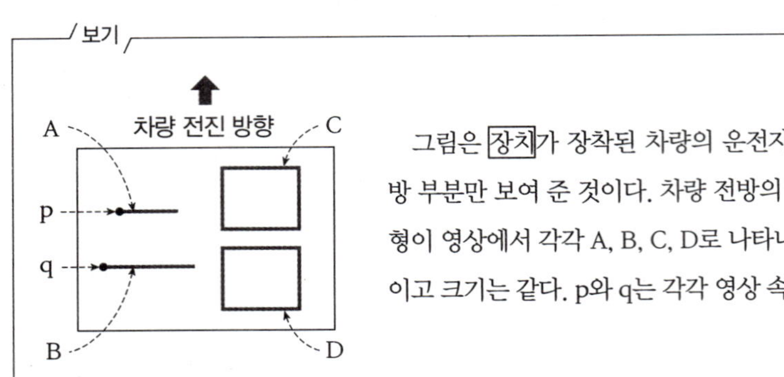


그림은 장치가 장착된 차량의 운전자에게 제공된 영상에서 전방 부분만 보여 준 것이다. 차량 전방의 바닥에 그려진 네 개의 도형이 영상에서 각각 A, B, C, D로 나타나 있고, C와 D는 직사각형이고 크기는 같다. p와 q는 각각 영상 속 임의의 한 점이다.

① 원근 효과가 제거되기 전의 영상에서 C는 윗변이 아랫변보다 긴 사다리꼴 모양이다.

② 시점 변환 전의 영상에서 D는 C보다 더 작은 크기로 영상의 더 아래쪽에 위치한다.

③ A와 B는 p와 q 간의 대응 관계를 이용하여 바닥에 그려진 도형을 크기가 유지되도록 한 평면에 놓은 것이다.

④ B에 대한 A의 상대적 크기는 가상의 좌표계를 이용하여 시점을 변환하기 전의 영상에서보다 더 커진 것이다.

⑤ p가 A 위의 한 점이라면 A는 p에 대응하는 실세계의 점이 시점 변환을 통해 선으로 나타난 것이다.

## 지문 구조 노트

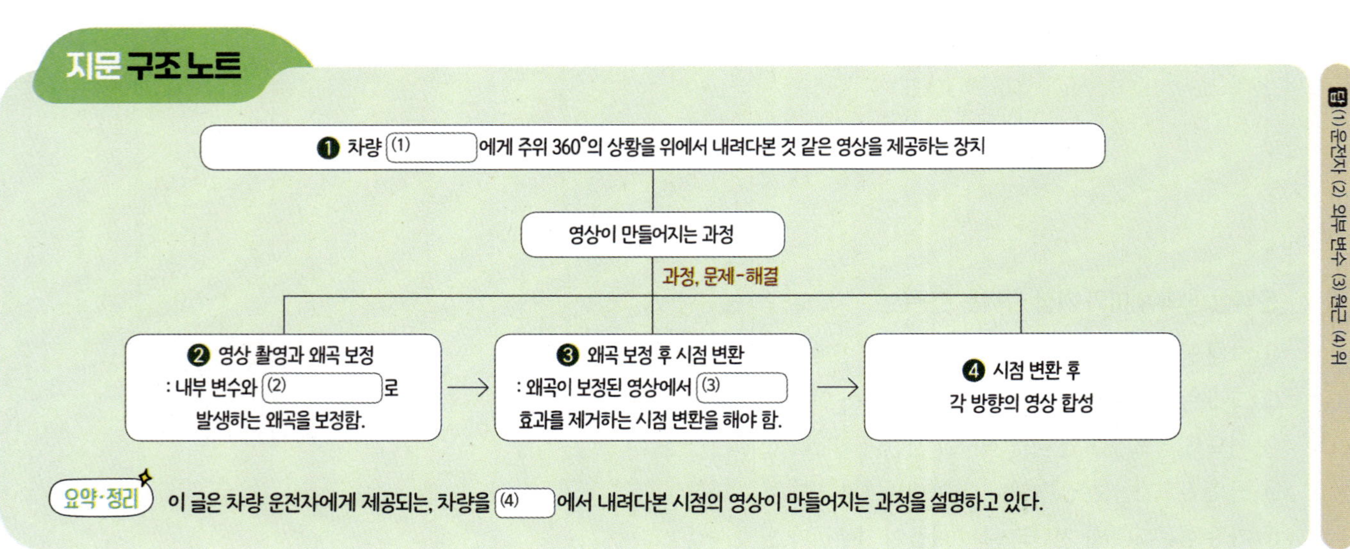

#  하이라이트

## ▼ 구체적 사례나 상황에 적용하기   문제 4번

**STEP 1** 〈보기〉와 선지를 읽고 출제 요소가 되는 핵심 정보를 확인한다.

**4** 윗글을 바탕으로 〈보기〉를 탐구한 내용으로 가장 적절한 것은?

> ─ 차량 주위 360°의 상황을 위에서 내려다본 것 같은 영상을 만드는 장치(❶-2)
>
> ┌─ 보기 ─┐
>
> 그림은 장치가 장착된 차량의 운전자에게 제공된 영상에서 전방 부분만 _(시점 변환 후 각 방향의 영상을 합성한 영상임.)_ 보여 준 것이다. 차량 전방의 바닥에 그려진 네 개의 도형이 영상에서 각각 _(차량 앞쪽의 상황임.)_ A, B, C, D로 나타나 있고, C와 D는 직사각형이고 크기는 같다. p와 q는 각각 영상 속 임의의 한 점이다.

① 원근 효과가 제거되기 전의 영상에서 C는 윗변이 아랫변보다 긴 사다리꼴 모양이다. _(가까이 있는 것은 크게, 멀리 있는 것은 작게 보임.)_
② 시점 변환 전의 영상에서 D는 C보다 더 작은 크기로 영상의 더 아래쪽에 위치한다.
③ A와 B는 p와 q 간의 대응 관계를 이용하여 바닥에 그려진 도형을 크기가 유지되도록 한 평면에 놓은 것이다.
④ B에 대한 A의 상대적 크기는 가상의 좌표계를 이용하여 시점을 변환하기 전의 영상에서보다 더 커진 것이다.
⑤ p가 A 위의 한 점이라면 A는 p에 대응하는 실세계의 점이 시점 변환을 통해 선으로 나타난 것이다.

**STEP 2, 3** 선지에 언급된 정보를 글에서 찾아 확인하며 〈보기〉에 적용해 보고, 선지가 〈보기〉의 그림을 적절하게 설명하고 있는지 판단한다.

❸ ¹왜곡 보정이 끝나면 영상의 점들에 대응하는 3차원 실세계의 점들을 추정하여 이로부터 원근 효과가 제거된 영상을 얻는 시점 변환이 필요하다. ²카메라가 3차원 실세계를 2차원 영상으로 투영 _(시점 변환 전의 영상에서는 원근 효과가 나타남.)_ 하면 크기가 동일한 물체라도 카메라로부터 멀리 있을수록 더 작게 나타나는데, 위에서 내려다보는 _(원근 효과)_ 시점의 영상에서는 거리에 따른 물체의 크기 변화가 없어야 하기 때문이다.

❹ ¹왜곡이 보정된 영상에서의 몇 개의 점과 그에 대응하는 실세계 격자판의 점들의 위치를 알고 있다면, 영상의 모든 점들과 격자판의 점들 간의 대응 관계를 가상의 좌표계를 이용하여 기술할 수 있다. ²이 대응 관계를 이용해서 영상의 점들을 격자의 모양과 격자 간의 상대적인 크기가 실세계에서와 동일하게 유지되도록 한 평면에 놓으면 2차원 영상으로 나타난다. ³이때 얻은 영상이 위에서 내 _(운전자에게 제공되는 영상 – 〈보기〉의 그림)_ 려다보는 시점의 영상이 된다.

① ❸-2에 따르면 원근 효과가 제거되기 전 영상에서는 물체가 카메라로부터 멀리 있을수록 더 작게 나타날 것임. 〈보기〉 그림에서 C의 윗변이 아랫변보다 차량으로부터 멀리 떨어져 있음. → ⁽¹⁾ 선지 판단 ○ ×

② 시점 변환 전 영상은 원근 효과가 제거되기 전 영상임. 〈보기〉 그림에서 C가 D보다 차량으로부터 멀리 떨어져 있음. → ⁽²⁾ 선지 판단 ○ ×

③ ❹-1~2의 내용으로 볼 때, A, B는 p와 q가 아니라, '영상에서의 점들'과 '실세계 격자판의 점들' 간의 대응 관계를 통해 영상에 나타난 것임. → ⁽³⁾ 선지 판단 ○ ×

④ ❸-2, ❹-2의 내용으로 볼 때, 시점 변환 전 영상에서 A는 ⁽⁴⁾ ___ 효과에 따라 B보다 더 작게 보이다가, 시점 변환 후에는 원근 효과가 제거되어 상대적으로 크기가 커 보일 것임. → ⁽⁵⁾ 선지 판단 ○ ×

⑤ 〈보기〉 그림에서 A는 바닥에 그려진 도형이 영상의 ⁽⁶⁾ ___ 과 합성을 거쳐 선으로 보이는 것이고, p는 그 영상 속 임의의 한 점임. 'p에 대응하는 실세계의 점'이 시점 변환 후 선으로 나타났다고 볼 수 없음. → ⁽⁷⁾ 선지 판단 ○ ×

<br>

**TIP**

'전방'이란 '앞쪽'을 뜻한다. 〈보기〉에서 '차량 전방'이라고 한 것을 볼 때, 〈보기〉의 그림은 차의 앞쪽 상황을 나타낸 것임을 알 수 있다. 따라서 〈보기〉의 그림에서 차량은 그림 아래쪽에 위치해 있다고 보아야 한다.

**III 과학·기술**

**선지 ＋**

⑥ 실세계에서는 A의 가로 길이가 B의 가로 길이보다 길다. ○ ×
⑦ 원근 효과가 제거되기 전의 영상에서는 A가 B보다 가까이에 있는 것처럼 보인다. ○ ×
⑧ C에 대한 D의 상대적 크기는 시점 변환 전의 영상에서보다 더 작아진 것이다. ○ ×

# 필수 어휘 ZIP

**1** 다음 뜻풀이에 해당하는 단어를 쓰시오.

(1) ㅅ ㅊ : 한 물체를 서로 다른 두 지점에서 보았을 때 방향의 차이. (          )

(2) ㅇ ㅇ ㅈ : 자연의 힘이 아닌 사람의 힘으로 이루어지는. 또는 그런 것. (          )

(3) ㄹ ㄱ ㄷ : 수용체와 결합하여 신경 자극이나 화학 반응과 같은 생물학적 반응을 촉발할 수 있는 물질. (          )

**2** 제시된 단어의 뜻풀이로 올바른 것을 연결하시오.

(1) 이온화 · · ㉠ 물체가 지니고 있는 전하의 용량.

(2) 정전용량 · · ㉡ 어떤 물질이 몇 가지 원소로 이루어졌을 때 그 개개 원소의 함유량과 비율 따위를 통틀어 이르는 말.

(3) 화학적 조성 · · ㉢ 전해질이 용액 속에서 양이온이나 음이온으로 해리되거나 그렇게 만듦. 또는 그런 현상.

**3** 다음 빈칸에 공통으로 들어갈 말로 적절한 것은?

- 판소리는 민중의 의식이 잘 [          ]되어 있다.
- 그 소설은 우리 시대의 문제점을 상징적으로 [          ]하고 있다.
- 이번 전시에는 미적 도덕성을 추구하는 작가 의식이 [          ]된 작품들이 다수 출품되었다.

① 상영　② 번영　③ 운영　④ 촬영　⑤ 투영

**4** 다음 문장의 의미를 고려하여 괄호 안에서 알맞은 단어를 골라 ○표 하시오.

(1) 중앙은행은 국채를 발행하는 데 ( 관망한다 , 관여한다 ).

(2) 약을 ( 남용하면, 차용하면 ) 오히려 건강을 해칠 수 있다.

(3) 지도상에는 두 강줄기가 ( 안접하는, 연접하는 ) 지점이 표시되어 있다.

(4) 역사는 사실을 ( 기고하고, 기술하고 ) 문학은 있을 수 있는 일을 지어낸다.

**5** 다음 뜻풀이를 가진 단어를 골라 ○표 하시오.

(1) 어떤 일과 더불어 생기다. 　수렴되다　수반되다

(2) 성분이나 특성이 고루 같다. 　균등하다　균질하다

(3) 어느 위치에 섬으로써 사물이 눈으로 보이지 아니하게 되는 각도. 　사각지대　점이 지대

(4) 화학 분자 따위의 화학종이나 물질이 용매, 전기 따위로 인하여 이온, 원자단, 다른 분자 따위로 분해가 되다. 　유리되다　해리되다

**6** 다음 단어의 뜻풀이가 적절하면 ○표, 적절하지 않으면 ✕표를 고르시오.

(1) 혈전: 혈액에서 혈구를 제외한 액상 성분. 　○ ✕

(2) 전력량: 어떤 물체 또는 입자가 띠고 있는 전기의 양. 　○ ✕

(3) 곡률: 곡선이나 곡면의 각 점에서의 구부러진 정도를 표시하는 값. 　○ ✕

(4) 용해도: 일정한 온도에서 일정한 양의 용매에 녹을 수 있는 용질의 최대의 양. 　○ ✕

# IV

영역별 실전 독해

# 융합 · 복합

# 투시 원근법의 구현 원리



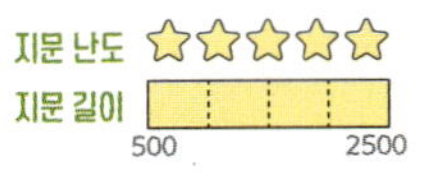


❶ [1]르네상스 이전의 회화에서는 일정한 비례나 법칙이 없이 가까이 있는 사물은 크게, 멀리 있는 사물은 작게 그리는 자연적 원근법을 사용하였다. [2]그런데 15세기 르네상스 회화에서는 눈에 보이는 장면을 정확하게 재현하려 했다. [3]이를 위해 르네상스 화가들은 자연적 원근법과 달리 수학과 과학의 원리를 ⓐ적용한 투시 원근법으로 대상을 표현하였다.

❷ [1]1435년 알베르티는 《회화론》에서 •광학의 원리에 ⓑ기초한 투시 원근법을 소개하였다. [2]화가가 상자를 바라보고 있고, 화가의 눈과 상자 사이에 유리판이 놓여 있다고 하자. [3]눈과 사물 위의 한 점을 직선으로 연결한 선을 시선이라고 하고, 시선이 유리판과 만나는 점을 사영이라고 한다. [4]상자의 각 점의 사영들을 모아 생기는 상이 화가의 눈에 비친 상자의 상이기 때문에 눈과 사물 사이의 유리판은 곧 화면이 된다. [5]알베르티는 ㉠유리판에 들어온 사물의 상을 그대로 그린다면, 그림 속의 인물이나 물체 등이 실제 모습과 비례하게 된다고 보았다.

❸ [1]실제로 평행한 두 선을 투시 원근법으로 그린 그림에서는 두 선이 한 점에서 모이는 것을 볼 수 있다. [2]이 점을 소실점이라고 하는데, 투시 원근법은 소실점의 개수에 따라 한 점 투시 원근법, 두 점 투시 원근법, 세 점 투시 원근법으로 나뉜다. [3]아래 〈그림 1〉의 투시도는 철로를 ㉡한 점 투시 원근법으로 그린 것으로, •투시도의 구현 원리는 •평면도와 상승도를 통해 이해할 수 있다.

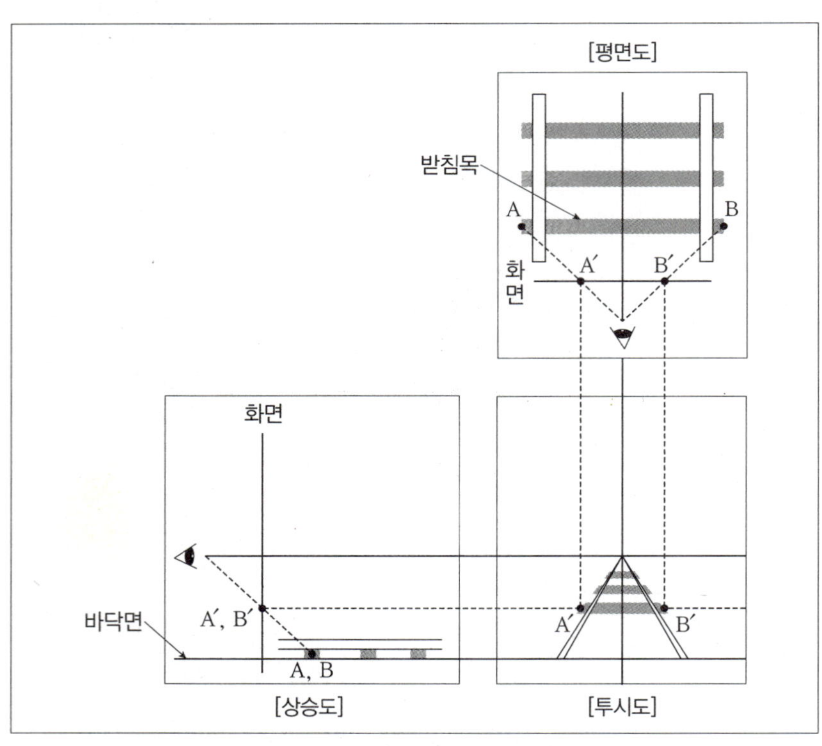


〈그림 1〉

❹ [1]철로의 평면도는 화가의 눈, 화면, 철로를 위에서 내려다볼 때, 철로의 각 점이 화면에 어떻게 •사영되는지를 보기 위한 것이다. [2]화면과 수직으로 만나는 시선을 중앙선이라고 하는데, ㉢이 중앙선이 철로와 평행하다고 하자. [3]또 눈에서 가장 가까이 있는 받침목의 맨 왼쪽 점 A를 연결하는 시선이 화면과 만나는 점을 A′, 맨 오른쪽 점 B를 연결하는 시선이 화면과 만나는 점을 B′라고 하자. [4]그렇게 되면 선분 AB의 상은 선분 A′B′가 된다. [5]이런 식으로 다른 받침목들도 그리다 보면 받침목이 화면에서 멀어질수록 상의 길

• 광학 빛의 성질과 현상을 연구하는 학문.
• 투시도 어떤 시점에서 본 물체의 형태를 평면상에 나타낸 그림.
• 평면도 물체를 바로 위에서 내려다본 그림. 투영 화법에서 평화면에 투영하여 얻은 그림이다.
• 사영되다 ① 빛이나 형상이 비치어 나타나다. ② 빛이나 형상이 그대로 옮겨져 비추어지다.

이가 작아지며, 양쪽 선로를 따라 점들이 멀어질수록 화면의 상들은 ㉣하나의 점에 가까워진다는 것을 알 수 있다. [6]다음으로 상승도를 보자. [7]상승도는 화가의 눈, 화면, 철로를 옆에서 본 그림이다. [8]철로가 놓인 바닥면을 기준으로 볼 때 ㉤중앙선은 바닥면과 평행하다고 하자. [9]눈에서 가장 가까운 받침목의 양 끝점 A와 B는 바닥으로부터 같은 높이에 있기 때문에 상승도에서 A′와 B′는 하나의 점으로 화면에 표시된다. [10]다른 받침목도 이와 마찬가지다.

❺ [1]철로의 평면도와 상승도를 종합하면 투시도를 ⓒ완성할 수 있다. [2]투시도를 그릴 화면 위쪽에 평면도를, 화면 왼쪽에 상승도를 놓는다. [3]그리고 평면도의 중앙선을 아래로 연장하고, 상승도의 중앙선을 오른쪽으로 연장하면 투시도의 한 점에서 만나게 된다. [4]투시도에서 점 A′의 위치는 평면도의 점 A′로부터의 수직선과 상승도의 점 A′로부터의 수평선이 만나는 점이다. [5]이런 식으로 다른 점들도 투시도에 표시할 수 있고, 이 점들을 모으면 철로의 상을 얻을 수 있다.

[A] ❻ [1]투시 원근법으로 그린 그림을 화가가 본 것과 유사하게 관람하기 위해서는 최적의 관람 거리를 ⓓ유지해야 한다. [2]관람 거리는 관람자와 그림 사이의 거리로, 투시 원근법으로 그린 그림의 최적의 관람 거리는 그림을 그리기 위해 실제 장면을 보고 있는 화가와 화면 사이의 거리에 해당한다. [3]〈그림 2〉는 가로의 길이가 C이고, 세로의 길이가 D인 직사각형을 한 점 투시 원근법으로 그린 것으로, 이 그림의 최적의 관람 거리를 추적해 보자. [4]가로 변은 화면과 평행하고 세로 변은 화면과 수직으로 놓인 직사각형을 그린 그림에서 직사각형의 세로 변을 연장하면 한 점에서 모이는 것을 볼 수 있는데, 이 점을 V라 하자. [5]이때 점 V는 그림의 소실점이다. [6]점 V에서 직사각형의 가로 변과 평행한 선을 긋고 이 선을 지평선이라고 하자. [7]그런 다음에 직사각형의 한 대각선을 연장했을 때 지평선과 만나는 점을 V′라 하자. [8]점 V와 V′ 사이의 거리를 c, 화가와 화면 사이의 거리를 d라고 하면 C:D=c:d가 성립하여 최적의 관람 거리를 구할 수 있다.

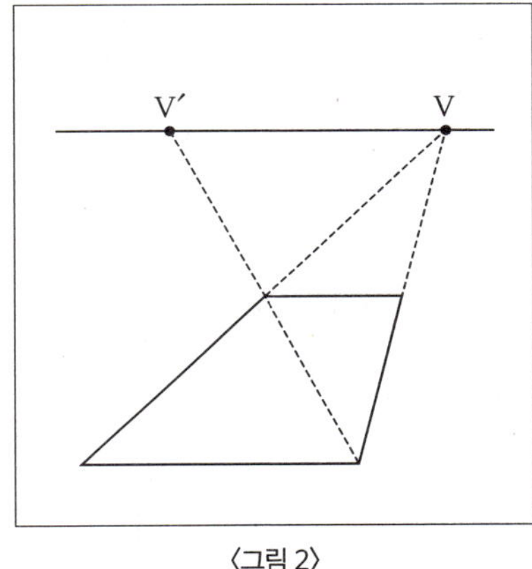

〈그림 2〉

❼ [1]한편 르네상스 시대에 원근법을 연구했던 프란체스카는 원근법의 한계를 지적하였다. [2]시선과 중앙선이 이루는 각이 60도의 범위 안에 들어오는 사물을 투시 원근법으로 그릴 경우, 화면에 실제 사물과 유사하게 사물의 상이 구현된다. [3]하지만 이 범위에서 벗어나 있는 사물을 보고 그린 그림에서는 상이 왜곡된다는 것이다. [4]이런 이유로 후대 미술가 중에는 투시 원근법에 대한 회의적 시각을 지닌 이들이 등장했다. [5]하지만 투시 원근법은 여전히 대상을 사실적으로 ⓔ재현하려는 이들에게는 유용한 방법이다. [6]최근에는 *증강 현실의 구현에 투시 원근법이 활용되고 있다.

**IV**
융합·복합

●**증강 현실** 현재 실제로 존재하는 사물이나 환경에 가상의 사물이나 환경을 덧입혀서, 마치 실제로 존재하는 것처럼 보여 주는 컴퓨터 그래픽 기술. 또는 그러한 기술로 조성된 현실.

**1**

**윗글에 대한 설명으로 적절하지 <u>않은</u> 것은?**

① 투시 원근법이 변화해 온 과정을 통시적으로 서술하고 있다.

② 구체적인 예를 들어 투시 원근법의 구현 원리를 설명하고 있다.

③ 투시 원근법에 대한 특정 인물의 비판적 견해를 제시하고 있다.

④ 관련된 주요 용어의 개념을 활용하여 투시 원근법을 설명하고 있다.

⑤ 자연적 원근법과의 차이점을 들어 투시 원근법의 특징을 드러내고 있다.



---

세부 내용 파악하기 ┃ 구체적 사례나 상황에 적용하기

**2**

**윗글의 〈그림 1〉에 대한 이해로 적절하지 <u>않은</u> 것은?**

① [평면도]에서 받침목들이 화면으로부터 멀어질수록 받침목의 끝점을 잇는 시선과 중앙선 사이의 각이 작아진다.

② [상승도]에서 한 개의 받침목의 양 끝점은 화면에 동일한 점으로 표시된다.

③ [상승도]에서 받침목들이 화면으로부터 멀어질수록 받침목 양 끝점의 사영은 중앙선에서 멀어진다.

④ [투시도]에서 멀리 보이는 받침목일수록 그 상이 소실점에 가까워진다.

⑤ [투시도]에서 소실점은 평면도의 중앙선과 상승도의 중앙선을 연장하였을 때 만나는 지점에서 형성된다.



---

세부 내용 파악하기

**3**

**㉠~㉤에 대한 설명으로 적절하지 <u>않은</u> 것은?**

① ㉠: 사물의 각 점의 사영들을 모아서 그린다는 것이다.

② ㉡: 소실점을 하나만 설정하여 그린 것이다.

③ ㉢: 철로가 화면과 평행한 방향으로 뻗어 있다는 것이다.

④ ㉣: 중앙선과 화면이 만나는 점에 가까워진다는 것이다.

⑤ ㉤: 바닥면이 화면과 수직이 된다는 것이다.

**4** [A]를 바탕으로 〈보기〉를 이해한 내용으로 가장 적절한 것은?



―／보기／――――――――――――――――――――――――

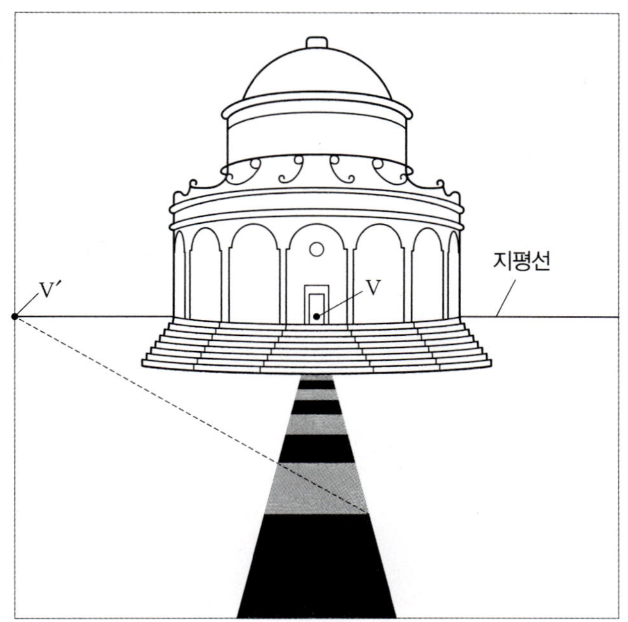


[1]한 점 투시 원근법으로 그린 위 그림은 가로와 세로의 길이가 각각 180cm이다. [2]그림에서 건물의 계단 앞까지 이어져 있는 타일들은 실제로는 같은 크기의 직사각형이다. [3]실제 타일은 가로 변이 화면과 평행하고 세로 변이 화면과 수직이다. [4]그림 속 타일들의 세로 변을 연장하면 건물 중앙 입구의 한 점(V)에서 모인다. [5]이 점은 그림의 정중앙에 위치해 있다. [6]이 그림의 점(V)에서 그린 지평선은 그림의 가로 테두리와 평행하며, 지평선과 그림 속 타일의 대각선을 연장한 선은 그림의 세로 테두리에서 한 점(V′)으로 만난다.

① 실제 장면을 보고 있는 화가와 화면 사이의 거리가 120cm였다면, 화가가 보고 그린 실제 타일은 가로의 길이가 세로의 길이보다 더 길겠군.

② 정사각형인 타일을 보고 이 그림을 그렸다면, 화가가 본 것과 유사하게 관람하기 위해서는 관람 거리를 90cm로 유지해야겠군.

③ 정사각형인 타일을 보고 이 그림을 그렸다면, 화면의 중앙에 가까이 그려져 있는 타일일수록 V와 V′ 사이의 거리는 가까워지겠군.

④ 가로의 길이가 100cm, 세로의 길이가 50cm인 직사각형의 타일을 보고 이 그림을 그렸다면, 최적의 관람 거리는 180cm겠군.

⑤ 세로의 길이가 가로의 길이보다 긴 직사각형의 타일을 보고 이 그림을 그렸다면, V′는 화면의 밖에 위치하겠군.

단어의 의미 파악하기

## 5 ⓐ~ⓔ의 문맥적 의미와 유사하지 않은 것은?

① ⓐ: 이 공장은 신기술을 적용하여 생산량을 늘렸다.
② ⓑ: 독립 선언문을 기초한 사람이 바로 그분이다.
③ ⓒ: 다음 주까지 보고서를 완성하여 제출해야 한다.
④ ⓓ: 사고 예방을 위해 앞 차와의 간격을 유지해야 한다.
⑤ ⓔ: 조선 시대의 마을을 재현한 민속촌을 만들었다.

스스로 점검: ○ | △ | ×
정답의 근거:

## 지문 구조 노트

❶ 르네상스 회화에 사용된 투시 원근법의 특징

❷ (1) ______ 의 원리에 기초한 투시 원근법

❸ 투시 원근법의 분류와 투시도의 예

❹ 투시 원근법의 구현 원리 ①
: 평면도, (2) ______ 를 그리는 방법

❺ 투시 원근법의 구현 원리 ②
: 투시도를 완성하는 방법

❻ 최적의 관람 거리를 구하는 방법
: 최적의 관람 거리 = 직사각형을 그렸다고 할 때, 화가와 화면 사이의 거리(d)의 값

| C | | D | | c | | d |
|---|---|---|---|---|---|---|
| 직사각형의 가로 길이 | : | 직사각형의 세로 길이 | = | V(소실점)와 V′(직사각형의 한 대각선을 연장한 선이 (3) ______ 과 만나는 점) 사이의 거리 | : | 화가와 화면 사이의 거리 |

❼ 프란체스카가 지적한 투시 원근법의 (4) ______

요약·정리 이 글은 르네상스 회화에 사용된 투시 원근법을 중심 화제로 다루며 투시 원근법으로 그린 그림을 예로 들어 투시 원근법의 구현 (5) ______, 특징, 한계 등을 구체적으로 설명하고 있다.

답 (1) 광학 (2) 상승도 (3) 지평선 (4) 한계 (5) 원리

# 문 제 하이라이트

## ▼ 세부 내용 파악하기  문제 3번

### STEP 1  각 선지에 언급된 키워드를 확인한다.

**3** ㉠~㉤에 대한 설명으로 적절하지 <u>않은</u> 것은?

① ㉠: 사물의 각 점의 사영들을 모아서 그린다는 것이다.

② ㉡: 소실점을 하나만 설정하여 그린 것이다.

③ ㉢: 철로가 화면과 평행한 방향으로 뻗어 있다는 것이다.

④ ㉣: 중앙선과 화면이 만나는 점에 가까워진다는 것이다.

⑤ ㉤: 바닥면이 화면과 수직이 된다는 것이다.

### STEP 2,3  글에서 ㉠~㉤의 앞뒤 내용을 확인하며 선지의 진술이 적절한지 판단한다.

❷ ³눈과 사물 위의 한 점을 직선으로 연결한 선을 시선이라고 하고, 시선이 유리판과 만나는 점을 사영이라고 한다. ⁴상자의 각 점의 사영들을 모아 생기는 상이 화가의 눈에 비친 상자의 상이기 때문에 눈과 사물 사이의 유리판은 곧 화면이 된다. ⁵알베르티는 ㉠유리판에 들어온 사물의 상을 그대로 그린다면, 그림 속의 인물이나 물체 등이 실제 모습과 비례하게 된다고 보았다.

① ❷-4에 따르면 상자의 각 점의 사영들을 모아 생기는 상이 화가의 눈에 비친 상자의 상이므로, ㉠은 사물의 각 점의 (1)⎣_______⎦들을 모아서 그린다는 의미임. → (2) 선지 판단 ○ ×

❸ ¹실제로 평행한 두 선을 투시 원근법으로 그린 그림에서는 두 선이 한 점에서 모이는 것을 볼 수 있다. ²이 점을 소실점이라고 하는데, 투시 원근법은 소실점의 개수에 따라 [소실점의 개념] 한 점 투시 원근법, 두 점 투시 원근법, 세 점 투시 원근법으로 나뉜다. ³아래 〈그림 1〉의 투시도는 철로를 ㉡한 점 투시 원근법으로 그린 것으로, 투시도의 구현 원리는 평면도와 상승도를 통해 이해할 수 있다.

② ❸-2에 따르면 투시 원근법은 소실점의 (3)⎣_______⎦에 따라 나뉘므로, 한 점 투시 원근법은 소실점을 하나로 설정하여 그린 것임. → (4) 선지 판단 ○ ×

❹ [평면도] ²화면과 수직으로 만나는 시선을 중앙선이라고 하는데, ㉢이 중앙선이 철로와 평행하다고 하자. ³또 눈에서 가장 가까이 있는 받침목의 맨 왼쪽 점 A를 연결하는 시선이 화면과 만나는 점을 A′, 맨 오른쪽 점 B를 연결하는 시선이 화면과 만나는 점을 B′라고 하자. ⁴그렇게 되면 선분 AB의 상은 선분 A′B′가 된다. ⁵이런 식으로 다른 받침목들도 그리다 보면 받침목이 화면에서 멀어질수록 상의 길이가 작아지며, 양쪽 선로를 따라 점들이 멀어질수록 화면의 상들은 ㉣하나의 점에 가까워진다는 것을 알 수 있다. …… ⁸철로가 놓인 바닥면을 기준으로 볼 때 ㉤중앙선은 바닥면과 평행하다고 하자. [상승도]

③ ❹-2에 따르면 화면과 수직으로 만나는 중앙선이 철로와 평행하다고 하였으므로, ㉢은 철로가 화면과 (5)⎣_______⎦인 방향으로 뻗어 있다는 의미임. → (6) 선지 판단 ○ ×

④ ❹-5에 따르면 평면도에서 받침목이 화면으로부터 멀어질수록 상의 길이가 작아지면서 화면의 상들은 하나의 점(중앙선과 화면이 만나는 점)에 가까워짐. → (7) 선지 판단 ○ ×

⑤ ❹-2에 따르면 화면과 수직으로 만나는 시선이 중앙선이고, 이 중앙선이 바닥면과 평행하다는 것은 바닥면 또한 화면과 수직이 된다는 의미임. → (8) 선지 판단 ○ ×

**IV**
융합·
복합

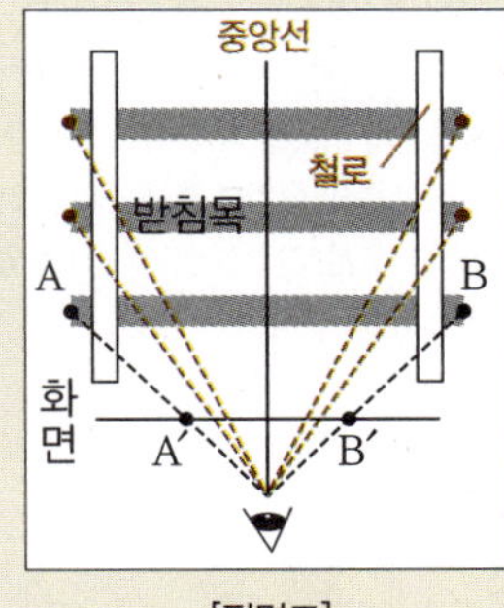


**선지⁺**

⑥㉠: 화가의 눈에 비친 사물을 실제 모습과 비례하게 그린다는 것이다. ○×

⑦㉡: 평행한 두 선이 한 곳에서 모이는 점의 개수가 한 개인 투시 원근법으로 그렸다는 것이다. ○×

⑧㉤: 중앙선이 화면과 평행하다는 것이다. ○×

# 02 쿤의 과학혁명 가설



지문 난도 ★★★★★
지문 길이 1000 ─ 3000

❶ [1]패러다임이란 한 시대 사람들의 견해나 사고를 지배하고 있는 이론적 틀이나 개념의 집합체를 뜻하는 말로 과학철학자인 토머스 쿤이 새롭게 제시하여 널리 쓰이는 개념이다. [2]쿤은 패러다임 속에서 진행되는 연구 활동을 정상 과학이라고 하였으며, 기존의 패러다임에서는 예상하지 못했던 현상을 변칙 사례라고 하였다. [3]쿤은 정상 과학이 변칙 사례를 설명해 내기도 하나 중요한 변칙 사례가 미해결 상태로 남으면 새로운 패러다임으로의 급격한 대체 과정, 즉 과학혁명이 일어난다고 ⓐ보았다. [4]그러나 쿤은 옛 패러다임과 새로운 패러다임 중 어떤 패러다임이 더 우월한지는 판단할 수 없다고 주장하였다.

❷ [1]18세기 말 라부아지에가 새로운 *연소 이론을 확립하기 전까지의 패러다임은 플로지스톤이라는 개념으로 연소 현상을 설명하는 것이었다. [2]그리스어로 '불꽃'을 뜻하는 플로지스톤은 18세기 초 베허와 슈탈이 제안한 개념으로, 가연성 물질이나 금속에 포함되어 있을 것이라고 생각했던 물질이다. [3]베허와 슈탈은 종이, 숯, 황처럼 잘 타는 물질에 플로지스톤이 많이 포함되어 있으며, 연소는 물질에 포함되어 있던 플로지스톤이 *방출되는 과정이라고 주장하였다. [4]또한 플로지스톤 개념으로 물질의 굳기, 광택, 색의 변화를 설명하기도 하였는데, 플로지스톤을 잃은 물질은 쉽게 부스러지며 탁하고 어둡게 된다고 보았다. [5]연소 현상뿐만 아니라 금속이 녹스는 현상, 음식이 소화되는 생화학 작용 등 다양한 현상이 플로지스톤 이론을 통해 이해될 수 있었다.

❸ [1]18세기 중반 ✚캐번디시는 자신이 순수한 플로지스톤을 추출하는 데 성공했다고 믿었다. [2]캐번디시는 금속을 산에 녹일 때 발생하는 기체가 매우 잘 타는 성질을 ⓑ띠고 있음을 발견하고 이 기체를 *'가연성 공기'라고 명명하였다. [3]녹슨 금속을 산에 녹일 때는 이 기체가 발생하지 않았으므로 ㉠이 기체는 금속에 있던 플로지스톤이 빠져 나온 것이라고 생각하였다. [4]이후 캐번디시는 이 가연성 공기를 태울 때 물이 형성되는 현상을 관찰하기도 하였다.

---

**배경지식** ✚

**캐번디시의 실험과 수소의 발견**
1766년, 캐번디시는 불에 타는 기체를 알아내기 위한 실험을 하였다. 그는 유리병에 아연과 묽은 황산을 넣은 뒤, 이 둘이 반응할 때 생기는 기체의 거품을 막기 위해 유리관을 꼽고 그 위로 실린더를 설치하였다. 실린더의 끝에는 탄산칼륨을 넣어 두 물질이 반응할 때 발생하는 기체 중의 습기를 흡수하게 하였다. 그는 이러한 실험을 통해 얻은 기체가 공기보다 가볍고 불에 잘 타는 성질을 지녔다는 것을 알게 되었고, 이를 '가연성 공기'라고 하였다. 그것은 이후 프랑스의 과학자 라부아지에가 수소라고 명명하였다.

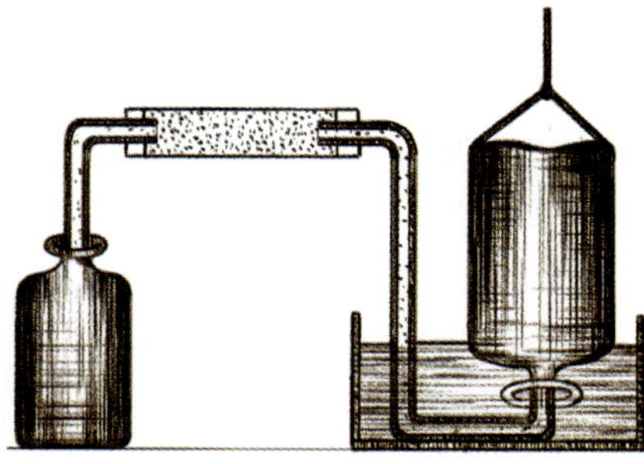

▲ 캐번디시의 실험

❹ [1]18세기 후반 프리스틀리는 캐번디시가 발견한 가연성 공기를 활용하여 *금속회를 금속으로 환원하는 실험을 시행하였다. [2]먼저 프리스틀리는 물을 채운 넓적한 그릇에 빈 유리그릇을 엎어 놓고 그 안에 가연성 공기를 채웠다. [3]그리고 그 안에 금속회를 놓고 렌즈로 햇빛을 모아 가열하였다. [4]프리스틀리는 금속회가 플로지스톤을 흡수하여 금속이 될 것이라고 예측하였는데 예측대로 금속회는 금속이 되었다. [5]또한 유

- **연소** 물질이 산소와 화합할 때에, 많은 빛과 열을 내는 현상.
- **방출되다** ① 비축되어 있는 것이 내놓아지다. ② 물리 입자나 전자기파의 형태로 에너지가 내보내지다.
- **가연성** 불에 잘 탈 수 있거나 타기 쉬운 성질.
- **금속회(Calx)** 금속의 산화물.

리그릇 안쪽의 수위가 높아지는 현상이 관찰되었는데 이는 유리그릇 안에 있던 플로지스톤이 소모된 증거라고 보았다. [6]금속에서 나온 기체가 가연성이라는 점, 그 기체를 활용하여 금속회를 금속으로 만들 수 있다는 점이 모두 플로지스톤 패러다임 안에서 설명된 것이다.

❺ [1]그런데 라부아지에는 금속이 녹슬 때 질량이 변화한다는 사실에 주목하며 플로지스톤 이론에 의문을 가졌다. [2]라부아지에는 연소 현상에서도 그러한 질량 변화가 있을 것이라고 보고 정밀하게 질량을 측정할 수 있는 기구를 동원하여 실험을 시행하였다. [3]라부아지에는 밀폐된 유리병 안에서 인과 황을 가열한 후에 가열 전과 비교하여 인과 황의 질량이 늘어난다는 사실을 확인하였고, 이때 질량이 증가한 양은 유리병 속 기체의 질량이 감소한 양과 같음을 확인하였다. [4]라부아지에는 연소 반응에서 발생하거나 소모되는 기체를 모아 정확히 질량을 측정하면 ⊕반응 전후의 총 질량은 변화가 없다는 사실을 근거로, 연소는 플로지스톤을 잃는 것이 아니라 공기 중의 산소와 결합하는 현상이라고 주장하였다.

❻ [1]가연성 공기를 태울 때 물이 형성된다는 캐번디시의 관찰 결과를 토대로 라부아지에는 프리스틀리의 실험을 자신의 이론으로 재해석하였다. [2]프리스틀리의 실험에서 나타난 현상은 플로지스톤과 금속회가 결합한 것이 아니라 금속회에 있던 산소가 유리그릇으로 방출된 것이며, 이 산소는 유리그릇을 채우고 있던 가연성 공기와 결합하여 물이 되었을 것이라는 설명이었다. [3]프리스틀리의 기존 실험은 물 위에서 시행되었기 때문에 새롭게 형성된 물을 관찰하기 어려웠으나 같은 실험을 물이 아닌 수은 위에서 다시 시행하자 수은 위에 소량의 물이 형성되는 현상을 관찰할 수 있었다.

❼ [1]이후 플로지스톤 학파는 기존 패러다임 안에서 이론을 일부 수정하여 라부아지에의 이론을 반박하기도 하였으나 정확한 질량 측정을 기반으로 한 라부아지에의 핵심적인 문제 ●제기는 끝내 명확하게 설명해 내지 못했다. [2]결국 플로지스톤이라는 개념과 그것으로 연소 현상을 이해하려는 패러다임은 ⓒ사라지고, 연소를 산소와의 결합으로 이해하는 새로운 패러다임이 자리 잡게 되었다. [3]또한 물질의 성질을 추상적으로 설명하는 것에서, 정밀한 측정 도구를 활용하여 실험 과정을 정량화하는 것으로 화학 연구의 패러다임이 ⓓ바뀌었다.

❽ [1]쿤은 과학사의 이러한 장면들을 통해 과학적 진보는 누적적인 것이 아니라 혁명적인 것이라고 주장하였다. [2]정상 과학의 시기에는 패러다임이라는 인식의 틀 안에서 퍼즐을 맞추는 활동을 수행하는 것일 뿐 새로운 과학 지식을 만들어 내지는 못한다는 것이다. [3]더 나아가 쿤은, 하나의 이론 체계를 ⓔ받아들인다는 것은 그것의 개념, 법칙, 가정을 포함한 패러다임 전체를 믿는 행위이므로 새로운 패러다임을 옛것과 비교하여 어떤 패러다임이 더 우월한 것인지 평가할 논리적 기준은 있을 수 없다고 보았다. [4]쿤의 과학혁명 가설은 과학의 발전을 새롭게 바라보는 통찰력 있는 관점으로서 많은 과학자들로 하여금 기존 패러다임으로 설명되지 않는 ●변칙 사례에 주목하게 하였고, 고정된 틀 속에서 문제를 해결하려 한 정상 과학을 반성적으로 바라볼 수 있게 하였다.

---

**배경지식** ➕

**질량 보존의 법칙**
라부아지에는 화학 반응이 일어날 때 질량이 보존된다는 주장을 과학적으로 증명하고자 하였다. 그는 다양한 반응에서 반응 물질과 생성 물질의 질량을 측정하였는데, 그 결과 반응 물질의 총 질량과 생성 물질의 총 질량이 같다는 사실을 발견하였다. 즉 화학 반응 전후 물질의 전체 질량에는 변화가 없다는 것인데, 이는 화학 반응 전후에 반응 물질과 생성 물질을 구성하는 원자의 종류와 개수가 같기 때문이다. 이러한 라부아지에의 발견을 '질량 보존의 법칙'이라고 한다.

⑩

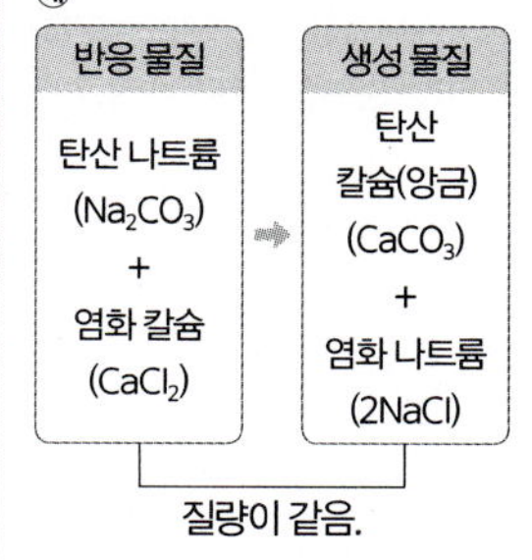


IV 융합·복합

● **제기** 의견이나 문제를 내어놓음.
● **변칙** 원칙에서 벗어나 달라짐. 또는 그런 법칙이나 규정.

**1** 윗글에 대한 이해로 적절하지 <u>않은</u> 것은?

① 라부아지에는 연소 실험 전후에 물질의 질량을 정밀하게 측정하였다.

② 베허와 슈탈은 종이가 플로지스톤을 많이 포함하고 있기 때문에 잘 타는 것이라고 보았다.

③ 플로지스톤 패러다임에서는 음식이 소화되는 과정을 플로지스톤이 빠져 나가는 것으로 이해하였다.

④ 라부아지에는 금속을 산에 녹일 때 나온 기체가 가연성을 띤다는 캐번디시의 실험 결과를 반박하였다.

⑤ 쿤의 과학혁명 가설은 기존의 이론적 틀 안에서 문제를 해결하려 하는 태도를 반성적으로 바라볼 수 있게 하였다.



**2** 캐번디시가 ㉠과 같이 판단한 이유로 가장 적절한 것은?

① 이 기체는 잘 타는 성질을 갖고 있고 타면서 물이 형성되었기 때문에

② 이 기체는 금속에 많이 포함되어 있고 금속이 녹슬면서 나온 것이기 때문에

③ 이 기체는 산에 많이 포함되어 있고 금속을 산에 녹일 때 나온 것이기 때문에

④ 이 기체는 잘 타는 성질을 갖고 있고 녹슬지 않은 금속에서만 나온 것이기 때문에

⑤ 이 기체는 녹슨 금속을 산에 녹일 때는 나오지 않고 가열할 때만 나온 것이기 때문에



**3** 윗글을 참고할 때 라부아지에가 갖게 된 의문의 내용으로 가장 적절한 것은?

① 금속이 플로지스톤을 잃어 녹슨 것이라면 녹슬기 전보다 질량이 늘어나야 하지 않을까?

② 금속이 플로지스톤을 잃어 녹슨 것이라면 녹슬기 전보다 질량이 줄어들어야 하지 않을까?

③ 금속이 플로지스톤을 잃어 녹슨 것이라도 녹슬기 전후의 질량은 동일하여야 하지 않을까?

④ 금속이 플로지스톤을 얻어 녹슨 것이라면 녹슬기 전보다 질량이 늘어나야 하지 않을까?

⑤ 금속이 플로지스톤을 얻어 녹슨 것이라도 녹슬기 전후의 질량은 동일하여야 하지 않을까?

세부 내용 파악하기

**4** 윗글을 바탕으로 〈보기〉를 이해한 것으로 적절하지 <u>않은</u> 것은?

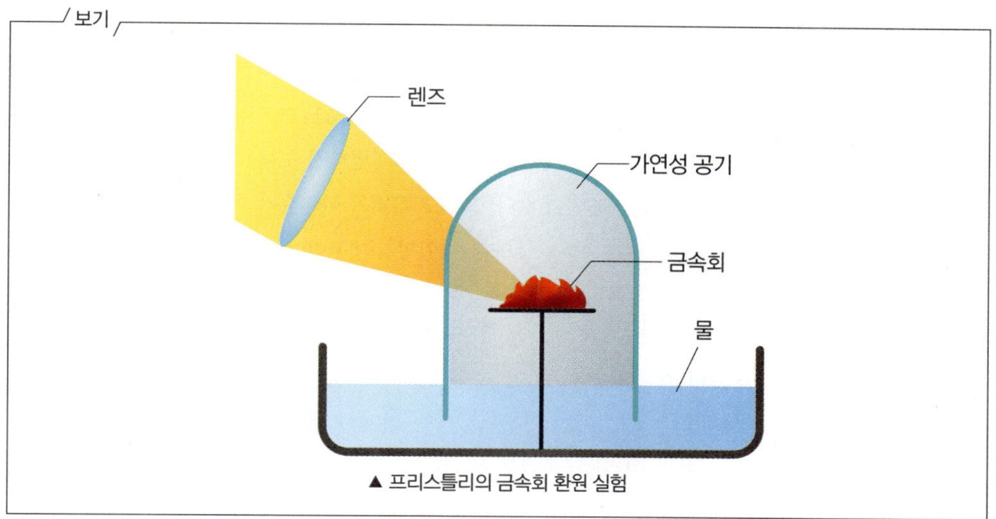


① 프리스틀리는 가열 전의 금속회는 플로지스톤이 *결핍된 상태라고 보았다.

② 프리스틀리는 실험 과정 중 가연성 공기가 소모되어 수위가 상승한다고 이해하였다.

③ 프리스틀리는 가연성 공기를 활용하여 금속회를 금속으로 변화시킬 수 있다고 생각하였다.

④ 라부아지에는 금속회를 가열하면 가연성 공기와는 다른 기체인 산소가 방출된다고 보았다.

⑤ 라부아지에는 수은 위에서 실험을 시행하면 물 위에서 실험했을 때와는 달리 새로운 물이 형성될 것이라고 보았다.



단어의 의미 파악하기

**5** 문맥상 ⓐ~ⓔ와 바꿔 쓴 것으로 가장 적절한 것은?

① ⓐ: 조망(眺望)하였다

② ⓑ: 소유(所有)하고

③ ⓒ: 생략(省略)되고

④ ⓓ: 전도(顚倒)되었다

⑤ ⓔ: 수용(受容)한다는

## 6 〈보기〉의 관점에서 윗글의 토머스 쿤 의 주장을 비판한 내용으로 가장 적절한 것은?

스스로 점검: ○ | △ | ✕
정답의 근거:

> **보기**
>
> 새로운 패러다임이 기존의 패러다임보다 더 나아졌다고 말할 수 없다면 우리는 과학이 진보하고 있다고 말할 수 없다. 과학은 객관적인 관찰과 자료 분석, 논리적인 접근으로 유도된 지식의 총합이며 이런 지식의 누적이 바로 과학적 진보이다. 뉴턴의 역학은 아리스토텔레스의 이론이 설명하지 못하는 부분까지 해명하므로 뉴턴의 역학이 더 진보되었다고 우리는 믿어 왔다. 그리고 우리가 아인슈타인의 상대성 이론에 열광한 것도 뉴턴 역학으로 설명할 수 없는 부분을 해명할 수 있었기 때문이다.

① 라부아지에는 변칙 사례를 발견하고 이를 정상 과학으로 해명하려 노력하였다는 점에서 정상 과학은 새로운 과학 지식을 만들어 낸다고 볼 수 있다.

② 가연성 공기와 관련한 캐번디시의 실험은 정상 과학의 범주에서 이루어졌다는 점에서 새로운 패러다임은 기존의 패러다임보다 더 진보되었다고 볼 수 있다.

③ 플로지스톤 패러다임에서는 미해결 상태로 남았던 변칙 사례가 라부아지에의 이론으로 해명되었다는 점에서 패러다임 간의 우월성은 존재한다고 볼 수 있다.

④ 플로지스톤 패러다임은 상태 변화의 원인에, 라부아지에의 이론은 물질의 질량 변화에 각각 주목한 것일 뿐이므로 과학적 진보는 혁명적이라고 볼 수 없다.

⑤ 라부아지에 역시 프리스틀리의 실험 결과를 활용하여 자신의 이론을 설명하였다는 점에서 하나의 이론 체계를 받아들인다는 것은 패러다임 전체를 믿는 행위라 볼 수 없다.

## 지문 구조 노트

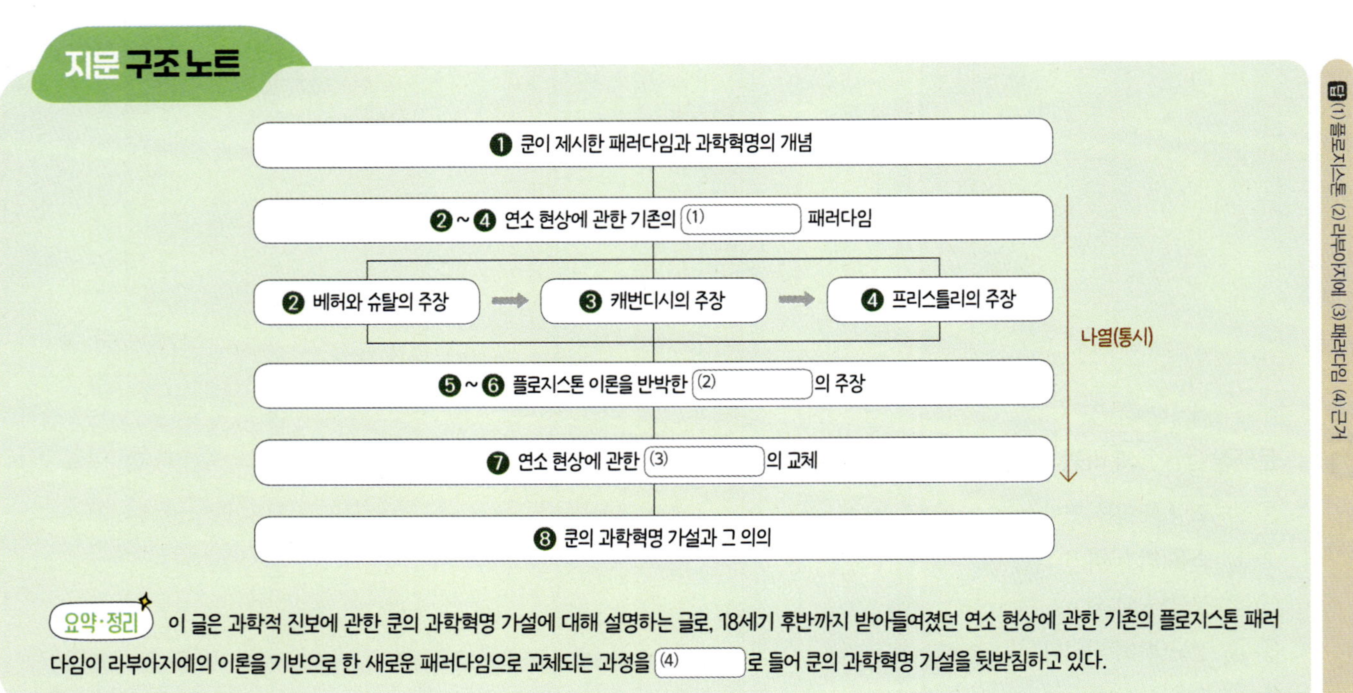


**요약·정리** 이 글은 과학적 진보에 관한 쿤의 과학혁명 가설에 대해 설명하는 글로, 18세기 후반까지 받아들여졌던 연소 현상에 관한 기존의 플로지스톤 패러다임이 라부아지에의 이론을 기반으로 한 새로운 패러다임으로 교체되는 과정을 (4)        로 들어 쿤의 과학혁명 가설을 뒷받침하고 있다.

# 문 제 하이라이트

## ▼ 글의 내용 및 관점 비판하기  〈문제 6번〉

**STEP 1, 2** 발문에서 비판의 기준이 되는 관점과 비판의 대상이 되는 관점을 확인하고, 글과 〈보기〉에 나타난 두 관점을 비교해 보며 대립되는 점을 찾는다.

---

**6** 〈보기〉의 관점에서 윗글의 토머스 쿤의 주장을 비판한 내용으로 가장 적절한 것은?

> ── 보기 ──
>
> 새로운 패러다임이 기존의 패러다임보다 더 나아졌다고 말할 수 없다면 우리는 과학이 진보하고
> └ 쿤의 주장(❸-3)
> 있다고 말할 수 없다. 과학은 객관적인 관찰과 자료 분석, 논리적인 접근으로 유도된 지식의 총합이
> 며 이런 지식의 누적이 바로 과학적 진보이다. ……
> └ 과학적 진보는 누적적인 것이 아니라 혁명적인 것이라는 쿤의 관점과 대비됨(❸-1).
> → 〈보기〉의 관점: 새로운 패러다임은 기존의 패러다임보다 더 진보됨.

① 라부아지에는 변칙 사례를 발견하고 이를 정상 과학으로 해명하려 노력하였다는 점에서 정상 과
학은 새로운 과학 지식을 만들어 낸다고 볼 수 있다.
　└ → 비판을 뒷받침하는 근거
　└ → 비판의 내용

② 가연성 공기와 관련한 캐번디시의 실험은 정상 과학의 범주에서 이루어졌다는 점에서 새로운 패
러다임은 기존의 패러다임보다 더 진보되었다고 볼 수 있다.

③ 플로지스톤 패러다임에서는 미해결 상태로 남았던 변칙 사례가 라부아지에의 이론으로 해명되
었다는 점에서 패러다임 간의 우월성은 존재한다고 볼 수 있다.

④ 플로지스톤 패러다임은 상태 변화의 원인에, 라부아지에의 이론은 물질의 질량 변화에 각각 주
목한 것일 뿐이므로 과학적 진보는 혁명적이라고 볼 수 없다.

⑤ 라부아지에 역시 프리스틀리의 실험 결과를 활용하여 자신의 이론을 설명하였다는 점에서 하나
의 이론 체계를 받아들인다는 것은 패러다임 전체를 믿는 행위라 볼 수 없다.

---

**❽** [1]쿤은 과학사의 이러한 장면들을 통해 과학적 진보는 누적적인 것이 아니라 혁명적인 것이라고
　　　　　　　　　　　　　　　　　　　　　　　└ 쿤의 주장 ①
주장하였다. …… [3]더 나아가 쿤은, 하나의 이론 체계를 받아들인다는 것은 그것의 개념, 법칙, 가정
을 포함한 패러다임 전체를 믿는 행위이므로 새로운 패러다임을 옛것과 비교하여 어떤 패러다임이
더 우월한 것인지 평가할 논리적 기준은 있을 수 없다고 보았다.
　　　　　　　　└ 쿤의 주장 ②

---

**STEP 3** 글과 〈보기〉의 내용을 바탕으로 하여 선지에 제시된 근거와 비판이 적절한지 판단한다.

---

**❼** [1]이후 플로지스톤 학파는 기존 패러다임 안에서 이론을 일부 수정하여 라부아지에의 이론을 반
　　　　　　　　　　　　　　　　　　　　　　└ 연소는 플로지스톤을 잃는 것이 아니라 공기 중의 산소와 결합하는 현상임(❺-4).
박하기도 하였으나 정확한 질량 측정을 기반으로 한 라부아지에의 핵심적인 문제 제기는 끝내 명확
하게 설명해 내지 못했다. [2]결국 플로지스톤이라는 개념과 그것으로 연소 현상을 이해하려는 패러
다임은 사라지고, 연소를 산소와의 결합으로 이해하는 새로운 패러다임이 자리 잡게 되었다.

① ❼-1~2에 따르면 기존의 정상 과학에서는 라부아지에가 발견한 변칙 사례를 설명하지 못함. → (1) 선지 판단 ○ ×

② 정상 과학의 범주에서 이루어진 실험은 〈보기〉의 관점을 뒷받침하는 근거로 적절하지 않음. → (2) 선지 판단 ○ ×

③ ❼-1~2에 따르면 플로지스톤 패러다임에서 설명하지 못한 사례를 라부아지에의 새로운 이론으로 이해할 수 있게 됨. 이
는 새로운 패러다임이 기존의 패러다임보다 더 (3)______ 하다는 주장의 근거가 될 수 있음. → (4) 선지 판단 ○ ×

④ 플로지스톤 패러다임과 라부아지에가 다른 측면에 주목했다는 점은 〈보기〉의 관점과 관련 없음. → (5) 선지 판단 ○ ×

⑤ 패러다임을 믿는 행위에 대한 주장은 과학적 (6)______ 와 패러다임 간의 우월성에 관한 〈보기〉 관점의 핵심에서 벗어남.
→ (7) 선지 판단 ○ ×

---

**IV** 융합·복합



발문의 내용으로 볼 때, 〈보기〉의 관점'은 비판의 기준, 글에 나타난 '토머스 쿤의 주장'은 비판의 대상에 해당된다. 따라서 선지에서 쿤의 주장을 정확하게 파악하여 지적하고 있는지, 비판을 뒷받침하는 근거를 적절하게 제시하고 있는지 확인하며 선지의 적절성을 판단해야 한다.

### 선지+

⑥ 라부아지에의 이론으로 플로지스톤으로 연소 현상을 설명하던 패러다임이 사라졌다는 점에서 과학적 진보는 혁명적이라고 볼 수 있다. ○ ×

⑦ 플로지스톤 학파가 기존의 패러다임을 일부 수정하여 라부아지에의 이론을 반박했다는 점에서 기존의 패러다임과 새로운 패러다임 간 우월성은 가릴 수 없다. ○ ×

⑧ 플로지스톤 이론에서 설명되지 못한 부분이 라부아지에의 객관적인 관찰로 해명되어 지식의 총합이 이루어졌다는 점에서 과학적 진보는 누적적인 것이라 할 수 있다. ○ ×

**가 ❶** [1] ⊙정립−반정립−종합. [2]변증법의 논리적 구조를 일컫는 말이다. [3]변증법에 따라 철학적 논증을 수행한 인물로는 단연 헤겔이 *거명된다. [4]변증법은 대등한 위상을 지니는 세 범주의 병렬이 아니라, 대립적인 두 범주가 조화로운 통일을 이루어 가는 *수렴적 상향성을 구조적 특징으로 한다. [5]헤겔에게서 변증법은 논증의 방식임을 넘어, 논증 대상 자체의 존재 방식이기도 하다. [6]즉 세계의 근원적 질서인 '이념'의 내적 구조도, 이념이 시·공간적 현실로서 드러나는 방식도 변증법적이기에, 이념과 현실은 하나의 체계를 이루며, 이 두 차원의 원리를 밝히는 철학적 논증도 변증법적 체계성을 ⓐ지녀야 한다.

**❷** [1]헤겔은 미학도 철저히 변증법적으로 구성된 체계 안에서 다루고자 한다. [2]그에게서 미학의 대상인 예술은 종교, 철학과 마찬가지로 '절대정신'의 한 형태이다. [3]절대정신은 절대적 진리인 '이념'을 인식하는 인간 정신의 영역을 ⓑ가리킨다. [4]예술·종교·철학은 절대적 진리를 동일한 내용으로 하며, 다만 인식 형식의 차이에 따라 구분된다. [5]절대정신의 세 형태에 각각 대응하는 형식은 직관·표상·사유이다. [6]'직관'은 주어진 물질적 대상을 감각적으로 지각하는 지성이고, '표상'은 물질적 대상의 유무와 무관하게 내면에서 심상을 떠올리는 지성이며, '사유'는 대상을 개념을 통해 파악하는 순수한 논리적 지성이다. [7]이에 세 형태는 각각 '직관하는 절대정신', '표상하는 절대정신', '사유하는 절대정신'으로 규정된다. [8]헤겔에 따르면 직관의 외면성과 표상의 내면성은 사유에서 종합되고, 이에 맞춰 예술의 객관성과 종교의 주관성은 철학에서 종합된다.

**❸** [1]형식 간의 차이로 인해 내용의 인식 수준에는 중대한 차이가 발생한다. [2]헤겔에게서 절대정신의 내용인 절대적 진리는 본질적으로 논리적이고 이성적인 것이다. [3]이러한 내용을 예술은 직관하고 종교는 표상하며 철학은 사유하기에, 이 세 형태 간에는 단계적 등급이 매겨진다. [4]즉 예술은 초보 단계의, 종교는 성장 단계의, 철학은 완숙 단계의 절대정신이다. [5]이에 따라 ⓛ예술−종교−철학 순의 진행에서 *명실상부한 절대정신은 최고의 지성에 *의거하는 것, 즉 철학뿐이며, 예술이 절대정신으로 기능할 수 있는 것은 인류의 보편적 지성이 미발달된 머나먼 과거로 한정된다.

---

**배경지식 +**

**헤겔의 변증법**

헤겔은 인식이나 사물은 정(正)·반(反)·합(合), 즉 정립·반정립·종합의 3단계를 거쳐서 전개되며, 이러한 3단계적 전개가 변증법이라고 생각하였다. 정(正)의 단계란 그 자신 속에 실은 암암리에 모순을 포함하고 있음에도 불구하고 그 모순을 알아채지 못하고 있는 단계를 말하며, 반(反)의 단계란 그 모순이 자각되어 밖으로 드러나는 단계를 말한다. 그리고 이와 같이 모순에 부딪침으로써 제3의 합(合)의 단계로 전개된다. 이러한 합의 단계는 정과 반이 종합(통일)된 단계이며, 여기서는 정과 반에서 볼 수 있었던 두 개의 규정이 함께 부정되면서도 함께 살아나서 통일된다.

이와 같이 존재에 관해서도 변증법적 전개가 가능하다고 생각한다면 존재 그 자체에 모순이 실재한다는 결과가 되기 때문에, 변증법은 '어떤 것에도 그것에 어긋나는 것이 속할 수 없으며, 또한 서로 어긋나는 성질이 함께 어떤 것에 속할 수 없다'는 사고 법칙인 모순율을 부정하는 특별한 논리라고 여겨진다.

● **거명되다** 어떤 사람의 이름이 입에 올려져 말해지다.
● **수렴적** 의견이나 사상 따위가 여럿으로 나뉘어 있는 것을 하나로 모아 정리하는.
● **명실상부하다** 이름과 실상이 서로 꼭 맞는 데가 있다.
● **의거하다** 어떤 사실이나 원리 따위에 근거하다.

**나❶** ¹변증법의 매력은 '종합'에 있다. ²종합의 범주는 두 대립적 범주 중 하나의 일방적 승리로 ⓒ끝나도 안 되고, 두 범주의 고유한 본질적 규정이 소멸되는 중화 상태로 나타나도 안 된다. ³종합은 양자의 본질적 규정이 •유기적 조화를 이루어 질적으로 고양된 최상의 범주가 생성됨으로써 성립하는 것이다.

**❷** ¹헤겔이 강조한 변증법의 탁월성도 바로 이것이다. ²그러기에 변증법의 원칙에 최적화된 엄밀하고도 정합적인 학문 체계를 •조탁하는 것이 바로 그의 철학적 기획이 아니었던가. ³그런데 그가 내놓은 성과물들은 과연 그 기획을 어떤 •흠결도 없이 완수한 것으로 평가될 수 있을까? ⁴미학에 관한 한 '그렇다'는 답변은 쉽지 않을 것이다. ⁵지성의 형식을 직관–표상–사유 순으로 구성하고 이에 맞춰 절대정신을 예술–종교–철학 순으로 편성한 전략은 외관상으로는 변증법 모델에 따른 전형적 구성으로 보인다. ⁶그러나 실질적 내용을 ⓓ보면 직관으로부터 사유에 이르는 과정에서는 외면성이 점차 지워지고 내면성이 •점증적으로 강화·완성되고 있음이, 예술로부터 철학에 이르는 과정에서는 객관성이 점차 지워지고 주관성이 점증적으로 강화·완성되고 있음이 확연히 드러날 뿐, 진정한 변증법적 종합은 ⓔ이루어지지 않는다. ⁷직관의 외면성 및 예술의 객관성의 본질은 무엇보다도 감각적 지각성인데, 이러한 핵심 요소가 그가 말하는 종합의 단계에서는 완전히 소거되고 만다.

**❸** ¹변증법에 충실하려면 헤겔은 철학에서 성취된 완전한 주관성이 재객관화되는 단계의 절대정신을 추가했어야 할 것이다. ²예술은 '철학 이후'의 자리를 차지할 수 있는 유력한 후보이다. ³실제로 많은 예술 작품은 '사유'를 매개로 해서만 설명되지 않는가. ⁴게다가 이는 누구보다도 풍부한 예술적 체험을 한 헤겔 스스로가 잘 알고 있지 않은가. ⁵이 때문에 방법과 철학 체계 간의 이러한 불일치는 더욱 아쉬움을 준다.

- **유기적** 생물체처럼 전체를 구성하고 있는 각 부분이 서로 밀접하게 관련을 가지고 있어서 떼어 낼 수 없는.
- **조탁하다** 문장이나 글 따위를 매끄럽게 다듬다.
- **흠결** 일정한 수효에서 부족함이 생김. 또는 그런 부족.
- **점증적** 점점 증가하는 것.

**IV 융합·복합**

전개 방식 파악하기

**1** **(가)와 (나)에 대한 설명으로 가장 적절한 것은?**

스스로 점검: ○ ｜ △ ｜ ✕
정답의 근거:

① (가)와 (나)는 모두 특정한 철학적 방법에 기반한 체계를 바탕으로 예술의 상대적 위상을 제시하고 있다.

② (가)와 (나)는 모두 특정한 철학적 방법에 대한 상반된 평가를 바탕으로 더 설득력 있는 미학 이론을 모색하고 있다.

③ (가)와 달리 (나)는 특정한 철학적 방법의 시대적 한계를 지적하고 이에 맞서는 혁신적 방법을 제안하고 있다.

④ (가)와 달리 (나)는 특정한 철학적 방법에서 파생된 미학 이론을 바탕으로 예술 장르를 범주적으로 유형화하고 있다.

⑤ (나)와 달리 (가)는 특정한 철학적 방법의 통시적인 변화 과정을 적용하여 철학사를 단계적으로 설명하고 있다.

**2** **(가)에서 알 수 있는 헤겔의 생각으로 적절하지 <u>않은</u> 것은?**

① 절대정신의 내용은 본질적으로 논리적이고 이성적인 것이다.

② 변증법은 철학적 논증의 방법이자 논증 대상의 존재 방식이다.

③ 절대정신의 세 가지 형태는 지성의 세 가지 형식이 인식하는 대상이다.

④ 세계의 근원적 질서와 시·공간적 현실은 하나의 변증법적 체계를 이룬다.

⑤ 예술·종교·철학 간에는 인식 내용의 동일성과 인식 형식의 •상이성이 존재한다.

● **상이성** 서로 다른 성질.



**3** **(가)에 따라 <u>직관·표상·사유</u>의 개념을 적용한 것으로 적절하지 <u>않은</u> 것은?**

① 먼 타향에서 밤하늘의 별들을 바라보는 것은 직관을 통해, 같은 곳에서 고향의 하늘을 상기하는 것은 표상을 통해 이루어지겠군.

② 타임머신을 타고 미래로 가는 자신의 모습을 상상하는 것과, 그 후 판타지 영화의 장면을 떠올려 보는 것은 모두 표상을 통해 이루어지겠군.

③ 초현실적 세계가 묘사된 그림을 보는 것은 직관을 통해, 그 작품을 상상력 개념에 의거한 이론에 따라 분석하는 것은 사유를 통해 이루어지겠군.

④ 예술의 새로운 개념을 설정하는 것은 사유를 통해, 이를 바탕으로 새로운 감각을 일깨우는 작품의 창작을 기획하는 것은 직관을 통해 이루어지겠군.

⑤ 도덕적 배려의 대상을 생물학적 상이성 개념에 따라 규정하는 것과, 이에 맞서 감수성 소유 여부를 새로운 기준으로 제시하는 것은 모두 사유를 통해 이루어지겠군.

스스로 점검: ○ │ △ │ ✕
정답의 근거:

중심 내용 **파악하기**

**4** (나)의 글쓴이의 관점에서 ㉠과 ㉡에 대한 헤겔의 이론을 분석한 것으로 적절하지 **않은** 것은?

① ㉠과 ㉡ 모두에서 첫 번째와 두 번째의 범주는 서로 대립한다.

② ㉠과 ㉡ 모두에서 두 번째와 세 번째 범주 간에는 수준상의 차이가 존재한다.

③ ㉠과 달리 ㉡에서는 범주 간 이행에서 첫 번째 범주의 특성이 갈수록 강해진다.

④ ㉡과 달리 ㉠에서는 세 번째 범주에서 첫 번째와 두 번째 범주의 조화로운 통일이 이루어진다.

⑤ ㉡과 달리 ㉠에서는 범주 간 이행에서 수렴적 상향성이 드러난다.

글의 내용 및 관점 **비판하기** │ 생략된 정보 **추론하기** [고난도]

**5** 〈보기〉는 헤겔과 (나)의 글쓴이가 나누는 가상의 대화의 일부이다. ㉮에 들어갈 내용으로 가장 적절한 것은?

> ── 보기 ──
>
> 헤겔: [1]괴테와 실러의 문학 작품을 읽을 때 놓치지 않아야 할 점이 있네. [2]이 두 천재도 인생의 완숙기에 이르러서야 비로소 최고의 지성적 통찰을 진정한 예술미로 승화시킬 수 있었네. [3]그에 비해 초기의 작품들은 미적으로 세련되지 못해 결코 수준급이라 할 수 없었는데, 이는 그들이 아직 지적으로 미성숙했기 때문이었네.
>
> (나)의 글쓴이: 방금 그 말씀과 선생님의 기본 논증 방법을 연결하면 ┌ ㉮ ┐ 는 말이 됩니다.

① 이론에서는 대립적 범주들의 종합을 이루어야 하는 세 번째 단계가 현실에서는 그 범주들을 중화한다

② 이론에서는 외면성에 대응하는 예술이 현실에서는 내면성을 바탕으로 하는 절대정신일 수 있다

③ 이론에서는 반정립 단계에 위치하는 예술이 현실에서는 정립 단계에 있는 것으로 나타난다

④ 이론에서는 객관성을 본질로 하는 예술이 현실에서는 객관성이 사라진 주관성을 지닌다

⑤ 이론에서는 절대정신으로 규정되는 예술이 현실에서는 진리의 인식을 수행할 수 없다

**6** 문맥상 ⓐ~ⓔ와 바꾸어 쓰기에 가장 적절한 것은?

① ⓐ: 소지(所持)하여야
② ⓑ: 포착(捕捉)한다
③ ⓒ: 귀결(歸結)되어도
④ ⓓ: 간주(看做)하면
⑤ ⓔ: 결성(結成)되지



## 지문 구조 노트

### 가

**❶ 변증법의 논리적 구조와 그 특징**
: 정립-반정립-종합의 구조, 대립적인 두 범주가 조화로운 통일을 이루어 가는 수렴적 ⑴ [　　　]을 지님.

**❷ 변증법적 체계 안에서 미학을 다룬 헤겔의 이론 ①**
: ⑵ [　　　]를 인식하는 형식에 따라 구분되는 절대정신의 세 형태

| 변증법의<br>논리적 구조 | 인식 형식 | 절대정신의 형태 |
| --- | --- | --- |
| 정립 | 직관(외면성) | 예술(객관성) |
| 반정립 | 표상(내면성) | 종교(주관성) |
| 종합 | 사유(종합) | 철학(종합) |

**❸ 변증법적 체계 안에서 미학을 다룬 헤겔의 이론 ②**
: 형식 간 차이로 발생하는 절대정신의 세 형태 간 단계적 등급

| 절대정신의 형태 | 단계적 등급 |
| --- | --- |
| 예술 | 초보 단계 |
| 종교 | 성장 단계 |
| 철학 | 완숙 단계 |

명실상부한 절대정신은 최고의 지성에 의거하는 ⑶ [　　　]뿐임.

**요약·정리** 이 글은 '정립-반정립-종합'이라는 변증법의 논리적 구조를 제시하고, 그 체계 안에서 미학을 다룬 헤겔의 이론을 절대정신의 개념을 중심으로 설명하고 있다.

### 나

**❶ 변증법에서의 '종합'의 개념**
: 양자의 본질적 규정이 유기적 ⑷ [　　　]를 이루어 질적으로 고양된 최상의 범주가 생성됨으로써 성립하는 것

**❷ 헤겔의 미학 이론에 대한 비판 ①**
: 실질적 내용을 보면 변증법적 종합이 이루어지지 않음.

• 직관으로부터 사유에 이르는 과정에서 외면성이 점차 지워지고 내면성이 점증적으로 강화·완성됨.
• 예술로부터 철학에 이르는 과정에서 ⑸ [　　　]이 점차 지워지고 주관성이 점증적으로 강화·완성됨.
• 직관의 외면성 및 예술의 객관성의 본질인 감각적 지각성이 종합 단계에서 완전히 소거됨.

**❸ 헤겔의 미학 이론에 대한 비판 ②**
: ⑹ [　　　]은 철학 이후의 자리를 차지할 수 있는 유력한 후보임.

**요약·정리** 이 글은 변증법에서의 ⑺ [　　　]'의 개념에 대해 설명하고, 헤겔의 미학 이론이 변증법에 충실하지 않음을 지적하며 헤겔의 이론을 비판하고 있다.

# 문제 하이라이트

## ▼ 전개 방식 파악하기 〔문제 1번〕

**STEP 1, 2** 각 문단별 중심 내용을 정리해 보고, 문단 간의 관계를 고려하여 글 전체의 흐름을 파악한다.

> **가 ②** ¹헤겔은 미학도 철저히 변증법적으로 구성된 체계 안에서 다루고자 한다. ²그에게서 미학의 대상인 예술은 종교, 철학과 마찬가지로 '절대정신'의 한 형태이다.
> **③** ⁴즉 예술은 초보 단계의, 종교는 성장 단계의, 철학은 완숙 단계의 절대정신이다. ⁵이에 따라 예술–종교–철학 순의 진행에서 명실상부한 절대정신은 최고의 지성에 의거하는 것, 즉 철학뿐이며, 예술이 절대정신으로 기능할 수 있는 것은 인류의 보편적 지성이 미발달된 머나먼 과거로 한정된다.
>
> **나 ①** ¹변증법의 매력은 '종합'에 있다. …… ³종합은 양자의 본질적 규정이 유기적 조화를 이루어 질적으로 고양된 최상의 범주가 생성됨으로써 성립하는 것이다.
>                                                <sub>변증법에서의 '종합'의 개념</sub>
> **②** ¹헤겔이 강조한 변증법의 탁월성도 바로 이것이다. …… ⁵지성의 형식을 직관–표상–사유 순으로 구성하고 이에 맞춰 절대정신을 예술–종교–철학 순으로 편성한 전략은 외관상으로는 변증법 모델에 따른 전형적 구성으로 보인다. ⁶그러나 …… 진정한 변증법적 종합은 이루어지지 않는다.
>           ( ): (가)에 나타난 헤겔의 미학 이론
>                                 <sub>헤겔의 이론에 대한 비판</sub>
> **③** ¹변증법에 충실하려면 헤겔은 철학에서 성취된 완전한 주관성이 재객관화되는 단계의 절대정신을 추가했어야 할 것이다. ²예술은 '철학 이후'의 자리를 차지할 수 있는 유력한 후보이다.

**IV** 융합·복합

**STEP 3** 선지에 언급된 전개 방식을 확인하며, 그 적절성을 판단한다.

**1** (가)와 (나)에 대한 설명으로 가장 적절한 것은?

① (가)와 (나)는 모두 특정한 철학적 방법에 기반한 체계를 바탕으로 예술의 상대적 위상을 제시하고 있다.
                <sub>변증법</sub>

② (가)와 (나)는 모두 특정한 철학적 방법에 대한 상반된 평가를 바탕으로 더 설득력 있는 미학 이론을 모색하고 있다.

③ (가)와 달리 (나)는 특정한 철학적 방법의 시대적 한계를 지적하고 이에 맞서는 혁신적 방법을 제안하고 있다.

④ (가)와 달리 (나)는 특정한 철학적 방법에서 파생된 미학 이론을 바탕으로 예술 장르를 범주적으로 유형화하고 있다.

⑤ (나)와 달리 (가)는 특정한 철학적 방법의 통시적인 변화 과정을 적용하여 철학사를 단계적으로 설명하고 있다.

① (가)는 **②**-1~2에서 변증법적 체계 안에서 미학을, (나)는 **①**-1~3에서 변증법에서의 '<sup>(1)</sup>_______'의 의미를 다룸. 이를 바탕으로 하여 (가)는 **③**-4~5에서, (나)는 **③**-2에서 예술의 상대적 위상을 제시함. → <sup>(2)</sup> 〔선지 판단 ○ ×〕

② (가)는 변증법적 체계 안에서 미학을 다룬 헤겔의 이론을, (나)는 헤겔의 미학 이론에 대한 비판을 중심 내용으로 하며 (가), (나) 모두 특정한 철학적 방법에 대한 상반적 평가는 언급하지 않음. → <sup>(3)</sup> 〔선지 판단 ○ ×〕

③ (나)는 **②**~**③**에서 헤겔의 미학 이론의 시대적 한계가 아니라, 헤겔의 미학 이론이 <sup>(4)</sup>_______적 종합에 충실하지 않음을 비판함. → <sup>(5)</sup> 〔선지 판단 ○ ×〕

④ (나)에 헤겔의 미학 이론을 바탕으로 예술 장르를 범주적으로 유형화한 내용은 언급되지 않음. → <sup>(6)</sup> 〔선지 판단 ○ ×〕

⑤ (가)에 변증법의 통시적인 변화 과정을 통해 철학사를 단계적으로 설명한 내용은 언급되지 않음. → <sup>(7)</sup> 〔선지 판단 ○ ×〕

---

**선지⁺**

⑥ (가)와 (나)는 모두 특정한 철학적 방법의 기원을 설명하고 예술의 역사적 가치를 탐구하고 있다. 〔○ ×〕

⑦ (가)와 달리 (나)는 특정한 철학적 방법이 다른 연구를 통해 보완되는 과정을 고찰하고 있다. 〔○ ×〕

⑧ (나)와 달리 (가)는 특정한 철학적 방법에 기반한 미학 이론의 한계를 논리적으로 지적하고 있다. 〔○ ×〕

## 사회+사회 **04** 모의평가 광고의 기능과 영향

지문 난도 ★★★☆☆
지문 길이 500 ~ 2500

**가 ❶** [1]광고는 시장의 형태 중 독점적 경쟁 시장에서 그 효과가 크다. [2]독점적 경쟁 시장은, 유사하지만 차별적인 상품을 다수의 판매자가 경쟁하며 판매하는 시장이다. [3]각 판매자는 자신이 공급하는 상품을 구매자가 차별적으로 인지하고 선호할 수 있도록 하기 위해 광고를 이용한다. [4]판매자에게 그러한 차별적 인지와 선호가 중요한 이유는, 이를 통해 판매자가 자신의 상품을 원하는 구매자에 대해 누리는 독점적 지위를 강화할 수 있기 때문이다.

**❷** [1]일반적으로 독점적 지위를 누린다는 것은 상품의 가격을 결정할 수 있는 힘이 있다는 의미이다. [2]그럼에도 불구하고 판매자는 구매자의 수요를 고려해야 한다. [3]대체로 구매자는 상품의 물량이 많을 때보다 적을 때 높은 가격을 지불하고자 하기 때문에, 판매자는 공급량을 감소시킴으로써 더 높은 가격을 책정할 수 있다. [4]독점적 경쟁 시장의 판매자도 이러한 지위 덕분에 상품에 차별성이 없는 경우를 가정할 때보다 다소 비싼 가격에 상품을 판매하는 경향이 있다. [5]그러나 그 결과 독점적 경쟁 시장의 판매자가 단기적으로 이윤을 보더라도, 그 이윤이 지속되리라 기대할 수는 없다. [6]이윤을 보는 판매자가 있으면 그러한 이윤에 이끌려 약간 다른 상품을 공급하는 신규 판매자의 수가 장기적으로 증가하고, 그 결과 기존 판매자가 공급하던 상품에 대한 수요는 감소하여 이윤이 줄어들 것이기 때문이다.

**❸** [1]판매자가 광고를 통해 상품의 차별성을 알리는 대표적인 방법은 상품에 대한 정보를 전달하는 것이다. [2]하지만 많은 비용을 들인 것으로 보이는 광고만으로도 상품의 차별성을 부각할 수 있다. [3]판매자가 경쟁력에 자신 없는 상품에 많은 광고 비용을 지출하지 않을 것이라는 구매자의 추측을 유도하는 것이 이 광고 방법의 목적이다. [4]가격이 변화할 때 구매자의 상품 수요량이 변하는 정도를 ➕수요의 가격 탄력성이라 하는데, 구매자가 자신이 선호하는 상품이 차별화되었다고 느낄수록 수요의 가격 탄력성은 감소한다. [5]이처럼 구매자가 특정 상품에 갖는 충성도가 높아지면, 판매자의 독점적 지위는 강화된다. [6]판매자는 이렇게 광고가 ㉠경쟁을 제한하는 효과를 노린다. [7]독점적 경쟁 시장에 진입하는 신규 판매자도 상품의 차별성을 강조함으로써 독점적 지위를 확보하고자 광고를 ●빈번하게 이용한다.

**나 ❶** [1]광고는 광고주인 판매자의 이윤 추구 수단으로 기획되지만, 그러한 광고가 광고주의 의도와 상관없이 시장에 영향을 끼치기도 한다. [2]우선 광고가 독점적 경쟁 시장의 판매자 간 ㉡경쟁을 촉진할 수 있다. [3]이러한 효과는 광고를 통해 상품 정보에 노출된 구매자가 상품의 품질이나 가격에 예민해질 때 발생한다. [4]특히 구매자가 가격에 민감하게 수요량을 바꾼다면, 판매자는 경쟁 상품의 가격을 더욱 고려하게 되어 가격 경쟁에 돌입하게 된다. [5]또한 경쟁은 신규 판매자가 광고를 통해 신상품을 쉽게 홍보하고 시장에 진입할 수 있게 됨으로써 촉진된다. [6]더 많은 판매자가 시장에서 경쟁하게 되면 각 판매자의 독점적 지위는 약화되고, 구매자는 더 다양한 상품을 높지 않은 가격에 구매할 수 있게 된다.

**❷** [1]광고가 특정한 상품에 대한 독점적 경쟁 시장을 넘어서 경제와 사회 ●전반에 영향을 주기도 한다. [2]개별 광고가 구매자의 내면에 잠재된 필요나 욕구를 ●환기하여 대상 상품에 대한 소비를 촉진하는 효과가 합쳐지면 경제 전반에 선순환을 기대할 수 있다. [3]경제에 광고가 없는 상황을 가정할 때와 비교하면 광고는 쓰던 상품을 새 상품으로 대체하고 싶은 소비자의 욕구를 강화하고, 신상품이 인기를 누리는 유행 주기를 단축하여 소비를 증가시킬 수 있다. 촉진된 소비는 생산 활동을 자극한다. [4]상품의 생산에는 근로자의 노동, 기계나 설비 같은 생산 요소가 ⓐ들어가므로, 생산 활동이 증가하면 결과적으로 고용이나 투자가 증가한다. [5]고용 및 투자의 증가는 근로자이거나 투자자인 구매자의 소득을 증가시킬 수 있다. [6]경제 전반의 소

**배경지식 ➕**

**수요의 가격 탄력성**
경제학에서 '가격 변화'라는 외부 충격에 대한 소비자의 반응 정도를 확인하는 개념을 '수요의 가격 탄력성'이라고 한다. 즉, 수요의 가격 탄력성은 소비자가 가격 변화에 얼마나 민감하게 반응하는지, 둔감하게 반응하는지를 확인할 수 있는 지표이다. 수요의 가격 탄력성은 수요량의 변동률을 가격 변동률로 나누어 계산하며, 가격 변화에 비해 수요량 변화가 크면 탄력적이라고 하고, 가격 변화에 비해 수요량 변화가 크지 않으면 비탄력적이라고 한다.

● **빈번하다** 번거로울 정도로 도수(度數)가 잦다.
● **전반** 어떤 일이나 부문에 대하여 그것에 관계되는 전체. 또는 통틀어서 모두.
● **환기하다** 주의나 여론, 생각 따위를 불러일으키다.

득이 증가할 때 소비가 증가하는 정도를 한계 소비 성향이라고 하는데, 한계 소비 성향은 양(+)의 값이어서, 경제 전반의 소득 수준이 향상되면 소비가 증가하게 된다.

❸ [1]하지만 광고의 소비 촉진 효과는 환경 오염을 우려하는 사람들에게 비판의 대상이 되기도 한다. [2]소비뿐만 아니라 소비로 촉진된 생산 활동에서도 환경 오염이 발생하기 때문이다. [3]환경 오염을 적절한 수준으로 줄이기에 충분한 비용을 판매자나 구매자가 지불할 가능성은 낮으므로, 대부분의 경우에 환경 오염은 심할 수밖에 없다.

---

전개 방식 파악하기

**1** **(가), (나)에 대한 설명으로 가장 적절한 것은?**

① (가)는 광고의 개념을 정의하고 광고가 시장에서 차지하는 위상을 소개하고 있다.

② (가)는 광고가 판매자에게 중요한 이유를 제시하고 판매자가 광고를 통해 얻으려는 효과를 설명하고 있다.

③ (나)는 광고의 영향에 대한 다양한 견해를 소개하고 각각의 견해가 안고 있는 한계점을 지적하고 있다.

④ (나)는 광고가 구매자에게 수용되는 과정을 제시하고 구매자가 광고를 수용할 때의 유의점을 나열하고 있다.

⑤ (가)와 (나)는 모두 구매자가 상품을 선택하는 기준을 제시하고 광고와 관련된 제도 마련의 필요성을 강조하고 있다.



중심 내용 파악하기

**2** **독점적 지위에 대한 설명으로 적절하지 않은 것은?**

① 독점적 경쟁 시장에 신규 판매자가 진입하는 것을 차단하지는 않는다.

② 판매자가 공급량을 조절하여 가격을 책정할 수 있는 힘을 가지고 있음을 의미한다.

③ 구매자가 지불하고자 하는 가격이 상품 공급량에 따라 어느 정도인지를 판매자가 감안하지 않아도 되게 한다.

④ 독점적 경쟁 시장의 판매자가 다소 비싼 가격을 책정할 수 있게 하지만 이윤을 지속적으로 보장하지는 않는다.

⑤ 독점적 경쟁 시장의 판매자가 구매자로 하여금 판매자 자신의 상품을 차별적으로 인지하고 선호하게 하면 강화된다.



세부 내용 파악하기

**3** **(나)에서 알 수 있는 내용으로 적절하지 않은 것은?**

① 광고에 의해 유행 주기가 단축되어 소비가 촉진될 수 있다.

② 광고가 경제 전반에 선순환을 일으키는 정도는 한계 소비 성향이 커질 때 작아진다.

③ 광고가 생산 활동을 자극하면, 근로자이거나 투자자인 구매자의 소득 수준을 향상할 수 있다.

④ 광고가 생산 활동을 증가시키면, 근로자의 노동, 기계나 설비 같은 생산 요소 이용이 증가한다.

⑤ 광고의 소비 촉진 효과는 경제 전반에 광고가 없는 상황에 비해 환경 오염을 심화할 수 있다.

## 4  ㉠, ㉡을 이해한 내용으로 적절한 것은?

① ㉠은 상품에 대한 구매자의 충성도가 높아질 때 일어나고, ㉡은 수요의 가격 탄력성이 높아질 때 일어난다.

② ㉠의 결과로 판매자는 상품의 가격을 올리기 어렵게 되고, ㉡의 결과로 구매자는 다소 비싼 가격을 감수하게 된다.

③ ㉠은 시장 전체의 판매자 수가 증가하지 않는다는 의미이고, ㉡은 신규 판매자가 시장에 진입하기 어려워진다는 의미이다.

④ ㉠은 기존 판매자의 광고가 차별성을 알리는 데 성공하지 못한 결과로 나타나고, ㉡은 신규 판매자의 광고가 의도대로 성공한 결과로 나타난다.

⑤ ㉠은 광고로 인해 가격에 대한 구매자의 민감도가 약화될 때 발생하고, ㉡은 광고로 인해 판매자가 경쟁 상품의 가격을 고려할 필요가 감소될 때 발생한다.

스스로 점검: ○ | △ | ×<br>정답의 근거:

구체적 사례나 상황에 적용하기  고난도

## 5  다음은 한 기업의 광고 기획 초안이다. 윗글을 참고하여 초안을 분석한 내용으로 적절하지 <u>않은</u> 것은?

> **['갑' 기업의 광고 기획 초안]**
>
> • 대상: 새로 출시하는 여드름 억제 비누
>
> • 기획 근거: 다수의 비누 판매 기업이 다양한 여드름 억제 비누를 판매 중이며, 우리 기업은 여드름 억제 비누 시장에 처음으로 진입하려는 상황이다. 우리 기업의 신제품은 새로운 성분이 함유되어 기존의 어떤 비누보다 여드름 억제 효과가 탁월하며, 국내에서 전량 생산할 계획이다.
>
> 현재 여드름 억제 비누 시장을 선도하는 경쟁사인 '을' 기업은 여드름 억제 비누로 이윤을 보고 있으며, 큰 비용을 들여 인기 드라마에 상품을 여러 차례 노출하는 전략으로 광고 중이다. 반면 우리 기업은 이번 광고로 상품에 대한 정보 검색을 많이 하는 소비 집단을 공략하고자 제품 정보를 강조하되, 광고 비용은 최소화하려 한다.
>
> • 광고 개요: 새로운 성분의 여드름 억제 효과를 강조하고, 일반인 광고 모델들이 우리 제품의 여드름 억제 효과를 체험한 것을 진술하는 모습을 담은 TV 광고

① 이 광고가 '갑' 기업의 의도대로 성공한다면 '을' 기업의 독점적 지위는 약화될 수 있겠어.

② 이 광고로 '갑' 기업의 여드름 억제 비누 생산이 확대된다면 이 비누를 생산하는 공장의 고용이나 투자가 증가할 수 있겠어.

③ 이 광고로 '갑' 기업이 단기적으로 이윤을 보게 된다면 여드름 억제 비누 시장 내의 판매자 간 경쟁은 장기적으로 약화될 수 있겠어.

④ 이 광고로 '갑' 기업은 많은 비용을 들이는 방법보다는 정보를 전달하는 방법을 중심으로 차별성을 알리려는 것으로 볼 수 있겠어.

⑤ 이 광고가 '갑' 기업의 신제품을 포함하여 여드름 억제 비누 수요의 가격 탄력성을 높인다면 '갑' 기업은 자사 제품의 가격을 높게 책정할 수 없겠어.

스스로 점검: ○ | △ | ×<br>정답의 근거:

단어의 의미 파악하기

**6** 문맥상 ⓐ와 바꿔 쓰기에 가장 적절한 것은?

① 반입(搬入)되므로

② 삽입(揷入)되므로

③ 영입(迎入)되므로

④ 주입(注入)되므로

⑤ 투입(投入)되므로

스스로 점검: ○ | △ | ×
정답의 근거:

---

## 지문 구조 노트

### 가

**❶ 독점적 경쟁 시장에서 판매자가 광고를 이용하는 목적**

: 구매자가 판매자의 상품을 차별적으로 인지하고 (1)　　　할 수 있도록 함.
→ 판매자의 독점적 지위 강화

**❷ 독점적 경쟁 시장에서 독점적 지위를 누리는 판매자의 이윤이 지속되기 어려운 이유 [과정]**

독점적 지위를 누리는 판매자가 단기적으로 이윤을 봄.

↓

이윤에 이끌려 신규 판매자의 수가 장기적으로 증가함.

↓

기존 판매자가 공급하던 상품의 (2)　　　가 감소하여 이윤이 줄어듦.

**❸ 독점적 경쟁 시장에서 광고의 기능**

: 경쟁 제한 효과 [원인-결과]

구매자가 자신이 선호하는 상품이 차별화되었다고 느낄수록 수요의 가격 탄력성이 감소함.

↓

구매자가 특정 상품에 갖는 충성도가 높아져 판매자의 독점적 지위가 강화됨.

**요약·정리** 이 글은 독점적 경쟁 시장에서 판매자가 (3)　　　를 이용하는 목적과 광고의 기능에 대해 설명하고 있다.

### 나

**❶ 광고가 시장에 끼치는 영향 [원인-결과]**

: 독점적 경쟁 시장의 판매자 간 (4)　　　 촉진

**독점적 경쟁 시장의 판매자 간 경쟁이 촉진되는 경우**

- 광고를 통해 상품 정보에 노출된 구매자가 상품의 품질이나 가격에 예민해진 경우
- 신규 판매자가 광고를 통해 신상품을 쉽게 홍보하고 시장에 진입할 수 있게 된 경우

↓

**더 많은 판매자가 시장에서 경쟁**

- 각 판매자의 독점적 지위는 약화됨.
- 구매자는 상품을 높지 않은 가격에 구매할 수 있음.

**❷ 광고가 경제에 끼치는 영향 [과정, 원인-결과]**

: 경제 전반의 선순환

소비자의 소비 욕구 강화, 소비 촉진 ⇒ 생산 활동 자극 ⇒

고용, 투자 증가 ⇒ 구매자의 소득 증가 ⇒

(5)　　　 증가

**❸ 광고가 환경에 끼치는 영향**

: 소비와 소비로 촉진된 생산 활동에서 (6)　　　 발생

**요약·정리** 이 글은 광고가 끼치는 영향을 시장, 경제, 환경의 측면으로 나누어 설명하고 있다.



IV 융합·복합

#  하이라이트

## ▼ 구체적 사례나 상황에 적용하기　문제 5번

**STEP 1**　제시된 자료의 상황을 파악하고, 선지를 읽으며 출제 요소가 되는 핵심 정보를 확인한다.

---

**5** 다음은 한 기업의 광고 기획 초안이다. 윗글을 참고하여 초안을 분석한 내용으로 적절하지 <u>않은</u> 것은?

> ['갑' 기업의 광고 기획 초안] …… 우리 기업은 여드름 억제 비누 시장에 처음으로 진입하려는 상황
> ─'갑' 기업은 신규로 시장에 진입하려 함.
> 이다. …… 현재 여드름 억제 비누 시장을 선도하는 경쟁사인 '을' 기업은 여드름 억제 비누로 이윤을
> ─독점적 지위를 누리고 있는 기존 판매자
> 보고 있으며, …… 우리 기업은 이번 광고로 상품에 대한 정보 검색을 많이 하는 소비 집단을 공략하
> ─상품에 대한 정보를 전달하여 차별성 강조
> 고자 제품 정보를 강조하되, 광고 비용은 최소화하려 한다. ……

① 이 광고가 '갑' 기업의 의도대로 성공한다면 '을' 기업의 독점적 지위는 약화될 수 있겠어.
→조건　　→결과

② 이 광고로 '갑' 기업의 여드름 억제 비누 생산이 확대된다면 이 비누를 생산하는 공장의 고용이나 투자가 증가할 수 있겠어.

③ 이 광고로 '갑' 기업이 단기적으로 이윤을 보게 된다면 여드름 억제 비누 시장 내의 판매자 간 경쟁은 장기적으로 약화될 수 있겠어.

④ 이 광고로 '갑' 기업은 많은 비용을 들이는 방법보다는 정보를 전달하는 방법을 중심으로 차별성을 알리려는 것으로 볼 수 있겠어.
→제시된 상황의 내용과 그 의도 확인

⑤ 이 광고가 '갑' 기업의 신제품을 포함하여 여드름 억제 비누 수요의 가격 탄력성을 높인다면 '갑' 기업은 자사 제품의 가격을 높게 책정할 수 없겠어.

---

**STEP 2, 3**　선지에 언급된 정보를 글에서 찾아 확인하며 제시된 상황에 적용해 본다. 그런 뒤 선지가 조건에 따른 결과 또는 제시된 상황에 대한 정보를 적절하게 진술하고 있는지 판단한다.

> **가 ❷** [6]이윤을 보는 판매자가 있으면 그러한 이윤에 이끌려 약간 다른 상품을 공급하는 신규 판매자의 수가 장기적으로 증가하고 ……
>
> **❸** [1]판매자가 광고를 통해 상품의 차별성을 알리는 대표적인 방법은 상품에 대한 정보를 전달하는
> 방법①
> 것이다. [2]하지만 많은 비용을 들인 것으로 보이는 광고만으로도 상품의 차별성을 부각할 수 있다.
> 방법②
> …… [4]가격이 변화할 때 구매자의 상품 수요량이 변하는 정도를 수요의 가격 탄력성이라 하는데, ……
> ─수요의 가격 탄력성의 개념
> **나 ❶** [4]특히 구매자가 가격에 민감하게 수요량을 바꾼다면, 판매자는 경쟁 상품의 가격을 더욱 고
> →수요의 가격 탄력성이 커짐.
> 려하게 되어 가격 경쟁에 돌입하게 된다. [5]또한 경쟁은 신규 판매자가 광고를 통해 신상품을 쉽게 홍
> 보하고 시장에 진입할 수 있게 됨으로써 촉진된다. [6]더 많은 판매자가 시장에서 경쟁하게 되면 각 판
> 매자의 독점적 지위는 약화되고, 구매자는 더 다양한 상품을 높지 않은 가격에 구매할 수 있게 된다.
> └신규 판매자의 시장 진입에 따른 경쟁의 결과
> **❷** [4]……생산 활동이 증가하면 결과적으로 고용이나 투자가 증가한다.

① (나)의 ❶-5~6에 따르면 신규 판매자가 진입하면 각 판매자의 독점적 지위는 약화됨. →[1] 선지 판단 ○ ×

② (나)의 ❷-4에 따르면 [(2)＿＿＿＿]이 증가하면 고용이나 투자 또한 증가함. →[3] 선지 판단 ○ ×

③ (가)의 ❷-6에 따르면 이윤을 보는 판매자가 있으면 신규 판매자의 수가 장기적으로 증가하고, (나)의 ❶-6의 내용으로 볼 때 더 많은 판매자가 서로 경쟁할 것이므로 경쟁 또한 장기적으로 촉진됨. →[4] 선지 판단 ○ ×

④ (가)의 ❸-1에 따르면 상품에 대한 정보를 전달하는 것은 상품의 [(5)＿＿＿＿]을 부각하는 방법으로, '갑' 기업은 이 방법을 활용하고자 함. →[6] 선지 판단 ○ ×

⑤ (나)의 ❶-4, 6에 따르면 판매자 간 경쟁으로 구매자는 상품을 저렴한 가격에 구매하게 됨. →[7] 선지 판단 ○ ×



---

**TIP**

이 문제의 선지는 '조건'과 그에 따른 '결과'로 구분할 수 있다. 선지 ①을 예로 들면, ①에는 "'갑' 기업의 광고가 의도대로 성공한다면'이라는 조건이 제시되어 있으므로, (가)나 (나)에서 '갑' 기업의 의도대로 '신규 판매자가 시장 진입할 경우'가 언급된 부분을 찾아 확인해야 한다. 그런 뒤 신규 판매자의 시장 진입이 미치는 영향과 그 결과가 무엇인지 확인해 보고, 선지에서 그 결과를 올바르게 진술하고 있는지 글의 내용과 비교해 보며 적절성을 판단해 볼 수 있다.

**선지 ＋**

⑥ 이 광고가 '갑' 기업의 시장 진입을 도와 판매자 간의 경쟁이 촉진된다면 '갑'의 독점적 지위는 강화되겠어.　○ ×

⑦ 이 광고가 상품의 차별성을 알리는 데 실패한다면 '갑' 기업은 많은 비용을 들인 것으로 보이는 광고를 기획할 수도 있겠어.　○ ×

⑧ 이 광고로 '갑' 기업의 공략 대상이었던 소비 집단이 가격에 민감하게 반응한다면 각 판매자들은 제품의 가격을 높게 책정하겠어.　○ ×

# 필수 어휘 ZIP

**1** 제시된 단어의 뜻풀이로 올바른 것을 연결하시오.

(1) 전반 · · ㉠ 서로 다른 성질.

(2) 흠결 · · ㉡ 일정한 수효에서 부족함이 생김. 또는 그런 부족.

(3) 상이성 · · ㉢ 어떤 일이나 부문에 대하여 그것에 관계되는 전체. 또는 통틀어서 모두.

**2** 다음 중 밑줄 친 부분의 의미가 <u>다르게</u> 쓰인 것은?

① 주의를 <u>환기</u>하다.
② 여론을 <u>환기</u>하다.
③ 실내를 <u>환기</u>하자 공기가 맑아졌다.
④ 선생님은 학생들의 흥미를 <u>환기</u>하려고 했다.
⑤ 작가는 작품이 무엇인가를 <u>환기</u>하도록 만든다.

**3** 다음 문장의 의미를 고려하여 괄호 안에서 알맞은 단어를 골라 ○표 하시오.

(1) 운동을 많이 하면 열이 몸 밖으로 ( 반입된다 , 방출된다 ).
(2) 최근 도난 사고가 ( 빈번하게 , 촉진하게 ) 일어나고 있다.
(3) 국무총리 후보에 교수 몇 명이 ( 거명되었다 , 고안되었다 ).
(4) 그 시답잖은 문제 ( 제기 , 제소 )가 장시간의 토론으로 번졌다.

**4** 다음 뜻풀이를 가진 단어를 골라 ○표 하시오.

(1) 빛이나 형상이 비치어 나타나다. | 반사하다 | 사영되다 |

(2) 원칙에서 벗어나 달라짐. 또는 그런 법칙이나 규정. | 변화 | 변칙 |

(3) 물질이 산소와 화합할 때에, 많은 빛과 열을 내는 현상. | 연기 | 연소 |

(4) 생물체처럼 전체를 구성하고 있는 각 부분이 서로 밀접하게 관련을 가지고 있어서 떼어 낼 수 없는. 또는 그런 것. | 유기적 | 점증적 |

**5** 다음 빈칸에 공통으로 들어갈 말로 적절한 것은?

- 그는 영양 [ ] 때문에 삐삐 말라 있었다.
- 체내에 산소가 [ ]되면 생명이 위험해진다.
- 현대인은 [ ]된 영양소를 보충하기 위해 비타민을 복용하기도 한다.

① 결렬　② 결속　③ 결탁　④ 결핍　⑤ 결합

**6** 다음 단어의 뜻풀이가 적절하면 ○표, 적절하지 않으면 ✕표를 고르시오.

(1) 명실상부하다: 명백하고 확실하다. ○ ✕
(2) 미학: 빛의 성질과 현상을 연구하는 학문. ○ ✕
(3) 가연성: 불에 잘 탈 수 있거나 타기 쉬운 성질. ○ ✕
(4) 조탁하다: 문장이나 글 따위를 매끄럽게 다듬다. ○ ✕

Ⅳ 융합·복합

# ● 수험생에게 고 단 백 이란?

## 고효율 학습 단기간에 빠르게 백전백승

**선택과 집중!**
**수능 단기 특강서**

기본편 / 문학 / 현대시 / 고전시가 /
독서 / 언어와 매체 / 화법과 작문 /
고난도 독서·문학

**실전 대비!**
**미니 모의고사**

문학 / 독서 / 언어와 매체 /
화법과 작문

# book.chunjae.co.kr


**교재 내용 문의** ·························· 교재 홈페이지 ▶ 고등 ▶ 교재상담
**교재 내용 외 문의** ·························· 교재 홈페이지 ▶ 고객센터 ▶ 1:1문의
**발간 후 발견되는 오류** ·················· 교재 홈페이지 ▶ 고등 ▶ 학습지원 ▶ 학습자료실

**2**

**기출 독해 훈련**

# 정답과 해설

## BOOK 1 / 지문 독해

## 01  일반-특수 구조 11쪽

〔 기출로 **연습하기** 〕 1 (1) 미성년자 (2) 취소권 (3) 무효
2 (1) ○ (2) ×

1 (1) ❷-3에 민법에서 규정한 제한능력자의 유형이 제시되어 있다.
(2) ❷-4에서 확인할 수 있다.
(3) ❷-5~6에서 확인할 수 있다.

2 (1) ❷-1에서 제한능력자제도의 필요성을 제시하고, ❷-2~7에서 제한능력자제도의 특징을 설명하고 있다.
(2) ❸-1에서 제한능력자제도의 의의를 제시하고 있지만, 제한능력자제도의 변화 원인을 분석하고 있지는 않다.

## 02  나열 구조 13쪽

〔 기출로 **연습하기** 〕 1 (1) 최고 (2) 헌법재판제도 (3) 권력제한성
2 (1) ○ (2) ×

1 (1) ❶-1, 3에서 확인할 수 있다.
(2) ❷-1~3에서 확인할 수 있다.
(3) ❸-4~5에서 확인할 수 있다.

2 (1) ❶~❸에서 헌법의 특질인 '최고규범성', '자기보장성', '권력제한성'을 병렬적으로 제시하여 헌법의 다양한 특징을 드러내고 있다.
(2) 헌법의 세 가지 특질을 설명하고 있을 뿐, 서로 다른 견해를 종합하여 절충안을 제시하고 있지 않다.

## 03  비교·대조 구조 15쪽

〔 기출로 **연습하기** 〕 1 (1) 발전 (2) 중화 (3) 객관적 (4) 평등견
2 (1) × (2) ○

1 (1), (2) 박제가의 견해는 ❷에서 확인할 수 있다.
(3), (4) 이덕무의 견해는 ❸에서 확인할 수 있다.

2 (1) 청의 문물제도를 수용하자는 18세기 북학론 중 박제가와 이덕무의 견해를 제시하고 있을 뿐, 각 관점이 지닌 역사적 의의와 한계를 서로 비교하고 있지는 않다.
(2) ❷에서 박제가의 견해, ❸에서 이덕무의 견해를 제시하면서 두 학자의 견해 차이를 설명하고 있으며, ❶-2~3에서 그러한 견해가 형성된 배경을 설명하고 있다.

## 04  원인-결과 구조 17쪽

〔 기출로 **연습하기** 〕 1 (1) 변동폭 (2) 이유 (3) 왜곡
2 (1) ○ (2) ×

1 (1) ❷-2에서 공급 사슬망의 채찍 효과의 개념을 확인할 수 있다.
(2) ❸-1을 통해 ❸~❹에서 채찍 효과가 발생하는 이유를 설명하고 있음을 알 수 있다.
(3) ❸-2~4에서 확인할 수 있다.

2 (1) ❶에서 2002년 월드컵 당시에 인기 티셔츠의 정품을 생산하여 판매했던 업체가 수익을 내지 못한 현상을 언급하고, 그 원인을 ❷에서 '공급 사슬망의 채찍 효과'라는 개념을 활용하여 설명하고 있다.
(2) ❸~❹에서 ❶의 현상이 일어난 원인인 공급 사슬망의 채찍 효과의 발생 이유를 설명하고 있지만, 대립적 의견들을 소개하고 있지는 않다.

## 05  문제-해결 구조 19쪽

〔 기출로 **연습하기** 〕 1 (1) 상대적 (2) 해결 (3) 반감기
2 (1) ○ (2) ×

1 (1) ❶-3에서 확인할 수 있다.
(2) 동위원소 연대측정법은 지층이 형성된 연대를 정확하게 측정할 수 없었던 지질학적 시간 척도의 한계를 해결할 수 있는 방안이다.
(3) ❹-1에서 확인할 수 있다.

2 (1) ❶-3에서 확인할 수 있다.
(2) ❸-3에서 첫 반감기 때 모원소의 개수는 처음의 반으로 줄어든다고 했다.

## 06  과정 구조 21쪽

〔 기출로 **연습하기** 〕 1 (1) $H^+$ (2) $H_2O$   2 (1) ○ (2) ○ (3) ×

1 (1) ❸-2에 따르면 수소 양이온($H^+$)은 고분자전해질막을 통과하여 +극으로 이동한다.
(2) ❸-4에 따르면 +극에서는 산소가 전자($e^-$)와 결합해 산소 음이온($O^-$)이 된 후, 수소 양이온($H^+$)과 만나 물($H_2O$)이 되어 외부로 배출된다.

2 (1) ❷-2에서 확인할 수 있다.
(2) ❷-3, ❸-2를 통해 추론할 수 있다.
(3) ❸-2~3에 따르면, -극에 공급된 수소에서 분리된 전자가 외부 회로로 흐르면서 전기에너지가 발생한다.

〔 기출로 **연습하기** 〕 **1** (1) 간세포 (2) 간정맥 (3) 산소
**2** (1) ○ (2) ○ (3) ×

**1** (1) ❶-1에서 확인할 수 있다.
　(2) ❶-2에서 확인할 수 있다.
　(3) ❷-3에서 확인할 수 있다.

**2** (1) ❷-3에서 확인할 수 있다.
　(2) ❷-5에서 확인할 수 있다.
　(3) ❷-5~6에 따르면 노폐물은 간세포의 대사 활동의 결과물이며, 시누소이드를 흐르는 혈액은 이러한 노폐물을 흡수하여 중심정맥으로 보낸다.



〔 기출로 **연습하기** 〕 **1** (1) 위임명령 (2) 고시 (3) 지방 의회
**2** (1) × (2) ○ (3) ×

**1** (1) ❷에서 국회로부터의 위임이 필요하며, 제정 주체는 행정부이고, 입법예고와 공포 절차를 거쳐야 하는 행정입법은 위임명령임을 알 수 있다.
　(2) ❸-3~4에서 확인할 수 있다.
　(3) ❹-2에서 확인할 수 있다.

**2** (1) 지역의 특수성을 반영하여 제정되는 행정입법은 조례(❹-1)에만 해당하는 설명이다.
　(2) ❸-1~2에서 확인할 수 있다.
　(3) ❷-3에서 위임명령은 모든 국민에게 적용되기 때문에 입법예고나 공포 등의 절차를 거쳐야 한다고 했다.

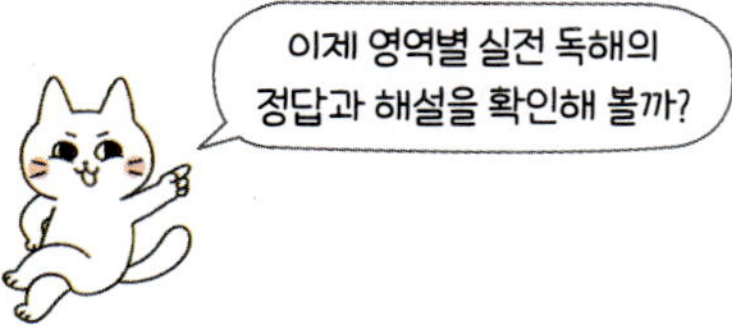

# Ⅰ　영역별 실전 독해　인문·예술

## 01 에피쿠로스 사상　　　　　　　28~29쪽

**1** ②　　**2** ⑤　　**3** ⑤

### 1　중심 내용 파악하기

**윗글의 표제와 부제로 가장 적절한 것은?**

**정답인 이유**

② 에피쿠로스 사상의 목적과 의의 – 신, 인간, 우주에 대한 이해를 중심으로
　⮑ 이 글은 ❶-2에서 인간이 결정론적 세계관에서 벗어나 행복에 이를 수 있도록 하는 것을 목적으로 하는 에피쿠로스 사상을 소개하고, ❷~❹에서 이신론적 관점을 바탕으로 한 신, 인간, 우주에 대한 에피쿠로스 사상을 구체적으로 설명하고 있다. 그리고 이러한 에피쿠로스 사상의 의의를 ❺-2~3에서 제시하고 있다.

**오답 피하기**

① 에피쿠로스 사상의 성립 배경 – ~~인간과 자연의 관계~~를 중심으로
　⮑ 에피쿠로스 사상의 성립 배경은 ❶에만 언급되어 있으므로 이 글의 표제로 적절하지 않다. 또한 이 글은 '인간과 자연의 관계'보다는 우주와 인간의 세계에 대한 신의 관여 여부를 중심으로 에피쿠로스 사상을 설명하고 있다.

③ 에피쿠로스 사상에 대한 ~~비판과 옹호~~ – ~~사상의 한계와 발전적 계승~~을 중심으로
　⮑ 에피쿠로스 사상에 대한 비판과 옹호나, 에피쿠로스 사상의 한계와 발전적 계승에 대한 내용은 이 글에 언급되지 않았다.

④ 에피쿠로스 사상을 둘러싼 ~~논쟁과 이견~~ – 당대 세계관과의 비교를 중심으로
　⮑ ❶에 에피쿠로스 사상과 당대 결정론적 세계관과의 차이점이 언급되었지만, 에피쿠로스 사상을 둘러싼 논쟁과 이견은 이 글에 언급되지 않았다.

⑤ 에피쿠로스 사상의 ~~현대적 수용과 효용성~~ – ~~행복과 쾌락의 상관성~~을 중심으로
　⮑ ❺-2~3에 제시된 에피쿠로스 사상의 의의를 효용성으로 볼 수는 있지만, 에피쿠로스 사상의 현대적 수용이나 행복과 쾌락의 상관성은 이 글에 언급되지 않았다.

윗글을 읽은 학생이 '에피쿠로스'에 대해 비판한 내용으로 적절한 것만을 〈보기〉에서 고른 것은?

> ── 보기 ──
>
> ㄱ. 신이 분노와 호의로부터 자유로운 상태라면 인간의 세계에 개입을 하지 않는다는 뜻일 텐데, 왜 신의 섭리에 따라 인간의 삶을 이해하려고 하는가?
>
> ㄴ. 원자가 법칙에서 벗어나 우연적인 운동을 한다는 것은 인과 관계 없이 뜻하지 않게 움직인다는 뜻일 텐데, 그것이 자유 의지의 단초가 될 수 있는가?
>
> ㄷ. 인간이 죽음에 대해 두려움을 느낀다면 죽음에 이르는 고통 때문일 수도 있을 텐데, 사후에 대한 두려움을 떨쳐버리는 것만으로 그것이 해소될 수 있는가?
>
> ㄹ. 인간이 자연재해를 무서워한다면 자연재해 그 자체 때문일 수도 있을 텐데, 신이 일으키지 않았다고 해서 자연재해에 대한 두려움에서 벗어날 수 있는가?

ㄱ 옆 주석: × → 에피쿠로스는 인간의 삶에서 신의 섭리를 찾을 수 없다고 함(❹-5).

### 정답인 이유

➜ ㄴ. ❹-3~4의 에피쿠로스 주장처럼 원자가 우연적인 운동을 하고 이러한 원자들로 이루어진 우주 역시 우연의 산물이듯이, 인간의 삶 또한 우연적으로 이루어질 수 있다. 따라서 인간의 삶이 자유 의지나 의도와 달리 흘러가 인간이 주체적으로 살지 못할 수도 있다고 생각할 수 있으므로, ㄴ은 적절한 비판이다.

ㄷ. ❸-3에서 에피쿠로스는 인간이 사후에 신의 심판을 받지 않기 때문에 죽음에 대한 모든 두려움에서 벗어날 수 있다고 했다. 그렇지만 인간이 죽음을 두려워하는 이유가 사후에 있을 신의 심판 외의 요소에 해당할 수도 있으므로, ㄷ은 적절한 비판이다.

ㄹ. ❶-1에서 사람들은 신이 야기한다고 여겨지는 자연재해를 두려워한다고 했다. 그렇지만 ㄹ의 비판처럼 사람들이 자연재해 자체를 두려워한다면, 신이 인간사에 개입하지 않는다는 에피쿠로스의 사상(❷-1)만으로 자연재해에 대한 두려움을 떨쳐내기는 어려울 것이다.

### 오답 피하기

➜ ㄱ. ❹-5에서 에피쿠로스는 우주와 인간의 세계에 신의 관여는 없으며, 인간의 삶에서도 신의 섭리를 찾을 수 없다고 했으므로 적절한 비판으로 볼 수 없다.



윗글의 '에피쿠로스'의 사상과 〈보기〉에 나타난 생각을 비교한 내용으로 적절하지 <u>않은</u> 것은?

> ── 보기 ──
>
> 신은 인간의 세계에 속해 있지는 않으나, (모든 일의 목적인 존재라네. 하늘과 땅, 바다에 있는 모든 것들의 원인이며, 훌륭함에서도 탁월한 존재이지. 언제나 신은 필연성을 따르는 지성을 조력자로 삼아 성장과 쇠퇴, 분리와 결합에 있어 모든 것들을 바르고 행복한 상태에 이르도록 이끈다네.)

밑줄 주석: 〈보기〉와 에피쿠로스의 공통점: 신의 존재를 인정함.
( ) 주석: ( ): 에피쿠로스와 다른 〈보기〉의 관점

### 정답인 이유

⑤ 신이 '인간의 세계'에 속해 있지 않다고 보는 〈보기〉의 생각과 신이 '중간 세계'에 있다고 본 에피쿠로스의 사상은 신의 영향력이 인간 세계의 외부에서 온다고 보는 공통점이 있군.

➜ 〈보기〉는 신이 인간의 세계에 속해 있지 않지만 모든 것들을 바르고 행복한 상태로 이끈다고 하였다. 이는 신이 인간 세계에 영향을 미치되, 신의 영향력이 인간 세계의 외부에서 온다고 본 것이다. 그러나 ❷-1에서 에피쿠로스는 신은 우주들 사이의 중간 세계에 살며 인간사에 개입하지 않는다고 보았다. 이를 통해 에피쿠로스는 인간 세계에 대한 신의 영향력을 인정하지 않았음을 알 수 있다.

### 오답 피하기

① 신을 '모든 것들의 원인'으로 보는 〈보기〉의 생각은, 신이 '인간사에 개입'한다는 것을 부정하는 에피쿠로스의 사상과 차이점이 있군.

➜ 하늘과 땅, 바다에 있는 모든 것들의 원인이 된다는 〈보기〉의 생각과 달리 ❷-1, ❹-5에서 에피쿠로스는 신이 인간사에 개입하지 않는다고 보았다.

② 신이 '지성'을 조력자로 삼아 모든 것들을 이끈다고 보는 〈보기〉의 생각은, 우주를 '우연의 산물'로 보는 에피쿠로스의 사상과 차이점이 있군.

➜ 〈보기〉에서 신은 '필연성'을 따르는 지성을 조력자로 삼아 모든 것들을 이끈다고 하였다. 이와 달리 ❹-4에서 에피쿠로스는 우주 역시 '우연'의 사물로 보았다.

③ 신을 '모든 일의 목적인 존재'로 보는 〈보기〉의 생각과 신이 '불사하는 존재'라고 보는 에피쿠로스의 사상은 신의 존재를 인정한다는 공통점이 있군.

➜ 〈보기〉에서 신을 '모든 일의 목적인 존재'로 보는 것은 신의 존재를 인정한다는 관점이다. 에피쿠로스도 마찬가지로 ❷-1~2에서 불사하는 존재로서 신의 존재를 인정하였다.

④ 신이 '모든 것들'을 '바르고 행복한 상태'에 도달하게 한다는 〈보기〉의 생각은, 행복이 '인간 자신에 의해 완성'된다고 본 에피쿠로스의 사상과 차이점이 있군.

➜ 〈보기〉는 신에 의해 모든 것들이 결정된다는 관점이다. 이와 달리 ❷-3에서 에피쿠로스는 인간의 세계가 신에 의해 결정되지 않으며, 인간의 행복도 자율적 존재인 인간 자신에 의해 완성된다고 보았다.

## 1　세부 내용 파악하기

윗글의 내용과 일치하지 <u>않는</u> 것은?

**정답인 이유**

⑤ 니체는 현재를 행복하게 살아가기 위해 ~~철저한~~ 망각이 필요하다고 판단하였다.

➡ ❹-5에서 니체는 현재를 행복하게 살아가기 위해 망각이 필요하다고 생각했지만, ❺-2에서 철저한 망각은 현실적으로 불가능하다고 보았음을 알 수 있다.

**오답 피하기**

① 플라톤은 가치론적 이분법을 통해 기억을 설명하였다.

➡ ❶-2~3에서 플라톤이 기억과 망각 사이에 가치론적 이분법을 설정하고 이데아가 기억을 통해 인식된다고 설명했음을 확인할 수 있다.

② 하이데거는 기억이 지배하는 상태를 진리로 인식하였다.

➡ ❶-4에서 하이데거가 진리를 '망각이 없는 상태, 즉 기억이 지배하는 상태'로 여겼음을 알 수 있다.

③ 니체는 망각을 긍정적인 능력이라고 판단하며 서양 철학의 전통적 사유를 비판하였다.

➡ ❸-1~2에 따르면 니체는 플라톤, 하이데거, 피히테로 대표되는 서양 철학의 전통적 사유를 비판하면서 기억 능력을 비판하고, 망각을 능동적이고 창조적인 능력이라고 긍정적으로 인식하였다.

④ 니체는 음식물이 위에 가득 남아 있는 상황과 정신이 기억으로 가득 찬 상태가 유사하다고 생각하였다.

➡ ❸-4~5에서 니체가 망각을 긍정하기 위해 제시한 신체와 관련된 사례를 확인할 수 있다. 니체는 '소화·배설 − 섭취'의 원리를 '망각 − 기억'의 관계에 빗대어 설명했다.

## 2　정보 간의 관계 파악하기

㉠~㉢에 대한 이해로 가장 적절한 것은?

**정답인 이유**

② ㉠이 가능해야만 ㉢도 가능하다.

➡ ❷-7~8에 따르면 자기의식(㉢)은 기억(㉠)의 능력을 통해 과거의 '나'와 현재의 '나'가 같음을 인식함으로써 이루어진다. 따라서 ㉠이 가능해야만 ㉢도 가능하다는 진술은 적절하다.

**오답 피하기**

① ㉠이 ~~없어도~~ ㉡에 의거한 주장이 가능하다.

➡ ❷-5~6에 따르면 ㉠이 전제되어야 ㉡에 의거한 주장이 가능하다.

③ ㉢이 성립해야만 ㉠이 성립한다.

➡ ❷-5~6에 따르면 ㉠이 전제되어야 ㉡에 의거한 주장이 가능하므로, ㉠이 성립해야만 ㉡이 성립한다.

④ ㉢은 ㉠을 ~~위해 존재한다.~~

➡ ❷-7에 따르면 ㉢은 기억(㉠)의 능력을 통해 과거의 '나'와 현재의 '나'가 같음을 의식하는 것이다. 따라서 ㉢은 ㉠을 위해 존재하는 것이 아니라, ㉠을 통해 이루어지는 것이다.

⑤ ㉢은 ㉡이 전제되어야 한다.

➡ ❷-7에 따르면 자기의식(㉢)은 'A는 A이다'(㉡)라는 명제가 아닌 기억(㉠)이 전제되어야 한다.

## 3　구체적 사례나 상황에 적용하기

윗글을 바탕으로 〈보기〉에 대해 이해한 내용으로 적절하지 <u>않은</u> 것은?

> **보기**
>
> 갑: 지갑이 많이 낡았네. 하나 새로 사줄까?
>
> 을: 아직은 새로 사기 싫어요. 아빠가 생일 선물로 처음 사 주신 거
> 　　기억의 능력으로 인식한 사실
> 　　라서 저한테는 의미가 있고 익숙해서 좋아요.
>
> 갑: 그렇구나. 근데 지난번에는 평소와 달리 국어 시험 못 봤다고 했
> 　　잖아. 이번 시험 준비는 잘하고 있니?
>
> 을: 지난 시험은 지난 시험일 뿐이죠. 잊을 건 잊고 이번 국어 시험
> 　　지난 시험의 결과를 망각함.
> 　　도 열심히 준비하고 있어요.

**정답인 이유**

② 피히테는 을의 '지난 시험은 ~~지난~~ 시험이다.'라는 주장은 '시험은 시험이다'라는 명제가 현실화된 것이라고 볼 것이다.

➡ ❷-5에서 피히테는 'A는 A이다'라는 명제는 '과거의 A가 현재의 A이다'라는 주장으로 현실화된다고 했다. 이를 참고할 때 피히테는 '시험은 시험이다'라는 명제가 '과거의 시험이 현재의 시험이다'라는 주장으로 현실화된다고 볼 것이다.

**오답 피하기**

① 피히테는 을이 선물을 받았던 자신과 현재의 자신이 같음을 기억의 능력을 통해 의식하고 있다고 볼 것이다.

➡ 〈보기〉의 을이 지갑을 '아빠가 생일 선물로 처음 사 주신' 물건으로 말하고 있는 것을 보아 을이 과거의 지갑을 기억하고 있음을 알 수 있다. 이것은 ❷-6~7의 피히테 관점에 따르면 을이 과거에 그 지갑을 받았던 자신을 기억하는 것과 마찬가지이며, 을이 기억의 능력을 통해 과거의 자신과 현재의 자신이 같음을 의식하고 있다고 볼 수 있다.

③ 니체는 을이 지갑에 대한 과거의 기억에 집착하여 지갑을 새로 사는 것을 긍정하지 않는다고 볼 것이다.

➡ ❸-6에 따르면 니체는 기억에만 집착하는 사람들은 변화와 차이를 긍정하지 못해 현재를 행복하게 살아갈 수 없다고 했다. 〈보기〉의 을은 낡은 지갑이 자신에게 의미가 있고 익숙하다는 이유로 새 지갑을 거절하고 있다. 니체는 이러한 을의 행동이 과거에 집착하기 때문이라고 여길 것이다.

④ 니체는 을이 국어 시험을 다시 준비하는 것을 보고 기억을 뛰어넘어 현재를 행복하게 살아갈 수 있는 사람이라고 볼 것이다.

➲ 〈보기〉의 을은 지난 국어 시험의 결과를 잊고 새로운 국어 시험을 준비하고 있다. ❹-5에서 니체는 망각을 현재를 행복하게 살아가기 위한 능력으로 여겼으므로, 을이 기억을 뛰어넘어 현재를 행복하게 살아갈 수 있는 사람이라고 생각할 것이다.

⑤ 니체는 을이 지난 시험 결과에 대해 좌절하지 않는 것은 다음 시험에서 좋은 결과를 얻을 수 있을 것임을 직감하기 때문이라고 볼 것이다.
➲ ❹-1~3에서 니체는 건강한 망각의 역량을 복원하기 위해서는 순진무구한 아이와 같은 모습이 되어야 하는데, 아이는 자신이 만든 모래성이 부서지더라도 그 자리에 새로운 모래성을 만들 수 있음을 직감하기 때문에 좌절하고 우울해하지 않는다고 했다. 이를 고려할 때 니체는 〈보기〉에서 을이 지난 시험 결과에 대해 좌절하지 않는 것은 다음 시험에서 좋은 결과를 얻을 수 있을 것임을 직감했기 때문이라고 여길 것이다.

## 03 도덕적 갈등 문제에 대한 다양한 관점  36~37쪽

**1** ②   **2** ③   **3** ③

## 1 전개 방식 파악하기

**윗글의 내용 전개 방식으로 가장 적절한 것은?**

정답인 이유

② 도덕적 갈등 문제에 대한 다양한 관점을 비교하면서 그 한계와 의의를 밝히고 있다.
➲ 이 글은 ❶에서 도덕적 갈등 문제를 바라보는 관점이라는 화제를 제시하고, 도덕적 원칙주의자의 관점(❷~❸), 도덕적 자유주의자의 관점(❹~❺), 도덕적 다원주의자의 관점(❻~❽)을 비교하면서 각 관점의 한계와 의의를 밝히고 있다.

오답 피하기

① 도덕적 갈등 문제에 대한 ~~상반된 관점을 제시하고 절충 방안을 모색하고~~ 있다.
➲ ❷~❽에서 도덕적 갈등 문제에 대한 세 가지 관점을 제시하고 있지만, 이러한 관점들의 절충 방안을 모색하고 있지는 않다.

③ 도덕적 갈등 문제에 대한 관점을 유형별로 나누면서 ~~그 분류 기준의 문제점을 설명하고~~ 있다.
➲ 이 글은 도덕적 갈등 문제에 대한 관점을 도덕적 원칙주의자의 관점(❷~❸), 도덕적 자유주의자의 관점(❹~❺), 도덕적 다원주의자의 관점(❻~❽)으로 나누어 각 관점의 특징과 한계, 의의를 설명하고 있다. 그러나 이러한 분류 기준의 문제점을 설명하지는 않았다.

④ 도덕적 갈등 문제에 대한 관점이 ~~사태에 따라 달라지는 과정을 서술하고 새로운 관점이 나타날 것을 전망하고~~ 있다.
➲ 이 글에 도덕적 갈등 문제에 대한 관점이 시대에 따라 달라지는 과정이나 새로운 관점의 등장에 대한 전망은 나타나지 않는다.

⑤ 도덕적 갈등 문제에 대한 ~~관점이 분화된 배경을 제시하고 관점들이 혼재하게 될 경우 나타날 문제점을 서술하고~~ 있다.
➲ 이 글에 도덕적 갈등 문제에 대한 관점이 분화된 배경이나, 이 관점들이 혼재하게 될 경우 나타날 문제점은 나타나지 않는다.

## 2 세부 내용 파악하기

**㉠과 ㉡에 대한 설명으로 적절하지 않은 것은?**

정답인 이유

③ ㉠은 ㉡과 달리 도덕적 가치의 우선순위를 판단할 수 있다고 본다.
➲ 도덕적 원칙주의자(㉠)는 합리적인 이성을 통해 찾을 수 있는 선험적인 도덕 법칙에 따라 행동함으로써(❷), 도덕적 자유주의자(㉡)는 상위 원리를 통해 만든 규범이나 지침을 준수함으로써 도덕적 갈등을 해결할 수 있다고 보았다(❹-2, 4). 이를 통해 도덕적 가치 중에서 ㉠은 선험적 도덕 법칙을, ㉡은 상위 원리에 해당하는 가치를 우선순위로 판단할 수 있다고 보았음을 알 수 있다.

오답 피하기

① ㉠은 어느 사회에나 보편적으로 적용되는 도덕 법칙이 있다고 본다.
➲ ❷-1과 ❸-2를 참고할 때 도덕적 원칙주의자(㉠)는 어느 사회에나 보편적으로 적용되는 선험적인 도덕 법칙이 존재한다고 여겼음을 알 수 있다.

② ㉡은 상위 원리를 통해 현실적인 규범을 만들 수 있다고 본다.
➲ ❹-4에서 도덕적 자유주의자(㉡)는 상위 원리를 통해 법과 같은 현실적인 규범이나 지침을 만들 수 있다고 여겼음을 확인할 수 있다.

④ ㉡은 ㉠과 달리 선험적인 도덕 법칙을 인정하지 않는다.
➲ ❹-1에서 도덕적 자유주의자(㉡)는 도덕적 원칙주의자(㉠)와 달리 선험적인 도덕 법칙이 존재하지 않는다고 보았음을 확인할 수 있다.

⑤ ㉠과 ㉡ 모두 도덕적 갈등 상황을 해결할 수 있다고 본다.
➲ 도덕적 원칙주의자(㉠)는 선험적인 도덕 법칙에 따라 행동함으로써 도덕적 갈등 상황을 해결할 수 있다고 보았고(❷-3), 도덕적 자유주의자(㉡)는 상위 원리를 통해 만든 현실적인 규범이나 지침을 준수함으로써 도덕적 갈등 상황을 해결할 수 있다고 보았다(❹-4).

## 3 구체적 사례나 상황에 적용하기

**윗글을 바탕으로 〈보기〉에 대해 보인 반응으로 적절하지 않은 것은?**

보기

이웃에 살고 있는 갑과 을은 공공장소에 CCTV 설치를 확대해야 하는가를 두고 갈등하고 있다.〔갈등 이유〕 갑은 CCTV가 없는 곳에서 범죄를 당한 적이 있다며, 공공의 안전이라는 가치를 위해〔갑이 중시하는 가치〕 CCTV 수를 늘려야 한다고 주장한다. 반면 을은 CCTV로 인해 개인정보가 노출된 적이 있다며 사생활 보호라는 가치를 위해〔을이 중시하는 가치〕 CCTV 수를 늘리면 안 된다고 주장한다.

정답인 이유

③ 도덕적 자유주의자는 CCTV로 인해 개인정보가 노출된 적이 있는 ~~을의 입장이 고려되어야 한다는 점에서 갑이 양보해야 한다고~~ 생각하겠군.

➜ ❹-2에 따르면 도덕적 자유주의자는 개인들이 합의를 통해 만든 상위 원리를 바탕으로 도덕적 갈등을 해결해야 한다고 주장했다. 그러나 도덕적 자유주의자가 상대방의 입장을 고려하여 양보해야 한다고 주장하지는 않았다.



① 도덕적 원칙주의자는 CCTV 설치 확대를 둘러싼 갈등을 해결하는 데 갑이 범죄를 당한 사실이 있다는 사실을 고려해서는 안 된다고 생각하겠군.

➜ ❷-3에 따르면 도덕적 원칙주의자는 갈등 상황에서 주관적 욕구나 개인이 처한 상황을 고려하지 말아야 한다고 생각했음을 알 수 있다. 따라서 도덕적 원칙주의자는 〈보기〉의 상황에서 갑의 개인적인 상황(범죄를 당한 사실)을 고려해서는 안 된다고 여길 것이다.

② 도덕적 자유주의자는 공정한 절차에 따른 합의에 의해 CCTV 설치 확대가 결정된다면 을은 그 결정을 따라야 한다고 생각하겠군.

➜ ❹-2, 4에 따르면 도덕적 자유주의자는 개인들이 합의를 통해 만든 상위 원리와 그에 따른 현실적인 규범이나 지침을 준수함으로써 도덕적 갈등 문제가 해결된다고 했다. 따라서 도덕적 자유주의자는 공정한 절차에 따른 합의에 의해 CCTV 설치 확대가 결정된다면 을이 그 결정을 따라야 한다고 생각할 것이다.

④ 도덕적 다원주의자는 갑과 을이 CCTV 설치 확대 문제를 이분법적으로 결정하기보다는 타협할 수 있는 지점을 찾아야 한다고 생각하겠군.

➜ ❼-1에 따르면 도덕적 다원주의자는 도덕적 갈등을 해결할 수 있는 방안으로 중재를 통해 타협점을 모색하는 방식을 제안했다. 따라서 도덕적 다원주의자는 CCTV 설치 확대 문제를 해결하기 위해서는 갑과 을 사이를 중재하고 타협점을 찾아야 한다고 생각할 것이다.

⑤ 도덕적 다원주의자는 갑과 을이 CCTV 설치 확대 문제를 둘러싼 갈등으로 인해 둘 사이의 관계가 나빠지지 않도록 하는 것이 중요하다고 생각하겠군.

➜ ❼-4에 따르면 도덕적 다원주의자는 도덕적 갈등 상황에서 갈등 당사자 간의 인간관계가 훼손되지 않는 것을 중시한다. 따라서 도덕적 다원주의자는 〈보기〉의 상황에서 갈등 당사자인 갑과 을의 사이가 나빠지지 않도록 하는 일이 중요하다고 생각할 것이다.

## 04 교류 분석 이론
40~41쪽

**1** ③  **2** ②  **3** ④

## 1 전개 방식 파악하기

**윗글의 전개 방식에 대한 설명으로 가장 적절한 것은?**



③ 이론을 이해하는 데 필요한 개념을 설명하고, 이론이 지니는 의의를 밝히고 있다.

---

➜ ❷~❻에서 교류 분석 이론을 이해하기 위한 주요 개념인 '자아 상태'와 '스트로크'를 설명하고 있으며, ❼에서 교류 분석 이론의 의의를 제시하고 있다.



① 이론이 정립된 과정을 소개하고, 각 단계의 차이점을 설명하고 있다.

➜ 교류 분석 이론이 정립된 과정과 각 단계의 차이점은 소개되지 않았다.

② 이론이 가지는 한계점을 지적하고, 이를 보완하는 다른 이론을 제시하고 있다.

➜ 교류 분석 이론의 한계점이나 이를 보완하는 다른 이론에 관한 내용은 언급되지 않았다.

④ 이론이 나타나게 된 배경을 제시하고, 이론의 타당성을 사례를 들어 검증하고 있다.

➜ 교류 분석 이론이 나타나게 된 배경이나, 교류 분석 이론의 타당성을 사례를 들어 검증하는 내용은 언급되지 않았다.

⑤ 이론을 구성하는 요소들을 나열하고, 요소 간의 공통점과 차이점을 분석하고 있다.

➜ '자아상태'와 '스트로크'를 교류 분석 이론을 구성하는 요소로 볼 수 있으나, 이 두 개념 간의 공통점과 차이점을 분석하는 내용은 언급되지 않았다.

**[2~3] 〈자료〉를 바탕으로 물음에 답하시오.**

| | 자료 |
|---|---|
| 상황 1 | 아버지: ㉠(차가운 말투로) 너 할머니께 아까 보인 태도가 뭐냐? 좀 더 예의를 갖출 수 없어?<br>철호(10대): (머리를 떨구며) 죄송해요. |
| 상황 2 | 철호(30대): (냉담하게) 너 아까 부장님께 너무 버릇없이 굴었어. 앞으로는 더 예의를 갖추도록 해.   아버지의 역할을 따라하는 CP 상태(❸-4)<br>직장 후배: (당황하면서) 그런가요? 제 나름대로는 예의를 보인 것인데 앞으로는 더 주의하겠습니다. |
| 상황 3 | 상담사: 주위 사람들에게 너무 엄격한 것 같아 고민이시군요. 그렇다면 문제의 원인을 찾고, 어떻게 할지 함께 생각해 보죠.   현실적인 대책을 찾는 A 자아상태(❷-7) 우선 질문을 몇 가지 드릴게요. 혹시 당신의 부모님은 엄격한 편이셨나요?<br>철호(30대): 예. 제 아버지는 어릴 때 제가 조금이라도 버릇없이 굴면 늘 질책을 하셨어요. 그래서 그때 많이 힘들었어요.   아버지의 행동이 부정적 스트로크(❺-6)였음.<br>상담사: 많이 힘들었겠군요. 그런데 어릴 때 당신은 아버지의 말씀을 잘 받아들이는 아이였겠죠?   AC 상태(❹-4)를 확인하기 위한 질문<br>철호(30대): 그럴 수밖에요. 늘 아버지의 기대에 부응하려 노력했어요. 아버지는 제가 어른들께 예의바르게 인사를 할 때면 얼굴이 환해지셨죠. 그래서 저는 누구보다 인사를 잘하기 위해 애를 썼었습니다.   아버지의 인정을 받으려고 인사하는 행동을 강화함. |

## 2  구체적 사례나 상황에 적용하기

㉠에 대한 설명으로 적절한 것은?

**정답인 이유**

② 언어적, 부정적, 조건적 스트로크이다.

➡ ㉠은 아버지의 말이므로 언어적 스트로크(❺-5)이며, 차가운 말투이면서 철호가 '그때 많이 힘들었'다고 말하고 있는 것을 보아 부정적 스트로크(❺-6)이다. 또 철호가 할머니께 보인 태도에 대한 아버지의 반응이므로 조건적 스트로크(❺-7)로 볼 수 있다.

**오답 피하기**

➡ '비언어적 스트로크'는 몸짓, 표정 등으로 신호를 보내는 것(❺-5)이고, '긍정적 스트로크'는 상대방을 즐겁게 하는 것(❺-6)이고, '비조건적 스트로크'는 아무 조건 없이 존재 그 자체에 반응하는 것(❺-7)이다.

## 3  구체적 사례나 상황에 적용하기

윗글을 바탕으로 〈자료〉를 이해한 내용으로 적절하지 않은 것은?

**정답인 이유**

④ 〈상황 3〉에서 상담사의 두 번째 질문은 철호의 FC 상태를 확인하기 위한 것이라고 할 수 있군.

➡ 상담사는 두 번째 질문에서 철호가 부모의 요구에 순응하는 아이였는지를 묻고 있으므로, 해당 질문은 철호의 AC(순응하는 어린이) 상태(❹-4)를 확인하기 위해 과거를 탐색하는 질문으로 볼 수 있다. 'FC(자유로운 어린이)' 상태는 부모의 요구나 압력과 상관없이 독립적으로 행동했던 어린 시절 방식대로 행동할 경우를 이른다.

**오답 피하기**

① 〈상황 1〉과 관련지어 볼 때 〈상황 2〉의 철호는 CP 상태에서 후배에게 말을 하고 있다고 할 수 있군.

➡ 〈상황 2〉에서 철호는 〈상황 1〉에서 가르치고 통제했던 아버지와 유사한 태도를 보이고 있으므로, 아버지의 역할을 따라하는 CP 상태(❸-4)에 해당한다고 볼 수 있다.

② 〈상황 2〉에서 철호의 자아상태와 후배의 자아상태는 서로 일치하지 않는 것으로 볼 수 있군.

➡ 〈상황 2〉에서 철호의 자아상태는 CP 상태(❸-4)이다. 하지만 후배의 자아상태가 CP 상태라고 보기 어렵다.

③ 〈상황 3〉에서 상담사는 현재의 문제 상황에 대한 해결책을 찾는 합리적인 태도를 보이므로 A 자아상태라고 할 수 있군.

➡ 상담사는 문제의 원인을 찾고 어떻게 할지 해결 방안을 함께 생각해 보자고 하고 있으므로, 현재 상황에서 가장 현실적인 대책을 찾는 객관적이며 합리적인 자아상태인 A 자아상태(❷-8)라고 볼 수 있다.

⑤ 〈상황 3〉에서 철호의 말을 통해 그가 아버지로부터 인정을 받기 위해 인사하는 행동을 강화했음을 확인할 수 있군.

➡ 철호는 아버지의 기대에 부응하기 위해 누구보다 인사를 잘하기 위해 애를 썼다고 했으므로, 철호가 아버지로부터 인정을 받기 위해 인사하는 행동을 강화했음(❻-3)을 알 수 있다.

## 05  범종의 조형 양식  *44~45쪽*

**1** ①    **2** ③    **3** ④

## 1  세부 내용 파악하기

윗글의 내용과 일치하지 않는 것은?

**정답인 이유**

① 고려 시대까지 우리나라의 범종은 외국의 영향을 받지 않으며 신라 종의 조형 양식을 계승하였다.

➡ ❹-3~4에 따르면 우리나라 범종은 고려 후기 원나라의 침입 이후 전래된 라마교의 영향을 받아 범자(梵字) 문양 등의 장식이 나타나고, 범종이 소형화되어 신라 종의 조형 양식이 계승되면서도 대형 종의 주조 공법은 사라지게 되었다.

**오답 피하기**

② 신라 종의 상부와 하부에는 불교적 상징물이 장식되어 있는 동일한 크기의 문양 띠가 있다.

➡ ❸-2에서 신라 종의 상부와 하부에 있는 상대와 하대라는 동일한 크기의 문양 띠에 덩굴무늬와 연꽃무늬 등의 불교적 장식물이 장식되어 있다고 했다.

③ 신라 시대부터 범종에 장식되어 있었던 당좌는 조선 시대에 들어와 사라지기도 하였다.

➡ ❸-4에서 신라 종의 정점부에 당좌가 있었으며, ❺-3에서 이러한 당좌는 조선 시대에 들어와 사라지기도 했음을 알 수 있다.

④ 우리나라와 일본에서 범종이 만들어진 것은 중국에서 불교가 전파된 것과 관련이 있다.

➡ ❶-2에서 확인할 수 있다.

⑤ 신라에서는 중국이나 일본과는 다른 주조 공법으로 대형 종을 주조하였다.

➡ ❶-4에서 신라 종은 중국이나 일본의 주조 공법으로 만들기 어려운 조형 양식을 지녔다고 했음을 고려할 때 적절하다.

## 2  생략된 정보 추론하기

㉠이 나타나게 된 이유로 가장 적절한 것은?

**정답인 이유**

③ 중국 종의 주조 공법으로 대형 종을 만들면서 중국 종의 조형 양식을 따르게 되었기 때문이다.

➡ 조선 초기에 일어난 큰 변화는 신라의 대형 종 주조 공법을 대신하여 중국 종의 주조 공법을 도입했다는 것이다(❺-2). 이에 따라 용뉴나 장식 면에서 기존의 신라 종의 조형 양식과는 다른 중국 종의 조형 양식이 나타나게 되었다(❺-3).

① 조선 시대에 불교를 억제하는 정책을 펴면서 범종 제작이 통제되었기 때문이다.

➡ 조선 시대에 불교를 억제하는 정책에 따라 범종 제작을 통제한 것은 ⓐ 이후의 상황이다(❺-2~4).

② 고려 시대에 종이 소형화되면서 ~~신라 종의 조형 양식이 전승되지 못했기 때문~~이다.

➡ ❹-4에 따르면 고려 시대에 범종이 소형화된 것은 맞지만, 신라 종의 조형 양식은 계속 계승되었다.

④ 16세기에 사찰 주도로 범종을 주조할 때 ~~신라 종의 조형 양식을 복원하는 데 한계가 있었기 때문~~이다.

➡ 16세기에 사찰 주도로 소형 종이 주조되면서 신라 종의 조형 양식이 다시 나타났다고 한 것을 고려할 때(❺-4), 신라 종의 조형 양식의 복원에 한계가 있었다고 보기 어렵다.

⑤ ~~조선 초기~~에 사찰 주도로 ~~대형~~ 종을 주조하면서 섬세한 조형 양식을 지닌 신라 종을 따르고자 했기 때문이다.

➡ ❺-4에 따르면 조선 초기가 아닌 16세기에 사찰 주도로 대형 종이 아닌 소형 종이 주조되었으며, 이때 섬세한 조형 양식을 지닌 신라 종(❶-4)의 조형 양식이 다시 나타났다.

3 **구체적 사례나 상황에 적용하기**

〈보기〉는 신라 시대에 만들어진 범종의 그림이다. 이 범종의 ⓐ~ⓔ와 관련된 설명으로 적절하지 **않은** 것은?

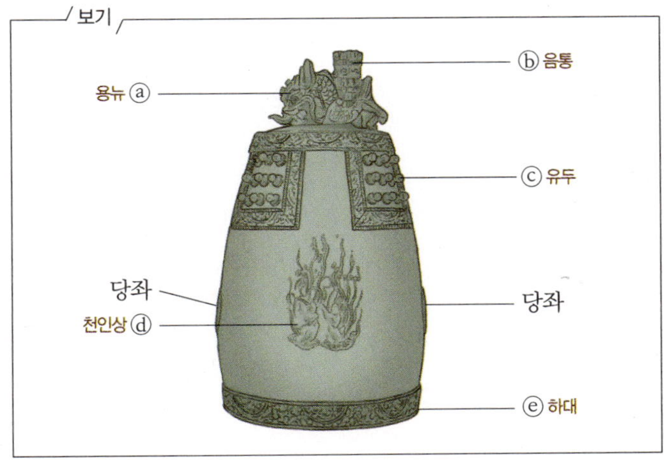




④ 일본 종은 신라 종과 달리 ~~ⓓ의 주변~~에 가로 세로의 띠가 있다.

➡ ❸-4에 따르면 신라의 종은 당좌 사이에 천인상(ⓓ)이 장식되어 있지만, 일본 종에는 천인상(ⓓ)이 장식되어 있지 않고 가로 세로의 띠만 있다.



① 용이 한 마리인 형태의 ⓐ는 쌍용 형태인 중국 종이나 일본 종과 차이가 있다.

➡ ❷-3에 따르면 신라 종의 용뉴(ⓐ)는 쌍용 형태인 중국 종과 일본 종과는 달리 한 마리 용의 모습을 하고 있다고 했다.

② ⓑ는 중국 종이나 일본 종에는 존재하지 않는 신라 종의 독특한 조형 양식에 해당한다.

➡ ❷-4에서 음통(ⓑ)은 우리나라의 범종에서만 특징적으로 나타난다고 했다.

③ 중국 종에는 ⓒ가 존재하지 않고, 일본 종에 존재하는 것은 ⓒ와 형상이 다르다.

➡ ❸-3에서 연꽃 봉우리 형상이 장식된 유두(ⓒ)가 있는 신라 종과 달리 일본 종은 단순한 꼭지 형상의 유두(ⓒ)가 있다고 했고, 중국 종은 유두(ⓒ)가 존재하지 않는다고 했다.

⑤ 신라 종은 중국 종이나 일본 종과 달리 몸체의 정점부가 ⓔ 부분보다 불룩하게 튀어나와 있다.

➡ ⓔ는 하대(❸-2)이다. ❷-1에서 신라 종의 몸체는 항아리를 거꾸로 세워 놓은 것과 비슷하게 가운데가 불룩하게 튀어나온 모습이라고 했으므로 몸체의 정점부는 ⓔ보다 불룩하게 튀어나와 있다고 할 수 있다. ❷-2에서 이와 달리 중국 종은 몸체의 하부가 팔(八)자로 벌어져 있고, 일본 종은 몸체가 수직 원통형으로 되어 있다고 했다.

06 지휘자의 음악 해석     48~49쪽

1 ④     2 ③     3 ④

1 **전개 방식 파악하기**

윗글의 논지 전개 방식으로 가장 적절한 것은?



④ 구체적인 사례를 들어 화제에 대한 이해를 돕고 있다.

➡ 이 글은 베토벤의 〈교향곡 5번〉을 자신의 음악적 관점에 따라 해석하고 연주한 지휘자 토스카니니(❹)와 푸르트벵글러(❺)의 사례를 통해 화제인 '음악 해석'에 대해 설명하고 있다.



① 화제의 변천 과정을 역사적으로 살펴보고 있다.

➡ 이 글에 화제의 변천 과정은 언급되지 않는다.

② 낯선 개념을 익숙한 대상에 빗대어 설명하고 있다.

➡ 이 글에 낯선 개념을 익숙한 대상에 빗댄 부분은 나오지 않는다.

③ 다양한 관점을 소개하면서 ~~절충안을 모색~~하고 있다.

⑤ 대상에 대한 서로 다른 관점의 ~~장·단점을 비교~~하고 있다.

➡ 베토벤 〈교향곡 5번〉을 다르게 해석한 토스카니니(❹)와 푸르트벵글러(❺)의 관점이 나오기는 하지만, 두 관점의 절충안을 모색하거나 장·단점을 비교하지는 않았다.

‘음악 해석’에 대한 이해로 적절하지 **않은** 것은?

**정답인 이유**

③ 작곡가가 악보에 자신의 의도를 정확하게 담았다면 음악 해석은 불필요하다.

　➡ ❷-5~6에서 작곡가는 아무리 악보를 정교하게 그린다고 해도 연주자들에게 자신의 의도를 정확하게 전달할 수 없고, 이 ‘악보의 불완전성’이 다양한 음악 해석을 가능케 한다고 했다. 또한 ❸~❺에서 베토벤이 〈교향곡 5번〉의 악보에 자신의 의도를 정확하게 적었지만, 이를 각자의 관점으로 해석하여 다르게 연주한 토스카니니와 푸르트벵글러의 사례를 볼 때, 적절하지 않은 진술이다.

**오답 피하기**

① 동일한 곡이라도 지휘자마다 연주자에게 다른 요구를 할 수 있다.

　➡ 베토벤 〈교향곡 5번〉을 다르게 해석하고 연주한 토스카니니(❹)와 푸르트벵글러(❺)의 사례를 볼 때 적절하다.

② 악보를 통해 작곡가의 의도를 연주자에게 완벽하게 전달하기는 어렵다.

　➡ ❷-5에서 작곡가가 아무리 악보를 정교하게 그린다 해도 연주자들에게 자신이 의도한 음악을 정확하게 전달할 수 없다고 했다.

④ 음악 해석은 지휘자나 연주자가 작곡가의 악보를 소리로 재현할 때 이루어진다.

　➡ ❶-2에서 지휘자와 오케스트라가 작곡가의 악보를 소리로 바꾸는 과정에서 ‘음악 해석’이 이루어진다고 했다.

⑤ 지휘자는 동작이나 표정을 통해 연주자들에게 자신이 해석한 음악의 느낌을 전달한다.

　➡ ❶-3에서 지휘자는 여러 가지 손동작과 표정, 몸짓 등으로 음악의 느낌을 단원들에게 전달한다고 했다.



윗글을 바탕으로 〈보기〉에 대해 보인 반응으로 적절하지 **않은** 것은?

> ┌ 보기 ┐
>
> [1]베토벤 당시의 호른으로는 재현부에서 C장조로 낮아진 제2주제
> 의 팡파르를 연주할 수 없었다. （악기의 한계） [2]그래서 베토벤은 자신의 〈교향곡 5
> 번〉 1악장 재현부에서 제2주제 팡파르를 호른과 음색이 가장 유사
> 한 목관 악기인 바순으로 연주하도록 했다. [3]그러나 19세기에 관악
> 기의 개량이 이루어지면서 어떤 음이든 연주할 수 있는 호른이 널
> 리 보급되었다. [4]그러자 어떤 지휘자들은 베토벤 〈교향곡 5번〉 1악
> 장의 재현부에서 제2주제 팡파르를 호른으로 연주해야 한다고 주
> （음악 해석 ①: 주관적으로 음악을 해석함.）
> 장했다. [5]하지만 어떤 지휘자들은 베토벤이 악보에 적어 놓은 그대
> 로 바순의 연주를 고집했다. （음악 해석 ②: 악보에 적힌 것을 따름.）

---

**정답인 이유**

④ 호른으로 연주를 해야 한다고 주장한 지휘자들은 악보에 충실한 음악 해석을 중요시했겠군.

　➡ 〈보기〉-5에 따르면 악보에 충실한 음악 해석을 중요시한 지휘자들은 베토벤이 악보에 적어 놓은 것에 따라, 호른이 아닌 바순으로 연주를 해야 한다고 주장했다.

**오답 피하기**

① 베토벤은 당시 악기의 한계 때문에 자신이 의도한 바를 정확하게 구현하지 못했겠군.

　➡ 〈보기〉-1~2에 따르면 당시의 호른으로는 제2주제의 팡파르를 연주할 수 없어서 베토벤은 팡파르를 바순으로 연주하도록 했다.

② 토스카니니는 베토벤이 악보에 적어 놓은 그대로 바순으로 연주하는 데 동조했겠군.

　➡ 베토벤의 악보에 충실하여 운명의 동기를 연주한 토스카니니의 사례(❹)를 고려할 때, 토스카니니는 베토벤이 악보에 적어 놓은 그대로 바순으로 연주하는 데 동조했을 것이라고 짐작할 수 있다.

③ 자신의 음악 해석에 따라 호른이나 바순 이외의 악기로 연주하는 지휘자도 있을 수 있겠군.

　➡ ❷-6에서 악보의 불완전성으로 인해 다양한 음악 해석이 가능하다고 했다. 따라서 자신의 음악 해석에 따라 호른이나 바순 이외의 악기로 연주하는 지휘자도 있었을 것이라 짐작할 수 있다.

⑤ 윗글의 글쓴이는 바순과 호른 중 어떤 악기로 연주해도 그 지휘자의 연주가 틀렸다고는 생각하지 않겠군.

　➡ ❻-1~2를 고려할 때 이 글의 글쓴이는 바순과 호른 중 어떤 악기로 연주하더라도 틀린 연주가 아니라 음악 해석이 ‘다른’ 연주라고 생각할 것이라 짐작할 수 있다.

---

**필수 어휘 ZIP**　　52쪽

**1** (1) 여운　(2) 조형　(3) 필연성　**2** (1) ㉠　(2) ㉢　(3) ㉡　**3** ④　**4** (1) 순응했다　(2) 준수해야　(3) 야기한다　(4) 병립하고　**5** (1) 기지　(2) 섭리　(3) 재연하다　(4) 창시하다　**6** (1) ×　(2) ○　(3) ×　(4) ○

**3** 문장의 의미를 고려할 때 공통적으로 ‘맞지 아니하고 서로 어긋나게 되다.’를 뜻하는 ‘상충되다’가 쓰여야 한다.

**6** (1) ‘강화하다’의 뜻풀이다.
　(3) ‘부조되다’의 뜻풀이다.

## 01 조세의 효율성과 공평성　　54~55쪽

**1** ②　　**2** ③　　**3** ②

---

### 1　전개 방식 파악하기

윗글에 대한 설명으로 가장 적절한 것은?

**정답인 이유**

② 대상을 기준에 따라 구분한 뒤 그 특성을 설명하고 있다.

➡ 이 글은 크게 ❷에서 조세의 효율성의 특징을 설명하고 ❸~❺에서 조세의 공평성의 특징을 설명하고 있다. 구체적으로 ❸-2에서 조세의 공평성을 확보하기 위한 기준을 편익 원칙과 능력 원칙으로 구분하고, ❹-2에서 능력 원칙을 다시 수직적 공평과 수평적 공평으로 구분한 뒤 각각의 특성을 설명하고 있다.

**오답 피하기**

① 상반된 두 입장을 비교, 분석한 후 이를 절충하고 있다.

➡ 두 입장에 대한 절충은 나타나 있지 않다.

③ 대상의 개념을 그와 유사한 대상에 빗대어 소개하고 있다.

➡ 대상을 유사한 대상에 빗대어 소개하고 있지 않다.

④ 통념을 반박하며 대상이 가진 속성을 새롭게 조명하고 있다.

➡ 통념을 반박하고 있지도 않고, 속성을 새롭게 조명하고 있지도 않다.

⑤ 시간의 흐름에 따라 대상이 발달하는 과정을 서술하고 있다.

➡ 시간의 흐름에 따라 대상이 발달하는 과정은 서술되어 있지 않다.

---

### 2　정보 간의 관계 파악하기

㉠과 ㉡에 대한 설명으로 적절하지 <u>않은</u> 것은?

**정답인 이유**

③ ㉠은 ㉡과 달리 소득 재분배를 목적으로 한다.

➡ ❷-4에 따르면 조세의 효율성(㉠)은 조세 부과로 인한 경제적 순손실을 최소화하기 위한 것이다. 그리고 ❹-1에 따르면 조세의 공평성(㉡) 가운데 능력 원칙은 조세 부과를 통해 소득을 재분배하기 위한 것이다. 즉, ㉠(조세의 효율성)이 아닌 ㉡(조세의 공평성)이 소득 재분배를 목적으로 한다.

**오답 피하기**

① ㉠은 조세가 경기에 미치는 영향과 관련되어 있다.

➡ ❷-3~4에 따르면 조세로 인하여 경제적 순손실이 생기면 경기가 둔화될 수 있으므로 이를 최소화하도록 조세를 부과해야 조세의 효율성(㉠)을 높일 수 있다. 따라서 조세의 효율성(㉠)은 조세가 경기에 미치는 영향과 관련 있다고 볼 수 있다.

② ㉡은 납세자의 조세 저항을 완화하는 데 도움이 된다.

➡ ❸-1에서 확인할 수 있다.

④ ㉡은 ㉠과 달리 조세 부과의 형평성을 실현하는 것이다.

➡ ❷-3~4에 따르면 조세의 효율성(㉠)은 경제적 순손실을 최소화하여 경기가 둔화되지 않도록 하기 위한 것이고, ❸-1에 따르면 조세의 공평성(㉡)은 조세 부과의 형평성을 실현하기 위한 것이다.

⑤ ㉠과 ㉡은 모두 조세를 부과할 때 고려해야 하는 요건이다.

➡ ❶-3에서 확인할 수 있다.

---

### 3　구체적 사례나 상황에 적용하기

〈보기〉는 경제 수업의 일부이다. 윗글을 바탕으로 할 때, 선생님의 질문에 적절하게 답한 학생을 모두 골라 바르게 묶은 것은?

> **보기**
>
> 선생님: 여러분, 아래 표는 소득을 기준으로, A, B, C의 세금 공제 내역을 가정한 것입니다. 표를 보고 조세의 공평성이 어떻게 적용되었는지 각자 분석해 볼까요?
>
> | 구분 | 소득<br>(만 원) | 세율<br>(%) | 공제액<br>(만 원) | 납부액<br>(만 원) | 공제 항목 |
> |---|---|---|---|---|---|
> | A | 3,000 | 5 | 0 | 150 | 공제 없음 |
> | B | 3,000 | 5 | 100 | 50 | 부양가족 2인 |
> | C | 4,000 | 10 | 100 | 300 | 부양가족 2인 |
>
> └ 소득 수준을 고려하여 더 높은 세율 적용
>
> 성근: A와 달리 B에게 공제 혜택을 부여함으로써 조세의 공평성이 약화되고 있어요. ……………………… ㄱ
>
> 수지: B가 A와 달리 부양가족 공제를 받은 것은 실질적인 조세 부담 능력을 고려한 것이네요. ……………………… ㄴ
>
> 현욱: B와 C의 납부액에 차이가 있는 것은 편익 원칙을 적용하여 세금을 징수했기 때문이에요. ……………………… ㄷ
>
> 유미: B의 세율이 5%이고, C의 세율이 10%인 것은 수직적 공평을 위한 누진세가 적용된 결과겠네요. ……………………… ㄹ

**정답인 이유**

➡ ㄴ. 소득이 동일한 A와 B 중 B만 세금 공제를 받은 이유는 A와 달리 부양가족이 있기 때문이다. 이는 ❺-2~4에서 설명한, 조세의 공평성 중 수평적 공평을 실현하기 위해 부양가족 수에 따른 실제 조세 부담 능력을 고려하여 세금을 감면해 준 결과라고 할 수 있다.

➡ ㄹ. B보다 소득이 높은 C에게 높은 세율이 적용된 것은 ❹-3~4에서 설명한 것처럼 조세의 공평성 중 수직적 공평을 실현하기 위해 누진세를 시행한 결과라고 할 수 있다.

**오답 피하기**

➡ ㄱ. ❺에 따르면 A와 B의 소득이 동일하지만 부양가족이 있는 B에게만 공제 혜택을 준 것은 실질적인 조세 부담 능력을 고려한 것으로, 이를 통해 조세의 공평성(수평적 공평)을 확보하기 위한 것이다.

➡ ㄷ. ❸-3에 따르면 편익 원칙은 공공재를 소비함으로써 얻는 편익이 클수록 더 많은 세금을 부담하는 원칙이다. 그러나 〈보기〉에서 B와 C의 납부액이 다른 것은 B와 C의 소득 차이를 고려하여 누진세를 적용했기 때문이며, 이는 편익 원칙이 아닌 ❹에서 설명한 능력 원칙(수직적 공평)을 적용하여 세금을 부과한 것이다.

1 ⑤     2 ④     3 ⑤

## 1  세부 내용 파악하기

**윗글을 통해 알 수 있는 내용으로 적절하지 <u>않은</u> 것은?**

**정답인 이유**

⑤ 수요의 가격탄력성에 영향을 주는 요인들 간의 관계

➡ ❷에서 수요의 가격탄력성에 영향을 주는 대표적인 요인 세 가지 (대체재의 존재 여부, 필요성의 정도, 소득에서 지출이 차지하는 비중)에 대해 설명하고 있지만, 이 세 가지 요인들 간의 관계를 설명하고 있지는 않다.

**오답 피하기**

① 수요의 가격탄력성 개념

➡ ❶–2에서 확인할 수 있다.

② 수요의 가격탄력성 산출 방법

➡ ❸–2~3에서 확인할 수 있다.

③ 상품 판매자의 판매 수입 산출 방법

➡ ❹–2에서 총수입은 상품 판매자의 판매 수입이며, 이는 상품의 가격에 거래량을 곱한 수치로 산출할 수 있다고 하였다.

④ 대체재의 유무가 수요의 가격탄력성에 미치는 영향

➡ ❷–3에서 어떤 상품에 밀접한 대체재가 있으면 그 상품 수요의 가격탄력성은 탄력적이라고 하였다.

## 2  생략된 정보 추론하기

**ⓐ의 이유로 가장 적절한 것은?**

**정답인 이유**

④ 수요의 가격탄력성이 판매자의 총수입 증가 여부에 영향을 미칠 수 있기 때문에

➡ ❹–3에 따르면 일반적으로 수요의 가격탄력성이 비탄력적인 경우 가격이 상승하면 총수입도 증가하지만, 수요의 가격탄력성이 탄력적인 경우 가격이 상승하면 총수입은 감소한다. 이처럼 수요의 가격탄력성이 판매자의 총수입에 큰 영향을 미치므로, 수요의 가격탄력성을 파악하는 것이 판매자에게 매우 중요함을 알 수 있다.

**오답 피하기**

① 수요의 가격탄력성으로 소비자의 소득 규모를 판단할 수 있기 때문에

➡ ❹–2~3에 따르면 수요의 가격탄력성을 통해 소비자의 지출액(총수입)의 증감을 파악할 수 있지만, 소비자의 소득 규모를 판단할 수는 없다.

② 수요의 가격탄력성으로 판매 상품의 문제점을 파악할 수 있기 때문에

➡ 수요의 가격탄력성을 통해 판매 상품의 문제점을 파악할 수 있다는 내용은 찾아볼 수 없다.

③ 수요의 가격탄력성이 판매 상품의 생산 단가를 예측 가능하게 하기 때문에

➡ 수요의 가격탄력성을 통해 판매 상품의 생산 단가를 예측할 수 있다는 내용은 찾을 수 없다.

⑤ 수요의 가격탄력성으로 판매자의 판매 수입과 소비자의 지출액 차이를 파악할 수 있기 때문에

➡ ❹–2~3에 따르면 수요의 가격탄력성을 통해 상품의 가격 변화에 따른 수요량의 변화와 이에 따른 총수입의 증감을 파악할 수 있다. 하지만 수요의 가격탄력성만 가지고 판매자의 판매 수입이자 소비자의 지출액인 총수입을 파악할 수는 없으며, 둘의 차이를 파악할 수도 없다.

## 3  구체적 사례나 상황에 적용하기

**〈보기〉는 김밥과 영화 관람권의 가격 인상 이후 하루 동안의 수요량 감소를 나타낸 표이다. [A]를 바탕으로 〈보기〉를 탐구한 내용으로 적절한 것은?**

보기

| 구분 | 김밥 | 영화 관람권 |
| --- | --- | --- |
| 기존 가격 | 2,000원 | 10,000원 |
| 가격 변화분 | 500원 인상 | 2,000원 인상 |
| 기존 수요량 | 100개 | 2,500장 |
| 수요량 변화분 | 20개 감소 | 1,000장 감소 |

※ 단, 김밥과 영화 관람권의 가격과 수요량에 영향을 끼치는 다른 요인은 없는 것으로 한다.

**정답인 이유**

⑤ 김밥 수요의 가격탄력성은 비탄력적이고, 영화 관람권 수요의 가격탄력성은 탄력적이다.

➡ ❸–3에 따르면 수요의 가격탄력성은 다음과 같이 계산할 수 있으며, 이를 〈보기〉에 적용하면 아래 표와 같다.

$$\text{수요의 가격탄력성} = \left| \frac{\text{수요량의 변화율}}{\text{가격의 변화율}} \right| = \left| \frac{\text{수요량의 변화분/기존 수요량}}{\text{가격의 변화분/기존 가격}} \right|$$

| 구분 | 김밥 | 영화 관람권 |
| --- | --- | --- |
| 수요량의 변화율 | $\left|\frac{-20}{100}\right| = \left|\frac{1}{5}\right| = 0.2$ | $\left|\frac{-1,000}{2,500}\right| = \left|\frac{2}{5}\right| = 0.4$ |
| 가격의 변화율 | $\left|\frac{500}{2,000}\right| = \left|\frac{1}{4}\right| = 0.25$ | $\left|\frac{2,000}{10,000}\right| = \left|\frac{1}{5}\right| = 0.2$ |
| 수요의 가격탄력성 | $\left|\frac{1}{5} \div \frac{1}{4}\right| = \left|\frac{4}{5}\right| = 0.8$ | $\left|\frac{2}{5} \div \frac{1}{5}\right| = 2$ |

❸–6에 따르면 수요의 가격탄력성이 1보다 크면 탄력적, 1보다 작으면 비탄력적이라 한다. 김밥 수요의 가격탄력성은 $\frac{4}{5}(=0.8)$이고, 1보다 작으므로 비탄력적이다. 영화 관람권 수요의 가격탄력성은 2이고, 1보다 크므로 탄력적이다.

① 김밥은 가격의 변화율이 수요량의 변화율보다 ~~작다~~.

❷ 김밥은 가격의 변화율이 $\frac{1}{4}$(=0.25)이고 수요량의 변화율이 $\frac{1}{5}$(=0.2)이므로, 가격의 변화율이 수요의 변화율보다 크다.

② 영화 관람권은 가격의 변화율이 수요량의 변화율보다 ~~크다~~.

❷ 영화 관람권은 가격의 변화율이 $\frac{1}{5}$(=0.2)이고 수요량의 변화율이 $\frac{2}{5}$(=0.4)이므로, 가격의 변화율이 수요의 변화율보다 작다.

③ 김밥과 영화 관람권 수요의 가격탄력성은 ~~모두~~ 1보다 작다.

❷ 김밥 수요의 가격탄력성은 $\frac{4}{5}$(=0.8)이므로 1보다 작지만, 영화 관람권 수요의 가격탄력성은 2이므로 1보다 크다.

④ 김밥과 영화 관람권은 <u>가격의 변화율에 대한 수요량의 변화율</u>이
= 수요의 가격탄력성
~~같다~~.

❷ ❸-3에 따르면 가격의 변화율에 대한 수요량의 변화율은 곧 수요의 가격탄력성을 의미한다. 김밥 수요의 가격탄력성은 $\frac{4}{5}$(=0.8)이고, 영화 관람권 수요의 가격탄력성은 2이므로, 이 둘의 수요의 가격탄력성은 서로 다르다.

---

## 03 경제학에서의 실업    62~63쪽

**1** ③    **2** ⑤    **3** ⑤

### 1 세부 내용 파악하기

**윗글에서 언급하지 <u>않은</u> 내용은?**



③ 화폐환상현상의 ~~유형~~

❷ ❹-4에서 화폐환상현상의 의미를 설명하고 있지만, 화폐환상현상의 유형을 설명한 부분은 찾을 수 없다.



① 실업의 정의

❷ ❶-1에서 일할 의사와 능력이 모두 있는 사람이 일자리를 갖지 못한 상태를 실업이라고 정의한다고 언급하였다.

② 실업의 발생 원인

❷ ❷-1에서 마찰적 실업은 노동자의 선택으로 직업이나 직장을 바꾸는 과정에서 불가피하게 발생하고, ❷-3에서 구조적 실업은 노동자가 공급하는 기술 수준과 기업에서 요구하는 기술 수준 간의 불합치 때문에 발생하며, ❷-5에서 경기적 실업은 경기 침체의 영향으로 기업 활동이 위축되고 이로 인해 노동에 대한 수요가 감소하여 고용량이 줄어들어 발생한다고 설명하였다.

④ 실업의 종류에 따른 정부의 역할

❷ ❷-2에서 마찰적 실업은 정부의 역할이 크게 요구되지 않음을, ❷-4에서 구조적 실업은 노동자의 재교육과 같은 정책을 수립하는

---

정부의 역할이 요구됨을 언급하였다. 그리고 경기적 실업에 따른 정부의 역할에 대해 ❸-8에서 고전학파의 의견을, ❹-7에서 케인즈학파의 의견을 제시하였다.

⑤ 명목임금의 탄력적 작용에 대한 관점 차이

❷ ❸-1, 5에서 고전학파는 명목임금이 탄력적으로 작용한다고 보았음을 알 수 있고, ❹-2에서 케인즈학파는 명목임금이 탄력적으로 작용하지 않는다고 보았음을 알 수 있다.

---

## 2 구체적 사례나 상황에 적용하기

**[A]를 바탕으로 〈보기〉를 이해한 것으로 가장 적절한 것은?**

> ── 보기 ──
>
> ㄱ. 20년 가까이 카메라 필름 제조 회사에서 필름 제조 전문가로 근무하던 갑은 새로운 필름 제조 기술의 등장으로 회사의 생산
> 갑이 공급하는 기술 수준과 회사가 요구하는 기술 수준 간의 불합치가 일어남.
> <u>시설이 교체됨</u>에 따라 실업 상태에 놓이게 되었다.
>
> ❷ 새로운 필름 제조 기술의 등장으로 갑이 지닌 필름 제조 기술과 회사에서 요구하는 기술이 일치하지 않아 실업에 놓인 것이므로 구조적 실업에 해당한다(❷-3).
>
> ㄴ. A 의류업체 직원인 을은 평소 근무하고 싶었던 B 의류업체에
> 직장을 바꾸기 위해 스스로 실업을 택함.
> <u>서 경력 사원을 모집한다는 공고를 보고 다니던 회사를 그만두었다.</u>
>
> ❷ 을이 직장을 바꾸기 위해 스스로의 선택으로 현재 다니고 있던 직장을 그만둔 것이므로 마찰적 실업에 해당한다(❷-1).



⑤ ㄴ과 달리 ㄱ은 노동자의 기술과 회사에서 요구하는 기술의 차이에 의해 발생하는 실업이겠군.

❷ ㄱ(구조적 실업)은 노동자가 공급하는 기술 수준과 기업에서 요구하는 기술 수준 간의 불합치 때문에 발생하는 실업이므로, ⑤는 적절한 진술이다(❷-3).



① ~~ㄱ과 달리 ㄴ~~은 경기 침체의 영향에 의해 발생하는 실업이겠군.

❷ ㄱ은 구조적 실업, ㄴ은 마찰적 실업에 해당한다. 경기 침체의 영향에 의해 발생하는 실업은 경기적 실업이다(❷-5).

② ~~ㄱ과 달리 ㄴ~~은 사회 전체 생산량 측면에서 큰 손실을 발생시키는 실업이겠군.

❷ ㄱ은 구조적 실업, ㄴ은 마찰적 실업에 해당한다. 사회 전체 생산량 측면에서 큰 손실을 발생시키는 실업은 경기적 실업이다(❷-6).

③ ~~ㄴ과 달리 ㄱ~~은 일자리를 스스로 바꾸는 과정에서 발생하는 실업이겠군.

❷ ㄱ(구조적 실업)이 아닌 ㄴ(마찰적 실업)에 대한 설명이다(❷-1).

④ ~~ㄴ과 달리 ㄱ~~은 일반적인 경제 상황에서 불가피하게 발생하는 실업이겠군.

❷ ㄱ(구조적 실업)이 아닌 ㄴ(마찰적 실업)에 대한 설명이다(❷-1).

〈보기〉는 경기적 실업을 설명하기 위한 그래프이다. 윗글을 바탕으로 〈보기〉를 이해한 내용으로 적절하지 <u>않은</u> 것은?

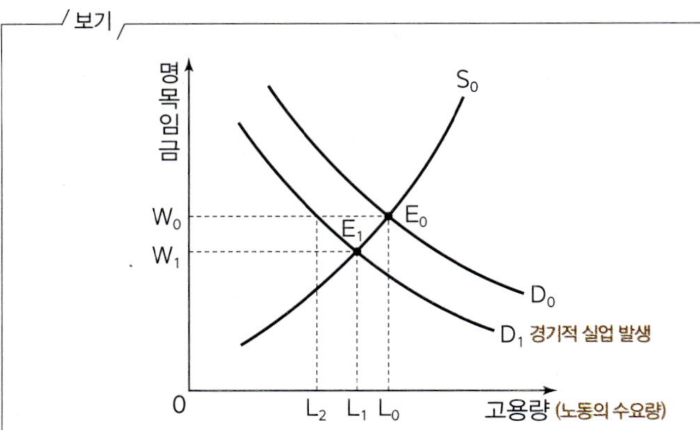


* $S_0$은 노동의 공급곡선, $D_0$과 $D_1$은 노동의 수요곡선임.
* $E_0$은 경기적 실업이 발생하기 전에 형성되어 있던 노동에 대한 수요와 공급의 균형점임.
* 제시된 상황 이외의 모든 경제적 변수는 고려하지 않음.

정답인 이유

⑤ $D_0$이 $D_1$로 이동하더라도 명목임금이 $W_0$ 수준으로 유지되었다면, 케인즈학파에서는 ~~$L_0$에서 $L_2$의 차이만큼 노동에 대한 수요가 발생할 것으로 생각하겠군.~~

➡ ❹-5~6에 따르면 케인즈학파에서는 화폐환상현상으로 명목임금이 하락하지 않고 경기적 실업이 발생하기 이전의 수준($W_0$)과 비슷하게 유지된다면, 기업에서 노동의 수요량(고용량)을 늘리지 못하기 때문에 실업이 지속된다고 주장하였다.

오답 피하기

① $D_0$이 $D_1$로 이동하여 노동의 초과공급이 발생했다면, 고전학파에서는 이를 일시적 현상이라고 생각하겠군.

➡ ❸-1에 따르면 고전학파에서는 경기적 실업으로 노동의 초과공급이 발생하는 것은 자연스럽게 해소될 수 있는 일시적 현상으로 본다.

② $D_0$이 $D_1$로 이동하여 $W_0$이 $W_1$ 수준으로 하락했다면, 고전학파에서는 그 원인을 노동의 초과공급으로 인한 노동자들의 경쟁 때문이라고 생각하겠군.

➡ ❸-4~5에 따르면 고전학파에서는 경기적 실업으로 노동의 초과공급이 발생하면 노동자들이 경쟁하게 되며, 그 결과 명목임금이 탄력적으로 하락한다고 주장하였다.

③ $D_0$이 $D_1$로 이동하더라도 $W_0$이 $W_1$ 수준으로 하락하지 않았다면, 케인즈학파에서는 그 원인을 화폐환상현상 때문일 수 있다고 생각하겠군.

➡ ❹-2~3에 따르면 케인즈학파에서는 명목임금이 탄력적으로 하락하지 않는 원인 중의 하나가 화폐환상현상이라고 보았다.

④ $D_0$이 $D_1$로 이동하여 실업이 발생했다면, 케인즈학파에서는 이를 해결하기 위해 노동의 수요를 늘리기 위한 정부의 역할이 필요하다고 생각하겠군.

➡ ❹-7에 따르면 케인즈학파에서는 경기적 실업을 감소시키기 위해 정부가 정책을 통해 노동의 수요를 늘리는 등의 적극적인 역할을 해야 한다고 주장하였다.

## 04 법률 행위로서의 계약 66~67쪽

**1** ③   **2** ①   **3** ③

**1** 세부 내용 파악하기

윗글의 내용과 일치하지 <u>않는</u> 것은?

정답인 이유

③ 법률 행위가 없으면 법률 효과가 발생하지 않는다.

➡ ❷-1에 따르면 법률 행위는 의사 표시를 필수적 요소로 하여 법률 효과를 발생시킨다. 그러나 ❻-1~2에 따르면 의사 표시의 작용이 아닌 매매 목적물의 소실에 따른 채무 이행 불능으로 법률 효과가 발생하였다. 따라서 법률 행위가 없더라도 법률 효과가 발생한다고 볼 수 있다.

오답 피하기

① 실체법에는 청구권에 관한 규정이 있다.

➡ ❷-3에서 청구권을 내용으로 하는 권리가 채권이라 하였다. 그리고 ❹-1에서 채권의 내용은 민법과 같은 실체법에서 규정하고 있다고 하였으므로 적절한 진술이다.

② 절차법에 강제 집행 제도가 마련되어 있다.

➡ ❹에 따르면 민사 소송법이나 민사 집행법 같은 절차법이 갖추어져 있어 법원에 강제 집행을 신청할 수 있다.

④ 법원을 통하여 물리력으로 채권을 실현할 수 있다.

➡ ❹-2~3에 따르면 법원에 강제 집행을 신청함으로써 국가가 물리적 실력을 행사하여 채권이 실현되도록 할 수 있다.

⑤ 실현 불가능한 것을 내용으로 하는 계약은 무효이다.

➡ ❺-4에 따르면 실현 불가능한 내용을 담고 있는 계약은 체결할 때부터 계약 자체가 무효이다.

**2** 구체적 사례나 상황에 적용하기

㉠의 상황에 대한 설명으로 적절한 것은?

정답인 이유

① '을'의 과실로 이행 불능이 되어 '갑'의 계약 해제권이 발생한다.

➡ ㉠은 을의 과실로 그림 A가 소실됨에 따라 을이 그림 A를 갑에게 인도하여야 할 채무를 이행할 수 없게 된 상황이다. ❻-3에서 이때 채무 불이행에 대한 책임은 갑이 계약을 해제할 수 있는 권리를 갖게 한다고 하였다.

② '갑'은 소를 제기하여야 매매의 목적이 된 재산권을 이전받을 수 있
다.

➡ ❺-3을 통해 알 수 있듯이 매매 목적물인 그림 A가 소실되었기
때문에 소송을 하더라도 그림 A의 소유권을 이전받을 수 없다.

③ '갑'은 원상회복 청구권을 행사하여야 ~~그림 A'의 소유권을 회복할
수 있다.~~

➡ ❼에 따르면 원상회복 청구권은 계약이 해제된 상태에서 이미 이
행된 것이 있는 경우에 계약 체결 이전의 상태로 돌려놓을 것을 청구
하는 권리이다. ㉠의 상황으로 매매 계약이 해제됨에 따라 갑은 원상
회복 청구권을 행사하여 을에게 이미 지급한 매매 대금을 반환해 달
라고 청구할 수 있다. 하지만 그림 A가 소실되어서 갑이 원상회복 청
구권을 행사하더라도 그림 A의 소유권을 회복할 수는 없다.

④ '갑'과 '을'은 ~~애초부터 실현 불가능한 내용의 계약을 체결하였기
때문에~~ 이행 불능이 되었다.

➡ ❺-1을 통해 갑과 을이 계약을 체결한 이후에 매매 목적물인 그
림 A가 소실되었기 때문에 채무 불이행 상태가 된 것임을 알 수 있다.
즉, 매매 계약을 체결할 당시에는 그림 A가 소실되기 전이므로 실현
불가능한 내용의 계약을 체결하였다고 볼 수 없다.

⑤ '을'이 '갑'에게 '그림 A'를 인도하는 것은 불가능해졌지만 '을'은 채
무 불이행에 대한 책임을 ~~지지 않는다.~~

➡ ❺-5에서 이행 불능이 채무자의 과실 때문에 일어난 것이라면
채무자가 채무 불이행에 대한 책임을 져야 한다고 하였다. 따라서 을
은 그림 A의 소실에 따른 채무 불이행에 대한 책임을 져야 한다.

---

## 3  구체적 사례나 상황에 적용하기

**윗글을 바탕으로 할 때, 〈보기〉에 대한 분석으로 적절하지 <u>않은</u> 것은?**

> ┌ 보기 ┐
>
> [1]'증여'는 당사자의 일방이 자기의 재산을 무상으로 상대방에게
> (증여는 양 당사자의 의사 표시가 서로 합치하여 성립하는 법률 행위임.)
> 줄 의사를 표시하고 상대방이 이를 승낙함으로써 성립하는 계약이
> 다. [2]증여자만 이행 의무를 진다는 점이 특징이다. [3]'유언'은 유언자
> (일반적인 계약(매매)과 차이점: 증여자에게만 변제 의무가 있음.)
> 의 사망과 동시에 일정한 법률 효과를 발생시키려는 것을 목적으로
> (유언은 법률 행위의 성격을 지님.)
> 하는데, 유언자의 의사 표시만으로 유효하게 성립하고 의사 표시의
> (의사 표시의 합치가 필요 없음. '증여'와 차이점)
> 상대방이 필요 없다는 점에서 증여와 차이가 있다.



③ '증여'는 변제의 의무를 발생시키지 않는다는 점에서 '매매'와 차이
가 있다.

➡ ❷-5에서 채무자가 채무의 내용대로 이행하여 채권을 소멸시키
는 것을 변제라 하였다. ❶에 따르면 '매매'의 경우, 매도인과 매수인
은 소유권 이전, 매매 대금 지급과 관련하여 채무와 채권을 갖게 되
며, 양 당사자는 각자의 채무를 이행함으로써 채권을 소멸시키는 변
제 의무를 지게 된다. 한편 〈보기〉-2에 따르면 '증여'는 증여자만 이
행 의무를 지므로, 증여자에게 변제의 의무가 발생한다고 볼 수 있다.



① '증여', '유언', '매매'는 모두 법률 행위로서 의사 표시를 요소로 한다.

➡ 〈보기〉-1에 따르면 '증여'는 당사자의 일방이 자신의 재산을 무
상으로 상대방에게 줄 의사를 표시하고 상대방이 이를 승낙함으로써
성립하는 계약이며, 이러한 계약은 법률 행위의 일종이다(❷-2). 또
〈보기〉-3에 따르면 '유언'은 유언자의 의사 표시만으로 유효하게 성
립되며, 유언자의 사망과 동시에 일정한 법률 효과를 발생시키는 법
률 행위이다. 그리고 ❶에 따르면 매매는 매도인과 매수인의 의사 표
시가 합치함으로써 성립되며, 이는 양 당사자가 서로 채권과 채무를
이행하는 관계에 놓이는 법률 행위이다.

② '증여'와 '유언'은 법률 효과를 발생시키려는 목적이 있다는 점이
공통된다.

➡ 〈보기〉-2~3에 따르면 '증여'는 증여자가 상대방에게 재산을 무
상으로 주어야 한다는 이행 의무를 발생시키는 계약이다. 또한 '유언'
은 유언자의 사망과 동시에 일정한 법률 효과를 발생시키는 것을 목
적으로 한다.

④ '증여'는 당사자 일방만이 이행한다는 점에서 양 당사자가 서로 이
행하는 관계를 갖는 '매매'와 차이가 있다.

➡ 〈보기〉-2에 따르면 '증여'는 증여자만 이행 의무를 지닌다. 그러
나 ❶-4에 따르면 '매매'는 양 당사자가 서로 권리를 행사하고 서로
의무를 이행한다.

⑤ '증여'는 양 당사자의 의사 표시가 서로 합치하여 성립한다는 점에
서 의사 표시의 합치가 필요 없는 '유언'과 차이가 있다.

➡ 〈보기〉-1에 따르면 '증여'는 증여자가 자기의 재산을 무상으로
상대방에게 줄 의사를 표시하고 상대방이 이를 승낙함으로써 성립한
다. 그러나 〈보기〉-3에 따르면 '유언'은 유언자의 의사 표시만으로
성립하고 의사 표시의 상대방이 필요 없다.

---

## 05  개인정보보호법      70~71쪽

**1** ②     **2** ③     **3** ④

---

## 1  세부 내용 파악하기

**윗글에서 알 수 있는 내용으로 적절하지 <u>않은</u> 것은?**



② 개인정보를 익명 처리하는 ~~과정~~

➡ ❺에서 개인의 권리가 침해되는 것을 막기 위해 개인정보를 익명
정보로 처리하는 방안에 대해 설명하고 있지만, 그 과정을 설명한 부
분은 찾을 수 없다.



① 개인정보자기결정권의 개념

➡ ❶-3에서 개인정보자기결정권은 '개인이 자신에 관한 정보가 언
제, 누구에게, 어느 범위까지 알려지고 이용될 것인지를 스스로 결정
할 수 있는 권리'임을 설명하였다.

③ 개인정보보호법을 제정하게 된 목적

　➡ ❷-1에서 개인정보보호법은 개인정보자기결정권을 보호하기 위해 제정되었음을 설명하였다.

④ 개인정보 활용의 유연성을 높이는 방안

　➡ ❻-1~2에서 개인정보 활용의 유연성을 높이기 위해 개인정보를 익명 정보가 아닌 가명 정보로 가공하여 활용하는 방안이 마련되었음을 설명하였다.

⑤ 개인정보 보호에 대한 인식이 확산된 배경

　➡ ❶-1~2에서 정보 통신 기술의 발달로 개인정보가 데이터베이스화되면서 개인정보 유출로 인한 피해가 증가함에 따라 개인정보를 보호해야 한다는 사회적 인식이 커지고 있음을 설명하였다.

## 2 　세부 내용 파악하기

㉠과 ㉡에 대한 설명으로 적절한 것은?



③ ㉠은 ㉡과 달리 개인정보보호법의 보호 대상이 아니다.

　➡ ❷-4~5에 따르면 개인정보보호법의 보호 대상인 개인정보는 개인을 알아볼 수 있는 정보이고, 주어진 정보만으로 특정 개인을 알아볼 수 없더라도 다른 정보와 쉽게 결합하여 개인을 알아볼 수 있는 정보이다. ❺-2에 따르면 익명 정보(㉠)는 더 이상 개인을 알아볼 수 없는 정보이므로, 이는 개인정보보호법의 보호 대상이 아니다. 반면에 ❻-3에 따르면 가명 정보(㉡)는 추가 정보와 비교적 쉽게 결합하여 개인을 식별할 수 있으므로 개인정보보호법의 보호 대상이 된다.



① ㉠은 익명 처리되기 전의 개인정보와 일대일로 대응한다.

　➡ ❻-5에서 가명 정보(㉡)는 익명 정보(㉠)와 달리 개인정보와 일대일 대응이 가능하다고 하였다.

② ㉡은 이용 목적에 상관없이 정보 주체의 동의가 필수적이다.

　➡ ❻-4에 따르면 가명 정보(㉡)는 통계 작성, 과학적 연구, 공익적 기록 보존 등을 위해 정보 주체의 동의 없이 이용·제공될 수 있다.

④ ㉡은 ㉠과 달리 수집 목적 이외의 분야에서 활용되기 어렵다.

　➡ ❺-3에 따르면 익명 정보(㉠)는 원래의 개인정보로 복원되는 것이 불가능하므로 수집 목적 이외의 분야에서 활용되기 어렵다. 반면에 ❻-3~4에 따르면 가명 정보(㉡)는 개인정보의 일부를 삭제 또는 대체한 것이므로 통계 작성, 과학적 연구, 공익적 기록 보존 등의 목적으로 활용될 수 있다.

⑤ ㉠과 ㉡은 모두 개인정보 처리자가 제3자에게 제공할 수 없다.

　➡ ❻-4에 따르면 가명 정보(㉡)는 통계 작성, 과학적 연구, 공익적 기록 보존 등을 위해 제3자에게 제공될 수 있다. 또한 ❺-2에 따르면 익명 정보(㉠)는 더 이상 개인정보로 볼 수 없으므로 제3자에게 제공할 수 없다는 설명은 적절하지 않다.

## 3 　구체적 사례나 상황에 적용하기

윗글을 바탕으로 인터넷 사이트에서 회원가입 시 제공하는 다음 동의서를 이해한 내용으로 적절하지 <u>않은</u> 것은?

---

**가. 개인정보 수집 및 이용 동의**

주식회사 ○○(이하 '회사')는 ○○ 서비스 회원(이하 '회원')의 권
　　　개인정보 처리자　　　　　　　개인정보의 주체
리를 적극적으로 보장합니다.

1. 수집 항목: 아이디, 비밀번호

　　　　　　　⋮

4. 개인정보 수집 및 이용 동의를 거부할 권리

　4-1. 회원은 개인정보의 수집 및 이용 동의를 거부할 권리가 있습니다.

　4-2. 수집 및 이용 동의를 거부할 경우, <u>서비스 이용이 제한됩니다.</u>
　　　　　　　　　　　동의 거부에 따른 불이익 내용

☐ 개인정보를 수집하고 이용하는 것에 동의합니다.

**나. 건강 정보 수집 및 이용 동의**

1. 수집 항목: **건강 정보**
　민감 정보 → 밑줄이나 큰 글씨로 강조함.

　　　　　⋮

☐ 건강 정보를 수집하고 이용하는 것에 동의합니다.

---



④ '나'의 1은 개인의 건강 정보가 ~~고유 식별 정보~~에 해당하기 때문에 수집 항목을 강조하여 표시한 것이겠군.

　➡ ❹-2에 따르면 건강 정보는 민감 정보에 해당한다. 그리고 ❹-3에 따르면 민감 정보에 대한 수집·이용 동의를 받을 때는 정보 주체가 알아보기 쉽도록 수집 항목을 밑줄이나 큰 글씨로 강조해야 한다.



① '가'에서 '회사'는 개인정보 처리자, '회원'은 개인정보의 주체에 해당하겠군.

　➡ ❸-1~2에 따르면 '회사'는 개인정보를 처리하는 단체이므로 개인정보 처리자, '회원'은 개인정보를 제공하는 개인이므로 개인정보의 주체에 해당한다.

② '가'의 4-2는 정보 제공 동의를 거부할 경우 정보 주체가 받을 수 있는 불이익에 해당하겠군.

　➡ '가'의 ❹-2는 개인정보 수집 및 이용 동의를 거부할 경우에 정보 주체인 '회원'이 받게 될 불이익 내용(서비스 이용 제한)을 고지한 것이다.

③ '가'에서 '회원'의 동의 여부를 확인하는 것은 '회원'의 개인정보자기결정권을 보호하기 위한 수단이겠군.

　➡ ❸-1에 따르면 사전 동의 제도는 정보 주체가 개인정보에 대한 자기 결정을 표현할 수 있다는 점에서 개인정보자기결정권을 보호하는 수단에 해당한다.

⑤ '나'는 정보 주체의 사생활이 현저히 침해되는 것을 방지하는 차원에서 '가'와 별도로 동의를 받는 것이겠군.

　➡ ❹-1~2에 따르면 건강 정보는 정보 주체의 사생활을 현저히 침해할 우려가 있는 민감 정보이므로, 이를 수집할 때는 별도로 동의를 받아야 한다.

**개인정보, 익명 정보, 가명 정보 비교**

| 성명 | 홍길동 |
| --- | --- |
| 나이 | 32세 |
| 연락처 | 010-1234-5678 |
| 주소 | 서울 종로구 한글길 12 |

▲ 개인정보

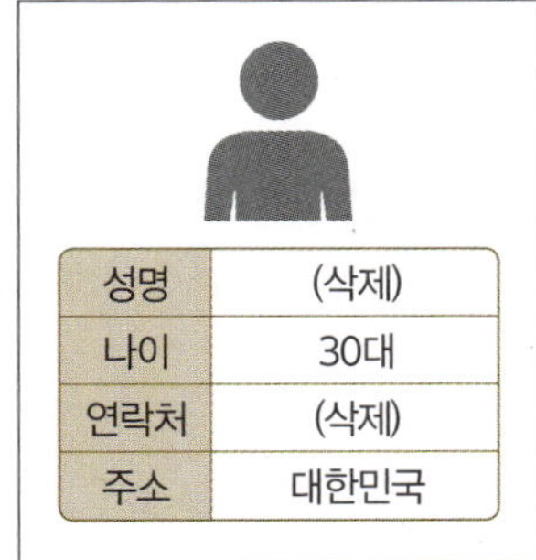

| 성명 | (삭제) |
| --- | --- |
| 나이 | 30대 |
| 연락처 | (삭제) |
| 주소 | 대한민국 |

▲ 익명 정보

| 성명 | 홍○○ |
| --- | --- |
| 나이 | 30대 초반 |
| 연락처 | 010-****-**** |
| 주소 | 서울특별시 |

▲ 가명 정보

## 06 내용증명 제도

74~75쪽

1 ①　　2 ⑤　　3 ④

### 1　전개 방식 파악하기

**윗글에 대한 설명으로 가장 적절한 것은?**

[정답인 이유]

① 특정 제도의 특징과 기능을 구체적인 사례를 들어 소개하고 있다.

➡ ❷에서 내용증명 제도가 사용되는 경우(특징)와 그 구체적인 사례를 제시하고 있다. 또한 ❹에서 내용증명 제도의 기능과 그 구체적인 사례를 제시하고 있다.

[오답 피하기]

② 특정 제도의 형성 배경과 발달 과정을 순차적으로 서술하고 있다.

➡ 내용증명 제도의 형성 배경과 발달 과정을 설명한 부분은 찾을 수 없다.

③ 특정 제도가 지닌 문제점과 한계를 다양한 측면에서 고찰하고 있다.

➡ 내용증명 제도가 지닌 문제점과 한계를 설명한 부분은 찾을 수 없다.

④ 특정 제도가 실시되었을 때 예상되는 장점과 단점을 분석하고 있다.

➡ 이 글은 이미 실시되고 있는 내용증명 제도의 특징과 기능을 설명하고 있다.

⑤ 특정 제도의 필요성을 언급한 뒤 그 속성을 유사한 대상에 빗대어 설명하고 있다.

➡ ❶-1에서 상대방이 사실을 번복하거나 그런 내용을 고지받지 못했다고 주장하는 것을 막기 위해 내용증명이 필요함을 언급하고 있다. 그러나 내용증명의 특성을 유사한 대상에 빗대어 설명한 부분은 찾을 수 없다.

### 2　세부 내용 파악하기

**윗글의 내용과 일치하지 <u>않는</u> 것은?**

[정답인 이유]

⑤ 계약을 철회할 수 있는 기간이 지난 후 발송한 내용증명도 법적 대응 과정에서 효력을 가질 수 있다.

➡ ❷-2~3에서 내용증명은 계약을 철회 기간 내에 취소하고 싶을 때, 계약을 철회할 수 있는 기간 내에 철회가 불가능한 경우에 사용할 수 있다고 하였다. 또한 ❺-2에서 채권은 제때 권리 행사를 하지 않으면 소멸시효가 만료되어 그 권리가 소멸된다고 하였다. 따라서 계약 철회 기간 내에 내용증명을 발송해야만 효력을 가질 수 있다.

[오답 피하기]

① 내용증명을 받은 수신인은 심리적 부담감을 느끼고 문제 해결을 시도할 수 있다.

➡ ❹-4에서 내용증명은 상대방에게 심리적 부담을 주어 그 내용의 이행을 실현하게 한다고 하였다.

② 방문판매의 청약 철회를 요청하는 내용증명의 효력은 서면을 발송한 날부터 발생한다.

➡ ❻-2에서 방문판매의 청약 철회를 요청하는 내용증명은 수신인의 수취 여부와 상관없이 발송한 날로부터 효력이 발생한다고 하였다.

③ 내용증명 발송 직후 발신인이 이를 분실한 경우 발송 우체국에서 복사를 요청할 수 있다.

➡ ❻-3~4에 따르면 내용증명은 발송 후 3년간 우체국에서 보관하므로, 내용증명 발송 직후에 발신인이 이를 분실한 경우에는 본인임을 입증한 다음에 복사를 요청할 수 있다.

④ 내용증명을 위해 우체국에 같은 내용의 문서를 3부 제출하여 발신인도 그중 하나를 갖는다.

➡ ❸-1~2에서 내용증명은 같은 내용의 문서 3부를 발신인, 수신인, 우체국이 각각 소지한다고 하였다. 즉, 발신인이 1부를 갖고, 수신인에게 1부를 보내고, 우체국에서 1부를 보관한다.

윗글을 바탕으로 〈보기〉의 상황을 이해한 내용으로 가장 적절한 것은?

/ 보기 /

을은 갑에게 돈을 빌려주었으며, 해당 채무 관계의 소멸시효는 3년으로 2020년 12월 31일에 만료된다. 그런데 갑은 만료일이 다가
<u>소멸시효 만료일</u>
오도록 을에게 채무를 이행하지 않고 있다. 이에 을은 주변의 조언
<u>돈을 갚는 것</u>
을 받아 2020년 10월 31일에 채무 이행을 요구하는 내용증명을 보
<u>내용증명을 보낸 날짜</u>  <u>을이 내용증명을 보낸 목적</u>
내어 갑에게 도달하였음을 확인하였다.

**정답인 이유**

④ 을이 이후 법적 대응을 할 뜻이 없다면 을이 돈을 받을 수 있는 권리는 2020년 12월 31일까지만 유지된다.

➡ ❺-5에 따르면 내용증명 발송 후 6개월 이내에 청구나 압류, 가압류, 가처분 등과 같은 법적 대응을 해야 내용증명을 보낸 시점에 소멸시효가 중단된다. 따라서 을이 내용증명을 보낸 이후 법적 대응을 하지 않으면 소멸시효 중단의 효력이 발생하지 않으므로, 소멸시효 만료일인 2020년 12월 31일까지만 을의 권리가 유지된다.

**오답 피하기**

① 을이 갑에게 내용증명을 보낸 궁극적인 목적은 <s>소멸시효 만료를 알려주기 위함이다.</s>

➡ ❷-1에 따르면 내용증명은 채권·채무 관계나 권리·의무를 명확하게 하는 데 이용된다. 을이 내용증명을 보낸 궁극적인 목적은 채권·채무 관계를 명확히 하여 갑에게 채무 이행을 요구하기 위함이다.

② 을이 보낸 내용증명으로 인해 <s>소멸시효 만료일인 2020년 12월 31일로부터</s> 중단 효력이 발생한다.

➡ ❺-5~6에 따르면 을이 내용증명을 보낸 이후 6개월 이내에 법적 대응을 한다면 내용증명을 보낸 시점인 2020년 10월 31일에 소멸시효가 중단된다.

③ 을이 내용증명을 소멸시효 만료 2개월 전에 보냈으므로 중단 사유 종료 후 소멸시효가 <s>2개월 연장된다.</s>

➡ ❺-7에 따르면 소멸시효가 일단 중단되면 그때까지 경과한 소멸시효 기간은 무효가 되고, 중단 사유가 종료된 때로부터 소멸시효가 새로이 시작된다.

⑤ 을이 2021년 <s>6월 30일</s>까지 가압류, 가처분 등의 조치를 하면 소멸시효는 2020년 10월 31일에 중단된 것으로 본다.

➡ ❺-5에 따르면 내용증명을 보낸 이후 6개월 이내인 2021년 4월 30일까지 법적 대응을 해야만 소멸시효가 내용증명을 보낸 시점인 2020년 10월 31일에 중단된 것으로 본다.

---

**필수 어휘 ZIP**  78쪽

**1** (1) ㉢ (2) ㉡ (3) ㉠  **2** (1) 예견된 (2) 지표 (3) 고지하였다 (4) 합치했다  **3** ①  **4** (1) ○ (2) × (3) × (4) ○  **5** (1) 매수인 (2) 공공재 (3) 최고하다 (4) 철회  **6** ④



---

**III** 영역별 실전 독해 **과학·기술**

**01 푸리에의 열전도 법칙**  80~81쪽

**1** ⑤  **2** ⑤  **3** ③

---

**1 세부 내용 파악하기**

윗글을 이해한 것으로 적절하지 <u>않은</u> 것은?

**정답인 이유**

⑤ 열의 전도는 서로 다른 물질들이 접촉하는 경우에만 발생하며 한 물질 안에서는 <s>발생하지 않는다.</s>

➡ ❶-4에서 열의 전도는 온도 차이가 있는 경우에 일어나는데, 한 물질 내에서 발생하기도 하고 서로 다른 물질들이 접촉하는 경우에도 발생한다고 했다.

**오답 피하기**

① 물질을 이루는 입자들의 상호 작용을 통해 전도가 일어난다.

➡ ❶-3에서 전도란 물질을 이루는 입자들의 상호 작용을 통해 열이 전달되는 현상이라고 했다.

② 음식의 조리 과정에서는 전도에 의한 열전달이 많이 일어난다.

➡ ❶-2에서 확인할 수 있다.

③ 물질이 전도에 의해 열을 전달할 수 있는 능력은 물질마다 다르다.
<u>열전도도</u>

➡ ❷-6에서 물질이 전도에 의해 열을 전달할 수 있는 능력인 열전도도는 물질마다 다르다고 했다.

④ 음식의 조리에서 <u>단위 시간 동안 열이 전달되는 비율</u>을 고려하는
<u>열전달률</u>
것은 중요하다.

➡ ❷-1에서 열전달 과정에서 단위 시간 동안 열이 전달되는 비율인 열전달률은 음식의 조리에서 고려할 중요한 요소라고 했다.

---

**2 구체적 사례나 상황에 적용하기**

다음은 윗글을 읽은 건축 동아리 학생들이 '에너지 효율이 높은 건물 설계'에 대해 대화를 나눈 것이다. ㉠을 활용한 의견으로 적절하지 <u>않은</u> 것은?

**정답인 이유**

⑤ 부원 5: 여름철 현관문을 통한 실외 온도의 영향을 최소화하려면 현관문을 통한 열전달률을 낮춰야 하니 같은 두께라도 열전도도가 더 <s>높은</s> 재질의 현관문을 사용하는 것으로 설계해야겠어.

➡ ❷-7에 따르면 다른 조건이 같더라도 열전도도가 높은 경우 열전달률도 높게 나타난다. 따라서 열전달률을 낮추기 위해서는 같은 두께라도 열전도도가 더 낮은 재질의 현관문을 사용해야 한다.

① 부원 1: 겨울철 열손실을 줄여야 하니까 지붕을 통한 열전달률을 낮추기 위해 건물의 지붕을 일반적인 지붕의 재료보다 열전도도가 낮은 재료를 사용하는 설계가 필요하다고 생각해.

➲ ❷-7에 따르면 열전달률은 열전도도에 비례한다. 따라서 열전달률을 낮추기 위해 일반적인 지붕의 재료보다 열전도도가 낮은 재료를 사용하는 설계가 필요하다는 의견은 적절하다.

② 부원 2: 일반적으로 벽보다 창문의 열전도도가 높으니 여름철 실내 냉방 효율을 높이고 싶다면 창문을 통한 열전달률을 낮추기 위해 건물 외벽에 설치된 창문의 면적을 줄이는 설계가 필요하다고 생각해.

➲ ❷-2~3에 따르면 전도에 의한 열전달률은 열이 전달되는 면적에 비례한다. 따라서 창문을 통한 열전달률을 낮추기 위해 창문의 면적을 줄이는 설계가 필요하다는 의견은 적절하다.

③ 부원 3: 여름철 외부 온도의 영향을 최소화하고 건물 외벽을 통한 열전달률을 낮추기 위해 외벽은 일반적인 것보다 두껍게 설계하는 것이 필요해.

➲ ❷-2~3에 따르면 전도에 의한 열전달률은 전도가 일어나는 두 지점 사이의 거리가 멀어질수록 낮아진다. 이때 외벽을 두껍게 설계한다는 것은 전도가 일어나는 두 지점 사이의 거리를 멀게 설계한다는 뜻이므로, 열전달률을 낮추기 위해 외벽을 일반적인 것보다 두껍게 설계해야 한다는 의견은 적절하다.

④ 부원 4: 차가운 방바닥에 빠른 난방을 하려면 난방용 온수 배관에서 방바닥으로의 열전달률을 높여야 하니 난방용 온수 배관과 방바닥이 닿는 접촉 면적을 넓게 설계해야겠어.

➲ ❷-2~3에 따르면 전도에 의한 열전달률은 열이 전달되는 면적에 비례한다. 따라서 열전달률을 높이기 위해 난방용 온수 배관과 방바닥이 닿는 접촉 면적을 넓게 설계해야 한다는 의견은 적절하다.

**3** 세부 내용 파악하기

〈보기〉는 [A]의 과정을 도식화한 것이다. 윗글을 바탕으로 ㉠~㉣를 이해한 것으로 적절하지 <u>않은</u> 것은?

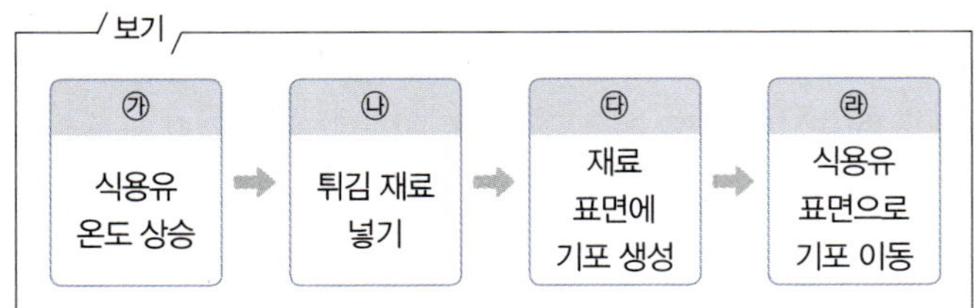




③ ㉢에서는 열이 전달됨에 따라 튀김 재료 표면의 수분이 튀김 재료 안쪽으로 이동하겠군.

---

➲ ㉢에서는 식용유에서 튀김 재료로 많은 열이 순간적으로 전달되면서 재료 표면의 수분이 수증기로 변해 기포의 형태가 된다(❸-5). 이처럼 튀김 재료에서 수분이 빠져나감에 따라 재료 안쪽의 수분들이 빈자리를 채우기 위해 표면 쪽으로 이동한다(❹-2).



① ㉠에서는 서로 다른 물질인 냄비와 식용유 사이에서 열전달이 일어나겠군.

➲ 열전달은 열이 온도가 높은 곳에서 낮은 곳으로 이동하는 현상이다(❶-2). 이를 고려할 때 냄비를 가열하면 냄비에서 식용유로 열이 이동하는 열전달이 일어나 식용유의 온도가 상승할 것이다.

② ㉡의 결과로 ㉢가 진행되는 것은 튀김 재료에 순간적으로 많은 열이 전달되었기 때문이겠군.

➲ 튀김 재료를 식용유에 넣으면 재료 표면에 수많은 기포들이 형성되는데, 이는 식용유에서 튀김 재료로 순간적으로 많은 열이 전달되어 생겨난 것이다(❸-5).

④ ㉢에서 ㉣로의 과정이 반복되면 튀김 재료의 수분량이 점차 줄어들겠군.

➲ 튀김 재료를 식용유에 넣어 재료 표면에 수많은 기포들이 생성되면, 이 기포들은 식용유 표면으로 올라가 공기 중으로 빠져나간다. 이 과정이 반복되면 지속적으로 재료의 수분은 기포로 변하고, 이로 인해 재료의 수분량은 점차 줄어들 것이다(❹-3).

⑤ ㉣에서는 수증기가 공기 중으로 빠져나가면서 지글지글 소리가 나겠군.

➲ ❸-6에서 재료 표면에 형성된 기포들은 식용유 표면으로 올라가 공기 중으로 빠져나가고 이때 지글지글 소리가 난다고 했다.

02 우리 몸속의 효소 작용     84~85쪽

1 ⑤     2 ①     3 ③

**1** 세부 내용 파악하기

윗글에 대한 이해로 적절하지 <u>않은</u> 것은?



⑤ 효소·기질 복합체에서 분리된 효소는 다른 종류의 기질에 맞는 입체 구조로 변형되어 다음 반응을 준비한다.

➲ ❷-7~8에서 한 종류의 효소는 한 종류의 기질에만 작용(효소의 기질 특이성)한다고 했으며, 효소·기질 복합체로부터 분리된 효소는 처음과 동일한 화학적 상태로 복귀하여 다음 반응을 준비한다고 했으므로 ⑤의 진술은 적절하지 않다.

① 효소는 생체 내의 화학 반응에서 활성화 에너지를 조절하는 역할을 한다.

➜ ❶–5~6에서 촉매가 활성화 에너지를 높이거나 낮추는 역할을 함을 알 수 있다. 그리고 ❷–1~2에서 우리 몸의 촉매가 효소이며, 효소는 생체 내에서 화학 반응을 빠르고 쉽게 일어나게 한다고 했다.

② 촉매는 몸에 필요한 물질을 합성하는 화학 반응에서 반응 속도에 영향을 미친다.

➜ ❶–1~2에서 몸에 필요한 물질을 합성하는 화학 반응의 속도를 변화시키는 물질이 촉매라고 했다.

③ 기질의 구조와 효소의 활성 부위의 구조가 다르면 효소 촉매 반응은 일어나지 않는다.

➜ ❷–7에서 효소의 활성 부위와 기질의 3차원적 입체 구조가 맞으면 효소·기질 복합체가 형성된다고 했다. 즉, 기질의 구조와 효소의 활성 부위의 구조가 다르면 효소 촉매 반응은 일어나지 않는다.

④ 촉매 과정에서 반응물과 일시적으로 결합하는 효소는 고유의 입체 구조를 가지고 있다.

➜ ❷–4~5에서 각 효소는 고유의 입체 구조를 가지며 촉매로 작용하는 과정에서 반응물과 일시적으로 결합한다고 했다.




㉠과 ㉡에 대한 설명으로 적절한 것은?



① ㉠과 달리 ㉡은 효소의 입체 구조를 변형시키는 역할을 한다.

➜ ❸–3에서 경쟁적 저해제(㉠)는 효소의 활성 부위에 기질 대신에 결합하지만, ❸–5에서 비경쟁적 저해제(㉡)는 효소의 활성 부위가 아닌 효소의 다른 부위에 결합하여 효소의 입체 구조를 변형시킨다고 했다.



② ㉡과 달리 ㉠은 효소·기질 복합체의 형성을 방해한다.

➜ ❸–3, 6에 따르면 경쟁적 저해제(㉠)와 비경쟁적 저해제(㉡) 모두 효소·기질 복합체의 형성을 방해한다.

③ ㉠과 ㉡은 모두 기질과 유사한 입체 구조를 가지고 있다.

➜ ❸–3에서 경쟁적 저해제(㉠)는 기질과 유사한 3차원적 입체 구조를 지니고 있다고 했다. 그러나 비경쟁적 저해제(㉡)는 기질과 유사한 입체 구조를 가지고 있지 않다.

④ ㉠과 ㉡은 모두 효소의 활성 부위가 아닌 곳에 결합한다.

➜ ❸–5에 따르면 비경쟁적 저해제(㉡)는 효소의 활성 부위가 아닌 효소의 다른 부위에 결합하지만, ❸–3에 따르면 경쟁적 저해제(㉠)는 효소의 활성 부위에 기질 대신에 결합한다.

⑤ ㉠과 ㉡은 모두 기질의 농도 증가가 저해 효과에 영향을 미친다.

➜ ❸–4에 따르면 경쟁적 저해제(㉠)는 기질의 농도가 증가하면 저해 효과가 감소하지만, ❸–7에 따르면 비경쟁적 저해제(㉡)는 기질의 농도가 증가해도 저해 효과가 감소하지 않는다.






다음은 촉매 반응을 설명하기 위한 그래프이다. 윗글을 바탕으로 〈보기〉를 이해한 것으로 적절한 것은?

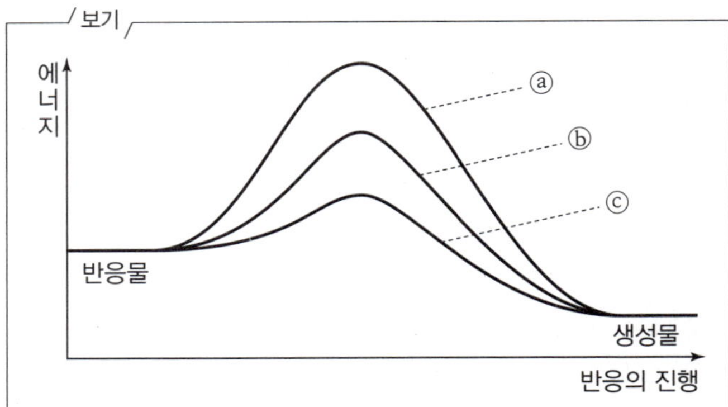


단, ⓐ, ⓑ, ⓒ에서 반응물의 종류와 양은 동일하며, 촉매를 제외한 모든 요인은 동일하다.



③ 생성물을 만들어 내는 화학 반응 속도는 ⓒ가 ⓑ보다 빠르겠군.

➜ ❶–5에 따르면 활성화 에너지와 반응 속도는 반비례한다. ⓒ의 활성화 에너지가 ⓑ의 활성화 에너지보다 낮으므로, 화학 반응 속도는 ⓒ가 ⓑ보다 더 빠름을 추론할 수 있다.



① ⓐ를 촉매가 없는 그래프라고 가정할 때, ⓑ는 반응물에 부촉매를 넣은 그래프이겠군.

➜ ❶–6에 따르면 정촉매는 활성화 에너지를 낮추고, 부촉매는 활성화 에너지를 높이는 역할을 한다. ⓐ를 촉매가 없는 그래프로 가정했을 때, ⓑ의 활성화 에너지가 ⓐ보다 낮으므로 ⓑ는 반응물에 정촉매를 넣은 그래프로 볼 수 있다.

② ⓒ를 촉매가 없는 그래프라고 가정할 때, ⓐ는 반응물에 정촉매를 넣은 그래프이겠군.

➜ ❶–6에 따르면 정촉매는 활성화 에너지를 낮추고, 부촉매는 활성화 에너지를 높이는 역할을 한다. ⓒ를 촉매가 없는 그래프로 가정했을 때, ⓐ의 활성화 에너지가 ⓒ보다 높으므로 ⓐ는 반응물에 부촉매를 넣은 그래프로 볼 수 있다.

④ ⓐ, ⓑ, ⓒ에서 반응에 필요한 활성화 에너지는 동일하겠군.

➜ 반응에 필요한 활성화 에너지는 ⓐ > ⓑ > ⓒ로 각기 다르다.

⑤ ⓐ, ⓑ, ⓒ에서 동일한 양의 생성물을 만들기 위해 필요한 시간은 모두 동일하겠군.

➜ ❶–5에 따르면 어떤 생성물을 만드는 화학 반응의 속도는 활성화 에너지에 반비례한다. 따라서 활성화 에너지가 가장 낮은 ⓒ의 반응 속도가 가장 빠르고, ⓑ, ⓐ 순으로 반응 속도가 느리다. 즉 동일한 양의 생성물을 만들기 위해 필요한 시간은 ⓒ가 가장 적게 걸리고 ⓐ가 가장 오래 걸림을 알 수 있다.

1 ②     2 ①     3 ⑤

## 1 전개 방식 파악하기

**윗글에 대한 설명으로 가장 적절한 것은?**

**정답인 이유**

② 면역계 과민 반응의 원인을 설명하여 면역 반응에 대한 통념에 변화를 주고 있다.

➡ ❸에서 위생가설에 따르면 바이러스를 접할 기회가 줄어든 깨끗한 환경이 오히려 면역계 과민 반응의 원인이 되었음을 설명하고, ❻~❼에서 장내미생물이 면역계에 미치는 긍정적 역할을 제시하고 있다. 이를 통해 '외부 물질을 완벽하게 제거하는 상태가 건강하다'라는 통념에 관한 인식의 전환이 일어나게 되었음을 설명하고 있다.

**오답 피하기**

① 면역 반응이 일어나는 과정을 분석하여 ~~가설의 수정이 필요함을 제안하고 있다.~~

➡ ❺-4~5에서 면역세포들이 면역 반응을 일으키는 과정을 설명하고 있으나, 이를 통해 가설의 수정이 필요함을 제안하지는 않았다.

③ 면역 반응에 대한 상반된 관점을 소개하고 ~~각각의 관점이 지닌 한계를 설명하고 있다.~~

➡ ❶-3에 면역 반응이 활발하여 외부 물질들을 완벽하게 제거하는 상태가 건강한 것이라는 관점이 제시되어 있고, 이와 반대로 ❷-1에 면역 반응이 과도해지면 오히려 인체에 해를 끼친다는 관점이 제시되어 있다. 그러나 각각의 관점이 지닌 한계를 설명하지는 않았다.

④ 면역계 과민 반응의 해결 방안을 제시하고 ~~예상되는 반론을 반박하면서 주장을 강화하고 있다.~~

➡ ❼-3에 조절T세포가 면역계 과민 반응으로 인해 발생한 염증을 억제하여 증상을 완화시킨다는 내용이 언급되어 있지만, 예상되는 반론을 제시하거나 이를 반박하지는 않았다.

⑤ 면역 반응에 주도적 역할을 하는 면역세포를 ~~생성 위치에 따라 분류한 뒤~~ 각각의 역할을 구체화하고 있다.

➡ 면역 반응에 주도적 역할을 하는 면역세포인 수지상세포와 T세포를 제시했으나(❺-2), 이를 생성 위치에 따라 분류하지는 않았다.

## 2 세부 내용 파악하기

**윗글을 이해한 내용으로 적절하지 <u>않은</u> 것은?**

**정답인 이유**

① 인체의 면역계는 과도한 면역 반응을 스스로 조절하는 능력이 있다.

➡ ❹-1~2에서 인체는 외부 물질과의 공존 속에서 면역 반응의 균형을 찾으며, 모든 외부 물질이 배척되면 면역 반응의 균형이 깨어진다는 위생가설의 주장을 확인할 수 있다. 또 ❻~❼에서 외부 물질이 면역 반응을 억제하는 역할을 하는 사례도 확인할 수 있다. 즉 인체는 과도한 면역 반응을 스스로 조절하는 능력이 있는 것이 아니라, 외부 물질의 도움을 받아 면역 반응을 조절하는 것이다.

**오답 피하기**

② 인체가 건강하다는 것은 면역 반응의 강약이 조절되는 것을 의미한다.

➡ 면역 반응이 외부 물질의 침입에 저항하고 방어하는 작용을 한다는 내용(❶)과 이러한 면역 반응이 과도하면 인체에 해가 된다는 내용(❷), 인체가 외부 물질과의 공존 속에서 면역 반응의 강약을 조절하여 균형을 찾는다는 내용(❹, ❼)을 고려할 때 적절하다.

③ 외부 물질이 인체에 유해한 경우도 있지만 유해하지 않은 경우도 있다.

➡ 세균과 바이러스, 기생충과 같은 외부 물질은 감염이나 질병의 원인이 되기 때문에 인체에 유해하지만(❶-1~2), 면역 반응의 강약을 조절하여 면역계 과민 반응으로 인한 질병을 치료하는 장내미생물(❼-1~2)과 같이 인체에 유해하지 않은 외부 물질도 있다.

④ 현대 의학의 발달과 환경 개선은 면역 반응이 지나치게 된 원인에 해당한다.

➡ ❸-4에서 위생가설에 따르면 현대 의학의 발달과 환경 개선으로 바이러스가 줄어들자 면역 반응이 지나치게 되었다고 하였다.

⑤ 장내미생물은 자신을 공격 대상으로 인식하지 못하도록 면역계에 영향을 미친다.

➡ ❺-4~5에 따르면 수지상세포는 인체에 침입한 외부 물질을 인지하여 미성숙T세포를 몸 안에 침입한 이물질을 없애는 조력T세포와 세포독성T세포로 분화시킨다. 그런데 ❻-1~2에 따르면 장내미생물은 분화된 T세포의 공격을 피하기 위해 수지상세포의 성격을 바꾸어 수지상세포가 면역 반응을 일으키지 못하게 만든다.

**윗글을 바탕으로 〈보기〉를 이해한 내용으로 적절하지 <u>않은</u> 것은?**



**정답인 이유**

⑤ (가)와 (나)의 작용은 모두 외부 물질의 유입을 막음으로써 인체를 보호하기 위해 일어난다.

　➡ (가)는 면역 반응이 일어나는 과정(**5**)을, (나)는 면역 반응이 억제되는 과정(**6**)을 도식화한 것이다. 즉 (가)의 작용만 외부 물질의 유입을 막음으로써 인체를 보호하기 위해 일어난다.

**오답 피하기**

① (가)의 수지상세포는 (나)의 조절수지상세포와 달리 외부 물질을 제거해야 할 대상으로 인지한다.

　➡ 수지상세포는 인체에 침입한 외부 물질을 인지하고 미성숙T세포를 분화시켜 이물질을 없애는 역할을 하며(**5**-4~5), 조절수지상세포는 미성숙T세포를 성숙시켜 면역 반응을 억제한다(**6**-4).

② (가)의 T세포는 (나)의 T세포와 달리 몸 안에 침입한 이물질을 없애는 역할을 한다.

　➡ (가)의 T세포는 몸 안에 침입한 이물질을 없애는 조력T세포와 세포독성T세포이며(**5**-4~5), (나)의 T세포는 면역 반응을 억제하는 조절T세포이다(**6**-4).

③ (나)의 미성숙T세포는 (가)의 미성숙T세포와 달리 두 종류의 면역 세포로 분화되지 않는다.

　➡ (가)의 미성숙T세포는 조력T세포와 세포독성T세포로 분화되는 반면(**5**-4), (나)의 미성숙T세포는 조절T세포로 성숙된다(**6**-4).

④ (나)의 T세포는 (가)의 T세포와 달리 과민 면역 반응으로 발생한 염증을 억제하는 역할을 한다.

　➡ (나)의 조절T세포는 과민 면역 반응으로 발생한 염증을 억제한다고 했다(**7**-3). (가)의 조력T세포와 세포독성T세포는 몸 안에 침입한 이물질을 없애는 역할을 한다(**5**-5).

---

## 04 타워 크레인
92~93쪽

**1** ⑤　　**2** ①　　**3** ①



**윗글을 통해 알 수 있는 내용이 <u>아닌</u> 것은?**

**정답인 이유**

⑤ 타워 크레인의 높이를 높이기 위해서는 텔레스코핑 케이지의 유압 장치를 이용해 ~~마스트~~를 들어 올려야 한다.

　➡ 타워 크레인의 높이를 높이기 위해서는 텔레스코핑 케이지의 유압 장치를 통해 마스트가 아닌 운전실을 들어 올린 다음, 마스트와 운전실 사이의 빈 공간에 단위 마스트를 끼워 넣어야 한다(**2**-3).

**오답 피하기**

① 타이바는 길이가 다른 두 개의 지브가 한쪽으로 기울어지지 않도록 돕는 역할을 한다.

　➡ 타워 헤드에 연결된 타이바는 지브의 인장력을 보강하면서 평형 유지를 돕는다(**3**-1). 그리고 지브는 길이가 서로 다른 카운터 지브와 메인 지브로 구성되어 있다(**3**-2).

② 타워 크레인으로 들어 올린 중량물의 수평 이동은 트롤리와 선회 장치에 의해 이루어진다.

　➡ 선회 장치는 중량물을 수평으로 이동시키는 기능을 하며(**3**-1), 트롤리는 메인 지브의 레일을 통해 중량물을 수평으로 이동시키는 역할을 한다(**3**-3).

③ 후크 블록에 여러 개의 움직도르래가 사용되면 와이어로프가 꼬여 손상될 가능성이 높아진다.

　➡ 후크 블록의 움직도르래는 와이어로프를 통해 권상 장치와 연결되어 있는데(**5**-2), 후크 블록에 움직도르래를 여러 개 사용하게 되면 여러 가닥의 와이어로프가 바람에 의해 꼬여 손상되는 일이 발생할 수 있기 때문에 사용할 수 있는 움직도르래의 개수가 제한된다고 했다(**5**-8).

④ 타워 크레인이 중량물을 들어 올릴 때와 내릴 때에 권상 장치에 있는 전동기의 회전 방향은 반대가 된다.

　➡ 권상 장치는 전동기의 회전 방향에 따라 와이어로프를 원통 모양의 드럼에 감거나 풀어 중량물을 들어 올리거나 내린다(**5**-3). 따라서 타워 크레인이 중량물을 들어 올릴 때와 내릴 때 전동기의 회전 방향은 반대일 것임을 짐작할 수 있다.

**㉠의 이유로 가장 적절한 것은?**

**정답인 이유**

① 평형추와 운전실 사이의 거리와 평형추의 무게가 고정되어 있기
때문에
<u>D</u>           <u>F</u>

➡ ❹-3~4에 따르면 타워 크레인은 지레의 원리에 따라 FD = fd일
때 즉, 'F(평형추의 무게) × D(평형추에서 운전실까지의 거리) = f(트
롤리가 들어 올리는 중량물의 무게) × d(트롤리에서 운전실까지의 거
리)'일 때 평형을 이룬다.

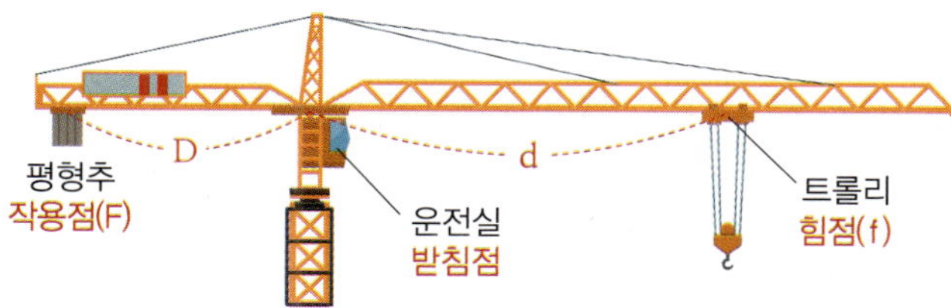


타워 크레인에서 평형추는 고정되어 있으므로 F와 D는 일정하고
FD의 값도 변하지 않는다. 그런데 메인 지브의 안쪽에서 들어 올린
중량물을 메인 지브 바깥쪽으로 이동시키면, f는 일정하지만 d가 늘
어나서 fd가 FD보다 커지게 된다. 따라서 타워 크레인은 메인 지브
쪽으로 기울어져 평형을 이루지 못하게 될 것이다.

**오답 피하기**

② 평형추와 운전실 사이의 거리에 비해 <u>트롤리와 운전실 사이의 거
리가 ~~가까워져서~~</u> 때문에
<u>D</u>          <u>d</u>

➡ 평형추는 고정되어 있으므로 평형추와 운전실 사이의 거리(D) 또
한 달라지지 않는다. 이때 메인 지브의 안쪽에서 들어 올린 중량물을
메인 지브 바깥쪽으로 이동시키면, 트롤리에서 운전실까지의 거리(d)
는 멀어진다.

③ 트롤리와 운전실 사이의 거리가 멀어질수록 힘점과 받침점 사이의
거리가 ~~가까워져서~~ 때문에

➡ 타워 크레인의 트롤리는 힘점, 운전실 지점은 받침점이다(❹-4).
따라서 트롤리와 운전실 사이의 거리가 멀어진다는 것은 힘점과 받침
점 사이의 거리도 멀어진다는 뜻이다.

④ 카운터 지브에 설치된 <u>평형추의 무게와</u> 권상 장치에 있는 <u>중량물
의 무게의 비가 ~~달라져서~~</u> 때문에
<u>F</u>          <u>f</u>

➡ 카운터 지브에 설치된 평형추의 무게(F)는 고정되어 있다. 또한 메
인 지브의 안쪽에서 들어 올린 중량물을 메인 지브 바깥쪽으로 이동
시킨다고 해서 중량물의 무게(f)가 달라지는 것은 아니다. 따라서 평
형추의 무게와 중량물의 무게의 비는 달라지지 않는다.

⑤ 트롤리가 메인 지브의 바깥쪽으로 이동할수록 평형추가 있는 ~~카운
터 지브 쪽으로~~ 타워 크레인이 기울어지기 때문에

➡ 타워 크레인의 FD가 고정되어 있고, 트롤리가 메인 지브의 바깥쪽
으로 이동할수록 트롤리와 운전실까지의 거리(d)가 늘어나므로 fd가
FD보다 커진다. 따라서 타워 크레인은 메인 지브 쪽으로 기울어진다.



**[A]를 바탕으로 〈보기 1〉을 이해한 내용을 〈보기 2〉와 같이 정리할 때,
(ㄱ), (ㄴ)에 들어갈 말로 적절한 것은?**

／ 보기 1 ／
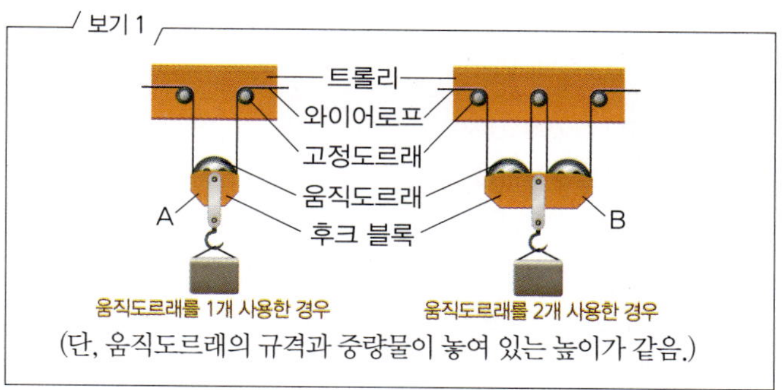

(단, 움직도르래의 규격과 중량물이 놓여 있는 높이가 같음.)

／ 보기 2 ／

(A, B를 이용해 같은 무게의 중량물을 각각 들어 올릴 때, 권상 장
치가 감아올린 와이어로프의 길이가 같다면)권상 장치가 중량물을
(  ): 조건
        S가 같다
들어 올릴 때 사용한 힘의 크기는 ( ㄱ ), 들어 올린 중량물의 높
            물체를 들어 올리기 위해 한 일의 양임.
이는 ( ㄴ ).

**정답인 이유**

①   (ㄱ)          (ㄴ)
A가 B보다 크고      A가 B보다 높다

➡ ❺-7에서 움직도르래를 추가적으로 사용할 때마다 동일한 무게
의 중량물을 같은 높이로 들어 올릴 때 권상 장치가 사용하는 힘의 크
기가 감소하고, 권상 장치가 감아올리는 와이어로프의 길이는 더 길
어진다고 했다. 따라서 동일한 무게의 중량물을 같은 높이로 들어 올
린다면, 움직도르래를 1개 사용한 A보다 움직도르래를 2개 사용한 B
가 사용한 힘의 크기가 더 작고, 감아올린 와이어로프의 길이는 더 길
것이다.

A가 사용한 힘의 크기가 B보다 크고, 〈보기 2〉의 조건처럼 권상 장
치가 감아올린 와이어로프의 길이가 같으므로 '일의 양(W) = 줄을 당
긴 힘(F) × 감아올린 줄의 길이(S)'에 의해 A가 한 일의 양이 B보다
더 많다. 따라서 동일한 중량물을 들어 올릴 경우 A가 B보다 중량물
을 더 높이 들어 올렸을 것임을 알 수 있다.

## 05 자연어 처리 기술
96~97쪽

**1** ③     **2** ④     **3** ⑤

**1** 세부 내용 파악하기

**윗글에서 알 수 있는 내용으로 적절하지 <u>않은</u> 것은?**

**정답인 이유**

③ 철자 오류 보정 방식은 ~~각 단계마다~~ 입력된 문장을 음절 단위로 구
분하여 데이터를 처리한다.

➡ ❷-4~5에 따르면 철자 오류 보정 방식의 첫 번째 '전처리' 단계에서는 국어에 쓰이지 않는 음절, 즉 시스템에서 처리가 불가능한 문자열을 처리가 가능한 문자열로 바꿔 준다. 그러나 ❷-7, ❸에 따르면 두 번째 '오류 문자열 판단' 단계부터는 입력된 문장을 어절 단위의 문자열로 구분하여 처리한다.



① 잘못 입력된 문장이 보정되지 않으면 음성 언어 비서 시스템이 제 기능을 발휘하지 못한다.

➡ ❶-2에 따르면 인공지능 음성 언어 비서 시스템이 제대로 작동하려면 사용자의 음성이 올바르게 인식되어야 하므로, 잘못 입력된 문장이 보정되지 않으면 시스템이 제 기능을 발휘하지 못할 것이다.

② 음성 인식 오류를 보정할 때는 사용자의 음성 언어를 문자 언어로 변환하는 과정이 선행된다.

➡ ❶-4에 따르면 입력된 음성 언어를 문자 언어로 변환한 다음에 통계 데이터를 활용하여 단어나 문장의 오류를 보정하게 된다.

④ 띄어쓰기 오류 보정 방식에서 입력된 문장의 처음과 끝은 공백이 있는 것으로 처리된다.

➡ ❹-6에서 확인할 수 있다.

⑤ 띄어쓰기 오류 보정 방식은 통계 데이터에서 빈도수가 높은 띄어쓰기 결과에 맞춰 오류를 보정한다.

➡ ❹-7~8에서 확인할 수 있다.

## 2  구체적 사례나 상황에 적용하기

[A]를 참고로 하여 다음의 ㉮~㉣를 설명한 내용으로 적절하지 <u>않은</u> 것은?

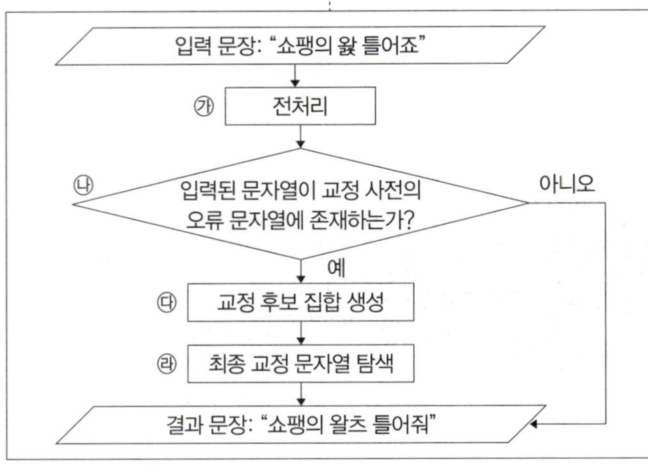




④ ㉰: '틀어죠'가 교정 사전의 오류 문자열에 있으므로 '틀어줘'만으로 교정 후보 집합을 생성한다.

➡ ❸-2에 따르면 '교정 후보 집합 생성' 단계에서는 오류 문자열과 교정 문자열 모두를 교정 후보로 하는 교정 후보 집합을 생성한다. 따라서 '틀어죠'와 '틀어줘' 모두를 교정 후보로 하는 교정 후보 집합을 생성할 것이다.



① ㉮: '왏'를 '왈츠'로 교정하여 처리가 가능한 문자열로 바꿔 준다.

➡ '왏'이 국어에 쓰이지 않는 음절이므로 '전처리' 단계에서 시스템에서 처리가 가능한 '왈츠'로 바꿔 준다(❷-4~5).

② ㉯: '쇼팽의'는 교정 사전의 오류 문자열에 해당하지 않으므로 결과 문장으로 바로 보낸다.

➡ ❷-7, ❸-1에 따르면 '오류 문자열 판단' 단계에서 어절 단위의 문자열이 교정 사전의 오류 문자열에 존재하지 않을 경우 바로 결과 문장으로 도출된다. 이를 고려할 때 '쇼팽의'는 교정 사전의 오류 문자열에 존재하지 않으므로 바로 결과 문장으로 도출될 것이다.

③ ㉯: '틀어죠'는 교정 사전의 오류 문자열에 해당하므로 '교정 후보 집합 생성' 단계로 보낸다.

➡ ❷-7, ❸-1에 따르면 '오류 문자열 판단' 단계에서 어절 단위의 문자열이 교정 사전의 오류 문자열에 존재하는지 여부를 확인하고, 존재할 경우에 '교정 후보 집합 생성' 단계로 넘어간다. 이를 고려할 때 '틀어죠'는 교정 사전의 오류 문자열에 존재하므로, '교정 후보 집합 생성' 단계로 보내야 한다.

⑤ ㉱: 어휘별 통계 데이터를 적용하여 사용 빈도가 높은 '틀어줘'를 최종 교정 문자열로 선택한다.

➡ ❸-5에 따르면 '최종 교정 문자열 탐색' 단계에서는 어휘별 통계 데이터를 활용하여, 교정 후보 중 사용 빈도가 높은 문자열을 최종 교정 문자열로 선택하여 결과 문장을 도출한다. 이를 고려할 때 교정 후보 '틀어죠'와 '틀어줘' 가운데 어휘별 통계 데이터에서 사용 빈도가 더 높은 '틀어줘'가 최종 문자열로 선택될 것이다.

## 3  생략된 정보 추론하기

윗글을 바탕으로 할 때, ㄱ~ㅁ에서 띄어쓰기 오류 보정이 일어난 이유로 가장 적절한 것은?

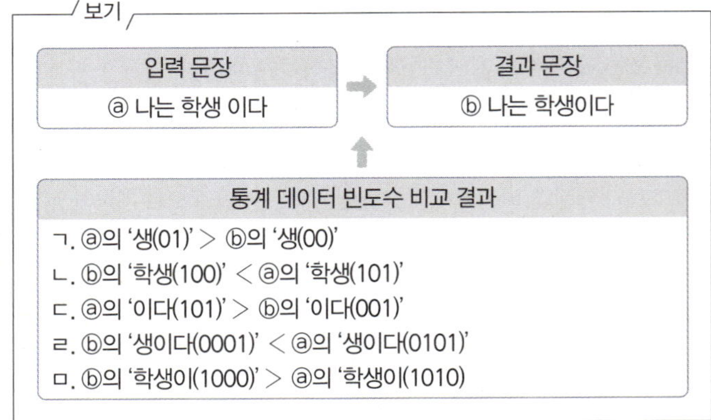

⑤ ㅁ

➡ ❹-7~8에 따르면 띄어쓰기 오류 보정 방식에서는 입력 문장의 띄어쓰기를 이진법으로 변환한 다음, 통계 데이터와 비교하여 빈도수가 높은 띄어쓰기 결과에 맞춰 오류를 보정한다. 따라서 〈보기〉에서 ⓑ로 띄어쓰기 오류 보정이 된 것은 ㅁ과 같이 ⓑ의 '학생이(1000)'이 ⓐ의 '학생이(1010)'보다 통계 데이터 빈도수가 더 높기 때문임을 알 수 있다.



① ㄱ

➡ ⓐ의 '생(01)'이 ⓑ의 '생(00)'보다 통계 데이터 빈도수가 높으므로, 이 경우에는 띄어쓰기 오류 보정이 일어나지 않는다.

② ㄴ

➡ ⓑ의 '학생(100)'이 ⓐ의 '학생(101)'이 보다 통계 데이터 빈도수가 낮으므로, 이 경우에는 띄어쓰기 오류 보정이 일어나지 않는다.

③ ㄷ

➡ ⓐ의 '이다(101)'이 ⓑ의 '이다(001)'보다 통계 데이터 빈도수가 높으므로, 이 경우에는 띄어쓰기 오류 보정이 일어나지 않는다.

④ ㄹ

➡ ⓑ의 '생이다(0001)'이 ⓐ의 '생이다(0101)'보다 통계 데이터 빈도수가 낮으므로, 이 경우에는 띄어쓰기 오류 보정이 일어나지 않는다.

---

## 06 OTP 기술

100~101쪽

1 ①  2 ①  3 ③

### 1 세부 내용 파악하기

**윗글에 대한 이해로 가장 적절한 것은?**



① 이벤트 동기화 방식은 시간 동기화 방식에 비해 로그인 서버에 비밀번호를 입력해야 하는 시간에 제약을 받지 않는다.

➡ ❻-3을 통해 이벤트 동기화 방식이 시간 동기화 방식에 비해 비밀번호 입력 시간에 제약을 받지 않음을 알 수 있다.



② 비동기화 방식의 OTP 기술은 ~~OTP발생기~~의 질의에 사용자가 응답값을 ~~인증 서버~~에 입력해야 인증에 성공한다.

➡ ❷-3~4에서 비동기화 방식은 인증 서버가 질읫값을 제시하면 사용자가 그 수를 OTP발생기에 입력하고, OTP발생기가 생성한 응답값을 사용자가 로그인 서버에 입력해야 한다고 하였다.

③ 아이디와 비밀번호를 입력하는 방식은 고정된 정보를 반복적으로 사용하기 때문에 정보가 노출될 우려가 ~~없다~~.

➡ ❶-2에서 아이디와 비밀번호를 입력하는 방식은 고정된 정보를 반복적으로 사용하기 때문에 정보가 노출될 수 있다고 하였다.

④ 시간 동기화 방식은 비밀번호 생성 간격을 짧게 할수록 비밀번호가 바뀌는 횟수가 ~~감소~~할 것이다.

➡ ❹-1에서 시간 동기화 방식은 일정한 시간 간격마다 OTP발생기가 새로운 비밀번호를 생성한다고 하였다. 따라서 비밀번호 생성 간격을 짧게 할수록 비밀번호가 바뀌는 횟수는 증가할 것이라고 추측할 수 있다.

⑤ 질의 응답 방식에서 사용자가 OTP발생기에 입력한 임의의 6자리 수는 응답값과 일치할 것이다.

➡ ❷-3에 따르면 질의 응답 방식에서 사용자는 인증 서버가 제시한 임의의 6자리 수(질읫값)를 OTP발생기에 입력하고, OTP발생기가 질읫값과 다른 응답값을 생성하면 사용자가 그 값을 로그인 서버에 입력한다. 따라서 사용자가 OTP발생기에 입력한 질읫값과 OTP발생기에서 생성한 응답값은 불일치할 것이다.

---

### 2 구체적 사례나 상황에 적용하기

**윗글을 바탕으로 〈보기〉를 이해한 내용으로 적절하지 않은 것은?**

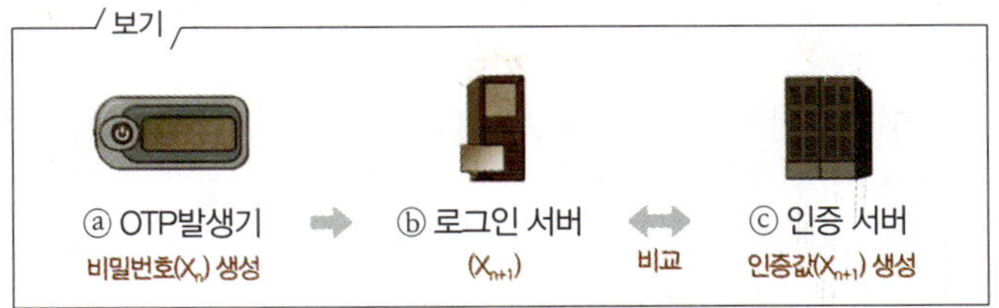





① 시간 동기화 방식에서 인증에 성공하였다면 ~~사용자가 ⓐ에서 ⓑ로 보낸 비밀번호와 ⓑ에서 생성한 인증값은 같을 것이다.~~

➡ ❹-1에서 시간 동기화 방식의 OTP발생기는 비밀번호를, 인증 서버는 인증값을 생성한다고 하였다. 또한 ❺에 따르면 OTP발생기에서 생성한 $X_n$을 사용자가 로그인 서버에 입력하면 로그인 서버에서 $X_{n+1}$을 인증 서버로 보내고, 이를 인증 서버에서 생성한 $X_{n+1}$과 비교하여 인증을 하게 된다. 따라서 인증에 성공하였다면 ⓑ에서 ⓒ로 보낸 값과 ⓒ에서 생성한 인증값이 같을 것이다.



② 시간 동기화 방식에서 ⓐ와 ⓒ 사이에 시간 오차가 발생하면 ⓐ에서 생성한 비밀번호로는 인증에 성공할 수 없을 것이다.

➡ ❻-2에서 확인할 수 있다.

③ 이벤트 동기화 방식에서 기촛값과 카운트값을 바탕으로 ⓐ는 비밀번호를, ⓒ는 인증값을 생성할 것이다.

➡ ❸-2에서 확인할 수 있다.

④ 이벤트 동기화 방식에서 ⓐ로 비밀번호를 생성하기만 하고 인증하지 않는다면 ⓐ와 ⓒ의 카운트값이 서로 달라질 것이다.

➡ ❸-8에서 확인할 수 있다.

⑤ 이벤트 동기화 방식에서 ⓐ가 생성한 비밀번호로 인증을 받았다면 ⓒ는 카운트값을 증가시켜 다음번 인증에 반영할 것이다.

➡ ❸-7에서 확인할 수 있다.

**[A]를 바탕으로 〈보기〉를 이해한 내용으로 적절하지 <u>않은</u> 것은?**

> ┌ 보기 ┐
>
> 사용자 A와 사용자 B는 모두 각자의 OTP발생기를 통해 ㉠2019
> 년 3월 7일 오전 10:00에 인증을 시도하고, ㉡오전 10:30에 인증을
> 다시 시도하였다. 그리고 ㉢다음날 오전 10:30에 다시 인증을 시도
> 하였다. → 인증을 시도한 시간이 달라짐.

**정답인 이유**

③ ㉡과 ㉢에서 함수 f를 n번 수행한 $X_n$은 ~~같겠군.~~

➡ ❺-2에 따르면 OTP발생기는 기촛값과 인증 시도 시간을 바탕으
로 r를 구하고, r에 대해 일방향 함수 f를 n번 수행하여 $X_n$을 생성한
다. 〈보기〉에서 ㉡과 ㉢은 인증을 시도한 시간이 다르므로, 이를 바탕
으로 구하는 r이 달라진다. 따라서 r에 대한 함수 f를 n번 수행한 $X_n$도
서로 다를 것이다.

**오답 피하기**

① ㉠에서 $X_n$이 노출되더라도 r는 알아내기가 어렵겠군.

➡ ❹에 따르면 시간 동기화 방식은 일방향 함수를 이용하는데, 일방
향 함수는 결괏값($X_n$)을 안다고 하더라도 입력값(r)을 구하는 것이 매
우 어렵다.

② ㉠과 ㉡에서 사용자 A의 r는 서로 다르겠군.

➡ ❺-2에 따르면 r은 기촛값과 인증 시도 시간을 바탕으로 구하는
데, ㉠과 ㉡에서 인증 시도 시간이 다르므로 r도 서로 다를 것이다.

④ ㉢에서 사용자 A와 사용자 B의 기촛값은 서로 다르겠군.

➡ ❸-3에서 기촛값은 사용자의 신상 정보와 해당 금융 기관의 정
보 등이 반영된 고유한 값이라고 하였다. 사용자 A와 사용자 B의 신
상 정보가 다르므로 기촛값은 서로 다를 것이다.

⑤ ㉠~㉢에서 사용자 B의 $X_{n+1}$들은 서로 다르겠군.

➡ ㉠~㉢은 인증 시도 시간이 다르기 때문에 r이 달라진다. 따라서 r
에 대해 일방향 함수 f를 n+1번 수행한 $X_{n+1}$도 서로 다를 것이다.

---

### 필수 어휘 ZIP
104쪽

**1** (1) ㉢ (2) ㉠ (3) ㉡  **2** (1) 척도 (2) 평형 (3) 자연어 (4) 동기화  **3** ①

**4** (1) 저해하고 (2) 구축되었다 (3) 급증하고 (4) 중추적  **5** ③  **6** (1) ×
(2) × (3) ○ (4) ○

**3** 빈칸에는 공통적으로 '보태거나 채워서 본디보다 더 튼튼하게 하
다.'를 뜻하는 '보강하다'가 들어가야 한다.

**6** (1) '화물'의 뜻풀이이다. (2) '자율주행'의 뜻풀이이다.

---

# IV  영역별 실전 독해 **융합 · 복합**

### 01 미술품 복원 작업
106~107쪽

**1** ③  **2** ③  **3** ①

---



**윗글에 대한 설명으로 가장 적절한 것은?**

**정답인 이유**

③ 미술품 복원 작업의 특징과 과정을 서술하면서 과학적 분석 방법
이 활용되는 원리를 설명하고 있다.

➡ ❷에서 미술품 복원 작업의 종류별 특징을 설명하고, ❸~❹에
서 미술품 복원 작업의 과정을 제시하면서 각 단계에서 'X선투과사진
법', '형광X선분석법'과 같은 과학적 분석 방법이 활용되는 원리에 대
해 설명하고 있다.

**오답 피하기**

① 미술품 복원 과정을 설명하면서 ~~미술품이 지닌 경제적 가치를 탐
색하고~~ 있다.

➡ ❸~❹에서 미술품의 복원 과정을 설명하고 있지만, 미술품이 지
닌 경제적 가치에 대해서는 설명하고 있지 않다.

② 미술품 복원 작업의 종류를 구분하고 그것을 근거로 하여 ~~예술의
형식을 분류하고~~ 있다.

➡ ❷에서 미술품 복원 작업의 종류를 목적에 따라 구분하고 있을
뿐, 예술의 형식을 분류하고 있지는 않다.

④ 미술품 복원 작업이 등장하게 된 배경을 검토하며 과학적 분석 방
법의 장점과 ~~한계를 평가하고~~ 있다.

➡ ❸-7에서 X선투과사진법의 장점을, ❹-10에서 형광X선분석법
의 장점을 제시하고 있지만, 이러한 과학적 분석 방법의 한계를 평가
한 부분은 찾을 수 없다.

⑤ ~~미술품 복원에 대한 평가가 작업 방식에 따라 달라지는 원인을~~ 제
시하고 ~~과학적 분석과의 관계를~~ 설명하고 있다.

➡ 미술품 복원 작업 방식에 따라 미술품 복원에 대한 평가가 달라진
다는 내용을 언급하고 있지 않으며, 과학적 분석 방법과의 관계를 설
명한 부분도 찾을 수 없다.

---



**윗글을 이해한 내용으로 가장 적절한 것은?**

**정답인 이유**

③ 허물어져 가는 벽화의 성분 분석을 할 때에는 형광X선분석법을 사
용하는 것이 효과적이다.

➡ ❹-10에 따르면 형광X선분석법은 벽화나 단청처럼 측정 대상을
이동시키기 어려운 경우의 성분 분석에 널리 사용되고 있다.

① 작품 보존에 필요한 최적의 환경을 제공하는 것은 ~~보존·복원 처리~~
~~작업~~에 해당한다.

➡ ❷-2에 따르면 작품 보존에 필요한 최적의 환경을 제공하는 것
은 예방 보존 작업에 해당한다.

② 작품에 사용된 재료의 자연적 노화로 인해 발생한 작품의 손상은
~~복원 작업에서 제외~~된다.

➡ ❶-1에 따르면 미술 작품에 사용된 재료의 자연적 노화 현상으
로 작품의 일부가 손상되었을 때도 복원 작업을 한다.

④ 형광X선은 원소의 안쪽 전자 궤도에 위치한 전자가 X선과 충돌하
여 ~~바깥쪽 궤도로 이동할 때~~ 발생한다.

➡ ❹-7~8에 따르면 안쪽 궤도의 전자가 X선과 충돌한 후 밖으로
튀어나오고, 그 자리를 바깥쪽에 위치한 전자가 이동하면서 원소에
따라 고유의 형광X선이 발생한다.

⑤ 미술 작품의 보존 작업은 작품 원본에 대한 이해를 바탕으로 ~~작가~~
~~의 의도보다 미관적인 면에 초점~~을 두어야 한다.

➡ ❶-2, ❷-5에 따르면 미술품 복원 작업은 미관적인 면보다는 작
가가 표현하고자 하는 의도에 초점을 맞추어야 하며, 이를 위해 작품
의 원본과 작품에 대한 완전한 이해와 존중이 요구된다.



② 파장이 짧은 X선을 사용할수록 ⓒ는 더 검게 나타나겠군.

➡ ❸-4, 6에 따르면 X선은 파장이 짧을수록 투과력이 증가하고, 이
에 따라 투과율도 증가하여 물체의 영상은 필름에 검게 나타난다. 따
라서 파장이 짧은 X선을 사용할수록 ⓒ는 더 검게 나타날 것이다.

③ ⓑ를 보니 목판에는 육안으로 식별할 수 없는 손상 부위가 있겠군.

➡ ❸-7에 따르면 필름에서 흑백의 명암 차를 분석하면 육안으로
식별할 수 없는 미술품의 손상 부위도 찾아낼 수 있다. 〈보기〉에서 ⓑ
는 촬영 전 목판에서 손상을 확인할 수 없었고, X선 촬영 영상에서 다
른 부위보다 어둡게 나타났다. 따라서 ⓑ를 통해 목판 내부에 육안으
로 식별할 수 없는 손상 부위가 있을 것이라 추측할 수 있다.

④ ⓐ와 ⓒ의 명암 차이는 해당 부위의 목판 두께가 다르기 때문이겠
군.

➡ ❸-4에 따르면 X선은 물체의 밀도가 크고 두께가 두꺼울수록 투
과력이 감소하고, ❸-6에 따르면 X선의 투과력이 감소할수록 투과
율도 감소하여 물체의 영상은 필름에 하얗게 나타난다. 〈보기〉를 보
면 밀도가 같은 동일한 재질로 이루어진 목판에서 ⓐ가 ⓒ보다 하얗
게 나타났다. 이를 통해 ⓐ의 X선 투과율이 ⓒ보다 낮으며, 이는 ⓐ
부위의 두께가 ⓒ보다 두껍기 때문임을 알 수 있다.

⑤ ⓓ는 목판의 해당 부위가 손상되었기 때문에 ⓐ보다 검게 나타난
것이겠군.

➡ ⓓ는 목판의 글자 일부가 손상된 부위이다. ❸-4, 6을 통해 ⓓ가
ⓐ보다 검게 나타난 것은 ⓓ의 X선 투과율이 ⓐ보다 높다는 것을 의
미하며, 이는 ⓓ가 목판의 손상으로 ⓐ보다 목판의 두께가 얇아졌기
때문임을 짐작할 수 있다.

## 3　구체적 사례나 상황에 적용하기

[A]를 바탕으로 〈보기〉의 영상을 이해한 것으로 적절하지 않은 것은?

보기

　밀도가 같은 동일한 재질로 이루어진 목판의 글자가 일부 손상되
어 복원 작업을 하려고 한다. 목판을 복원하기 전에 'X선투과사진
법'을 사용하여 다음과 같은 영상을 얻었다.

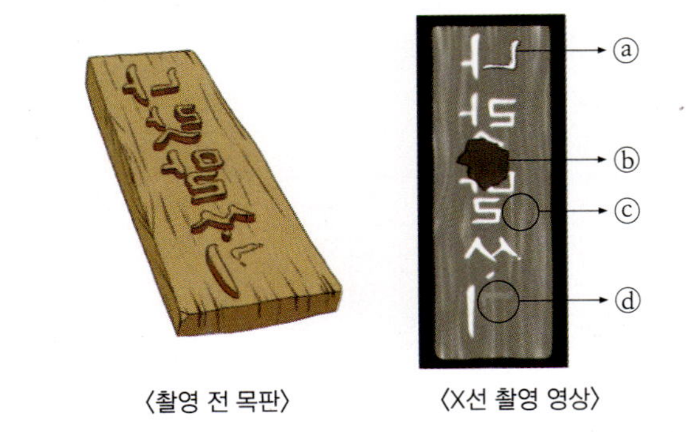

〈촬영 전 목판〉　〈X선 촬영 영상〉



① ⓐ~ⓓ 중에서 X선의 투과율이 가장 낮은 곳은 ⓑ이겠군.

➡ ❸-6에 따르면 X선의 투과력이 감소할수록 투과율이 감소하여
물체의 영상은 필름에 하얗게 나타난다. 〈보기〉의 ⓐ~ⓓ 중에서 가
장 하얗게 나타난 곳은 ⓐ이므로, X선의 투과율이 가장 낮은 곳은 ⓑ
가 아닌 ⓐ이다.

## 02　연관성 분석　111~112쪽

| 1 ② | 2 ⑤ | 3 ② | 4 ② | 5 ② |
|---|---|---|---|---|

## 1　전개 방식 파악하기

윗글에 대한 설명으로 적절하지 않은 것은?



② 연관성 분석이 ~~시대에 따라 변천하게 된 과정~~을 설명하고 있다.

➡ ❶-1에서 엄청난 양의 자료가 생성·축적되는 현대 사회에서 연
관성 분석이 널리 쓰이고 있다고 언급하였지만, 연관성 분석의 시대
변천 과정을 설명한 부분은 찾을 수 없다.



① 연관성 분석에 쓰이는 측도들을 예를 들어 설명하고 있다.

➡ ❷~❹에서 연관성 분석에 쓰이는 측도인 지지도, 신뢰도, 향상
도를 예를 들어 구체적으로 설명하였다.

③ 시차 연관성 분석의 특징과 분석에 필요한 요소들을 밝히고 있다.
　➡ ❻-2~4에서 시차 연관성 분석의 특징을 제시하고, ❻-5~6에서 시차 연관성 분석을 하기 위해 사건의 발생 시간이나 순서에 대한 정보와 분석 대상의 식별 정보가 필요하다고 설명하였다.

④ 연관성 분석에서 발생할 수 있는 문제를 해결하기 위한 방법을 제시하고 있다.
　➡ ❺-2에서 연관성 분석에서 발생할 수 있는 문제를 제시하고, 이를 해결하기 위한 방법으로 최소지지도 가지치기를 언급하였다.

⑤ 다양한 분석 기법이 여러 분야에서 널리 쓰이게 된 사회적 배경을 소개하고 있다.
　➡ ❶-1~2에서 정보 통신 기술의 발달로 엄청나게 많이 생성·축적되는 자료에서 유용한 정보를 찾아 활용하기 위해 다양한 분석 기법이 쓰인다고 하였다.


2 **세부 내용 파악하기**

**윗글의 내용과 일치하지 <u>않는</u> 것은?**



⑤ 연관성 분석에서 분석하려는 품목을 상위 품목으로 일반화하면 연관 규칙의 수가 기하급수적으로 <u>늘어난다</u>.
　➡ ❺-2~3에 따르면 연관성 분석에서 연관 규칙의 수가 기하급수적으로 늘어나는 문제점을 해결하기 위해 분석 품목을 상위 품목으로 일반화하는 최소지지도 가지치기 방법을 사용할 수 있다. 따라서 분석 품목을 상위 품목으로 일반화하면 연관 규칙의 수가 줄어들 것이다.



① 연관성 측도에서 기본이 되는 것은 발생 빈도이다.
　➡ ❷-2에서 확인할 수 있다.

② 향상도가 1이라는 것은 조건과 결과가 서로 독립적이라는 의미이다.
　➡ ❹-4에서 확인할 수 있다.

③ 연관성 분석은 결과가 명확하고 유용한 연관 규칙의 형태로 주어지는 장점이 있다.
　➡ ❺-1에서 확인할 수 있다.

④ 최소지지도 가지치기에는 지지도가 낮은 품목을 분석 대상에서 삭제하는 방법이 있다.
　➡ ❺-3에서 확인할 수 있다.


3 **구체적 사례나 상황에 적용하기**

**윗글의 〈표〉에 대해 이해한 내용으로 적절하지 <u>않은</u> 것은?**



② '휴지 → 우유'의 신뢰도가 100%인 것은 '~~우유~~'를 구매한 모든 경우에 '~~휴지~~'를 구매한 것을 의미한다.
　➡ ❸-1~2에 따르면 'X → Y'의 신뢰도는 X(조건)의 구매가 발생하였을 때 Y(결과)의 구매가 일어날 확률로, X와 Y를 모두 구매하는 거래의 수를 X를 구매하는 거래의 수로 나눈 값이다. 〈표〉에서 '휴지 → 우유'의 신뢰도가 2/2(100%)인 것은 '휴지'를 구매한 모든 경우에 '우유'도 구매했음을 의미한다.

---



① '빵 → 생수'가 '빵 → 휴지'의 지지도보다 높은 것은 '빵'을 '생수'와 함께 구매한 경우가 '빵'을 '휴지'와 함께 구매한 경우보다 많은 것을 의미한다.
　➡ ❷-4에 따르면 지지도가 높다는 것은 조건과 결과에 있는 품목들의 동시 구매가 많이 일어난다는 것을 의미한다. 〈표〉에서 '빵 → 생수'의 지지도는 2/5(40%)이고, '빵 → 휴지'의 지지도는 1/5(20%)이다. 이는 '빵'과 '생수'의 동시 구매가 '빵'과 '휴지'의 동시 구매보다 더 많이 일어났다는 것을 의미한다.

③ '생수 → 빵'과 '생수 → 우유'는 '생수 → 휴지'보다 신뢰도가 높다.
　➡ 생수를 구매한 세 번의 거래 중에서 빵, 우유는 각각 두 번 샀고, 휴지는 한 번만 샀다. 따라서 '생수 → 빵'과 '생수 → 우유'의 신뢰도는 모두 2/3이고, '생수 → 휴지'의 신뢰도는 1/3로, 전자의 신뢰도가 더 높다.

④ '우유 → 생수'의 지지도와 '생수 → 우유'의 지지도는 같다.
　➡ ❷-7에 따르면 'X → Y'와 'Y → X'의 지지도는 같다. 〈표〉에서 '우유'와 '생수'를 모두 산 경우는 다섯 번의 거래 중 두 번이므로, '우유 → 생수'와 '생수 → 우유'의 지지도는 2/5(40%)로 같다.

⑤ '빵 → 세제'의 신뢰도와 '세제 → 빵'의 신뢰도는 다르다.
　➡ 빵을 구매한 네 번의 거래 중에서 두 번만 세제를 샀으므로 '빵 → 세제'의 신뢰도는 2/4(50%)이고, 세제를 구매한 두 번의 거래에서 모두 빵을 샀으므로 '세제 → 빵'의 신뢰도는 2/2(100%)이다. 따라서 전자와 후자의 신뢰도는 다르다.


4 **구체적 사례나 상황에 적용하기**

**[A]를 바탕으로 할 때, 〈보기〉에 대해 보인 반응으로 가장 적절한 것은?**

보기

　어느 매장에서 고객들이 팥빙수를 만들기 위해 구매한 팥(A), 인절미(B), 콩가루(C)의 전체 거래 정보에 대해 연관성 분석을 하였다. 다음은 이를 통해 발견한 연관 규칙의 일부이다.

| 연관 규칙 (X → Y) | 기대 신뢰도 | 신뢰도 | 향상도 | |
|---|---|---|---|---|
| A → B | 42.5% | 55.6% | 1.308 | ········ ㉮ |
| B → C | 40.0% | 35.3% | 0.883 | ········ ㉯ |
| C → A | 45.0% | 50.0% | 1.111 | ········ ㉰ |
| : | : | : | : | |



② ㉯의 연관 규칙에서 <u>B를 구매했을 때 C를 구매할 확률</u>은 <u>전체 거래에서 C를 구매할 확률</u>보다 작군.
신뢰도　　　　　　　기대 신뢰도
　➡ 'B를 구매했을 때 C를 구매할 확률'은 'B → C'의 신뢰도(❸-1)를 의미하고, '전체 거래에서 C를 구매할 확률'은 'B → C'의 기대 신뢰도(❹-3)를 의미한다. ㉯의 연관 규칙의 신뢰도(35.3%)는 기대 신뢰도(40.0%)보다 작다.

① ㉮의 연관 규칙에서 B를 포함하는 거래의 수를 전체 거래의 수로
나눈 값은 ㉯의 연관 규칙에서 A를 포함하는 거래의 수를 전체 거
래의 수로 나눈 값보다 크군.

➡ ❹-3에서 'X → Y'에서 Y를 포함하는 거래의 수를 전체 거래의
수로 나눈 값이 기대 신뢰도라고 하였다. ㉮의 연관 규칙의 기대 신뢰
도(42.5%)는 ㉯의 연관 규칙의 기대 신뢰도(45.0%)보다 작다.

③ ㉯의 연관 규칙의 신뢰도는 ㉯의 음의 연관 규칙의 신뢰도보다
크군.

➡ ❹-12에 따르면 음의 연관 규칙의 신뢰도는 100%에서 신뢰도
를 뺀 값이므로, ㉯의 음의 연관 규칙의 신뢰도는 64.7%가 된다. ㉯
의 연관 규칙의 신뢰도(35.3%)는 ㉯의 음의 연관 규칙의 신뢰도
(64.7%)보다 작다.

④ ㉰의 연관 규칙이 ㉮의 연관 규칙보다 마케팅 전략에 바로 적용하
여 활용하기에 유용하겠군.

➡ ❹-5~7에서 향상도가 1보다 클 때에는 마케팅 전략을 세우는
데 유용하게 활용되고, 향상도가 1보다 작을 때에는 마케팅 전략에
바로 적용하기는 어렵다고 하였다. ㉰의 연관 규칙의 향상도는 0.883
이고 ㉮의 연관 규칙의 향상도는 1.308이므로, ㉮의 연관 규칙이 ㉰
의 연관 규칙보다 마케팅 전략에 바로 적용하여 활용하기에 유용하다
고 할 수 있다.

⑤ ㉯의 연관 규칙을 음의 연관 규칙인 'A → C'로 전환하면 더욱 유용
하게 쓸 수 있겠군.

➡ ❹-5~8에 따르면 ㉯의 연관 규칙의 향상도는 1보다 크므로 음
의 연관 규칙으로 전환하지 않고 마케팅 전략에 바로 적용할 수 있다.
또한 ❹-12에 따르면 ㉯의 연관 규칙(C → A)의 음의 연관 규칙은
'A → C'가 아니라 'C를 사면 A를 사지 않는다.'이다.

---

## 5 단어의 의미 파악하기

ⓐ의 문맥적 의미와 가장 유사한 것은?



② 시험이 끝난 학생들이 방학 계획을 세웠다.

➡ ⓐ는 '계획, 방안 따위를 정하거나 짜다.'의 뜻으로 쓰였다. ②에서
'세우다' 역시 이와 유사한 의미로 쓰였다.



① 변호사는 그를 증인으로 세웠다.

➡ 여기서 '세우다'는 '어떤 역할을 맡게 하다.'의 의미로 쓰였다.

③ 과장은 회사의 실적을 올리는 데 공을 세웠다.

➡ 여기서 '세우다'는 '공로나 업적 따위를 이룩하다.'의 의미로 쓰였다.

④ 목수는 목재를 잘 자르기 위해 톱날을 세웠다.

➡ 여기서 '세우다'는 '무딘 것을 날카롭게 하다.'의 의미로 쓰였다.

⑤ 우리 학교는 많은 노력을 기울여 전통을 세웠다.

➡ 여기서 '세우다'는 '질서나 체계, 규율 따위를 올바르게 하거나 짜
다.'의 의미로 쓰였다.

---



## 1 전개 방식 파악하기

(가)와 (나)의 공통점으로 가장 적절한 것은?



② (가)와 (나)는 모두 용어의 개념을 정의하며 내용을 전개하고 있다.

➡ (가)는 '사랑'과 '선(❶-2~3)', '정념(❸-2)'의 개념을 정의하며 사
랑에 관한 아퀴나스의 관점을 설명하고 있다. 그리고 (나)는 '감성적
차원의 사랑'과 '실천적 차원의 사랑'(❶-2), '선의지(❷-2)', '의무(❷
-4)'의 개념을 정의하며 사랑에 관한 칸트의 관점을 설명하고 있다.



① (가)와 (나)는 모두 문제점에 대한 해결 방안을 모색하고 있다.

➡ (가), (나) 모두 해당 내용이 제시되어 있지 않다.

③ (가)와 (나)는 모두 두 가지 이론의 장단점을 비교하며 설명하고 있
다.

➡ (가), (나) 모두 해당 내용이 제시되어 있지 않다.

④ (가)와 (나)는 모두 두 가지 관점을 절충하며 하나의 결론을 도출하
고 있다.

➡ (가), (나) 모두 해당 내용이 제시되어 있지 않다.

⑤ (가)와 (나)는 모두 특정 학자의 견해가 지닌 논리적 오류를 지적하
고 있다.

➡ (가), (나) 모두 해당 내용이 제시되어 있지 않다.

---

## 2 세부 내용 파악하기

(가)와 (나)에 대해 이해한 내용으로 적절하지 않은 것은?



③ (가)의 아퀴나스는 사랑을 통해 기쁨을 얻을 수 있다고 보았고,
(나)의 칸트는 사랑이 인간에게 도덕법칙을 의무로 부여한다고 보
았다.

➡ (가)의 ❶-2~3에 따르면 아퀴나스는 선을 좇는 욕구를 추구하는
인간 행위의 원천이 사랑이며, 이때 선이란 자신에게 기쁨을 주는 것
이라고 정의하였다. 즉, 아퀴나스가 사랑을 통해 기쁨을 얻을 수 있다
고 보았음을 알 수 있다. 하지만 (나)의 ❷-3에 따르면 칸트는 사랑이
아닌 이성이 인간에게 도덕법칙을 의무로 부여한다고 생각했음을 알
수 있다.

① (가)의 아퀴나스는 인간이 선악을 판단할 수 있다고 보았고, (나)의
칸트는 인간에게 그 자체로 선한 선의지가 내재되어 있다고 보았다.

➡ (가)의 ❷-5에서 아퀴나스가 지성으로 선악 판단을 다르게 할 수
있다고 보았음을 알 수 있다. (나)의 ❷-1~2에서 칸트가 인간을 그
자체만으로 조건 없이 선한 선의지를 지닌 존재로 보았음을 알 수 있다.

② (가)의 아퀴나스는 모든 정념이 사랑을 전제한다고 보았고, (나)의 칸
트는 감성적 차원의 사랑은 명령을 통해 일으킬 수 없다고 보았다.

➡ (가)의 ❸-2에서 아퀴나스는 사랑을 전제하지 않는 정념은 없다
고 했다. (나)의 ❸-1에서 칸트는 감성적 차원의 사랑은 의무로 강제
하거나 명령을 통해 일으킬 수 있는 것이 아니라고 했다.

④ (가)의 아퀴나스는 사랑을 욕구와의 관계에 따라 설명하였고, (나)
의 칸트는 사랑을 감성적 차원과 실천적 차원으로 구분하여 설명
하였다.

➡ (가)의 ❶-2, ❸에서 아퀴나스는 선을 추구하는 인간의 욕구를
통해 사랑을 설명했다. (나) ❶-1~2에서 칸트는 사랑을 감성적 차원
의 사랑과 실천적 차원의 사랑으로 구분하여 설명했다.

⑤ (가)의 아퀴나스는 인간의 사랑이 자신에게 선인 것에 대한 사랑을
근본으로 한다고 보았고, (나)의 칸트는 보편적으로 적용할 수 있
는 도덕법칙이 있다고 보았다.

➡ (가)의 ❸-6에서 아퀴나스는 인간의 사랑은 자신에게 선인 것에
대한 사랑을 근본으로 한다고 했다. (나)의 ❷-5에서 칸트가 보편적
으로 적용할 수 있는 도덕법칙이 있다고 생각했음을 알 수 있다.

3 구체적 사례나 상황에 적용하기

(가)와 (나)를 읽은 학생이 〈보기〉에 대해 보인 반응으로 적절하지 **않은**
것은?

> 보기
>
> 갑은 잠에서 깨어나 방 안 가득한 카레 냄새를 맡고 카레가 먹고
> 싶어져 식탁으로 갔다. 그런데 오늘 예정된 봉사 활동에 늦지 않기
> 위해 카레를 먹지 않기로 하고 봉사 활동을 하러 갔다. 봉사 활동을
> 마치고 집에 가는 길에 카페에 들렀더니 진열장에 시원한 생수와
> 맛있는 케이크가 있었다. 그것들을 보니 목도 마르고 배도 고팠지
> 만 생수를 먼저 주문해 마신 후, 케이크를 주문해 먹었다. 그러다 갑
> 은 카페에 들어오는 이성인 을의 미소를 보고 첫눈에 반했다. 평소
> 갑은 부끄러움이 많았지만 용기를 내어 을에게 다가갔다.



⑤ 칸트에 따르면, 갑이 을에게 다가간 것은 감성적 차원의 사랑에서
~~실천적 차원의 사랑으로 나아간 것이겠군.~~

➡ (나)의 ❶-2에서 칸트는 감성적 차원의 사랑은 인간의 경향성에
근거한 사랑이며, 실천적 차원의 사랑은 의무로서의 사랑이라 설명하
였다. 〈보기〉에서 갑이 을에게 첫눈에 반해 다가간 것은 인간의 경향
성에 이끌려 한 행동이므로 감성적 차원의 사랑을 실천한 것일 뿐, 실
천적 차원의 사랑과는 관련이 없다.



① 아퀴나스에 따르면, 갑이 카레가 먹고 싶어진 것은 카레 냄새에 의
해 촉발된 감각적 욕구에 의한 추구 행위이겠군.

➡ (가)의 ❷-2에 따르면 아퀴나스는 인간의 감각적 욕구에 의한 추
구 행위는 대상에 의해 촉발되어 이에 수동적으로 반응하는 것이라고
설명했다. 이러한 관점에서 보면 〈보기〉에서 갑이 카레 냄새를 맡고
카레가 먹고 싶어진 것은 카레 냄새에 의해 촉발된 감각적 욕구에 의
한 추구 행위라고 이해할 수 있다.

② 아퀴나스에 따르면, 갑이 카레를 먹지 않은 것은 지성이 카레를 먹
는 것을 선이 아니라고 판단했기 때문이겠군.

➡ (가)의 ❷-4~6에 지적 욕구는 지성에 의해 선으로 이해된 것을
추구하며 선이 아니라고 판단한다면 추구하지 않을 수도 있다는 아퀴
나스의 생각이 드러나 있다. 〈보기〉에서 갑은 카레가 먹고 싶었지만
예정된 봉사 활동에 늦지 않기 위해 카레를 먹지 않기로 결정하였다.
이를 아퀴나스의 관점에서 보면, 갑이 카레를 먹지 않은 것은 지성에
의해 카레를 먹는 것을 선이 아니라고 판단했기 때문이라고 이해할
수 있다.

③ 아퀴나스에 따르면, 갑이 생수와 케이크 중 생수를 먼저 주문해 마
신 것은 갈증을 해결하는 것이 더 선이라고 이해했기 때문이겠군.

➡ (가)의 ❸-3~5에 따르면 아퀴나스는 여러 대상에 대한 감각적
욕구들이 동시에 일어날 때 가장 먼저 추구할 감각적 욕구를 지성에
의해 판단하고 가장 선이라고 이해된 것을 추구한다고 설명했다. 이
러한 관점에서 보면 〈보기〉에서 갑이 생수를 먼저 주문한 것은 갈증
을 해소하는 것이 더 선이라고 판단했기 때문이라고 이해할 수 있다.

④ 칸트에 따르면, 갑이 을의 미소에 첫눈에 반한 것은 자연적 경향성
에 이끌린 것이겠군.

➡ (나)의 ❸-1에서 칸트는 감성적 차원의 사랑은 욕구나 자연적 경
향성에 이끌리는 감정이라 하였다. 이러한 관점에서 보면 〈보기〉에서
갑이 을의 미소에 첫눈에 반한 것은 자연적 경향성에 이끌린 것이라
고 이해할 수 있다.

## 1 전개 방식 파악하기

(가)와 (나)의 공통점으로 가장 적절한 것은?

**정답인 이유**

③ 근대 사회의 부정적인 측면에 대한 비판적인 입장을 제시하고 있다.
➡ (가)는 합리적이라고 여겨졌던 이성을 도구로 한 근대 사회의 폭력성과 비합리성을 비판한 아도르노의 주장(❺)을, (나)는 근대 이성을 맹신한 결과 전쟁의 비극과 물질문명의 병폐를 겪은 유럽의 젊은 예술가들이 이를 비판하는 과정에서 등장한 표현주의(❶)를 설명하고 있다.

**오답 피하기**

① 근대 사회에 내재된 여러 문제와 이의 해결 방안을 분석하고 있다.
➡ (가)의 ❸-4~5, ❹-4~5, ❺-2와 (나)의 ❶-2에 근대 사회에 내재된 여러 문제가 제시되었으나, (가)와 (나) 모두 이러한 문제점의 해결 방안을 분석하지는 않았다.

② 근대 사회가 발전하게 된 과정을 예술적 관점에서 고찰하고 있다.
➡ (가)와 (나) 모두 해당 내용이 제시되어 있지 않다.

④ 근대 사회의 특성을 상반된 관점에서 분석한 두 이론을 소개하고 있다.
➡ (가)와 (나) 모두 해당 내용이 제시되어 있지 않다.

⑤ 근대 사회의 과학 혁명을 이어 가기 위한 당시 사람들의 노력을 설명하고 있다.
➡ (가)와 (나) 모두 해당 내용이 제시되어 있지 않다.

## 2 세부 내용 추론하기

(가)에서 ㉠과 같이 말한 의도로 가장 적절한 것은?

**정답인 이유**

② 인류의 진보를 지향했던 계몽주의가 인류의 자율성을 억압하는 방향으로 역행한 것을 경고하고 있다.
➡ ㉠은 계몽주의에 대한 아도르노의 관점을 집약적으로 나타낸 표현이다. ❶-1에서 계몽주의는 합리적 이성을 통해 인류의 진보를 꾀하려 한 이념이라 하였다. 그러나 ❺-1~2에서 아도르노는 이성에 의한 계몽의 전개 과정의 결과 오히려 근대 문명이 파국으로 치닫게 되었다고 했으며, 인간의 자율성을 억압하는 전체주의, 나치즘에 나타난 이성의 폭력성과 비합리성을 부정적으로 보았다. 따라서 이러한 아도르노의 관점을 고려할 때 ㉠의 의도로는 ②의 내용이 적절하다.

**오답 피하기**

① 계몽에 대한 반작용으로 다시 자연으로 회귀하려는 사회적 움직임을 옹호하고 있다.
➡ (가)에 해당 내용이 언급되어 있지 않으며 ①은 아도르노의 관점과 거리가 멀다.

③ 신화적 상상력을 기반으로 인간이 자연을 지배하는 과정에서 이성의 힘이 약화되는 것을 우려하고 있다.
➡ 아도르노는 인간이 미신과 환상에서 벗어나 자연에 대한 합리적이고 경험적인 지식을 무기로 자연을 지배하게 되었다(❷-3~4)고 하였다. 또한 인간에 대한 지배로 이어지는 과정에서 이성이 인간과 자연을 지배하기 위한 도구적 이성으로 변질되어 사회 전체를 총체적으로 관리하는 데 사용된 것(❸)을 비판하였으므로, ③은 아도르노의 관점과 거리가 멀다.

④ 인간 소외 문제를 해결해야 한다는 사회적 요구를 반영하여 인간의 집단적 힘이 필요함을 제안하고 있다.
➡ 아도르노는 계몽의 결과, 인간이 자기 소외를 겪게 되었다(❹-4~5)고 했을 뿐, 이 문제에 대한 사회적 요구가 있었는지는 알 수 없다. 그리고 인간이 자연에 맞서는 집단적 힘을 통해 자연을 지배하고(❷-4), 인간에 대한 지배로 이어지는 과정에서 사회가 전체주의적 경향을 띠는 것(❸-5)을 비판하였으므로, ④는 아도르노의 관점과 거리가 멀다.

⑤ 근대 문명의 추악한 현실을 극복하기 위해 인간의 자기 보존에 대한 욕망을 회복해야 함을 강조하고 있다.
➡ ❺-1에서 아도르노는 인간의 자기 보존에서 시작된 계몽의 결과 근대 문명이 파국으로 치닫게 되었다고 비판하였으므로, ⑤는 아도르노의 관점과 거리가 멀다.

## 3 세부 내용 파악하기

(나)에서 알 수 있는 내용으로 적절하지 않은 것은?

**정답인 이유**

③ 마티스에 의하면 표현의 의미는 ~~눈으로 본 것을 눈에 전달하는 수단~~이라 할 수 있다.
➡ ❷-3에서 마티스가 표현을 '눈으로 본 것을 눈에 전달하는 것'이 아니라 '마음으로 느낀 것을 마음에 전달하는 수단'이라고 강조했음을 알 수 있다.

**오답 피하기**

① 근대 이성에 회의를 느낀 유럽인들은 인간 실존의 문제에 관심을 갖게 되었다.
➡ (나)의 ❶-2에서 근대 이성이 불러온 여러 부정적 결과 때문에 이성에 회의감을 느끼게 된 유럽인들이 인간의 실존 문제에 관심을 갖게 되었음을 확인할 수 있다.

② 표현주의는 전쟁을 경험한 독일의 젊은 예술가들을 중심으로 등장한 예술 운동이다.
➡ (나)의 ❶-3에서 표현주의는 전쟁을 겪은 독일의 젊은 예술가들이 근대 이성의 그늘에 가려 소외되어 왔던 인간의 내면을 회화를 통해 분출하고자 한 예술 운동임을 확인할 수 있다.

④ 표현주의는 대상의 외면에만 국한하지 않고 인간의 감정까지 다루었다는 평가를 받는다.
➡ (나)의 ❹-1에서 표현주의는 회화의 영역을 대상의 외면에 국한하지 않고 인간의 내면까지 확장시킨 운동으로 평가받았다고 했다.

⑤ 표현주의는 대상을 사실적으로 재현하지 않았다는 점에서 당시 혁신적인 예술 운동이었다.

➲ (나)의 ❷-4에서 표현주의가 대상을 사실적으로 재현하려는 회화의 전통적 규범을 거부하였다는 점에서 표현주의를 혁신적 예술 운동인 아방가르드 운동의 일종으로 볼 수 있다고 했다.

## 4  구체적 사례나 상황에 적용하기

(가)의 '아도르노'와 (나)의 '표현주의'의 관점에서 〈보기〉의 작품을 감상한 내용으로 적절하지 <u>않은</u> 것은?

보기

[1]표현주의 작가인 뭉크의 작품 〈절규〉에서는, 해골의 형상을 한 남자가 공포에 가득 찬 표정으로 귀를 틀어막으며 비명을 지르고 있다. [2]그 뒤로 핏빛으로 물든 하늘과 검은색 강물을 꿈틀거리듯 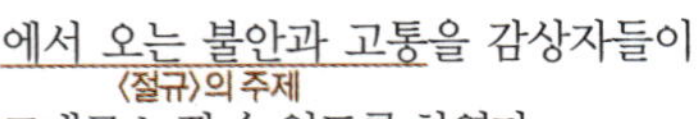화가의 감정을 표현하기 위해 색과 형태가 왜곡됨((나) ❸-1). 왜곡하여 표현함으로써 존재의 허무감에서 오는 불안과 고통을 감상자들이 〈절규〉의 주제 그대로 느낄 수 있도록 하였다.

뭉크, 〈절규〉

### 정답인 이유

④ (나): 비명을 지르는 남자의 모습을 ~~화화적 전통에 따라 표현함~~으로써 감상자도 그 고통을 그대로 느끼게 한 것으로 볼 수 있겠군.

➲ (나)의 ❷-4에서 회화의 전통적 규범은 대상을 사실적으로 재현하는 것인데, 표현주의는 이러한 규범을 거부했다고 했다. 따라서 표현주의 작품인 〈절규〉가 비명을 지르는 남자의 모습을 회화적 전통에 따라 표현했다는 진술은 적절하지 않다.

### 오답 피하기

① (가): 작가가 표현하려고 한 감정은 근대 이성에 의해 억눌려 온 인간의 내적 자연으로 볼 수 있겠군.

➲ 〈보기〉-2에 따르면 작가가 표현하고자 한 감정은 '존재의 허무감에서 오는 불안과 고통'이다. 이러한 감정은 아도르노에 따르면 근대 이성에 의해 억눌려 온 인간의 내면에 있는 자연적 요소인 내적 자연에 해당한다((가) ❹-2~3).

② (가): 작가가 전달하는 불안과 고통은 이성이 팽배했던 근대 사회에서 한 개인이 느꼈던 존재의 허무감과 관련이 있다고 볼 수 있겠군.

➲ 〈보기〉의 작가가 표현하고자 했던 불안과 고통은 (가)의 ❹-4~5에서 아도르노가 설명한, 근대 사회에서 이성을 통한 폭력적 지배의 결과로 인간이 겪게 된 존재의 허무감이나 자기 소외로 인한 불안, 절망과 관련 있다고 볼 수 있다.

③ (나): 해골 형상과 꿈틀거리는 강물은 작가가 느끼는 공포를 표현하기 위해 의도적으로 형태를 왜곡한 것이라고 볼 수 있겠군.

➲ (나)의 ❸-1에서 표현주의는 작가의 감정을 표현하기 위해 대상의 색이나 형태가 왜곡되어 나타난다는 특징이 있다고 했다. 이를 고려할 때 〈절규〉에서 표현한 남자의 해골 형상이나 꿈틀거리는 강물은 작가의 공포를 표현하기 위해 의도적으로 형태를 왜곡한 것으로 볼 수 있다.

⑤ (나): 강물의 검은색은 실제 색이라기보다는 작가가 느끼는 고통을 효과적으로 표현하기 위해 자의적으로 선택한 색이 사용된 것으로 볼 수 있겠군.

➲ (나)의 ❸-3에서 표현주의 작품에서는 사물의 고유한 색이 무시된 채 내면을 드러내기 위해 작가가 자의적으로 선택한 색을 사용한다고 했다. 따라서 강물의 검은색은 실제 색이 아니라 고통을 느끼는 작가의 내면을 표현하기 위해 작가가 자의적으로 선택한 색이라고 볼 수 있다.

**필수 어휘 ZIP**
126쪽

1 (1) ㉅ (2) ㉠ (3) ㉢   2 (1) 국한하다 (2) 귀결되다 (3) 투과하다 (4) 알레고리   3 ⑤   4 (1) 미명 (2) 병폐 (3) 집약적   5 (1) × (2) × (3) ○ (4) ○
6 ④

5 (1) '예후'의 뜻풀이이다. '징후'는 '겉으로 나타나는 낌새'를 의미한다.
(2) '함구하다'의 뜻풀이이다. '항거하다'는 '순종하지 아니하고 맞서서 반항하다.'를 의미한다.

6 〈보기〉에서 '전락하다'는 '나쁜 상태나 타락한 상태에 빠지다.'의 의미로 쓰였다. 그러나 ④에서 '전락하다'는 '아래로 굴러떨어지다.'의 의미로 쓰였다.

### 그림·사진 자료 출처

**· BOOK 1**
68, 69, 72, 76, 77, 111쪽  아바타 이모티콘_ⒸGetty Images Bank
68쪽 사법부 CI_Ⓒ2016 SUPREME COURT OF KOREA

**· 정답과 해설**
17쪽   다양한 스타일의 사람 아이콘_ⒸPureSolution/shutterstock
17쪽   사람 아이콘 모음_Ⓒlana rinck/shutterstock

# 정답과 해설

## BOOK 2 / 문제 유형

## 01  글의 내용 파악하기
11쪽

〔 **기출로 연습하기** 〕 1 ⑤

**1** 윗글에서 언급된 '섬유 예술'에 대한 설명으로 적절하지 <u>않은</u> 것은?

**정답인 이유**

⑤ 순수한 미의식을 배제하고 고정 관념에서 벗어난 예술을 지향한다.

➡ ❸-4에 따르면 섬유 예술 기법인 콜라주와 아상블라주는 순수 조형미를 드러내는 수단으로 활용되었다. 따라서 섬유 예술이 순수한 미의식을 배제한다는 설명은 적절하지 않다.

**오답 피하기**

① 섬유를 예술성을 지닌 심미적 대상으로 인식하였다.

➡ ❷-2에서 올덴버그가 공예의 한 재료였던 가죽을 예술성을 구현하는 오브제로 활용하여 섬유를 심미적 대상으로 인식할 수 있게 하였음을 확인할 수 있다.

② 올덴버그를 통해 조형 예술로서 자리를 잡게 되었다.

➡ ❷-1에서 '로잔느 섬유 예술 비엔날레전'에 전시된 올덴버그의 〈부드러운 타자기〉를 계기로 섬유 예술이 새로운 조형 예술의 한 장르로 자리매김하였음을 확인할 수 있다.

③ 섬유의 오브제로서의 기능을 자각하면서 시작되었다.

➡ ❶-3에서 섬유 예술이 섬유가 예술성을 지닌 오브제로서 기능할 수 있다는 자각에서 비롯되었음을 확인할 수 있다.

④ 바스켓트리는 섬유의 특성을 활용하여 조형성을 구현한다.

➡ ❸-2에서 바스켓트리가 섬유의 특성을 활용하여 꼬기, 엮기, 짜기 등의 방식으로 예술적 조형성을 구현하는 기법임을 확인할 수 있다.

## 02  전개 방식 파악하기
13쪽

〔 **기출로 연습하기** 〕 2 ⑤

**2** 윗글의 논지 전개 방식으로 가장 적절한 것은?

**정답인 이유**

⑤ 특정 이론에 대한 비판들을 검토하고 그 이론에 대한 해석을 제시하여 의의를 밝히고 있다.

➡ 이 글은 ❶에서 아리스토텔레스의 목적론을 소개하고, 그런 뒤 ❷~❸에서 목적론에 대한 근대 사상가들의 비판과 이에 대한 현대 사상가들의 반박을 제시하고 있다. 그리고 ❹~❺에서 엠페도클레스의 견해에 대한 아리스토텔레스의 반박을 서술하며 아리스토텔레스의 목적론에 대한 내용을 정리하고 목적론이 자연물이 존재하고 운동하는 원리와 이유를 밝히려는 과학적 탐구의 출발점이라는 의의를 제시하고 있다.

**오답 피하기**

① 대립되는 두 이론을 소개하고 각 이론의 장단점을 비교하고 있다.

➡ ❷에서 아리스토텔레스의 목적론에 대한 근대 사상가들의 비판을 제시했으나, 이를 목적론에 대립하는 이론을 소개한 것으로 보기는 어렵다. 또한 각 이론의 장단점을 비교하고 있지도 않다.

② 특정 이론에 대한 상반된 주장을 제시하여 절충 방안을 모색하고 있다.

➡ ❷에 아리스토텔레스의 목적론에 대한 근대 사상가들의 비판이 나타나 있지만 이를 목적론에 대한 상반된 주장으로 보기 어려우며, 절충 방안을 모색하고 있지도 않다.

③ 특정 이론에 대한 다양한 비판의 타당성을 검토한 후 새로운 이론을 도출하고 있다.

➡ ❷에서 아리스토텔레스의 목적론에 대한 근대 사상가들의 비판을 제시하고, ❸에서 이에 대한 일부 현대 학자들의 비판을 다시 언급하고 있어 비판의 타당성을 검토하였다고 볼 수도 있으나, 새로운 이론을 도출한 것은 아니다.

④ 특정 이론에 대한 비판들을 시대순으로 제시하여 그 이론의 부당성을 주장하고 있다.

➡ ❷에 아리스토텔레스의 목적론에 대한 근대 사상가들의 비판이 나타나 있으나 이를 시대순으로 제시한 것은 아니며, 또한 이를 통해 목적론의 부당성을 주장하고 있지도 않다.

## 03  생략된 정보 추론하기
15쪽

〔 **기출로 연습하기** 〕 3 ②

**3** 윗글을 참고할 때, 〈보기〉의 A~C에 들어갈 말을 바르게 짝지은 것은?

┌── 보기 ──

특징점으로 선택되는 점들과 주위 점들의 밝기 차이가 ( A ), 영상이 흔들리기 전의 밝기 차이와 후의 밝기 차이 변화가 ( B ) 특징점의 위치 추정이 유리하다. 그리고 특징점들이 많을수록 보정에 필요한 ( C )이/가 늘어난다.

**정답인 이유**

② 

| A | B | C |
| --- | --- | --- |
| 클수록 | 작을수록 | 시간 |

➡ ❷-5에 따르면 '주위와 밝기가 뚜렷이 구별'되며 '영상이 이동하거나 회전해도 그 밝기 차이가 유지'되는 부분이 특징점으로 선택된다. 따라서 특징점으로 선택되는 점들과 주위 점들의 밝기 차이가 클수록(A), 영상이 흔들리기 전후의 밝기 차이 변화가 작을수록(B) 특징점의 위치 추정이 유리하다. 한편 ❸-4에서 '특징점의 수가 늘어날수록 연산이 더 오래 걸린다'고 하였으므로, 특징점들이 많을수록 보정에 필요한 시간(C)은 늘어난다.

[ **기출로 연습하기** ] 4 ⑤

**4** 윗글을 바탕으로 〈보기〉를 이해한 내용으로 적절하지 **않은** 것은?

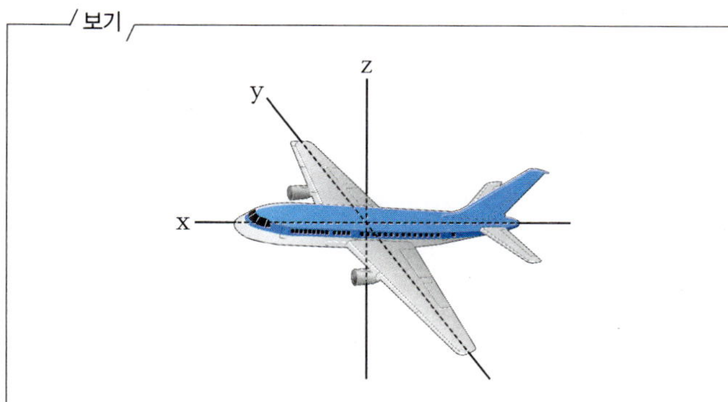


현재 비행기는 일정한 속도를 유지하며 x축 방향으로 직선 운동
하고 있으며, 이때 관성 항법 장치의 가속도 센서와 자이로스코프
는 정상 작동하고 있다.

**정답인 이유**

⑤ 비행기가 왼쪽으로 선회하면서 속도와 각의 변화를 동반하는 경
우, 가속도 센서는 속도 변화를, y축을 기준으로 한 비행기의 회전
운동을 감지하는 자이로스코프는 각의 변화를 감지하겠군.

➡ ❸에 따르면 비행기가 속도 변화와 각의 변화를 동반한 운동을
할 경우 가속도 센서는 속도를, 자이로스코프는 각의 변화를 감지한
다. ❷-3에서 비행기가 좌우로 선회하는 경우는 '동체의 윗부분에서
수직으로 아랫부분까지'를 회전축으로 하는 회전 운동이라고 하였으
므로, 〈보기〉의 비행기가 왼쪽으로 선회하는 경우의 회전 운동은 y축
이 아니라 z축을 기준으로 할 것이다.

**오답 피하기**

① 비행기의 앞머리가 들리는 경우, y축을 기준으로 한 비행기의 회전
운동을 감지하는 자이로스코프가 각의 변화를 감지하겠군.

➡ ❷-2에서 운항 중인 비행기의 머리 부분이 위로 들리는 것은 '비
행기의 한 쪽 날개 끝에서 반대쪽 날개 끝'을 회전축으로 한 회전 운
동이라고 하였다. 따라서 이때의 회전 운동은 〈보기〉의 y축을 기준으
로 하며, 자이로스코프는 비행기의 회전 운동을 감지하여 각의 변화
를 측정하므로 ①의 이해는 적절하다.

② 비행기가 좌우로 기울어지는 경우, x축을 기준으로 한 비행기의
회전 운동을 감지하는 자이로스코프가 각의 변화를 감지하겠군.

➡ ❷-2에서 운항 중인 비행기가 좌우로 기울어지는 것은 '맨 앞부
분에서 꼬리까지'를 회전축으로 한 회전 운동이라고 하였다. 따라서
이때의 회전 운동은 〈보기〉의 x축을 기준으로 하며, 자이로스코프는
비행기의 회전 운동을 감지하여 각의 변화를 측정하므로 ②의 이해는
적절하다.

③ 비행기가 오른쪽으로 갑자기 선회하는 경우, z축을 기준으로 한 비
행기의 회전 운동을 감지하는 자이로스코프가 각의 변화를 감지하
겠군.

➡ ❷-3에서 운항 중인 비행기가 좌우로 선회하는 경우는 '동체의
윗부분에서 수직으로 아랫부분까지'를 회전축으로 한 회전 운동이라
고 하였다. 따라서 이때의 회전 운동은 〈보기〉의 z축을 기준으로 하

며, 자이로스코프는 비행기의 회전 운동을 감지하여 각의 변화를 측
정하므로 ③의 이해는 적절하다.

④ 비행기가 x축 방향으로 수평을 유지한 채 수직으로 하강하는 경우,
z축을 기준으로 한 직선 운동을 감지하는 가속도 센서가 이동 거리
와 속도를 측정하겠군.

➡ 비행기가 수평을 유지한 채 수직으로 하강하는 경우는 수직으로
직선 운동을 하는 상황에 해당한다. ❶-5의 내용으로 볼 때, 수직으
로 직선 운동을 하는 비행기의 회전축은 '비행기 동체의 윗부분에서
수직으로 아랫부분까지를 기준으로 한 수직축'에 해당한다. 따라서
이때의 직선 운동은 〈보기〉의 z축을 기준으로 하며, ❶-2에서 가속
도 센서는 비행기의 직선 운동에 의한 속도와 이동 거리의 변화를 감
지한다고 하였으므로 ④의 이해는 적절하다.



[ **기출로 연습하기** ] 5 ⑤

**5** 윗글의 총체주의에 대한 비판으로 가장 적절한 것은?

**정답인 이유**

⑤ 중심부 지식과 주변부 지식 간의 경계가 불분명하다 해도 중심부
지식 중에는 주변부 지식들과 종류가 다른 지식이 존재한다.

➡ ❸-2~4에 따르면 콰인의 총체주의는 지식을 경험과 직접 충돌
하지 않는 중심부 지식과 경험과 직접 충돌할 수 있는 주변부 지식으
로 상정할 뿐, 이 둘을 다른 종류라고 보지 않는다. 한편 ❹-2에서
"A이면서 동시에 A가 아닐 수는 없다."와 같은 논리학의 법칙은 경험
과 무관한 지식이며, 총체주의는 이러한 지식을 분석 명제로 분류해
야 하는 것이 아니냐는 비판을 받는다고 하였다. 따라서 총체주의에
대해 중심부 지식 중에는 주변부 지식들과 종류가 다른 지식이 존재
한다는 비판이 가능하다.

**오답 피하기**

① 가설로부터 논리적으로 도출된 예측이 경험과 충돌하더라도 그 충
돌 때문에 가설이 틀렸다고 할 수 없다.

➡ ❷-1에 따르면 콰인은 가설만 가지고서 예측을 논리적으로 도출
할 수 없다고 보았다. 또한 ❷-2~3에서 콰인은 예측은 가설, 기존의
지식들, 여러 조건 등을 합쳐야만 논리적으로 도출되므로 예측이 거
짓으로 밝혀지면 무엇 때문에 예측에 실패한 것인지 알 수 없다고 하
였다. 즉, ①에서 '예측이 경험과 충돌하더라도 그 충돌 때문에 가설이
틀렸다고 할 수 없다'고 본 것은 ❷-2~3에 나타난 총체주의의 입장
과 동일하므로, 이를 총체주의에 대한 비판으로 보기 어렵다.

② 논리학 지식이나 수학적 지식이 중심부 지식의 한가운데에 위치한
다고 해서 경험과 무관한 것은 아니다.

➡ ❸-5에서 중심부 지식의 한가운데에 있는 수학적 지식이나 논리
학 지식은 경험에서 멀리 떨어져 있지만 경험과 무관한 것은 아니라
고 하였다. 즉 ②는 콰인의 총체주의에 부합하는 내용이므로, 이를 총
체주의에 대한 비판으로 볼 수 없다.

③ 전체 지식은 어떤 결정적인 반박일지라도 피할 수 있기 때문에 수정 대상을 주변부 지식으로 한정하는 것은 잘못이다.

➡ ❸-9에 따르면 총체주의는 중심부 지식과 주변부 지식이 모두 수정의 대상이 될 수 있다고 본다.

④ 중심부 지식을 수정하면 주변부 지식도 수정해야 하겠지만, 주변부 지식을 수정한다고 해서 중심부 지식을 수정해야 하는 것은 아니다.

➡ ❸-7에 따르면 총체주의는 주변부 지식을 수정하면 전체 지식의 변화가 크지 않다고 했을 뿐, 주변부 지식을 수정하면 중심부 지식도 수정해야 한다고 주장한 것은 아니므로 ④는 총체주의에 대한 비판으로 보기 어렵다.



[ **기출로 연습하기** ] 6 ⑤

**6** 윗글과 〈보기〉를 관련지어 이해한 것으로 적절한 것은?

---보기---

중세 시대에 건축, 조각, 회화는 독자적인 예술 분야가 아닌 기술이나 수공업의 영역으로 인식되었으며, 정치, 사회적 기능에 전적으로 의존하였다. 근대에 이르러 미술의 개념이 확립되고 미가 인간 행위를 지배하는 하나의 독립적 원리로 여겨지면서 사람들은 종교적 신비감이 시들해진 상태에서 순수한 미적 체험을 추구하기 시작했다. 미술관을 포함한 박물관의 건립은 이러한 변화와 맞물린 근대적 현상이었다.

---

[정답인 이유]

⑤ 중세의 종교 건축물의 일부였던 조각상이 원래의 장소에서 물리적으로 분리되면 원래의 종교적 신비감이 유지되기 어렵겠군.

➡ ❶에 따르면 근대 이전의 조각은 장소의 일부로서 존재했으며 '종교적인 분위기를 조성하거나 왕의 권력을 상징'하는 종교적·정치적 의미를 띠고 있었다. 그리고 ❷-2~3에 따르면 근대에 들어 조각에 부여되었던 종교적 의미가 약해졌고, 조각이 장소와 물리적으로 분리되면서 기존의 맥락을 상실하는 경우가 생겨났다. 한편 〈보기〉에서는 근대에 이르러 미의 종교적 신비감이 시들해졌다고 하였다. 따라서 ⑤에서 조각상이 원래의 장소에서 물리적으로 분리되면 종교적 신비감이 유지되기 어렵다고 본 것은 적절하다.

[오답 피하기]

① 박물관에서 원래의 장소로 되돌아온 조각상은 건축, 조각, 회화 영역의 통합에 기여하겠군.

➡ 이 글과 〈보기〉에서 확인할 수 없는 내용이다.

② 근대에 출현한 박물관은 작품이 가진 수공업으로서의 가치를 강화하는 데 초점을 두었겠군.

➡ ❷-5에 따르면 조각이 박물관에 놓이면서 미적 감상의 대상인 작품으로서의 성격이 강조되었다.

③ 조각상을 감상의 대상인 작품으로 여긴다는 것은 그것에 정치, 사회적 기능을 부여한다는 뜻이겠군.

➡ ❷-2, 5~6과 〈보기〉의 내용으로 볼 때, 조각상을 감상의 대상인 작품으로 여긴다는 것은 이를 정치, 사회적 맥락으로부터 분리하여 미적 체험을 추구할 수 있는 대상으로 인식한다는 것이다. 따라서 조각상을 감상의 대상인 작품으로 여긴다는 것이 그것에 정치, 사회적 기능을 부여한다는 뜻이라는 이해는 적절하지 않다.

④ 종교적인 인물상이 사원에서 박물관으로 옮겨지면서 미의 개념이 예술 분야에서 기술 분야로 확대되었겠군.

➡ ❷-3, 5에 따르면 조각은 원래의 장소에서 물리적으로 분리되어 기존의 종교적, 정치적 맥락을 상실하였고, 미적 감상의 대상인 작품으로서의 성격이 강조되었다. 따라서 종교적인 인물상이 사원에서 박물관으로 옮겨짐으로써 미의 개념이 기술 분야로 확대되었다는 이해는 적절하지 않다.



[ **기출로 연습하기** ] 7 ②

**7** 문맥상 ⓐ~ⓔ와 바꿔 쓰기에 적절하지 <u>않은</u> 것은?

[정답인 이유]

② ⓑ: 단절(斷絶)하는

➡ '단절하다'는 '유대나 연관 관계를 끊다.'라는 의미로, '말이나 행동, 일 따위를 제대로 하지 못하도록 방해하거나 막다.'의 의미인 ⓑ의 '가로막다'와 바꿔 쓰기에 적절하지 않다.

[오답 피하기]

① ⓐ: 향유(享有)하기로

➡ '향유하다'는 '누리어 가지다.'라는 의미로, '생활 속에서 마음껏 즐기거나 맛보다.'라는 의미인 ⓐ의 '누리다'와 바꿔 쓰기에 적절하다.

③ ⓒ: 둔감(鈍感)해져

➡ '둔감하다'는 '감정이나 감각이 무디어지다.'라는 의미로, '느끼고 깨닫는 힘이나 표현하는 힘이 부족하고 둔하게 되다.'라는 의미인 ⓒ의 '무디어지다'와 바꿔 쓰기에 적절하다.

④ ⓓ: 지대(至大)한

➡ '지대하다'는 '더할 수 없이 크다.'라는 의미로, '사물이나 사건의 크기가 보통 정도를 훨씬 넘다.'의 의미인 ⓓ의 '크나크다'와 바꿔 쓰기에 적절하다.

⑤ ⓔ: 수립(樹立)하였다는

➡ '수립하다'는 '국가나 정부, 제도, 계획 따위를 이룩하여 세우다.'라는 의미로, '질서나 체계, 규율 따위를 올바르게 하거나 짜다.'의 의미인 ⓔ의 '세우다'와 바꿔 쓰기에 적절하다.

## 01 독서의 기능과 가치

26~28쪽

**1** ②　　**2** ⑤　　**3** ①

---

**❶** [1]어떤 독서 이론도 이 한 장의 사진만큼 독서의 위대함을 분명하게 말해 주지 못할 것이다. [2]사진은 제2차 세계 대전 당시 처참하게 무너져 내린 런던의 한 건물 모습이다. [3]⊙폐허 속에서도 사람들이 책을 찾아 서가 앞에 선 이유는 무엇일까? [4]이들은 갑작스레 닥친 상황에서 독서를 통해 무언가를 구하고자 했을 것이다.

▶ 사람들이 폐허 속에서 책을 찾고 있는 한 장의 사진 소개

**❷** [1]독서는 자신을 살피고 돌아볼 계기를 제공함으로써 어떻게 살 것인가의 문제를 생각하게 한다. `독서의 기능 ①` [2]책은 인류의 지혜와 경험이 담겨 있는 문화유산이며, 독서는 인류와의 만남이자 끝없는 대화이다. `책의 특성 ①` [3]독자의 경험과 책에 담긴 수많은 경험들의 만남은 성찰의 기회를 제공함으로써 독자의 내면을 성장시켜 삶을 바꾼다. `독서의 가치 ①` [4]이런 의미에서 독서는 자기 성찰의 행위이며, 성찰의 시간은 깊이 사색하고 스스로에게 질문을 던지는 시간이어야 한다. [5]이들이 책을 찾은 것도 혼란스러운 현실을 외면하려 한 것이 아니라 자신의 삶에 대한 숙고의 시간이 필요했기 때문이다. `폐허 속에서도 사람들이 책을 찾은 이유 ①`

▶ 독서의 기능과 가치 ①

**❸** [1]또한 ⓛ독서는 자신을 둘러싼 현실을 올바로 인식하고 당면한 문제를 해결할 논리와 힘을 지니게 한다. `독서의 기능 ②` [2]책은 세상에 대한 안목을 키우는 데 필요한 지식을 담고 있으며, 독서는 그 지식을 얻는 과정이다. `책의 특성 ②` [3]독자의 생각과 오랜 세월 축적된 지식의 만남은 독자에게 올바른 식견을 갖추고 당면한 문제를 해결할 방법을 모색하도록 함으로써 세상을 바꾼다. `독서의 가치 ②` [4]세상을 변화시킬 동력을 얻는 이 시간은 책에 있는 정보를 이해하는 데 그치는 것이 아니라 그 정보가 자신의 관점에서 문제를 해결할 수 있는 타당한 정보인지를 판단하고 분석하는 시간이어야 한다. [5]서가 앞에 선 사람들도 시대적 과제를 해결할 실마리를 책에서 찾으려 했던 것이다. `폐허 속에서도 사람들이 책을 찾은 이유 ②`

▶ 독서의 기능과 가치 ②

**❹** [1]독서는 자기 내면으로의 여행이며 외부 세계로의 확장이다. [2]폐허 속에서도 책을 찾은 사람들은 독서가 지닌 힘을 알고, 자신과 현실에 대한 이해를 구하고자 책과의 대화를 시도하고 있었던 것이다. `독서의 의의`

▶ 독서의 의의

---

**1**　세부 내용 파악하기

**윗글을 바탕으로 할 때, ⊙의 답으로 적절하지 않은 것은?**

**정답인 이유**

② 현실로부터 도피할 방법을 구하기 위해

➡ **❷**-5에서 폐허 속에서도 사람들이 책을 찾은 것은 현실을 외면하려 한 것이 아니라 자신의 삶에 대한 숙고의 시간이 필요했기 때문이라고 하였다.

**오답 피하기**

① 인류의 지혜와 경험을 배우기 위해

➡ **❷**-2에서 확인할 수 있다.

③ 시대적 과제를 해결할 실마리를 찾기 위해

➡ **❸**-5에서 확인할 수 있다.

④ 자신의 삶에 대해 숙고할 시간을 갖기 위해

➡ **❷**-5에서 확인할 수 있다.

⑤ 세상에 대한 안목을 키우는 지식을 얻기 위해

➡ **❸**-2에서 확인할 수 있다.

---

**2**　반응의 적절성 판단하기

**〈보기〉는 ⓛ과 같이 독서하기 위해 학생이 찾은 독서 방법이다. 이에 대한 반응으로 적절하지 않은 것은?**

> **보기**
>
> [1]해결하려는 문제와 관련하여 관점이 다른 책들을 함께 읽는 것은 해법을 찾는 한 방법이다. [2]먼저 문제가 무엇인지를 명확히 하고, 이와 관련된 서로 다른 관점의 책을 찾는다. [3]책을 읽을 때는 자신의 관점에서 각 관점들을 비교·대조하면서 정보의 타당성을 비판적으로 검토하고 평가한 내용을 통합한다. [4]이를 통해 문제를 다각적·심층적으로 이해하게 됨으로써 자신의 관점을 분명히 하고, 나아가 생각을 발전시켜 관점을 재구성하게 됨으로써 해법을 찾을 수 있다.

**정답인 이유**

⑤ 문제에 대한 여러 관점을 다각도로 검토하고, 비판적 판단을 유보함으로써 자신의 관점이 지닌 타당성을 견고히 해야겠군.

➡ ⓛ은 독자가 현실을 올바로 인식하고 당면한 문제를 해결할 논리와 힘을 지니게 한다는 독서의 기능을 언급하고 있다. 이와 관련하여 〈보기〉-3에서는 책을 읽을 때 여러 관점들을 비교·대조하면서 정보의 타당성을 비판적으로 검토해야 한다고 하였으므로, 비판적 판단을 유보한다는 ⑤의 반응은 적절하지 않다.

**오답 피하기**

① 읽을 책을 선택하기 전에 해결하려는 문제가 무엇인지를 명확하게 인식해야겠군.

➡ 〈보기〉-2에서 확인할 수 있다.

② 서로 다른 관점을 비교·대조하면서 검토함으로써 편협한 시각에서 벗어나 문제를 폭넓게 보아야겠군.

➡ 〈보기〉-3~4에서 확인할 수 있다.

③ 문제의 해결을 위해 서로 다른 관점을 비판적으로 통합하여 문제에 대한 생각을 새롭게 구성할 수 있어야겠군.

➡ 〈보기〉-2~4에서 확인할 수 있다.

④ 정보를 이해하는 수준을 넘어, 각 관점의 타당성을 검토하고 평가 내용을 통합함으로써 문제를 깊이 이해해야겠군.

➡ 〈보기〉-3~4에서 확인할 수 있다.


3 **구체적 사례나 상황에 적용하기**

**다음은 윗글을 읽은 학생의 독서 기록장 일부이다. 이에 대한 설명으로 가장 적절한 것은?**

> [1]나의 독서 대부분은 정보 습득을 위한 것이었다. [2]책의 내용이 그대로 내 머릿속으로 옮겨져 지식이 쌓이기만을 바랐지 내면의 성장을 생각하지 못했다. [3]윤동주 평전을 읽으며 스스로에게 질문을 던지는 이 시간이 나에 대해 사색하며 삶을 가꾸는 소중한 시간임을 새삼 느낀다. [4]오늘 나는 책장을 천천히 넘기며 나에게로의 여행을 떠나 보려 한다.

**정답인 이유**

① 삶을 성찰하게 하는 독서의 가치를 깨닫고 이를 실천하려는 모습을 보이고 있다.

➡ 학생은 〈기록장〉-3에서 '윤동주 평전을 읽으며 …… 삶을 가꾸는 소중한 시간임을 새삼 느낀다.'라고 말하며 삶을 성찰하게 하는 독서의 가치를 깨닫고 있다. 이어 〈기록장〉-4에서 '오늘 나는 책장을 천천히 넘기며 나에게로의 여행을 떠나 보려 한다.'라고 말하며 삶을 성찰하게 하는 독서를 실천하려는 모습을 보이고 있다.

**오답 피하기**

② 문학 분야에 편중되었던 독서 습관을 버리고 다양한 분야의 책을 읽으려는 노력을 보이고 있다.

➡ 〈기록장〉-1에서 학생이 문학 분야가 아닌 정보 습득에 편중한 독서 습관을 지니고 있었음을 확인할 수 있다.

③ 독서를 지속적으로 실천하지 못한 태도를 반성하고 문제 해결을 위해 장기적인 독서 계획을 세우고 있다.

➡ 〈기록장〉-2의 내용으로 볼 때, 학생은 지속적인 독서를 실천하지 못한 태도가 아니라, 정보 습득을 위한 독서에 치중했던 것을 반성하고 있다. 또한 〈기록장〉에서 학생이 문제 해결을 위해 장기적 독서 계획을 세우는 모습은 확인할 수 없다.

④ 내면적 성장을 위한 도구로서의 독서의 중요성을 인식하고 다양한 매체를 활용한 독서의 방법을 제안하고 있다.

➡ 〈기록장〉-2의 내용으로 볼 때, 학생이 내면적 성장을 위한 도구로서의 독서의 중요성을 인식하고 있다고 할 수 있으나, 다양한 매체를 활용한 독서의 방법을 제안하고 있지는 않다.



⑤ 개인의 지적 성장에 머무는 독서의 한계를 지적하고 타인과 경험을 공유하는 독서 토론의 필요성을 강조하고 있다.

➡ 〈기록장〉-1~2에서 학생은 정보 습득을 위한 독서에 치중했던 태도를 반성하고 있을 뿐, 개인의 지적 성장에 머무는 독서의 한계를 지적하고 있는 것은 아니다. 또한 〈기록장〉에서 타인과 경험을 공유하는 독서 토론의 필요성에 관한 내용은 확인할 수 없다.


**문제 하이라이트**　　　　29쪽

(1) ○ (2) 외면 (3) × (4) ○ (5) ○ (6) 지식 (7) ○

**선지 +**　⑥ × ⑦ ○ ⑧ ○


**선지 +**

⑥ ❸-2에 따르면 책은 세상에 대한 안목을 키우는 데 필요한 지식을 담고 있으며, 독서를 통해 그 지식을 얻을 수 있다. 그러나 이 글에서 독서를 통한 지적 능력 향상과 관련된 내용은 확인할 수 없다.

⑦ ❸-1에서 확인할 수 있다.

⑧ ❷-3에서 확인할 수 있다.


**02** 감정 노동과 감정 조절 전략　　　30~32쪽

1 ①　　2 ③　　3 ②　　4 ⑤

---

❶ [1]우리는 일상생활을 하면서 감정 노동 종사자를 쉽게 접할 수 있다. [2]감정 노동 종사자들은 특정한 감정 표현을 요구받기 때문에 스트레스를 받는 경우가 많다. [3]일반적으로 감정 노동은 업무상 요구되는 특정한 감정 상태를 연출하거나 유지하기 위해 행하는 일체의 감정 관리 활동을 일컫는다.　　▶ 감정 노동의 개념

❷ [1]감정 노동 종사자의 감정에 영향을 미치는 요인들은 크게 개인 특성, 직무 특성, 조직 특성으로 나눌 수 있다. [2]개인 특성을 대표하는 요인으로는 공감적 배려가 있다. [3]이것은 타인의 감정에 전적으로 동의하지 않더라도 타인의 감정에 공감하는 표현을 하는 것이다. [4]공감적 배려가 강한 사람은 타인의 감정에 대응하기 위하여 실제 감정과는 다른 감정을 표현하기도 한다. [5]직무 특성을 대표하는 요인으로는 직무 다양성이 있다. [6]이것은 직무 수행 과정에서 활용해야 하는 기능이나 재능의 복합성과 관련된다. [7]직무 다양성이 증가할수록 표현해야 할 감정도 다양해질 수밖에 없다. [8]특히 서비스 업무에서는 고객의 유형이 다양하면 직무 다양성이 높아진다. [9]조직 특성을 대표하는 요인으로는 사회적 지원이 있다. [10]이것은 상급자,

동료 등 조직 내에서 대인관계를 맺는 사람들에게서 얻는 인정이나
조언, 물질적 지원 등의 긍정적인 뒷받침을 의미한다. [11]사회적 지
원이 풍부한 조직에서 일하는 사람은 감정 노동에 대한 스트레스는
낮고 업무 만족도는 높다. [12]이러한 세 가지 특성의 요인들은 복합
적으로 작용하면서 감정 노동의 양상도 다양하게 나타난다.
▶ 감정 노동 종사자의 감정에 영향을 미치는 세 가지 요인

❸ [1]실제 직무 수행 장면에서 나타나는 감정 노동 양상 중 대표적인
것으로 표면 행위와 내면 행위 두 가지가 있다. [2]조직이 종사자에게 요
구하는 특정한 감정 표현을 조직의 감정 표현 규칙이라고 하는데, 표면
행위는 실제로 느끼지 않는 감정을 조직의 감정 표현 규칙에 맞추어
표현하는 것이다. [3]내면 행위는 조직의 감정 표현 규칙을 내면화하여
실제 감정으로 느끼면서 표현하는 것이다. [4]내면 행위는 심리적 안정
에 긍정적 영향을 미친다. ([5]반면 표면 행위를 할 때 감정 노동 종사자
들은 자신의 감정을 위장해야 하기 때문에 감정 부조화를 경험하게 된
다. [6]감정 부조화 상태가 되면 수치심이나 짜증과 같은 부정적인 감정
이 유발된다. [7]감정 부조화가 지속되면 감정 노동 종사자는 스스로를
위선적이라고 생각하며 거짓 자아를 느끼게 되고, 심할 경우 우울증과
같은 정신 병리 증세를 겪을 수도 있다.)
▶ 직무 수행 장면에서 나타나는 감정 노동의 양상

❹ [1]따라서 감정 노동 종사자들은 감정 부조화에 따른 부정적 감정을
해소하기 위해 여러 가지 감정 조절 전략을 구사한다. [2]우선 자신이 경
험한 부정적 감정에 대하여 스스로 평가를 한다. [3]그 후 이에 어떻게
대처할 것인가를 결정하여 적절한 감정 조절 전략을 구사한다. [4]이러
한 감정 조절 전략에는 대표적으로 세 가지가 있다. [5]첫째, 능동 전략
은 부정적 감정에 적극적으로 대처하는 전략이다. [6]부정적인 감정을
있는 그대로 받아들이고, 자신이 왜 이러한 기분을 느끼게 되었는지
이해하고자 노력한다. [7]또한 과거 유사한 상황을 떠올리거나 문제에
따른 긍정적 측면을 보면서 자신이 더 성숙할 수 있는 기회로 삼기도
한다. [8]나아가 부정적인 감정을 유발한 상황을 개선하거나 해결할 수
있는 구체적인 행동을 취하기도 한다. [9]'자꾸 짜증이 나는 이유가 뭘
까?', '옛날에도 비슷한 일이 있었는데 잘 극복했으니 이번에도 잘 이
겨내면 좋은 경험이 될 거야.'라고 생각하는 경우가 그 예에 해당한다.
▶ 감정 조절 전략 ①: 능동 전략의 개념과 그 예시

❺ [1]둘째, 회피 · 분산 전략은 부정적인 감정 상태에 있을 때 의도적으
로 다른 생각들을 떠올려 현재의 부정적인 상황을 피하거나 주의를 분
산시키는 전략이다. [2]'별것 아닐 거야.', '불쾌한 감정은 금방 지나갈 거
야.'라고 생각하며 부정적 상황을 외면하거나, 부정적인 상황과 상관
없는 즐거운 상황을 떠올리는 것이 그 예에 해당한다. [3]하지만 이 전략
을 자주 쓰다 보면 자신의 문제뿐만 아니라 주위의 문제에도 무관심한
태도를 가지게 될 수도 있다. ▶ 감정 조절 전략 ②: 회피 · 분산 전략의 개념과 그 예시

❻ [1]셋째, 지지 추구 전략은 자신을 지지하는 사람들과의 교류를 통하
여 자아 개념과 자존감을 안정되게 유지함으로써 부정적인 감정을 해
소하려는 전략이다. [2]친밀한 사람을 만나 자기 감정을 토로하여 공감
을 얻거나 주위 사람으로부터 조언이나 도움을 구하는 것 등이 그 예
이다. [3]이 전략은 타인과의 상호 작용 과정을 통해 감정을 조절하는 것
으로, 부정적 감정을 누그러뜨릴 수 있기에 많은 사람들이 활용한다.

[4]세 가지 감정 조절 전략 중 회피 · 분산 전략과 지지 추구 전략은 일시
적인 감정 조절에는 유용한 전략이나 근본적인 문제를 해결할 수 없다
는 한계를 지닌다. [5]따라서 궁극적인 감정 조절을 위해서는 능동 전략
을 활용하는 것이 바람직하다. ▶ 감정 조절 전략 ③: 지지 추구 전략의 개념과 그 예시

## 1  세부 내용 파악하기

**윗글에서 확인할 수 <u>없는</u> 것은?**

**정답인 이유**

① 감정 조절이 불가능한 상황

➡ 이 글에서 감정 조절이 불가능한 상황에 관한 내용은 확인할 수
없다.

**오답 피하기**

② 감정 노동의 개념과 대표적 양상

➡ ❶-3에서 감정 노동의 개념을, ❸-1에서 감정 노동의 대표적 양
상으로 표면 행위와 내면 행위가 있음을 확인할 수 있다.

③ 감정 조절 전략이 구사되는 과정

➡ ❹-2~3에서 먼저 자신의 감정에 대해 스스로 평가하고, 어떻게
대처할 것인가를 결정하여 적절한 감정 조절 전략을 구사한다는 내용
을 확인할 수 있다.

④ 감정 부조화의 지속이 초래하는 결과

➡ ❸-7에서 감정 부조화가 지속되면 거짓 자아를 느끼거나 심할
경우 정신 병리 증세를 겪을 수도 있음을 확인할 수 있다.

⑤ 부정적인 감정을 줄이는 감정 조절 전략

➡ ❹-1에서 감정 노동 종사자들이 부정적 감정을 해소하기 위해
여러 감정 조절 전략을 구사함을 확인할 수 있다. 그 유형으로 ❹에
서 능동 전략을, ❺에서 회피 · 분산 전략을, ❻에서 지지 추구 전략을
소개하고 있다.

## 2  전개 방식 파악하기

**[A]의 내용 전개 방식으로 가장 적절한 것은?**

**정답인 이유**

③ 대상을 항목별로 분류하고 각 항목의 특성을 밝히고 있다.

➡ [A]에서는 감정 노동 종사자의 감정에 영향을 미치는 요인들을 개
인 · 직무 · 조직 특성의 세 가지 항목으로 분류하고(❷-1), 각 항목의
대표 요인을 제시하며 그 특성을 밝히고 있다(❷-2~11).

**오답 피하기**

① ~~대상의 의미~~를 제시하고 ~~그 이유~~를 밝히고 있다.

➡ [A]에서 확인할 수 없다.

② ~~대상의 변화 과정~~을 언급한 뒤 ~~전망을 예측~~하고 있다.

➡ [A]에서 확인할 수 없다.

④ 대상의 구성 요소를 나열한 후 ~~그 장단점을 분석~~하고 있다.

➡ [A]에서 감정 노동 종사자들의 감정에 영향을 미치는 요인들을 나
열하고 그 특성을 밝히고 있으나, 장단점은 나타나지 않는다.

⑤ <del>대상 간의 공통점과 차이점을 부각하여 논지를 강화하고 있다.</del>
➡ [A]에서는 감정 노동 종사자의 감정에 영향을 미치는 요인의 특성을 밝히고 있을 뿐, 요인들의 공통점과 차이점을 부각하고 있지 않다.

## 3 반응의 적절성 판단하기

윗글을 읽고 보인 반응으로 적절하지 <u>않은</u> 것은?



② 주의를 분산시키는 감정 조절 전략을 구사하면 <del>궁극적인 감정 조절이 가능하겠군.</del>
➡ ❺-1에 따르면 주의를 분산시키는 감정 조절 전략은 회피·분산 전략이다. ❻-4에서 회피·분산 전략은 일시적인 감정 조절에는 유용하나 근본적인 문제를 해결할 수 없다는 한계를 밝히고 있으며, ❻-5에서 궁극적인 감정 조절이 가능한 전략은 능동 전략이라고 하였으므로 ②의 반응은 적절하지 않다.



① 감정 조절 전략 중에는 일시적인 감정 조절에 유용한 전략도 있군.
➡ ❻-4에서 회피·분산 전략과 지지 추구 전략이 일시적인 감정 조절에 유용하다는 내용을 확인할 수 있다.
③ 공감적 배려가 강한 사람은 자신의 감정과 일치하지 않는 감정적인 표현을 할 수 있겠군.
➡ ❷-4에서 확인할 수 있다.
④ 다른 생각들을 떠올리거나 <u>회피·분산 전략</u> 자신을 <u>지지 추구 전략</u> 지지해 주는 사람과의 교류를 통해 감정 조절을 할 수 있겠군.
➡ ❺-1, ❻-1에서 확인할 수 있다.
⑤ 상급자나 동료들의 인정이나 조언은 감정 노동 종사자의 감정에 <u>사회적 지원</u> 영향을 미치는 조직 특성에 해당하는군.
➡ ❷-9~10에서 확인할 수 있다.

## 4 구체적 사례나 상황에 적용하기

윗글을 바탕으로 〈보기〉의 사례를 이해한 내용으로 적절하지 <u>않은</u> 것은?

┌─── 보기 ───
영희는 A호텔에서 안내 업무를 맡고 있다. ⓐ영희가 맡은 업무는 손님들의 나이나 성향이 다양하여 힘든 점이 많다. <u>직무 다양성이 높음(❷-8)</u> ⓑ하지만 지배인부터 동료 직원들까지 자신을 존중하고 지원해 주는 분위기가 <u>사회적 지원(❷-9~11)</u> 마음에 들어 자기 일에 만족하고 있다. ⓒ가끔 영희는 기분 나쁜 반응을 보이는 손님도 웃으며 맞아야 하는 것에 짜증을 느끼기도 했 <u>능동 전략(❹-5~6)</u> 는데, 그런 순간마다 자신에게 문제가 있는 것인지 손님에게 문제가 있는 것인지를 생각하면서 문제를 극복해 보려고 하였다. ⓓ슬픈 일이 있는데도 손님을 대하며 밝은 표정을 보여야 할 때는 우울 <u>감정 부조화(❸-5~7)</u> 함이 느껴지기도 했는데, / 그럴 때는 아무 생각도 하지 않으려 애를 <u>부정적 상황 외면 → 회피·분산 전략(❺-1~2)</u> 썼다. ⓔ그래도 기분이 나아지지 않을 때는 '오늘 친구랑 무슨 영화 <u>좋은 일들을 떠올림. → 회피·분산 전략(❺-1~2)</u> 를 보러 갈까?'와 같이 좋은 일들을 떠올리면 기분이 나아졌다.
└─────



⑤ ⓔ: <del>타인과의 상호 작용을 바탕으로 자존감을 회복하려는 전략을 활용하였군.</del>
➡ ⓔ에서 영희가 타인과 상호 작용하는 모습은 확인할 수 없다. ⓔ에서 영희는 좋은 일을 떠올리며 부정적 감정을 해소하는 회피·분산 전략을 활용하고 있다(❺-1~2).



① ⓐ: 직무 다양성이 높아서 힘든 감정 노동을 수행해야 하는 상황에 놓여 있군.
➡ ⓐ에서 '손님들의 나이나 성향이 다양'하다는 것은 영희가 상대해야 할 고객의 유형이 다양함을 뜻한다. ❷-8에서 고객의 유형이 다양할수록 직무 다양성이 높아진다고 하였으므로, 영희는 직무 다양성이 높아 힘든 감정 노동을 수행하고 있다고 볼 수 있다.
② ⓑ: 사회적 지원이 풍부하여 업무 만족도가 높게 나타나고 있군.
➡ ❷-9~11에서 상급자, 동료 등 조직 내 사람들의 지원은 사회적 지원에 해당하며, 사회적 지원이 풍부한 조직에서 일하는 사람은 업무 만족도가 높다고 하였다. 즉, ⓑ에서 영희가 업무에 만족한다고 한 것은 사회적 지원이 풍부하기 때문이라고 할 수 있다.
③ ⓒ: 능동 전략을 사용하여 부정적 감정에 적극적으로 대처하려 하고 있군.
➡ ⓒ에서 영희가 짜증을 느낀 원인이 무엇인지 파악하려 한 것은 부정적인 감정을 받아들이고 자신이 왜 이러한 기분을 느끼게 되었는지 이해하고자 노력하는 능동 전략에 해당한다(❹-5~6). ❹-1에 따르면 능동 전략은 부정적 감정을 해소하기 위해 구사하는 전략이므로 ③의 반응은 적절하다.
④ ⓓ: 현재의 상황을 외면하여 감정 부조화에 따른 부정적인 감정을 해소하려 하는군.
➡ ⓓ에서 영희가 슬픈 감정에도 밝은 표정을 보이며 우울감을 느낀 것은 감정 부조화에 따른 것으로 볼 수 있다(❸-5~7). 이를 해소하기 위해 영희가 아무 생각도 하지 않으려 애쓴 것은 의도적으로 부정적 상황을 외면하려는 회피·분산 전략에 해당하므로(❺-1~2), ④의 반응은 적절하다.

### 문제 하이라이트
33쪽

(1) 분류 (2) 배려 (3) × (4) × (5) ○ (6) × (7) ×

──────────

선지➕ ⑥ ○  ⑦ ×  ⑧ ×

선지➕

⑥ [A]에서는 감정 노동 종사자의 감정에 영향을 미치는 요인들을 개인·직무·조직 특성의 세 가지 항목으로 나눈 뒤, 각 요인들의 특성을 나열하고 있다.
⑦, ⑧ [A]에서 확인할 수 없다.

**①** [1]언어 철학에서 특정 인물이나 사물 등을 나타내는 고유 이름은
언어와 대상의 관계를 밝히는 데 중요한 역할을 하는 언어 표현이다.
*고유 이름의 개념*
[2]그래서 고유 이름이 의미하는 바가 무엇인지에 대한 논의는 언어 철학
자들의 중요한 관심사였다. [3]그중 의미지칭이론에 따르면 고유 이름
이 의미하는 바는 그 표현이 지칭하는 것, 즉 지시체 자체이다. [4]이들
*고유 이름에 대한 의미지칭이론의 입장*
에 따르면 '금성'이라는 고유 이름이 의미하는 바는 금성 자체인 것이
다. [5]하지만 프레게는 이러한 의미지칭이론의 입장을 그대로 받아들
일 경우 발생하는 문제를 지적하며, 이를 해결하기 위해 지시체와 '뜻'
을 구분하여 고유 이름이 의미하는 바를 새롭게 설명하는 이론을 제시
한다.　▶ 고유 이름에 관한 의미지칭이론의 입장과 이를 비판한 프레게의 새로운 이론

**②** [1]먼저 프레게는 고유 이름이 의미하는 바가 지시체라는 의미지칭
이론의 입장을 따를 경우에 발생하는 문제를 밝힌다. [2]다음의 두 문장
을 보자.

[3]1) 샛별은 샛별이다.

[4]2) 샛별은 개밥바라기이다.　▶ 프레게의 새로운 이론을 설명하기 위한 예문

**③** [1]프레게에 의하면 의미지칭이론의 입장에서 1)과 2)는 완전히 동
일한 의미를 지녀야 한다. [2]왜냐하면 의미지칭이론에 따르면 밑줄 친
'샛별'과 '개밥바라기'라는 두 고유 이름이 의미하는 바는 금성이라는
지시체로 동일하기 때문이다. [3]하지만 프레게는 1)은 동어의 반복이기
에 정보를 제공하지 않고, 2)는 정보를 제공하기 때문에 사람들은 두
*의미지칭이론의 입장을 따를 경우 발생하는 문제*
문장을 다르게 인식하게 된다고 말한다. [4]그리고 이러한 인식적 차이
가 발생하는 이유가 고유 이름이 지시체 그 자체가 아닌 '뜻'을 의미하
기 때문이라고 주장한다. [5]즉 프레게는 '샛별'은 아침에 뜨는 별이라는
*프레게의 주장 ①*
뜻을, '개밥바라기'는 저녁에 뜨는 별이라는 뜻을 의미하며, '샛별'과
'개밥바라기'는 동일한 지시체인 금성을 서로 다른 제시 방식으로 제
시한 것이라고 말한다. [6]프레게는 이처럼 동일한 지시체의 서로 다른
제시 방식인 '샛별'과 '개밥바라기'는 다른 뜻을 가진다고 말한다. [7]따
라서 프레게는 고유 이름이 의미하는 바는 지시체가 아니기에 지시체
와 뜻을 구분해야 하고, 뜻의 차이로 인해 1)과 2)가 인식적 차이가 있
*고유 이름에 대한 프레게의 입장*
음을 설명하려고 한 것이다.
▶ 프레게의 주장 ①: 고유 이름은 지시체 그 자체가 아닌 뜻을 의미함.

**④** [1]프레게는 고유 이름에 한정 기술구도 포함되어야 한다고 주장한
*프레게의 주장 ②*
다. [2]한정 기술구란 오직 하나의 대상만이 만족하는 조건을 몇 개의 단
*한정 기술구의 개념*
어나 이런저런 기호로 구성한 언어 표현이다. [3]예를 들어 프레게는 '플
라톤의 가장 유명한 제자'나 '니코마코스 윤리학의 저자'와 같은 한정
기술구도 '아리스토텔레스'와 같은 고유 이름으로 간주한다. [4]그래서
프레게에 따르면 '플라톤의 가장 유명한 제자'와 '니코마코스 윤리학

의 저자'는 고유 이름들이며, 아리스토텔레스라는 사람에 대한 서로
다른 제시 방식으로 각각은 다른 뜻을 가진다.
▶ 프레게의 주장 ②: 고유 이름에 한정 기술구도 포함되어야 함.

**⑤** [1]한편 프레게는 특정 지시체에 대해 개인이 갖고 있는 관념을 뜻
과 혼동해서는 안 된다고 말한다. [2]관념은 지시체에서 개인이 감각적
*관념의 개념*
경험을 통해 얻게 된 주관적인 내적 이미지이다. [3]반면 뜻은 우리가
의사소통을 통해 전달하고 이해할 수 있어야 하기에, 언어 공동체
*뜻의 개념*
가 공유할 수 있는 객관적으로 합의된 재산인 것이다. [4]다시 말해 우
리가 성공적으로 의사소통할 수 있는 이유는 뜻이 공적인 것이기 때
문이다. [5]만약 뜻이 개인의 관념과 같다고 한다면 뜻은 사람마다 다
르게 되고, 의사소통은 성공적으로 이루어지기 어렵게 된다. [6]따라
서 프레게는 언어 표현의 뜻은 개인이 지시체에 대해 갖는 관념과는
*프레게의 주장 ③*
다르다는 것을 분명히 한다.
▶ 프레게의 주장 ③: 언어 표현의 뜻은 개인이 지시체에 대해 갖는 관념과는 다름.

**⑥** [1]결국 프레게는 지시체와 뜻을 구분함으로써 고유 이름이 의미하
는 바를 명확히 하였다. [2]또한 이를 통해 의미지칭이론에서 설명하지
못하는 ㉠'유니콘'과 같이 지시체가 존재하지 않는 허구적인 대상의
고유 이름이 의미하는 바를 설명할 수 있게 되었다.　▶ 프레게 이론의 의의

---

**1**　**전개 방식 파악하기**

**윗글에 대한 설명으로 가장 적절한 것은?**

**정답인 이유**

① 기존의 이론을 비판한 새로운 이론을 예를 중심으로 설명하고
있다.

➡ 이 글은 고유 이름이 의미하는 바에 대한 의미지칭이론의 입장을
비판한 프레게의 새로운 이론을 **②**~**③**에서 '샛별'과 '개밥바라기',
**④**-3~4에서 '아리스토텔레스'를 가리키는 한정 기술구, **⑥**-2에서
'유니콘'의 사례를 들어 설명하고 있다.

---

**2**　**세부 내용 파악하기**

**〈보기〉는 프레게의 이론을 비유적으로 설명하기 위한 예시이다. 윗글
의 [A]를 참고하여 프레게의 입장에서 〈보기〉의 ⓐ~ⓒ를 설명할 수
있는 말로 적절한 것을 고른 것은?**

> ┌─ 보기
> 
> 우리 가족들은 천문대에 가서 ⓐ밤하늘의 달을 보았다. 그날 우
> *지시체*
> 리는 하나의 망원경을 통해 달을 보고 이야기를 나눌 수 있었다. ⓑ
> 우리 가족이 나눈 대화 속 망원경 렌즈에 맺힌 달의 형상은 모두 같
> *뜻*
> 았지만, 그날 망원경의 렌즈를 거쳐 ⓒ망막에 맺힌 달은 우리 가족
> *관념*
> 에게 서로 다른 추억으로 기억되고 있다.

　　　ⓐ　　　ⓑ　　　ⓒ
③ 지시체　　뜻　　관념

➡ [A]는 프레게가 지시체, 뜻, 관념의 관계에 대해 설명한 내용이다. 〈보기〉에서 우리 가족은 ⓐ를 함께 관찰하고 이에 관해 대화를 나누었으므로, ⓐ는 ❶-3에서 말한 '그 표현이 지칭하는 것'인 '지시체'로 설명할 수 있다. 한편 ❺-3에 따르면 '뜻'은 언어 공동체가 공유할 수 있는 객관적으로 합의된 재산이므로, ⓑ에서 우리 가족이 나눈 대화 속 ⓐ의 형상은 모두 같았다고 한 것을 '뜻'을 통해 설명할 수 있다. 또한 ❺-2에 따르면 '관념'은 지시체에서 개인이 감각적 경험을 통해 얻게 된 주관적인 내적 이미지이므로, ⓒ에서 ⓐ가 우리 가족에게 서로 다른 추억으로 기억된 것을 '관념'을 통해 설명할 수 있다.


## 3  생략된 정보 추론하기

윗글을 참고할 때, 의미지칭이론에서 ㉠을 설명하지 못하는 이유를 추론한 내용으로 가장 적절한 것은?



③ 고유 이름이 의미하는 바를 지시체 그 자체로 보기 때문이겠군.

➡ 의미지칭이론에 따르면 고유 이름이 의미하는 바는 지시체 그 자체이다(❶-3). 따라서 의미지칭이론에서는 고유 이름이 어떤 의미를 가지려면 지시체가 반드시 존재해야 한다고 볼 것임을 알 수 있다. 그러나 ㉠에서 '유니콘'은 지시체가 존재하지 않는 허구적인 대상의 고유 이름이라고 하였으므로, 의미지칭이론에서는 ㉠을 설명하지 못한다고 추론할 수 있다.



① 고유 이름은 다수의 지시체를 의미한다고 보기 때문이겠군.

➡ 이 글에서 확인할 수 없다.

② 고유 이름과 지시체는 서로 관련이 없다고 보기 때문이겠군.

➡ ❶-3에 따르면 의미지칭이론에서는 고유 이름이 의미하는 바를 지시체 그 자체로 보았다. 고유 이름과 지시체가 서로 관련 없다고 본 것이 아니다.

④ 고유 이름과 지시체가 서로 다른 정보를 제공한다고 보기 때문이겠군.

➡ ❶-3에 따르면 의미지칭이론에서는 고유 이름이 의미하는 바를 지시체 그 자체로 보았다. 고유 이름과 지시체가 서로 다른 정보를 제공한다고 본 것이 아니다.

⑤ 고유 이름으로는 언어와 대상의 관계를 밝힐 수 없다고 보기 때문이겠군.

➡ ❶-1~2에 따르면 언어 철학에서 고유 이름은 언어와 대상의 관계를 밝히는 데 중요한 역할을 하는 언어 표현으로, 고유 이름이 의미하는 바에 관한 것은 언어 철학자들의 주요 관심사였다. ❶-3에서 그와 관련된 논의 중 하나인 '의미지칭이론'에 대해 설명하고 있으므로, 의미지칭이론에서는 고유 이름이 언어와 대상의 관계를 밝히는 데 중요하다고 보았을 것이다.


## 4  구체적 사례나 상황에 적용하기

윗글을 읽은 학생이 프레게의 입장에서 〈보기〉에 대해 보일 수 있는 반응으로 적절하지 <u>않은</u> 것은?

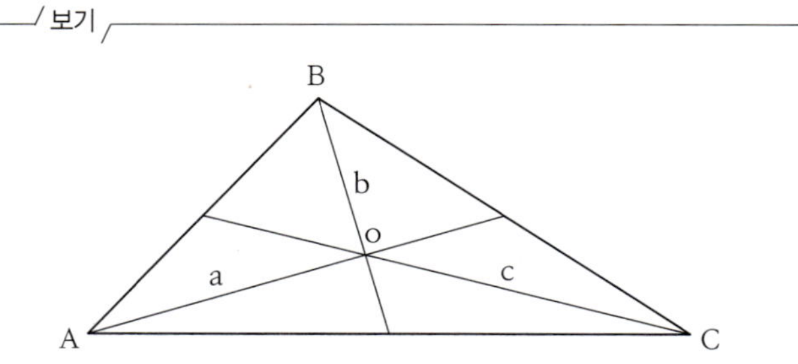


위 삼각형의 각 꼭짓점에서 그 대변의 중점으로 이어지는 선을 a, b, c라고 할 때, ㉮'a와 b의 교점'과 ㉯'b와 c의 교점'의 지시체는 ㉰o이다. 따라서 ㉱'o는 a와 b의 교점이다.'와 같은 문장으로 표현할 수 있다.



③ ㉮와 ㉯로 의사소통이 가능한 이유는 ㉰에 대한 개인의 내적 이미지가 일치하기 때문이겠군.

➡ ❺-2의 내용으로 볼 때, 지시체에 대한 '개인의 내적 이미지'는 관념을 뜻한다. ❺-4~5에서 프레게는 우리가 의사소통할 수 있는 이유를 '뜻이 공적인 것이기 때문'이라고 하였으며, 뜻이 개인의 관념과 같다면 뜻이 사람마다 다르게 되어 의사소통이 어렵다고 하였다. 따라서 〈보기〉의 ㉮와 ㉯로 의사소통이 가능한 이유가 ㉰에 대한 관념이 개인마다 일치하기 때문이라고 볼 수 없다.



① ㉮와 ㉯는 동일한 지시체를 지칭하지만 뜻은 서로 다르다고 볼 수 있겠군.

➡ 〈보기〉에서 ㉮와 ㉯의 지시체는 ㉰라고 하였고, ❹-4에서 프레게는 동일한 지시체를 서로 다른 방식으로 제시한 것은 각각 다른 뜻을 가진다고 하였다. 따라서 ㉮와 ㉯의 제시 방식이 달라 뜻이 서로 다르다는 이해는 적절하다.

② ㉮와 ㉯는 몇 개의 단어와 기호로 구성되어 있지만 고유 이름으로 볼 수 있겠군.

➡ ❹-1~2에 따르면 프레게는 몇 개의 단어나 기호로 구성된 한정 기술구도 고유 이름에 포함되어야 한다고 주장하였다. 따라서 몇 개의 단어와 기호로 구성된 〈보기〉의 ㉮와 ㉯를 고유 이름으로 볼 수 있다는 이해는 적절하다.

④ ㉰에 대한 제시 방식에는 ㉮와 ㉯뿐만 아니라 'a와 c의 교점'도 포함할 수 있겠군.

➡ ❹-1, 4에서 프레게는 한정 기술구도 고유 이름에 포함되어야 한다고 주장하며, 동일한 지시체가 서로 다른 방식으로 제시될 수 있다고 보았다. 즉 ㉮, ㉯뿐만 아니라 'a와 c의 교점' 또한 ㉰에 대한 제시 방식으로 볼 수 있으므로 적절하다.

⑤ ㉱는 'o는 o이다.'라는 문장과 인식적 차이가 발생한다고 할 수 있겠군.

➡ ❸-3~7에서 프레게는 지시체를 제시하는 방식이 다른 두 문장

을 언급하며, 뜻의 차이로 두 문장이 인식적 차이가 있다고 하였다. 〈보기〉의 ㉑와 'ㅇ는 ㅇㅇ이다.'는 문장은 동일한 지시체인 'ㅇ'를 서로 다른 방식으로 제시한 문장으로, 서로 다른 뜻을 지니므로 이에 따라 두 문장의 인식적 차이가 발생한다고 볼 수 있다.

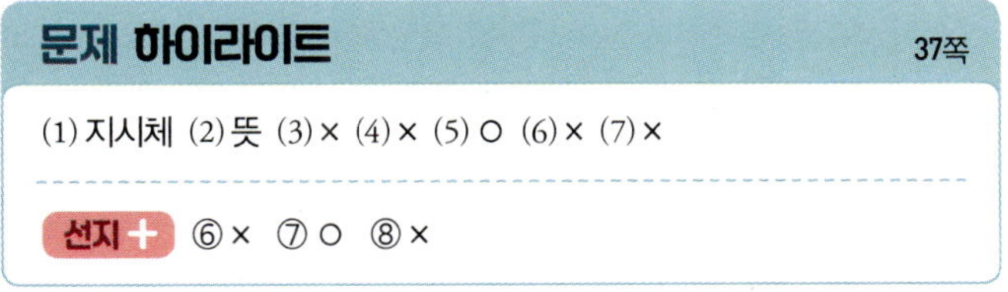

### 문제 하이라이트    37쪽

(1) 지시체 (2) 뜻 (3) × (4) × (5) ○ (6) × (7) ×

**선지+**   ⑥ ×   ⑦ ○   ⑧ ×

---

**선지+**

⑥ 의미지칭이론의 입장과 관련 없는 내용이다.

⑦ 의미지칭이론에서 고유 이름이 의미하는 바를 지시체 그 자체로 본 것은, 즉 지시체가 실제로 존재해야만 고유 이름이 의미하는 바를 밝힐 수 있다고 본 것이라 이해할 수 있다. 따라서 이는 ㉠, 즉 허구적인 대상의 고유 이름이 의미하는 바를 의미지칭이론에서 설명하지 못하는 이유로 적절하다.

⑧ 의미지칭이론에서 지시체와 뜻을 구분하는 것이 무의미하다고 보았다는 내용은 이 글에서 확인할 수 없다. 한편 프레게는 지시체와 뜻을 구분함으로써 고유 이름이 의미하는 바를 명확히 할 수 있다고 보았으며, ❻-2에서 이를 통해 ㉠을 설명할 수 있다고 하였으므로 ⑧의 진술은 적절하지 않다.

## 04 노동의 철학적 의미    38~40쪽

1 ⑤    2 ②    3 ⑤    4 ②

---

❶ ¹누구나 한번쯤은 경치 좋은 곳에 누워 아무 일도 하지 않는 자신의 삶을 꿈꿔 본 적이 있을 것이다. ²이러한 상상에는 '일', 즉 '노동'에 대한 우리의 부정적 생각이 깔려 있다. ³하지만 역사 속에서 인간은 노동을 통해 개인과 사회를 발전시켜왔고, 이러한 점에서 노동은 나름의 가치를 지닌다고 볼 수 있다. [노동이 지닌 가치] ⁴그렇다면 철학자들은 이러한 인간의 노동에 어떤 철학적 의미를 부여했을까? ▶ 노동이 지닌 가치

❷ ¹로크는 노동을 ㉠소유의 권리와 관련하여 설명했다. ²로크는 신이 인류의 생존을 위해 인간에게 자연을 공유물로 주면서, 동시에 인간이 신의 목적대로 자연을 이용할 수 있도록 이성도 주었다고 주장한 [로크의 주장] 다. ³그런데 그는 신이 인간에게 공유물로 주지 않은 유일한 것이 신체이기 때문에 각자의 신체에 대해서는 본인만이 배타적 권리를 가진다고 본다. ⁴이렇게 신체가 한 개인의 소유라면 그 신체의 활동인 노동 역시 그 개인의 소유가 되는 것이다. [로크가 바라본 노동과 소유의 권리] ⁵그리하여 인간이 공유 상태인 어떤 사물에 노동을 부여하는 것은 공유물에 배타적 소유권을 첨가하는

것이 된다. ⁶따라서 모든 개인은 노동을 통해 소유권의 주체가 될 수 있다. [로크의 관점에서 본 노동의 철학적 의미 ①] ⁷다만 로크는 모든 노동이 공유물에 대한 소유권의 근거가 되는 것은 아니라고 보았다. ⁸로크에게 노동은 단순히 신체를 사용하는 것이 아니라 삶과 편의에 최대한 도움이 되도록 자연을 이용하는 것을 [로크의 관점에서 본 노동의 철학적 의미 ②] 의미하기 때문이다. ⁹이에 따라 로크는 만약 어떤 개인이 신체를 사용하여 공유물을 인류의 삶에 손해가 되도록 만든 경우, 그것은 노동에 해당하지 않기 때문에 소유권을 인정받을 수 없다고 주장했다. ▶ 로크의 관점에서 본 노동의 철학적 의미

❸ ¹한편 헤겔은 노동을 사적 소유권의 근거를 넘어 주체와 객체가 통일되는 과정이며, 인간이 자기의식과 자기 정체성을 확보하는 계기라 [헤겔의 관점에서 본 노동의 철학적 의미] 고 주장했다. ²또한 인간은 동물과 달리 자연을 그대로 받아들이지 않고 노동을 통해 자신에게 맞게 바꾸어 필요한 물품과 적절한 생활환경 [자연에 대한 인간의 태도] 을 마련하며 생명을 보전한다고 보았다. ³이때 자립성을 지닌 객체는 주체의 노동에 저항하기 마련인데, 객체의 자립성은 인간의 노동에 의해 일정하게 제거되고 약화되어 주체에 알맞게 변화된다. ⁴한편 주체는 노동 과정에서 객체에 내재된 질서나 법칙을 일정 정도 받아들이면서 자신의 욕구나 목적을 객체 속에 실현한다. ⁵그 결과 객체는 주체의 노동으로 사라지거나 파괴되는 것이 아니라 인간과 무관한 것에서 인간을 위한 노동 산물로 변화하는 것이다. ⁶이렇게 하여 주체는 객체 안으로 들어가고 객체는 주체의 고유한 형식을 받아들이게 된다. ⁷헤겔은 이처럼 노동을 통해 주체가 자신을 객체 속에 나타내는 것을 자기 대상화 [자기 대상화의 의미] 라 하였다. ⁸결국 주체와 객체는 서로 분리·고립되어 있다가 노동을 통해 노동 산물 속에서 통일되어 가며, 주체는 그 속에 실현된 자기 대상화의 정도만큼 자기의식을 확보한다는 것이다. (⁹그런데 헤겔은 노동 산물이 주체의 ㉡소유지만, 여전히 주체와 분리되어 있고, 주체를 완전히 표현하지도 못하기에 노동을 통한 주객 통일에 한계가 있다고 지적했다.) [( ): 헤겔의 관점에서 본 노동을 통한 주객 통일의 한계] ▶ 헤겔의 관점에서 본 노동의 철학적 의미

❹ ¹이에 비해 마르크스는 헤겔의 노동관을 수용하면서도 노동 자체가 한계를 지닌다는 주장에는 동의하지 않았다. [마르크스 노동관의 바탕 / 헤겔 노동관과의 차이점] ²마르크스는 인간은 노동을 통해 외부 대상인 자연을 가공하여 인간의 욕구와 자기실현에 알맞은 인간화된 자연으로 만든다고 보았다. ³결국 그에게 노동은 객체에 인간적 형식을 부여하기 위해 자연적 소재의 형식을 부정함으로 [마르크스의 관점에서 본 노동의 철학적 의미 ①] 써 주체의 주관적 욕구나 목적을 대상으로 객관화하는 것이다. ⁴그리하여 가공된 대상에는 주체의 형식이 부여되고, 주체의 욕구나 목적 등은 물질화되어 구체적 노동 산물이 된다. ⁵그 결과 인간은 노동을 통해 만들어 낸 노동 산물에서 자신의 능력을 확인하고 자기의식과 정체성을 [마르크스의 관점에서 본 노동의 결과 ①] 확보하게 된다. ⁶더 나아가 자신의 능력을 더욱 개발하여 자연의 구속 [마르크스의 관점에서 본 노동의 결과 ②] 으로부터 벗어나 자유를 획득하면서 자아를 실현하게 되는 것이다. ⁷이러한 관점에서 그는 노동이 가장 현실적인 주객 통일의 방법이자 [마르크스의 관점에서 본 노동의 철학적 의미 ②] 인간의 자아실현 과정이라 주장한 것이다. ⁸다만 그는 노동을 통한 주객 통일의 한계가 사회적 구조의 한계에서 비롯된다고 분석하며, 노동을 통한 인간의 자아실현을 완성하기 위해서는 사회 구조를 변혁해야 [마르크스의 관점에서 본 노동을 통한 주객 통일 한계의 원인] 한다고 역설했다. [마르크스가 주장한 한계 극복 방안] ▶ 마르크스의 관점에서 본 노동의 철학적 의미

## 1  세부 내용 파악하기

윗글에서 답을 찾을 수 있는 질문에 해당하지 <u>않는</u> 것은?

**정답인 이유**

⑤ 마르크스는 노동이 주객 통일을 완성하는 것을 방해하는 사회적 구조의 한계를 무엇이라 생각하는가?

➡ ❹-8에서 노동을 통한 주객 통일의 한계가 사회적 구조의 한계에서 비롯된다는 마르크스의 주장을 확인할 수 있으나, 그 사회적 구조의 한계가 무엇인지는 구체적으로 언급되어 있지 않다.

**오답 피하기**

① 로크는 인간에게 이성을 부여한 신의 의도를 무엇이라 생각하는가?

➡ ❷-2에 따르면 로크는 신이 인간에게 이성을 부여한 의도가 인간이 신의 목적대로 자연을 이용할 수 있도록 하기 위함이라고 보았다.

② 헤겔은 인간이 동물과 달리 자연을 자신에게 맞게 바꾸는 목적을 무엇이라 생각하는가?

➡ ❸-2에 따르면 헤겔은 인간이 동물과 달리 적절한 생활환경을 마련하여 생명을 보존하려는 목적으로 자연을 자신에게 맞게 바꾼다고 보았다.

③ 헤겔은 인간이 노동을 통해 자신을 객체 속에 나타내어 얻게 되는 결과를 무엇이라 생각하는가?

➡ ❸-7~8에 따르면 헤겔은 노동을 통해 인간이 자신을 객체 속에 나타내는 것을 자기 대상화라고 하였고, 그 결과 그 속에 실현된 자기 대상화의 정도만큼 자기의식을 확보한다고 보았다.

④ 마르크스는 노동이 인간의 자아를 실현하는 과정이 될 수 있는 이유를 무엇이라 생각하는가?

➡ ❹-2~6에 따르면 마르크스는 인간이 자연을 가공하면서 객체에 주체의 형식이 부여되고, 주체의 욕구나 목적 등은 물질화되어 구체적 노동 산물이 된다고 하였다. 그 결과 인간은 이 노동 산물에서 자신의 능력을 확인하고 자기의식과 정체성을 확보한 뒤, 능력을 더욱 개발하여 자유를 획득하면서 자아를 실현할 수 있다고 보았다.

## 2  정보 간의 관계 파악하기

㉠과 ㉡에 대한 이해로 가장 적절한 것은?

**정답인 이유**

② ㉠과 ㉡은 모두 인간의 노동을 성립 기반으로 하고 있다.

➡ ❷-6에서 로크는 모든 개인이 노동을 통해 소유권의 주체가 될 수 있다고 하였다. 또한 ❸-4~5에서 헤겔은 객체가 주체의 노동을 통해 노동 산물로 변화하며, ❸-9에서 이렇게 만들어진 노동 산물이 주체의 소유라고 보았으므로 ㉠과 ㉡은 모두 인간의 노동을 기반으로 하여 성립된다고 할 수 있다.

**오답 피하기**

① ㉠과 ㉡은 ~~모두 인간을 신으로부터 자유롭게~~ 한다.

➡ ❷-2, 5~6에 따르면 로크는 인간이 신에게 제공받은 공유물에 노동을 부여하여 소유권의 주체가 될 수 있다고 보았다. 이로 볼 때

'소유'는 신의 존재와 신이 부여한 것을 전제로 하는 개념이므로, ㉠이 인간을 신으로부터 자유롭게 한다고 볼 수 없다. 또한 이 글에서 ㉡을 신과 관련지어 설명한 내용은 확인할 수 없다.

③ ㉠은 ~~이타심의 실현~~을 목적으로 하는 반면, ㉡은 ~~이기심의 실현~~을 목적으로 한다.

➡ ❷-3~5의 내용으로 볼 때, ㉠은 개인의 배타적 권리로 인정되므로 이타심의 실현을 목적으로 한다고 보기 어렵다. 한편 ❸-4~5, 9에서 헤겔은 주체가 자신의 욕구나 목적을 객체 속에 실현하며 나타난 노동 산물이 주체의 소유라고 하였을 뿐, ㉡의 목적이 이기심의 실현이라고 볼 만한 근거는 이 글에 나타나지 않는다.

④ ㉠은 ~~인간과 자연의 합일을 강화~~하는 반면, ㉡은 ~~인간과 자연의 분리를 강화~~한다.

➡ ❷-2에 따르면 로크는 신이 인간에게 자연을 공유물로 주면서, 인간이 신의 목적대로 자연을 이용할 수 있도록 이성도 주었다고 보았다. 즉, 자연은 인간의 이용 대상이므로 ㉠이 인간과 자연의 합일을 강화한다고 볼 수 없다. 한편 ❸-8에 따르면 헤겔은 주체와 객체는 서로 분리·고립되어 있다가 노동을 통해 노동 산물 속에서 통일되어 간다고 보았다. 즉 ㉡은 주객 통일의 과정인 노동을 통해 성립되므로 ㉡이 인간과 자연의 분리를 강화한다고 볼 수 없다.

⑤ ㉠은 ~~공유물의 존재에 의해 보장~~되는 반면, ㉡은 ~~주객 통일의 완성에 의해 보장~~된다.

➡ ❷-5~6에 따르면 로크는 인간이 공유물에 노동을 부여하여 소유권의 주체가 될 수 있다고 보았으며, 이를 공유물에 배타적 소유권을 첨가하는 것이라고 하였다. 즉 ㉠은 노동을 통해 성립되는 것이므로 공유물의 존재에 의해 보장된다고 보기 어렵다. 한편 ❸-9에 따르면 헤겔은 노동을 통해 만들어진 노동 산물은 주체의 소유지만, 주체와 분리되어 있으며 주체를 완전히 표현하지 못한다는 점에서 노동을 통한 주객 통일에 한계가 있다고 지적하였다. 따라서 ㉡이 주객 통일의 완성에 의해 보장된다고 볼 수 없다.

## 3  구체적 사례나 상황에 적용하기

윗글의 마르크스의 관점에서 〈보기〉를 이해한 내용으로 적절하지 <u>않은</u> 것은?

> **보기**
>
> [1]캐릭터 아티스트를 꿈꾸는 A씨는 관련 공부를 위해 미국으로 건너가 예술 학교에서 공부를 마치고 B사에 입사했다. [2]그런데 그곳에서 그는 유명한 몇몇 캐릭터만 반복적으로 그려야 하는 현실에 염증을 느끼고 캐릭터 아티스트로서 더 성장할 수 없겠다는 생각이 <u>B사에서의 노동으로 A씨는 자기 성장과 자유의 한계를 느낌.</u> 들어 C사로 직장을 옮겼다. [3]이후 그는 다양한 종류의 캐릭터를 마음껏 변용해 그리는 동시에 여러 동물들의 모습을 관찰하여 자신만의 독창적인 캐릭터를 창작하게 되었다.

⑤ A씨가 예술 학교에서 공부한 기간은 ~~외부 대상인 자연의 형식에 맞게 자신의 목적을 객관화시킨 시기~~였겠군.

➡ ❹-3에 따르면 마르크스는 노동을 '자연적 소재의 형식을 부정'하여 주체의 목적을 대상으로 객관화하는 것으로 보았다. 한편 〈보기〉-1에서 A씨가 예술 학교에서 공부한 기간은 노동이 아니라 노동을 하기 위한 준비 기간으로 보아야 하며, ❹-3의 내용으로 볼 때 이를 '자연의 형식에 맞게 자신의 목적을 객관화시킨 시기'라고 보는 것 또한 적절하지 않다.



① A씨는 노동을 통해 자신의 욕구를 객체 속에 실현하려고 노력해 왔겠군.

➡ ❸-4에서 헤겔은 주체가 노동을 통해 자신의 욕구나 목적을 객체 속에 실현한다고 보았으며, ❹-1에서 마르크스는 이러한 헤겔의 노동관을 수용하였음을 확인할 수 있다. 따라서 마르크스는 〈보기〉-2~3에서 캐릭터 아티스트로서 성장하기 위해 직장을 옮기고 자신만의 독창적인 캐릭터를 창작한 A씨가 노동을 통해 자신의 욕구를 객체 속에 실현하려고 노력해 왔다고 볼 것이다.

② A씨는 노동을 통해 자신의 형식을 부여한 노동 산물을 만드는 데 관심을 가지고 있겠군.

➡ ❹-4에 따르면 마르크스는 노동을 통해 가공된 대상에는 주체의 형식이 부여되고, 주체의 욕구나 목적 등은 물질화되어 구체적 노동 산물이 된다고 보았다. 〈보기〉-3에서 A씨는 자신만의 독창적인 캐릭터를 창작하게 되었으므로 마르크스는 A씨가 노동을 통해 자신의 형식을 부여한 노동 산물을 만드는 데 관심을 가지고 있다고 볼 것이다.

③ A씨가 제한된 캐릭터를 그리는 노동에 염증을 느꼈던 이유는 자기의식 확보에 대한 갈증 때문이겠군.

➡ ❹-5에 따르면 마르크스는 인간이 노동을 통해 만들어 낸 노동 산물에서 자신의 능력을 확인하고 자기의식과 정체성을 확보하게 된다고 보았다. 따라서 마르크스는 〈보기〉의 A씨가 유명한 캐릭터만 반복적으로 그리는 현실에 염증을 느낀 이유를 자기의식 확보에 대한 갈증 때문으로 볼 것이다.

④ A씨가 직장을 옮긴 것은 노동을 자신의 재능을 개발하고 자유를 확장하는 계기로 삼기 위한 것이겠군.

➡ ❹-6에 따르면 마르크스는 인간이 노동을 통해 자신의 능력을 개발하여 자유를 획득하면서 자아를 실현하게 된다고 보았다. 따라서 마르크스는 〈보기〉의 A씨가 직장을 옮긴 것을 자신의 능력을 개발하고 자유를 확장하기 위해서라고 볼 것이다.

---

**4** 반응의 적절성 판단하기

**윗글과 〈보기〉에 대한 반응으로 가장 적절한 것은?**

> ┌ 보기 ┐
>
> [1]제레미 리프킨은 첨단 과학 기술이 생산 수단에 접목되는 상황으로 인한 노동의 종말을 예언했다. [2]그는 노동의 종말이 긍정적으로는 여가적 삶의 증대를, 부정적으로는 대량 실업으로 인한 정체성의 시련을 초래할 수 있다고 지적했다. [3]그래서 대량 실업의 피해
> 노동이 정신에 미치는 영향 ①
> 자들을 위해 사회적 경제 부분의 일자리 공유 전략을 가동해야 한다고 주장했다. [4]이를 통해 그들이 삶의 이유를 찾고, 사회 구성원
> 일자리 공유 전략 → 노동　　노동이 정신에 미치는 영향 ②. 노동의 기능
> 으로서의 자신의 가치를 입증할 기회를 제공해야 한다는 것이다.



② 윗글과 〈보기〉 모두 인간이 자신을 긍정적으로 인식하게 하는 데 노동이 기여한다는 것을 인정하고 있군.

➡ ❷-6에서 로크는 모든 개인이 노동을 통해 소유권의 주체가 될 수 있다고 보았으며, ❸-1, ❹-5에서 헤겔과 마르크스는 인간이 노동을 통해 자기 정체성을 확보할 수 있다고 하였다. 또한 〈보기〉-4에서 리프킨은 노동을 통해 실업자들이 삶의 이유를 찾고 사회 구성원으로서의 자신의 가치를 입증할 수 있다고 보았으므로, 이 글과 〈보기〉 모두 인간이 자신을 긍정적으로 인식하는 데 노동이 기여함을 인정한다고 할 수 있다.



① 윗글과 〈보기〉 모두 ~~노동이 인간의 정신보다 신체에 더 큰 영향을~~ 끼친다는 것을 인지하고 있군.

➡ ❸-1, ❹-5에 따르면 헤겔과 마르크스는 인간이 노동을 통해 자기 정체성을 확보할 수 있다고 보았다. 한편 〈보기〉-2, 4에서 리프킨은 노동의 종말이 정체성의 시련을 초래할 수 있으며, 노동을 통해 실업 피해자들이 자신의 가치를 입증할 수 있다고 하였다. 즉 이 글과 〈보기〉 모두 노동이 인간의 정신에 큰 영향을 끼친다고 보았을 뿐, 노동이 신체에 미치는 영향을 언급한 부분은 이 글과 〈보기〉 모두에서 확인할 수 없다.

③ 윗글의 노동의 한계는 ~~〈보기〉의 노동의 종말로 인해 나타난 결과~~이겠군.

➡ ❸-9와 ❹-8에서 언급하고 있는 노동의 한계는 '주객 통일의 한계'이다. 〈보기〉에서 노동의 종말은 '여가적 삶의 증대'와 '정체성의 시련'을 초래할 수 있다고 하였는데, 이는 글에 언급된 노동의 한계와 관련이 없다.

④ 윗글의 노동의 기능은 〈보기〉의 노동의 기능과 ~~대립하고 있군.~~

➡ 이 글에서는 노동의 기능을 사적 소유권의 근거(❷-6), 자기의식과 정체성 확보의 계기(❸-1), 주객 통일의 과정이자 자아실현의 과정(❹-7)으로 보았다. 〈보기〉에서는 노동의 기능을 인간이 삶의 이유를 찾고, 사회 구성원으로서의 자신의 가치를 입증하는 기회라고 보았으므로 이 글과 〈보기〉에서 노동의 기능이 서로 대립하고 있다는 반응은 적절하지 않다.

⑤ 윗글은 ~~〈보기〉와 달리~~ 사회 변화가 노동에 미칠 수 있는 영향을 언급하고 있군.

➡ ❹-8에 따르면 마르크스는 노동을 통한 주객 통일의 한계가 사회적 구조의 한계에서 비롯되므로, 사회 구조를 변혁하여 노동을 통한 인간의 자아실현을 완성할 수 있다고 보았다. 한편 〈보기〉에서는 첨단 과학 기술이 생산 수단에 접목되는 상황으로 노동의 종말이 올 것이라고 언급하였으므로, 이 글과 〈보기〉 모두 사회 변화가 노동에 미칠 수 있는 영향을 언급하였다고 볼 수 있다.

### 문제 하이라이트     41쪽

(1) × (2) 가치 (3) ○ (4) 주객 (5) × (6) × (7) ×

선지 ➕   ⑥ ×   ⑦ ○   ⑧ ×

선지 ➕

⑥ ❷-7에서 로크는 모든 노동이 공유물에 대한 소유권의 근거가 되는 것은 아니라고 보았다. 또한 〈보기〉에서도 모든 노동이 공유물에 대한 소유권의 근거가 된다고 볼 만한 내용은 확인할 수 없다.

⑦ ❸-1, ❹-5에서 헤겔과 마르크스는 노동을 통해 인간이 자기 정체성을 확보할 수 있다고 보았으며, 〈보기〉-4에서는 노동을 통해 인간이 자신의 가치를 입증할 수 있다고 하였다. 따라서 이 글과 〈보기〉 모두 노동을 자기 정체성을 확보하는 수단으로 보았다는 반응은 적절하다.

⑧ ❹-4~5에 따르면 마르크스는 노동 과정에서 주체의 욕구나 목적 등이 물질화되어 구체적 노동 산물이 되며, 인간은 노동 산물에서 자기의식과 정체성을 확보하게 된다고 하였다. 〈보기〉에 나타난 '정체성의 시련'은 노동의 종말에 따른 부정적 결과이므로, 이 글에 언급된 노동의 산물로 볼 수 없다.

## 05 브레송의 결정적 순간     42~44쪽

1 ②    2 ④    3 ⑤    4 ⑤

❶ ¹브레송은 일상의 순간에 예술적 생명감을 불어넣은 '결정적 순간'의 미학을 탄생시킨 사진작가이다. ²그는 피사체가 의식하지 못한 상태에서 피사체의 자연스러운 동작이나 표정을 찍는 사진 기법을 활용하여 자신의 예술성을 드러내었다.
▶ '결정적 순간'의 미학을 탄생시킨 브레송에 대한 소개

❷ ¹㉠브레송은 자신의 예술성을 드러내기 위해 안정된 구도와 유동성을 기반으로 하여 움직임 가운데 균형을 잡아낸 사진을 촬영하였다.
²안정된 구도란 회화에 기초한 구도를 통해 사진에서 안정감을 느낄 수 있도록 하는 것을 의미한다.(³그가 사용한 회화의 구도는 황금분할 구도, 기하학적 구도, 주요 요소들을 대비시킨 구도였다. ⁴황금분할 구



도는 3:2의 비율로 화면을 분할한 것이고, 기하학적 구도는 여러 종류의 도형이 채워져 있는 것이다. ⁵주요 요소들 간의 대비로는 동(動)과 정(靜)의 대비, 상하 대비, 좌우 대비, 좌우 대각선 대비 등을 사용하였다.)⁶그는 이와 같은 안정된 구도의 기반이 되는 공간을 미리 계획하였다. ⁷그리고 유동성은 움직이는 대상에 집중하는 것으로, 그는 자신이 미리 계획했던 구도에 움직이는 대상이 들어와 원하는 형태적 구성을 완성한 순간이 포착될 때까지 끈질기게 기다렸다. ⁸한편 카메라를 눈의 연장으로 생각했던 그는, 화각이 인간의 시야와 가장 비슷한 표준 렌즈를 주로 사용해 사람의 눈높이에서 촬영했다. ⁹이때 화각은 카메라 렌즈를 통해 이미지를 담을 수 있는 범위를 뜻한다.(¹⁰그는 표준 렌즈에 비해 화각이 넓은 광각 렌즈나 플래시의 사용을 가급적 피했다. ¹¹이런 장치를 사용하면 눈으로 보는 실제 모습과 달라지기 때문이었다.)
▶ 안정된 구도와 유동성을 기반으로 한 브레송의 촬영 기법

❸ ¹그는 《순간 이미지》라는 자신의 사진집에서('결정적 순간'이란 어떤 하나의 사실과 관련해 시각적으로 포착된 다양한 모습들이 하나의 긴밀한 구성을 이루고, 그 구성 안에 의미가 실리는 것을 순간적으로 동시에 인식하는 것이라 정의 내렸다.)²그는 내용과 구성이 조화를 이룬 '결정적 순간'을 발견하고 타이밍에 맞추어 촬영하였던 것이다.
▶ 브레송이 정의한 '결정적 순간'의 의미

❹ ¹이후 사진작가들에게 브레송의 미학은 큰 영향을 주었다. ²1960년대부터 활동한 ㉡마크 코헨은 브레송의 '결정적 순간'에 영향을 받아 자신만의 결정적 순간을 포착하고자 했다. ³그는 돌발성을 기반으로 한 근접 촬영 방식을 택해 독특하면서도 기발한 결정적 순간을 포착했다. ⁴그는 광각 렌즈를 부착한 카메라를 들고 길거리에서 마주치는 사람들에게 돌발적으로 접근해 카메라를 허리 밑에 위치한 상태에서 자유로운 각도로 촬영하였다. ⁵그리고 그는 대상의 일부만을 잘라낸 구도를 사용하기도 하였으며 플래시를 사용해 그림자의 모양을 자신의 의도대로 변화시키기도 하였다. ⁶즉 그는 자신이 원한 형태의 사진을 촬영하기에 적합한 방식으로 눈으로 보는 세상과는 다르게 보이도록 인공적으로 만든 자신만의 결정적 순간을 포착한 것이다.
▶ '결정적 순간'에 영향을 받은 마크 코헨의 촬영 기법

❺ 이처럼 예술가가 자신이 원하는 순간을 포착하는 것의 중요성을 보여 준 브레송의 '결정적 순간'은 사진작가 각자의 개성이 담긴 결정적 순간으로 확대되면서 예술 지평을 넓혔다는 평가를 받았다.
▶ '결정적 순간'의 예술적 의의

### 1   전개 방식 파악하기

**윗글에 대한 설명으로 가장 적절한 것은?**

정답인 이유

② '결정적 순간'의 의미를 설명하며 이후에 끼친 영향을 제시하고 있다.

➡ 이 글은 ❶~❸에 걸쳐 브레송의 '결정적 순간'의 의미를 설명하고 있으며, ❹에서 마크 코헨이 '결정적 순간'에 받은 영향을 제시하고 있다. 그런 뒤 ❺에서 브레송의 '결정적 순간'이 예술 지평을 넓혔다는 예술사적 의의를 밝히며 글을 마무리하고 있다.

다음은 윗글을 읽은 후 정리한 독서 노트이다. 그 내용이 적절하지 **않은** 것은?

| 알게 된 점 | 브레송의 사진에 회화가 미친 영향 ·············· ① |
| | 브레송의 사진에 주로 사용된 구도 ·············· ② |
| | 브레송의 '결정적 순간'이 갖는 예술사적 의의 ······ ③ |
| 더 알고 싶은 내용 | 마크 코헨이 결정적 순간을 포착하기 위해 주로 사용한 렌즈 ·············· ④ |
| | 마크 코헨의 결정적 순간이 잘 드러난 대표 작품 ····· ⑤ |

**정답인 이유**

④ 마크 코헨이 결정적 순간을 포착하기 위해 주로 사용한 렌즈
　➡ ❹-4에 마크 코헨이 주로 '광각 렌즈'를 사용하였음이 나타나 있으므로, ④는 더 알고 싶은 내용으로 적절하지 않다.

**오답 피하기**

① 브레송의 사진에 회화가 미친 영향
　➡ ❷-1~3에서 브레송이 회화의 구도인 황금분할 구도, 기하학적 구도, 주요 요소들을 대비시킨 구도를 활용하여 안정된 구도의 기반이 되는 공간을 계획하였음을 알 수 있다. 즉, 브레송의 예술성을 드러내기 위한 기반인 안정된 구도를 구성하는 데 회화가 영향을 미쳤음을 확인할 수 있다.

② 브레송의 사진에 주로 사용된 구도
　➡ ❷-3에서 브레송이 주로 황금분할 구도, 기하학적 구도, 주요 요소들을 대비시킨 구도를 사용하였음을 확인할 수 있다.

③ 브레송의 '결정적 순간'이 갖는 예술사적 의의
　➡ ❺에서 브레송의 '결정적 순간'이 사진작가 각자의 개성이 담긴 결정적 순간으로 확대되면서 예술 지평을 넓혔다는 예술사적 의의를 확인할 수 있다.

⑤ 마크 코헨의 결정적 순간이 잘 드러난 대표 작품
　➡ 마크 코헨의 대표 작품은 이 글에 언급되어 있지 않으므로, 이를 '더 알고 싶은 내용'으로 정리한 것은 적절하다.



㉠과 ㉡에 대한 설명으로 적절하지 **않은** 것은?

**정답인 이유**

⑤ ~~㉠과~~ ~~㉡은~~ ~~모두~~ 돌발성을 기반으로 하여 사진작가의 의도대로 촬영하였다.
　➡ 돌발성을 기반으로 하여 사진을 촬영한 것은 ㉡(마크 코헨)이다(❹-3). ㉠(브레송)은 돌발성이 아니라 안정된 구도와 유동성을 기반으로 사진을 촬영하였다(❷-1).



① ㉠은 내용과 구성이 조화를 이루는 순간을 촬영하였다.
　➡ ❸-2에서 ㉠이 내용과 구성이 조화를 이룬 결정적 순간을 발견하고, 이를 타이밍에 맞추어 촬영하였음을 확인할 수 있다.

② ㉠은 카메라의 위치나 렌즈 선택 시 사람 눈과의 유사성을 중시하였다.
　➡ ❷-8에서 ㉠이 화각이 인간의 시야와 가장 비슷한 표준 렌즈를 주로 사용한 것을 통해 그가 렌즈 선택 시 사람 눈과의 유사성을 중시하였음을 확인할 수 있다.

③ ㉡은 근접 촬영을 통해 독특하고 기발한 이미지를 담았다.
　➡ ❹-3에서 ㉡이 근접 촬영 방식을 통해 독특하고 기발한 결정적 순간을 포착하였음을 확인할 수 있다.

④ ㉡은 인공의 빛을 이용해 눈으로 보는 세상과는 다른 순간을 포착하였다.
　➡ ❹-5~6에서 ㉡이 플래시를 사용하여 눈으로 보는 세상과 다르게 보이도록 인공적으로 만든 자신만의 결정적 순간을 포착하였음을 확인할 수 있다.



〈보기〉는 브레송의 '생 라자르 역(1932)'을 분석하기 위한 그림이다. 윗글을 바탕으로 할 때 〈보기〉에 대해 이해한 것으로 적절하지 **않은** 것은?

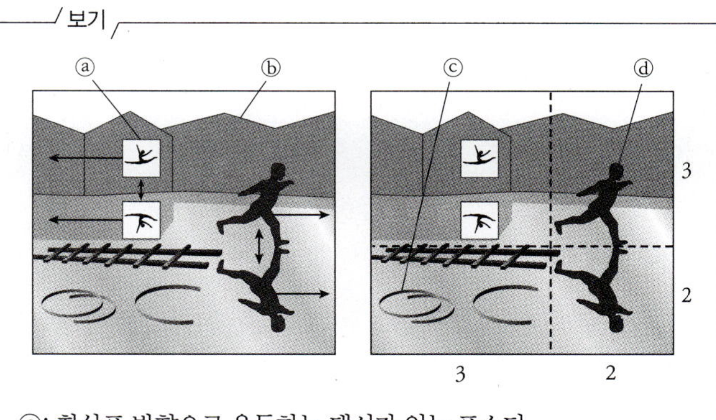


ⓐ: 화살표 방향으로 운동하는 댄서가 있는 포스터

ⓑ: 연속된 삼각형 모양의 지붕과 오각형 건물

ⓒ: 물 위에 흩어져 있는 둥근 모양의 철제 고리

ⓓ: 사다리를 밟고 고요한 물 위를 건너뛰는 남자

**정답인 이유**

⑤ 남자와 포스터 속 댄서를 좌우 대각선에 배치한 것에서 ~~미리 계획한 구도에 변화를~~ 주었음을 알 수 있군.
　➡ ❷-6~7에 따르면 브레송은 안정된 구도의 기반이 되는 공간을 미리 계획하고, 그 구도에 움직이는 대상이 들어와 원하는 형태적 구성이 완성된 순간을 포착하였다. 이를 바탕으로 할 때, 〈보기〉의 남자와 포스터 속 댄서를 좌우 대각선에 배치한 것은 구도를 미리 계획한 것이지, 계획한 구도에 변화를 준 것으로 보기 어렵다.

① 움직이는 남자와 고요한 물에서 동과 정의 대비를 확인할 수 있군.
　⤷ ❷-5에서 브레송이 안정된 구도를 위해 동과 정의 대비를 사용하였음을 알 수 있으며, 〈보기〉의 남자와 물에서 동과 정의 대비를 확인할 수 있다.

② 남자와 그림자, 포스터와 그림자의 위치에서 상하 대비를 보이는 안정된 구도를 확인할 수 있군.
　⤷ ❷-5에서 브레송이 안정된 구도를 위해 상하 대비를 사용하였음을 알 수 있으며, 〈보기〉의 포스터와 남자의 아래로 물에 비친 그림자가 각각 배치되어 있는 것에서 상하 대비를 확인할 수 있다.

③ 건물, 지붕, 사다리, 고리의 모습에서 여러 종류의 도형이 이루는 기하학적 구도를 찾아볼 수 있군.
　⤷ ❷-4에 따르면 기하학적 구도란 여러 종류의 도형이 채워져 있는 것이다. 〈보기〉의 ⓑ에서 삼각형과 오각형, ⓒ에서 원, ⓒ 위에 위치한 사다리에서 사각형을 사용하여 기하학적 구도를 이룬 모습을 확인할 수 있다.

④ 남자와 그림자가 일정한 비율로 분할된 곳에 위치한 것에서 황금분할에 기초한 구도를 찾아볼 수 있군.
　⤷ ❷-4에 따르면 황금분할 구도란 3:2의 비율로 화면을 분할한 것이다. 〈보기〉에서 남자와 그림자가 3:2의 비율로 분할된 곳에 위치하고 있으므로, 황금분할에 기초한 구도를 활용하였다고 볼 수 있다.

---

### 문제 하이라이트　　45쪽

(1) ○　(2) 안정된 구도　(3) ○　(4) 도형　(5) ○　(6) ○　(7) ×

**선지 +**　⑥ ○　⑦ ×　⑧ ○

---

**선지 +**

⑥ ❷-3~5에 따르면 브레송은 상하 대비, 좌우 대비, 좌우 대각선 대비 등 주요 요소들을 대비하는 회화적 구도를 활용하였다. 이를 고려할 때, 〈보기〉에서 ⓒ 아래에 있는 반원 고리를 좌우로 배치한 것은 회화적 구도 중 주요 요소의 좌우 대비를 활용한 것으로 볼 수 있다.

⑦ ❷-2~3에 따르면 브레송은 작품의 안정된 구도를 위해 황금분할 구도, 기하학적 구도 등을 활용하였다. 〈보기〉에서도 이러한 구도를 확인할 수 있으므로, 〈보기〉가 불균형한 구도를 기반으로 한다고 본 것은 적절하지 않다.

⑧ ❷-7에서 브레송이 안정된 구도와 유동성을 기반으로 하여 자신이 원하는 형태적 구성을 완성한 순간을 포착하였음을 확인할 수 있다. 이를 바탕으로 할 때, 〈보기〉에서 움직이는 남자의 모습을 포착한 것이 유동성을 기반으로 한 것임을 알 수 있다.



---

## 06 하이퍼리얼리즘　　46~48쪽

**1** ①　**2** ⑤　**3** ②　**4** ③

---

❶ ¹미술관에서 오랫동안 움직이지 않고 서 있는 관광객 차림의 부부를 본다면 사람들은 다시 한 번 바라볼 것이다. ²그리고 그것이 미술 작품이라는 것을 알면 놀랄 것이다. ³이처럼 현실에 존재하는 것을 실재라고 믿을 수 있도록 재현하는 유파를 하이퍼리얼리즘이라고 한다.
　　하이퍼리얼리즘의 개념
▶ 하이퍼리얼리즘의 개념

❷ ¹관광객처럼 우리 주변에서 흔히 볼 수 있는 것을 대상으로 고르면 ㉠현실성이 높다고 하고, 그 대상을 시각적 재현에 ⓐ기대어 실재와 ('남의 힘에 의지하다.') 똑같이 표현하면 ㉡사실성이 높다고 한다. ²대상의 현실성과 표현의 사실성을 모두 추구한 하이퍼리얼리즘은 같은 리얼리즘 경향에 ⓑ드는 ('어떤 범위나 기준, 또는 일정한 기간 안에 속하거나 포함되다.') 팝아트와 비교하면 그 특성이 잘 드러난다. ³이들은 1960년대 미국에서 발달하여 현재까지 유행하고 있는 유파로, 당시 자본주의 사회의 일상의 모습을 대상으로 삼은 점에서는 공통적이다.（⁴팝아트는 대상을 함축적으로 변형했지만 하이퍼리얼리즘은 대상을 정확하게 재현하려고 하였다. ⁵그래서 팝아트는 주로 대상의 현실성을 추구하지만, 하이퍼리얼리즘은 대상의 현실성뿐만 아니라 트롱프뢰유의 흐름을 ⓒ이어 표현의 사실성도 추구한다. ⁶팝아트는 대상의 정확한 재현보 ('끊어지지 않게 계속하다.') 다는 대중과 쉽게 소통할 수 있는 인쇄 매체를 주로 활용한 반면에, 하이퍼리얼리즘은 새로운 재료나 기계적인 방식을 적극 사용하여 대상을 정확히 재현하는 방법을 추구하였다.）
（'하이퍼리얼리즘의 특성' / '하이퍼리얼리즘과 팝아트의 공통점' / '( ): 하이퍼리얼리즘과 팝아트의 차이점')
▶ 하이퍼리얼리즘과 팝아트의 공통점과 차이점

❸ ¹자본주의 일상을 사실적으로 표현한 하이퍼리얼리즘의 대표적인 작가에는 핸슨이 있다. ²그의 작품 ㉢〈쇼핑 카트를 밀고 가는 여자(1969)〉는 물질적 풍요함 속에 매몰되어 살아가는 당시 현대인을 비판적 시각에서 표현한 작품으로 해석할 수 있다. ³이 작품의 대상은 상품이 가득한 쇼핑 카트와 여자이다. ⁴그녀는 욕망의 주체이며 물질에 대한 탐욕을 상징하고 있고, 상품이 가득한 쇼핑 카트는 욕망의 객체이며 물질을 상징하고 있다. ⁵그래서 여자가 상품이 넘칠 듯이 가득한 쇼핑 카트를 밀고 있는 구도는 물질적 풍요 속에서의 과잉 소비 성향을 보여 준다.
（우리 주변에 흔히 볼 수 있는 대상을 표현하여 작품의 현실성을 높임. / 핸슨 작품의 주제）
▶ 핸슨의 작품이 보여 주는 자본주의 일상

❹ ¹이 작품의 기법을 ⓓ보면, 생활공간에 전시해도 자연스럽도록 작품을 전시 받침대 없이 제작하였다. ('대상의 내용이나 상태를 알기 위하여 살피다.') ²사람을 보고 찰흙으로 형태를 만드는 방법 대신 사람에게 직접 석고를 덧발라 형태를 뜨는 실물 주형 기법을 사용하여 사람의 형태와 크기를 똑같이 재현하였다. （■: 작품의 사실성을 높이기 위해 핸슨이 사용한 방법） ³또한 기존 입체 작품의 재료인 청동의 금속재 대신에 합성수지, 폴리에스터, 유리 섬유 등을 사용하고 에어브러시로 채색하여 사람 피부의 질감과 색채를 똑같이 재현하였다. ⁴여기에 오브제인 가발, 목걸이, 의상 등을 덧붙이고 쇼핑 카트, 식료품 등을 그대로 사용하여 사실성을 ⓔ높였다. ('품질, 수준, 능력, 가치 따위가 보통보다 위에 있다.')
▶ 핸슨이 사용한 하이퍼리얼리즘 기법

❺ ¹리얼리즘 미술의 가장 큰 목적은 현실을 포착하고 그것을 효과적으로 전달하는 것이다. ²작가가 포착한 현실을 전달하는 표현 방법은 다양하다. ³하이퍼리얼리즘과 팝아트 등의 리얼리즘 작가들은 대상들
（리얼리즘 미술의 목적）

을 그대로 재현하거나 함축적으로 변형하는 등 자신만의 방법으로 현실을 전달하여 감상자와 소통하고 있다. ▶ 리얼리즘 미술의 목적과 리얼리즘 작가들의 소통 방법

---



## 1 정보 간의 관계 파악하기

**㉠과 ㉡을 중심으로 윗글을 이해한 내용으로 적절한 것은?**

[정답인 이유]

① 팝아트와 하이퍼리얼리즘은 모두 당시 자본주의의 일상을 대상으로 삼아 ㉠을 높였다.
➔ ❷-1에 따르면 우리 주변에서 흔히 볼 수 있는 것을 작품 대상으로 고를 때 현실성이 높다고 한다. ❷-3에서 팝아트와 하이퍼리얼리즘은 당시 자본주의 사회의 일상의 모습을 대상으로 삼은 점이 공통적이라고 하였으므로, 모두 ㉠을 높였다고 볼 수 있다.

[오답 피하기]

② 팝아트는 대상을 함축적으로 변형했다는 점에서 ~~하이퍼리얼리즘과 달리 ㉡이 높다~~고 할 수 있다.
➔ ❷-1의 내용으로 볼 때, ㉡을 높이기 위해서는 작품의 대상을 실재와 똑같이 재현해야 한다. ❷-4에 따르면 팝아트는 대상을 함축적으로 변형했지만 하이퍼리얼리즘은 대상을 정확하게 재현하려고 하였다. 따라서 팝아트가 아니라 하이퍼리얼리즘이 ㉡이 높다고 할 수 있다.

③ 하이퍼리얼리즘이 팝아트와 달리 트롱프뢰유의 전통을 이은 것은 ~~㉠을 추구하기 위해서이다.~~
➔ ❷-5에서 하이퍼리얼리즘이 트롱프뢰유의 흐름을 이은 것은 ㉠이 아니라 ㉡을 추구하기 위해서임을 확인할 수 있다.

④ 팝아트와 ~~하이퍼리얼리즘이~~ 주로 인쇄 매체를 활용한 것은 ~~㉡을 추구하기 위한 것이다.~~
➔ ❷-6에 따르면 팝아트는 인쇄 매체를 주로 활용한 반면, 하이퍼리얼리즘은 새로운 재료나 기계적인 방식을 사용하였다. 또한 팝아트가 인쇄 매체를 활용한 것은 ㉡을 추구하기 위한 것이 아니라 대중과 쉽게 소통하기 위해서이다.

⑤ 팝아트와 하이퍼리얼리즘은 ~~모두 ㉠과 ㉡을 동시에 추구한다는~~ 점에서 리얼리즘 유파에 해당한다.
➔ ❷-5에 따르면 팝아트는 ㉠을 추구한 반면, 하이퍼리얼리즘은 ㉠과 ㉡을 모두 추구하였다.

## 2 세부 내용 파악하기

**㉢에 대한 설명으로 적절하지 <u>않은</u> 것은?**

[정답인 이유]

⑤ 당시 자본주의 사회에서의 ~~합리적인 소비 성향을 반영하기 위해~~ 주변에서 흔히 볼 수 있는 소비자와 상품을 제시하였다.
➔ ❸-2, 5의 내용으로 볼 때, ㉢은 당시 현대인의 물질적 풍요 속에서의 과잉 소비 성향을 비판하는 작품이다. 따라서 주변에서 흔히 볼 수 있는 소비자와 상품을 제시한 것을 '합리적인 소비 성향을 반영하기 위해서'라고 볼 수 없다.

[오답 피하기]

① 재현한 인체에 실제 사물인 오브제를 덧붙이고 받침대 없이 전시하여 실재처럼 보이게 하였다.
➔ ❹-1~2, 4에서 확인할 수 있다.

② 찰흙으로 원형을 만들지 않고 사람에게 석고를 덧발라 외형을 뜨는 기법을 사용하여 형태를 정확히 재현하였다.
➔ ❹-2에서 확인할 수 있다.

③ 현실을 효과적으로 전달하기 위해 욕망의 주체는 실물과 똑같은 크기로, 욕망의 객체는 실재 그대로 제시하였다.
➔ ❸-4에 따르면 ㉢의 '그녀(사람)'는 물질에 대한 탐욕을 상징하는 욕망의 주체이며, 상품이 가득한 쇼핑 카트는 물질을 상징하는 욕망의 객체이다. ❹-2에서 욕망의 주체인 '그녀'의 형태, 크기를 사람과 똑같이 재현하였음을, ❹-4에서 욕망의 객체인 쇼핑 카트를 그대로 사용하여 사실성을 높였음을 확인할 수 있다.

④ 인체의 피부 질감을 재현할 수 있었던 것은 합성수지, 폴리에스터, 유리 섬유 따위의 신재료를 사용했기 때문이다.
➔ ❹-3에서 확인할 수 있다.

## 3 단어의 의미 파악하기

**문맥상 ⓐ~ⓔ와 가장 가까운 의미로 쓰인 것은?**

[정답인 이유]

② ⓑ: 그때는 언니도 노래를 잘 부르는 축에 들었다.
➔ ⓑ의 '들다'는 '어떤 범위나 기준, 또는 일정한 기간 안에 속하거나 포함되다.'의 뜻이다. ②의 '들다'는 '언니'가 '노래를 잘 부르는 축'이라는 특정 기준 안에 포함된다는 뜻이므로, ⓑ의 '들다'와 같은 의미로 사용되었다.

[오답 피하기]

① ⓐ: 누나가 그린 그림을 벽면 한쪽에 기대어 놓았다.
➔ ⓐ의 '기대다'는 '남의 힘에 의지하다.'의 뜻이다. ①의 '기대다'는 '몸이나 물건을 무엇에 의지하면서 비스듬히 대다.'라는 뜻으로, ⓐ의 의미와 거리가 멀다.

③ ⓒ: 1학년이 출발한 데 이어 2학년도 바로 출발했다.
➔ ⓒ의 '잇다'는 '끊어지지 않게 계속하다.'의 뜻이다. ③의 '잇다'는 '뒤를 잇따르다.'라는 뜻으로, ⓒ의 의미와 거리가 멀다.

④ ⓓ: 사무실에는 회계를 보는 직원만 혼자 들어갔다.
➔ ⓓ의 '보다'는 '대상의 내용이나 상태를 알기 위하여 살피다.'의 뜻이다. ④의 '보다'는 '어떤 일을 맡아 하다.'라는 뜻으로, ⓓ의 의미와 거리가 멀다.

⑤ ⓔ: 그는 이번 조치에 대해 비판의 목소리를 높였다.
➔ ⓔ의 '높이다'는 '품질, 수준, 능력, 가치 따위가 보통보다 위에 있다.'의 뜻을 지닌 '높다'가 사동으로 쓰인 것이다. ⑤의 '높였다'는 '어떤 의견이 다른 의견보다 많고 우세하다.'라는 뜻을 지닌 '높다'가 사동으로 쓰인 것으로, ⓔ의 의미와 거리가 멀다.

윗글의 '핸슨'의 작품과 〈보기〉의 작품을 바탕으로 할 때, 작가들이 자신의 입장에서 상대를 비평하는 말로 가장 적절한 것은?

▲ 쿠넬리스, 〈무제〉　　　▲ 코수스, 〈하나, 그리고 세 개의 의자〉

쿠넬리스는 주변에서 흔히 볼 수 있는 살아 있는 말 12마리를 화랑 벽에 매어 놓고, 감상자가 화랑이라는 환경 안에 놓인 실제 말들의 존재와 말들의 온기와 냄새, 그리고 소리를 체험해서 다양하게 작품의 의미를 만들도록 하였다.

코수스는 '의자의 사진', '실제 의자', '의자의 언어적인 개념' 세 가지 모두를 한 공간에 배치하여, 대상을 나타내는 여러 가지 방식이 존재할 수 있음을 보여 주었다.

### 정답인 이유

③ 쿠넬리스가 핸슨에게: 미술에서 재현의 가장 효과적인 방법은 실물 주형의 기법보다 대상을 그대로 제시하는 것이어야 한다.

➲ 이 글의 핸슨은 실물 주형 기법을 사용하여 대상을 똑같이 재현하는 기법을 사용하였고(❹-2), 〈보기〉의 쿠넬리스는 실제 살아 있는 말을 그대로 작품으로 제시하여 감상자가 대상을 직접 보고 느낄 수 있게 하였다. 따라서 쿠넬리스는 핸슨에게 실물 주형의 기법보다 대상을 그대로 제시하는 것이 더 효과적인 재현 방법이라고 비평할 수 있다.

### 오답 피하기

① 핸슨이 쿠넬리스에게: 미술은 시각적인 체험뿐만 아니라 청각, 후각 등 다양한 체험이 감상의 기준이 되어야 한다.

➲ ❹에 따르면 핸슨은 실물 주형 기법을 사용하여 사람의 형태와 크기를 똑같이 만들어 내는 등 시각적인 면에서 대상을 실재와 같이 재현하려 하였다. 한편 〈보기〉의 쿠넬리스는 〈무제〉라는 작품에서 온기, 냄새, 소리를 통해 다양한 감각 체험이 가능하도록 실제 대상을 그대로 제시하였으므로. 핸슨이 아니라 쿠넬리스가 미술 작품에서의 다양한 체험을 강조할 것이다.

② 핸슨이 코수스에게: 미술에서 대상은 일상적이고 평범한 것이 아니라 역사적으로나 정치적으로 가치 있어야 한다.

➲ ❸에서 핸슨이 우리 주변에서 흔히 볼 수 있는 일상적 대상을 작품 소재로 활용하여 작품의 현실성을 높였음을 확인할 수 있다. 또한 핸슨이 미술에서의 대상이 역사적·정치적으로 가치 있어야 한다고 보았다는 내용은 이 글에서 확인할 수 없다.

④ 쿠넬리스가 코수스에게: 미술에서 작품의 의미는 감상자가 실제 대상을 대면해서 만들어지는 것이 아니라 작가에 의해서 만들어지는 것이어야 한다.

➲ 〈보기〉에서 쿠넬리스는 〈무제〉라는 작품을 통해 감상자가 실제 대상을 대면하고 체험함으로써 작품의 의미를 다양하게 만들도록 하였으며, 코수스는 〈하나, 그리고 세 개의 의자〉라는 작품에서 작가의 생각, 의도를 담아 '의자의 사진', '실제 의자', '의자의 언어적인 개념'을 한 공간에 배치하였다. 즉, 작가에 의해서 작품의 의미가 만들어진다는 생각은 쿠넬리스가 아니라 코수스의 생각에 가깝다.

⑤ 코수스가 쿠넬리스에게: 미술에서 대상을 재현할 때는 대상의 이미지보다 그 대상 자체만을 제시해야 한다.

➲ 〈보기〉에 따르면 코수스는 〈하나, 그리고 세 개의 의자〉라는 작품에서 실제 의자뿐만 아니라 의자의 사진과 의자의 언어적인 개념도 함께 제시하였다. 즉, 코수스는 미술에서 대상을 재현할 때 대상 자체만을 제시해야 한다고 보지 않았다.

---

### 문제 하이라이트　　　　　　　　49쪽

(1) × (2) ○ (3) × (4) × (5) ×

**선지 +**　⑥ ○　⑦ ×　⑧ ×

### 선지 +

⑥ ⓒ의 '잇다'는 '끊어지지 않게 계속하다.'의 뜻이다. ⑥에서 '잇다'는 '그'가 하던 말을 '끊어지지 않게 계속하다.'의 뜻으로 쓰였으므로, ⓒ와 같은 의미로 사용되었다.

⑦ ⓓ의 '보다'는 '대상의 내용이나 상태를 알기 위하여 살피다.'의 뜻이다. ⑦에서 '보다'는 '일정한 목적 아래 만나다.'의 뜻으로 쓰였으므로, ⓓ의 의미와 거리가 멀다.

⑧ ⓔ의 '높이다'는 '품질, 수준, 능력, 가치 따위가 보통보다 위에 있다.'의 뜻을 지닌 '높다'가 사동으로 쓰인 것이다. ⑧에서 '높이다'는 '지위나 신분 따위를 더 위에 있게 하다.'의 뜻을 지닌 '높다'가 사동으로 쓰인 것으로, ⓔ의 의미와 거리가 멀다.

---

### 필수 어휘 ZIP　　　　　　　　50쪽

**1** (1) 동력 (2) 지평 (3) 유동성　**2** (1) ⓒ (2) ⓒ (3) ⓒ　**3** ①　**4** (1) 수용하는 (2) 매몰된 (3) 배타적　**5** (1) 실재 (2) 착각 (3) 식견 (4) 관념
**6** (1) ○ (2) × (3) ○ (4) ×

## 01 금융 상품과 고객 투자 성향    52~54쪽

**1** ⑤   **2** ①   **3** ④

❶ [1]금융 상품에는 주식, 예금, 채권 등 다양한 유형의 투자 상품이 있다. [2]그중 주식은 예금에 비해 큰 수익을 얻을 수 있지만 손실의 가능성이 크고, 예금은 상대적으로 적은 수익을 얻지만 손실의 가능성이 적다. [3]그렇기 때문에 사람들은 자신의 투자 성향에 따라 각기 다른 금융 상품을 선호한다. [4]금융 회사는 이러한 고객의 성향을 고려하여 고객에게 최적의 투자 상품을 추천한다. [5]그렇다면 금융 회사가 고객들의 투자 성향을 판단하는 기준은 무엇일까?

❷ [1]금융 회사는 투자의 기대 효용에 대한 고객들의 태도 차이를 기준으로 고객들을 위험 추구형, 위험 회피형 등으로 분류한다. [2]투자의 기대 효용이란 투자를 통해 얻을 수 있는 수익의 기댓값으로, 투자 수익에 그것이 발생할 확률을 곱한 값과 투자 손실에 그것이 발생할 확률을 곱한 값의 총합을 의미한다. [3]예를 들어, 어떤 금융 상품 ㉮에 500원의 비용을 들여 투자할 때, 40%의 확률로 2,000원의 수익을 얻을 수 있고, 60%의 확률로 투자한 500원을 모두 잃는다고 가정해 보자. [4]그렇다면 이 상품의 기대 효용은 투자 수익인 2,000원에 40%를 곱한 값($2{,}000 \times 0.4 = 800$)과 투자 손실인 $-500$원에 60%를 곱한 값($-500 \times 0.6 = -300$)의 총합인 500원이 된다.

❸ [1]고객들의 투자 유형은 투자를 통해 얻을 수 있는 기대 효용과 투자를 하지 않고 화폐를 보유할 때의 효용 중에서 어느 것을 선택하느냐에 따라 나눌 수 있다. [2]투자보다 화폐 보유를 선호하면 위험 회피형이고 투자를 통한 기대 효용을 선호하면 위험 추구형이다. [3]즉, 투자한 500원을 모두 잃을 수 있음에도 금융 상품 ㉮에 투자하려는 사람은 위험 추구형이고, 손실을 우려하여 500원을 투자하지 않고 화폐로 보유하려는 사람은 위험 회피형이다.

❹ [1]이처럼 기대 효용이 같더라도 소비자들이 보이는 태도에는 차이가 있는데, 이를 한계 효용의 개념으로 설명할 수 있다. [2]제시된 그래프는 어떤 사람이 느끼는 화폐에 대한 효용을 나타낸 것이다. [3]그래프를 보면 투자에 성공해서 화폐가 a에서 a+1로 1단위 증가할 경우 한계 효용은 15와 18의 차인 3이 된다. [4]반대로 투자에 실패하여 화폐가 a에서 a−1로 1 단위 감소할 경우 한계 효용은 15와 10의 차인 5가 된다. [5]이 사람은 투자에서 성공했을 때 오는 만족(3)보다 투자에서 실패했을 때 오는 불만족(5)을 더 크게 인식

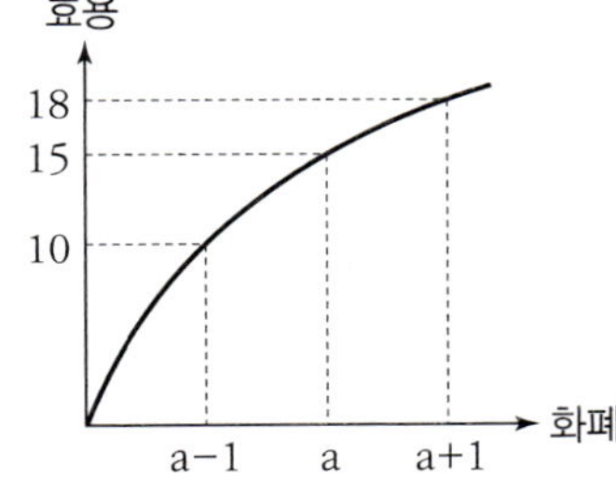


하므로 투자를 하지 않는 위험 회피형의 성향을 보일 것이다. [6]만일 ㉠투자 실패로 인한 불만족보다 투자 성공으로 인한 만족을 더 크게 여기는 경우에는 위험 추구형 성향을 보이게 될 것이다.

❺ [1]금융 회사는 이러한 고객들의 투자 성향을 분류하여 위험 회피형인 고객에게는 예금과 같이 안전성이 높은 상품을 추천하고, 위험 추구형인 고객에게는 손실의 위험이 있더라도 큰 수익을 얻을 수 있는 투자 상품을 추천하게 된다. [2]이와 같은 방식으로 금융 상품을 추천했을 때, 금융 회사는 더 많은 고객들과 더 많은 투자 자금을 유치할 수 있게 된다.

---

### 1 세부 내용 파악하기

윗글에서 언급된 정보가 **아닌** 것은?

**정답인 이유**

⑤ 투자 상품의 다양화 방안

➡ 이 글에 투자 상품의 다양화 방안은 나타나지 않는다.

**오답 피하기**

① 투자 상품의 유형

➡ ❶-1에서 확인할 수 있다.

② 기대 효용의 계산 방법

➡ ❷-2에서 확인할 수 있다.

③ 투자 성향의 판단 기준

➡ ❷-1에서 확인할 수 있다.

④ 투자 성향의 분류 효과

➡ ❺에서 금융 회사는 고객들의 투자 성향 분류를 통해 고객 성향에 부합하는 상품을 추천하여 더 많은 고객과 투자 자금을 유치할 수 있다는 효과를 언급하고 있다.

---

### 2 추론의 적절성 판단하기

㉠과 같은 투자 성향을 가진 사람의 화폐에 대한 효용 그래프로 적절한 것은?

**정답인 이유**

①


➡ ❹-6에 따르면 ㉠은 위험 추구형 성향에 해당한다. 이는 화폐가 a에서 a−1로 감소할 때의 한계 효용보다 a에서 a+1로 증가할 때의 한계 효용이 더 큰 경우이다. ①의 그래프에서 화폐가 a에서 a−1로 감소할 때의 한계 효용은 3이고, a에서 a+1로 증가할 때의 한계 효용은

10이다. 투자 실패에 따른 불만족(3)보다 투자 성공에 따른 만족(10)이 더 크므로, ①은 위험 추구형 성향을 나타내는 그래프로 볼 수 있다.



② 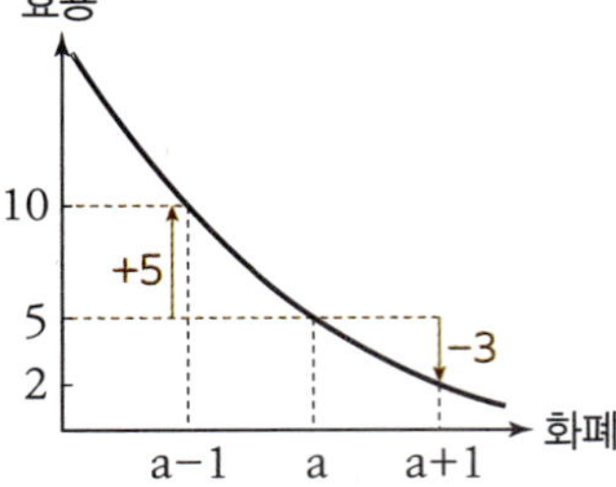



➜ 위험 추구형 성향을 가진 사람의 화폐에 대한 효용 그래프에서는 화폐가 증가할 때의 만족이 화폐가 감소할 때의 불만족보다 크게 나타난다. 이 그래프에서는 화폐가 a에서 a−1로 감소할 때 효용이 5에서 10으로 증가하고, a에서 a+1로 증가할 때 효용은 5에서 2로 감소한다. 즉, 화폐가 증가할 때 오히려 만족도가 줄어드는 양상을 보이므로 위험 추구형 성향을 나타내는 그래프로 적절하지 않다.

③ 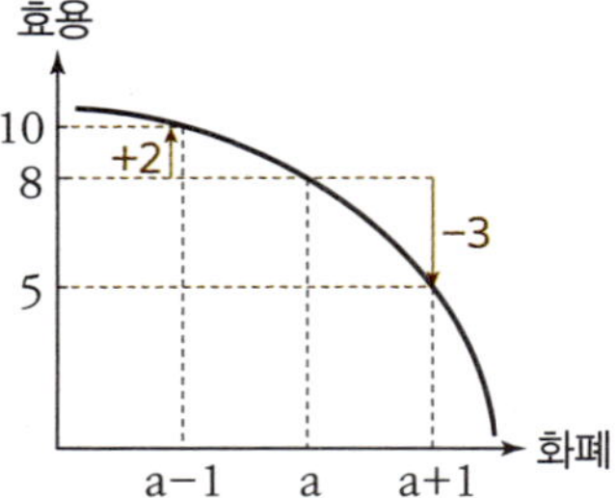



➜ 화폐가 a에서 a−1로 감소할 때 효용이 8에서 10으로 증가하고, a에서 a+1로 증가할 때 효용은 8에서 5로 감소한다. 화폐가 증가할 때 오히려 만족도가 줄어드는 양상을 보이므로, 위험 추구형 성향을 나타내는 그래프로 적절하지 않다.

④ 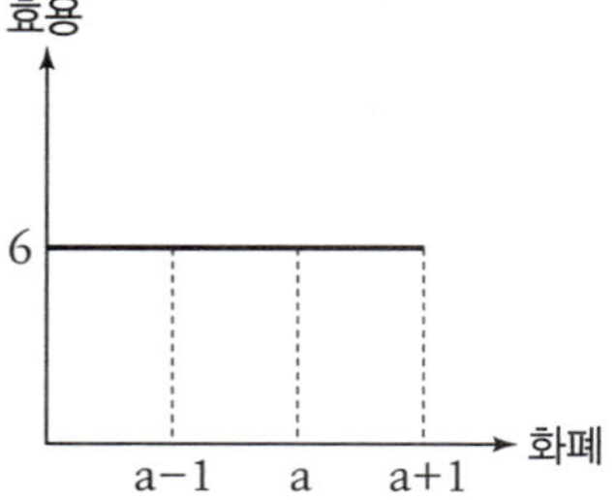



➜ 화폐가 a에서 a−1로 감소할 때와 a에서 a+1로 증가할 때의 한계 효용이 0으로 동일하다. 즉, 만족도에 변화가 없다. 따라서 위험 추구형 성향을 나타내는 그래프로 적절하지 않다.

⑤ 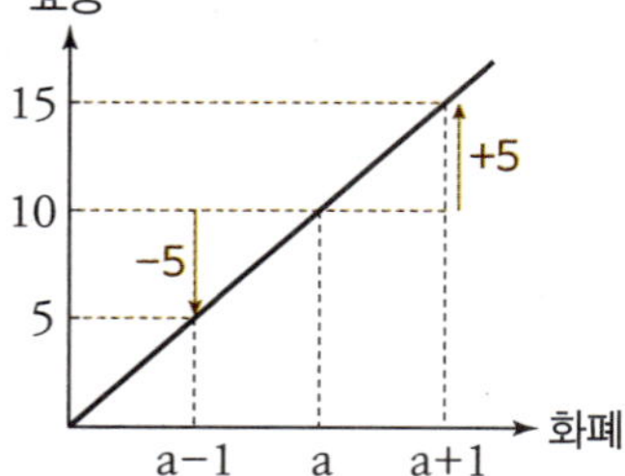



➜ 화폐가 a에서 a−1로 감소할 때 효용이 10에서 5로 감소하며, a에서 a+1로 증가할 때 효용은 10에서 15로 증가한다. 즉, 투자 성공에 따른 만족(5)과 투자 실패에 따른 불만족(5)이 동일하므로, 위험 추구형 성향을 나타내는 그래프로 적절하지 않다.

## 3 구체적 사례나 상황에 적용하기

윗글을 바탕으로 할 때 〈보기〉의 '갑', '을', '병'에 대한 설명으로 적절하지 **않은** 것은?

― 보기 ―

귀하는 50만 원의 현금을 보유하거나 다음의 두 상품 중 하나에 투자를 해야 한다면, 어느 경우를 더 선호하십니까?

(단위: 만 원)

| | 투자 비용 | 투자 수익 | 수익을 얻을 확률 | 기대 효용 |
|---|---|---|---|---|
| A상품 | 50 | 450 | 20% | 50 |
| B상품 | 50 | 200 | 40% | 50 |

'수익을 얻을 확률'로 볼 때, A, B상품의 투자 실패 확률은 각각 80%, 60%임.

| | A상품 | B상품 | 현금 보유 |
|---|---|---|---|
| 갑 | | ✓ | |
| 을 | ✓ | | |
| 병 | | | ✓ |

투자를 통한 기대 효용을 선호하는 '갑'과 '을'은 위험 추구형 성향이고, 현금 보유를 선호하는 '병'은 위험 회피형 성향임(❸-2).



④ '병'은 '갑'과 달리 A상품이 B상품보다 투자 실패 확률이 더 크다고 보겠군.

➜ A상품은 수익을 얻을 확률이 20%이므로 투자 실패 확률은 80%이고, B상품은 수익을 얻을 확률이 40%이므로 투자 실패 확률은 60%이다. 즉, A상품이 B상품보다 투자 실패 확률이 높다. 이는 객관적인 지표이므로, '병'과 '갑'이 이를 다르게 보았다는 설명은 적절하지 않다.



① '갑'은 '병'에 비해 손실 위험이 있더라도 수익을 얻을 수 있는 투자 상품을 선호하겠군.

➜ '갑' 손실 위험이 있는 B상품에 투자하는 것을, '병'은 투자하지 않고 현금을 보유하는 것을 선호한다. 이로 볼 때, '갑'은 위험 추구형 투자자, '병'은 위험 회피형 투자자이므로, '갑'은 '병'보다 손실 위험이 있더라도 수익을 얻을 수 있는 투자 상품을 선호한다고 할 수 있다.

② '갑'과 '을'은 화폐를 보유하기보다 투자를 통해 얻는 기대 효용을 선택하였군.

➜ '갑'은 B상품에, '을'은 A상품에 투자하는 것을 선호하므로 모두 투자를 통해 수익을 얻는 기대 효용을 선택하였다고 볼 수 있다.

③ '을'은 '갑'에 비해 투자할 때 위험을 더 추구하는 성향을 보이는군.

➜ '을'은 수익을 얻을 확률이 20%로 낮지만 450만 원의 큰 수익을 얻는 A상품에 투자하는 것을, '갑'은 수익을 얻을 확률이 40%로 비교적 높지만 200만 원의 수익을 얻는 B상품에 투자하는 것을 선호한다. '갑'과 '을'이 모두 위험 추구형 투자자임을 고려할 때, '을'이 '갑'보다 투자 위험을 더 추구하는 성향이라 볼 수 있다.

⑤ '병'은 '을'에 비해 투자 성공의 만족보다 투자 실패의 불만족을 더 크게 인식하겠군.

➜ ❹-5에서 투자 성공의 만족보다 투자 실패의 불만족을 더 크게 인식하는 사람은 위험 회피형 성향을 보임을 알 수 있다. 〈보기〉에서

'병'이 현금 보유를 선호하는 것으로 볼 때 그가 위험 회피형 성향임을 알 수 있으므로, A상품에 투자하는 것을 선호하는 '을'에 비해 투자 성공의 만족보다 투자 실패의 불만족을 더 크게 인식한다고 볼 수 있다.

---

**문제 하이라이트**                                55쪽

(1) ○  (2) ○  (3) 기대 효용  (4) ○  (5) 투자 자금  (6) ○  (7) ×

- - - - - - - - - - - - - - - - - - - - - - - - - - - - - -

선지➕  ⑥ ○  ⑦ ×  ⑧ ×

---

선지➕

⑥ ❶-2에서 수익과 손실의 가능성과 관련하여 금융 상품인 주식과 예금의 특징을 언급하고 있다.

⑦ 이 글에서는 한계 효용의 개념으로 소비자의 태도를 설명했을 뿐, 한계 효용의 문제점은 제시하지 않았다.

⑧ 이 글은 금융 회사가 고객들의 투자 성향을 판단하는 기준에 대해 설명하고 있을 뿐, 금융 회사의 투자 상품 유치 방법은 글에서 확인할 수 없다.

---

## 02 집합 의례                                56~58쪽

1 ③     2 ④     3 ①     4 ①     5 ②

---

❶ ¹사람들은 함께 모여 '집합 의례'를 행한다. ²㉠뒤르켐은 오스트레일리아 부족들의 집합 의례를 **공동체 결속의 관점**에서 탐구한다. ³부
뒤르켐의 이론을 설명하기 위한 사례 ①
족 사람들은 문제 상황이 발생할 경우 생계 활동을 멈추고 자신들이
집합 의례의 과정
공유하는 성(聖)과 속(俗)의 분류 체계를 활용하여 이 상황이 성스러운 것인지 아니면 속된 것인지를 판별하는 집합 의례를 행한다. ⁴이 과정에서 그들은 자신들이 공유하는 성스러움이 무엇인지 새삼 깨닫고 그것을 중심으로 약해진 기존의 도덕 공동체를 재생한다. ⁵집합 의례
집합 의례의 기능
가 끝나면 부족 사람들은 가슴속에 성스러움을 품고 일상의 속된 세계로 되돌아간다. ⁶이로써 단순히 먹고사는 문제에 불과했던 생계 활동
뒤르켐이 본 집합 의례의 결과
이 성스러움과 연결된 도덕적 의미를 지니게 된다.
                          ▶ 집합 의례에 대한 뒤르켐의 이론 ①
❷ ¹뒤르켐은 현대 사회의 집합 의례가 기존 도덕 공동체의 재생으로
끝나지 않고 새로운 도덕 공동체를 창출할 것이라고 본다. ²예를 들어,
현대 사회의 집합 의례에 대한 뒤르켐의 견해 ①
프랑스 혁명은 자유, 평등, 우애와 같은 새로운 성스러움을 창출하고
뒤르켐의 이론을 설명하기 위한 사례 ②
이를 중심으로 새로운 도덕 공동체를 구성한 집합 의례다. ³뒤르켐은
새로 창출된 성스러움이 자기 이해관계를 추구하며 속된 세계에서 살아가는 개인들에게 서로 결속할 수 있는 도덕적 의미를 제공할 것이라
현대 사회의 집합 의례에 대한 뒤르켐의 견해 ②
여긴다.                       ▶ 집합 의례에 대한 뒤르켐의 이론 ②

❸ ¹㉡파슨스와 스멜서는 이러한 이론적 통찰을 **기능주의 이론**으로
뒤르켐의 이론
구체화한다. ²그들은 성스러움을 가치라는 말로 바꿔 표현한다.(³현대
( ): 가치가 일반화되는 과정
사회에서는 가치가 평상시 사회적 삶 아래에 잠재되어 있다가, 그 도덕적 의미가 뿌리부터 뒤흔들리는 위기 시기에 위로 올라와 전국적으로 일반화된다.)⁴속된 일상에서 사람들은 가치를 추구하기보다는 자기 이해관계를 구체화한 목표와 이의 실현을 안내하는 규범에 따라 살
└ '속'에 해당하는 요소 ┐
아간다. ⁵하지만 위기 시기에는 사람들의 관심이 자신들의 특수한 이해관계에서 보편적인 가치로 상승한다. ⁶사람들은 가치에 기대어 위
'성'에 해당하는 요소
기가 주는 심리적 긴장과 압박을 해소하는 집합 의례를 행한다. ⁷그 결
집합 의례의 기능
과 사회의 통합이 회복된다. ⁸파슨스와 스멜서는 이것이 마치 유기체
파슨스와 스멜서가 본 집합 의례의 결과
가 환경의 압박으로 인해 흐트러진 항상성의 기능을 생리 작용을 통해
집합 의례 과정을 항상성 회복 과정에 비유함.
회복하는 과정과 유사하다고 본다.   ▶ 집합 의례에 대한 파슨스와 스멜서의 이론

❹ ¹㉢알렉산더는 파슨스와 스멜서의 이론을 받아들이면서도 그들이 사용한 생물학적 은유가 복잡한 현대 사회의 집합 의례를 탐구하는 데
파슨스와 스멜서의 이론에 대한 알렉산더의 입장
는 한계가 있다고 보고, 그 대안으로 '**사회적 공연론**'을 제시한다. ²그는 가치를 전 사회로 일반화하는 집합 의례가 현대 사회에서는 유기체의 생리 작용처럼 자연적으로 진행되는 것이 아니라, 그 결과가 정해지지 않은 과정이라고 본다. ³현대 사회는 사회적 공연의 요소들이 분
알렉산더가 본 집합 의례 과정의 특징
화되어 있을 뿐만 아니라 각 요소가 자율성을 지니고 있다. ⁴따라서 이
현대 사회의 특징
요소들을 융합하는 사회적 공연은 우발성이 극대화된 문화적 실천을
사회적 공연이 요구하는 조건
요구한다. ⁵알렉산더가 기능주의 이론과 달리 공연의 요소들이 어떤
알렉산더의 주장
조건 아래에서 어떤 과정을 거쳐 융합이 이루어지는지 경험적으로 세밀하게 탐구해야 한다고 강조하는 이유가 여기에 있다.
                          ▶ 집합 의례에 대한 알렉산더의 이론
❺ ¹현대 사회의 사회적 공연의 요소로는(성과 속의 분류 체계를 다
( ): 현대 사회의 사회적 공연의 요소
양하게 구체화한 대본, 다양한 대본을 자신만의 방식으로 실행하는 배우, 계급·출신 지역·나이·성별 등 내부적으로 분화된 관객, 시·공간적으로 다양한 동선을 짜서 공연을 무대 위에 올리는 미장센, 시·공간의 한계를 넘어 공연을 광범위한 관객에게 전파하는 상징적 생산 수단, 공연을 생산하고 배포하고 해석하는 과정을 총체적으로 통제하지 못할 정도로 고도로 분화된 사회적 권력)등이 있다. ²그러나 요소의 분화와 자율성이 없는 전체주의 사회에서는 국가 권력에 의한 대중 동원만 있을 뿐 사회적 공연이 일어나기 어렵다.   ▶ 현대 사회의 사회적 공연의 요소들

---

### 1  전개 방식 파악하기

윗글의 논지 전개 방식에 대한 설명으로 가장 적절한 것은?

정답인 이유

③ 중심 화제에 대한 이론이 후속 연구에 의해 보완되는 과정을 고찰하고 있다.

➥ 이 글은 ❶~❷에서 집합 의례에 대한 뒤르켐의 이론을 소개한 뒤, ❸에서 '이러한 이론적 통찰(뒤르켐의 이론)'을 기능주의 이론으로 구체화한 파슨스와 스멜서의 이론을 제시하고 있다. 그런 뒤 ❹~❺에서 파슨스와 스멜서의 이론의 한계를 밝히고 그 대안으로

'사회적 공연론'을 제시한 알렉산더의 이론을 설명하고 있으므로, 중심 화제인 '집합 의례'에 대한 이론이 후속 연구에 의해 보완되는 과정을 고찰하고 있다는 설명은 적절하다.

오답 피하기

① 중심 화제에 대해 주요 학자들이 합의한 결과를 제시하고 있다.
➡ 이 글에 집합 의례에 대해 주요 학자들이 합의한 결과는 나타나지 않는다.
② 중심 화제에 대해 상반된 견해를 제시한 후 두 견해를 절충하고 있다.
➡ ❹-1~2에 파슨스와 스멜서의 이론과 상반된 알렉산더의 견해가 제시되어 있으나, 글에서 두 견해를 절충하고 있지는 않다.
④ 중심 화제에 대한 다양한 사례들을 제시한 후 이를 유형별로 분류하고 있다.
➡ ❶과 ❷-2에 뒤르켐의 이론을 설명하기 위한 사례로 오스트레일리아 부족들의 집합 의례와 프랑스 혁명이 제시되어 있기는 하나, 이를 유형별로 분류한 것은 아니다.
⑤ 중심 화제의 역사적 기원에 대한 다양한 가설들의 의의와 한계를 평가하고 있다.
➡ 이 글에 집합 의례의 역사적 기원에 대한 다양한 가설은 나타나지 않는다.


## 2 세부 내용 파악하기

'집합 의례'에 대해 ㉠이 할 수 있는 말로 적절하지 **않은** 것은?

정답인 이유

④ 공동체 성원들은 집합 의례를 거쳐 구체적인 이해관계를 중심으로 묶인다.
➡ ❷-3에 따르면 뒤르켐은 속된 세계에서 자기 이해관계를 추구하며 살아가는 개인들이 집합 의례를 통해 서로 결속할 수 있는 도덕적 의미를 제공받을 것이라고 보았다. 공동체 성원들이 구체적 이해관계를 중심으로 묶인다는 진술은 적절하지 않다.

오답 피하기

① 부족 사회는 집합 의례를 행하여 기존의 도덕 공동체를 되살린다.
➡ ❶-3~4에서 집합 의례의 과정을 통해 약해진 기존의 도덕 공동체를 재생함을 확인할 수 있다.
② 집합 의례를 통해 사람들은 생계 활동의 성스러운 의미를 얻는다.
➡ ❶-5~6에서 집합 의례를 통해 사람들의 생계 활동이 성스러움과 연결된 도덕적 의미를 지님을 확인할 수 있다.
③ 현대 사회에서는 집합 의례를 통해 새로운 도덕 공동체가 형성된다.
➡ ❷-1에 따르면 뒤르켐은 현대 사회의 집합 의례가 기존 도덕 공동체의 재생을 넘어 새로운 도덕 공동체를 창출할 것이라고 보았다.
⑤ 집합 의례의 과정에서 공동체 성원들은 문제 상황을 성 또는 속의 문제로 규정한다.
➡ ❶-3에서 문제 상황이 발생할 경우 성과 속의 분류 체계를 활용하여 그 상황을 판별하는 집합 의례가 행해짐을 확인할 수 있다.


## 3 세부 내용 파악하기

위기 시기에 일어나는 상황을 이해한 것으로 가장 적절한 것은?

정답인 이유

① 사람들이 관심을 속에서 성으로 옮긴다.
➡ ❸-4~5에서 위기 시기에 사람들의 관심이 자신들의 특수한 이해관계에서 보편적인 가치로 상승한다는 사실을 알 수 있다. 이때 자신들의 특수한 이해관계를 '속', 보편적인 가치를 '성'으로 볼 수 있으므로, ①의 이해는 적절하다.

오답 피하기

② 사람들이 목표와 규범 차원에서 행동한다.
➡ ❸-4에 따르면 사람들이 자기 이해관계를 구체화한 목표와 이의 실현을 안내하는 규범에 따라 살아가는 것은 위기 시기가 아니라, 속된 일상 속의 모습이다.
③ 사람들이 생계 활동을 위한 최적의 수단을 찾는다.
➡ ❸-4의 내용으로 볼 때, 생계 활동을 위해 최적의 수단을 찾는 것은 가치 추구보다는 자신의 이해관계를 구체화한 목표에 해당한다. 따라서 이는 속된 일상에서의 사람들의 태도로 볼 수 있다.
④ 사람들이 항상성을 유지하기 위해 위기 상황을 외면한다.
➡ ❸-8에서 집합 의례의 과정이 항상성의 기능을 회복하는 과정과 유사하다고 하였다. 따라서 사람들은 위기 시기에 항상성 유지를 위해 그 상황을 외면하는 것이 아니라, 항상성을 회복하기 위해 집합 의례를 행한다고 보아야 한다.
⑤ 사람들이 평상시 추구하던 삶의 도덕적 의미를 상실한다.
➡ ❸-2에 따르면 파슨스와 스멜서는 뒤르켐이 말한 '성스러움'을 '가치'라는 말로 바꾸어 표현하였다. ❸-6에서 위기 시기에 사람들은 가치에 기대어 위기를 극복하기 위한 집합 의례를 행한다고 하였으므로, 도덕적 의미를 상실한 것이라고 할 수 없다.


## 4 정보 간의 관계 파악하기

윗글의 ㉡과 ㉢에 대한 설명으로 가장 적절한 것은?

정답인 이유

① ㉡과 달리 ㉢은 현대 사회의 집합 의례는 그 결과가 미리 결정되어 있지 않다고 본다.
➡ ❸-8에 따르면 ㉡(파슨스와 스멜서)은 집합 의례의 과정을 유기체가 항상성의 기능을 생리 작용을 통해 회복하는 과정과 유사하다고 보았다. 이는 항상성의 기능 회복과 같이 현대 사회의 집합 의례의 결과가 미리 정해져 있다고 본 것이라 할 수 있다. 반면, ❹-2에서 ㉢(알렉산더)은 집합 의례를 결과가 정해지지 않은 과정이라고 보았으므로, ①의 설명은 적절하다.

② ㉡과 달리 ㉢은 집합 의례가 가치의 일반화를 통해 도덕 공동체를 구성할 것이라 본다.

➡ ㉡은 위기 시기에 가치의 도덕적 의미가 전국적으로 일반화되는 집합 의례의 과정을 통해 사회 통합이 회복된다고 보았으며(❸-3, 7), ㉢은 집합 의례를 통해 가치를 전 사회로 일반화할 수 있다고 보았다(❹-2). 이때 ㉡은 집합 의례를 통해 새로운 공동체를 구성할 것이라 보는 뒤르켐의 이론(❷-1)을 바탕으로 하며 ㉢은 ㉡의 이론을 일부 수용한다고 하였으므로(❹-1), ㉡과 ㉢은 모두 집합 의례가 가치의 일반화를 통해 도덕 공동체를 구성할 것이라 보았음을 알 수 있다.

③ ㉡과 달리 ㉢은 집합 의례가 발생하는 과정을 경험적으로 탐구할 필요성이 있다고 본다.

➡ ❹-5의 내용으로 볼 때, 집합 의례의 과정을 경험적으로 세밀하게 탐구해야 한다고 강조한 것은 ㉡이 아닌 ㉢이다.

④ ㉡과 ㉢은 모두 문화적 실천으로서의 집합 의례를 유기체의 생리 과정과 유사하다고 본다.

➡ ❸-8에 따르면 ㉡은 집합 의례를 유기체의 생리 과정과 유사하다고 보았다. 반면, ❹-2에 따르면 ㉢은 집합 의례가 현대 사회에서는 유기체의 생리 작용처럼 자연적으로 진행되는 것이 아니라고 하였다.

⑤ ㉡과 ㉢은 모두 현대 사회에서는 성과 속의 분류 체계 없어 집합 의례가 일어난다고 본다.

➡ ❸-3~5에서 ㉡은 '자기 이해관계를 구체화한 목표', '보편적인 가치'와 같이 속과 성을 분류하고 있으며, ❺-1에서 ㉢은 사회적 공연의 요소 중 하나로 '성과 속의 분류 체계를 다양하게 구체화한 대본'을 언급하고 있다. 따라서 ㉡과 ㉢은 모두 현대 사회에서 성과 속의 분류 체계가 있다고 보았음을 알 수 있다.

---

5 구체적 사례나 상황에 적용하기

**윗글에서 설명한 '사회적 공연론'으로 〈보기〉를 이해한 내용으로 적절하지 않은 것은?**

> ─ 보기 ─
>
> [1]수려한 경관으로 유명한 A시에 소각장이 들어설 예정이다. [2]A시의 시장은 정부의 보조금을 활용하여 낙후된 지역 경제를 발전시키기 위해 소각장을 유치하였다고 밝혔다. [3]A시 시민들은 반대파와 <u>배우</u> 찬성파로 갈려 집회를 이어 갔다.([4]반대파는 지역 경제 발전에는 찬 (  ): 소각장 유치에 대해 반대파와 찬성파의 합의가 이루어지지 않음. 성하지만 소각장이 환경을 오염시킨다며 철회할 것을 요구했고, 찬성파는 반대파가 지역 이기주의에 빠져 있다고 비판했다. [5]집회에 참여하지 않았던 사람들도 의견이 갈려 토박이와 노인은 반대 운동 <u>관객</u> 에, 이주민과 젊은이는 찬성 운동에 적극 참여하였다.)[6]중앙 언론은 배우로 나섬. 상징적 생산 수단 이 사건이 지역 내 현상이라며 아예 보도하지 않았다. [7]반대파는 반대 운동을 전국적으로 알리기 위해 서울에 가서 집회를 하려 했지 <u>사회적 권력</u> 만 경찰이 허가를 내 주지 않았다.

➡ 〈보기〉는 A시의 소각장 유치 논란을 중심으로 한 사회적 공연임.



② 공연의 요소들이 융합되어 가치의 일반화가 일어났군.

➡ ❹-2, 4에 따르면 알렉산더는 가치를 전 사회로 일반화하는 집합 의례를 결과가 정해지지 않은 과정이라고 보았으며, 사회적 공연은 요소들이 융합되는 과정이라고 보았다. 한편 〈보기〉-4~5의 내용으로 볼 때, 찬성파와 반대파 사이에서 소각장 유치에 대한 의견이 합의되지 않았으므로 공연 요소의 융합과 가치의 일반화는 일어나지 않았다고 보는 것이 적절하다.



① 공연의 미장센이 A시에 한정되어 펼쳐지고 있군.

➡ 〈보기〉의 소각장 유치 논란은 A시에 한정되어 펼쳐지고 있다.

③ 출신 지역과 나이로 분화된 관객이 배우로 직접 나서고 있군.

➡ ❺-1의 내용으로 볼 때, 〈보기〉-5에서 '집회에 참여하지 않았던 사람들'은 공연 요소 중 관객에 해당한다. 한편 〈보기〉-5에서 이들이 토박이와 노인, 이주민과 젊은이로 나뉘어 찬반 논란에 참여하고 있으므로 출신 지역과 나이로 분화된 관객이 배우로 나서고 있다는 이해는 적절하다.

④ 상징적 생산 수단과 사회적 권력이 공연의 전국적 전파를 막으려 하는군.

➡ ❺-1의 내용으로 볼 때, 〈보기〉-6~7에서 '중앙 언론'은 상징적 생산 수단, '경찰'은 사회적 권력에 해당한다. 중앙 언론은 A시의 논란을 보도하지 않으며, 경찰은 서울에서 집회를 열려는 반대파의 운동을 제지하고 있으므로 이들이 공연의 전국적 전파를 막으려 한다는 이해는 적절하다.

⑤ 배우들이 지역 경제 발전에는 동의하면서도 서로 다른 대본을 가지고 공연을 수행하는군.

➡ 〈보기〉-4에 따르면 반대파는 '지역 경제 발전에는 찬성'하지만 소각장 유치를 반대하고 있다. 찬성파는 지역 경제를 발전시키기 위해 소각장을 유치하려는 A시의 입장에 찬성하고 있으므로, 찬성파와 반대파의 배우들은 모두 지역 경제 발전에는 동의하지만 서로 다른 대본으로 공연을 수행하고 있다고 할 수 있다.

---

문제 하이라이트　　59쪽

(1) × (2) 한계 (3) × (4) 뒤르켐 (5) ○ (6) × (7) ×

선지 ➕　⑥ × ⑦ ○ ⑧ ×

---

선지 ➕

⑥ 이 글은 집합 의례에 대한 세 학자의 이론을 제시하고 있을 뿐, 집합 의례의 특성이 변화되는 모습은 나타나지 않으며 또한 이를 시대순으로 제시하고 있지도 않다.

⑦ 이 글은 집합 의례의 과정과 양상에 대하여 ❶~❷에서 뒤르켐의 관점을, ❸에서 파슨스와 스멜서의 관점을, ❹~❺에서 알렉산더의 관점을 나열하고 있다.

⑧ 이 글에 집합 의례의 문제점과 그 해결 방안은 나타나지 않는다.

❶ [1]국가는 자국의 힘이 외부의 군사적 위협을 견제하기에 충분치 않다고 판단할 때나, 역사와 전통 등의 가치가 위협받는다고 느낄 때 다른 나라와 동맹을 맺는다. [2]동맹결성의 핵심적인 이유는 동맹을 통해서 확보되는 이익이며 이는 동맹관계 유지의 근간이 된다.
▶ 국가가 다른 나라와 동맹을 맺는 이유

❷ [1]동맹의 종류는 그 형태에 따라 방위조약, 중립조약, 협상으로 나눌 수 있다. [2]먼저 방위조약은 조약에 서명한 국가들 중 어느 한 국가가 침략을 당했을 경우, 다른 모든 서명국들이 공동방어를 위해서 참전하기를 약속하는 것이다. [3]다음으로 중립조약은 서명국들 중 한 국가가 제3국으로부터 침략을 받더라도, 서명국들 간에 전쟁을 선포하지 않고 중립을 지킬 것을 약속하는 것이다. [4]마지막으로 협상은 서명국들 중 한 국가가 제3국으로부터 침략을 당했을 경우, 서명국들 간에 공조 체제를 유지할 것인지에 대해 차후에 협의할 것을 약속하는 것이다. [5]정리하면 세 가지 유형 중 방위조약의 경우는 동맹국의 전쟁에 개입해야 한다는 강제성이 있기에 동맹국 간의 정치·외교적 관계의 정도가 매우 가깝다. [6]또한 조약의 강제성으로 인해 전쟁 발발 시 동맹관계 속에서 국가가 펼칠 수 있는 정치·외교적 자율성은 매우 낮다. [7]즉 방위조약이 동맹국 간의 자율성이 가장 낮고, 다음으로 중립조약, 협상순으로 자율성이 높아진다. [8]한 연구에 따르면, 1816년부터 1965년까지 약 150년 간 맺어진 148개의 군사동맹 중에서 73개는 방위조약, 39개는 중립조약, 36개는 협상의 형태인데, 평균 수명은 방위조약이 115개월, 중립조약이 94개월, 협상은 68개월 정도였다. [9]따라서 ㉮
▶ 동맹의 세 가지 유형과 그 특징

❸ [1]위와 같이 동맹관계는 고정되어 있지 않다. [2]그 이유에 대해 ㉠현실주의자들과 ㉡구성주의자들은 서로 다른 견해를 보이는데, 이는 국제 사회를 바라보는 시각의 차이에서 기인한다. [3]우선 현실주의자들은 국가는 이기적 존재이며 국제 사회의 유일하고 중요한 행위 주체라고 생각한다. [4]국제 사회는 국가 이상의 단위에서 작동하는 중앙정부와 같은 존재가 부재하는 일종의 무정부 상태이므로 개별 국가는 힘의 논리로부터 스스로를 지켜야 한다고 본다. [5]따라서 각 나라는 군사적 동맹을 통해 세력 균형을 이루어 패권 안정을 취하려 한다. [6]특정한 패권 국가가 출현하면 그 힘을 견제하기 위한 국가들 간의 동맹이 형성되기도 하고, 그 힘에 편승하는 동맹이 형성되기도 한다. [7]이렇듯 힘의 균형점이 이동함에 따라 세력의 균형을 끊임없이 찾는 과정에서 동맹관계는 변할 수 있다고 보는 것이다.
▶ 동맹관계가 변하는 이유에 대한 현실주의자들의 견해

❹ [1]구성주의자들 역시 현실주의자들처럼 동맹관계가 고정된 약속이 아니라, 상황에 따라 변할 수 있는 약속이라고 본다. [2]구성주의자들은 무정부적 국제 사회를 힘의 분배와 균형 등의 요소로 분석할 수 없다고 비판하며, 관계에 주목한다. [3]구성주의자들은 국제 사회의 구성원들이 상호 작용을 하여 상호 간 역할과 가치를 형성하면서 국제 사회 환경의 변화를 만들어낸다고 본다. [4]상호 작용의 변화에 따라 동맹은 달라질 수 있는데, 타국이나 국제 사회에 대한 인식이 긍정적이고 국제 사회에서의 구성원들의 역할이 가치가 있다고 판단될 때, 긍정적인 동맹관계를 맺고 평화로울 수 있지만, 그렇지 않으면 동맹은 파기될 수 있다고 본 것이다.
▶ 동맹관계가 변하는 이유에 대한 구성주의자들의 견해

---

## 1   세부 내용 파악하기

**윗글에 대한 이해로 적절하지 않은 것은?**

**정답인 이유**

③ 패권 국가가 출현하기 위해서는 그 힘에 편승한 세력들의 동맹이 필요하다.

➜ ❸-6에 따르면 패권 국가가 출현한 이후에 그 힘을 견제하기 위한 동맹이나 그 힘에 편승하는 동맹이 형성되는 것이지, 패권 국가가 출현하기 위해 동맹이 필요한 것이 아니다.

**오답 피하기**

① 국가는 동맹에 참여하여 자국의 이익을 확보할 수 있다.

➜ ❶-2에서 확인할 수 있다.

② 협상은 전쟁 발발 이후의 공조 체제 유지 여부를 사전에 결정하지 않는다.

➜ ❷-4에서 협상은 전쟁 발발 이후의 공조 체제 유지 여부를 차후에 협의한다고 하였다.

④ 동맹은 국가가 전쟁 등의 위협에 대처하기 위해 맺는 국가 간의 약속이다.

➜ ❷-2~4에서 동맹은 조약에 서명한 국가 중 한 국가가 침략을 당했을 경우 이에 대처하기 위한 국가들 간의 약속임을 확인할 수 있다.

⑤ 중립조약은 서명국이 속한 전쟁에 참가하지 않을 것을 합의하는 동맹이다.

➜ ❷-3에서 중립조약은 서명국들 간에 전쟁을 선포하지 않고 중립을 지킬 것을 약속하는 동맹의 한 유형임을 확인할 수 있다.

---

## 2   생략된 정보 추론하기

**㉮에 들어갈 내용으로 적절한 것은?**

**정답인 이유**

⑤ 동맹관계가 가깝고 자율성이 낮을수록 그 수명이 연장되었음을 알 수 있다.

➜ ❷-8에 따르면 동맹의 평균 수명은 방위조약이 가장 길고 중립조약, 협상 순으로 짧다. ❷-5~6에서 방위조약은 동맹국 간 정치·외교적 관계의 정도가 매우 가깝고 자율성이 매우 낮다고 하였으며, ❷-7에서 자율성은 방위조약, 중립조약, 협상 순으로 높아진다고 하였으므로 동맹관계가 가깝고 자율성이 낮을수록 그 수명이 연장되었음을 추론할 수 있다.

**㉠과 ㉡에 대한 설명으로 적절한 것은?**

**정답인 이유**

① 국제 사회의 문제를 ㉠은 힘의 관계에, ㉡은 상호 인식 관계에 주목하여 설명하였다.

➡ ㉠(현실주의자들)은 힘의 균형점이 이동함에 따라 세력의 균형을 찾아가는 과정에서 동맹관계가 변화한다고 보았으며(❸-7), ㉡(구성주의자들)은 국제 사회 구성원들의 상호 작용 변화에 따라 동맹관계가 달라질 수 있다고 보았다(❹-4). 즉, ㉠은 국제 사회의 문제를 힘의 관계에, ㉡은 상호 인식 관계에 주목하여 설명하였다고 볼 수 있다.

**오답 피하기**

② 국제 사회 혼란의 원인을 ㉠은 국가적 이기심, ㉡은 세력의 불균형 때문이라고 보았다.

➡ 이 글에서 국제 사회의 혼란에 관한 내용은 확인할 수 없다.

③ 국제 사회의 안정을 유지하기 위해 ㉠은 상호 협력이, ㉡은 상호 견제가 필요하다고 보았다.

➡ ❸-5~6에서 각 나라가 군사적 동맹을 통해 세력 균형을 이루어 패권 안정을 취하려고 한다는 것으로 볼 때, ㉠은 국제 사회의 안정을 유지하기 위해 상호 협력이 필요하다고 보았음을 확인할 수 있다. 그러나 ❹-4에서 ㉡은 국제 사회에서의 상호 작용 변화에 따라 동맹이 결성되거나 파기될 수 있다고 보았을 뿐, 국제 사회 안정을 위해 상호 견제가 필요하다고 본 것은 아니다.

④ 동맹이 변화하는 이유를 ㉠은 패권 국가의 출현으로 인한 전쟁으로, ㉡은 구성원의 자국에 대한 인식의 부재로 보았다.

➡ 동맹이 변화하는 이유를 ㉠은 힘의 균형점의 이동으로(❸-7), ㉡은 국제 사회에서의 상호 작용 변화(❹-4)로 보았다.

⑤ 국제 사회의 질서 유지를 위해 ㉠은 중앙정부와 같은 존재가, ㉡은 구성원 간의 고른 역할 분배가 필요하다고 보았다.

➡ ❸-4에 따르면 ㉠은 국제 사회는 중앙정부와 같은 존재가 부재하는 무정부 상태이므로 국가가 스스로를 지켜야 한다고 보았을 뿐, 중앙정부의 존재가 필요하다고 본 것이 아니다. 또한 ❹-4에 따르면 ㉡은 국제 사회에서의 구성원들의 역할이 가치 있다고 판단될 때 긍정적인 동맹관계를 맺고 평화로울 수 있다고 하였다. ㉡이 구성원 간의 역할 분배에 대해 언급하거나 그것이 국제 사회의 질서 유지를 위해 필요하다고 보았는지는 글에서 확인할 수 없다.



**윗글을 바탕으로 〈보기〉를 이해한 내용으로 적절하지 <u>않은</u> 것은?**

> ┌ 보기 ┐
> 　A국은 B국과 방위조약을 맺고 동맹관계를 유지해 왔다. 그런데 국제 정세의 변화에 따라 A국은 B국과의 동맹을 파기하고 C국과 중립조약을 새로 체결했다. 그런데 A국의 여론은 이러한 변화에 반대한다.

**정답인 이유**

③ 현실주의자들은 A국과 B국의 동맹이 파기된 이유를, B국에 대한 A국 구성원들의 신뢰가 약화되었기 때문이라고 설명하겠군.

➡ ❸-7에 따르면 현실주의자들은 힘의 균형점이 이동함에 따라 세력의 균형을 찾는 과정에서 동맹관계가 달라질 수 있다고 보았다. 즉, 현실주의자들은 〈보기〉의 A국과 B국의 동맹이 파기된 이유를 '구성원들의 신뢰 약화'가 아닌 '힘의 균형점 이동' 때문이라고 설명할 것이다.

**오답 피하기**

① A국이 B국과 동맹을 파기하기 전에는, A국은 B국의 전쟁에 참전해야 할 의무가 있었겠군.

➡ 〈보기〉에서 A국이 B국과 체결했던 동맹은 방위조약이다. ❷-2에서 방위조약을 맺을 경우 한 국가가 침략을 당했을 때 다른 동맹국들이 공동방어를 위해 참전한다고 하였으므로, 〈보기〉의 A국은 B국과의 동맹 파기 전까지 B국의 전쟁에 참전해야 할 의무가 있었다.

② A국이 C국과 동맹을 맺은 후에는, B국과 C국 사이에 전쟁이 발발하더라도 A국은 참전하지 않아야 하겠군.

➡ 〈보기〉에서 A국이 C국과 체결한 동맹은 중립조약이다. ❷-3에서 중립조약을 맺을 경우 한 국가가 침략을 당하더라도 동맹국들 간 전쟁을 선포하지 않고 중립을 지킨다고 하였으므로, 〈보기〉의 A국은 B국과 C국의 전쟁이 발발하더라도 참전하지 않아야 한다.

④ 구성주의자들은 A국 구성원들이 C국에 부정적 인식을 가지게 된다면, C국과의 동맹관계는 유지되기 힘들 것이라고 설명하겠군.

➡ ❹-4에 따르면 구성주의자들은 타국에 대한 인식이 긍정적일 때, 긍정적인 동맹관계를 맺을 수 있지만 그렇지 않으면 동맹은 파기될 것이라 보았다. 따라서 구성주의자들은 〈보기〉의 A국 구성원들이 C국에 부정적 인식을 가진다면 동맹관계는 파기될 수 있다고 볼 것이다.

⑤ 구성주의자들은 A국에서 변화에 반대하는 여론이 형성된 이유를, C국보다 B국에 대한 긍정적 인식이 작용했기 때문이라고 설명하겠군.

➡ ❹-4에 따르면 구성주의자들은 타국에 대한 인식이 긍정적일 때 긍정적 동맹관계를 맺을 수 있다고 보았다. 따라서 〈보기〉에서 A국의 구성원들이 B국과의 동맹을 파기하고 C국과 동맹을 새로 맺은 것에 반대한다면, 구성주의자들은 그 이유를 C국보다 B국에 대한 긍정적 인식이 작용했기 때문이라고 볼 것이다.

---

### 문제 하이라이트　　　　　63쪽

(1) 자율성　(2) 방위조약　(3) ✕　(4) ✕　(5) ✕　(6) ✕　(7) ○

**선지 +**　⑥ ✕　⑦ ○　⑧ ✕

**선지 +**

⑥ ❷-5, 7~8에 따르면 동맹의 세 가지 유형 중 방위조약은 동맹관계가 매우 가까우며 자율성은 가장 낮고, 동맹의 수명은 가장 길다. 따라서 방위조약은 중립조약보다 동맹관계가 가까우며, 자율성이 낮아 동맹의 수명이 길다고 할 수 있다.

⑦ ❷-7의 내용으로 볼 때 중립조약은 협상보다 자율성이 낮으므로 동맹관계의 정도는 협상보다 가깝다고 할 수 있다. 따라서 중립조약은 협상보다 동맹관계가 가깝고 자율성이 낮아 동맹의 수명이 길다고 할 수 있다.

⑧ ❷-7의 내용으로 볼 때 협상은 방위조약보다 자율성이 높으므로 동맹관계의 정도는 멀다고 할 수 있다. 또한 ❷-8에서 방위조약보다 협상이 동맹의 수명이 짧음을 확인할 수 있으므로, 협상은 방위조약보다 동맹관계가 멀고 자율성이 높아 동맹의 수명이 짧다고 할 수 있다 .

04 국가 간 분쟁 해결 방법     64~66쪽<br>
1 ①    2 ②    3 ①    4 ②

❶ 유엔해양법협약은 해양의 이용을 둘러싸고 발생하는 국가 간의 상반된 이익을 절충하고 갈등을 해결하는 규범의 역할을 담당하고 있다.
▶ 유엔해양법협약의 역할

❷ ¹유엔해양법협약에 따르면 해양을 둘러싸고 해당 협약에 대한 해석이나 적용에 관해 국가 간 분쟁이 발생하였을 때, 분쟁 당사국들은 우선 의무적으로 분쟁 해결에 관하여 신속히 의견을 교환해야 하고 교섭이나 조정 절차 등 국가 간 합의에 의한 평화적 수단을 통해 분쟁 해결을 위해 노력해야 한다. ²이러한 평화적 분쟁 해결 수단을 거쳐야 할 의무를 당사국에 부과하는 이유는 국제법의 특성상, 분쟁 해결의 원리가 기본적으로 각 국가의 동의를 바탕으로 적용되기 때문이다. ³그런데 만약 이러한 방법으로도 분쟁이 해결되지 못할 경우에는 구속력 있는 결정을 수반하는 절차에 들어가게 되는데 이를 강제절차라고 한다.
▶ 해양 이용을 둘러싼 국가 간 분쟁의 해결 방안

❸ 강제절차란 분쟁 당사국들이 국제적인 분쟁 해결 기구를 통해 분쟁을 해결하는 절차이다. ²이때 당사국들은 자국의 이익이나 분쟁 내용 등을 고려해 분쟁 해결 기구를 선택할 수 있는데, 선택 가능한 기구에는 중재재판소, 국제해양법재판소 등 유엔해양법협약에 의해 설립된 분쟁 해결 기구들이 있다. ³이 중(중재재판소는 필요할 때마다 분쟁 당사국 간의 합의를 통해 구성되고, 국제해양법재판소는 상설 기구로 재판관 임명이나 재판소 조직 등이 사전에 결정되어 있다.)⁴만약 분쟁 당사국들이 분쟁 해결 기구를 선택하지 않았거나 양국이 동일한 선택을 하지 않은 경우에는 별도의 합의를 하지 않는 한, 사건이 중재재판소에 회부된다.
▶ 강제절차를 행할 수 있는 분쟁 해결 기구의 종류

❹ ¹본안 소송을 담당하는 재판소가 분쟁에 대한 최종 판결을 내리기 위해서는 먼저 본안 소송 관할권의 존재 여부를 판단하여 확정하는 심리 절차를 거쳐야 한다. ²여기서 관할권이란 회부된 사건을 재판소가 다룰 수 있는 권한을 의미하는데, 이후 본안 소송의 관할권이 확정된 사안에 대해 해당 재판소는 재판 과정을 거쳐 분쟁에 대한 최종 판결을 내리게 된다.
▶ 본안 소송 재판소의 판결 과정

❺ ¹그런데 재판의 최종 판결이 내려지기까지 일정 시간이 소요되기 때문에, 해당 재판소는 분쟁 당사국의 요청이 있으면 필요한 경우 잠정조치를 명령할 수 있다. ²이때 잠정조치란 긴급한 상황에서 분쟁 당사국의 이익을 보호하거나 해양 환경의 중대한 피해를 방지할 목적으로 내려지는 구속력 있는 임시 조치이다. ³잠정조치는 효력이 임시적이므로 본안 소송의 최종 판결이 내려지면 효력이 종료된다.
▶ 잠정조치의 효력과 특징

❻ ¹분쟁 당사국이 소송을 제기하여 재판소에 사건이 회부되면 소송 절차가 개시되고, 그 이후 분쟁 당사국들은 언제든지 잠정조치를 요청할 수 있다. ²일반적으로 잠정조치는 사건이 회부된 재판소에서 담당하지만, 본안 소송의 재판소와 잠정조치를 명령하는 재판소가 다른 경우도 있다. ³본안 소송과 마찬가지로 잠정조치도 관할권을 필요로 한다.
▶ 본안 소송과 잠정조치의 공통점

❼ ¹예를 들어 유엔해양법협약에 의한 중재재판소에 사건이 회부되었지만, 사안이 긴급하여 재판소 구성을 기다릴 수 없는 경우에 국제해양법재판소가 잠정조치를 담당할 수 있다. ²이때 본안 소송을 담당하는 중재재판소의 관할권이 확정되지 않았더라도, 잠정조치가 요청된 국제해양법재판소에서 ㉠본안 소송의 관할권을 심리한 결과, 중재재판소가 관할권을 갖게 될 가능성이 예측되어야 국제해양법재판소는 ㉡잠정조치의 관할권을 가질 수 있다. ³기본적으로 잠정조치에 대한 관할권은 본안 소송을 담당하는 재판소가 관할권을 갖게 될 가능성이 큰 경우에 인정되기 때문이다. ⁴결국 사건이 회부된 중재재판소의 본안 소송의 관할권 존재 가능성이 예측되고, 분쟁 해결이 긴급하여 잠정조치의 필요성이 인정되면, 분쟁 당사국의 이익을 보호하거나 해양 환경의 중대한 피해를 방지하기 위해 국제해양법재판소가 잠정조치 재판을 통해 잠정조치를 명령할 수 있는 것이다.
▶ 잠정조치 관할권이 인정되기 위한 조건

## 1 중심 내용 파악하기

**윗글에서 알 수 있는 내용으로 적절하지 않은 것은?**

**정답인 이유**

① 잠정조치 재판에서 내려진 결정은 구속력이 없는 임시 조치이다.
➡ ❺-2에 따르면 잠정조치는 구속력이 있는 임시 조치이다.

**오답 피하기**

② 분쟁 당사국들은 자국의 이익을 고려하여 분쟁 해결 기구를 선택할 수 있다.
➡ ❸-2에서 확인할 수 있다.

③ 유엔해양법협약에 따른 분쟁 해결 원리는 각 국가의 동의를 바탕으로 적용된다.
➡ ❷-2에서 확인할 수 있다.

④ 국제해양법재판소는 유엔해양법협약에 의해 설립된 국제적인 분쟁 해결 기구이다.

➡ ❸-2에서 확인할 수 있다.

⑤ 유엔해양법협약은 분쟁 당사국들에게 분쟁 해결에 대한 신속한 의견 교환 의무를 부과하고 있다.

➡ ❷-1에서 확인할 수 있다.

2　세부 내용 파악하기

다음은 윗글에 제시된 분쟁 해결 절차를 도식화한 것이다. 이를 이해한 것으로 적절하지 <u>않은</u> 것은?

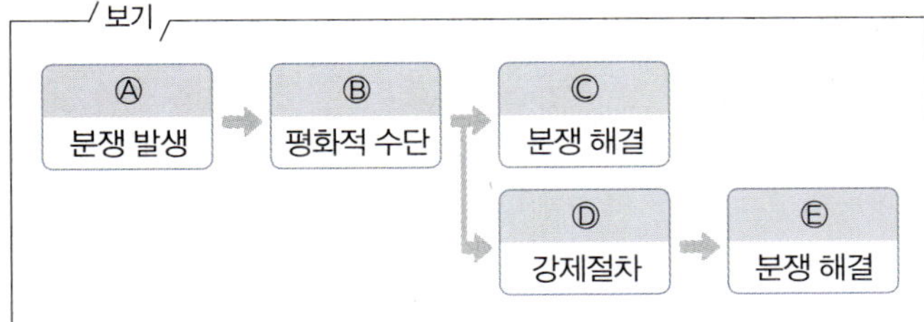


**정답인 이유**

② Ⓓ를 진행하는 <u>모든</u> 분쟁 해결 기구는 분쟁이 발생하기 전에 재판소가 구성되어 있다.

➡ ❸-2에 따르면 강제절차(Ⓓ)를 진행하는 기구로는 중재재판소, 국제해양법재판소 등이 있다. ❸-3에서 국제해양법재판소는 재판소가 사전에 구성되어 있지만, 중재재판소는 필요할 때마다 분쟁 당사국 간의 합의를 통해 구성된다고 하였으므로 적절하지 않다.

**오답 피하기**

① Ⓐ는 유엔해양법협약의 해석과 적용에 대하여 국가 간 다툼이 있다는 것을 의미한다.

➡ ❷-1에서 유엔해양법협약에 대한 해석이나 적용에 관해 국가 간 분쟁이 발생(Ⓐ)한다고 하였으므로 적절하다.

③ Ⓑ를 통해 Ⓒ로 가는 과정은 분쟁 당사국 간 합의에 따라 진행된 것이다.

➡ ❷-1에서 평화적 수단(Ⓑ)이란 국가 간 교섭이나 조정 절차 등 국가 간 합의에 의한 것이라 하였으므로, 평화적 수단(Ⓑ)을 통한 분쟁 해결(Ⓒ)은 국가 간 합의에 따라 진행된 것이라 할 수 있다.

④ Ⓓ를 통해 Ⓔ로 가는 과정은 국제적 분쟁 해결 기구의 구속력 있는 결정을 통해 이루어진 것이다.

➡ ❷-3에서 강제절차(Ⓓ)란 구속력 있는 결정을 수반하는 절차라고 하였으며, ❸-1에서 강제절차(Ⓓ)는 국제적인 분쟁 해결 기구를 통해 행해짐을 확인할 수 있으므로 적절하다.

⑤ Ⓓ를 통해 Ⓔ로 가는 과정에서 잠정조치 명령이 내려졌다면 그 효력은 최종 판결 전까지만 유효하다.

➡ ❺-3에서 잠정조치는 최종 판결이 내려지면 효력이 종료된다고 하였으므로 적절하다.

3　정보 간의 관계 파악하기

㉠, ㉡에 대한 이해로 가장 적절한 것은?

**정답인 이유**

① ㉠의 존재 가능성이 예측되어야 ㉡은 인정된다.

➡ ❼-2에서 본안 소송 담당 재판소가 ㉠(본안 소송의 관할권)을 갖게 될 가능성이 예측되어야 ㉡(잠정조치의 관할권)을 가질 수 있다고 하였으므로 적절하다.

**오답 피하기**

② ㉠에 대한 판단에 앞서 ㉡의 존재 여부를 판단한다.

➡ ❼-2에 따르면 ㉠을 심리한 결과, 본안 소송 담당 재판소에서 ㉠을 갖게 될 가능성이 예측되어야 ㉡이 인정된다고 하였다. 즉, ㉡의 존재 여부를 판단하기 위해서는 ㉠에 대한 판단이 우선되어야 한다.

③ ㉡이 확정되지 않으면 ㉠은 인정되지 않는다.

➡ ❹-1~2에 따르면 ㉠은 ㉡의 확정 여부와 상관없이 심리 절차를 통해 확정될 수 있다.

④ 본안 소송의 최종 판결 이후 ㉠이 확정된다.

➡ ❹-1에서 본안 소송의 최종 판결 전 ㉠의 존재 여부를 판단하여 확정하는 심리 절차를 거쳐야 한다고 하였다.

⑤ 본안 소송의 개시 시점은 ㉡의 인정 시점과 일치한다.

➡ ❻-1에서 분쟁 당사국들은 본안 소송 개시 이후 잠정조치를 요청할 수 있다고 하였으며, ❼-2에서 ㉠을 심리한 결과, 본안 소송 담당 재판소에서 ㉠을 가질 가능성이 예측되어야 ㉡이 인정된다고 하였다. 즉, ㉡의 인정 시점은 본안 소송 개시 이후이다.

4　구체적 사례나 상황에 적용하기

〈보기〉는 '유엔해양법협약에 대한 모의재판' 수업에 사용된 사례이다. 윗글을 참고할 때 〈보기〉에 대한 반응으로 적절하지 <u>않은</u> 것은?

> **보기**
>
> 유엔해양법협약에 가입된 A국과 B국 간에 해양을 둘러싼 분쟁이 발생하였다. A국은 B국의 공장 건설로 인하여 자국의 인근 바다에 해양 오염 물질이 유출될 것을 우려하여, B국과 교섭을 시도하였으나 B국은 이에 응하지 않았다. 추후 A국은 국제해양법재판소를, B국은 중재재판소를 통한 재판을 원하였으나 합의를 이루지 못했다. 이후 절차에 따라 양국이 제기한 소송은 재판에 회부되었다. A국은 판결이 내려지기까지 오랜 시일이 걸릴 것을 염려하여 잠정조치를 바로 요청하였다. 이를 받아들여 재판소는 잠정조치를 명령하였다.

**정답인 이유**

② A국이 요청한 결과 잠정조치 명령이 내려졌으므로 <u>B국과의 본안 소송 재판은 종결되겠군.</u>

➡ ❺-1~3에서 잠정조치는 재판의 최종 판결이 내려지기 전에 필요한 경우 내려지는 구속력 있는 임시 조치라고 하였으므로 적절하지 않다.

① A국이 잠정조치를 요청할 수 있었던 것은 B국과의 사건이 재판에 회부되었기 때문이겠군.

➲ ❻-1에서 재판소에 사건이 회부되면 소송 절차가 개시되고, 그 이후 잠정조치를 요청할 수 있다고 하였으므로 적절하다.

③ A국이 B국에게 교섭을 시도한 것은 분쟁 당사국들에게 평화적 해결 수단을 거쳐야 할 의무가 있기 때문이겠군.

➲ ❷-1에 따르면 분쟁 당사국들은 교섭이나 조정 절차 등 국가 간 합의에 의한 평화적 수단을 통해 분쟁 해결을 위해 노력해야 한다. 따라서 〈보기〉에서 A국이 B국에게 교섭을 시도한 것은 평화적 수단을 통한 분쟁 해결 의무를 따른 것이라 할 수 있다.

④ A국과 B국은 동일한 분쟁 해결 기구를 선택하지 않았으므로 두 국가 간 분쟁은 중재재판소를 통해 해결되겠군.

➲ ❸-4에서 분쟁 당사자국들이 동일한 분쟁 해결 기구를 선택하지 않은 경우 사건이 중재재판소에 회부된다고 하였으므로 적절하다.

⑤ A국이 재판에 사건이 회부된 후 바로 잠정조치를 요청한 것은 B국으로 인한 자국의 해양 오염을 시급히 막기 위함이겠군.

➲ 〈보기〉에서 A국은 B국의 공장 건설로 A국 인근 바다에 해양 오염 물질이 유출될 것을 염려하고 있다. ❺-2에서 잠정조치는 긴급한 상황에서 분쟁 당사국의 이익을 보호하거나 해양 환경 피해를 방지할 목적으로 내려진다고 하였으므로, 〈보기〉에서 A국이 잠정조치를 요청한 것은 B국으로 인한 자국의 해양 오염을 시급히 막기 위한 것으로 볼 수 있다.

## 문제 하이라이트

67쪽

(1) 회부 (2) ○ (3) × (4) 평화적 수단 (5) ○ (6) ○ (7) ○

선지＋ ⑥ ○ ⑦ × ⑧ ○

### 선지＋

⑥ ❷-1에서 분쟁 당사국들은 분쟁 해결을 위해 교섭이나 조정 절차 등의 평화적 수단을 거쳐야 한다고 하였으며, ❷-3에서 이러한 방법으로 분쟁이 해결되지 못할 경우 중재재판소나 국제해양법재판소와 같은 분쟁 해결 기구를 통해 분쟁을 해결하는 강제절차에 들어간다고 하였으므로 적절하다.

⑦ ❻-2에서 본안 소송 재판소와 잠정조치를 명령하는 재판소가 다른 경우가 있음을 확인할 수 있다. 그러나 〈보기〉에서 A국과 B국의 본안 소송 재판소와 잠정조치 재판소가 다르다는 사실은 확인할 수 없으며, A국과 B국이 동일한 분쟁 해결 기구를 선택하지 않은 것을 그 근거로 보기도 어렵다.

⑧ ❼-3에서 잠정조치 관할권은 본안 소송 재판소에서 본안 소송의 관할권을 갖게 될 가능성이 큰 경우에 인정된다고 하였다. 이로 볼 때, 〈보기〉의 상황에서 본안 소송의 관할권이 존재하거나 존재할 가능성이 예측되었기 때문에 재판소가 잠정조치를 명령했다고 볼 수 있다.



## 05 합리적 선택

68~70쪽

1 ④　　2 ③　　3 ④　　4 ⑤

---

❶ ¹가계, 기업, 정부는 경제 주체로서 가계는 소비, 기업은 생산, 정부는 정책 결정 시 합리적인 선택을 하기 위해 노력한다. ²이때 합리적인 선택을 하려면 편익과 비용을 충분히 고려하여 편익에서 비용을 뺀 순편익이 가장 큰 대안을 선택해야 한다. ³편익이란 어떤 선택을 할 때 얻는 이득으로, 기업의 판매 수입과 같은 금전적인 것이나 소비자가 상품을 소비함으로써 얻는 정신적 만족감과 같은 비금전적인 것을 말한다. ⁴비용이란 암묵적 비용 중 가장 큰 것과 명시적 비용을 합친 것이다. ⁵암묵적 비용은 어떤 선택으로 인해 포기한 다른 대안의 가치를, 명시적 비용은 그 선택을 할 때 화폐로 직접 지불하는 비용을 말한다.
▶ 경제 주체가 합리적인 선택을 하는 방법과 편익, 비용의 개념

❷ ¹순편익은 한계편익과 한계비용이 같을 때 가장 커지는데, 한계편익은 어떤 선택에 의해 추가로 발생하는 편익이며 한계비용은 그 선택에 의해 추가로 발생하는 비용이다. ²예를 들어, 볼펜을 1개 더 살지 고민하고 있는 소비자의 한계편익은 볼펜을 1개 더 사는 데에서 추가로 얻는 만족감이며, 한계비용은 볼펜을 1개 더 사기 위해 추가로 드는 비용이다.
▶ 한계편익과 한계비용의 개념

❸ ¹기업은 상품을 얼마나 생산하면 이윤을 극대화할 수 있을지 한계비용과 한계수입을 고려해 합리적인 판단을 내릴 수 있다. ²기업 입장에서 한계비용은 상품 생산량을 한 단위 증가시키는 데 추가로 드는 비용이며, 한계수입은 상품을 한 단위 더 생산하여 판매할 때 추가로 얻는 수입이다. ³완전경쟁시장에 있는 기업이라면 상품의 시장 가격 그 자체가 한계수입이 된다. ⁴완전경쟁시장은 많은 수의 공급자와 수요자로 구성되어 있고 거래되는 상품이 동질적이므로 개별 공급자나 수요자가 시장 가격에 영향을 미칠 수 없다. ⁵즉 기업이나 소비자는 시장에서 결정된 상품 가격을 주어진 것으로 받아들이며 이 가격이 기업의 한계수입이 된다. ⁶상품을 사려는 사람들이 많아져 시장 수요가 증가하여 상품 가격이 오른다면, 한계수입도 그만큼 동일하게 오른다.
▶ 기업 입장에서의 한계비용과 한계수입의 개념

❹ ¹생산을 계속할 때 손실이 발생하는 상황이 아니라면, 기업은 한계비용과 한계수입이 일치하도록 생산량을 조절해 이윤을 극대화할 수 있다. ²한계비용이 한계수입보다 큰 경우에는 상품 생산량을 한 단위 더 줄일 때 그로 인해 추가로 절약되는 비용이 줄어들 수입보다 크므로 생산량을 줄여 이윤을 증가시킬 수 있다. ³이와 반대로 한계수입이 한계비용보다 큰 경우에는 생산량을 늘려 이윤을 증가시킬 수 있다.
▶ 기업이 한계비용, 한계수입을 활용하여 이윤을 극대화하는 방법

❺ ¹그런데 생산을 계속할 때 이윤이 남는 것이 아니라 오히려 손실을 볼 수도 있기 때문에 어떤 상황에서 손실이 발생하는지 판단하는 것도 기업 입장에서 중요하다. ²이때 고려할 수 있는 것 중 하나가 평균비용이다. ³평균비용은 어떤 양의 상품을 생산하는 데 투입된 총비용을 생산량으로 나눈 것으로, 상품을 한 단위 생산하는 데 드는 평균적인 비용을 말한다. ⁴여기에서 총비용은 고정비용과 가변비용으로 구분된

다. [5]한계비용이 총비용 중 가변비용에만 영향을 받는 것과 달리, 평균비용은 고정비용과 가변비용에 모두 영향을 받는다. [6]고정비용은 생산량에 따라 변하지 않고 일정한 크기를 유지하는 비용으로, 생산량이 많든 적든 매달 똑같이 내야 하는 임대료가 그 예이다. [7]가변비용은 생산량에 따라 달라지는 비용으로, 각종 재료비, 상품 생산을 늘리기 위해 추가로 고용하는 직원에게 지급되는 보수 등이 그 예이다.
▶ 기업 입장에서의 평균비용, 고정비용, 가변비용의 개념

❻ [1]그렇다면 기업은 손실이 발생하는지 평균비용을 통해 어떻게 알 수 있을까? [2]총비용을 전부 회수하는 것이 언제라도 가능한 기업이 완전경쟁시장에 있다고 가정해 보자. [3]이 기업은 평균비용을 상품의 시장 가격과 비교해 보고 만약 가격이 평균비용곡선의 최저점에도 미치지 못한다면, 생산량이 얼마이든 그 가격에 상품을 판매해 보았자 손실을 피할 수 없다고 판단할 것이다. [4]그렇다면 투입된 총비용을 전부 회수하여 손실 발생을 막는 것이 이 기업에 합리적인 결정일 수 있다. [5]기업이 의도한 생산량에서의 평균비용이 시장 가격보다는 낮아야 이윤이 남는데, 어떻게 해도 손실을 피할 수 없다면 생산을 계속할 것인지 신중하게 고민해야 하는 것이다. [6]㉠이처럼 평균비용은 한계비용과 더불어 기업이 생산에 관한 의사 결정을 내릴 때 유용하게 활용된다.
▶ 기업이 평균비용을 통해 손실 발생을 확인하는 방법

❼ [1]합리적 선택을 중심으로 생산에 관한 기업의 의사 결정을 살펴보는 것은 경제 활동을 더 잘 이해하게 한다는 점에서 의미가 있다. [2]특히, 기업의 생산 활동은 소비자의 수요를 충족해 주고 고용 증가, 경제 성장 등 사회 전체에 미치는 영향이 크다는 점에서 주의 깊게 살펴볼 필요가 있을 것이다.
▶ 생산에 관한 기업의 합리적 의사 결정의 의의

---

1 **전개 방식 파악하기**

윗글의 내용 전개 방식으로 가장 적절한 것은?

정답인 이유

④ 합리적인 선택을 하기 위한 방법을 제시하며 생산과 관련된 기업의 의사 결정에 대해 설명하고 있다.

➡ 이 글은 먼저 ❶에서 합리적인 선택을 하려면 순편익이 가장 큰 대안을 선택해야 함을 언급한 뒤, ❷에서 한계편익과 한계비용이 같을 때 순편익이 가장 커짐을 설명하여 합리적인 선택을 하기 위한 방법을 제시하고 있다. 이를 바탕으로 ❸~❻에서는 생산에 관한 기업의 의사 결정을 앞서 설명한 한계비용의 개념과 더불어 평균비용, 고정비용, 가변비용 등의 개념을 활용하여 설명하고 있다.

오답 피하기

① 합리적인 선택을 할 때의 장점을 제시하며 기업의 의사 결정 과정을 평가하고 있다.

➡ 이 글은 합리적 선택을 중심으로 한 기업의 의사 결정 과정에 대해 설명하고 있을 뿐, 그 과정을 평가하고 있지 않다.

② 합리적인 선택이 지닌 한계를 제시하며 기업의 사회적 책임에 대해 서술하고 있다.

➡ 이 글에서 확인할 수 없다.

③ 경제 주체가 되기 위한 조건을 제시하며 각 경제 주체가 수행하는 역할을 비교하고 있다.

➡ 이 글에서 확인할 수 없다.

⑤ 기업이 생산 활동을 할 때 고려하는 요소를 제시하며 생산량을 결정할 때의 어려움을 원인에 따라 분류하고 있다.

➡ 이 글은 기업이 생산 활동을 할 때 고려하는 요소인 한계비용, 한계수입, 평균비용 등에 대해 설명하고 있다. 그러나 생산량을 결정할 때의 어려움은 나타나지 않으며, 이를 원인에 따라 분류하고 있지 않다.

---

2 **세부 내용 파악하기**

윗글에서 알 수 있는 내용으로 적절하지 **않은** 것은?

정답인 이유

③ 생산량과 상관없이 기업이 매달 똑같이 내야 하는 임대료는 한계비용에 영향을 준다.

➡ ❺-5에 따르면 한계비용은 가변비용에만 영향을 받는다. ❺-6에서 임대료가 고정비용임을 확인할 수 있으므로, 임대료가 한계비용에 영향을 준다는 내용은 적절하지 않다.

오답 피하기

① 총비용에서 고정비용을 제외한 나머지는 모두 가변비용이다.

➡ ❺-4에서 총비용은 고정비용과 가변비용으로 구분된다고 하였으므로, 고정비용을 제외한 나머지는 모두 가변비용이라 할 수 있다.

② 완전경쟁시장의 개별 소비자는 시장 가격을 주어진 것으로 받아들인다.

➡ ❸-5에서 확인할 수 있다.

④ 평균비용은 총비용이 생산된 상품에 똑같이 배분되었을 때 얼마인지를 나타내는 비용이다.

➡ ❺-3에서 확인할 수 있다.

⑤ 같은 편익을 주는 대안이 여러 개 있다면 비용이 가장 적게 드는 것을 선택하는 것이 합리적이다.

➡ ❶-2에 따르면 합리적 선택을 하려면 편익에서 비용을 뺀 순편익이 가장 큰 대안을 선택해야 한다. 같은 편익을 주는 여러 대안 중 비용이 가장 적게 드는 것이라면 순편익이 가장 클 것이므로, ⑤의 진술은 적절하다.

---

3 **생략된 정보 추론하기**

윗글을 참고할 때, ㉠의 의미를 추론한 내용으로 가장 적절한 것은?

정답인 이유

④ 평균비용은 생산을 중단할 만한 상품 가격이 얼마인지, 한계비용은 이윤을 늘리기 위해 도달해야 할 생산량이 얼마인지 알아볼 때 유용하다.

→ ❹-1에 따르면 기업은 한계비용과 한계수입이 일치하도록 생산량을 조절하여 이윤을 극대화할 수 있으며, ❻-3~4에 따르면 기업은 평균비용을 상품의 시장 가격과 비교하여 손실이 발생하는지 확인하고 생산 중단 여부를 결정할 수 있다. 이를 통해 평균비용과 한계비용이 기업이 생산에 관한 의사 결정을 내릴 때 유용하게 활용됨을 확인할 수 있으므로, ④는 ㉠의 의미로 적절하다.



① 평균비용은 고정비용이 얼마인지, 한계비용은 가변비용이 얼마인지 알아볼 때 유용하다.

→ ❺-5에서 한계비용은 가변비용에만, 평균비용은 고정비용과 가변비용에 모두 영향을 받는다고 언급되어 있을 뿐, 평균비용과 한계비용으로 고정비용과 가변비용이 얼마인지 알아볼 수 있다는 내용은 이 글에서 확인할 수 없다.

② 평균비용은 시장 가격이 왜 오르는지, 한계비용은 시장 가격이 왜 떨어지는지 알아볼 때 유용하다.

→ 이 글에서 확인할 수 없다.

③ 평균비용은 생산을 멈추어야 하는 시기가 언제인지, 한계비용은 생산에 드는 암묵적 비용이 얼마인지 알아볼 때 유용하다.

→ ❻-3에서 상품의 가격이 평균비용곡선의 최저점에 미치지 못할 때 생산을 중단해야 함을 확인할 수 있다. 한편 ❶-5에 따르면 암묵적 비용이란 어떤 선택으로 인해 포기한 다른 대안의 가치를 말하는데, 글에서 한계비용을 통해 암묵적 비용을 알 수 있다는 내용은 확인할 수 없다.

⑤ 평균비용은 생산량 증가로 총비용이 얼마나 늘어나는지, 한계비용은 상품 가격 하락으로 판매 수입이 얼마나 줄어드는지 알아볼 때 유용하다.

→ 이 글에서 확인할 수 없다.

## 4  구체적 사례나 상황에 적용하기

⟨보기⟩는 완전경쟁시장에 있는 어느 기업에서 생산하는 상품과 관련된 비용과 수입을 나타낸 것이다. 윗글을 바탕으로 ⟨보기⟩를 이해한 내용으로 가장 적절한 것은?

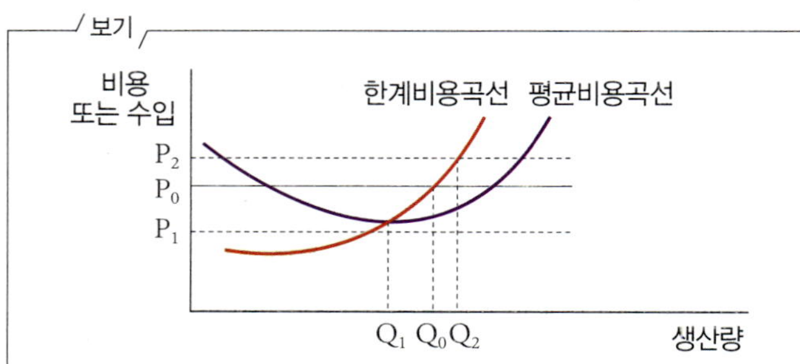


※ 현재 생산량은 $Q_0$, 상품의 시장 가격은 $P_0$임. 이 기업은 언제라도 총비용을 전부 회수할 수 있으며, 생산한 상품은 생산량이 얼마이든 모두 판매된다고 전제함.
(= 한계수입)



⑤ 시장 수요의 증가로 가격이 $P_2$가 되면, 한계수입이 한계비용보다 커지므로 생산량을 $Q_2$에 가깝게 늘릴수록 이윤이 증가하겠군.

→ ❸-3에서 완전경쟁시장에 있는 기업이라면 상품의 시장 가격 그 자체가 한계수입이 된다고 하였다. 따라서 ⟨보기⟩에서 가격이 $P_2$가 되면 기업 입장에서 한계수입은 $P_2$가 된다. 현재 생산량이 $Q_0$이므로 한계비용곡선에 따라 한계비용은 $P_0$이다. 한계수입이 한계비용보다 크기 때문에 생산량을 늘리면 이윤이 증가할 것이며(❹-3), 생산량이 $Q_2$가 되면 한계비용과 한계수입이 일치하여 이윤이 극대화될 것이다(❹-1).



① 생산량을 $Q_0$로 유지하면, ~~평균비용이 한계수입보다 작으므로~~ 이윤이 극대화되겠군.

→ ⟨보기⟩에서 생산량을 $Q_0$로 유지할 때, 한계비용은 한계비용곡선에 따라 $P_0$가 된다. 이때 한계수입은 $P_0$이므로 한계비용과 한계수입은 일치한다. ❹-1에 따르면 한계수입과 한계비용이 일치할 때 이윤이 극대화되므로, 평균비용이 한계수입보다 작으므로 이윤이 극대화된다는 이해는 적절하지 않다.

② 생산량을 $Q_2$로 늘리면, 한계비용이 한계수입보다 커지므로 ~~이윤이 남지 않겠군.~~

→ ⟨보기⟩에서 생산량이 $Q_0$일 때는 한계수입과 한계비용이 일치하므로 이윤이 극대화되어 있다. 그런데 생산량을 $Q_2$로 늘리면 한계비용은 $P_0$에서 $P_2$로 증가하고, 한계수입은 시장 가격인 $P_0$ 그대로이므로 한계비용이 한계수입보다 큰 상태가 된다. 즉, 한계수입과 한계비용이 일치하지 않게 되었으므로, 극대화되었던 이윤은 줄어든다. 그런데 ❻-5에 따르면 주어진 생산량에서의 평균비용이 시장 가격보다 낮으면 이윤이 남는다. ⟨보기⟩를 살펴보면 생산량이 $Q_2$일 때 평균비용은 시장 가격인 $P_0$보다 아래에 있으므로 이윤이 남는 상태이다. 따라서 이윤이 남지 않을 것이라는 이해는 적절하지 않다.

③ 가격이 $P_0$로 유지되면, 생산량을 $Q_1$으로 줄여도 한계비용과 평균비용이 모두 줄어들기 때문에 ~~이윤에는 변함이 없겠군.~~

→ ⟨보기⟩에서 가격이 $P_0$로 유지될 때, 생산량을 $Q_1$으로 줄이면 한계비용은 한계수입($P_0$)보다 줄어들게 된다. 즉 생산량을 줄이기 전인, 한계비용과 한계수입이 일치하여 이윤이 극대화되었을 때보다 이윤은 줄어들게 된다.

④ 시장 수요의 감소로 가격이 $P_1$이 되면, ~~생산량을 $Q_1$으로 줄여야 평균비용이 제일 적게 들어가므로 손실을 0으로 만들 수 있겠군.~~

→ ❻-3에 따르면 상품의 시장 가격이 평균비용곡선의 최저점보다 낮을 때 손실이 발생한다. ⟨보기⟩에서 가격이 $P_1$이 되면, 가격이 평균비용곡선의 최저점에 미치지 못하므로 손실이 발생한다. 생산량을 $Q_1$으로 줄인다고 하더라도 $P_1$은 평균비용곡선의 최저점보다 낮으므로 손실은 0보다 클 것이다.

(1) 일치 (2) × (3) × (4) × (5) × (6) 생산량 (7) ○

선지＋   ⑥ ○   ⑦ ×   ⑧ ○

**선지＋**

⑥ 〈보기〉에서 가격이 $P_2$가 될 경우, 생산량을 $Q_2$로 늘리면 한계수입과 한계비용이 일치하여 이윤이 극대화될 것이다.

⑦ 〈보기〉에서 가격이 $P_1$이 될 경우, 생산량을 $Q_1$으로 줄인다고 하더라도 한계수입과 한계비용은 일치하지 않는다. 또한 ❻-3의 내용으로 볼 때, 가격($P_1$)이 평균비용곡선의 최저점에 미치지 못하므로 생산량에 관계없이 손실이 발생한다.

⑧ ❹-1에 따르면 한계비용과 한계수입이 일치할 때 기업의 이윤이 극대화된다. 〈보기〉에서 생산량을 $Q_1$으로 줄이면 한계수입($P_0$)과 한계비용이 일치하지 않아 이윤이 줄어든다. 한편 한계수입은 변동이 없으므로, 한계수입이 평균비용곡선보다 위에 있어 손실은 발생하지 않는다.

## 06 사법의 계약과 효력    72~74쪽

1 ③     2 ②     3 ①     4 ③

❶ [A] [1]사무실의 방충망이 낡아서 파손되었다면 세입자와 사무실을 빌려준 건물주 중 누가 고쳐야 할까? [2]이 경우, 민법전의 법조문에 의하면 임대인인 건물주가 수선할 의무를 진다. [3]그러나 사무실을 빌릴 때, 간단한 파손은 세입자가 스스로 해결한다는 내용을 계약서에 포함하는 경우도 있다. [4]이처럼 법률의 규정과 계약의 내용이 어긋날 때 어떤 것이 우선 적용되어야 하는가, 법적 불이익은 없는가 등의 문제가 발생한다. ▶ 법률 규정과 계약 내용이 어긋날 때 발생하는 문제

❷ [1]사법(私法)은 개인과 개인 사이의 재산, 가족 관계 등에 적용되는
〈사법의 개념〉
법으로서 이 법의 영역에서는 '계약 자유의 원칙'이 적용된다. [2]계약의
〈사법의 특징〉
구체적인 내용 결정 등은 당사자들 스스로 정할 수 있다는 것이다. [3]따라서 당사자들이 사법에 속하는 법률의 규정과 어긋난 내용으로 계약을 체결한 경우에 계약 내용이 우선 적용된다. [4]이처럼 법률상으로 규정되어 있더라도 당사자가 자유롭게 계약 내용을 정할 수 있는 법률 규정을
〈임의 법규의 개념〉
'임의 법규'라고 한다. [5]사법은 원칙적으로 임의 법규이므로,
〈사법은 임의 법규에 해당함.〉
사법으로 규정한 내용에 대해 당사자들이 계약으로 달리 정하지 않았다면 원칙적으로 법률의 규정이 적용된다. [6]위에서 본 임대인의 수선 의무 조항이 이에 해당한다. ▶ 사법의 계약 자유의 원칙 적용과 임의 법규의 개념

❸ [1]그러나 법률로 정해진 내용과 어긋나게 계약을 하면 당사자들에게 벌금이나 과태료 같은 법적 불이익이 있거나 계약의 효력이 부정되는 예외적인 경우도 있다. [2]우선, 체결된 계약 내용이 법률에 정해진 내용과 어긋날 때 법적 불이익이 있지만 계약의 효력 자체는 그대로
〈단속 법규의 개념〉
두는 경우가 있다. [3]이에 해당하는 법조문을 '단속 법규'라고 한다. [4]공
〈계약 자유의 원칙이 제한되는 경우 ①〉
인 중개사가 자신이 소유한 부동산을 고객에게 직접 파는 것을 금지하
〈단속 법규에 해당하는 구체적 사례〉
는 규정은 단속 법규에 해당한다. [5]따라서 ㉠이 규정을 위반하여 공인 중개사와 고객이 체결한 매매 계약의 경우 공인 중개사에게 벌금은 부
〈단속 법규 적용의 결과〉
과되지만 계약 자체는 유효이다. [6]이 경우 계약 내용에 따른 행동인 급
〈급부의 개념〉
부(給付)를 할 의무가 인정되어, 공인 중개사는 매물의 소유권을 넘겨 주고 고객은 대금을 지급해야 하는 것이다.
▶ 사법의 계약 자유의 원칙이 제한되는 경우 ①: 단속 법규

❹ [1]한편 체결된 계약 내용이 법률에 정해진 내용과 어긋날 때 법적 불이익이 있을 뿐 아니라 체결된 계약의 효력 자체도 인정되지 않아
〈강행 법규의 개념〉
급부 의무가 부정되는 경우가 있다. [2]이에 해당하는 법조문을 '강행 법
〈계약 자유의 원칙이 제한되는 경우 ②〉
규'라고 한다. [3]이 경우 계약 당사자들은 상대에게 급부를 하라고 요구할 수는 없다. [4]이미 급부를 이행하여 재산적 이익을 넘겨주었다면 이 이익은 '부당 이득'에 해당하기 때문에 반환을 요구할 수 있다. [5]즉 '부당 이득 반환 청구권'이 인정된다. [6]의사와 의사 아닌 사람의 의료 기
〈강행 법규의 특징〉      〈강행 법규에 해당하는 구체적 사례〉
관 동업을 금지하는 법률 규정은 강행 법규이다. [7]따라서 ㉡의사와 의사 아닌 사람이 체결한 동업 계약은 계약의 효력이 부정된다. [8]다만 계
〈강행 법규 적용의 결과〉
약에 따라 이미 동업 자금을 건넸다면 이 돈을 반환하라고 요구하는
〈부당 반환 청구권이 인정되는 경우〉
것은 가능하다. ▶ 사법의 계약 자유의 원칙이 제한되는 경우 ②: 강행 법규

❺ [1]그러나 강행 법규에 의해 계약의 효력이 부정되었을 때 부당 이득 반환 청구권이 인정되지 않는 경우도 있다. [2]급부의 내용이 위조지폐 제작처럼 비도덕적이거나 반사회적인 행동이라면, 계약의 효력이 인정되지 않을 뿐 아니라 이미 넘겨준 이익을 돌려받을 권리도 부정되는 것이 원칙이다. ▶ 강행 법규의 부당 이득 반환 청구권이 부정되는 경우

❻ [1]국가가 개인 간의 계약에 개입하는 것은 국가 안보, 사회 질서, 공공복리 등의 정당한 입법 목적을 달성하기 위해서이다. [2]이 경우 계약
〈국가가 개인 간 계약에 개입하는 이유〉
의 자유를 제한하려면 필요한 만큼만 최소로 제한해야 한다는 '비례
〈비례 원칙의 개념〉
원칙'이 적용된다. [3]이로 인해 국가가 계약 당사자들에게 미치는 영향
〈비례 원칙의 영향〉
이 다양하게 나타나는 것이다.
▶ 국가가 개인 간 계약에 개입하는 이유와 비례 원칙의 적용

### 1   세부 내용 파악하기

**윗글에 대한 이해로 적절하지 않은 것은?**

정답인 이유

③ 단속 법규로 국가가 개인 간의 계약에 개입할 때에는 비례 원칙이 ~~적용되지 않는다.~~

   ↪ ❻-1~2에 따르면 '비례 원칙'은 국가가 정당한 입법 목적을 달성하기 위해 개인 간의 계약에 개입하여 그 자유를 제한할 때, 필요한 만큼만 최소로 제한해야 한다는 원칙이다. ❸의 '단속 법규' 또한 개

인 간의 계약에 적용되는 법규이므로, 국가가 단속 법규로 개인 간의 계약에 개입할 시 비례 원칙이 적용될 것이다.



① 임의 법규에 해당하는 법률 조항과 이에 어긋난 계약 내용 가운데 계약 내용이 우선 적용된다.

　➡ ❷-3~4에서 '임의 법규'는 계약 당사자들이 자유롭게 계약 내용을 정할 수 있는 법률 규정이며, 법률의 내용과 어긋난 내용으로 계약을 체결한 경우 계약 내용이 우선 적용됨을 확인할 수 있다.

② 임의 법규가 단속 법규에 비해 계약 자유의 원칙에 더 부합한다.

　➡ '임의 법규'는 법률의 규정과 어긋난 내용으로 계약을 체결하더라도 계약 내용이 우선 적용되는 반면(❷-3~4), '단속 법규'는 계약 내용이 법률 규정에 어긋날 때 법적 불이익이 있다(❸-1~3). 따라서 '임의 법규'가 '단속 법규'에 비해 계약 자유의 원칙에 더 부합한다고 볼 수 있다.

④ 단속 법규로 입법 목적을 달성할 수 있는 계약에 대해 강행 법규로 국가가 개입하는 것은 정당화될 수 없다.

　➡ ❻-1~2에 따르면 국가의 개인 간 계약 개입 시 계약의 자유를 필요한 만큼만 최소로 제한해야 한다는 '비례 원칙'이 적용된다. 이로 볼 때, 법적 불이익이 있지만 계약의 효력 자체는 그대로 두는 '단순 법규'로 입법 목적을 달성할 수 있는 계약임에도 계약의 효력까지 인정하지 않는 '강행 법규'로 국가가 개입하는 것은 정당화될 수 없다.

⑤ 강행 법규를 위반한 계약일 때 급부의 내용에 따라 부당 이득 반환 청구권의 인정 여부가 달라진다.

　➡ ❺-1~2에서 강행 법규에 의해 계약의 효력이 부정되었을 때, 급부의 내용이 비도덕적이거나 반사회적인 행동이라면 부당 이득 반환 청구권이 인정되지 않는다고 하였으므로 적절하다.

---

## 2　구체적 사례나 상황에 적용하기

**윗글을 참고할 때, [A]에 제시된 물음에 대한 답으로 맞는 것을 〈보기〉에서 고른 것은?**

> 〈보기〉
>
> ㄱ. 계약서에 방충망 수선에 관한 내용이 없으면 건물주가 수선 의무를 지고, 수선 의무를 계약에 포함하지 않은 것에 대한 법적 불이익은 누구에게도 없다.
>
> ㄴ. 계약서에 방충망 수선에 관한 내용이 없으면 세입자가 수선 의무를 지고, 건물주는 수선 의무를 계약에 포함하지 않은 것에 대해 법적 불이익을 받는다.
>
> ㄷ. 계약서에 세입자가 방충망을 수선한다는 내용이 있으면 세입자가 수선 의무를 지고, 법률 내용과 다르게 계약한 것에 대한 법적 불이익은 누구에게도 없다.
>
> ㄹ. 계약서에 세입자가 방충망을 수선한다는 내용이 있으면 세입자가 수선 의무를 지고, 건물주는 법률 내용과 다르게 계약한 것에 대해 법적 불이익을 받는다.



② ㄱ, ㄷ

　➡ ❷의 내용으로 볼 때, [A]의 방충망 수선에 대한 것은 법률상으로 규정되어 있더라도 당사자가 계약 내용을 자유롭게 정할 수 있으므로 임의 법규에 해당한다. ❷-3, 5에 따르면 임의 법규의 경우 사법의 계약 자유의 원칙에 따라 당사자들이 스스로 결정한 계약의 구체적인 내용이 있으면 계약 내용이 우선 적용되며, 그렇지 않을 경우 법률의 규정이 적용된다. 따라서 계약서에 방충망 수선에 관한 내용이 없다면 법률 규정에 따라 건물주가, 세입자가 방충망을 수선한다는 내용이 있다면 계약 내용에 따라 세입자가 수선 의무를 진다. 또한 이는 임의 법규에 해당하므로, 수선 의무를 계약에 포함하지 않은 것이나 법률 내용과 다르게 계약한 것에 대한 법적 불이익은 없다.



ㄴ. 계약서에 방충망 수선에 관한 내용이 없으면 ~~세입자~~(건물주)가 수선 의무를 지고, 건물주는 수선 의무를 계약에 포함하지 않은 것에 대해 법적 불이익을 ~~받는다~~(받지 않는다)

ㄹ. 계약서에 세입자가 방충망을 수선한다는 내용이 있으면 세입자가 수선 의무를 지고, 건물주는 법률 내용과 다르게 계약한 것에 대해 법적 불이익을 ~~받는다~~(받지 않는다)

---

## 3　정보 간의 관계 파악하기

**㉠과 ㉡의 공통점으로 가장 적절한 것은?**



① 법적 불이익을 받는 계약 당사자가 있다.

　➡ ㉠은 단속 법규의 적용을 받는 계약, ㉡은 강행 법규의 적용을 받는 계약이다. 단속 법규는 법적 불이익이 있지만 계약의 효력 자체는 그대로 두는 반면(❸-2), 강행 법규는 법적 불이익이 있을 뿐만 아니라 계약의 효력이 인정되지 않는다(❹-1). 즉, ㉠과 ㉡의 계약 모두 법적 불이익을 받는 계약 당사자가 있다.



② 계약 당사자들의 급부 의무가 인정되지 않는다.

　➡ ㉠은 계약의 효력이 그대로이므로 계약 내용에 따른 행동인 급부를 할 의무가 인정된다(❸-6). 한편 ㉡은 계약의 효력이 인정되지 않아 급부 의무가 부정된다(❹-1).

③ 계약에 따라 넘어간 재산적 이익을 반환해야 한다.

　➡ ㉠은 급부 의무가 인정되므로 반환을 요구할 수 없다(❸-6). 한편 ㉡은 '부당 이득 반환 청구권'이 인정되어 이미 급부를 이행하여 넘어간 재산적 이익의 반환을 요구할 수 있다(❹-4~5).

④ 법률 규정을 위반하였으므로 계약의 효력이 부정된다.

　➡ ㉠의 경우 벌금이 부과되지만 계약 자체는 유효하다(❸-5). 한편 ㉡의 경우는 계약의 효력이 부정된다(❹-7).

⑤ 계약 당사자가 계약의 구체적인 내용을 결정할 수 없다.

　➡ ㉠과 ㉡은 모두 개인과 개인 사이의 재산 등에 적용되는 '사법'의 영역에 해당하며 계약 자유의 원칙이 적용된다(❷-1). 따라서 ㉠, ㉡ 모두 계약 당사자가 계약의 구체적인 내용을 결정할 수 있다(❷-2).

**윗글을 참고할 때, 〈보기〉에 대한 반응으로 적절한 것은?**

〉 보기 〈

　농지를 빌리려는 A와 농지 주인인 B는 농지를 용도에 맞지 않게 사용하는 것에 합의하여 농지 임대차 계약을 체결하였다. 그리고 A는 B에게 농지 사용료를 지불하고 1년간 농지를 사용하였다. 농지법을 위반한 이 사안에 대해 대법원이 내린 판결은 다음과 같이 요약된다.

　(첫째, 법률을 위반하여 농지를 빌려 준 사람에게는 벌금이 부과된다. 둘째, 이 사건의 농지 임대차 계약은 농지법을 위반한 것이므로 무효이다. 셋째, 농지를 빌려 준 사람은 받은 사용료를 반환해야 한다. 넷째, 농지를 빌린 사람은 농지를 빌려 써서 얻은 이익을 농지를 빌려 준 사람에게 반환해야 한다.) ( ): 강행 법규가 적용됨.

▶정답인 이유

③ B에게 벌금을 부과하는 것만으로는 이 계약의 내용을 규제하는 법률의 입법 목적을 실현하기에 부족하다는 점을 고려하여 계약을 무효로 판결한 것이겠군.

　⤷ 〈보기〉에서 대법원은 B에게 벌금을 부과하고 계약의 효력도 인정하지 않았으므로, A와 B의 계약에 강행 법규가 적용되었음을 알 수 있다. ❻-1~2에 따르면 국가는 사회 질서, 공공복리 등의 정당한 입법 목적을 달성하기 위해 개인 간 계약에 개입하며, 비례 원칙에 따라 계약의 자유를 필요한 만큼만 최소로 제한한다. 이를 고려할 때, 〈보기〉의 대법원은 벌금만 부과하고 계약의 효력은 인정하는 단속 법규만으로는 입법 목적을 달성하기 어렵다고 보아 A와 B의 계약에 강행 법규를 적용한 것이라고 할 수 있다.

▶오답 피하기

① A와 B가 농지 임대차 계약을 체결할 때에는 사법(私法)의 적용을 받지 않겠군.

　⤷ ❷-1에 따르면 사법은 개인과 개인 사이의 재산, 가족 관계 등에 적용되는 법이다. 〈보기〉의 A와 B의 임대차 계약은 개인과 개인 사이의 재산과 관련된 것이므로 사법의 적용을 받는다.

② B에게 벌금을 부과하는 것은 A와 B가 맺은 농지 임대차 계약이 효력이 있음을 인정하지 않았기 때문이겠군.

　⤷ ❹-1~2의 내용으로 볼 때, 〈보기〉의 판결에서 B에게 법적 불이익을 주는 것은 체결된 계약 내용이 법률에 정해진 내용과 어긋나기 때문이다.

④ A가 농지를 빌려 써서 얻은 이익을 B에게 반환하라고 판결한 것은 급부의 내용이 비도덕적이거나 반사회적인 행동에 해당한다고 판단했기 때문이겠군.

　⤷ ❺-1~2에 따르면 급부의 내용이 비도덕적이거나 반사회적인 행동일 경우 강행 법규의 '부당 이득 반환 청구권'은 인정되지 않는다. 〈보기〉의 판결에서 대법원은 A가 농지를 빌려 써서 얻은 이익을 부당 이익으로 보아 이를 B에게 반환하라는 '부당 이득 반환 청구권'을 인정하고 있으므로, 급부의 내용이 비도덕적이거나 반사회적인 행동에 해당하지 않는다고 판단했을 것이다.

⑤ B가 A에게서 받은 사용료를 반환하라고 판결한 것은 사용료가 부당 이득에 해당하지 않는다고 판단했기 때문이겠군.

　⤷ ❹-4에서 강행 법규의 경우 이미 급부를 이행하여 넘긴 재산적 이익은 부당 이득에 해당하기 때문에 반환을 요구할 수 있다고 하였다. 즉, 〈보기〉에서 대법원이 B가 A에게서 받은 사용료를 반환하라고 판결한 것은 사용료가 부당 이득에 해당한다고 판단했기 때문이다.

---

### 문제 하이라이트　　　　　75쪽

(1) 개인 (2) × (3) × (4) ○ (5) 급부 (6) × (7) ×

- - - - - - - - - - - - - - - - - - - - - - - - - -

**선지 ＋**　⑥ × ⑦ × ⑧ ○

---

**선지 ＋**

⑥ ❹-1~2에서 강행 법규의 경우 법적 불이익이 부과되고 계약의 효력 자체가 인정되지 않아 급부 의무가 부정된다고 하였다. 〈보기〉의 판결은 강행 법규가 적용된 것으로, A가 B에게 사용료를 지불하고 농지를 사용한 것은 계약 당사자들이 이미 급부를 이행한 것일 뿐, 급부의 의무가 있기 때문이라고 볼 수 없다.

⑦ ❹-1~2의 내용으로 볼 때, 〈보기〉의 판결에서 B에게 벌금을 부과한 것은 A와 B 사이에서 체결된 계약 내용이 법률에 정해진 내용과 어긋나기 때문이다. 즉 'A와 B가 농지를 용도에 맞지 않게 사용하는 것에 합의'한 것을 법적 불이익이 부과된 원인으로 보아야 한다.

⑧ ❻-1~2에 따르면 국가는 개인 간 계약 개입 시 '비례 원칙'에 따라 계약의 자유를 필요한 만큼만 최소로 제한한다. 〈보기〉의 판결은 국가가 '강행 법규'를 적용하여 개인 간의 계약을 중재한 것으로 비례 원칙이 적용되었다고 보는 것이 적절하다.

---

### 필수 어휘 ZIP　　　　　76쪽

**1** (1) 근간 (2) 이의 (3) 심리　　**2** (1) ㉠ (2) ㉢ (3) ㉡　　**3** (1) 기인한 (2) 개입시키지 (3) 유치하기로 (4) 견제하며　　**4** ⑤　　**5** (1) 우발성 (2) 임대료 (3) 공조 체제 (4) 미장센　**6** (1) × (2) × (3) ○ (4) ○

## 01 상과 상변화

78~80쪽

**1** ①　　**2** ⑤　　**3** ④　　**4** ①

---

**❶** ¹물질은 여러 가지 다른 상(phase)으로 존재할 수 있다. ²물질의 상이란 화학적 조성은 물론 물리적 상태가 전체적으로 균질한 물질의 형태를 말하며, 일반적으로 고체, 액체, 기체로 구분된다. ³고체는 일정한 부피와 모양을 가지고 있으며, 물질을 구성하는 원자들이 각자의 위치를 중심으로 결합되어 서로 고정된 상태이다. ⁴액체는 일정한 부피를 가지나 모양이 일정하지는 않으며, 물질을 구성하는(분자 간 인력이 분자 위치를 고정할 만큼 강하지 못하여 분자가 액체 내부를 무질서하게 돌아다니는 상태이다. ⁵기체는 부피와 모양이 모두 일정하지 않으며, 물질을 구성하는 분자 간 인력이 매우 작은 편으로 기체의 분자 간 평균적인 거리는 고체나 액체일 경우에 비해 매우 먼 상태이다.
　　▶ 상의 개념과 세 가지 상의 특성

**❷** ¹물질은 압력과 온도 조건의 변화에 따라 다른 상으로 변할 수 있다. ²화학적 조성의 변화는 수반되지 않으면서 물질의 상이 전환되는 현상을 상변화(phase change)라 하며, 압력은 동일하지만 온도가 더 높은 조건에서 존재하는 상일 때의 물질을 높은 상 물질이라고 한다. ³이러한 모든 상변화에서는 물질의 내부 에너지 변화가 일어나는 특징이 있다.
　　▶ 상변화의 개념과 특징

**❸** ¹상평형 그림(phase diagram)은 닫힌계에서 압력과 온도 조건의 변화에 따른 물질의 상변화를 나타낼 수 있는 방법이다. ²제시된 〈그림〉은 물의 상평형 그림으로, 압력과 온도 조건에 따른 물의 상을 보여 준다. ³상평형 그림에서 상과 상 사이의 선들을 상 경계라고 하는데, 선의 각 점은 두 상이 평형을 이루는 압력과 온도 조건을 나타내며, 상 경계는 두 상이 평형을 이루는 압력과 온도 조건의 집합이 된다. ⁴상평형 그림에서 고체상과 액체상이 평형을 이루는 조건을 융해 곡선, 기체상과 고체상이 평형을 이루는 조건을 승화 곡선, 기체상과 액체상이 평형을 이루는 조건을 증기 압력 곡선이라 한다.
　　▶ 상평형 그림의 선과 점의 의미



〈그림〉

---

**❹** ¹닫힌계에서 기체상과 액체상이 평형을 이루는 상태에 대해 설명해 보자. ²액체가 기체로 상이 전환되는 것은, 같은 온도에서도 액체의 분자가 각각 서로 다른 에너지를 가지고 있을 수 있어서 그중 높은 에너지를 갖는 분자가 증발할 수 있기 때문이다. ³액체의 분자들을 한데 묶어 두는 분자 간 인력이 존재함에도 불구하고, 액체의 표면에 있는 분자들은 각각 다른 정도의 운동 에너지를 갖기 때문에 그중 운동 에너지가 큰 분자들은 분자 간 인력을 극복하고 증발하여 기체 상태로 변한다. ⁴하지만 기체의 분자들 일부는 반대로 에너지를 잃고 응결되어 액체로 변한다. ⁵그리고 (이러한 과정의 초기에는 액체의 표면을 떠나는 분자의 수가 돌아오는 수보다 훨씬 많으나, 기체의 분자 수 증가로 기체의 압력 또한 높아져 액체의 표면에서 응결되는 분자 수 또한 증가하게 된다.) ⁶결국 분자들의 증발 또는 응결은 지속적으로 이루어지고 있으나, 특정한 압력과 온도 조건에서 액체의 증발 속도와 기체의 응결 속도는 같아지게 되어 거시적으로 평형을 유지하게 된다. ⁷그리고 이러한 상태에서의 압력과 온도 조건들이 상평형 그림의 증기 압력 곡선이 된다.
　　▶ 기체상과 액체상이 평형을 이루는 상태가 되는 과정과 증기 압력 곡선

[A]

**❺** ¹한편, 위 〈그림〉에서 고체와 기체 사이의 상 경계를 따라가면 두 선이 분기하는 점이 나타난다. ²이 점은 세 개의 상이 평형을 이루며 공존하는 상태로, ㉠삼중점(triple point)이라고 한다. ³그리고 액체와 기체 사이의 상 경계를 따라가면 선이 끝나는 임계점을 만나는데, 이때의 온도를 임계 온도, 압력을 임계 압력이라 한다. ⁴임계 온도는 아무리 압력을 높여도 기체가 액화되지 않는 온도이며, 임계 압력은 아무리 온도를 높여도 액체가 증발되지 않는 압력으로, 임계점에서 두 상은 액체도 기체도 아닌 초임계 유체를 형성한다.
　　▶ 삼중점과 임계점의 개념

---

### 1 ｜ 전개 방식 파악하기

**윗글에 대한 설명으로 가장 적절한 것은?**

**정답인 이유**

① 물질의 상과 상변화 개념을 제시하고, 상평형 그림을 활용하여 물질의 상변화를 설명하고 있다.

　➜ 이 글은 ❶～❷에서 물질의 상과 상변화의 개념을 제시하고, ❸～❺에서 상평형 그림을 활용하여 상변화를 설명하고 있다.

**오답 피하기**

② 물질의 상을 구분하고, 압력 변화에 따라 물질을 구성하는 원자나 분자가 달라지는 원인을 분석하고 있다.

　➜ ❶-2에서 물질의 상을 고체, 액체, 기체로 구분하고 있다. 그러나 이 글은 화학적 조성의 변화는 수반되지 않으면서 압력과 온도 조건에 따라 물질의 상이 전환되는 상변화에 대해 설명하고 있을 뿐(❷-2), 물질을 구성하는 원자나 분자가 달라지는 원인을 분석한 것이 아니다.

③ 물질이 물리적 형태에 따라 나타내는 특성들을 제시하고, 다양한 물질의 예를 들어 각 특성들을 설명하고 있다.

　➜ ❶-3～5에서 고체, 기체, 액체의 특성에 대해 설명하고 있으나, 다양한 물질의 예를 들지 않았다.

④ 물질의 상과 상변화의 관련성을 설명하고, 압력과 온도 변화에 따른 물질의 화학적 조성 변화 원인을 분석하고 있다.

➡ ❶~❷에서 상과 상변화의 개념을 설명하고 있으나, 이 둘의 관련성을 언급한 부분은 글에 나타나지 않는다. 또한 이 글은 화학적 조성의 변화는 수반되지 않으면서 압력과 온도 조건에 따라 물질의 상이 전환되는 상변화에 대해 설명하고 있을 뿐(❷-2), 물질의 화학적 조성 변화 원인을 분석한 것이 아니다.

⑤ 물질의 상변화 과정에서 나타나는 압력과 온도 사이의 상관성을 분석하고, 물질의 화학적 변화 이유를 제시하고 있다.

➡ 이 글은 상평형 그림을 통해 압력과 온도 조건에 따른 물질의 상을 설명하고 있을 뿐, 상변화 과정에서 나타나는 압력과 온도의 상관성을 분석하거나 물질의 물리적 변화 이유를 제시하고 있지 않다.



〈보기〉와 윗글의 〈그림〉을 관련지어 이해한 내용으로 적절하지 <u>않은</u> 것은?

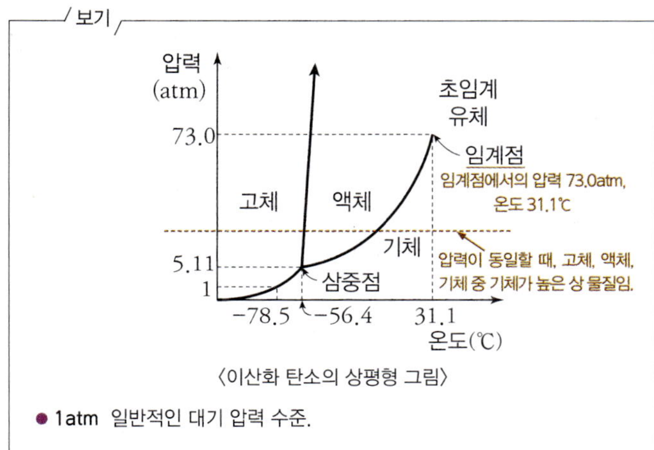


● 1atm 일반적인 대기 압력 수준.



⑤ 물과 이산화 탄소는 어떤 압력과 온도 조건에서도 고체에서 기체로의 상변화가 일어날 수 없겠군.

➡ ❸-4에 따르면 상평형 그림에서 기체상과 고체상이 평형을 이루는 조건을 '승화 곡선'이라 한다. 이 글의 〈그림〉과 〈보기〉에서는 모두 삼중점 이하의 온도와 압력에 승화 곡선이 나타나 있으므로, 물과 이산화 탄소 모두 삼중점 이하의 온도와 압력이라는 조건을 만족하면 고체에서 기체로의 상변화가 일어날 수 있다.



① 이산화 탄소는 물에 비해 임계점이 상대적으로 더 낮은 압력과 온도 조건에 있군.

➡ 〈보기〉에 나타난 임계점의 압력(73.0atm)과 온도(31.1℃)는 이 글의 〈그림〉에 나타난 임계점의 압력(217.7atm)과 온도(374.4℃)보다 낮다. 따라서 이산화 탄소가 물에 비해 임계점이 더 낮은 압력과 온도에 있다.

② 이산화 탄소는 물과 달리 일반적인 대기 압력 수준에서 액체로 존재할 수 없겠군.

➡ 이 글의 〈그림〉에서 물은 1atm일 때, 0℃와 100℃ 사이에서 액체상으로 존재한다. 반면 〈보기〉에서 이산화 탄소는 1atm일 때, 고체상 또는 기체상이며, 어떤 온도에서든 액체상으로 존재할 수 없다.

③ 물과 이산화 탄소는 동일한 압력 조건에서 고체, 액체, 기체 중 기체가 높은 상 물질이겠군.

➡ ❷-2에 따르면 '높은 상 물질'이란 압력은 동일하지만 온도가 더 높은 조건에서 존재하는 상일 때의 물질을 말한다. 이 글의 〈그림〉과 〈보기〉 모두 압력이 같을 때 고체, 액체, 기체 중 온도가 더 높은 조건에서 존재하는 물질은 기체이므로, 물과 이산화 탄소는 모두 기체가 높은 상 물질이다.

④ 물은 이산화 탄소와 달리 온도가 높아질수록 고체와 액체 간 평형을 이루는 압력이 낮아지겠군.

➡ ❸-4에 따르면 상평형 그림에서 고체상과 액체상이 평형을 이루는 조건을 '융해 곡선'이라 한다. 이 글의 〈그림〉에서 융해 곡선을 보면 온도가 높아질수록 압력이 낮아지는 반면, 〈보기〉의 융해 곡선에서는 온도가 높아질수록 압력도 높아지는 것을 확인할 수 있다. 따라서 물은 이산화 탄소와 달리 온도가 높아질수록 고체와 액체 간 평형을 이루는 압력이 낮아진다.



[A]를 참고하여 〈보기〉를 이해한 내용으로 적절하지 <u>않은</u> 것은?

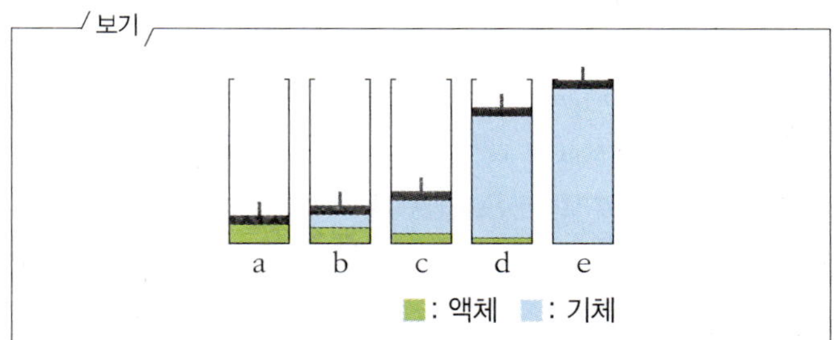


제시된 그림은 액체가 담긴 밀폐된 용기의 피스톤을 위로 당기는 과정을 단계적으로 도식화한 것이다. 그림의 a~e는 일정한 온도에서 압력의 감소에 따라 연속적으로 일어나는 액체에서 기체로의 전환을 보여 준다. a에서 e의 순서로 진행되며, a는 액체 상태, c만 상평형 상태, e는 기체 상태이다.



④ c에서 e까지의 과정에서 액체의 분자와 기체의 분자는 모두 분자 간 인력이 커질 것이다.

➡ 〈보기〉 그림에서 c에서 e까지의 과정은 액체상과 기체상이 평형을 이루는 상태에서 기체가 되는 과정이다. ❹-3에 따르면 액체는 분자 간 인력이 존재함에도 불구하고 그중 운동 에너지가 큰 분자들

은 분자 간 인력을 극복하고 증발하여 기체 상태로 변한다고 하였다. 또한 ❶-4~5의 내용으로 볼 때, 액체에 비해 기체 분자 간 인력은 매우 작은 편이므로 c에서 e까지의 과정에서 분자 간 인력은 점차 작아질 것이다.



① a에서 e까지의 과정에서 액체의 분자 수는 감소하고 기체의 분자 수는 증가할 것이다.

➔ 〈보기〉에 따르면 그림의 a~e는 액체에서 기체로 상이 전환되는 과정이다. ❹-2~3에서 액체가 기체로 상이 전환되는 것은 액체 분자 중 일부가 증발하여 기체 상태로 변하는 것이라고 하였으므로, 〈보기〉 그림의 a~e 과정에서 액체의 분자 수가 감소하고 기체의 분자 수는 증가할 것이다.

② b는 액체의 표면을 떠나는 분자의 수가 기체에서 액체로 돌아오는 분자의 수보다 많은 상태일 것이다.

➔ 〈보기〉 그림에서 b는 액체가 기체로 상이 전환되는 초기 과정에 해당한다. ❹-5에서 이러한 과정의 초기에는 액체의 표면을 떠나는 분자의 수가 돌아오는 수보다 훨씬 많다고 하였으므로 ②의 이해는 적절하다.

③ c는 액체의 분자가 증발하는 속도와 기체의 분자가 응결하는 속도가 같은 상태일 것이다.

➔ 〈보기〉 그림의 c는 액체상과 기체상이 평형을 이루는 상평형 상태이다. ❹-6에서 특정한 압력과 온도 조건에서 액체의 증발 속도와 기체의 응결 속도가 같아지게 되어 거시적으로 평형을 유지하게 된다고 하였으므로, c의 상평형 상태에서는 액체 분자의 증발 속도와 기체 분자의 응결 속도가 같을 것이다.

⑤ e는 a에 비해 분자 간 평균적인 거리가 먼 상태일 것이다.

➔ 〈보기〉 그림의 e는 기체 상태, a는 액체 상태이다. ❶-5에서 기체는 분자 간 평균 거리가 고체나 액체일 경우에 비해 매우 먼 상태라고 하였으므로 ⑤의 이해는 적절하다.

4 생략된 정보 추론하기

㉠에 대한 이해로 가장 적절한 것은?
삼중점


① 물질이 분자 수준에서는 상변화가 일어나고 있으나 거시적으로는 세 가지 상이 평형을 유지하고 있는 상태를 의미한다.

➔ ❺-2에 따르면 '㉠(삼중점)'이란 고체, 액체, 기체의 세 가지 상이 평형을 이루며 공존하는 상태이다. ❹-6에서 액체가 기체로 상이 전환되는 과정을 설명하며 분자들의 증발 또는 응결은 지속적으로 이루어지고 있으나, 특정 온도와 압력에서 액체의 증발 속도와 기체의 응결 속도는 같아지게 되어 거시적으로 평형을 유지하게 된다고 하였다. 이를 고려할 때, 세 가지 상이 평형을 이루는 ㉠에서도 분자 수준에서 물질의 상변화가 일어나고 있으나, 거시적으로는 세 가지 상이 평형을 유지하고 있다고 볼 수 있다.



② 물질이 일정한 부피와 모양을 유지하면서 화학적 조성과 물리적 형태에는 변화가 없는 상태를 의미한다.

➔ ❷-2에 따르면 상변화에는 화학적 조성의 변화가 수반되지 않으나, ❹-6의 내용으로 볼 때 ㉠에서는 분자 수준의 변화가 지속적으로 일어나므로 물리적 형태에 변화가 있다고 볼 수 있다. 이에 따라 ㉠에서 물질이 일정한 부피와 모양을 유지하고 있다고 보기 어렵다. 일정한 부피와 모양을 유지하는 것은 고체에 해당하는 설명이다(❶-3).

③ 물질이 세 가지 상으로 구별되나 압력과 온도의 변화에도 특정한 상을 유지하려는 상태를 의미한다.

➔ ❹-6에서 물질이 상변화 과정을 거칠 때 '특정 온도와 압력'에서 '거시적으로 평형을 유지하게 된다'고 하였다. 이를 고려할 때, ㉠은 세 가지 상이 평형을 이루는 특정 압력과 온도를 의미한다고도 볼 수 있다. 따라서 ㉠에서 압력과 온도가 변화한다면 세 가지 상의 평형 상태는 깨지게 될 것이다. 또한 ❺-2에 따르면 삼중점에서는 세 가지 상이 평형을 이루며 공존하므로 '특정한 상을 유지하려는 상태'라는 이해는 적절하지 않다.

④ 물질을 구성하는 분자 간의 인력이 강해지나 물질의 내부 에너지는 증가하는 상태를 의미한다.

➔ ❺-2에 따르면 삼중점에서는 세 가지 상이 공존하는데, 이때 분자 간 인력이 강해진다면 세 가지 상의 평형이 유지되지 않을 것이다. 한편 ㉠에서 물질의 내부 에너지가 증가한다는 내용은 글에서 확인할 수 없다.

⑤ 물질의 내부 에너지가 증가하며 지속적으로 압력과 온도가 상승하는 상태를 의미한다.

➔ ㉠에서 물질의 내부 에너지가 증가한다는 내용은 글에서 확인할 수 없다. 또한 ㉠은 세 가지 상이 평형을 이루며 공존하는 특정한 압력과 온도를 가리키므로, ㉠이 '지속적으로 압력과 온도가 상승하는 상태'를 의미한다고 본 것은 적절하지 않다.

---

**문제 하이라이트**　　81쪽

(1) 상변화 (2) ○ (3) 원인 (4) × (5) × (6) × (7) ×

선지 ➕　⑥ × ⑦ ○ ⑧ ×

선지 ➕

⑥ ❶-2~5에서 물질의 물리적 형태를 세 가지(고체, 액체, 기체)로 나누어 각각의 특성을 제시하고 있으나, 그 특성이 활용되는 분야를 소개하고 있지 않다.

⑦ 이 글은 ❶~❷에서 상과 상변화의 개념을 설명하고 있다. 그런 뒤 ❸에서 물의 상평형 그림을 제시하고, 이를 활용하여 ❹에서 증기 압력 곡선, ❺에서 삼중점에 대해 설명하고 있다.

⑧ 이 글은 ❸~❺에서 상평형 그림에 대해 설명하기 위해 물의 상평형 그림을 활용했을 뿐, 물의 상변화 과정에서 다른 물질과 구별되는 물의 특성을 제시하고 있지 않다.

❶ ¹약은 생체의 작용에 영향을 미쳐 생물학적 효과를 내기 위한 목적으로 이용하는 의약품을 말한다. ²약은 생체에서 수용체와 결합하여 유익 작용 및 유해 작용을 나타내는 방식을 취하기도 한다. ³이 경우 약은 생체의 리간드와 유사한 화학적 분자 구조를 가진 성분을 포함하는데, 이러한 성분으로 인해 약은 생체 내에서 리간드로 기능한다. ⁴여기서 리간드란 수용체와 결합하여 신경 자극이나 화학 반응과 같은 생물학적 반응을 촉발할 수 있는 물질이다. ⁵생체 내에서 수용체와 친화성이 높은 리간드가 결합하면, 리간드와 결합한 수용체의 작용에 의해 생체의 변화가 일어나기도 하고, 수용체에 의해 리간드의 구조 변화가 일어남으로써 이후의 생물학적 반응이 유도되기도 한다. ⁶이러한 점에서 약은 특정 수용체와 결합할 수 있는 리간드를 인위적으로 생체에 증가시킴으로써 리간드와 결합한 수용체의 수가 일정 시간 동안 일정 수준 이상이 되게 하여 효과를 낸다고 할 수 있다.
▶ 약이 생체 내에서 기능하는 방식

❷ ¹대체로 약은 병원체에 작용하거나 생체에 직접 작용하는 방식으로 생물학적 효과를 낸다. ²박테리아나 바이러스에 의한 질병의 치료에 활용되는 항생제나 항바이러스제 등은 전자의 방식에 해당하는 경우가 많다. ³가령 박테리아에 의한 질병 치료에 사용되는 ㉠설파제는, 인간과 박테리아가 모두 대사 과정에 엽산이라는 물질을 필요로 하는데 엽산을 섭취하여 사용할 수 있는 인간과 달리 박테리아는 엽산을 스스로 만들어야만 한다는 점을 이용한다. ⁴박테리아는 엽산을 만들기 위한 수용체를 가지고 있는데, 파라아미노벤조산(PABA)이 그 수용체와 결합하여 최종적으로 엽산이 된다. ⁵박테리아에 감염된 환자가 설파제를 복용하면 설파제는 체내에서 화학적 변화를 거쳐 PABA와 분자 구조가 매우 유사한 설파닐아마이드가 되어 PABA가 결합할 수용체와 먼저 결합한다. ⁶이로 인해 박테리아는 엽산을 만들지 못하고 결국 죽게 된다.
▶ 약이 병원체에 작용하는 방식 ①: 박테리아에 작용하는 항생제

❸ ¹항바이러스제는, 스스로는 증식하지 못하고 다른 세포에 기생하여 DNA 복제 과정을 거치며 증식하는 바이러스의 특성을 활용하여, 바이러스에 감염된 세포의 증식을 막는 방식으로 바이러스 확산을 억제하기도 한다. ²㉡뉴클레오사이드 유도체를 포함한 항바이러스제가 이러한 방식의 약에 해당한다. ³뉴클레오사이드 유도체는 뉴클레오타이드와 유사하지만, 뉴클레오사이드 유도체가 세포의 DNA나 RNA의 수용체와 결합하면 결과적으로 DNA 복제 과정이 이루어지지 않는다. ⁴또한 뉴클레오사이드 유도체는 바이러스에 감염된 세포와는 쉽게 결합하지만 감염되지 않은 세포와는 잘 결합하지 않는 특성이 있다. ⁵이 때문에 뉴클레오사이드 유도체는 바이러스에 감염된 세포들이 더 이상 증식하지 못하게 할 수 있으며, 이를 통해 바이러스 확산을 억제한다.
▶ 약이 병원체에 작용하는 방식 ②: 바이러스에 작용하는 항바이러스제

❹ ¹한편 신경작용제는 신경전달물질의 작용에 관여하는 방식으로 사람의 정신이나 행동에 영향을 주는 생물학적 효과를 내는 약이다. ²하나의 뉴런에서 발생한 전기 신호는 뉴런 말단에 도달하여 신경전달물질을 분비하게 하고, 이러한 신경전달물질은 연접한 다른 뉴런에 존재하는 수용체에 화학 신호를 전달함으로써 연접한 뉴런 간에 신호를 전달하는 매개체의 역할을 한다. ³우울증과 관련된 것으로 알려진 신경전달물질인 세로토닌이나 노르에피네프린은, 보통 후(後)연접 뉴런 수용체에서 기능을 다하고 전(前)연접 뉴런에 재흡수되는 과정을 거치는데, 이 과정에서 뉴런 간 연접 틈새에서 세로토닌이나 노르에피네프린의 농도가 낮아지면 우울증이 나타나는 것으로 알려져 있다. ⁴항우울제는 연접 틈새에서 이들 신경전달물질의 부족을 해소하는 방식으로 약효를 낸다. ⁵TCA 항우울제는 전연접 뉴런의 수용체와 결합하여 신경전달물질의 재흡수가 일어나지 않도록 하는 방식으로, SNRI 항우울제는 신경전달물질의 재흡수를 억제하거나 후연접 뉴런의 수용체와 결합하는 방식으로, 연접 틈새에서 신경전달물질의 농도가 높아진 것과 같은 효과를 낸다.
▶ 약이 생체에 작용하는 방식: 신경전달물질의 작용에 관여하는 신경작용제

❺ ¹대부분의 약들은 약효가 여러 가지인 경우가 많기 때문에 두 가지 약을 함께 복용하면 이들 약의 일차적인 약효는 서로 다를지라도 이차적인 약효는 같을 수 있어, 공통되는 이차적인 약효가 한층 커질 수 있다. ²이와 같이 약들이 서로 도와 약효를 높이는 효과를 상승효과라고 한다. ³한편 약을 장기간 남용하게 되면 수용체의 민감도가 떨어지게 되어, 결과적으로 기존과 동일한 효과를 내기 위해서 더 많은 약을 필요로 하게 되는 내성이 생길 수 있다.
▶ 약의 상승효과와 내성 문제

---

**1  세부 내용 파악하기**

윗글의 내용과 일치하지 <u>않는</u> 것은?

**정답인 이유**

⑤ 약은 생체의 대사 작용에 관여하는 물질을 제거함으로써 병원체를 직접적으로 죽게 할 수 있다.

➦ ❷에서 대사 작용에 관여하는 약인 '설파제'의 작용 방식을 제시하고 있다. ❷-5~6에 따르면 설파제는 박테리아의 대사 과정에 필요한 물질인 엽산을 만들지 못하게 할 뿐, 엽산을 제거하거나 병원체인 박테리아를 직접적으로 죽게 하는 것이 아니다.

**오답 피하기**

① 약을 두 종류 이상 함께 복용하면 상승효과가 나타날 수 있다.

➦ ❺-1~2에서 확인할 수 있다.

② 약은 생체의 신경 자극이나 화학 반응을 조절하는 효과를 낼 수 있다.

➦ ❶-3~4에서 약은 생체 내에서 리간드로 기능하는데, 리간드는 신경 자극이나 화학 반응과 같은 생물학적 반응을 촉발할 수 있다고 하였으므로 적절하다.

③ 약은 생체에서 수용체와 결합하여 유익 작용과 유해 작용을 나타낼 수 있다.

➡ ❶-2에서 확인할 수 있다.

④ 약은 생체의 리간드와 유사한 물질을 포함하여 생체의 생물학적 반응을 조절할 수 있다.

➡ ❶-3~4에서 약은 생체의 리간드와 유사한 화학적 분자 구조를 가진 성분을 포함하며, 리간드는 수용체와 결합하여 생물학적 반응을 촉발할 수 있다고 하였으므로 적절하다.

## 2  세부 내용 파악하기

[A]를 이해한 내용으로 가장 적절한 것은?

**정답인 이유**

③ 약을 복용하면 리간드와 결합된 수용체의 수가 일정 시간 동안 복용 전보다 많은 정도가 유지된다.

➡ ❶-6에서 약은 특정 수용체와 결합할 수 있는 리간드를 인위적으로 생체에 증가시키며, 이로 인해 생체에서는 리간드와 결합한 수용체의 수가 일정 시간 동안 일정 수준 이상으로 유지된다고 하였다. 따라서 약을 복용하기 전보다 복용 후에 리간드와 결합된 수용체의 수가 일정 시간 동안 많은 정도로 유지된다는 이해는 적절하다.

**오답 피하기**

① 생체에서 ~~리간드에 의해 수용체의 구조에 변화~~가 일어나면 ~~세포의 기능에 변화~~가 일어난다.

➡ ❶-5에서 생체 내에서 수용체와 리간드가 결합한 경우 리간드와 결합한 '수용체의 작용에 의해' 생체의 변화가 일어나거나 리간드의 구조 변화가 일어난다고 하였으므로 적절하지 않다.

② 생체에서 생물학적 반응이 일어나면 ~~수용체와 리간드는 동일한 화학적 분자 구조로~~ 변화된다.

➡ ❶-5에 따르면 생체에서는 리간드와 결합한 수용체의 작용에 의해 '리간드의 구조가 변화됨'에 따라 '이후의 생물학적 반응이 유도'된다고 하였으므로 적절하지 않다.

④ 약의 효과를 높이기 위해서는 약이 ~~생체의 리간드와~~ 친화성이 높은 리간드를 많이 포함하고 있어야 한다.

➡ ❶-3~6에 따르면 약은 생체에서 리간드로 기능하며 생체의 수용체와 결합하여 약효를 낸다. 이때 ❶-5에서 리간드는 수용체와 친화성이 높다고 하였으므로, 약의 효과를 높이기 위해서는 약이 '생체의 수용체와' 친화성이 높은 리간드를 포함하고 있어야 한다.

⑤ ~~수용체와~~ 동일한 화학적 분자 구조를 가진 물질을 포함한 약은 생체에서 생물학적 효과를 더 크게 일으킨다.

➡ ❶-3에서 약은 '리간드와 유사한' 화학적 분자 구조를 가진 성분을 포함한다고 하였으며, ❶-6에서 약이 특정 수용체와 결합할 수 있는 '리간드'를 인위적으로 생체에 증가시켜 약효를 낸다고 하였다.

## 3  정보 간의 관계 파악하기

㉠, ㉡에 대한 설명으로 적절하지 <u>않은</u> 것은?

**정답인 이유**

⑤ ~~㉠과 ㉡ 모두 병원체와 생체가 공통적으로 필요로 하는 물질을 사용하여~~ 병원체의 확산을 억제한다.

➡ ❷-3~6에서 인간과 박테리아는 공통적으로 대사 과정에 '엽산'을 필요로 하며, ㉠(설파제)은 엽산을 사용하는 것이 아니라 체내에서 설파닐아마이드가 되어 박테리아의 작용을 방해한다고 하였다. 한편 ❸-3~5에서 ㉡(뉴클레오사이드 유도체를 포함한 항바이러스제)은 DNA 복제 과정에 필요한 '뉴클레오타이드'와 유사한 구조의 뉴클레오사이드 유도체를 활용하여 바이러스의 확산을 억제한다고 하였다. 따라서 ㉠, ㉡이 모두 병원체와 생체가 공통적으로 필요로 하는 물질(엽산, 뉴클레오타이드)을 사용하여 병원체의 확산을 억제한다는 설명은 적절하지 않다.

**오답 피하기**

① ㉠은 생체 내에서 화학적 변화를 거친 후 약효를 발휘한다.

➡ ❷-5에서 ㉠은 화학적 변화를 거친 후 설파닐아마이드가 되어 수용체와 결합함으로써 약효를 발휘한다고 하였으므로 적절하다.

② ㉠은 병원체가 대사 과정에서 필요로 하는 물질의 생성을 방해하여 병원체의 사멸을 유도한다.

➡ ❷-3~6에서 ㉠은 병원체(박테리아)가 대사 과정에서 필요로 하는 물질(엽산)의 생성을 방해하여 박테리아의 사멸을 유도한다고 하였으므로 적절하다.

③ ㉡은 바이러스에 감염된 세포의 복제 과정에 개입하여 DNA 바이러스의 확산을 억제한다.

➡ ❸-3~5에서 ㉡은 바이러스에 감염된 세포가 뉴클레오사이드 유도체와 결합하여 복제가 이루어지지 않도록 함으로써 바이러스 확산을 억제한다고 하였으므로 적절하다.

④ ㉠과 ㉡ 모두 병원체와 병원체에 감염될 수 있는 생체의 차이를 활용하여 생물학적 효과를 낸다.

➡ ❷-3에서 ㉠의 경우, 병원체(박테리아)는 엽산을 스스로 만들어야 하지만 생체는 엽산을 섭취하여 사용할 수 있다는 차이점을 이용한다고 하였다. 또한 ❸-4에서 ㉡의 경우, 병원체(바이러스)에 감염된 세포는 뉴클레오사이드 유도체와 쉽게 결합하지만 감염되지 않은 세포는 잘 결합하지 않는다는 차이점을 활용한다고 하였으므로 적절하다.

## 4  구체적 사례나 상황에 적용하기

〈보기〉는 항우울제의 작용을 이해하기 위한 그림이다. 〈보기〉를 이해한 내용으로 적절하지 <u>않은</u> 것은?

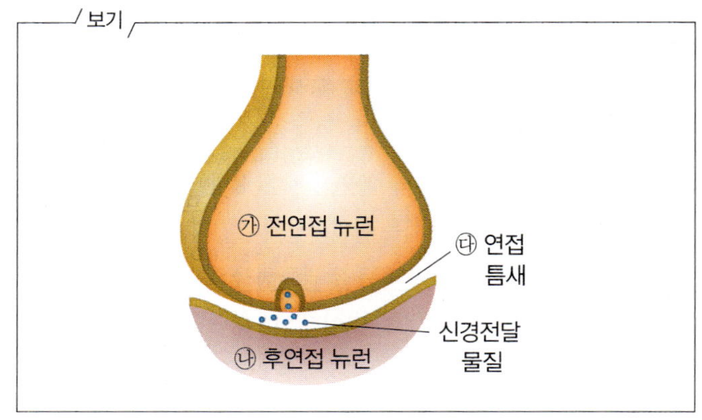

② SNRI 항우울제는 ~~㉯에 지속적으로 흡수됨으로써~~ ㉰에서 신경전달
물질의 농도가 높아지는 효과를 낸다.
➡ ❹-5에 따르면 SNRI 항우울제는 ㉯에 지속적으로 흡수되는 것
이 아니라, 신경전달물질의 재흡수를 억제하거나 ㉯의 수용체와 결합
하는 방식으로 약효를 낸다.



① 보통 ㉮에서 분비된 세로토닌이나 노르에피네프린은 ㉯에 작용한
후 다시 ㉮로 재흡수된다.
➡ ❹-3에서 세로토닌이나 노르에피네프린은 ㉯의 수용체에서 기
능을 다하고 ㉮에 재흡수된다고 하였으므로 적절하다.

③ 우울증의 치료를 위해 ㉰에서 세로토닌이나 노르에피네프린의 농
도가 높아지도록 하는 방식을 활용한다.
➡ ❹-3에 ㉰에서 신경전달물질인 세로토닌이나 노르에피네프
린의 농도가 낮아지면 우울증이 나타난다는 내용이 언급되어 있다.
❹-4~5에서 항우울제는 ㉰에서 신경전달물질의 부족을 해소하는
방식으로 신경전달물질의 농도가 높아진 것과 같은 효과를 낸다고 하
였으므로 적절하다.

④ ㉰에서 신경전달물질의 농도가 높은 상태로 장기간 유지되면 수용
체의 민감도가 떨어지게 된다.
➡ ❺-3에서 약을 장기간 남용하게 되면 수용체의 민감도가 떨어진
다고 하였다. 따라서 항우울제를 장기간 복용하여 ㉰에서 신경전달물
질의 농도가 높은 상태로 장기간 유지될 경우, 수용체의 민감도가 떨
어지게 될 것이라고 본 것은 적절하다.

⑤ 항우울제는 ㉮나 ㉯의 수용체와 결합하여 우울증이 발현되는 원인
을 완화하는 효과를 낸다.
➡ ❹-5~6에서 TCA 항우울제는 ㉮의 수용체와, SNRI 항우울제는
㉯의 수용체와 결합하여 우울증의 원인(㉰에서의 신경전달물질 농도
감소)을 완화하는 효과를 낸다고 하였으므로 적절하다.

---

**5**　**구체적 사례나 상황에 적용하기**

**[A]를 참고하여 〈보기〉를 이해한 내용으로 적절하지 _않은_ 것은?**

> ─/ 보기 /─
>
> [1]생체의 <u>리간드</u>인(히스타민은 알레르기와 염증의 발생, <u>위산 분비</u>
> 등에 모두 관여하는 것으로 알려져 있다.)[2]항히스타민약으로 개발
> (　): 히스타민 - a, b, c에 관여하는 수용체와 친화성이 높음.
> 된 메피라민은 알레르기와 염증에는 효과가 있지만 위산 분비 조절
> 메피라민 - a, b에 관여하는 수용체와 친화성이 높아서 잘 결합함.
> 에는 거의 효과가 없었다. [3]이에 연구자들은 히스타민과 친화성을
> 갖는 두 종류 이상의 <u>수용체</u>가 있을 것으로 가정하고, <u>위산 분비를</u>
> 리간드와 결합
> 조절하는 새 항히스타민약을 개발하였다.
> 새 항히스타민약 - c에 관여하는 수용체와 친화성이 높아서 잘 결합함.



④ 메피라민과 새 항히스타민약은 **모두** 생체에서의 위산 분비 조절을
일차적인 약효로 가질 것이다.

➡ 〈보기〉-2에 따르면 메피라민은 위산 분비 조절에는 거의 효과가
없었다. 〈보기〉-3의 내용으로 볼 때, 생체에서의 위산 분비 조절을
일차적인 약효로 갖는 것은 새 항히스타민약에만 해당하는 설명이다.



① 새 항히스타민약을 개발한 연구자들은 히스타민이 알레르기와 염
증 발생에 관여하는 수용체 및 위산 분비에 관여하는 수용체 모두
와 친화성을 갖는다고 가정했을 것이다.
➡ 〈보기〉에 따르면 생체 내 리간드인 히스타민은 알레르기와 염증
발생, 위산 분비에 관여하는데 항히스타민약으로 개발된 메피라민은
알레르기와 염증에 효과가 있지만 위산 분비 조절에는 효과가 없었
고, 이에 연구자들은 위산 분비를 조절하는 새 항히스타민약을 개발
하였다. ❶-5에서 생체 내에서 수용체와 친화성이 높은 리간드가 결
합하면, 리간드와 결합한 수용체의 작용에 의해 생체의 변화가 일어
난다고 하였으므로, 〈보기〉의 연구자들은 히스타민이 알레르기와 염
증 발생 및 위산 분비에 관여하는 수용체 모두와 친화성을 갖는다고
가정했을 것이라 볼 수 있다.

② 메피라민은 위산 분비에 관여하는 수용체보다 알레르기와 염증 발
생에 관여하는 수용체와 친화성이 높을 것이다.
➡ 〈보기〉-2에 따르면 메피라민은 알레르기와 염증 조절에는 효과
가 있지만 위산 분비 조절에는 효과가 없었다. ❶-5에서 생체 내에
서 수용체와 친화성이 높은 리간드가 결합하면 리간드와 결합한 수용
체의 작용에 의해 생체의 변화가 일어난다고 한 것을 볼 때, 메피라민
은 위산 분비에 관여하는 수용체보다 알레르기와 염증 발생에 관여하
는 수용체와 친화성이 높을 것이라 볼 수 있다.

③ 메피라민과 새 항히스타민약은 모두 히스타민과 유사한 화학적 분
자 구조를 가진 성분을 포함할 것이다.
➡ ❶-3에 따르면 약은 리간드와 유사한 화학적 분자 구조를 가진
성분을 포함한다. 이로 볼 때, 〈보기〉의 메피라민과 새 항히스타민약
은 생체의 리간드인 히스타민이 관여하는 증상을 완화하는 효과를 낸
다는 점에서 두 약이 모두 히스타민과 유사한 화학적 분자 구조를 가
진 성분을 포함하고 있다고 볼 수 있다.

⑤ 새 항히스타민약은 메피라민보다 위산 분비에 관여하는 수용체와
더 높은 친화성을 가질 것이다.
➡ ❶-5에 생체 내에서 수용체와 친화성이 높은 리간드가 결합한다
고 언급된 것을 볼 때, 약이 포함하는 물질이 생체 내의 특정 수용체
와 친화성이 높을수록 그 수용체와 잘 결합할 것이라고 볼 수 있다.
〈보기〉-2~3에 따르면 위산 분비 조절에 메피라민은 효과가 없었고,
새 항히스타민약은 효과가 있었으므로, 메피라민은 위산 분비 조절에
관여하는 수용체와 친화성이 높지 않고, 새 항히스타민약은 해당 수
용체와 친화성이 높다고 할 수 있다.

---

**문제 하이라이트**　　　　85쪽

(1) ○ (2) × (3) 농도 (4) ○ (5) 내성 (6) ○ (7) ○

**선지 +**　⑥ × ⑦ ○ ⑧ ○

⑥ ❹-3에 따르면 ㉰에서 신경전달물질의 농도가 낮아지면 우울증이 나타난다. ㉮에서 세로토닌이나 노르에피네프린의 재흡수가 활발하게 일어날수록 ㉰에서 신경전달물질의 농도가 낮아질 것이므로 우울증이 발현될 가능성은 오히려 커질 것이다.

⑦ ❹-5에 따르면 TCA 항우울제는 ㉮의 수용체와, SNRI 항우울제는 ㉯의 수용체와 결합한다.

⑧ ❹-5에 따르면 TCA 항우울제는 ㉮의 수용체와 결합하여 ㉰에서 신경전달물질의 농도가 높아지는 효과를 낸다.

## 03 호흡과 순환　　86~88쪽

**1 ①　　2 ④　　3 ②　　4 ④**

❶ ¹폐의 혈액으로 들어온 산소는 심장을 거쳐 신체의 각 조직으로 전달되어 에너지 생성에 이용되고, 물질대사 결과 생긴 노폐물인 이산화 탄소는 혈액을 통해 심장을 거쳐 폐로 전달되어 몸 밖으로 배출된다. ²혈액과 폐포, 혈액과 조직 사이에서의 기체 교환은 분압 차에 따른 확산에 의해 일어나며, 기체는 분압이 높은 곳에서 낮은 곳으로 확산된다. ³한편 혈액을 운반하는 혈관 중에 심장에서 나와 폐나 각 조직으로 가는 혈액이 흐르는 혈관을 동맥, 폐나 각 조직에서 심장으로 가는 혈액이 흐르는 혈관을 정맥이라고 한다. ⁴폐에서 기체 교환이 일어난 후 심장을 거쳐 각 조직으로 흐르는 혈액은 ㉮동맥혈, 조직에서 기체 교환이 일어난 후 폐로 흐르는 혈액은 ㉯정맥혈이다.

*산소: 폐 → 심장 → 조직 / 조직에서 / 이산화 탄소: 조직 → 심장 → 폐 / 기체 교환 원리 / 산소, 이산화 탄소는 분압 차에 따라 확산됨. / 동맥: 심장 → 폐, 조직 / 정맥: 폐, 조직 → 심장 / 동맥혈: 폐 → 심장 → 조직 / 정맥혈: 조직 → 심장 → 폐*

▶ 폐, 심장, 조직에서 혈액 순환을 통해 이루어지는 산소와 이산화 탄소의 운반

❷ ¹폐포 내 산소 분압은 100~110mmHg이고 그 주위의 모세 혈관 내 정맥혈의 산소 분압은 40mmHg이므로 폐포 내 산소가 폐포를 둘러싼 모세 혈관의 정맥혈로 확산된다. ²이때 산소가 풍부해진 혈액은 심장을 거쳐 신체의 각 조직으로 흘러가고, 각 조직의 모세 혈관을 흐르는 동맥혈의 산소 분압은 100mmHg, 조직 내 산소 분압은 평균 40mmHg이므로 동맥혈 내의 산소는 조직으로 확산된다. ³산소를 방출한 혈액은 심장을 거쳐 폐로 흘러간다. ⁴그런데 산소는 물에 대한 용해도가 작아 혈장에 용해된 상태로 운반되는 양은 폐에서 조직으로 운반되는 산소의 약 1.5%에 불과하고, 약 98.5%는 적혈구 내에 있는 헤모글로빈과 결합하여 산소 헤모글로빈 형태로 운반된다.

*산소 분압: 폐 〉정맥혈 / 산소 운반: 심장 → 조직(동맥혈) / 산소 분압: 동맥혈 〉조직 / 조직 → 심장 → 폐(정맥혈) / 산소 운반 방식 ①: 혈장에 용해 / 산소 운반 방식 ②: 헤모글로빈과 결합*

▶ 산소의 운반 방식

❸ ¹산소 분압에 따른 헤모글로빈의 산소 포화도를 나타내는 곡선을 산소 해리 곡선이라고 하는데, 산소 해리 곡선에서 가로축은 혈액 내의 산소 분압, 세로축은 헤모글로빈의 산소 포화도를 나타낸다. ²어떤 산소 분압에서(헤모글로빈이 산소와 결합한 정도인 산소 포화도와 헤모글로빈이 산소와 분리된 정도인 산소 해리도를 더한 값은 100%이다.)³이 곡선은 완만한 S자형으로, 산소 분압이 낮아질 때 산소 헤모글로빈으로부터 해리되는 산소의 양은 산소 분압이 40~100mmHg 구간보다 0~40mmHg 구간에서 더 많다. ⁴헤모글로빈의 산소 친화도는 헤모글로빈이 산소와 결합하려는 경향을 나타내는데, 산소 친화도에 영향을 미치는 요인에는 산소 분압 외에도 혈액의 pH(수소 이온 농도 지수), 온도 등이 있다. ⁵어떤 조직의 물질대사가 활발해지면 이산화 탄소의 증가로 인해 주변 모세 혈관 내 혈액의 pH가 낮아진다.(⁶혈액의 pH가 낮아지면 헤모글로빈의 산소 친화도가 작아져서 산소의 해리가 촉진되어 주변 조직으로 산소가 방출된다. ⁷즉 산소 분압이 같을 때 pH가 더 낮은 곳에서 산소 헤모글로빈으로부터 더 많은 산소가 방출된다.)⁸또한(운동과 같은 신체 활동으로 인해 온도가 높아진 조직 주변 모세 혈관을 흐르는 혈액에서도 산소가 더 쉽게 해리되어 그 조직으로 운동 전보다 더 많은 산소가 방출된다.)

*산소 해리 곡선의 개념 / ( ): 더한 값이 고정되어 있어 산소 포화도가 커지면 산소 해리도가 작아짐. 반대의 경우도 동일함. / 산소 분압이 낮아질 때, 산소 분압이 40mmHg보다 낮은 구간에서 산소가 해리되는 양이 더 많음. / ( ): 혈액의 pH와 산소 해리의 관계 — 산소 포화도 ↓, 산소 해리도 ↑ / ( ): 온도와 산소 해리의 관계 — 산소 포화도 ↓, 산소 해리도 ↑*

▶ 산소 헤모글로빈으로부터 산소가 방출되는 방식

❹ ¹한편 각 조직의 물질대사 결과 생긴 노폐물인 이산화 탄소도 혈액으로 확산되어 운반된다. ²조직의 이산화 탄소 분압은 평균 46mmHg이고, 동맥혈 내 이산화 탄소 분압은 40mmHg이므로 조직 내 이산화 탄소는 조직 주변 모세 혈관을 흐르는 혈액으로 확산된다. ³조직에서 폐로 운반되는 이산화 탄소의 약 7%는 혈장에 용해된 상태로, 약 23%는 적혈구에 있는 헤모글로빈과 결합하여 카르바미노헤모글로빈 형태로 운반된다. ⁴산소와 결합하지 않은 헤모글로빈은 산소와 결합한 헤모글로빈보다 쉽게 이산화 탄소와 결합하여 카르바미노헤모글로빈을 형성하므로 정맥혈이 동맥혈보다도 헤모글로빈을 이용한 이산화 탄소 운반에 유용하다.

*이산화 탄소 운반 방식 ① / 이산화 탄소 운반 방식 ②*

▶ 이산화 탄소의 운반 방식: ① 혈장 용해, ② 카르바미노헤모글로빈 형태

❺ ¹그리고 약 70%의 이산화 탄소는 탄산수소 이온 형태로 운반된다. ²조직에서 확산된 이산화 탄소는 주로 적혈구 내에서 탄산 무수화 효소의 작용으로 물과 결합하여 탄산을 형성하고, 탄산은 수소 이온과 탄산수소 이온으로 이온화된다. ³이때 수소 이온은 주로 헤모글로빈과 결합하고 탄산수소 이온은 혈장으로 확산되어 폐로 운반된다. ⁴폐포 주위의 모세 혈관에서는 이와 반대의 반응이 일어난다. ⁵즉 탄산수소 이온은 적혈구로 이동하여 수소 이온과 재결합하여 탄산을 형성하고, 탄산은 탄산 무수화 효소의 작용으로 이산화 탄소와 물이 된다. ⁶이 과정에서 생성된 이산화 탄소는 폐포 내로 확산되어 체외로 배출된다.

*이산화 탄소 운반 방식 ③ / 적혈구 내에서: 이산화 탄소 + 물 → 탄산 / 탄산 → 수소 이온 + 탄산수소 이온 / 수소 이온 + 헤모글로빈, 탄산수소 이온 → 혈장으로 확장 / 적혈구 내에서: 탄산수소 이온 + 수소 이온 → 탄산 / 탄산 → 이산화 탄소 + 물*

▶ 이산화 탄소의 운반 방식: ③ 탄산수소 이온 형태

### 1　세부 내용 파악하기

**윗글의 내용과 일치하는 것은?**

**정답인 이유**

① 탄산 무수화 효소는 이산화 탄소와 물이 결합하여 탄산을 형성하는 과정과 탄산이 이산화 탄소와 물로 되는 과정에서 작용한다.

↪ ❺에는 조직에서 확산된 이산화 탄소가 탄산 무수화 효소의 작용으로 물과 결합하여 탄소를 형성하며(❺-2), 폐포 주위의 모세 혈관에서는 탄산이 탄산 무수화 효소의 작용으로 이산화 탄소와 물이 된다(❺-5)는 내용이 언급되어 있다. 따라서 ①은 이 글의 내용과 일치하는 진술이다.

② 폐에서 조직으로 운반되는 산소와 조직에서 폐로 운반되는 이산화 탄소는 ~~각각 세 가지 방식으로~~ 운반된다.

➡ ❷-4에 따르면 산소는 혈장에 용해된 상태와 산소 헤모글로빈의 형태로 운반된다. 한편 ❹-3, ❺-1에 따르면 이산화 탄소는 혈장에 용해된 상태와 카르바미노헤모글로빈의 형태 그리고 탄산수소 이온 형태로 운반된다. 즉, 산소는 두 가지, 이산화 탄소는 세 가지 방식으로 운반된다.

③ 산소와 결합하지 않은 헤모글로빈이 산소와 결합한 헤모글로빈보다 이산화 탄소와 결합하기 ~~어렵다.~~

➡ ❹-4에 따르면 산소와 결합하지 않은 헤모글로빈은 산소와 결합한 헤모글로빈보다 쉽게 이산화 탄소와 결합한다.

④ 이산화 탄소와 물이 결합하여 탄산이 형성되는 반응은 주로 ~~혈장에서~~ 일어난다.

➡ ❺-2에 따르면 이산화 탄소와 물이 결합하여 탄산이 형성되는 반응은 혈장이 아니라 적혈구 내에서 일어난다.

⑤ 평균적으로 조직 내의 산소 분압은 ~~46mmHg~~, 이산화 탄소 분압은 ~~40mmHg~~이다.

➡ 조직 내 산소 분압은 평균 40mmHg(❷-2)이고, 이산화 탄소 분압은 평균 46mmHg(❹-2)이다.



㉮, ㉯에 대한 설명으로 적절하지 <u>않은</u> 것은?



④ ㉯에서 이산화 탄소는 ~~대부분 카르바미노헤모글로빈의 형태로~~ 운반된다.

➡ ❹-3, ❺-1에 따르면 ㉯에서 이산화 탄소의 약 7%는 혈장에 용해된 상태로, 약 23%는 카르바미노헤모글로빈 형태로, 약 70%는 탄산수소 이온 형태로 운반된다.



① ㉮의 산소 분압은 조직을 지나면 낮아진다.

➡ ❷-2에서 혈액이 조직을 지날 때 ㉮와 조직 내의 산소 분압 차로 ㉮ 내의 산소가 조직에 확산된다고 하였다. 따라서 ㉮의 산소 분압은 조직을 지나면 낮아질 것이다.

② ㉮에는 헤모글로빈과 결합한 산소의 양이 혈장에 용해된 산소의 양보다 많다.

➡ ❷에 따르면 산소는 ㉮를 통해 조직으로 운반된다. ❷-4에서 산소의 98.5%가 헤모글로빈과 결합하여 운반되고, 1.5%가 혈장에 용해되어 운반된다고 하였으므로 적절하다.

③ ㉯는 폐포를 지나면 이산화 탄소 분압이 낮아진다.

➡ ❺-6에서 ㉯의 혈액을 통해 운반되어 온 이산화 탄소는 폐포 내로 확산되어 체외로 배출된다고 하였다. 따라서 ㉯의 이산화 탄소 분압은 폐포를 지나면 낮아질 것이다.

⑤ ㉯는 조직에서 심장으로 가는 혈관과, 심장에서 폐로 가는 혈관에 흐른다.

➡ ❶-4에 ㉯는 조직에서 기체 교환이 일어난 후 폐로 흐르는 혈액임이 언급되어 있다. 이때 동맥혈이 폐 → 심장 → 조직을 거쳐 흐르는 것을 고려하면 ㉯ 또한 조직 → 심장 → 폐를 거쳐 흐른다는 것을 추론할 수 있다. 또한 ❷-3에 조직에서 산소를 방출한 혈액이 심장을 거쳐 폐로 흘러간다고 언급된 것을 볼 때, 이 혈액이 정맥혈임을 알 수 있다. 따라서 ㉯가 조직에서 심장으로 가는 혈관과, 심장에서 폐로 가는 혈관에 흐른다는 설명은 적절하다.



윗글을 바탕으로 〈보기〉를 이해한 내용으로 적절하지 <u>않은</u> 것은?

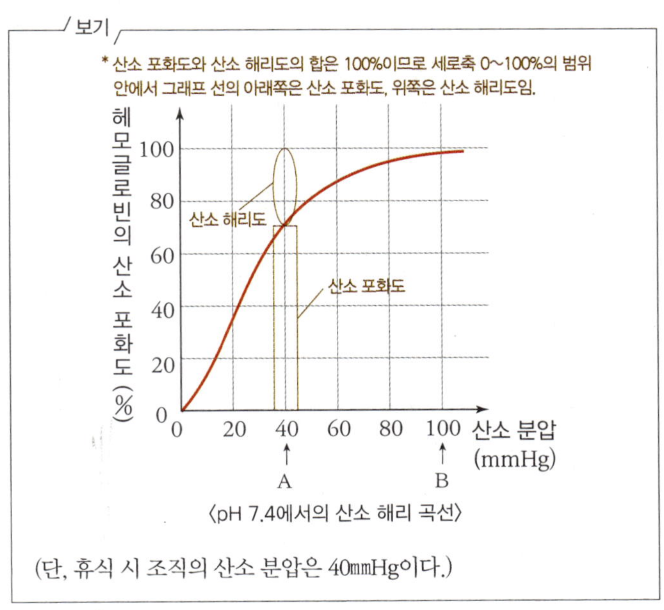


(단, 휴식 시 조직의 산소 분압은 40mmHg이다.)



② 조직의 온도가 휴식 시보다 상승하면 그 조직의 주변을 흐르는 혈액의 산소 포화도는 A일 때보다 ~~증가~~한다.

➡ ❸-8에 따르면 온도가 높아질 경우 조직 주변 모세 혈관을 흐르는 혈액에서 산소가 더 쉽게 해리되어 온도가 낮을 때보다 그 조직으로 더 많은 산소가 방출된다. 〈보기〉에서 휴식 시 조직의 산소 분압이 40mmHg이라고 한 것을 볼 때, 조직의 온도가 휴식 시보다 상승할 경우 혈액의 산소 포화도는 A(40mmHg)보다 감소할 것이다.



① 산소 분압이 낮아질 때 A부터 B 구간에서 감소되는 산소 포화도보다 A 이하 구간에서 감소되는 산소 포화도가 더 크다.

➡ ❸-3에 따르면 산소 분압이 낮아질 때 산소 헤모글로빈으로부터 해리되는 산소의 양은 산소 분압 40~100mmHg 구간보다 40mmHg 이하 구간에서 더 많다. 〈보기〉에서도 A부터 B 구간보다 A 이하 구간에서 산소 포화도가 더 급격하게 줄어드는 것을 확인할 수 있다.

③ 헤모글로빈의 산소 포화도와 산소 해리도를 더한 값은 A와 B에서 동일하다.

➡ ❸-2의 내용으로 볼 때, 〈보기〉의 A와 B에서 산소 포화도와 산소 해리도를 더한 값은 100%로 동일하다.

④ B와 A에서의 산소 포화도 차이만큼의 산소가 휴식 시 조직으로 전달된다.

➡ ❷-2에서 조직의 모세 혈관을 흐르는 동맥혈의 산소 분압은 100mmHg이고, 조직의 산소 분압은 40mmHg이므로 동맥혈 내의 산소는 조직으로 확산된다고 하였다. 따라서 〈보기〉의 B와 A에서의 산소 포화도의 차이는, 그만큼의 혈액의 산소가 방출되어 조직으로 전달된 것이라고 볼 수 있다.

⑤ A에서의 산소 해리도는 B에서의 산소 해리도보다 더 크다.

➡ ❸-2에 따르면 산소 포화도와 산소 해리도의 합은 100%로 일정하다. 이를 고려할 때 〈보기〉에서 A에서의 산소 포화도는 B에서의 산소 포화도보다 작으므로, A에서의 산소 해리도는 B에서의 산소 해리도보다 클 것이다.



## 반응의 적절성 판단하기

**윗글을 참고하여 〈보기〉에 대해 반응한 내용으로 적절하지 <u>않은</u> 것은?**

─ 보기 ─

가. [1]일산화 탄소 중독은 일산화 탄소의 지나친 흡입으로 어지럼증, 혼수 등의 증상이 나타나는 현상이다. 원인 [2]일산화 탄소는 헤모글로빈과 결합하려는 경향이 산소의 200배 이상이기 때문에 산소와 결합할 수 있는 헤모글로빈의 양을 감소시킨다. [3]그리고 일산화 탄소는 조직에서 산소 헤모글로빈으로부터 산소의 방출을 억제한다.
헤모글로빈을 통한 산소 운반이 어려움.
산소가 조직에 잘 방출되지 않음.

나. [1]과다 호흡 증후군은 동맥혈의 이산화 탄소 농도가 정상 범위 원인 아래로 떨어져 호흡 곤란, 어지럼증 등의 증상이 나타나는 현상이다. [2]봉지에 입을 대고 호흡을 하게 하는 응급 처치를 하면 증상을 완화하는 데 도움이 된다.

다. 호흡성 산증은 폐에서 기체 교환의 감소로 동맥혈의 이산화 탄소 분압이 증가하여 호흡 곤란, 두통 등의 증상이 나타나는 현상이다. 원인

**정답인 이유**

④ 나: 봉지에 입을 대고 호흡을 하게 되면 평상시보다 더 적은 양의 이산화 탄소를 흡입하게 되겠군.

➡ ❺-6에 따르면 이산화 탄소는 폐포 내로 확산되어 체외로 배출된다. 이를 고려할 때 봉지에 입을 대고 호흡하면 폐를 통해 배출된 이산화 탄소를 다시 흡입하므로 평상시보다 더 많은 양의 이산화 탄소를 흡입하게 될 것이다.

**오답 피하기**

① 가: 일산화 탄소를 지나치게 흡입하게 되면, 생성되는 산소 헤모글로빈의 양이 평상시보다 줄어들겠군.

➡ 〈보기〉 가-2에서 일산화 탄소는 헤모글로빈과 결합하려는 경향이 산소의 200배 이상이기 때문에 산소와 결합할 수 있는 헤모글로빈의 양을 감소시킨다고 하였으므로 적절하다.

② 가: 일산화 탄소는 산소 헤모글로빈에서 산소가 잘 해리되지 않게 하겠군.

➡ 〈보기〉 가-3에서 일산화 탄소는 조직에서 산소 헤모글로빈으로부터 산소의 방출을 억제한다고 하였으므로 적절하다.

③ 나: 과다 호흡 증후군은 폐를 통한 이산화 탄소 배출이 너무 많이 일어나는 경우에 발생하는 증상이겠군.

➡ 〈보기〉 나-1에 따르면 과다 호흡 증후군은 동맥혈의 이산화 탄소 농도가 정상 범위 아래로 떨어지면 발생한다. 동맥혈의 이산화 탄소 농도가 정상 범위 아래로 떨어졌다는 것은, 폐포 내로 확산되어 체외로 배출되는 이산화 탄소(❺-6)의 양이 너무 많은 것이라고 볼 수 있으므로 적절하다.

⑤ 다: 호흡성 산증이 나타난 사람의 체내에는 이산화 탄소가 배출되지 못해 축적되어 있겠군.

➡ 〈보기〉 다에 따르면 호흡성 산증은 폐에서 기체 교환의 감소로 동맥혈의 이산화 탄소 분압이 증가하여 발생한다. 즉 호흡성 산증은 폐에서 기체 교환이 감소함에 따라 이산화 탄소 배출이 원활하지 않아 일어나는 것으로, 호흡성 산증이 나타난 사람의 체내에는 이산화 탄소가 배출되지 못해 축적되어 있을 것이다.

---

### 문제 하이라이트
89쪽

(1) 산소 (2) ○ (3) 해리 (4) ○ (5) ○ (6) × (7) ○

**선지 +** ⑥ ○ ⑦ × ⑧ ×

**선지 +**

⑥ ❶-1에서 산소는 폐와 심장을 거쳐 각 조직으로 전달되어 에너지 생성에 이용된다고 하였다. 〈보기〉 가-2의 내용으로 볼 때, 일산화 탄소 중독이 일어나면 조직에 산소가 잘 공급되지 못할 것이므로 물질대사가 활발하게 이루어지기 어려울 것이다.

⑦ ❶-4에 따르면 폐에서 조직으로 흐르는 혈액은 동맥혈이다. 과다 호흡 증후군은 동맥혈의 이산화 탄소 농도가 정상 범위 아래일 때 나타나는 증상이므로, 동맥혈의 이산화 탄소가 평상시보다 적을 것이다.

⑧ 〈보기〉 다에 따르면 호흡성 산증은 혈액의 이산화 탄소 분압이 증가하여 나타나는 증상이다. 봉지에 입을 대고 호흡하면 평상시보다 더 많은 양의 이산화 탄소를 흡입하게 되어 혈액의 이산화 탄소 분압이 증가할 것이다. 따라서 봉지에 입을 대고 호흡하는 것은 '호흡성 산증'을 해결하는 것과 거리가 멀다.

❶ [터치스크린 패널]은 스크린의 특정 지점을 직접 접촉하면 그 위치
를 파악하여 해당 위치에 설정된 기능을 직관적으로 조작할 수 있도록
설계된 장치를 말한다. ²터치스크린 패널 중 정전용량방식의 패널은
전기가 통하는 전도성 물체를 스크린에 접촉했을 때 발생하는 정전용
량의 변화를 측정하여 접촉된 위치를 파악한다. ³터치스크린 패널에 사
용되는 정전용량방식에는 일반적으로 표면정전방식과 투영정전방식
이 있다.  ▶ 터치스크린 패널의 개념과 터치스크린 패널에 사용되는 정전용량방식의 분류

❷ ¹㉠표면정전방식은 패널의 네 모서리에 있는 각각의 감지회로가
동시에 정전용량의 변화를 감지하여 전도성 물체의 접촉 위치를 파악
하는 방식이다. ²표면정전방식에서는 패널의 표면에 덮인 전도성 투
명 필름이 전도성 물체의 접촉을 인식하는 센서 역할을 한다.(³센서에
전도성 물체가 접촉하게 되면 물체의 전하량과 패널의 전하량의 차이
에 의해 전압이 변화하고, 이로 인해 형성된 전기장은 정전용량을 변
화시킨다. ⁴네 모서리에 있는 감지회로는 정전용량의 변화된 정도를
측정하여 물체가 접촉된 위치를 파악하는 것이다.)⁵표면정전방식은
투영정전방식에 비해 구조가 단순하고 단가가 낮다는 장점이 있다.
⁶하지만 접촉된 위치를 대략적으로만 파악할 수 있어 정확도가 낮고
한 번에 하나의 접촉만 인식할 수 있기 때문에 여러 지점을 접촉했을
때 인식이 불가능하다는 단점이 있다.  ▶ 표면정전방식의 원리와 장단점

❸ ¹투영정전방식은 접촉을 감지할 수 있는 센서를 패널의 일정한 구
역마다 배치하여 활용하는 방식으로 ㉡자기정전방식과 ㉢상호정전
방식으로 나눌 수 있다. ²자기정전방식은(패널에 전도성 물체가 접촉
하면 물체의 전하량과 패널의 전하량의 차이에 의해 전압이 변화하고,
이때 형성된 전기장에 의해 증가하는 정전용량을 측정하는)방식이라
는 점에서 그 원리가 표면정전방식과 유사하다. ³하지만 자기정전방
식은 표면정전방식과 달리 하나의 층에 여러 개의 행과 열의 형태로
배치된 각각의 센서들을 활용한다. ⁴센서가 특정 지점의 접촉을 인식
하면 센서의 각 행과 열의 끝에 배치된 감지회로가 접촉 지점에서 일
어난 정전용량의 변화를 감지하고, 이를 바탕으로 행과 열의 교차점인
접촉 위치를 정교하고 빠르게 파악할 수 있다.
 ▶ 투영정전방식 ①: 자기정전방식의 원리와 특징

❹ ¹반면 상호정전방식은 가로축으로 배열된 센서인 구동 라인과 세
로축으로 배열된 센서인 감지 라인이 두 개의 층을 이루고 있다. ²패널
에 전도성 물체와의 접촉이 없을 때 구동 라인에서는 전압에 의해 전
기장이 형성되며, 이 전기장은 모두 감지 라인으로 들어가 일정한 크
기의 전기장을 유지하여 구동 라인과 감지 라인 사이에 상호 정전용량
을 형성한다. ³하지만(패널에 전도성 물체가 접촉하게 되면 일정한 크
기를 유지하던 전기장의 일부가 접촉된 물체로 흡수된다. ⁴전기장이
물체에 흡수되면 구동 라인과 감지 라인 사이에 형성된 상호 정전용량

이 감소하며 전기장의 크기 역시 줄어든다.)⁵이때 접촉이 정확하게 일
어날수록 해당 지점에 전기장이 더 많이 줄어들게 된다. ⁶결국 패널에
는 접촉 전과는 다른 전기장의 흐름이 나타나 상호 정전용량이 변화하
고 구동 라인과 감지 라인의 교차점인 터치좌표쌍이 인식된다. ⁷이때
터치좌표쌍은 구동 라인과 감지 라인이 개별적으로 인식된 교차점이
기에 하나의 패널에서는 여러 개의 터치좌표쌍이 만들어질 수 있다.
❺ ¹이후(터치좌표쌍의 정보를 터치 컨트롤러가 디지털 신호로 변환
해 이미지로 처리하여 중앙처리장치(CPU)에 전달함으로써 해당 터치
스크린 패널은 전도성 물체의 접촉 여부 및 접촉한 위치를 최종적으로
판단하게 된다.)²이러한 상호정전방식은 구동 라인과 감지 라인의 교
차점을 개별적으로 인식하는 과정을 거치기에 측정 시간이 많이 소요
되지만, Ⓐ두 지점을 접촉하는 멀티 터치가 가능하여 최근 스마트폰
이나 태블릿과 같은 기기에 많이 활용되는 추세이다.
 ▶ 투영정전방식 ②: 상호정전방식의 원리와 장단점

---

**1** 세부 내용 파악하기

**윗글의 내용과 일치하지 <u>않는</u> 것은?**

**정답인 이유**

③ 표면정전방식을 실현하기 위해서는 스크린에 전도성이 없는 투명
필름을 입혀야 한다.

➡ ❷-2에 표면정전방식에서는 패널의 표면에 '전도성 투명 필름'을
입힌다는 내용이 언급되어 있으므로 ③은 이 글의 내용과 일치하지
않는다.

**오답 피하기**

① 터치스크린 패널은 직접적인 접촉을 통한 직관적 조작이 가능하다.

➡ ❶-1에서 확인할 수 있다.

② 자기정전방식은 접촉점에 해당하는 행과 열의 교차점을 터치 지점
으로 인식한다.

➡ ❸-4에서 확인할 수 있다.

④ 상호정전방식에서는 수집된 행과 열의 정보가 터치 컨트롤러에서
이미지로 처리된다.

➡ ❺-1에서 확인할 수 있다.

⑤ 투영정전방식은 표면정전방식보다 구조가 복잡하지만 더욱 정교
한 좌표 인식이 가능하다.

➡ ❷-5에 따르면 표면정전방식은 투영정전방식에 비해 구조가 단
순하다. 또한 ❷-6, ❸-4에 따르면 표면정전방식은 정확도가 낮은
반면 투영정전방식은 좌표를 정교하고 빠르게 파악할 수 있으므로,
⑤는 이 글의 내용과 일치한다.

---

**2** 정보 간의 관계 파악하기

**㉠~㉢에 대해 이해한 내용으로 적절하지 <u>않은</u> 것은?**

**정답인 이유**

③ ㉠과 달리 ㉡은 하나의 접촉점을 인식하기 위해 두 개 이상의 감지
회로를 활용하는 방식이다.

→ ㉠은 패널의 네 모서리에 각각 감지회로가 있고(❷-1), ㉡은 센서의 각 행과 열 끝에 감지회로가 배치되어 있다(❸-4). 따라서 ㉠, ㉡ 모두 두 개 이상의 감지회로를 활용하는 방식이다.



① ㉠~㉢은 모두 전도성 물체의 접촉에 따른 정전용량의 변화를 측정한다.

→ ㉠~㉢은 모두 정전용량방식의 한 종류이다(❶-3, ❸-1). ❶-2에서 정전용량방식의 패널은 전도성 물체를 스크린에 접촉했을 때 발생하는 정전용량의 변화를 측정하여 접촉된 위치를 파악하는 것이라 하였으므로, ①의 이해는 적절하다.

② ㉠~㉢은 모두 패널에 있는 센서를 이용하여 접촉 부분의 위치를 알아내는 방식이다.

→ ㉠은 패널의 전도성 투명 필름이 센서 역할을 하는데(❷-2) 이를 통해 감지회로가 접촉 위치를 파악한다. 또한 ㉡은 패널의 일정한 구역마다 배치된 센서를 통해(❸-1), ㉢은 패널에 가로축과 세로축으로 배열된 센서를 통해 접촉 위치를 감지한다(❹-1).

④ ㉡과 달리 ㉢은 센서층이 두 개의 층을 이루고 있다.

→ ㉡은 센서들이 하나의 층에 배치되어 있으며(❸-3), ㉢은 가로축과 세로축으로 배열된 센서들이 두 개의 층을 이루고 있다(❹-1).

⑤ ㉢과 달리 ㉡은 접촉 부분에서 증가하는 정전용량을 감지하는 방식이다.

→ ㉡은 증가하는 정전용량을 측정하고(❸-2), ㉢은 상호 정전용량의 감소를 인식한다(❹-3~6).



## Ⓐ에 대한 이유를 추론한 것으로 가장 적절한 것은?



④ 구동 라인과 감지 라인의 교차점이 개별적으로 인식되기 때문이다.

→ ❹-7에 따르면 터치좌표쌍은 구동 라인과 감지 라인이 개별적으로 인식된 교차점으로, 하나의 패널에서는 여러 개의 터치좌표쌍이 만들어질 수 있다. 이를 바탕으로 할 때, 상호정전방식 패널의 두 지점을 접촉할 경우 구동 라인과 감지 라인이 개별적으로 인식되어 두 지점의 터치좌표쌍이 각각 만들어질 수 있으므로 Ⓐ의 이유를 '구동 라인과 감지 라인의 교차점이 개별적으로 인식되기 때문'이라고 본 것은 적절하다.



① 교차점의 위치를 ~~빠르게~~ 측정할 수 있기 때문이다.

→ ❺-2에 따르면 상호정전방식은 구동 라인과 감지 라인을 개별적으로 인식하는 과정을 거치기에 측정 시간이 많이 소요된다.

② ~~중앙처리장치가 행과 열의 정보를 분할하기~~ 때문이다.

→ ❺-1에 따르면 중앙처리장치는 전도성 물체의 접촉 여부 및 접촉 위치를 최종적으로 판단하는 데 활용된다. 중앙처리장치가 행과 열의 정보를 분할한다는 내용은 글에서 찾을 수 없다.

③ ~~센서의 행과 열 끝에 감지회로가 배치되어 있기~~ 때문이다.

→ ❸-4의 내용으로 볼 때, 센서의 행과 열 끝에 감지회로가 배치되어 있는 것은 자기정전방식이다. Ⓐ는 상호정전방식에 대한 설명이다.

⑤ 하나의 패널에서 ~~한 개의 터치좌표쌍만~~ 만들어질 수 있기 때문이다.

→ ❹-7에 따르면 상호정전방식에서는 하나의 패널에서 여러 개의 터치좌표쌍이 만들어질 수 있다.



## 윗글을 읽고 〈보기〉를 이해한 반응으로 적절하지 <u>않은</u> 것은?

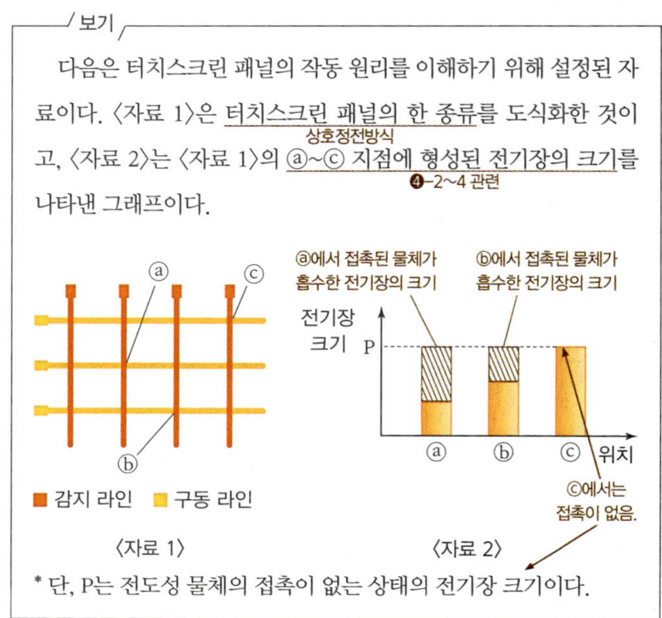





⑤ ⓐ와 ~~ⓒ에서는~~ 구동 라인과 감지 라인 사이에서 형성된 상호 정전용량이 감소했겠군.

→ ❹-2~4에 따르면 상호정전방식 패널에 전도성 물체와의 접촉이 없을 때 구동 라인과 감지 라인 사이에 상호 정전용량이 형성되지만, 전도성 물체가 패널에 접촉하면 전기장 일부가 접촉한 물체로 흡수되어 상호정전용량이 감소한다. 〈보기〉에서 전도성 물체의 접촉이 없을 때의 전기장 크기가 P라고 한 것을 고려할 때, 〈자료 2〉에서 ⓐ의 전기장 크기가 P보다 작으므로, ⓐ 지점에서 전도성 물체가 접촉하여 상호 정전용량이 감소했음을 알 수 있다. 한편 〈자료 2〉의 ⓒ 지점의 전기장 크기는 P이므로, ⓒ에서는 전도성 물체의 접촉이 없었음을 알 수 있다. 따라서 ⓒ에서 상호 정전용량이 감소했을 것이라는 반응은 적절하지 않다.



① ⓐ에서 접촉된 물체가 흡수한 전기장의 크기는 ⓑ에서 접촉된 물체가 흡수한 전기장의 크기보다 크겠군.

→ ❹-3에 따르면 상호전정방식 패널에 전도성 물체가 접촉하게 되면 구동 라인과 감지 라인 사이에 일정한 크기를 유지하던 전기장의

일부가 접촉된 물체로 흡수된다. 〈보기〉에서 전도성 물체의 접촉이 없을 때의 전기장 크기가 P라고 한 것을 고려할 때 〈자료 2〉의 ⓐ가 ⓑ보다 전기장의 크기가 더 작으므로, ⓐ에 접촉된 물체가 흡수한 전기장의 크기가 ⓑ에 접촉된 물체가 흡수한 전기장의 크기보다 크다는 것을 알 수 있다.

② 전기장의 크기로 보아 ⓑ보다 ⓐ에서 더 정확한 접촉이 이루어진 것으로 볼 수 있겠군.

➡ ❹-5에 따르면 패널에 전도성 물체와의 접촉이 정확하게 일어날수록 해당 지점의 전기장이 더 많이 줄어든다. 〈보기〉의 〈자료 2〉에서 ⓐ의 전기장의 크기가 ⓑ의 전기장의 크기보다 작으므로, ⓐ에서 더 정확한 접촉이 이루어져 전기장의 크기가 더 많이 줄어든 것이라고 할 수 있다.

③ ⓒ에서는 구동 라인에서 발생한 전기장의 크기와 감지 라인으로 들어가는 전기장의 크기가 일치하겠군.

➡ 〈보기〉의 〈자료 2〉에서 ⓒ의 전기장 크기는 P이므로, ⓒ에서는 전도성 물체와의 접촉이 없다는 것을 알 수 있다. ❹-2에 따르면 패널에 전도성 물체와의 접촉이 없을 때 구동 라인에서 발생한 전기장은 모두 감지 라인으로 들어가 일정한 크기의 자기장을 유지하므로, 〈보기〉의 ⓒ에서는 구동 라인에서 발생한 전기장의 크기와 감지 라인으로 들어가는 전기장의 크기가 일치한다.

④ ⓒ와 달리 ⓑ에서는 감지 라인으로 들어가야 할 전기장의 일부가 접촉된 물체로 흘러들어 갔겠군.

➡ ❹-3에 따르면 상호정전방식 패널에 전도성 물체가 접촉할 경우 일정한 크기를 유지하던 전기장의 일부가 접촉된 물체로 흡수된다. 〈보기〉의 〈자료 2〉에서 ⓒ의 전기장 크기는 P이므로, ⓒ에서는 전도성 물체와의 접촉이 없어 전기장이 줄어들지 않았음을 알 수 있다. 한편 〈자료 2〉에서 ⓑ의 전기장의 크기가 P보다 작으므로, ⓑ에서 전도성 물체가 접촉하여 전기장 일부가 그 물체로 흘러갔다고 볼 수 있다.

## 문제 하이라이트 93쪽

(1) × (2) × (3) 자기정전 (4) × (5) 개별적 (6) ○ (7) ×

선지 ⑥ × ⑦ ○ ⑧ ×

⑥ 표면정전방식에 대한 설명(❷-1)이므로 적절하지 않다.

⑦ ❹-6~7에서 상호정전방식은 패널의 가로축, 세로축으로 배열된 센서인 구동 라인과 감지 라인의 교차점에서 접촉을 인식하며, 하나의 패널에서 여러 개의 교차점이 만들어질 수 있다고 하였으므로 적절하다.

⑧ ❹-1에 따르면 상호정전방식 패널의 가로축이 구동 라인, 세로축이 감지 라인이므로 적절하지 않다.



**1** ⑤　　**2** ③　　**3** ①　　**4** ①

❶ ¹메타버스(metaverse)는 '초월'이라는 의미의 '메타(meta)'와 '세계'를 뜻하는 '유니버스(universe)'의 합성어로, 현실 세계와 가상 공간이 적극적으로 상호 작용하는 공간을 의미한다. <sub>메타버스의 개념</sub> 감각 전달 장치는 메타버스 속에서 사용자를 대신하는 아바타가 보고 만지는 것으로 설정된 감각을 사용자에게 전달하는 장치이다. <sub>감각 전달 장치의 개념과 기능</sub> ³사용자는 이를 통하여 가상 공간을 현실감 있게 체험하면서 메타버스에 몰입하게 된다.
▶ 메타버스 분야에서 활용되는 감각 전달 장치의 개념과 기능

❷ ¹시각을 전달하는 장치인 HMD는 사용자의 양쪽 눈에 가상 공간을 표현하는, 시차가 있는 영상을 전달한다. <sub>감각 전달 장치 ①</sub> ²전달된 영상을 뇌에서 조합하는 과정에서 사용자는 공간과 물체의 입체감을 느낄 수 있다. <sub>HMD의 기능</sub> ³가상 공간에서 물체를 접촉하는 것처럼 사용자의 손에 감각 반응을 직접 전달하는 장치로는 가상 현실 장갑이 있다. <sub>감각 전달 장치 ②</sub> ⁴가상 현실 장갑은 가상 공간에서 아바타가 만지는 가상 물체의 크기, 형태, 온도 등을 사용자가 느낄 수 있도록 설계되어 있다. <sub>가상 현실 장갑의 기능</sub> ⁵이 외에도 가상 현실 장갑은 사용자의 손가락 및 팔의 움직임에 따라 아바타를 움직이게 할 수 있다.
▶ 감각 전달 장치의 종류와 기능

❸ ¹한편 사용자의 움직임을 아바타에게 전달하는 공간 이동 장치를 이용하면, 사용자는 몰입도 높은 메타버스 체험을 할 수 있다. ²공간 이동 장치인 가상 현실 트레드밀은 일정한 공간에 설치되어 360도 방향으로 사용자의 이동이 가능하도록 바닥의 움직임을 지원한다. <sub>공간 이동 장치의 기능</sub>
▶ 공간 이동 장치의 종류와 기능

[A] ❹ ¹가상 현실 트레드밀과 함께 사용되는 모션 트래킹 시스템은 사용자의 동작에 따라 아바타가 동일하게 움직일 수 있도록 동기화하는 시스템으로, 동작 추적 센서, 관성 측정 센서, 압력 센서 등으로 구성된다. <sub>모션 트래킹 시스템을 구성하는 센서</sub> ²동작 추적 센서는 사용자의 동작을 파악하며, 관성 측정 센서는 사용자의 이동 속도 변화율 및 회전 속도를 측정한다. <sub>동작 추적 센서의 기능</sub> ³압력 센서는 서로 다른 물체 간에 작용하는 압력을 측정한다. <sub>관성 측정 센서의 기능</sub> ⁴만약 바닥에 압력 센서가 부착된 신발을 사용자가 신고 뛰면, 압력 센서는 지면과 발바닥 사이의 압력을 감지하여 사용자가 뛰는 힘을 파악할 수 있다. <sub>압력 센서가 파악하는 대상</sub> ⁵모션 트래킹 시스템이 사용자의 동작 정보를 컴퓨터에 전달하면, 컴퓨터는 사용자가 움직이는 방향과 속도에 ⓐ맞춰 트레드밀의 바닥을 제어한다. ⁶이와 같이 사용자의 이동 동작에 따라 트레드밀의 움직임이 변경되기도 하지만, 아바타가 존재하는 가상 공간의 환경 변화에 따라 트레드밀 바닥의 진행 속도 및 방향, 기울기 등이 변경되기도 한다. <sub>가상 공간의 환경 변화 → 트레드밀의 움직임 변화</sub> ⁷또한 사용자의 움직임이나 트레드밀의 작동 변화에 따라 HMD에 표시되는 가상 공간의 장면이 변경되어 사용자는 더욱 현실감 높은 체험을 할 수 있다.
▶ 모션 트래킹 시스템의 구성과 기능

**윗글의 내용과 일치하지 <u>않는</u> 것은?**

정답인 이유

⑤ 가상 현실 장갑을 착용하면 사용자와 아바타는 ~~상호 간에 감각 반응을 주고받을 수 있다.~~

➡ ❷-3~4에 따르면 가상 현실 장갑은 가상 공간에서 아바타가 만지는 가상 물체의 크기, 형태, 온도 등을 사용자에게 전달한다. 이 글에서 가상 현실 장갑이 사용자의 감각 반응을 아바타에 전달하는지는 알 수 없으므로, 이를 통해 사용자와 아바타가 상호 간에 감각 반응을 주고받을 수 있다는 진술은 적절하지 않다.

오답 피하기

① 감각 전달 장치와 공간 이동 장치는 사용자가 메타버스에 몰입할 수 있게 한다.

➡ 감각 전달 장치는 메타버스 속에서 설정된 감각을 사용자에게 전달함으로써(❶-2~3), 공간 이동 장치는 사용자의 움직임을 아바타에게 전달함으로써(❸-1) 사용자가 메타버스에 몰입하는 것을 돕는다.

② 공간 이동 장치는 현실 세계 사용자의 움직임을 메타버스의 아바타에게 전달한다.

➡ ❸-1에서 확인할 수 있다.

③ HMD는 사용자가 시각을 통해 메타버스의 공간과 물체의 입체감을 느끼도록 한다.

➡ ❷-1~2에서 확인할 수 있다.

④ 감각 전달 장치는 아바타가 느끼는 것으로 설정된 감각을 사용자에게 전달하는 장치이다.

➡ ❶-2에서 확인할 수 있다.



**[A]에 대한 이해로 적절한 것은?**

정답인 이유

③ 가상 공간에서 아바타가 경사로를 만나면 가상 현실 트레드밀 바닥의 기울기가 변경될 수 있다.

➡ ❹-6에서 가상 공간의 환경 변화에 따라 트레드밀 바닥의 기울기가 변경된다는 내용을 확인할 수 있다.

오답 피하기

① 관성 측정 센서는 사용자의 이동 속도와 ~~뛰는 힘을~~ 측정할 수 있다.

➡ 사용자가 뛰는 힘을 측정하는 것은 압력 센서이다(❹-4).

② ~~HMD에 표시되는 가상 공간 장면의 변경에 따라 HMD는 가상 현실 트레드밀을 제어한다.~~

➡ '트레드밀의 작동 변화'에 따라 'HMD에 표시되는 가상 공간의 장면'이 변경된다(❹-7).

④ 모션 트래킹 시스템은 ~~아바타의 동작에 따라 사용자가~~ 동일하게 움직일 수 있도록 동기화한다.

➡ 모션 트래킹 시스템은 '사용자의 동작'에 따라 '아바타의 동작'이 동기화되는 것이다(❹-1).

⑤ 아바타가 이동 방향을 바꾸면 가상 현실 ~~트레드밀 바닥의 진행 방향이 변경되어 사용자의 이동 방향이 바뀌게 된다.~~

➡ ❹-6에서 모션 트래킹 시스템이 감지한 사용자의 정보에 따라 트레드밀의 움직임이 변경되고, 아바타가 존재하는 가상 공간의 환경 변화에 트레드밀 바닥의 진행 속도 및 방향, 기울기 등이 변경된다고 하였다. 따라서 아바타가 이동 방향을 바꿈에 따라 트레드밀 바닥의 진행 방향이 변경된다는 이해는 적절하지 않으며, 그 결과로 사용자의 이동 방향이 바뀌게 된다는 진술 또한 적절하지 않다.



**문맥상 의미가 ⓐ와 가장 가까운 것은?**

정답인 이유

① 그 연주자는 피아노를 언니의 노래에 정확히 맞추어 쳤다.

➡ ⓐ의 '맞추다'는 '어떤 기준이나 정도에 어긋나지 아니하게 하다.'의 뜻으로 쓰였다. ①에서 '언니의 노래'가 어떤 기준이나 정도에 해당되므로, '맞추다'가 문맥상 ⓐ와 가장 가까운 뜻으로 쓰인 것은 ①이다.

오답 피하기

② 아내는 집 안에 있는 물건들의 색깔을 조화롭게 맞추었다.

➡ '서로 어긋남이 없이 조화를 이루다.'의 뜻으로 쓰였다.

③ 우리는 다음 주까지 손발을 맞추어 작업을 마치기로 했다.

➡ '서로 어긋남이 없이 조화를 이루다.'의 뜻으로 쓰였다.

④ 그 동아리는 신입 회원을 한 명 더 뽑아 인원을 맞추었다.

➡ '일정한 수량이 되게 하다.'의 뜻으로 쓰였다.

⑤ 동생은 중간고사를 보고 나서 친구와 답을 맞추어 보았다.

➡ '둘 이상의 일정한 대상들을 나란히 놓고 비교하여 살피다.'의 뜻으로 쓰였다.



**윗글을 바탕으로 〈보기〉를 이해한 내용으로 적절하지 <u>않은</u> 것은?**

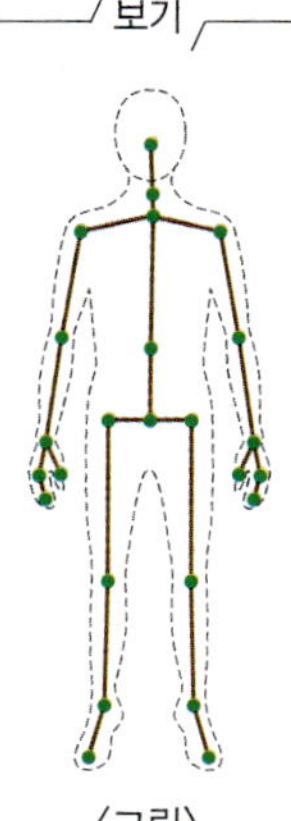

〈그림〉

보기

동작 추적 센서의 하나인 <u>키넥트 센서</u>는 적외선 카메라와 RGB 카메라 등으로 구성된다. <u>적외선 카메라</u>는 광원에서 발산된 적외선이 피사체의 표면에서 반사되어 수신되기까지 걸리는 시간을 측정하여, 피사체의 입체 정보를 포함하는 저해상도 단색 이미지를 제공한다. 반면 <u>RGB 카메라</u>는 피사체의 고해상도 컬러 이미지를 제공한다. <u>키넥트 센서</u>는 저해상도 입체 이미지를 고해상도 컬러 이미지에 투영하여 사용자가 검출되는 경우, 〈그림〉과 같이 신체 부위에 대응되는 25개의 연결점을 선으로 이은 <u>3D 골격 이미지</u>를 제공한다.

'모션 트래킹 시스템' 센서 중 하나(❹-1~2)

① 키넥트 센서는 가상 공간에 있는 물체들 간의 거리를 측정하여 입체감을 구현할 수 있다.

➡ 〈보기〉에 따르면 키넥트 센서는 동작 추적 센서의 하나에 해당한다. ❹-2에서 동작 추적 센서는 사용자의 동작을 파악한다는 내용이 언급되어 있으므로, 키넥트 센서가 '가상 공간에 있는 물체들 간의 거리'를 측정한다는 이해는 적절하지 않다.



② 키넥트 센서가 확보한, 사용자의 춤추는 동작 정보를 바탕으로 아바타의 춤추는 동작이 구현될 수 있다.

➡ 키넥트 센서는 동작 추적 센서이다. ❹-1~2에 따르면 동작 추적 센서는 사용자의 동작을 파악하여 사용자의 동작에 따라 아바타가 동일하게 움직일 수 있도록 하므로 적절하다.

③ 키넥트 센서와 관성 측정 센서를 이용하여 사용자의 걷는 자세 및 이동 속도 변화율을 파악할 수 있다.

➡ ❹-2의 내용으로 볼 때 키넥트 센서는 동작 추적 센서이므로 이를 통해 사용자의 걷는 자세를 파악할 수 있으며, 관성 측정 센서로 사용자의 이동 속도 변화율을 측정할 수 있다.

④ 연결점의 수와 위치의 제약 때문에 사용자의 골격 이미지로는 사용자의 얼굴 표정 변화를 아바타에게 전달할 수 없다.

➡ 〈보기〉의 〈그림〉에서 얼굴에는 연결점이 1개 뿐이므로 얼굴 표정 변화는 파악할 수 없다.

⑤ 적외선 카메라의 입체 이미지와 RGB 카메라의 컬러 이미지 정보로부터 생성된 골격 이미지가 사용자의 동작 정보를 파악하는 데 사용된다.

➡ 〈보기〉에 따르면 적외선 카메라는 입체 이미지를, RGB 카메라는 컬러 이미지를 제공하며 이를 통해 키넥트 센서는 3D 골격 이미지를 제공한다. 키넥트 센서는 동작 추적 센서이므로, 적외선 카메라와 RGB 카메라의 정보로 생성한 이미지를 통해 사용자의 동작 정보를 파악한다는 이해는 적절하다(❹-2).

## 문제 하이라이트

97쪽

(1) ○ (2) × (3) × (4) × (5) ×

선지 ➕ ⑥ ○ ⑦ × ⑧ ×

### 선지 ➕

⑥ ⓐ의 '맞추다'는 '어떤 기준이나 정도에 어긋나지 아니하게 하다.'의 뜻으로 쓰였다. ⑥에서 '맞추다'는 문맥상 '약속한 시각'이라는 기준에 어긋나지 않게 한다는 뜻으로 쓰였으므로, ⓐ와 같은 의미로 사용되었다.

⑦ 밑줄 친 '맞추다'는 '일정한 규격의 물건을 만들도록 미리 주문을 하다.'의 뜻으로 쓰였다.

⑧ 밑줄 친 '맞추다'는 '서로 떨어져 있는 부분을 제자리에 맞게 대어 붙이다.'의 뜻으로 쓰였다.

## 06 어라운드 뷰 시스템

98~100쪽

**1** ④　　**2** ②　　**3** ①　　**4** ④

❶ ¹주차하거나 좁은 길을 지날 때 운전자를 돕는 장치들이 있다. ²이 중 차량 전후좌우에 장착된 카메라로 촬영한 영상을 이용하여 차량 주위 360°의 상황을 위에서 내려다본 것 같은 영상을 만들어 차 안의 모니터를 통해 운전자에게 제공하는 **장치**가 있다. ³운전자에게 제공되는 영상이 어떻게 만들어지는지 알아보자.

▶ 운전자에게 차량 주위 360°의 상황을 위에서 내려다본 것 같은 영상을 제공하는 장치

❷ ¹먼저 차량 주위 바닥에 바둑판 모양의 격자판을 펴 놓고 카메라로 촬영한다. ²이 장치에서 사용하는 **광각 카메라**는 큰 시야각을 갖고 있어 사각지대가 줄지만 빛이 렌즈를 ⓐ지날 때 렌즈 고유의 곡률로 인해 영상이 중심부는 볼록하고 중심부에서 멀수록 더 휘어지는 현상, 즉 렌즈에 의한 상의 왜곡이 발생한다. ³이 왜곡에 영향을 주는 카메라 자체의 특징을 **내부 변수**라고 하며 왜곡 계수로 나타낸다. ⁴이를 알 수 있다면 왜곡 모델을 설정하여 왜곡을 보정할 수 있다. ⁵한편 차량에 장착된 카메라의 기울어짐 등으로 인해 발생하는 왜곡의 원인을 **외부 변수**라고 한다.(⁶ⓒ촬영된 영상과 실세계 격자판을 비교하면 영상에서 격자판이 회전한 각도나 격자판의 위치 변화를 통해 카메라의 기울어진 각도 등을 알 수 있으므로 왜곡을 보정할 수 있다.)

▶ 영상이 만들어지는 과정 ①: 격자판을 놓고 촬영 후, 내부·외부 변수로 발생하는 왜곡을 보정함.

❸ ¹왜곡 보정이 끝나면 영상의 점들에 대응하는 **3차원 실세계의 점**들을 추정하여 이로부터 원근 효과가 제거된 영상을 얻는 시점 변환이 필요하다. ²카메라가 3차원 실세계를 2차원 영상으로 투영하면 크기가 동일한 물체라도 카메라로부터 멀리 있을수록 더 작게 나타나는데, 위에서 내려다보는 시점의 영상에서는 거리에 따른 물체의 크기 변화가 없어야 하기 때문이다.

▶ 영상이 만들어지는 과정 ②: 왜곡이 보정된 영상에서 원근 효과를 제거하는 시점 변환을 해야 함.

❹ ¹ⓒ왜곡이 보정된 영상에서의 몇 개의 점과 그에 대응하는 실세계 격자판의 점들의 위치를 알고 있다면, 영상의 모든 점들과 격자판의 점들 간의 대응 관계를 가상의 좌표계를 이용하여 기술할 수 있다. ²이 대응 관계를 이용해서 영상의 점들을 격자의 모양과 격자 간의 상대적인 크기가 실세계에서와 동일하게 유지되도록 한 평면에 놓으면 2차원 영상으로 나타난다. ³이때 얻은 영상이 ⓒ위에서 내려다보는 시점의 영상이 된다. ⁴이와 같은 방법으로 구한 각 방향의 영상을 합성하면 차량 주위를 위에서 내려다본 것 같은 영상이 만들어진다.

▶ 영상이 만들어지는 과정 ③: 시점 변환 후 각 방향의 영상을 합성함.

〈3차원 실세계의 모습〉

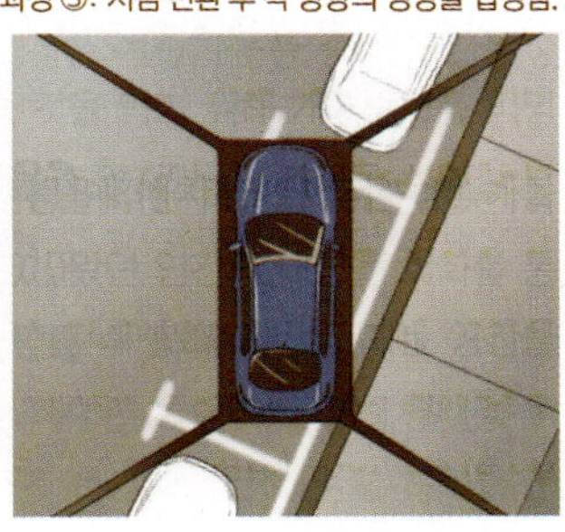

〈어라운드 뷰 모니터 상의 모습〉

**윗글의 내용과 일치하는 것은?**

**정답인 이유**

④ 영상이 중심부로부터 멀수록 크게 휘는 것은 왜곡 모델을 설정하여 보정할 수 있다.
➡ ❷-2~4에 따르면 영상이 중심부로부터 멀수록 휘어지는, 렌즈에 의한 상의 왜곡은 왜곡 모델을 설정하여 보정할 수 있다.

**오답 피하기**

① 차량 주위를 위에서 내려다본 것 같은 영상은 360°를 촬영하는 카메라 하나를 이용하여 만들어진다.
➡ ❶-2와 ❹-4에 따르면, 카메라 하나가 아니라 차량 전후좌우에 장착된 카메라로 촬영한 영상을 합성하여 만든다.

② 외부 변수로 인한 왜곡은 카메라 자체의 특징을 알 수 있으면 쉽게 해결할 수 있다.
➡ ❷-3에 따르면 카메라 자체의 특징은 외부 변수가 아니라 내부 변수와 관련이 있다. 한편 ❷-5의 내용으로 볼 때 외부 변수와 관련된 것은 카메라의 기울어짐이다.

③ 차량의 전후좌우 카메라에서 촬영된 영상을 하나의 영상으로 합성한 후 왜곡을 보정한다.
➡ ❸-1과 ❹-4에 따르면 영상의 왜곡을 보정하고 시점을 변환한 뒤, 하나의 영상으로 합성한다.

⑤ 위에서 내려다보는 시점의 영상에 있는 점들은 카메라 시점의 영상과는 달리 3차원 좌표로 표시된다.
➡ ❹-2에 따르면 위에서 내려다보는 시점의 영상은 2차원 영상으로 나타난다.



**㉠~㉢을 이해한 내용으로 가장 적절한 것은?**

**정답인 이유**

② ㉡에서는 ㉠과 마찬가지로 렌즈와 격자판 사이의 거리가 멀어질수록 격자판이 작아 보이겠군.
➡ 이 글에 따르면 ㉠은 렌즈 고유의 곡률 또는 카메라의 기울어짐 등으로 왜곡이 생긴 영상, ㉡은 ㉠에서 발생한 왜곡을 보정한 영상이다. ❸-1~2에서 '왜곡 보정이 끝나면' 크기가 동일한 물체라도 카메라로부터 멀리 있을수록 더 작게 나타나는 원근 효과가 제거된 영상을 얻는 시점 변환이 이루어진다고 하였다. 즉, ㉠과 ㉡은 모두 시점 변환 전의 영상이므로 렌즈와 격자판 사이의 거리가 멀어질수록 격자판이 작아 보일 것이다.

**오답 피하기**

① ㉠에서 광각 카메라를 이용하여 확보한 시야각은 ㉡에서는 작아지겠군.
➡ ❷의 내용으로 볼 때 ㉡은 ㉠에 나타난 왜곡을 보정한 영상일 뿐, 광각 카메라가 확보한 시야각은 변하지 않는다.

③ ㉡에서는 ㉠에서 렌즈와 격자판 사이의 거리에 따른 렌즈의 곡률 변화로 생긴 휘어짐이 보정되었겠군.
➡ ❷-1~2에 따르면 ㉠의 영상이 휘어져 보이는 것은 렌즈와 격자판 사이에 따른 렌즈의 곡률 변화 때문이 아니라, '렌즈 고유의 곡률' 때문이다.

④ ㉡과 실세계 격자판을 비교하여 격자판의 위치 변화를 보정한 ㉢은 카메라의 기울어짐에 의한 왜곡을 바로잡은 것이겠군.
➡ ❷-5~6에 따르면 ㉠에는 카메라의 기울어짐 등으로 왜곡이 발생하며, ㉠과 실세계 격자판을 비교하여 격자판의 위치를 보정한 것이 ㉡이다. 즉, ④의 진술은 ㉡과 ㉢이 아니라 ㉠과 ㉡에 대한 설명이다.

⑤ ㉡에서 렌즈에 의한 상의 왜곡 때문에 격자판의 윗부분으로 갈수록 격자 크기가 더 작아 보이던 것이 ㉢에서 보정되었겠군.
➡ ❷에 따르면 렌즈에 의한 상의 왜곡은 ㉠에서 나타나며, ㉡으로 변환할 때 이미 보정되어 있다. 한편 렌즈에 의한 상의 왜곡은 격자판의 윗부분으로 갈수록 크기가 더 작아 보이는 것이 아니라, 중심부는 볼록하고 중심부에서 멀수록 더 휘어져 보이는 것이다.



**문맥상 ⓐ의 의미와 가장 가까운 것은?**

**정답인 이유**

① 그때 동생이 탄 버스는 교차로를 지나고 있었다.
➡ ⓐ의 '지나다'는 '어디를 거치어 가거나 오거나 하다.'의 뜻으로 쓰였다. ①의 '지나다'는 문맥상 '(버스가) 교차로를 거치어 가거나 오거나 하다.'의 의미로, ⓐ와 그 뜻이 가장 유사하다.

**오답 피하기**

② 그것은 슬픈 감정을 지나서 아픔으로 남아 있다.
➡ '어떠한 상태나 정도를 넘어서다.'의 뜻으로 쓰였다.

③ 어느새 정오가 훌쩍 지나 식사할 시간이 되었다.
➡ '시간이 흘러 그 시기에서 벗어나다.'의 뜻으로 쓰였다.

④ 물의 온도가 어는점을 지나 계속 내려가고 있다.
➡ '어떤 시기나 한도를 넘다.'의 뜻으로 쓰였다.

⑤ 가장 힘든 고비를 지나고 나니 마음이 가뿐하다.
➡ '어떤 시기나 한도를 넘다.'의 뜻으로 쓰였다.



**윗글을 바탕으로 〈보기〉를 탐구한 내용으로 가장 적절한 것은?**

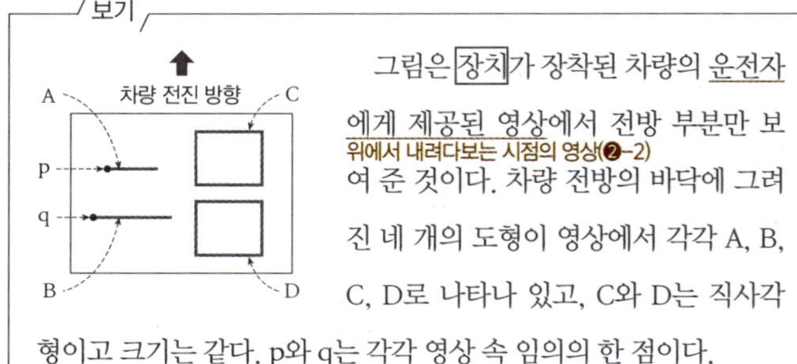



그림은 장치가 장착된 차량의 운전자에게 제공된 영상에서 전방 부분만 보여 준 것이다. 차량 전방의 바닥에 그려진 네 개의 도형이 영상에서 각각 A, B, C, D로 나타나 있고, C와 D는 직사각형이고 크기는 같다. p와 q는 각각 영상 속 임의의 한 점이다.

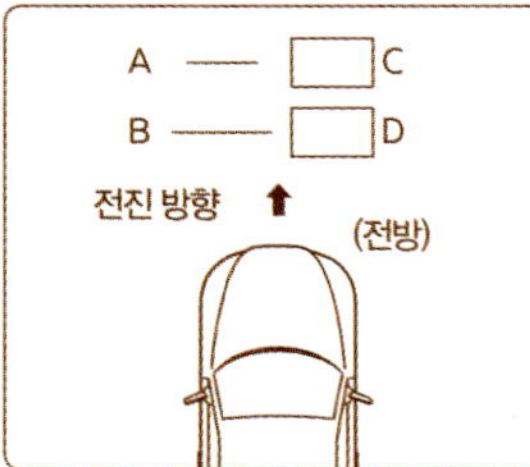



◀ 차량의 위치를 나타낸 그림

▲ 시점 변환 전(원근 효과 제거 전)의
영상을 나타낸 그림

➲ 〈보기〉의 그림은 운전자에게 제공된 영상이므로, 위에서 내려다보는 시점의 영상이다. 차량의 전방 부분을 나타내며 차량 전진 방향이 위쪽이므로, 위쪽 물체보다 아래쪽 물체가 차량에 더 가깝다. 따라서 시점을 변환하기 전의 영상에서는 원근 효과에 따라 위쪽 물체가 더 작게 보였을 것이다.

#### 정답인 이유

④ B에 대한 A의 상대적 크기는 가상의 좌표계를 이용하여 시점을 변환하기 전의 영상에서보다 더 커진 것이다.

➲ 〈보기〉의 그림에서 A의 길이는 이미 B보다 짧기 때문에, 원근 효과가 제거되기 전에는 그보다도 더 짧아 보였을 것이다. 그러나 시점 변환 후에는 A, B 길이의 상대적 크기 차이가 실제에 가까워진다. 이에 따라 B에 대한 A의 크기가 원근 효과를 제거하기 전에 비해 상대적으로 커질 것이다.

#### 오답 피하기

① 원근 효과가 제거되기 전의 영상에서 C는 윗변이 아랫변보다 큰 사다리꼴 모양이다.

➲ ❸에 따르면 원근 효과가 제거되기 전의 영상에서는 크기가 같은 물체라도 카메라로부터 멀리 있을수록 더 작게 나타난다. 〈보기〉 그림에서 C의 윗변이 차에서 더 멀리 떨어져 있으므로, 원근 효과가 제거되기 전의 영상에서는 윗변이 아랫변보다 짧은 사다리꼴 모양일 것이다.

② 시점 변환 전의 영상에서 D는 C보다 더 ~~작은~~ 크기로 영상의 더 아래쪽에 위치한다.

➲ 시점 변환 전의 영상은 원근 효과가 제거되기 전의 영상이다. 이를 고려할 때, 〈보기〉 그림에서 D가 차량과 더 가까우므로, 시점 변환 전의 영상에서는 D가 C보다 더 크게 보일 것이다.

③ A와 B는 ~~p와 q 간의 대응 관계~~를 이용하여 바닥에 그려진 도형을 ~~크거가 유지~~되도록 한 평면에 놓은 것이다.

➲ ❹–1~2에서 왜곡이 보정된 영상에서 영상의 점들과 실세계 격자판의 점들 간의 대응 관계를 가상의 좌표계를 이용하여 기술할 수 있으며, 이 대응 관계를 이용하여 영상의 점들을 격자의 모양과 격자 간의 상대적인 크기가 실세계에서와 동일하게 유지되도록 한 평면에 놓으면 2차원 영상이 나타난다고 하였다. 즉, 〈보기〉 그림에서 A와 B는 p와 q 간의 대응 관계가 아니라, '영상의 점들과 실세계 격자판의 점들 간의 대응 관계'를 이용한 것이며 이를 통해 영상의 점들을 격자의 모양과 격자 간의 '상대적인 크기가 실세계에서와 동일하게 유지'되도록 한 평면에 놓은 것이다.

⑤ p가 A 위의 한 점이라면 A는 p에 대응하는 ~~실세계의 점이 시점 변환을 통해 선으로 나타난~~ 것이다.

➲ 〈보기〉 그림에서 A는 바닥에 그려진 도형이 영상의 시점 변환과 합성을 거쳐 선으로 보이는 것이고, p는 그 영상 속 임의의 한 점이다. 따라서 A가 'p에 대응하는 실세계의 점'이 시점 변환 후 선으로

나타났다고 보기 어려우며 또한 실세계의 점이 시점 변환 후 선으로 나타난다는 설명은 이 글에서 확인할 수 없다.

---

### 문제 하이라이트 101쪽

(1) × (2) × (3) × (4) 원근 (5) ○ (6) 시점 변환 (7) ×

**선지➕** ⑥ × ⑦ × ⑧ ○

### 선지➕

⑥ ❹–1~2에 따르면 영상의 시점을 변환할 때 영상의 점들과 격자판의 점들 간의 대응 관계를 가상의 좌표계를 이용하여 기술하고, 이 대응 관계를 이용하여 영상의 점들을 격자의 모양과 격자 간의 상대적인 크기가 실세계에서와 동일하게 유지되도록 한다. 〈보기〉 그림은 차량의 운전자에게 제공된 영상으로, 시점 변환이 반영된 영상이다. 따라서 〈보기〉 그림은 실세계의 크기가 상대적으로 반영된 것이므로, 〈보기〉 그림처럼 실세계에서 A의 가로 길이보다 B의 가로 길이가 길 것이다.

⑦ ❸–1~2에서 원근 효과가 제거되기 전 영상에서는 크기가 동일한 물체라도 카메라로부터 멀리 있을수록 더 작게 나타난다고 하였다. 따라서 원근 효과가 제거되기 전 영상에서는 〈보기〉 그림의 A가 B보다 멀리 있는 것처럼 보일 것이다.

⑧ ❸–1~2의 내용으로 볼 때, 시점 변환 전 영상에서 C는 D보다 작아 보일 것이다. 한편 〈보기〉 그림은 시점 변환이 반영된 영상으로, 이때 C와 D의 크기는 동일하다. 따라서 시점 변환 전 영상에서보다 시점 변환 후 영상에서 C에 대한 D의 상대적 크기가 작아진 것이라고 할 수 있다.

---

### 필수 어휘 ZIP 102쪽

**1** (1) 시차 (2) 인위적 (3) 리간드    **2** (1) ㉢ (2) ㉠ (3) ㉡    **3** ⑤

**4** (1) 관여한다 (2) 남용하면 (3) 연접하는 (4) 기술하고    **5** (1) 수반되다 (2) 균질하다 (3) 사각지대 (4) 해리되다    **6** (1) × (2) × (3) ○ (4) ○

## 01 투시 원근법의 구현 원리

104~108쪽

1 ①    2 ③    3 ③    4 ②    5 ②

❶ ¹르네상스 이전의 회화에서는 일정한 비례나 법칙이 없이 가까이 있는 사물은 크게, 멀리 있는 사물은 작게 그리는 자연적 원근법을 사용하였다. ²그런데 15세기 르네상스 회화에서는 눈에 보이는 장면을 정확하게 재현하려 했다. ³이를 위해 르네상스 화가들은 자연적 원근법과 달리 수학과 과학의 원리를 ⓐ적용한 투시 원근법으로 대상을 표현하였다.
▶ 르네상스 회화에 사용된 투시 원근법의 특징

❷ ¹1435년 알베르티는 《회화론》에서 광학의 원리에 ⓑ기초한 투시 원근법을 소개하였다. ²화가가 상자를 바라보고 있고, 화가의 눈과 상자 사이에 유리판이 놓여 있다고 하자. ³눈과 사물 위의 한 점을 직선으로 연결한 선을 시선이라고 하고, 시선이 유리판과 만나는 점을 사영이라고 한다. ⁴상자의 각 점의 사영들을 모아 생기는 상이 화가의 눈에 비친 상자의 상이기 때문에 눈과 사물 사이의 유리판은 곧 화면이 된다. ⁵알베르티는 ㉠유리판에 들어온 사물의 상을 그대로 그린다면, 그림 속의 인물이나 물체 등이 실제 모습과 비례하게 된다고 보았다.
▶ 광학의 원리에 기초한 투시 원근법

❸ ¹실제로 평행한 두 선을 투시 원근법으로 그린 그림에서는 두 선이 한 점에서 모이는 것을 볼 수 있다. ²이 점을 소실점이라고 하는데, 투시 원근법은 소실점의 개수에 따라 한 점 투시 원근법, 두 점 투시 원근법, 세 점 투시 원근법으로 나뉜다. ³아래 〈그림 1〉의 투시도는 철로를 ㉡한 점 투시 원근법으로 그린 것으로, 투시도의 구현 원리는 평면도와 상승도를 통해 이해할 수 있다.
▶ 투시 원근법의 분류와 투시도의 예

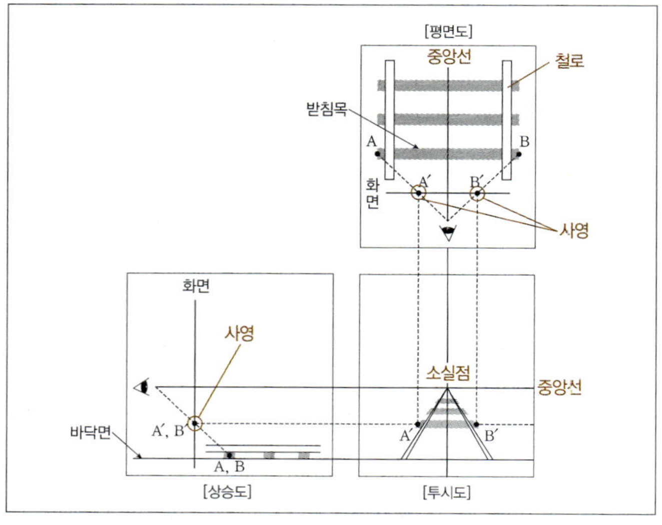



〈그림 1〉

❹ ¹철로의 평면도는 화가의 눈, 화면, 철로를 위에서 내려다볼 때, 철로의 각 점이 화면에 어떻게 사영되는지를 보기 위한 것이다. ²화면과 수직으로 만나는 시선을 중앙선이라고 하는데, ㉢이 중앙선이 철로와 평행하다고 하자. ³또 눈에서 가장 가까이 있는 받침목의 맨 왼쪽 점 A를 연결하는 시선이 화면과 만나는 점을 A′, 맨 오른쪽 점 B를 연결하는 시선이 화면과 만나는 점을 B′라고 하자. ⁴그렇게 되면 선분 AB의 상은 선분 A′B′가 된다. ⁵이런 식으로 다른 받침목들도 그리다 보면 받침목이 화면에서 멀어질수록 상의 길이가 작아지며, 양쪽 선로를 따라 점들이 멀어질수록 화면의 상들은 ㉣하나의 점에 가까워진다는 것을 알 수 있다. ⁶다음으로 상승도를 보자. ⁷상승도는 화가의 눈, 화면, 철로를 옆에서 본 그림이다. ⁸철로가 놓인 바닥면을 기준으로 볼 때 ㉤중앙선은 바닥면과 평행하다고 하자. ⁹눈에서 가장 가까운 받침목의 양 끝점 A와 B는 바닥으로부터 같은 높이에 있기 때문에 상승도에서 A′와 B′는 하나의 점으로 화면에 표시된다. ¹⁰다른 받침목도 이와 마찬가지다.
▶ 투시 원근법의 구현 원리 ①: 평면도, 상승도를 그리는 방법

❺ ¹철로의 평면도와 상승도를 종합하면 투시도를 ⓒ완성할 수 있다. ²투시도를 그릴 화면 위쪽에 평면도를, 화면 왼쪽에 상승도를 놓는다. ³그리고 평면도의 중앙선을 아래로 연장하고, 상승도의 중앙선을 오른쪽으로 연장하면 투시도의 한 점에서 만나게 된다. ⁴투시도에서 점 A′의 위치는 평면도의 점 A′로부터의 수직선과 상승도의 점 A′로부터의 수평선이 만나는 점이다. ⁵이런 식으로 다른 점들도 투시도에 표시할 수 있고, 이 점들을 모으면 철로의 상을 얻을 수 있다.
▶ 투시 원근법의 구현 원리 ②: 투시도를 완성하는 방법

❻ ¹투시 원근법으로 그린 그림을 화가가 본 것과 유사하게 관람하기 위해서는 최적의 관람 거리를 ⓓ유지해야 한다. ²관람 거리는 관람자와 그림 사이의 거리로, 투시 원근법으로 그린 그림의 최적의 관람 거리는 그림을 그리기 위해 실제 장면을 보고 있는 화가와 화면 사이의 거리에 해당한다. ³〈그림 2〉는 가로의 길이가 C이고, 세로의 길이가 D인 직사각형을 한 점 투시 원근법으로 그린 것으로, 이 그림의 최적의 관람 거리를 추적해 보자. [A] ⁴가로 변은 화면과 평행하고 세로 변은 화면과 수직으로 놓인 직사각형을 그린 그림에서 직사각형의 세로 변을 연장하면 한 점에서 모이는 것을 볼 수 있는데, 이 점을 V라 하자. ⁵이때 점 V는 그림의 소실점이다. ⁶점 V에서 직사각형의 가로 변과 평행한 선을 긋고 이 선을 지평선이라고 하자. ⁷그런 다음에 직사각형의 한 대각선을 연장했을 때 지평선과 만나는 점을 V′라 하자. ⁸점 V와 V′ 사이의 거리를 c, 화가와 화면 사이의 거리를 d라고 하면 C:D=c:d가 성립하여 최적의 관람 거리를 구할 수 있다.
▶ 최적의 관람 거리를 구하는 방법

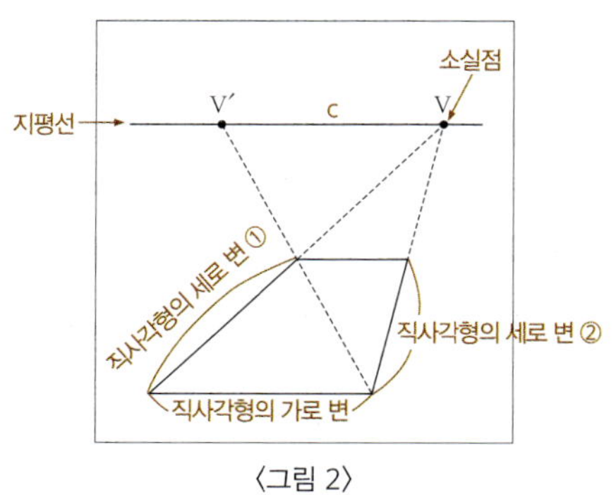



〈그림 2〉

❼ ¹한편 르네상스 시대에 원근법을 연구했던 프란체스카는 원근법의 한계를 지적하였다. ²시선과 중앙선이 이루는 각이 60도의 범위 안에 들어오는 사물을 투시 원근법으로 그릴 경우, 화면에 실제 사물과 유사하게 사물의 상이 구현된다. ³하지만 이 범위에서 벗어나 있는 사물을 보고 그린 그림에서는 상이 왜곡된다는 것이다. ⁴이런 이유로 후대 미술가 중에는 투시 원근법에 대한 회의적 시각을 지닌 이들이 등장했다. ⁵하지만 투시 원근법은 여전히 대상을 사실적으로 ⓔ재현하려는 이들에게는 유용한 방법이다. ⁶최근에는 증강 현실의 구현에 투시 원근법이 활용되고 있다.

▶ 프란체스카가 지적한 투시 원근법의 한계

---

**1  전개 방식 파악하기**

윗글에 대한 설명으로 적절하지 <u>않은</u> 것은?



① 투시 원근법이 변화해 온 과정을 통시적으로 서술하고 있다.
➡ 이 글은 투시 원근법의 구현 원리와 특징을 설명하고 있지만, 시간의 흐름에 따른 투시 원근법의 변화 과정을 설명하고 있지는 않다.



② 구체적인 예를 들어 투시 원근법의 구현 원리를 설명하고 있다.
➡ ❹, ❺에서 철로를 한 점 투시 원근법으로 그린 투시도를 예로 들어 투시 원근법의 구현 원리를 설명하고 있다.

③ 투시 원근법에 대한 특정 인물의 비판적 견해를 제시하고 있다.
➡ ❼-1~3에서 프란체스카가 투시 원근법의 한계를 지적했음을 밝히고 있다.

④ 관련된 주요 용어의 개념을 활용하여 투시 원근법을 설명하고 있다.
➡ '시선', '사영'(❷-3), '소실점'(❸-1~2), '중앙선'(❹-2) 등 투시 원근법과 관련된 주요 개념을 정의하고, 이를 토대로 투시 원근법을 상세하게 설명하고 있다.

⑤ 자연적 원근법과의 차이점을 들어 투시 원근법의 특징을 드러내고 있다.
➡ ❶에서 자연적 원근법이 일정한 비례나 법칙이 없이 가까이 있는 사물은 크게, 멀리 있는 사물은 작게 그린 것과 달리, 투시 원근법은 수학과 과학의 원리를 적용하여 눈에 보이는 장면을 정확하게 재현하려 했다는 특징을 밝히고 있다.

---

**2  세부 내용 파악하기 | 구체적 사례나 상황에 적용하기**

윗글의 〈그림1〉에 대한 이해로 적절하지 <u>않은</u> 것은?



③ [상승도]에서 받침목들이 화면으로부터 멀어질수록 받침목 양 끝점의 사영은 중앙선에서 ~~멀어진다.~~
➡ ❹-5의 내용으로 볼 때, [상승도]에서 받침목들이 화면으로부터 멀어질수록 받침목 양 끝점의 사영이 중앙선과 가까워진다.

---



① [평면도]에서 받침목들이 화면으로부터 멀어질수록 받침목의 끝점을 잇는 시선과 중앙선 사이의 각이 작아진다.
➡ [평면도]에서 화면과 가장 가까이 있는 받침목의 양 끝점 A와 B보다 뒤에 있는 받침목의 끝점을 잇는 시선과 중앙선 사이의 각이 더 작아진다(❹-5).

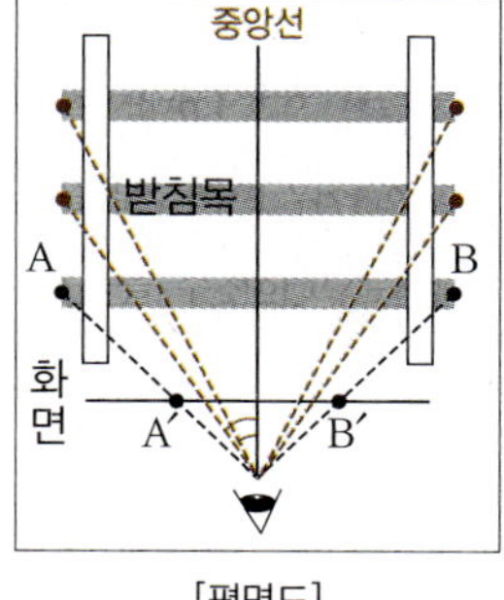


② [상승도]에서 한 개의 받침목의 양 끝점은 화면에 동일한 점으로 표시된다.
➡ ❹-9에서 받침목의 양 끝점 A와 B는 바닥으로부터 같은 높이에 있기 때문에 상승도에서 A′와 B′는 하나의 점으로 화면에 표시된다는 내용을 확인할 수 있다.

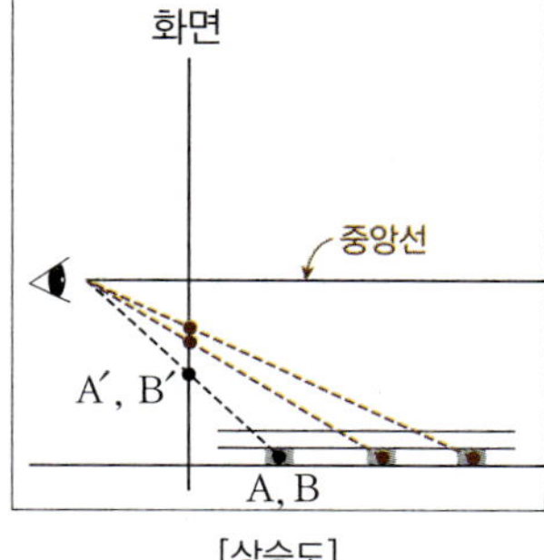


④ [투시도]에서 멀리 보이는 받침목일수록 그 상이 소실점에 가까워진다.

⑤ [투시도]에서 소실점은 평면도의 중앙선과 상승도의 중앙선을 연장하였을 때 만나는 지점에서 형성된다.
➡ [투시도]에서 멀리 보이는 받침목은 그 상이 평면도의 중앙선과 상승도의 중앙선이 만나는 지점, 즉 소실점에 가까워진다(❹-5, ❺-1~3).

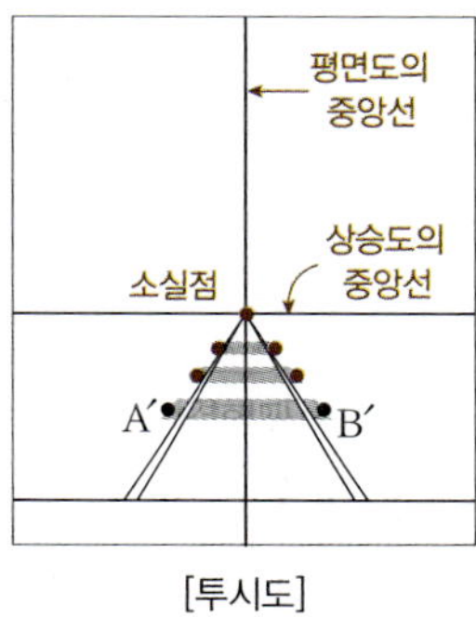


---

**3  세부 내용 파악하기**

㉠~㉤에 대한 설명으로 적절하지 <u>않은</u> 것은?



③ ㉢: 철로가 화면과 ~~평행한 방향~~으로 뻗어 있다는 것이다.
➡ ❹-2에서 화면과 수직으로 만나는 시선인 중앙선이 철로와 평행하다고 하였으므로, ㉢은 철로가 화면과 수직인 방향으로 뻗어 있다는 것이다.

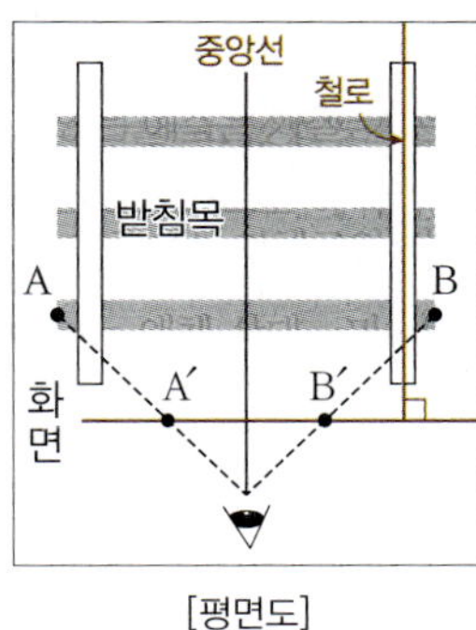




① ㉠: 사물의 각 점의 사영들을 모아서 그린다는 것이다.
➡ ❷-4에서 상자의 각 점의 사영들을 모아 생기는 상이 화가의 눈에 비친 상자의 상이라고 하였으므로, ㉠은 사물의 각 점의 사영들을 모아서 그린다는 의미이다.

② ㉡: 소실점을 하나만 설정하여 그린 것이다.

➡ ❸-2에서 투시 원근법은 소실점의 개수에 따라 한 점 투시 원근법, 두 점 투시 원근법, 세 점 투시 원근법으로 나뉜다고 하였다. 즉 한 점 투시 원근법은 소실점을 하나로 설정하여 그린 것이다.

④ ㉣: 중앙선과 화면이 만나는 점에 가까워진다는 것이다.

➡ ❹-5에 따르면 평면도에서 받침목이 화면으로부터 멀어질수록 상의 길이가 작아지면서 화면의 상들은 하나의 점(중앙선과 화면이 만나는 점)에 가까워진다.

⑤ ㉤: 바닥면이 화면과 수직이 된다는 것이다.

➡ 화면과 수직으로 만나는 시선이 중앙선이므로(❹-2), 중앙선이 바닥면과 평행하다는 것은 바닥면이 화면과 수직이 된다는 것이다.

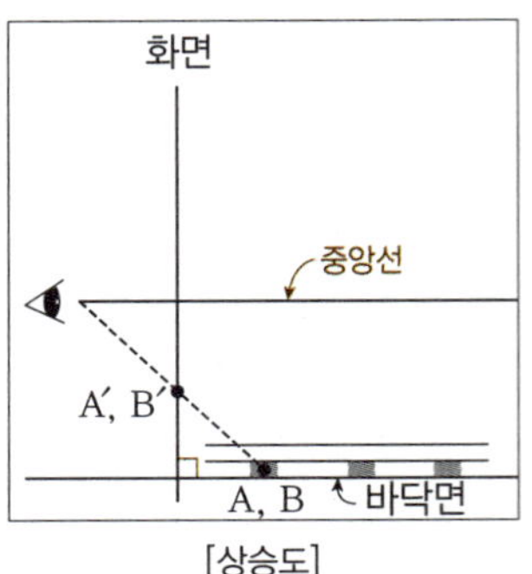


## 4 구체적 사례나 상황에 적용하기

[A]를 바탕으로 〈보기〉를 이해한 내용으로 가장 적절한 것은?

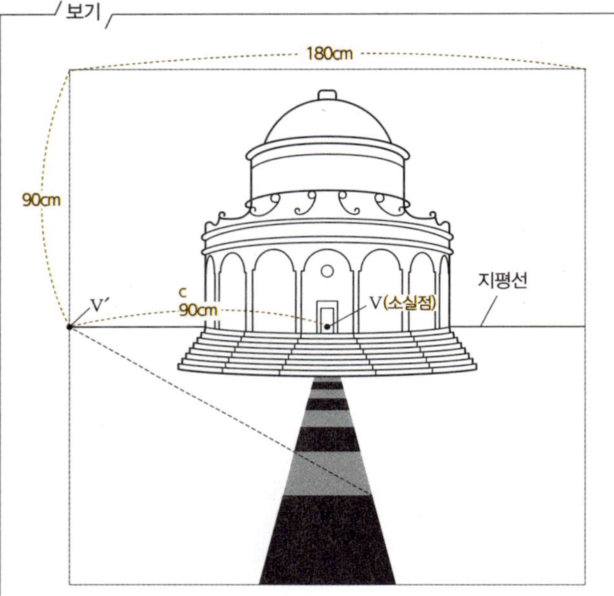


[1]한 점 투시 원근법으로 그린 위 그림은 가로와 세로의 길이가 각각 180cm이다. [2]그림에서 건물의 계단 앞까지 이어져 있는 타일들은 실제로는 같은 크기의 직사각형이다. [3]실제 타일은 가로 변이 화면과 평행하고 세로 변이 화면과 수직이다. [4]그림 속 타일들의 세로 변을 연장하면 건물 중앙 입구의 한 점(V)에서 모인다. [5]이 점은 그림의 정중앙에 위치해 있다. [6]이 그림의 점(V)에서 그린 지평선은 그림의 가로 테두리와 평행하며, 지평선과 그림 속 타일의 대각선을 연장한 선은 그림의 세로 테두리에서 한 점(V′)으로 만난다.

소실점
180cm÷2=90cm

➡ 〈보기〉에서 그림의 V는 그림의 정중앙에 위치하고 V′는 그림의 세로 테두리의 중앙에 위치하므로, V와 V′ 사이의 거리(c)는 90cm이다.

정답인 이유

② 정사각형인 타일을 보고 이 그림을 그렸다면, 화가가 본 것과 유사하게 관람하기 위해서는 관람 거리를 90cm로 유지해야겠군.

➡ ❻-2에서 실제 장면을 보고 있는 화가와 화면 사이의 거리가 최적의 관람 거리라고 하였다. 그리고 ❻-8에 따르면 최적의 관람 거리는 'C(가로의 길이):D(세로의 길이)＝c(V와 V′ 사이의 거리):d(화가와 화면 사이의 거리)'에서 d를 구하면 된다. 만약 실제 타일이 정사각형이라면 'C:D'는 '1:1'이고 c는 90cm이므로, 최적의 관람 거리(d)는 90cm임을 추론할 수 있다.

오답 피하기

① 실제 장면을 보고 있는 화가와 화면 사이의 거리가 120cm였다면, 화가가 보고 그린 실제 타일은 가로의 길이가 세로의 길이보다 더 ~~길겠군.~~

➡ 화가와 화면 사이의 거리 즉, 최적의 관람 거리가 120cm라면 'C:D=90cm:120cm'이므로, 화가가 보고 그린 실제 타일의 가로와 세로 길이의 비는 3:4가 된다. 따라서 타일의 가로의 길이가 세로의 길이보다 더 짧다.

③ 정사각형인 타일을 보고 이 그림을 그렸다면, 화면의 중앙에 가까이 그려져 있는 타일일수록 V와 V′ 사이의 거리는 ~~커져겠군.~~

➡ 〈보기〉-4～6에 따르면 그림 속 타일들의 세로 변을 연장하면 건물 중앙 입구의 한 점(V)에서 모이고, 그림 속 타일의 대각선을 연장한 선은 지평선의 한 점(V′)에서 만난다. 따라서 〈보기〉 그림에서 타일의 위치와 상관 없이 V와 V′ 사이의 거리는 달라지지 않는다.

④ 가로의 길이가 100cm, 세로의 길이가 50cm인 직사각형의 타일을 보고 이 그림을 그렸다면, 최적의 관람 거리는 ~~180cm~~겠군.

➡ 이 경우 '100cm:50cm=90cm:d'가 성립하므로, d는 45cm가 된다.

⑤ 세로의 길이가 가로의 길이보다 긴 직사각형의 타일을 보고 이 그림을 그렸다면, V′는 ~~화면의 밖에 위치~~하겠군.

➡ 〈보기〉-6에서 그림 속 타일의 대각선을 연장한 선과 지평선이 한 점(V′)에서 만난다고 하였으므로, 실제 타일의 크기와 상관없이 V′의 위치는 달라지지 않는다.

## 5 단어의 의미 파악하기

ⓐ～ⓔ의 문맥적 의미와 유사하지 않은 것은?

정답인 이유

② ⓑ: 독립 선언문을 기초한 사람이 바로 그분이다.

➡ ⓑ는 '근거를 두다.'의 뜻으로 쓰였다. 그러나 ②에서 '기초하다'는 '글의 초안을 잡다.'의 뜻으로 쓰였다.

오답 피하기

① ⓐ: 이 공장은 신기술을 적용하여 생산량을 늘렸다.

➡ ⓐ와 ①에서 '적용하다'는 모두 '알맞게 이용하거나 맞추어 쓰다.'의 뜻으로 쓰였다.

③ ⓒ: 다음 주까지 보고서를 <u>완성하여</u> 제출해야 한다.
➡ ⓒ와 ③에서 '완성하다'는 모두 '완전히 다 이루다.'의 뜻으로 쓰였다.

④ ⓓ: 사고 예방을 위해 앞 차와의 간격을 <u>유지해야</u> 한다.
➡ ⓓ와 ④에서 '유지하다'는 모두 '어떤 상태나 상황을 그대로 보존하거나 변함없이 계속하여 지탱하다.'의 뜻으로 쓰였다.

⑤ ⓔ: 조선 시대의 마을을 <u>재현한</u> 민속촌을 만들었다.
➡ ⓔ와 ⑤에서 '재현하다'는 모두 '다시 나타내다.'의 뜻으로 쓰였다.

---

## 문제 하이라이트　　　　　　　　　　109쪽

(1) 사영　(2) ○　(3) 개수　(4) ○　(5) 수직　(6) ×　(7) ○　(8) ○

**선지 +**　⑥ ○　⑦ ○　⑧ ×

**선지 +**

⑥ ❷-4~5에 따르면 유리판에 생기는 상자의 상이 화가의 눈에 비친 상자의 상이기 때문에, 유리판에 들어온 사물의 상을 그대로 그린다는 것은 곧 사물의 실제 모습과 비례하여 그린다는 것임을 알 수 있다.

⑦ ❸-1~2에 따르면 한 점 투시 원근법은 평행한 두 선이 한 점에서 모이는 점인 소실점의 개수를 한 개로 설정하여 그린 것이다.

⑧ 이 글에 제시된 〈그림 1〉의 [상승도]를 참고하면 바닥면과 화면은 수직이다. 따라서 중앙선이 바닥면과 평행하다는 것은 중앙선 또한 화면과 수직이라는 뜻이다.

---

## 02 쿤의 과학혁명 가설　　　　　　110~114쪽

1 ④　　2 ④　　3 ②　　4 ⑤　　5 ⑤　　6 ③

---

❶ ¹<u>패러다임</u>이란 한 시대 사람들의 견해나 사고를 지배하고 있는 이론적 틀이나 개념의 집합체를 뜻하는 말로 과학철학자인 <u>토머스 쿤</u>이
패러다임의 개념
새롭게 제시하여 널리 쓰이는 개념이다. ²쿤은 패러다임 속에서 진행되는 연구 활동을 정상 과학이라고 하였으며, <u>기존의 패러다임에서는 예상하지 못했던 현상을 <u>변칙 사례</u>라고 하였다. ³쿤은 정상 과학이 변칙 사례를 설명해 내기도 하나 중요한 변칙 사례가 미해결 상태로 남으면 새로운 패러다임으로의 급격한 대체 과정, 즉 <u>과학혁명</u>이 일어난다고 ⓐ 보았다. ⁴그러나 쿤은 옛 패러다임과 새로운 패러다임 중 어떤
과학혁명이 일어나는 경우
'생각하거나 평가하다.'　　패러다임의 우월성에 관한 쿤의 주장
패러다임이 더 우월한지는 판단할 수 없다고 주장하였다.
▶ 쿤이 제시한 패러다임과 과학혁명의 개념

❷ ¹18세기 말 라부아지에가 새로운 연소 이론을 확립하기 전까지의
※ ❷~❼: 연소 이론과 관련된 패러다임의 변화
패러다임은 <u>플로지스톤</u>이라는 개념으로 연소 현상을 설명하는 것이었다.
연소 현상을 설명하는 기존의 패러다임
²그리스어로 '불꽃'을 뜻하는 플로지스톤은 <u>18세기 초 베허와 슈탈</u>이 제안한 개념으로, 가연성 물질이나 금속에 포함되어 있을 것이라고 생각했던 물질이다. ³베허와 슈탈은 종이, 숯, 황처럼 잘 타는 물질
베허와 슈탈이 주장하는 연소 현상
에 플로지스톤이 많이 포함되어 있으며, 연소는 물질에 포함되어 있던 플로지스톤이 방출되는 과정이라고 주장하였다. ⁴또한 플로지스톤 개념으로 물질의 굳기, 광택, 색의 변화를 설명하기도 하였는데, 플로지스톤을 잃은 물질은 쉽게 부서지며 탁하고 어둡게 된다고 보았다.
⁵연소 현상뿐만 아니라 금속이 녹스는 현상, 음식이 소화되는 생화학
플로지스톤 이론으로 이해되는 현상들
작용 등 다양한 현상이 플로지스톤 이론을 통해 이해될 수 있었다.
▶ 연소 현상에 관한 플로지스톤 패러다임 ①: 베허와 슈탈의 주장

❸ ¹<u>18세기 중반 캐번디시</u>는 자신이 순수한 플로지스톤을 추출하는 데 성공했다고 믿었다. ²캐번디시는 금속을 산에 녹일 때 발생하는 기
'어떤 성질을 가지다.'
체가 매우 잘 타는 성질을 ⓑ <u>띠고</u> 있음을 발견하고 이 기체를 <u>가연성 공기</u>라고 명명하였다. ³녹슨 금속을 산에 녹일 때는 이 기체가 발생하
가연성 공기의 발견
지 않았으므로 ㉠이 기체는 금속에 있던 플로지스톤이 빠져 나온 것
캐번디시의 주장
이라고 생각하였다. ⁴이후 캐번디시는 이 가연성 공기를 태울 때 물이 형성되는 현상을 관찰하기도 하였다.
▶ 연소 현상에 관한 플로지스톤 패러다임 ②: 캐번디시의 주장

❹ ¹<u>18세기 후반 프리스틀리</u>는 (캐번디시가 발견한 가연성 공기를 활
(　): 프리스틀리가 진행한 실험
용하여 금속회를 금속으로 환원하는 실험을 시행하였다. ²먼저 프리스틀리는 물을 채운 넓적한 그릇에 빈 유리그릇을 엎어 놓고 그 안에 가연성 공기를 채웠다. ³그리고 그 안에 금속회를 놓고 렌즈로 햇빛을 모아 가열하였다. ⁴프리스틀리는 금속회가 플로지스톤을 흡수하여 금
프리스틀리의 주장 ①
속이 될 것이라고 예측하였는데 예측대로 금속회는 금속이 되었다.
⁵또한 유리그릇 안쪽의 수위가 높아지는 현상이 관찰되었는데 이는 유
프리스틀리의 주장 ②
리그릇 안에 있던 플로지스톤이 소모된 증거라고 보았다.)⁶금속에서 나온 기체가 가연성이라는 점, 그 기체를 활용하여 금속회를 금속으로 만들 수 있다는 점이 모두 플로지스톤 패러다임 안에서 설명된 것이다.
▶ 연소 현상에 관한 플로지스톤 패러다임 ③: 프리스틀리의 주장

❺ ¹그런데 <u>라부아지에</u>는 금속이 녹슬 때 질량이 변화한다는 사실에 주목하며 플로지스톤 이론에 <u>의문</u>을 가졌다. (²라부아지에는 연소 현
기존의 패러다임에 따르면, 금속이 녹슬 때 플로지스톤이 방출되어 금속의 질량은 줄어들어야 함.
상에서도 그러한 질량 변화가 있을 것이라고 보고 정밀하게 질량을 측
(　): 라부아지에가 진행한 실험
정할 수 있는 기구를 동원하여 실험을 시행하였다. ³라부아지에는 밀폐된 유리병 안에서 인과 황을 가열한 후에 가열 전과 비교하여 인과 황의 질량이 늘어난다는 사실을 확인하였고, 이때 질량이 증가한 양은 유리병 속 기체의 질량이 감소한 양과 같음을 확인하였다.) ⁴라부아지에는 연소 반응에서 발생하거나 소모되는 기체를 모아 정확히 질량을
질량 보존의 법칙
측정하면 반응 전후의 총 질량은 변화가 없다는 사실을 근거로, 연소는 플로지스톤을 잃는 것이 아니라 공기 중의 산소와 결합하는 현상이
라부아지에의 주장
라고 주장하였다.
▶ 플로지스톤 이론에 의문을 품은 라부아지에의 주장

❻ ¹가연성 공기를 태울 때 물이 형성된다는 캐번디시의 관찰 결과를 토대로 라부아지에는 프리스틀리의 실험을 자신의 이론으로 재해석하였다. ²프리스틀리의 실험에서 나타난 현상은 플로지스톤과 금속회

가 결합한 것이 아니라 금속회에 있던 산소가 유리그릇으로 방출된 것
이며, 이 산소는 유리그릇을 채우고 있던 가연성 공기와 결합하여 물
이 되었을 것이라는 설명이었다. ³프리스틀리의 기존 실험은 물 위에
서 시행되었기 때문에 새롭게 형성된 물을 관찰하기 어려웠으나 같은
실험을 물이 아닌 수은 위에서 다시 시행하자 수은 위에 소량의 물이
형성되는 현상을 관찰할 수 있었다.
▶ 프리스틀리의 실험을 재해석한 라부아지에의 주장

❼ ¹이후 플로지스톤 학파는 기존 패러다임 안에서 이론을 일부 수정
하여 라부아지에의 이론을 반박하기도 하였으나 정확한 질량 측정을
기반으로 한 라부아지에의 핵심적인 문제 제기는 끝내 명확하게 설명
해 내지 못했다. ²결국 플로지스톤이라는 개념과 그것으로 연소 현상
을 이해하려는 패러다임은 ⓒ 사라지고, 연소를 산소와의 결합으로 이
해하는 새로운 패러다임이 자리 잡게 되었다. ³또한 물질의 성질을 추
상적으로 설명하는 것에서, 정밀한 측정 도구를 활용하여 실험 과정을
정량화하는 것으로 화학 연구의 패러다임이 ⓓ 바뀌었다.
▶ 연소 현상에 관한 패러다임의 교체(과학혁명)

❽ ¹쿤은 과학사의 이러한 장면들을 통해 과학적 진보는 누적적인 것
이 아니라 혁명적인 것이라고 주장하였다. ²정상 과학의 시기에는 패
러다임이라는 인식의 틀 안에서 퍼즐을 맞추는 활동을 수행하는 것일
뿐 새로운 과학 지식을 만들어 내지는 못한다는 것이다. ³더 나아가 쿤
은, 하나의 이론 체계를 ⓔ 받아들인다는 것은 그것의 개념, 법칙, 가정
을 포함한 패러다임 전체를 믿는 행위이므로 새로운 패러다임을 옛것
과 비교하여 어떤 패러다임이 더 우월한 것인지 평가할 논리적 기준은
있을 수 없다고 보았다. (⁴쿤의 과학혁명 가설은 과학의 발전을 새롭게
바라보는 통찰력 있는 관점으로서 많은 과학자들로 하여금 기존 패러
다임으로 설명되지 않는 변칙 사례에 주목하게 하였고, 고정된 틀 속
에서 문제를 해결하려 한 정상 과학을 반성적으로 바라볼 수 있게 하
였다.)
▶ 쿤의 과학혁명 가설과 그 의의

---



### 세부 내용 파악하기

**윗글에 대한 이해로 적절하지 <u>않은</u> 것은?**



④ 라부아지에는 금속을 산에 녹일 때 나온 기체가 가연성을 띤다는
캐번디시의 실험 결과를 ~~반박하였다.~~

➲ ❻-1에 따르면 라부아지에는 가연성 공기를 태울 때 물이 형성된
다는 캐번디시의 관찰 결과를 토대로 프리스틀리의 실험을 자신의 이
론으로 재해석하였을 뿐, 금속을 산에 녹일 때 나온 기체가 가연성을
띤다는 캐번디시의 실험 결과를 반박하지는 않았다.



① 라부아지에는 연소 실험 전후에 물질의 질량을 정밀하게 측정하
였다.

➲ ❺-2~3에 따르면 라부아지에는 질량을 정밀하게 측정할 수 있
는 기구를 동원하여, 밀폐된 유리병 안에서의 인과 황의 가열 전후의
질량을 측정하였다.

② 베허와 슈탈은 종이가 플로지스톤을 많이 포함하고 있기 때문에
잘 타는 것이라고 보았다.

➲ ❷-3에서 확인할 수 있다.

③ 플로지스톤 패러다임에서는 음식이 소화되는 과정을 플로지스톤
이 빠져 나가는 것으로 이해하였다.

➲ ❷-3에서 연소는 물질에 포함되어 있던 플로지스톤이 방출되는
과정이라 하였고, ❷-5에서 연소 현상뿐만 아니라 음식이 소화되는
생화학 작용도 플로지스톤 이론을 통해 이해될 수 있다고 하였다.

⑤ 쿤의 과학혁명 가설은 기존의 이론적 틀 안에서 문제를 해결하려
하는 태도를 반성적으로 바라볼 수 있게 하였다.

➲ ❽-4에서 확인할 수 있다.

---



### 생략된 정보 추론하기

**캐번디시가 ㉠과 같이 판단한 이유로 가장 적절한 것은?**



④ 이 기체는 잘 타는 성질을 갖고 있고 녹슬지 않는 금속에서만 나온
것이기 때문에

➲ ❷-2~3에서 플로지스톤은 '가연성 물질이나 금속에 포함되어
있을 것이라고 생각했던 물질'이며, 종이, 숯, 황처럼 잘 타는 물질에
많이 포함되어 있는 것으로 여겨졌다고 하였다. ❸-2~3에 따르면
캐번디시는 금속을 산에 녹일 때 발생하는 가연성 공기가 플로지스톤
처럼 매우 잘 타는 성질을 띠고 있고, 녹슨 금속(❷-5를 참고할 때 플
로지스톤이 빠져나갔다고 여겨진 금속)을 산에 녹일 때는 발생하지
않은 점을 근거로 하여, 가연성 공기는 금속에 있던 플로지스톤이 빠
져 나온 것이라고 생각한 것이다.



① 이 기체는 잘 타는 성질을 갖고 있고 타면서 물이 형성되었기 때문에

➲ ❸-4에 따르면 캐번디시가 잘 타는 성질을 띤 가연성 공기를 태
울 때 물이 형성되는 현상을 관찰하기는 했지만, 이는 ㉠처럼 생각한
다음에 일어난 일이다. 즉 캐번디시가 이를 근거로 가연성 공기가 금
속에 있던 플로지스톤이 빠져 나온 것이라고 판단한 것은 아니다.

② 이 기체는 금속에 많이 포함되어 있고 ~~금속이 녹슬면서 나온 것이~~
기 때문에

➲ ❸-2에 따르면 가연성 공기는 금속을 산에 녹이는 과정에서 나
온 기체이다.

③ 이 기체는 ~~산~~에 많이 포함되어 있고 금속을 산에 녹일 때 나온 것
이기 때문에

➲ ❸-2~3에 따르면 캐번디시는 가연성 공기가 '금속'에 포함되어
있다고 생각하였다. 이러한 특성은 플로지스톤이 금속에 포함되어 있
다고 생각한 플로지스톤 이론과 관련 있다(❷-2).

⑤ 이 기체는 녹슨 금속을 산에 녹일 때는 나오지 않고 ~~가열할 때만~~ ~~나온 것~~이기 때문에

➡ ❸-3에서 녹슨 금속을 산에 녹일 때는 가연성 공기가 발생하지 않았다고 하였을 뿐, 녹슨 금속을 가열한 것은 아니다. 또한 녹슨 금속을 가열할 때만 가연성 공기가 발생한다는 내용은 글에서 확인할 수 없다.



## 3   생략된 정보 추론하기

윗글을 참고할 때 라부아지에가 갖게 된 |의문|의 내용으로 가장 적절한 것은?

**정답인 이유**

② 금속이 플로지스톤을 잃어 녹슨 것이라면 녹슬기 전보다 질량이 줄어들어야 하지 않을까?

➡ ❷~❹에 따르면 플로지스톤 이론에서는 금속이 녹스는 현상을 금속에 있던 플로지스톤이 빠져 나가는 것으로 이해하였다. 이 이론 대로라면 금속이 녹슬면 빠져 나간 플로지스톤의 질량만큼 금속의 질량이 줄어들어야 할 것이다. 라부아지에는 금속이 녹슬 때 질량이 변화한다는 사실에 주목하여 실험을 진행하였는데, 이를 통해 밀폐된 유리병 안에서 인과 황을 가열한 후에 가열 전과 비교하면 인과 황의 질량이 늘어난다는 사실과 질량이 증가한 양은 유리병 속 기체의 질량이 감소한 양과 같음을 확인하였다.

이를 고려할 때 라부아지에는 플로지스톤 이론에 따르면 줄어들어야 했을 녹슨 금속의 질량이 오히려 감소한 기체의 질량만큼 늘어났기 때문에 플로지스톤 이론의 주장에 의문을 갖게 되었음을 추론할 수 있다. 따라서 라부아지에가 갖게 된 의문의 내용으로는 ②가 가장 적절하다.

**오답 피하기**

① 금속이 플로지스톤을 잃어 녹슨 것이라면 녹슬기 전보다 질량이 늘어나야 하지 않을까?

③ 금속이 플로지스톤을 잃어 녹슨 것이라도 녹슬기 전후의 질량은 동일하여야 하지 않을까?

➡ 플로지스톤 이론에서는 금속이 녹스는 현상을 금속에 있던 플로지스톤이 빠져 나가는 과정이라고 주장하였다. 즉, 이 이론에 따라 원래 금속에 있던 플로지스톤이 빠져 나간다면 그 질량만큼 금속의 질량이 줄어들어야 한다. 그런데 라부아지에의 실험 결과 오히려 질량이 늘어났으므로, 금속이 녹슬기 전보다 질량이 늘거나 변화가 없다는 것은 라부아지에가 가졌을 의문으로 적절하지 않다.

④ 금속이 ~~플로지스톤을 얻어 녹슨 것~~이라면 녹슬기 전보다 질량이 늘어나야 하지 않을까?

⑤ 금속이 ~~플로지스톤을 얻어 녹슨 것~~이라도 녹슬기 전후의 질량은 동일하여야 하지 않을까?

➡ 플로지스톤 이론에서는 금속이 녹스는 현상을 금속에 있던 플로지스톤이 빠져 나가는 과정이라고 주장하였다. 따라서 ⑤는 플로지스톤 이론과 맞지 않으며 라부아지에가 가졌을 의문으로도 적절하지 않다.



## 4   세부 내용 파악하기

윗글을 바탕으로 〈보기〉를 이해한 것으로 적절하지 **않은** 것은?

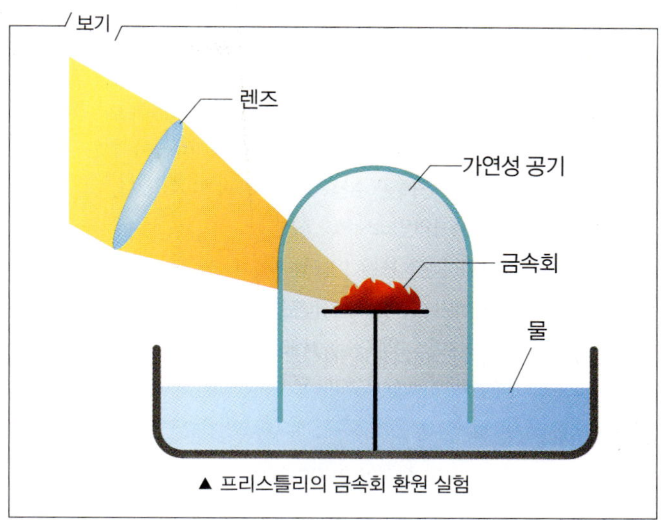



**정답인 이유**

⑤ 라부아지에는 수은 위에서 실험을 시행하면 ~~물 위에서 실험했을 때와는 달리 새로운 물이 형성될 것~~이라고 보았다.

➡ ❻-3에 따르면 라부아지에는 프리스틀리의 실험이 물 위에서 시행되었기 때문에 새롭게 형성된 물을 관찰하기 어렵다고 생각하였다. 이에 라부아지에는 수은 위에서 같은 실험을 다시 시행하여 새로운 물이 형성되는 현상을 더 쉽게 관찰하고자 한 것이다.

**오답 피하기**

① 프리스틀리는 가열 전의 금속회는 플로지스톤이 결핍된 상태라고 보았다.

➡ ❹-3~4에 따르면 프리스틀리는 금속회를 햇빛에 가열하면 금속회가 플로지스톤을 흡수하여 금속이 될 것이라고 생각하였으므로, 가열 전의 금속회가 플로지스톤이 결핍된 상태라고 보았음을 알 수 있다.

② 프리스틀리는 실험 과정 중 가연성 공기가 소모되어 수위가 상승한다고 이해하였다.

➡ ❹-5에 따르면 프리스틀리는 금속회가 금속이 되는 과정에서 유리그릇 안쪽의 수위가 높아지는 것은 가연성 공기(플로지스톤)가 소모된 증거라고 보았다.

③ 프리스틀리는 가연성 공기를 활용하여 금속회를 금속으로 변화시킬 수 있다고 생각하였다.

➡ ❹-1, 4에 따르면 프리스틀리는 가연성 공기를 활용하여 금속회를 금속으로 환원하는 실험을 시행하면서 금속회가 가연성 공기(플로지스톤)를 흡수하여 금속이 될 것이라고 예측하였다.

④ 라부아지에는 금속회를 가열하면 가연성 공기와는 다른 기체인 산소가 방출된다고 보았다.

➡ ❻-2에 따르면 라부아지에는 프리스틀리의 실험에서 가연성 공기(플로지스톤)와 금속회가 결합한 것이 아니라 금속회에 있던 산소가 유리그릇으로 방출된 것이라고 재해석하였다.

**문맥상 ⓐ~ⓔ와 바꿔 쓴 것으로 가장 적절한 것은?**

정답인 이유

⑤ ⓔ: 수용(受容)한다는

➡ ⓔ의 '받아들이다'는 '다른 사람의 의견이나 비판 따위를 찬성하여 따르다. 또는 옳다고 인정하다.'라는 의미이다. 따라서 ⓔ는 '어떠한 것을 받아들이다.'를 뜻하는 '수용하다'로 바꿔 쓸 수 있다.

오답 피하기

① ⓐ: 조망(眺望)하였다

➡ ⓐ의 '보다'는 '생각하거나 평가하다.'라는 의미이다. 그러나 '조망하다'는 '먼 곳을 바라보다.', '전체적으로 바라거나 앞일을 내다보다.'를 뜻한다.

② ⓑ: 소유(所有)하고

➡ ⓑ의 '띠다'는 '어떤 성질을 가지다.'라는 의미이다. 그러나 '소유하다'는 '(물건을) 가지고 있다.'라는 뜻에 더 가깝다.

③ ⓒ: 생략(省略)되고

➡ ⓒ의 '사라지다'는 '현상이나 물체의 자취 따위가 없어지다.'라는 의미이다. 그러나 '생략되다'는 '전체에서 일부가 줄거나 빠지다.'를 뜻한다.

④ ⓓ: 전도(顚倒)되었다

➡ ⓓ의 '바뀌다'는 '원래 있던 것이 없어지고 다른 것으로 채워지거나 대신하게 되다.'라는 의미이다. 그러나 '전도되다'는 '차례, 위치, 이치, 가치관 따위가 뒤바뀌어 원래와 달리 거꾸로 되다.'를 뜻한다.



**〈보기〉의 관점에서 윗글의 토머스 쿤 의 주장을 비판한 내용으로 가장 적절한 것은?**

／ 보기

새로운 패러다임이 기존의 패러다임보다 더 나아졌다고 말할 수 없다면 우리는 과학이 진보하고 있다고 말할 수 없다. 과학은 객관적인 관찰과 자료 분석, 논리적인 접근으로 유도된 지식의 총합이 며 이런 지식의 누적이 바로 과학적 진보이다. 뉴턴의 역학은 아리스토텔레스의 이론이 설명하지 못하는 부분까지 해명하므로 뉴턴의 역학이 더 진보되었다고 우리는 믿어 왔다. 그리고 우리가 아인슈타인의 상대성 이론에 열광한 것도 뉴턴 역학으로 설명할 수 없는 부분을 해명할 수 있었기 때문이다.

쿤의 주장(❽-3)
과학적 진보는 누적적인 것이 아니라 혁명적인 것이라는 쿤의 관점과 대비됨(❽-1).

➡ 〈보기〉의 관점: 새로운 패러다임은 기존의 패러다임보다 더 진보됨.

정답인 이유

③ 플로지스톤 패러다임에서는 미해결 상태로 남았던 변칙 사례가 라부아지에의 이론으로 해명되었다는 점에서 패러다임 간의 우월성은 존재한다고 볼 수 있다.

➡ ❶-4에 따르면 쿤은 새로운 패러다임과 기존의 패러다임 사이의 우월성을 판단할 수 없다고 주장하였다. 이와 달리 〈보기〉의 관점은

새로운 패러다임이 기존의 패러다임보다 더 우월하다는 입장이다. 이러한 〈보기〉의 관점에서 볼 때, 플로지스톤 패러다임에서 미해결 상태로 남았던 변칙 사례가 라부아지에의 이론으로 해명되었으므로, 라부아지에의 이론을 기반으로 한 새로운 패러다임이 기존의 플로지스톤 패러다임보다 더 우월하다고 평가할 수 있을 것이다.

오답 피하기

① 라부아지에는 변칙 사례를 발견하고 ~~이를 정상 과학으로 해명하려 노력하였다는 점에서 정상 과학은 새로운 과학 지식을 만들어 낸다~~고 볼 수 있다.

➡ ❼-1~2에 따르면 라부아지에는 플로지스톤 이론으로 설명할 수 없는 변칙 사례에 대해 문제 제기를 하였고, 기존의 패러다임 내 정상 과학에서는 이에 대해 명확하게 설명하지 못하였다. 그 결과, 라부아지에의 이론을 기반으로 한 새로운 패러다임이 자리 잡게 되었다.

② 가연성 공기와 관련한 캐번디시의 실험은 정상 과학의 범주에서 이루어졌다는 점에서 새로운 패러다임은 기존의 패러다임보다 더 진보되었다고 볼 수 있다.

➡ ❸에 따르면 캐번디시의 실험은 기존의 플로지스톤 패러다임 내 정상 과학의 범주에서 이루어진 것이므로, 〈보기〉의 관점을 뒷받침하는 근거로 적절하지 않다.

④ 플로지스톤 패러다임은 상태 변화의 원인에, 라부아지에의 이론은 물질의 질량 변화에 각각 주목한 것일 뿐이므로 과학적 진보는 혁명적이라고 볼 수 없다.

➡ 과학적 진보는 혁명적이라는 쿤의 주장(❽-1)과 달리, 〈보기〉의 관점은 과학적 진보가 지식의 누적이라는 입장이다. 이러한 관점에서 쿤의 주장을 비판할 수는 있으나, 플로지스톤 패러다임과 라부아지에의 이론이 각각 다른 측면에 주목했다는 사실을 비판의 근거로 드는 것은 적절하지 않다.

⑤ 라부아지에 역시 프리스틀리의 실험 결과를 활용하여 자신의 이론을 설명하였다는 점에서 하나의 이론 체계를 받아들인다는 것은 패러다임 전체를 믿는 행위라 볼 수 없다.

➡ ⑤는 과학적 진보, 패러다임 간의 우월성에 관한 관점이 제시된 〈보기〉 내용의 핵심에서 벗어난 진술이다.

### 문제 하이라이트
115쪽

(1) × (2) × (3) 우월 (4) ○ (5) × (6) 진보 (7) ×

선지➕　⑥ × 　⑦ × 　⑧ ○

선지➕

⑥, ⑦ 과학적 진보가 혁명적이며, 패러다임의 우월성을 가릴 수 없다고 본 것은 쿤이다.

⑧ 라부아지에는 정확한 질량 측정을 기반으로 한 관찰을 통해 기존 이론의 변칙 사례를 설명하였으며, 그 결과 새로운 패러다임이 자리 잡게 되었다. 〈보기〉의 관점에서는 이를 객관적인 관찰로 유도된 지식의 총합, 즉 지식의 누적이라 볼 것이므로 라부아지에의 사례를 근거로 들어 과학적 진보를 혁명적이라고 보는 쿤의 주장을 비판할 수 있다.

| 1 ① | 2 ③ | 3 ④ | 4 ③ | 5 ② | 6 ③ |
|------|------|------|------|------|------|

**가 ❶** [1]㉠정립-반정립-종합. [2]변증법의 논리적 구조를 일컫는 말이다. [3]변증법에 따라 철학적 논증을 수행한 인물로는 단연 헤겔이 거명된다. [4]변증법은 대등한 위상을 지니는 세 범주의 병렬이 아니라, 대립적인 두 범주가 조화로운 통일을 이루어 가는 수렴적 상향성을 구조적 특징으로 한다. (변증법의 구조적 특징) [5]헤겔에게서 변증법은 논증의 방식임을 넘어, 논증 대상 자체의 존재 방식이기도 하다. [6]즉 세계의 근원적 질서인 '이념'의 내적 구조도, 이념이 시·공간적 현실로서 드러나는 방식도 변증법적이기에, (이념과 현실은 하나의 체계를 이루며, 이 두 차원의 원리를 밝히는 철학적 논증도 변증법적 체계성을 ⓐ지녀야 한다.) *바탕으로 갖추고 있다.* *( ): 헤겔의 변증법*
▶ 변증법의 논리적 구조와 그 특징

**❷** [1]헤겔은 미학도 철저히 변증법적으로 구성된 체계 안에서 다루고자 한다. [2]그에게서 미학의 대상인 예술은 종교, 철학과 마찬가지로 '절대정신'의 한 형태이다. (미학에 대한 헤겔의 인식) [3]절대정신은 절대적 진리인 '이념'을 인식하는 인간 정신의 영역을 ⓑ가리킨다. (절대정신의 개념) ([4]예술·종교·철학은 절대적 진리를 동일한 내용으로 하며, 다만 인식 형식의 차이에 따라 구분된다.) *어떤 대상을 특별히 집어서 두드러지게 나타낸다.* *( ): 예술·종교·철학의 공통점과 차이점* [5]절대정신의 세 형태에 각각 대응하는 형식은 직관·표상·사유이다. *예술·종교·철학* *예술·종교·철학에서 각각 절대적 진리를 인식하는 형식* [6]직관은 주어진 물질적 대상을 감각적으로 지각하는 지성이고, (직관의 개념) 표상은 물질적 대상의 유무와 무관하게 내면에서 심상을 떠올리는 지성이며, (표상의 개념) 사유는 대상을 개념을 통해 파악하는 순수한 논리적 지성이다. (사유의 개념) [7]이에 세 형태는 각각 '직관하는 절대정신', '표상하는 절대정신', '사유하는 절대정신'으로 규정된다. → 예술 → 종교 → 철학 ([8]헤겔에 따르면 직관의 외면성과 표상의 내면성은 사유에서 종합되고, 이에 맞춰 예술의 객관성과 종교의 주관성은 철학에서 종합된다.) *( ): 헤겔이 바라본 변증법의 구조적 특징*
▶ 변증법적 체계 안에서 미학을 다룬 헤겔의 이론 ①: 이념 인식 형식에 따라 구분되는 절대정신의 세 형태

**❸** [1]형식 간의 차이로 인해 내용의 인해 수준에는 중대한 차이가 발생한다. [2]헤겔에게서 절대정신의 내용인 절대적 진리는 본질적으로 논리적이고 이성적인 것이다. = 절대적 진리 [3]이러한 내용을 예술은 직관하고 종교는 표상하며 철학은 사유하기에, 이 세 형태 간에는 단계적 등급이 매겨진다. *절대적 진리* *예술·종교·철학의 인식 형식* [4]즉 예술은 초보 단계의, 종교는 성장 단계의, 철학은 완숙 단계의 절대정신이다. *절대정신의 형태 간 단계적 등급* [5]이에 따라 ㉡예술-종교-철학 순의 진행에서 명실상부한 절대정신은 최고의 지성에 의거하는 것, 즉 철학뿐이며, 예술이 절대정신으로 기능할 수 있는 것은 인류의 보편적 지성이 미발달된 머나먼 과거로 한정된다.
▶ 변증법적 체계 안에서 미학을 다룬 헤겔의 이론 ②: 형식 간 차이로 발생하는 절대정신의 세 형태 간 단계적 등급

**나 ❶** [1]변증법의 매력은 '종합'에 있다. [2]종합의 범주는 두 대립적 범주 중 하나의 일방적 승리로 ⓒ끝나도 안 되고, 두 범주의 고유한 본질적 규정이 소멸되는 중화 상태로 나타나도 안 된다. *일이 다 이루어지다.* [3]종합은 양자의 본질적 규정이 유기적 조화를 이루어 질적으로 고양된 최상의 범주가 생성됨으로써 성립하는 것이다. *변증법에서의 종합의 개념*
▶ 변증법에서의 '종합'의 개념

**❷** [1]헤겔이 강조한 변증법의 탁월성도 바로 이것이다. [2]그러기에 변증법의 원칙에 최적화된 엄밀하고도 정합적인 학문 체계를 조탁하는 것

이 바로 그의 철학적 기획이 아니었던가. [3]그런데 그가 내놓은 성과물들은 과연 그 기획을 어떤 흠결도 없이 완수한 것으로 평가될 수 있을까? [4]미학에 관한 한 '그렇다'는 답변은 쉽지 않을 것이다. ([5]지성의 형식을 직관-표상-사유 순으로 구성하고 이에 맞춰 절대정신을 예술- 종교-철학 순으로 편성한 전략은 외관상으로는 변증법 모델에 따른 전형적 구성으로 보인다. *( ): 변증법적 체계 안에서 미학을 다루고자 한 헤겔의 이론* ([6]그러나 실질적 내용을 ⓓ보면 직관으로부터 *대상의 내용이나 상태를 알기 위하여 살피다.* 사유에 이르는 과정에서는 외면성이 점차 지워지고 내면성이 점증적으로 강화·완성되고 있음이, 예술로부터 철학에 이르는 과정에서는 *직관의 특성* *표상의 특성* 객관성이 점차 지워지고 주관성이 점증적으로 강화·완성되고 있음이 *예술의 특성* *종교의 특성* 확연히 드러날 뿐, 진정한 변증법적 종합은 ⓔ이루어지지 않는다.) [7]직 (가)❶-4, (나)❶-3 *어떤 대상에 의하여 일정한 상태나 결과가 생기거나 만들어지다.* 관의 외면성 및 예술의 객관성의 본질은 무엇보다도 감각적 지각성인데, 이러한 핵심 요소가 그가 말하는 종합의 단계에서는 완전히 소거되고 만다.
▶ 헤겔의 이론에 대한 비판: 실질적 내용을 보면 변증법적 종합이 이루어지지 않음.

**❸** ([1]변증법에 충실하려면 헤겔은 철학에서 성취된 완전한 주관성이 *( ): 헤겔의 이론에 대한 비판②* 재객관화되는 단계의 절대정신을 추가했어야 할 것이다.) [2]예술은 '철학 이후'의 자리를 차지할 수 있는 유력한 후보이다. [3]실제로 많은 예술 작품은 '사유'를 매개로 해서만 설명되지 않는가. *예술에 대한 글쓴이의 견해* [4]게다가 이는 누구보다도 풍부한 예술적 체험을 한 헤겔 스스로가 잘 알고 있지 않은 *예술에 대한 글쓴이의 견해를 뒷받침하는 근거* *헤겔 이론의 문제점* 가. [5]이 때문에 방법과 철학 체계 간의 이러한 불일치는 더욱 아쉬움을 준다.
▶ 헤겔의 이론에 대한 비판 ②: 예술은 철학의 주관성이 재객관화되는 단계의 절대정신으로서, 철학 이후의 자리를 차지할 수 있음.

---

**1  전개 방식 파악하기**

**(가)와 (나)에 대한 설명으로 가장 적절한 것은?**

**정답인 이유**

① (가)와 (나)는 모두 특정한 철학적 방법에 기반한 체계를 바탕으로 예술의 상대적 위상을 제시하고 있다. *변증법*

➡ (가)는 변증법의 체계 안에서 미학을 다루고자 한 헤겔의 견해를 설명하고 있다(❷-1~2). (가)에서 헤겔은 절대정신의 한 형태인 예술, 종교, 철학은 인식 형식 간의 차이로 단계적 등급이 매겨지며, 그 중 예술은 초보 단계의 절대정신이라 보았다(❸-4~5). 한편 (나)는 변증법에서의 '종합'의 의미(❶)를 중심으로 헤겔의 변증법을 비판하고 있으며, (나)에서는 예술을 '철학 이후' 단계의 절대정신의 자리를 차지할 수 있는 유력한 후보라고 하였다(❸-1~2). 즉, (가)와 (나)는 모두 변증법에 기반한 체계를 바탕으로 예술의 상대적 위상을 제시하고 있다.

**오답 피하기**

② (가)와 (나)는 모두 ~~특정한 철학적 방법에 대한 상반된 평가를 바탕으로 더 설득력 있는 미학 이론을 모색~~하고 있다.

➡ (가)와 (나)에 변증법에 대한 상반된 평가는 나타나지 않으며 또한 이를 바탕으로 다른 미학 이론을 모색하고 있지도 않다.

③ (가)와 달리 (나)는 ~~특정한 철학적 방법의 시대적 한계를 지적하고 이에 맞서는 혁신적 방법을 제안~~하고 있다.

➡ (나)가 헤겔의 변증법의 한계를 지적하고 있기는 하지만, 시대적

한계를 지적했다고 보기는 어렵다. 또 이에 맞서는 혁신적 방법을 제
안하고 있지도 않다.

④ (가)와 달리 (나)는 특정한 철학적 방법에서 파생된 미학 이론을 바
탕으로 ~~예술 장르를 범주적으로 유형화~~하고 있다.

　➡ (나)는 변증법적 체계 안에서 미학을 다룬 헤겔 이론의 한계를 비
판하고 있을 뿐, 헤겔의 미학 이론을 바탕으로 예술 장르를 범주적으
로 유형화하고 있지 않다.

⑤ (나)와 달리 (가)는 ~~특정한 철학적 방법의 통시적인 변화 과정을 적
용하여 철학사를 단계적으로 설명~~하고 있다.

　➡ (가)와 (나)에 변증법의 통시적인 변화 과정은 나타나지 않으며
또한 이를 적용하여 철학사를 단계적으로 설명하고 있지도 않다.

## 2　세부 내용 파악하기

**(가)에서 알 수 있는 헤겔의 생각으로 적절하지 <u>않은</u> 것은?**



③ 절대정신의 세 가지 형태는 지성의 세 가지 형식이 인식하는 대상
이다.

　➡ (가)의 ❷-2~5에 따르면 절대정신의 세 가지 형태로 예술·종
교·철학이 있으며, 이는 절대적 진리(이념)를 인식하는 형식(직관·표
상·사유)에 따라 구분된다. 이때 인식하는 대상은 절대적 진리(이념)
이며, 절대정신은 인식의 대상이 아니라 절대적 진리를 인식하는 인
간 정신의 영역에 해당한다(❷-3). 즉, 절대정신의 세가지 형태(예
술·종교·철학)가 지성의 세 가지 형식(직관·표상·사유)을 통해 인식
하는 대상이 '절대적 진리'인 것이다. 이러한 관계는 ❸-2~3에도 언
급되어 있는데, 절대적 진리를 예술은 직관하고 종교는 표상하며 철
학은 사유한다고 하였다.



① 절대정신의 내용은 본질적으로 논리적이고 이성적인 것이다.

　➡ (가)의 ❸-2에 따르면 헤겔은 절대정신의 내용인 절대적 진리를
본질적으로 논리적이고 이성적인 것으로 여겼다.

② 변증법은 철학적 논증의 방법이자 논증 대상의 존재 방식이다.

　➡ (가)의 ❶-5에 따르면 헤겔은 변증법을 논증의 방식임을 넘어 논
증 대상 자체의 존재 방식이라고 여겼다.

④ 세계의 근원적 질서와 시·공간적 현실은 하나의 변증법적 체계를
이룬다.

　➡ (가)의 ❶-6에서 세계의 근원적 질서인 이념의 내적 구조와 이념
이 시·공간적 현실로서 드러나는 방식이 변증법적이며, 이념과 현실
이 하나의 체계를 이룬다는 내용을 확인할 수 있다.

⑤ 예술·종교·철학 간에는 인식 내용의 동일성과 인식 형식의 상이
성이 존재한다.

　➡ (가)의 ❷-4에서 예술·종교·철학은 절대적 진리를 동일한 내용
으로 하며, 인식 형식의 차이에 따라 구분됨을 확인할 수 있다.

## 3　구체적 사례나 상황에 적용하기

**(가)에 따라 직관·표상·사유의 개념을 적용한 것으로 적절하지 <u>않은</u>
것은?**



④ 예술의 새로운 개념을 설정하는 것은 사유를 통해, 이를 바탕으로
새로운 감각을 일깨우는 작품의 창작을 기획하는 것은 ~~직관을 통
해~~ 이루어지겠군.

　➡ (가)의 ❷-6에서 '직관'은 주어진 물질적 대상을 감각적으로 지각
하는 지성, '표상'은 물질적 대상의 유무와 무관하게 내면에서 심상을
떠올리는 지성, '사유'는 대상을 개념을 통해 파악하는 순수한 논리적
지성이라고 하였다. 따라서 '예술의 새로운 개념을 설정하는 것'은 대
상을 통해 개념을 통해 파악하는 '사유'라고 볼 수 있다. 그러나 '새로
운 감각을 일깨우는 작품의 창작을 기획하는 것'은 주어진 물질적 대
상을 감각적으로 지각하는 것이라 볼 수 없으므로 '직관'이 이루어졌
다고 할 수 없다.



① 먼 타향에서 밤하늘의 별들을 바라보는 것은 직관을 통해, 같은 곳
에서 고향의 하늘을 상기하는 것은 표상을 통해 이루어지겠군.

　➡ '밤하늘의 별들을 바라보는 것'은 주어진 물질적 대상을 감각적으
로 지각하는 '직관'에 해당하며, '고향의 하늘을 상기하는 것'은 물질
적 대상의 유무와 무관하게 내면에서 심상을 떠올리는 '표상'에 해당
한다.

② 타임머신을 타고 미래로 가는 자신의 모습을 상상하는 것과, 그 후
판타지 영화의 장면을 떠올려 보는 것은 모두 표상을 통해 이루어
지겠군.

　➡ '미래로 가는 자신의 모습을 상상하는 것'과 '판타지 영화의 장면
을 떠올려 보는 것'은 모두 물질적 대상의 유무와 무관하게 내면에서
심상을 떠올리는 '표상'에 해당한다.

③ 초현실적 세계가 묘사된 그림을 보는 것은 직관을 통해, 그 작품을
상상력 개념에 의거한 이론에 따라 분석하는 것은 사유를 통해 이
루어지겠군.

　➡ '초현실적 세계가 묘사된 그림을 보는 것'은 주어진 물질적 대상
을 감각적으로 지각하는 '직관'에 해당하며, '그 작품을 상상력 개념에
의거한 이론에 따라 분석하는 것'은 대상을 개념을 통해 파악하는 '사
유'에 해당한다.

⑤ 도덕적 배려의 대상을 생물학적 상이성 개념에 따라 규정하는 것
과, 이에 맞서 감수성 소유 여부를 새로운 기준으로 제시하는 것은
모두 사유를 통해 이루어지겠군.

　➡ '도덕적 배려의 대상을 생물학적 상이성 개념에 따라 규정하는
것'과 '감수성 소유 여부를 새로운 기준으로 제시하는 것'은 모두 대상
을 개념을 통해 파악하는 '사유'에 해당한다.

(나)의 글쓴이의 관점에서 ㉠과 ㉡에 대한 헤겔의 이론을 분석한 것으로 적절하지 <u>않은</u> 것은?
㉠: 정립–반정립–종합
㉡: 예술–종교–철학

**정답인 이유**

③ ㉠과 달리 ㉡에서는 범주 간 이행에서 첫 번째 범주의 특성이 ~~갈수록 강해진다.~~

➡ (나)의 ❷–5에서 글쓴이는 헤겔이 절대정신을 ㉡과 같이 편성한 것이 외관상으로는 '변증법 모델에 따른 전형적 구성'이라 볼 수 있다고 하였다. 이때 변증법은 대립적인 두 범주가 조화로운 통일을 이루어 가는 수렴적 상향성을 구조적 특징으로 한다((가) ❶–4). 그런데 (나)의 글쓴이는 헤겔이 편성한 ㉡과 관련하여 예술로부터 철학에 이르는 과정에서 객관성이 점차 지워지고 주관성이 점증적으로 강화·완성되고 있음이 드러나므로 진정한 변증법적 종합이 이루어지지 않았다고 보았다((나) ❷–6). 즉, ㉠의 논리적 구조와는 달리 ㉡에서는 범주 간 이행에서 첫 번째 범주의 특성이 점차 지워진다고 보았음을 알 수 있으므로, ③의 진술은 적절하지 않다.

**오답 피하기**

① ㉠과 ㉡ 모두에서 첫 번째와 두 번째의 범주는 서로 대립한다.

➡ (나)의 글쓴이는 '종합의 범주는 두 대립적 범주 중 하나의 일방적 승리로 끝내서도 안 되고'라고 하며 ㉠의 첫 번째 범주와 두 번째 범주가 대립한다고 보았다((나) ❶–2). 또한 헤겔이 절대정신을 ㉡과 같이 편성한 전략을 외관상으로는 '변증법 모델에 따른 전형적 구성'이라고 하였으므로((나) ❷–5), (나)의 글쓴이는 ㉠과 ㉡ 모두에서 첫 번째와 두 번째의 범주는 서로 대립한다고 보았음을 알 수 있다.

② ㉠과 ㉡ 모두에서 두 번째와 세 번째 범주 간에는 수준상의 차이가 존재한다.

➡ (나)의 글쓴이는 변증법의 논리적 구조인 ㉠에서의 '종합'은 양자의 본질적 규정이 유기적 조화를 이루어 질적으로 고양된 최상의 범주가 생성됨으로써 성립한다고 하였으며((나) ❶–3), (가)에서 헤겔이 절대정신을 ㉡과 같이 편성한 것과 관련하여 예술로부터 철학에 이르는 과정에서 주관성이 점증적으로 강화·완성되고 있다는 점을 지적하였다((나) ❷–5~6). 즉, (나)의 글쓴이는 ㉠과 ㉡ 모두 두 번째와 세 번째의 범주 간에는 수준상의 차이가 존재한다고 보았다.

④ ㉡과 달리 ㉠에서는 세 번째 범주에서 첫 번째와 두 번째 범주의 조화로운 통일이 이루어진다.

➡ (나)의 글쓴이는 변증법의 논리적 구조인 ㉠에서의 '종합'은 양자의 본질적 규정이 유기적 조화를 이루어 질적으로 고양된 최상의 범주가 생성됨으로써 성립한다고 하였으나((나) ❶–3), 헤겔이 편성한 ㉡에서 진정한 변증법적 종합은 이루어지지 않는다고 하였다((나) ❷–5~6). 즉 (나)의 글쓴이는 ㉡과 달리 ㉠에서는 세 번째 범주에서 첫 번째와 두 번째 범주의 조화로운 통일이 이루어진다고 보았다.

⑤ ㉡과 달리 ㉠에서는 범주 간 이행에서 수렴적 상향성이 드러난다.

➡ (가)의 ❶–4에 따르면 '수렴적 상향성'이란 대립적인 두 범주가 조화로운 통일을 이루어 가는 변증법의 구조적 특징을 말한다. (나)의 글쓴이가 변증법의 논리적 구조인 ㉠에서의 '종합'은 양자의 본질적 규정이 '유기적 조화를 이루어 질적으로 고양된 최상의 범주'가 생성됨으로써 성립한다고 한 데에서 ㉠의 '수렴적 상향성'이 드러난다고

볼 수 있다((나) ❶–3). 그러나 (나)의 글쓴이는 헤겔이 편성한 ㉡과 관련하여 예술로부터 철학에 이르는 과정에서 객관성이 점차 지워지고 주관성이 점증적으로 강화·완성된다는 점을 지적하며 범주 간 이행에서 조화가 이루어지지 않는다고 보았다((나) ❷–5~6). 즉 (나)의 글쓴이는 ㉡과 달리 ㉠에서는 범주 간 이행에서 수렴적 상향성이 드러난다고 보았다.



〈보기〉는 헤겔과 (나)의 글쓴이가 나누는 가상의 대화의 일부이다. ㉮에 들어갈 내용으로 가장 적절한 것은?

> **보기**
>
> 헤겔 : 괴테와 실러의 문학 작품을 읽을 때 놓치지 않아야 할 점이 있네. 이 두 천재도 인생의 완숙기에 이르러서야 비로소 최고의
> <u>완숙 단계, 철학과 관련됨((가) ❸–4)</u>
> 지성적 통찰을 진정한 예술미로 승화시킬 수 있었네. 그에 비해
> <u>철학–사유와 관련됨((가) ❸–5)</u>
> 초기의 작품들은 미적으로 세련되지 못해 결코 수준급이라 할 수
> <u>초보 단계, 예술과 관련됨((가) ❸–4)</u>
> 없었는데, 이는 그들이 아직 지적으로 미성숙했기 때문이었네.
>
> (나)의 글쓴이: 방금 그 말씀과 선생님의 기본 논증 방법을 연결하면
> 　　㉮　는 말이 됩니다.

➡ (나)에서 글쓴이는 헤겔이 변증법적 체계 안에서 미학을 다룬 방법과 철학 체계 간의 불일치에 관한 아쉬움을 표현하였음((나) ❸–5).

**정답인 이유**

② 이론에서는 외면성에 대응하는 예술이 현실에서는 내면성을 바탕으로 하는 절대정신일 수 있다

➡ 헤겔 미학의 이론적 설명에 따르면 예술은 초보 단계, 철학은 완숙 단계의 절대정신이며((가) ❸–4), (나)의 글쓴이는 헤겔의 미학 이론에서 예술은 직관의 외면성에, 철학은 사유의 내면성에 대응한다고 보았다((나) ❷–6~7). 그런데 〈보기〉에서 헤겔은 괴테와 실러가 인생의 완숙기에 최고의 지성적 통찰을 진정한 예술미로 승화시킬 수 있었다고 하였는데, 이 말에는 예술이 완숙 단계의 절대정신이 될 수 있으며, 사유의 내면성과 관련되는 지성적 통찰을 보여 줄 수 있다고 보는 시각이 나타난다. 이로 볼 때 ㉮에 들어갈 내용으로 가장 적절한 것은 ②이다. (나)의 글쓴이는 예술이 '철학 이후' 단계의 절대정신의 자리를 차지할 수 있는 후보라고 하며 헤겔이 변증법적 체계 안에서 미학을 다룬 방법과 철학 체계 간의 불일치에 관한 아쉬움을 드러내었다((나) ❸–2~5). 따라서 ②와 같이 헤겔의 미학 이론과 현실의 문학 작품에 대한 평가가 불일치하는 것에 대해 비판하는 것이 적절하다.

**오답 피하기**

① 이론에서는 대립적 범주들의 종합을 이루어야 하는 세 번째 단계가 현실에서는 ~~두 범주들을 중화한다~~

➡ (나)의 ❶–2에서 글쓴이는 종합의 범주가 두 범주의 고유한 본질적 규정이 소멸되는 중화 상태로 나타나면 안 된다고 하였다. 따라서 ①의 내용은 (나)의 글쓴이의 관점에서 벗어나므로 적절하지 않다.

③ 이론에서는 반정립 단계에 위치하는 예술이 현실에서는 정립 단계
에 있는 것으로 나타난다
➡ (가)의 ❶-1에 따르면 변증법은 '정립-반정립-종합'의 순으로 구
성된다. 헤겔이 이를 바탕으로 하여 절대정신을 '예술-종교-철학'으
로 편성한 것을 볼 때, 헤겔의 이론에서 '예술'은 정립의 단계에 위치
한다. 따라서 (나)의 글쓴이가 헤겔의 이론에서의 예술의 위치를 '반
정립 단계'라고 이해하여 말한 것은 적절하지 않다.

④ 이론에서는 객관성을 본질로 하는 예술이 현실에서는 객관성이 사
라진 주관성을 지닌다
➡ (나)의 글쓴이는 헤겔이 절대정신을 '예술-종교-철학' 순으로 편
성한 것에 대하여, 예술로부터 철학에 이르는 과정에서 객관성이 점
차 지워지고 주관성이 점증적으로 강화·완성된다는 점을 지적하고
있다((나) ❷-6). 이어 (나)의 글쓴이는 변증법에 충실하려면 철학에
서 성취된 완전한 주관성이 재객관화되는 단계의 절대정신을 추가했
어야 했다고 비판하고 있다((나) ❸-1). 이로 볼 때, '예술이 현실에서
는 객관성이 사라진 주관성을 지닌다'는 내용은 (나)의 글쓴이의 관점
에서 벗어나므로 적절하지 않다.

⑤ 이론에서는 절대정신으로 규정되는 예술이 현실에서는 진리의 인
식을 수행할 수 없다
➡ (가)의 ❷-3에 따르면 '절대정신'은 절대적 진리를 인식하는 인간
정신의 영역을 가리킨다. 또한 ❷-4~5에서 절대정신의 형태는 '인
식 형식'에 따라 '예술·종교·철학'으로 구분되며 그중 예술은 '직관'
의 형식에 대응함을 알 수 있다. 즉, '직관'이란 절대적 진리를 인식하
는 형식이다. (나)의 글쓴이는 헤겔의 이론에서 '철학에서 성취된 완
전한 주관성이 재객관화되는 단계의 절대정신을 추가했어야' 한다고
비판하면서 철학 이후로 자리할 수 있는 후보를 '예술'로 상정하고 있
는데((나) ❸-1~2), 이를 통해 (나)의 글쓴이가 '예술'을 '절대정신'의
하나로 인식하고 있음을 알 수 있다. 따라서 '예술이 현실에서는 진리
의 인식을 수행할 수 없다'는 내용은 (나)의 글쓴이의 관점에서 벗어
나므로 적절하지 않다.

**6**    **단어의 의미 파악하기**

**문맥상 ⓐ~ⓔ와 바꾸어 쓰기에 가장 적절한 것은?**



③ ⓒ: 귀결(歸結)되어도
➡ ⓒ의 '끝나다'는 '일이 다 이루어지다.'라는 의미이다. '귀결되다'는
'어떤 결말이나 결과에 이르게 되다.'라는 뜻으로, ⓒ와 바꾸어 쓰기에
적절하다.



① ⓐ: 소지(所持)하여야
➡ ⓐ의 '지니다'는 '바탕으로 갖추고 있다.'라는 의미이다. '소지하다'
는 '물건을 지니고 있다.'라는 뜻으로, ⓐ와 바꾸어 쓰기에 적절하지
않다.

② ⓑ: 포착(捕捉)한다
➡ ⓑ의 '가리키다'는 '어떤 대상을 특별히 집어서 두드러지게 나타내
다.'라는 의미이다. '포착하다'는 '꼭 붙잡다.', '요점이나 요령을 얻다.',
'어떤 기회나 정세를 알아차리다.'라는 뜻으로, ⓑ와 바꾸어 쓰기에 적
절하지 않다.

④ ⓓ: 간주(看做)하면
➡ ⓓ의 '보다'는 '대상의 내용이나 상태를 알기 위하여 살피다.'라는
의미이다. '간주하다'는 '상태, 모양, 성질 따위가 그와 같다고 보거나
그렇다고 여기다.'라는 뜻으로, ⓓ와 바꾸어 쓰기에 적절하지 않다.

⑤ ⓔ: 결성(結成)되지
➡ ⓔ의 '이루어지다'는 '어떤 대상에 의하여 일정한 상태나 결과가 생
기거나 만들어지다.'라는 의미이다. '결성되다'는 '조직이나 단체 따위
가 짜여 만들어지다.'라는 뜻으로, ⓔ와 바꾸어 쓰기에 적절하지 않다.

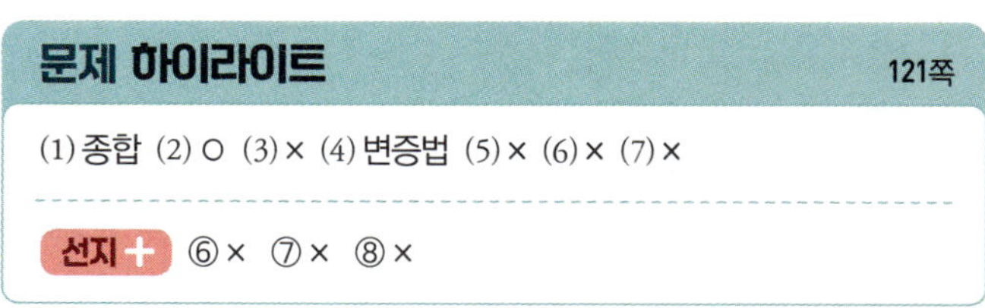




⑥ (가)와 (나) 모두 변증법의 기원은 확인할 수 없으며, 예술의 역사
적 가치 또한 탐구하고 있지 않다.

⑦ (나)는 변증법적 체계 안에서 미학을 다룬 헤겔의 이론을 비판하고
있을 뿐, 변증법이 다른 연구를 통해 보완되는 과정을 고찰하고 있
지 않다.

⑧ 변증법에 기반한 헤겔의 미학 이론의 허점과 한계를 논리적으로
지적하고 있는 글은 (가)가 아니라 (나)이다.

**가 ❶** ¹광고는 시장의 형태 중 독점적 경쟁 시장에서 그 효과가 크다. ²독점적 경쟁 시장은, 유사하지만 차별적인 상품을 다수의 판매자가 경쟁하며 판매하는 시장이다.
*독점적 경쟁 시장의 개념*
³각 판매자는 자신이 공급하는 상품을 구매자가 차별적으로 인지하고 선호할 수 있도록 하기 위해 광고를 이용한다.
*독점적 경쟁 시장에서 판매자가 광고를 이용하는 목적*
⁴판매자에게 그러한 차별적 인지와 선호가 중요한 이유는, 이를 통해 판매자가 자신의 상품을 원하는 구매자에 대해 누리는 독점적 지위를 강화할 수 있기 때문이다.
▶ 독점적 경쟁 시장에서 판매자가 광고를 이용하는 목적

**❷** ¹일반적으로 독점적 지위를 누린다는 것은 상품의 가격을 결정할 수 있는 힘이 있다는 의미이다.
*독점적 지위의 개념*
²그럼에도 불구하고 판매자는 구매자의 수를 고려해야 한다.
*상품 가격 결정 시 판매자가 고려해야 할 요소*
³대체로 구매자는 상품의 물량이 많을 때보다 적을 때 높은 가격을 지불하고자 하기 때문에, 판매자는 공급량을 감소시킴으로써 더 높은 가격을 책정할 수 있다.
*판매자의 가격 결정 방법*
⁴독점적 경쟁 시장의 판매자도 이러한 지위 덕분에 상품에 차별성이 없는 경우를 가정할 때보다 다소 비싼 가격에 상품을 판매하는 경향이 있다. ⁵그러나 그 결과 독점적 경쟁 시장의 판매자가 단기적으로 이윤을 보더라도, 그 이윤이 지속되리라 기대할 수는 없다. (⁶이윤을 보는 판매자가 있으면 그러한
( ): 이윤이 지속되기 어려운 이유
이윤에 이끌려 약간 다른 상품을 공급하는 신규 판매자의 수가 장기적으로 증가하고, 그 결과 기존 판매자가 공급하던 상품에 대한 수요는 감소하여 이윤이 줄어들 것이기 때문이다.)
▶ 독점적 경쟁 시장에서 독점적 지위를 누리는 판매자의 이윤이 지속되기 어려운 이유

**❸** ¹판매자가 광고를 통해 상품의 차별성을 알리는 대표적인 방법은 상품에 대한 정보를 전달하는 것이다.
*상품의 차별성을 알리는 광고의 방법 ①*
²하지만 많은 비용을 들인 것으로 보이는 광고만으로도 상품의 차별성을 부각할 수 있다.
*상품의 차별성을 알리는 광고의 방법 ②*
(³판매자가 경쟁력에 자신 없는 상품에 많은 광고 비용을 지출하지 않을 것이라는
( ): 많은 비용을 들인 것으로 보이는 광고의 목적
구매자의 추측을 유도하는 것이 이 광고 방법의 목적이다. ⁴가격이 변화할 때 구매자의 상품 수요량이 변하는 정도를 수요의 가격 탄력성이
*수요의 가격 탄력성의 개념*
라 하는데, (구매자가 자신이 선호하는 상품이 차별화되었다고 느낄수
( ): 독점적 경쟁 시장에서 광고의 효과
록 수요의 가격 탄력성은 감소한다. ⁵이처럼 구매자가 특정 상품에 갖
상품 수요량에 큰 변화가 없음.
는 충성도가 높아지면, 판매자의 독점적 지위는 강화된다. ⁶판매자는 이렇게 광고가 ㉠경쟁을 제한하는 효과를 노린다.)⁷독점적 경쟁 시장에 진입하는 신규 판매자도 상품의 차별성을 강조함으로써 독점적 지위를 확보하고자 광고를 빈번하게 이용한다.
▶ 독점적 경쟁 시장에서 광고의 기능

**나 ❶** ¹광고는 광고주인 판매자의 이윤 추구 수단으로 기획되지만,
*광고의 목적*
그러한 광고가 광고주의 의도와 상관없이 시장에 영향을 끼치기도 한다. ²우선 광고가 독점적 경쟁 시장의 판매자 간 ㉡경쟁을 촉진할 수 있다.
*독점적 경쟁 시장에서의 광고 효과*
³이러한 효과는 광고를 통해 상품 정보에 노출된 구매자가 상품
*독점적 경쟁 시장의 판매자 간 경쟁이 촉진되는 경우 ①*
의 품질이나 가격에 예민해질 때 발생한다. ⁴특히 구매자가 가격에 민감하게 수요량을 바꾼다면, 판매자는 경쟁 상품의 가격을 더욱 고려하게 되어 가격 경쟁에 돌입하게 된다. ⁵또한 경쟁은 신규 판매자가 광고

를 통해 신상품을 쉽게 홍보하고 시장에 진입할 수 있게 됨으로써 촉
*독점적 경쟁 시장의 판매자 간 경쟁이 촉진되는 경우 ②*
진된다. ⁶더 많은 판매자가 시장에서 경쟁하게 되면 각 판매자의 독점적 지위는 약화되고, 구매자는 더 다양한 상품을 높지 않은 가격에 구매할 수 있게 된다.
▶ 광고가 시장에 끼치는 영향: 독점적 경쟁 시장의 판매자 간 경쟁 촉진

**❷** ¹광고가 특정한 상품에 대한 독점적 경쟁 시장을 넘어서 경제와 사회 전반에 영향을 주기도 한다. ²개별 광고가 구매자의 내면에 잠재된 필요나 욕구를 환기하여 대상 상품에 대한 소비를 촉진하는 효과가 합쳐지면 경제 전반에 선순환을 기대할 수 있다. ³경제에 광고가 없는 상황을 가정할 때와 비교하면(광고는 쓰던 상품을 새 상품으로 대체하고
( ): 경제 전반에서의 광고 효과
싶은 소비자의 욕구를 강화하고, 신상품이 인기를 누리는 유행 주기를 단축하여 소비를 증가시킬 수 있다. 촉진된 소비는 생산 활동을 자극한다. ⁴상품의 생산에는 근로자의 노동, 기계나 설비 같은 생산 요소가 ⓐ들어가므로, 생산 활동이 증가하면 결과적으로 고용이나 투자가 증
'어떤 일에 돈, 노력, 물자 따위가 쓰이다.'
가한다. ⁵고용 및 투자의 증가는 근로자이거나 투자인인 구매자의 소득을 증가시킬 수 있다. ⁶경제 전반의 소득이 증가할 때 소비가 증가하는 정도를 한계 소비 성향이라고 하는데, 한계 소비 성향은 양(+)의 값
*한계 소비 성향의 개념*
이어서, 경제 전반의 소득 수준이 향상되면 소비가 증가하게 된다.)
▶ 광고가 경제에 끼치는 영향: 경제 전반의 선순환

**❸** ¹하지만 광고의 소비 촉진 효과는 환경 오염을 우려하는 사람들에게 비판의 대상이 되기도 한다. ²소비뿐만 아니라 소비로 촉진된 생산
*광고의 소비 촉진 효과에 따른 문제점*
활동에서도 환경 오염이 발생하기 때문이다. ³환경 오염을 적절한 수준으로 줄이기에 충분한 비용을 판매자나 구매자가 지불할 가능성은 낮으므로, 대부분의 경우에 환경 오염은 심할 수밖에 없다.
▶ 광고가 환경에 끼치는 영향: 환경 오염 발생

---

**1** 전개 방식 파악하기

**(가), (나)에 대한 설명으로 가장 적절한 것은?**

**정답인 이유**

② (가)는 광고가 판매자에게 중요한 이유를 제시하고 판매자가 광고를 통해 얻으려는 효과를 설명하고 있다.

➡ (가)의 ❶-2~4에 판매자가 구매자에 대해 누리는 독점적 지위를 강화할 수 있기 때문에 광고가 판매자에게 중요하다는 사실이 언급되어 있다. 또한 (가)의 ❸-6에서 판매자가 광고를 통해 경쟁 제한 효과를 얻으려 함을 확인할 수 있으므로 적절한 설명이다.

**오답 피하기**

① (가)는 광고의 개념을 정의하고 광고가 시장에서 차지하는 위상을 소개하고 있다.

➡ (가)에서 광고가 독점적 경쟁 시장에서 발휘하는 효과가 크다는 점을 알 수 있으며, 이를 광고가 시장에서 차지하는 위상으로 이해할 수 있다. 그러나 (가)에 광고의 개념은 언급되지 않았다.

③ (나)는 광고의 영향에 대한 다양한 견해를 소개하고 각각의 견해가 안고 있는 한계점을 지적하고 있다.

➡ (나)는 ❶에서 광고가 독점적 경쟁 시장의 판매자 간 경쟁을 촉진한다는 견해를, ❷에서 광고가 경제가 선순환되게 한다는 견해를 제

시하고 있다. 한편, ❸에서 광고의 소비 촉진 효과에 따른 환경 오염
이 발생한다는 비판적 견해를 설명하고 있으므로 광고의 영향에 대한
다양한 견해를 소개하고 있다는 진술은 적절하다. 그러나 (나)에 각각
의 견해가 안고 있는 한계점을 지적한 내용은 언급되지 않았다.
④ (나)는 ~~광고가 구매자에게 수용되는 과정을 재서하고~~ ~~구매자가 광~~
~~고를 수용할 때의 유의점을 나열~~하고 있다.
  ➥ (나)에서 광고가 구매자에게 수용되는 과정이나 구매자가 광고를
  수용할 때의 유의점은 확인할 수 없다.
⑤ (가)와 (나)는 모두 구매자가 상품을 선택하는 기준을 제시하고 ~~광~~
~~고와 관련된 제도 마련의 필요성을 강조~~하고 있다.
  ➥ (가)의 ❸-4~5에서 상품의 차별성과 상품에 대한 구매자의 선
  호, 충성도가 구매자가 상품을 선택하는 기준임을 알 수 있으며, (나)
  의 ❶-3~4에서도 상품의 품질이나 가격이 그 기준임을 확인할 수
  있다. 그러나 (가)와 (나)에서 광고와 관련된 제도 마련의 필요성에 대
  한 내용은 확인할 수 없다.



## 중심 내용 파악하기

독점적 지위에 대한 설명으로 적절하지 <u>않은</u> 것은?



③ 구매자가 지불하고자 하는 가격이 상품 공급량에 따라 어느 정도
   인지를 판매자가 감안하지 않아도 되게 한다.
  ➥ (가)의 ❷-1~3에 따르면, 대체로 구매자는 상품의 물량이 많을
  때보다 적을 때 높은 가격을 지불하고자 하므로 판매자는 상품을 가
  격을 결정할 수 있는 힘인 독점적 지위를 누리더라도 구매자의 수요
  를 고려해야 한다. 즉, 판매자는 독점적 지위를 누리더라도 구매자가
  지불하고자 하는 가격이 상품 공급량에 따라 어느 정도인지를 감안해
  야 한다.



① 독점적 경쟁 시장에 신규 판매자가 진입하는 것을 차단하지는 않
   는다.
  ➥ (가)의 ❸-7에서 독점적 경쟁 시장에 진입하는 신규 판매자도 독
  점적 지위를 확보하고자 광고를 빈번하게 이용한다고 하였다. 즉, 판
  매자가 독점적 지위를 누리고 있다 하더라도 독점적 경쟁 시장에 신
  규 판매자의 진입이 차단되는 것은 아니다.
② 판매자가 공급량을 조절하여 가격을 책정할 수 있는 힘을 가지고
   있음을 의미한다.
  ➥ (가)의 ❷-1에 따르면 독점적 지위를 누린다는 것은 상품의 가격
  을 결정할 수 있는 힘이 있다는 의미이며, ❷-3에서 판매자는 공급
  량을 감소시킴으로써 더 높은 가격을 책정할 수 있다고 하였다. 즉,
  독점적 지위를 누리는 판매자는 공급량을 조절하여 가격을 책정할 수
  있는 힘을 가지고 있다.
④ 독점적 경쟁 시장의 판매자가 다소 비싼 가격을 책정할 수 있게 하
   지만 이윤을 지속적으로 보장하지는 않는다.
  ➥ (가)의 ❷-4에서 독점적 경쟁 시장에서 판매자는 상품에 차별성
  이 없는 경우를 가정할 때보다 다소 비싼 가격에 상품을 판매하는 경

향이 있다고 하였다. 하지만 ❷-5~6에서 신규 판매자의 수가 장기
적으로 증가함에 따라 그 이윤이 지속되리라고 기대할 수 없다고 하
였으므로 적절하다.
⑤ 독점적 경쟁 시장의 판매자가 구매자로 하여금 판매자 자신의 상
   품을 차별적으로 인지하고 선호하게 하면 강화된다.
  ➥ (가)의 ❶-3~4에 따르면, 판매자는 자신이 공급하는 상품을 구
  매자가 차별적으로 인지하고 선호할 수 있도록 하기 위해 광고를 이
  용하며, 구매자에게 유도한 차별적 인지와 선호를 통해 독점적 지위
  를 강화할 수 있다고 하였으므로 적절하다.



## 세부 내용 파악하기

(나)에서 알 수 있는 내용으로 적절하지 <u>않은</u> 것은?



② 광고가 경제 전반에 선순환을 일으키는 정도는 한계 소비 성향이
   커질 때 ~~작아진다.~~
  ➥ (나)의 ❷-3~6에 따르면 광고는 '소비자의 구매 욕구 강화 → 소
  비 촉진 → 생산 활동 자극 → 고용이나 투자 증가 → 구매자의 소득
  증가 → 소비 증가'의 과정으로 경제 전반에 선순환을 일으킨다. (나)
  의 ❷-6에서 '한계 소비 성향'이란 경제 전반의 소득이 증가할 때 소
  비가 증가하는 정도라고 하였으므로, 한계 소비 성향이 커질 때 광고
  가 경제 전반에 선순환을 일으키는 정도 또한 커지게 된다.



① 광고에 의해 유행 주기가 단축되어 소비가 촉진될 수 있다.
  ➥ (나)의 ❷-3에서 광고는 쓰던 상품을 새 상품으로 대체하고 싶은
  소비자의 욕구를 강화하고, 신상품이 인기를 누리는 유행 주기를 단
  축하여 소비를 증가시킬 수 있다고 하였으므로 적절하다.
③ 광고가 생산 활동을 자극하면, 근로자이거나 투자자인 구매자의
   소득 수준을 향상할 수 있다.
  ➥ (나)의 ❷-3~5에서 광고로 촉진된 소비가 생산 활동을 자극함에
  따라 고용이나 투자가 증가하고, 이를 통해 근로자이거나 투자자인
  구매자의 소득을 증가시킬 수 있다고 하였으므로 적절하다.
④ 광고가 생산 활동을 증가시키면, 근로자의 노동, 기계나 설비 같은
   생산 요소 이용이 증가한다.
  ➥ (나)의 ❷-3~4에서 광고로 촉진된 소비가 생산 활동을 자극하면
  생산 활동이 증가한다고 하였다. (나)의 ❷-4에 따르면 상품의 생산
  에는 근로자의 노동, 기계나 설비 같은 생산 요소가 들어가므로, 생산
  활동이 증가하면 생산 요소 또한 증가한다는 진술은 적절하다.
⑤ 광고의 소비 촉진 효과는 경제 전반에 광고가 없는 상황에 비해 환
   경 오염을 심화할 수 있다.
  ➥ (나) ❸-1~2에서 광고의 소비 촉진 효과는 소비뿐만 아니라 소
  비로 촉진된 생산 활동에서도 환경 오염을 유발하기 때문에 비판의
  대상이 되기도 한다고 하였다. 따라서 광고가 없는 상황에 비해 환경
  오염을 심화할 수 있다는 진술은 적절하다.

**㉠, ㉡을 이해한 내용으로 적절한 것은?**

**정답인 이유**

① ㉠은 상품에 대한 구매자의 충성도가 높아질 때 일어나고, ㉡은 수요의 가격 탄력성이 높아질 때 일어난다.

➥ (가)의 ❸-5~6에서 특정 상품에 갖는 구매자의 충성도가 높아지면 판매자의 독점적 지위가 강화되어 ㉠(경쟁을 제한)이 일어난다고 하였으므로, ㉠이 상품에 대한 구매자의 충성도가 높아질 때 일어난다는 진술은 적절하다. 한편 (나)의 ❶-2~3에 따르면 광고를 통해 상품 정보에 노출된 구매자가 상품의 품질이나 가격에 예민해질 때 ㉡(경쟁을 촉진)이 발생한다고 하였다. (가)의 ❸-4에 따르면 수요의 가격 탄력성이란 가격이 변화할 때 구매자의 상품 수요량이 변하는 정도를 말한다. 즉 수요의 가격 탄력성이 높아진다는 것은 구매자가 가격에 민감하게 반응하여 수요량을 바꾼다는 뜻이다. 따라서 ㉡(경쟁을 촉진)은 수요의 가격 탄력성이 높아질 때 일어난다는 것을 알 수 있다.

**오답 피하기**

② ㉠의 결과로 판매자는 상품의 가격을 올리기 ~~어렵게 되고,~~ ㉡의 결과로 구매자는 ~~다소 비싼 가격을~~ 감수하게 된다.

➥ ㉠은 구매자가 특정 상품에 갖는 충성도가 높아 판매자의 독점적 지위가 강화되었을 때 일어난다. (가)의 ❷-4에서 독점적 지위를 누리는 판매자는 비싼 가격에 상품을 판매하는 경향이 있다고 하였으므로 ㉠의 결과로 판매자는 상품의 가격을 올리는 것이 오히려 수월해질 것이다. 한편 (나)의 ❶-6에서 더 많은 판매자가 시장에서 경쟁하게 되면 구매자는 더 다양한 상품을 높지 않은 가격에 구매할 수 있게 된다고 하였다. 따라서 ㉡의 결과로 구매자는 더 저렴한 가격에 상품을 구매할 수 있을 것이다.

③ ㉠은 ~~시장 전체의 판매자 수가 증가하지 않는다는~~ 의미이고, ㉡은 ~~신규 판매자가 시장에 진입하기 어려워진다는~~ 의미이다.

➥ ㉠이 발생하면 기존 판매자의 독점적 지위가 강화되어 판매자가 단기적으로 이윤을 볼 수는 있다. 그러나 (가)의 ❷-6에 따르면 그러한 이윤에 이끌려 약간 다른 상품을 공급하는 신규 판매자 수가 장기적으로 증가한다. 즉 시장 전체의 판매자 수는 증가하게 될 것이다. 또한 (나)의 ❶-5에 따르면 경쟁은 신규 판매자가 광고를 통해 신상품을 쉽게 홍보하고 시장에 진입할 수 있게 됨으로써 촉진된다. 따라서 ㉡이 신규 판매자가 시장에 진입하기 어려워진다는 의미라고 볼 수 없다.

④ ㉠은 ~~기존 판매자의 광고가 차별성을 알리는 데 성공하지 못한 결과로~~ 나타나고, ㉡은 신규 판매자의 광고가 의도대로 성공한 결과로 나타난다.

➥ (가)의 ❸의 내용으로 볼 때, ㉠은 광고를 통해 상품의 차별성을 부각하여 수요의 가격 탄력성이 감소하고 판매자의 독점적 지위는 강화되는 결과로 나타난다. 따라서 기존 판매자의 광고가 차별성을 알리는 데 성공하지 못한 결과라는 진술은 적절하지 않다. 한편 (나)의 ❶-5에 따르면 경쟁은 신규 판매자가 광고를 통해 신상품을 쉽게 홍보하고 시장에 진입할 수 있으면 더욱 촉진된다. 따라서 ㉡이 신규 판매자의 광고가 의도대로 성공한 결과로 나타난다는 진술은 적절하다.

⑤ ㉠은 광고로 인해 가격에 대한 구매자의 민감도가 약화될 때 발생하고, ㉡은 ~~광고로 인해 판매자가 경쟁 상품의 가격을 고려할 필요~~

---

카 감소될 때 발생한다.

➥ (가)의 ❸-4에 따르면 수요의 가격 탄력성이란 가격이 변화할 때 구매자의 상품 수요량이 변하는 정도를 말한다. 이때 구매자의 민감도가 약화된다는 것은 구매자의 상품 수요량의 변화도 줄어든다는 것을 뜻한다. 즉, 이는 수요의 가격 탄력성이 감소함을 의미한다. (가)의 ❸-4~6에서 수요의 가격 탄력성이 감소하면 판매자의 독점적 지위가 강화되어 ㉠의 효과가 나타난다고 하였으므로, ㉠이 가격에 대한 구매자의 민감도가 약화될 때 발생한다는 것은 적절하다. 한편 (나)의 ❶-4에 따르면 구매자가 가격에 민감하게 반응하여 수요량을 바꿀 때 판매자는 경쟁 상품의 가격을 더욱 고려하기 때문에 경쟁에 돌입하게 된다. 따라서 ㉡이 판매자가 경쟁 상품의 가격을 고려할 필요가 감소될 때 발생한다는 진술은 적절하지 않다.



**다음은 한 기업의 광고 기획 초안이다. 윗글을 참고하여 초안을 분석한 내용으로 적절하지 _않은_ 것은?**

> **['갑' 기업의 광고 기획 초안]**
>
> • 대상: 새로 출시하는 여드름 억제 비누
>
> • 기획 근거: 다수의 비누 판매 기업이 다양한 여드름 억제 비누를 판매 중이며, <sub>독점적 경쟁 시장</sub> 우리 기업은 여드름 억제 비누 시장에 처음으로 진입하려는 상황이다. <sub>신규로 시장에 진입</sub> 우리 기업의 신제품은 새로운 성분이 함유되어 기존의 어떤 비누보다 여드름 억제 효과가 탁월하며, <sub>상품의 차별성</sub> 국내에서 전량 생산할 계획이다.
>
>   현재 여드름 억제 비누 시장을 선도하는 경쟁사인 '을' 기업은 <sub>독점적 지위를 누리고 있는 기존 판매자</sub> 여드름 억제 비누로 이윤을 보고 있으며, 큰 비용을 들여 인기 드라마에 상품을 여러 차례 노출하는 전략으로 광고 중이다. 반면 우리 기업은 이번 광고로 상품에 대한 정보 검색을 많이 하는 소비 <sub>상품에 대한 정보를 전달하여 차별성 강조</sub> 집단을 공략하고자 제품 정보를 강조하되, 광고 비용은 최소화하려 한다.
>
> • 광고 개요: 새로운 성분의 여드름 억제 효과를 강조하고, 일반인 광고 모델들이 우리 제품의 여드름 억제 효과를 체험한 것을 진술하는 모습을 담은 TV 광고

**정답인 이유**

③ 이 광고로 '갑' 기업이 단기적으로 이윤을 보게 된다면 여드름 억제 비누 시장 내의 판매자 간 경쟁은 장기적으로 약화될 수 있겠어.

➥ (가)의 ❷-6에 따르면, 이윤을 보는 판매자가 있으면 그러한 이윤에 이끌려 약간 다른 상품을 공급하는 신규 판매자의 수가 장기적으로 증가한다. 또한 (나)의 ❶-6에 따르면 더 많은 판매자가 시장에서 경쟁하게 되면 각 판매자의 독점적 지위가 약화되면서 구매자는 더 다양한 상품을 저렴하게 구매할 수 있게 된다. 즉 '갑' 기업이 단기적으로 이윤을 보게 된다면 그러한 이윤에 이끌려 장기적으로 신규 판매자의 수가 증가하게 되고 경쟁 또한 장기적으로 촉진될 것이다.

① 이 광고가 '갑' 기업의 의도대로 성공한다면 '을' 기업의 독점적 지위는 약화될 수 있겠어.

➡ (나)의 ❶-5~6에서 신규 판매자의 시장 진입으로 더 많은 판매자가 경쟁하게 되면 각 판매자의 독점적 지위는 약화됨을 확인할 수 있다. 이로 볼 때, 광고가 '갑' 기업의 의도대로 성공하여 소비 집단이 '갑' 기업의 상품을 구매한다면 기존 판매자인 '을' 기업의 독점적 지위는 약화될 것이다.

② 이 광고로 '갑' 기업의 여드름 억제 비누 생산이 확대된다면 이 비누를 생산하는 공장의 고용이나 투자가 증가할 수 있겠어.

➡ (나)의 ❷-3~4에서 광고로 촉진된 소비는 생산 활동을 자극하고 이는 다시 고용이나 투자를 증가시킬 수 있다고 하였으므로 '갑' 기업의 상품 생산이 확대된다면 공장의 고용이나 투자가 증가할 것이다.

④ 이 광고로 '갑' 기업은 많은 비용을 들이는 방법보다는 정보를 전달하는 방법을 중심으로 차별성을 알리려는 것으로 볼 수 있겠어.

➡ (가)의 ❸-1~2에 따르면, 광고를 통해 상품의 차별성을 알리는 방법으로는 상품에 대한 정보를 전달하는 방법과 비용을 많이 들인 것처럼 보이는 광고를 활용하는 방법이 있다. 제시된 상황에서 '갑' 기업은 제품 정보를 강조하고 비용은 최소화하려는 광고를 기획하고 있으므로, 많은 비용을 들이는 방법보다는 정보를 전달하는 방법으로 차별성을 알리려는 것으로 볼 수 있다.

⑤ 이 광고가 '갑' 기업의 신제품을 포함하여 여드름 억제 비누 수요의 가격 탄력성을 높인다면 '갑' 기업은 자사 제품의 가격을 높게 책정할 수 없겠어.

➡ (가)의 ❸-4에 따르면, 수요의 가격 탄력성이란 가격이 변화할 때 구매자의 상품 수요량이 변화하는 정도를 말한다. 수요의 가격 탄력성이 높다는 것은 구매자의 상품 수요량의 변화가 크다는 것, 즉 구매자가 가격에 민감하게 반응하여 수요량을 바꾼다는 것을 의미한다. 한편 (나)의 ❶-6에 따르면 더 많은 판매자가 시장에서 경쟁하게 되면 각 판매자의 독점적 지위는 약화되고 구매자는 더 다양한 상품을 높지 않은 가격에 구매할 수 있게 된다. 제시된 상황에서 '갑' 기업이 광고를 통해 상품 수요의 가격 탄력성을 높인다는 것은 구매자가 상품 가격에 더욱 민감해진다는 것을 뜻하므로, (나)의 ❶-4에 따라 판매자들은 경쟁 상품의 가격을 고려하여 가격 경쟁에 돌입하게 될 것이다. 따라서 '갑' 기업은 자사 제품의 가격을 높게 책정할 수 없을 것이다.

**6 단어의 의미 파악하기**

문맥상 ⓐ와 바꿔 쓰기에 가장 적절한 것은?



⑤ 투입(投入)되므로

➡ ⓐ의 '들어가다'는 '어떤 일에 돈, 노력, 물자 따위가 쓰이다.'의 의미이다. '투입되다'는 '사람이나 물자, 자본 따위가 필요한 곳에 넣어지다.'의 뜻이므로 ⓐ와 바꿔 쓰기에 적절하다.



① 반입(搬入)되므로

➡ '반입되다'는 '운반되어 들어오다'의 의미이다.

② 삽입(挿入)되므로

➡ '삽입되다'는 '틈이나 구멍 사이에 다른 물체가 넣어지다.', '글 따위에 다른 내용이 넣어지다.'의 의미이다.

③ 영입(迎入)되므로

➡ '영입되다'는 '(사람이) 회사나 조직의 일원으로 맞아들여지다.'의 의미이다.

④ 주입(注入)되므로

➡ '주입되다'는 '흘러 들어가도록 부어져 넣어지다.', '기억과 암기가 주로 되어 지식이 넣어지다.'의 의미이다.

---

**문제 하이라이트**　126쪽

(1) ○　(2) 생산 활동　(3) ○　(4) ×　(5) 차별성　(6) ○　(7) ○

선지➕　⑥ ×　⑦ ○　⑧ ×

선지➕

⑥ (나)의 ❶-5~6에서 신규 판매자가 광고를 통해 신상품을 홍보하고 시장에 진입할 수 있게 되면 경쟁은 촉진된다고 하였다. 또한 이에 따라 더 많은 판매자가 시장에서 경쟁하게 되면 각 판매자의 독점적 지위는 약화된다고 하였으므로 '갑'의 독점적 지위가 강화된다는 진술은 적절하지 않다.

⑦ (가)의 ❸-1~2에 따르면 광고를 통해 상품의 차별성을 알리는 방법으로는 상품에 대한 정보를 전달하는 방법과 많은 비용을 들인 것으로 보이는 광고를 활용하는 것이 있다. 만약 상품에 대한 정보를 전달하는 방법을 택한 '갑' 기업의 광고가 상품의 차별성을 알리지 못한다면, '갑' 기업은 많은 비용을 들인 것으로 보이는 광고를 기획하여 상품의 차별성을 알릴 수 있을 것이다.

⑧ (나)의 ❶-4에 따르면 구매자가 가격에 민감하게 수요량을 바꾸면 판매자는 경쟁 상품의 가격을 더욱 고려하게 되어 가격 경쟁에 돌입하게 된다. (나)의 ❶-6에서 그 결과 구매자는 더 다양한 상품을 높지 않은 가격에 구매할 수 있게 된다고 하였으므로, 각 판매자들이 제품의 가격을 높게 책정한다는 진술은 적절하지 않다.

---

**필수 어휘 ZIP**　127쪽

**1** (1) ⓒ　(2) ⓛ　(3) ⓐ　**2** ③　**3** (1) 방출된다　(2) 빈번하게　(3) 거명되었다　(4) 제기　**4** (1) 사영되다　(2) 변칙　(3) 연소　(4) 유기적　**5** ④
**6** (1) ×　(2) ×　(3) ○　(4) ○

---

**그림·사진 자료 출처**

・ BOOK 2

42쪽　기하학적 구도_ⓒantishock/shutterstcok

48쪽　코수스, 〈하나, 그리고 세 개의 의자〉_ⓒ밥풀떼기/wikipedia

94쪽　HMD_ⓒGetty Images Korea

정답은
이안에
있어!